Andreas Bauer

Das Land, dessen Diktatur unblutig verschwand

novum ◢ pocket

Bibliografische Information
der Deutschen Nationalbibliothek:

Die Deutsche Nationalbibliothek
verzeichnet diese Publikation in der
Deutschen Nationalbibliografie.
Detaillierte bibliografische Daten
sind im Internet über
http://www.d-nb.de abrufbar.

© 2025 novum publishing gmbh
Rathausgasse 73, A-7311 Neckenmarkt
office@novumverlag.com

ISBN 978-3-903529-04-5
Umschlagabbildung:
Tony Bosse I Dreamstime.com
Umschlaggestaltung, Layout & Satz:
novum Verlag

www.novumverlag.com

Druckprodukt mit finanziellem
Klimabeitrag
ClimatePartner.com/16547-2311-1001

Inhaltsverzeichnis

Die Gründung der DDR 1949 und somit *„des ersten sozialistischen Staates auf deutschem Boden"* (so wurde im Osten diese neue Ideologie verkauft), war von dem Ideal geprägt, einen neueren und besseren Staat zu gründen. Nach zwölf Jahren Nationalsozialismus und Millionen Toten begab man sich in den Schoß der kommunistischen Sowjetunion; und das geschah eher unter Zwang als freiwillig. Die politischen Vorgaben der Sowjetunion bestimmten ab diesem Zeitpunkt den zukünftigen Kurs der DDR und der restlichen Länder des Ostblocks.

Die Startbedingungen waren mehr als schlecht. Die Sowjetunion hatte im Zweiten Weltkrieg die mit Abstand meisten Opfer zu beklagen. Dieser durch Hitler im Juni 1941 begangene Krieg war ein reiner Vernichtungskrieg gewesen. Man spricht heute von bis zu 27 Millionen Toten, hinzu kamen noch territoriale Verwüstungen riesigen Ausmaßes.

Nun bereitete sich ein neuer sozialistischer Staatenbund vor; er sollte bestehen aus Bulgarien, Rumänien. Ungarn, Polen, der Tschechoslowakei sowie der DDR, unter Führung der Sowjetunion. Unser zukünftiger *„Großer Bruder"* und *„leuchtender Stern"* schritt im Kampf gegen den kommenden *„Klassenfeind"*- also den imperialistischen Kapitalismus im Westen – der jungen DDR voran.

Es war die Zeit der globalen Gegensätze: hier der Osten, dort der Westen; der gute aufstrebende Kommunismus hier gegen den schlechten Kapitalismus drüben. Keine idealen Voraussetzungen für den Start in eine neue blühende sozialistische Zukunft, wie man sie vonseiten der politischen Elite der DDR dem Volk verkaufte.

Für den Sozialismus fehlten von Beginn an dessen ökonomische Voraussetzungen, und dies sollte sich in den nächsten Jahrzehnten kommunistischer Herrschaft – bis zum Zusammenbruch 1989 – nicht wesentlich ändern. Man hatte im Kommunismus eines nicht bedacht: im Kapitalismus strebt das menschliche Individuum bis zu seinem Tod nach mehr, immer mehr und noch mehr! Diese nicht endende Gier des Einzelnen nach immer neuen Dingen, die zum Leben nicht notwendig sind, wurde – und wird bis heute – im Kapitalismus befriedigt. Wie heißt es so schön: Menschen Kaufen sich Dinge, die Sie nicht brauchen, um Menschen zu ärgern, die sie nicht mögen.

Die ebenfalls im Jahr 1949 – kurz vor der DDR – gegründete Bundesrepublik hatte wesentlich bessere Startbedingungen. Sie bekam die Unterstützung der USA, die in diesem Zweiten Weltkrieg im Gegensatz zur Sowjetunion „nur" etwa 300 000 Tote zählte.

Der entscheidende Punkt jedoch war, dass die USA wirtschaftlich gut bis sehr gut dastanden. Man beschloss, dem unter dem Krieg gelittenen Westeuropa mit dem berühmten Marshallplan – sowohl finanziell durch Kredite als auch mit Rohstoffen und Waren –

unter die Arme zu greifen. Was dazu führte, dass der Aufbau im Westen wesentlich schneller voranschritt als jener im Osten.

In den Fünfziger- und Sechzigerjahren sprach man vom *„Wirtschaftswunder"* in der Bundesrepublik Deutschland. Dieses Wirtschaftswunder sollte es in der DDR mit ihrer – von der Staatsführung und der Sowjetunion verordneten – Planwirtschaft nie geben!

Betrug die Einwohnerzahl bei Gründung der DDR 1949 noch 18,79 Millionen, so sollte sich diese im Laufe der Jahre durch Fluchtbewegungen gen Westen bis zum Mauerbau im August 1961 stark verringern. Die nächsten großen Abwanderungsbewegungen fanden mit dem Zusammenbruch des Kommunismus 1989 bis in das Jahr 2019 statt. Die heutige Bevölkerungszahl im Osten soll laut Statistikern wieder jener von 1905 nahekommen; diese betrug zur damaligen Zeit zirka 14 Millionen Einwohner. Das wiederum bedeutet im Umkehrschluss, dass seit 1949 bis 2019 knappe 4,8 Millionen Menschen die ehemalige DDR innerhalb der letzten 70 Jahre verlassen haben.

Hinter jeder Statistik stehen Menschen und Ihre Schicksale, egal in welcher Form.

Ich habe versucht, meine knapp 25 Jahre, die ich in der DDR verbrachte, hier zu beschreiben. Angefangen in den Sechzigerjahren mit der Schulzeit, dann in den Siebzigerjahren der Jugendzeit und des Erwachsenwerdens und den somit immer größer werdenden Zweifeln diesem kommunistischen System gegenüber. Sicherlich teile ich viele dieser Erfahrungen mit ehemaligen DDR-Bürgern. Zudem erlebte ich die deutsche Wiedervereinigung 1989 hautnah und live mit, was ich heute noch als großes Privileg empfinde.

Ich habe versucht, die Dinge mit dem uns damals üblichen DDR-Galgenhumor zu beschreiben und zu schildern. Das war nicht immer leicht; aber eben dieser spezielle Humor machte viele Dinge für uns erträglicher.

Kindheit und Jugend in der DDR

Man kann sich nicht aussuchen, an welchem Ort und zu welcher Zeit man wie und wo geboren wird. Was da kam und noch kommen sollte, war oft nur mit schon erwähntem Galgenhumor zu ertragen, und mit diesem waren viele DDR Bürger und zum Glück auch ich gesegnet.

Die ersten Jahre des Lebens erlebt man ja rückblickend nicht bewusst, zumindest was die Erinnerung an diese Zeit betrifft. Der erste Einschnitt im noch jungen sozialistischen Leben eines DDR-Bürgers begann mit dem Eintritt in die Schule, und das war im sozialistischen Schulsystem schon die erste Vorbereitung auf alles, was noch folgen sollte.

Der Schulalltag nahm sehr früh vormilitärische Züge an. Es begann die Prägung und das Formen zu einem gutem Sozialistischen Klassenkämpfer. Die Süßigkeiten aus der Schultüte waren noch nicht verzehrt, da ging es schon mit den ersten Einweisungen in den sozialistischen Alltag los.

Unsere Klasse bestand aus sechsunddreißig Schülern, aber die Reihen sollten sich im Laufe der Jahre stark lichten. Wir kamen aus unterschiedlich ideologisch geprägten Elternhäusern. Die DDR hinkte bis zu ihrem Ende 1989 der Bundesrepublik Deutschland in fast allen Belangen hinter her. Die Gründung beider Staaten fand statt im Jahr 1949, die DDR hatte es bis 1966 nicht geschafft, und sollte es bis zum Schluss 1989 nicht schaffen, aus all seinen Bürgern stramme Sozialisten zu formen.

Am Beginn unserer Schulzeit schon unterschieden wir uns in der Klasse bezüglich unserer Kleidung. Ein Teil der Klasse trug diesen weithin erkennbaren „Chic der DDR", und der eher kleinere Teil hatte Verwandtschaft im Westen, was auch an der Kleidung ersichtlich war. Wobei anzumerken wäre, dass es damals in den Sechzigerjahren bei Weitem nicht den Stellenwert der heutigen Markenkleidung inne hatte. Mit der Bekleidung des „Klassenfeindes" machte man sich sowohl bei Lehren als auch bei einigen Mitschülern nicht unbedingt Freunde, da diese Kleidung ein gewisses Neidpotential verursachte. Die DDR war weithin bekannt für ihre „schnittige und schicke Mode". Es gab ein zentral gesteuertes Modeunternehmen mit dem ebenso schönen Namen wie die Mode, die sie herstellten, und zwar VEB Malimo. In diesem Modekombinat wurden später auch Jeans-Hosen hergestellt, die Jeans aus dem Westen waren damals von unserem strammen Staatsratsvorsitzenden Walter Ulbricht an Schulen und Universitäten verboten.

Ja, selbst die Mode des Klassenfeindes hatte einen schlechten Einfluss auf die Entwicklung eines guten Sozialisten. Die Jeans aus dem Westen ließen sich auswaschen, was damals einen rebellischen Hintergrund im Westen der Sechziger- und Siebzigerjahre hatte. Es begann nicht nur die Auflehnung der Jugend gegen das System des Establishments, sondern auch gegen das der Eltern, aber das waren Ereignisse, die sich jenseits der Mauer und somit bei dem viel zitierten „Klassenfeind" abspielten, und wir waren schließlich die Guten und zudem auch noch auf der „richtigen" Seite.

Die DDR-Jeans überzeugte besonders durch ein Attribut, ihre „Formschönheit": Welche Figur man auch immer hatte, war bei dieser Jeans egal, sie saß nie!

Aber beginnen wir von vorn.

Uns und somit auch unseren Eltern wurde unsere Klassenlehrerin vorgestellt. Sie war für uns Knirpse gefühlte 2 Meter groß und mindestens genauso breit, zumindest kam es mir und wohl auch einigen meiner damaligen Klassenkameraden so vor. Sie trug eine Hornbrille und sie wirkte regelrecht Furcht einflößend. Wir bekamen am ersten Tag unseres beginnenden Schullebens unsere Klasse zugewiesen. Diese mussten wir die ersten Jahre in der Unterklasse (so nannte man die ersten Schuljahre) nicht wechseln, sondern die jeweiligen Lehrer mit ihren zu unterrichtenden Fächern kamen zu uns.

Wir erhielten die ersten Instruktionen bezüglich unseres Verhaltens im sozialistischen Schulbetrieb, schließlich war und bestand die uns umgebene Welt aus Volkseigentum und musste somit pfleglich und schonend behandelt werden. Beschädigungen und mutwillige Zerstörung wurden hart bestraft. Selbst die Tafelkreide durfte nicht zweckentfremdet werden (auch sie sollte häufig Mangelware sein).

Die Begrüßung der Lehrer war sozialistisch korrekt und lautete jedes Mal, wenn einer dieser Lehrer die Klasse betrat: „Seid bereit!!!!" Wir mussten aufspringen und die Antwort brüllen: „Immer bereit!!!!" Und das bei jedem Lehrer, der die Klasse betrat. Dieses Prozedere lief ca. sechs bis siebenmal am Tag ab, immer zu Beginn einer neuen Stunde, und bei jedem Betreten eines Lehrers in den Klassenraum. Es nervte und erzeugte bei mir schon in den ersten Wochen eine Art von innerem Widerstand. Was sich im Laufe der Zeit heraus kristallisierte war die Tatsache, dass unsere Lehrer oft nicht durch ihr Wissen brillierten, sondern durch ihre Zugehörigkeit zur SED (Sozialistische Einheitspartei Deutschlands). Das wurde bereits in den unteren Schulklassen sichtbar, durch Fragen von Schülern, die vom betreffenden Lehrer häufig ausweichend oder sehr unvollständig beantwortet wurden. Eines dieser Lehrerexemplare sollte ein paar Jahre später zu einem unserer Klassenlehrer avancieren.

Teile der Lehrerschaft waren mit dem DDR-Staat und dessen Ideologie aufs Engste verbunden, es brachte für diese Personen wesentliche Vorteile. Erkennbar waren diese Leute durch das Tragen des Parteiabzeichens am Couvert. Auf diesen Abzeichen zeigten sich zwei begrüßende Hände. Ein paar Jahre später begriffen wir Kinder, wie dieses Parteiabzeichen im Volksmund interpretiert wurde. Es hieß hinter vorgehaltener Hand „Keine Flasche ohne Etikett".

Die erste Zeit wurden wir nur von unserer Klassenlehrerin unterrichtet. Sobald sie den Raum betrat, hatten wir das Gefühl, als würde sich dieser bei ihrem Eintritt verdunkeln. Eines Tages brachte sie ihre Tochter mit, sie war damals in unserem Alter, sie überragte uns alle in Höhe und Breite um einiges, Kinder in diesem Alter sind grausam, wir nannten sie hinter ihrem Rücken Riesenbaby. Sie stand in ihrer Hässlichkeit ihrer Mutter in nichts nach.

Die Lehrer waren besonders in den frühen Jahren unserer Schulzeit Respektspersonen. Es bestand kein Zweifel an den von Ihnen gesagten Dingen. Kinder sind für neue

Dinge sehr empfänglich, das Wort „Misstrauen" war uns Kindern fremd.

Gab es für die Kinder im Westen Mickey Mouse und Super Goofy, so waren das bei uns im Osten die Digedags. Sie hießen Dig, Dag und Digedag. Mit ihnen reisten wir in unserer Kindheit durch die Welt und erlebten mit ihnen die tollsten Abenteuer. Hannes Hegen hatte sie 1955 als Comiczeichner aus der Taufe gehoben. Jedes neue Heft mit neuen spannenden Abenteuern dieser drei wurde sehnsüchtig von uns Kindern erwartet. Dieses erste Jahr verging wie im Flug, alles war neu, die Schule, die neuen Mitschüler, die Hausaufgaben, die mir persönlich nie wirklich Spaß machten.

Wir wurden dann in die „Jungen Pioniere" aufgenommen, ein weiterer Schritt auf dem Weg, ein guter und treuer sozialistischer Schüler und Bürger zu werden. Unsere weithin sichtbaren Kennzeichen als junger Pionier war ein rotes Halstuch, ein blaues Schiffchen auf dem Kopf und dazu ein weißes Hemd mit einem Sticker und einer roten Fackel am Ärmel. Somit war ein neuer junger Pionier geboren.

Eines Tages bekamen wir ein Schauspiel der besonderen Art geboten: unsere Lehrerin brachte uns die Befreiung Kubas nahe. Frage: Wo war oder lag Kuba???? Keiner wusste, wo Kuba lag, wir wussten es nicht, und unsere Klassenlehrerin wohl auch nicht. Aber sie schilderte uns den Kampf der Revolutionäre um Fidel Castro, Che Guevara und deren Gefolgsleute, auch die von ihr benannten Revolutionäre kannte keiner von uns, sie kämpften gegen den damaligen Machthaber Batista, diesen Namen hatte auch noch keiner gehört, na egal, vielleicht hatte sie den

Unterrichtsstoff vertauscht. Jedenfalls lass sie uns diesen Kampf gegen das Batista Regime aus einem mitgebrachten Buch vor. Sie steigerte sich so hinein, dass sie den Eindruck erweckte, als wäre sie selbst bei diesen Kämpfen vor Ort gewesen. Sie brüllte am Lehrertisch sitzend mit ihrem voluminösen Körper und ihrer Bassstimme ständig die Worte: „fort mit ‚Batista Mordbande‘, fort mit ‚Batista Mordbande‘", dass wir regelrecht zusammenzuckten, und das immer wieder. Ihr Brüllen ähnelte einem Erdbeben, dann mussten wir einstimmen, und ebenfalls im Chor dasselbe zurückbrüllen. Keiner von uns in der Klasse wusste, um was es da in Kuba eigentlich ging. Aber egal, wir waren ja schließlich die Guten, also brüllten wir lauthals mit. Eines stand danach fest: der Sozialismus würde siegen! Diese Befreiungsaktion Castros auf Kuba fand sieben Jahre vor unsere Einschulung, 1959, statt. Aber laut unserer fanatischen Klassenlehrerin war dieser Kampf auf Kuba ein harter Schlag gegen den kapitalistischen Klassenfeind, speziell gegen den amerikanischen Imperialismus. Wir kämpften somit schon in ganz jungen Jahren für den Sozialismus an vorderster Front, für die gute Sache des noch besseren Kommunismus.

Fünf Jahre zuvor hatte uns unser Walterchen, (Staatsratsvorsitzender Walter Ulbricht, der Volksmund nannte ihn nur Walterchen) eingemauert! Es war der 13. August 1961. Er hatte Wochen vor dem Errichten der Mauer vollmundig verkündet, und das in seinem sächsisch unverkennbaren Eunuchen-Dialekt: „Keiner hat vor eine Mauer zu bauen!" Dieser Tag des Mauerbaus wurde später hinter vorgehaltener Hand inoffiziell als „Tag des Maurers" bezeichnet.

Für die sozialistischen „Errungenschaften" gab es immer mehrere Namen, einen offiziellen und einige inoffizielle. In der offiziellen Verlautbarung hießen die Mauer und die dazugehörige innerdeutsche Grenze „Antiimperialistischer Schutzwall". Dieser Schutzwall schützte unsere herausragenden sozialistischen Errungenschaften vor dem Zugriff durch den kapitalistischen Klassenfeind, so vermittelte man uns das in der Schule.

Walterchen, unser großer Vorsitzender, erblickte das Licht der Welt 1893 in Leipzig, er hatte die Stimme eines Eunuchen und sächselte mindestens für zwei. Im Volke munkelte man, er wäre während seiner Zeit und in jungen Jahren in Leipzig unter anderem Zuhälter gewesen. Das bot wiederum Anlass für einen typischen Spruch, der da lautete: „Die Wirtin hatte einen Sohn der war im Puff Kassierer, dann fuhr er nach Moskau, heut ist er unser Führer." Walterchen zeichnete sich nicht nur durch eine begnadete Stimme aus, sondern die Natur hatte ihn mit einer ebenso begnadeten Figur gesegnet. Er sah aus wie eine Schwimmboje, oben um die Schultern schmal, um die Hüften breit und unten wieder schmal. Zudem trug er seine Hose mit Hosenträgern kurz unter den Brustwarzen. Er war optisch ein Gesamtkunstwerk, man konnte getrost sagen, er passte in die Welt wie das Schwein aufs Sofa. Zum anderen animierte Er sein Volk, als Vortänzer und Eintänzer mit dem Spruch: „Jedermann an jedem Ort einmal in der Woche Sport!"

Er gab im Fernsehen der DDR auch gerne mal den Vorturner der Nation.

Er war in jeglicher Hinsicht ein Hör- und ein Augenschmaus und rückblickend eine Witzfigur. Aber nur rückblickend.

Auch Hitler ist heute, mit dem Wissen und der Kenntnis über die damalige Zeit, mit seiner Rhetorik eine Witzfigur.

Das DDR-Fernsehen, wenn man es als solches im weitesten Sinne bezeichnen konnte, hatte im Sozialismus einen besonderen Stellenwert: Keine Informationen im herkömmlichen Sinne, sondern Propaganda und Erfolgsmeldungen des Sozialismus, in Endlosschleife.

Für den Empfang des Westfernsehens war eines entscheidend, und zwar die geographische Lage des eigenen Wohnorts in der DDR.

Wir sind in Magdeburg geboren und wuchsen dort auf, somit hatten wir das Glück, nur etwa 50 km von der Deutsch-Deutschen Grenze entfernt zu wohnen. Dadurch kamen wir in den Genuss, West-Fernsehen zu empfangen. Dresden dagegen war ein Beispiel dafür, dass der Empfang des „Feindsenders" ARD und ZDF dort nicht möglich war, man sprach damals in der DDR „Vom Tal der Ahnungslosen". Dieser besagte Volksmund und der damit verbundene Sprachgebrauch der unterschiedlichen offiziellen als auch inoffiziellen Begriffe zog sich durch das ganze sozialistische Leben, was bedeutete, dass man immer zu einer offiziellen Version der Parteibonzen eine inoffizielle Version des Volkes formte. Dieser Galgenhumor sorgte dafür, das oft triste Leben in der DDR erträglicher zu machen.

Wir hatten also in Magdeburg die Möglichkeit, uns durch den Feindsender BRD ein wesentlich objektiveres Bild von der Weltlage zu machen.

Nach Gründung und den Anfängen unseres Sozialistischen Vaterlandes 1949 versuchte man vonseiten der DDR, mit Störsendern der Westlichen Propaganda Einhalt zu gebieten. Aber wie so häufig, funktionierte weder das Eine noch das Andere.

Es kristallisierte sich unter uns Klassenkameraden schnell heraus, wer zuhause welche Sender sah, DDR Propaganda oder Westfernsehen? Das führte zu einem Zwiespalt. Von staatlicher Stelle war es ja verboten Westfernsehen zu sehen. Jedoch, wie so häufig im Leben, was verboten, hat bekanntlich seinen besonderen Reiz. Es bedeutete, wachsam zu sein und sehr aufzupassen, was man wem sagte (was als Kind dazu führte vieles kritisch zu hinterfragen: „Warum, wieso, weshalb????")

Unser großer Vorsitzender Walterchen verkündete in einer seiner vielen Fernsehbotschaften, dass wir den Kapitalismus schon bald überholen würden. Wie das funktionieren würde, diese Antwort blieb Walterchen seinem Volk schuldig. Es war eine dieser weisen Botschaften, die der Sozialistischen Realität nie standhielten, und es sollten derer noch viele folgen. Tja und so nahm das Elend seinen Lauf, da stand uns die nächsten Jahre noch einiges bevor.

Unsere Polit-Strategen beschlossen auf Weisung der Sowjetunion und ihrem Oberhäuptling Leonid Breschnew, seines Zeichens Chef der KPdSU (Kommunistische Partei der Sowjetunion) sogenannte „5-Jahres-Pläne". Aber oft wusste man in den volkseigenen Betrieben (VEB) schon die folgende Woche nicht mehr, wo die nächsten Materialien herkommen sollten. Wie die Versorgungslage im nächsten Monat aussah, glich überhaupt einer Art Lesen in der Glaskugel. Es fehlte ständig an allem; aber man hatte den Hauptschuldigen schnell ausgemacht: schuld an allem war der Kapitalistisch-Imperialistische Klassenfeind! Dieser unterwanderte alles und war für jegliche Art von Misserfolgen im Sozialismus verantwortlich.

Leonid „Verbrecher-Chef", wie man ihn im DDR-Volksmund auch nannte und seine Sowjetunion waren unsere Brüder und somit war alles bestens, und es konnte nichts mehr schief gehen. Das hörten wir in der Schule mindestens 5-mal täglich. Freunde kann man sich bekanntlich aussuchen, Brüder eher nicht. Die Parole lautete: „Liebe Schule, gib uns unsere täglichen Propaganda und die dazugehörigen Durchhalteparolen." In Kindergärten, Schulen, sowie in den VEB-Kombinaten und -Betrieben, überall wurde Tag für Tag nur für die eine heroische Sache gekämpft, und die hieß „Sozialismus". Dieser Kampf manifestierte sich überall, unser Leben war vom Aufstehen bis zum Hinlegen ein einziger Kampf, oder eher ein Krampf????

Oft fehlte es an den elementarsten Dingen, das bekamen wir als Kinder schon früh mit. Ob es um Fleisch in den Fleischereien ging, oder Brot beim Bäcker, oder Gemüse, oder Toilettenpapier, oder, oder, oder ... Es mangelte häufig an den grundsätzlichsten Dingen. Die Mangelwirtschaft wurde mit Parolen übertüncht, im Laufe der Jahre mit dem immer gleichen Slogan: Der Sozialismus wird siegen/Alles zum Wohl des Sozialismus/Von der Sowjetunion lernen heißt siegen lernen/ mein Arbeitsplatz, mein Kampfplatz für den Frieden ...

Parolen fanden meist ihren Platz an stark frequentierten Orten in Städten und Gemeinden. Sie mussten weithin sichtbar angebracht werden, und gut lesbar sein. Schließlich befanden wir uns 24 Stunden im permanenten Rundumkampf, der Feind lauerte überall. Das setzte sich die nächsten Jahre fort und sollte sich noch steigern. Jeder hatte seinen eigenen Platz in diesem Kampf und somit an der Sozialistischen Front.

Es kamen die Ersten großen Ferien. Herrlich! Acht Wochen keinen Unterricht, keine Schulaufgaben, keine Parolen, und dazu kleine Abenteuer an der Elbe erleben … Wir verabredeten uns, ein paar aus der Klasse. Ich hatte seit einigen Wochen ein eigenes Fahrrad, kein neues, aber das war egal. Ich war auf alle Fälle mobiler als zu Fuß. Der Straßenverkehr zur damaligen Zeit war überschaubar, es war im Sozialismus auch nie wirklich Geld für neue Straßen vorhanden. Das sollte sich auch bis zur Wende 1989 nicht wirklich ändern. Manchmal hatte der Sozialistische Mangel auch seine Vorteile, zumindest für ein Fahrrad fahrendes Kind.

Im Juli 1967, unseren ersten großen Sommer Ferien kam es zu einem gravierenden Ereignis, welches unsere Ferien überschatten sollte und uns Kinder das erste Mal mit dem Tod konfrontierte. Wir waren damals noch zu jung, um die Ausmaße dieser Katastrophe zu begreifen. Es kam zu einem großen Zugunglück.

Ein Zug, in dem überwiegend Kinder saßen, auch einige aus unserer Schule, war von Magdeburg in ein Ferienlager nach Thale unterwegs, einem Ort im Harz. Kurze Zeit nach Abfahrt des Zuges kam es an einem Bahnübergang zu einer Kollision mit einem Tanklastwagen. Bei diesem Zusammenstoß starben vierundneunzig Kinder und Erwachsenen. Der mit Abstand überwiegende Teil der Toten bestand aus Kindern.

Dieses verheerende Zugunglück spielte sich an einem Ort mit dem Namen Langenweddingen ab. Besagter Ort lag gute fünfzehn Kilometer von Magdeburg entfernt. Es war ein Zusammenspiel unglücklicher Umstände. Es wurden direkt an diesem Bahnübergang Telefonleitungen über Land verlegt, sprich von Mast zu Mast. Diese Verlegung besagter Kabel erfolgte anscheinend so stümperhaft, dass die manuell runter gekurbelten Schranken von dem dort tätigen Schrankenwärter sich in diesen Telefonkabeln verfingen. Trotz wilden Artikulierungen des Schrankenwärters dem herannahenden Tanklastwagen gegenüber, erkannte dieser die Situation nicht, und fuhr ungebremst auf den Bahnübergang. Was dann passierte, kann sich jeder ausmalen. Es war verheerend!

Hinter vorgehaltener Hand sprach man damals von weitaus mehr Toten als angegeben. Wie erwähnt war auch unsere Schule von dieser Katastrophe betroffen. Wen es betraf, sollten wir erst nach den Ferien erfahren, aber die ersten großen Ferien waren durch dieses Ereignis getrübt.

Im September und mit Beginn des neuen Schuljahres mussten alle Klassen auf dem Schulhof antreten, unsere Klassenlehrerin hatte uns erklärt, was es mit dem Antreten auf dem Schulhof auf sich hatte. Aus unserer Klasse saß niemand in diesem Unglückszug. Aber drei Geschwister ein paar Klassen über uns saßen in selbigem, ein Mädchen und zwei ihrer Brüder. Einer der beiden Jungs war verbrannt, die beiden anderen waren mit mittleren und schweren Brandverletzungen davon gekommen.

Dieses Zugunglück ging als das schwerste Zugunglück in die Geschichte der DDR ein. Die Berichterstattung der Medien der DDR war wie üblich bei solchen Vorkommnissen eher spärlich. Die meisten Informationen kamen wie so häufig von den westlichen Medien ARD und ZDF.

Im laufenden Schuljahr kam es dann zu einer weiteren Begebenheit, die uns diese Katastrophe noch einmal vor Augen führte. Wir hatten eine Feueralarm-Prüfung, die hatten wir auch schon zweimal in der ersten Klasse. Diesmal lief dieser Feueralarm jedoch ganz anders ab. Die vorangegangenen Feueralarme waren eine Zeitmessung, wie schnell wir bei einem Brand die Schule verlassen konnten. Bei diesem Alarm war die Feuerwehr vor Ort, und sie arbeiteten mit einer Art von Rauchpatronen! Durch den Qualm entstand der Eindruck eines tatsächlichen Brandes. Als der Feueralarm ausgelöst wurde, hatten wir die Vermutung, es würde tatsächlich brennen. Wir beeilten uns schnellst möglich das Schulgebäude zu verlassen. Unsere Mitschülerin, die im Sommer in dem Zug saß und Ihren Bruder verloren und dabei selbst erhebliche Verbrennungen erlitten hatte, schrie wie von Sinnen. Sie musste das Gefühl haben, noch einmal die Hölle zu durchleben. Ihr zweiter Bruder, der wie sie mit Verbrennungen die Katastrophe überlebt hatte, war an diesen Tag nicht in der Schule. Ihre Schreie gingen durch Mark und Bein! Man hatte vom Lehrer Kollegium nicht in Betracht gezogen, sie vor diesem Feueralarm aus der Schule zu bringen, sie war immer noch schwer traumatisiert.

Der Schulalltag nahm wieder Besitz von uns, und nach diesem traurigen Ereignis war das auch gut so. Es vergingen die Tage, Monate und die ersten Jahre. Wie wohl bei den meisten Kindern war diese Zeit ausgefüllt mit Schule, danach Lernen, und speziell bei uns Jungs mit einigem Blödsinn und Streichen.

Im Jahr 1969 kam es dann noch zu einem Erlebnis, welches unvergessen blieb. Ich selber war nicht persönlich dabei, aber diese Sache sorgte für großes Furore, und es untermauerte die ständige Glorifizierung vonseiten der DDR-Propaganda, die speziell den Sowjetischen Heldenmenschen in den Mittelpunkt stellte. Der Held war in diesem Fall ein junger russischer Fliegeroffizier, er rettete einem etwa vier Jahre alten Mädchen das Leben. Er war wegen eines Arzt-Besuches in Magdeburg, sah in der Stadtmitte eine Menschentraube stehen, die in die Höhe schaute. Oben im fünften Stock eines Hauses stand dieses Mädchen auf dem Fenstersims, es rutschte ab und konnte sich mit den Händen gerade noch festhalten. Aber nicht lange. Geistesgegenwärtig zog dieser Offizier seinen Mantel aus und fing das Mädchen in diesem mit den Händen ausgebreiteten Mantel auf.

Das war natürlich am nächsten Tag *der* Aufhänger nicht nur in den Staatsmedien, wie der „Aktuellen Kamera" der wohl „objektivsten" Nachrichtensendung der Welt, sondern auch in sämtlichen Zeitungen, unter anderen die „Volksstimme" und der „Zeitung Neues Deutschland", und natürlich auch in den Schulen. Es war unbestritten eine Heldentat, aber was daraus propagandistisch gemacht wurde, war wohl auch diesem Offizier nicht ganz geheuer. Er verschwand nach der Rettung erst einmal spurlos, da er kein Aufsehen erregen wollte. Als man ihn dann ausfindig machte, wurde er mit Ehrungen überhäuft. Besonders herausgekehrt wurde, dass er ein *sozialistischer* Held war. Ihm wurde dann die Ehrenbürger-Würde der Stadt Magdeburgs verliehen. In diesem Fall sicherlich zu Recht. Im Laufe der Jahre stellte sich heraus, dass, wenn es um Kinder ging, unsere sowjetischen Brüder selbst auf ihr eigenes Leben keine Rücksicht nahmen, was sicherlich nicht der schlechteste Charakterzug war.

Der Kampf durch die Schuljahre, der immer auch eng mit dem Kampf gegen den Klassenfeind und für den Sozialismus verbunden war, dieser Kampf bestand bei mir darin, mit dem geringstmöglichen Lernaufwand von einem Schuljahr zum nächsten zu kommen. Dies gelang mir ganz gut. Ein Großteil des Schulstoffs, der uns vermittelt wurde, traf bei mir auf kein besonderes Interesse, und da war ich in unserer Klasse nicht der einzige. Also Augen zu und durch, und den Humor und Spaßfaktor nicht aus den Augen verlieren. Leider spiegelte sich das häufig in den Noten wieder. Aber mit ein paar Kampfparolen zum richtigen Zeitpunkt konnte man einiges wettmachen ... Die Sache mit den Parolen sollte mir im Laufe der Zeit und mit zunehmendem Alter immer schwerer fallen.

Meine Rechtschreibung ließ in den ersten Schuljahren mehr als zu wünschen übrig, da bestand durchaus Handlungsbedarf!

Wir schrieben mittlerweile das Jahr 1970, ich hatte gerade Geburtstag. Ich kam gerade von der Schule nach Hause, als ich vor der Haustür meine Mutter traf. Wir beide gingen die Treppen nach oben, wir hatten an unserer Wohnungstür einen Briefschlitz, durch den man die Briefe einwerfen konnte. Normalerweise war die Post immer in den Briefkästen, welche direkt neben der Eingangstür im Treppenhaus hingen. Ich hatte den Haustürschlüssel schon in der Hand und schloss unsere Wohnungstür auf. Im Wohnungsflur lag auf dem Boden eine Art Brief, was schon darauf hindeutete, dass es kein normaler Brief sein konnte, da der Briefkasten unten an diesem Tag nichts beinhaltete. Es stellte sich dann heraus, dass es sich um ein Telegramm handelte. Ich hob es auf und gab es meiner

Mutter. Sie schaute auf den Absender und ich merkte ihr an, dass es wohl keine sonderlich frohe Botschaft zu sein schien. Wir gingen in die Küche, sie nahm ein Messer und setzte sich auf einen Küchenstuhl und öffnete dass Telegramm. Ich sah an ihrem Gesichtsausdruck, dass etwas passiert sein musste, was von größerer Tragweite war. Ich fragte sie, was passiert sei, und sie sagte mir, ihr Vater sei verstorben. Ich wusste, dass sie sich seit etlichen Jahren nicht gesehen hatten. Er hatte 1957 die DDR in Richtung Westen verlassen, hatte in der Bundesrepublik noch einmal geheiratet und ein neues Leben begonnen, beruflich als auch privat.

Es bestand seinerseits anscheinend kein Interesse mehr, den Kontakt zu seiner Tochter aufrecht zu erhalten. Sie hatte nicht die Möglichkeit, von Ost nach West zu Reisen, und somit gab es für beide kein Wiedersehen mehr. Auch ich hatte ihn somit nie kennengelernt, es war schon recht traurig.

Ich kannte ihn nur aus Erzählungen meiner Großmutter, die in erster Ehe mit ihm verheiratet war, und aus Erzählungen seiner zweiten Frau, die ich später noch häufiger besuchen sollte. Er war Österreicher, kam 1938 nach seinem Studium in Wien nach Deutschland und lernte in Magdeburg meine Großmutter kennen. Nach kurzer Zeit wurde er dann zur Wehrmacht unter Adolf Nazi eingezogen und musste wie die meisten seines Alters in den Krieg ziehen. In dem Telegramm stand, dass er an einem Herzinfarkt verstorben war. Er lebte seit einigen Jahren mit seiner zweiten Frau in einem kleinen Ort in der Nähe von Köln, wo sie sich ein Haus gekauft hatten.

Meine Mutter setzte sich am nächsten Tag das erste Mal mit der zweiten Frau ihres Vaters, Charlotte, in

Verbindung. Das alleine war eine Herausforderung, da Telefongespräche in die Bundesrepublik bei der DDR-Post vorher angemeldet werden mussten, und das konnte schon mal dauern. Nicht nur Stunden, sondern Tage! Wahrscheinlich war das so gewollt, um die Gespräche von Ost nach West durch die Stasi („Schnüffel & Petz") besser abhören zu können. Zur Beerdigung in den Westen zu fahren, war ein Ding der Unmöglichkeit, da die bürokratischen Hürden seitens der DDR so kurzfristig zu hoch waren. Später dann reiste Muttern in die Bundesrepublik, zuvor musste sie endlos Formulare ausfüllen, und sie musste einen bedeutenden Faustpfand hinterlegen. Dieser bestand aus meinen beiden Geschwistern und mir, wir mussten zurückbleiben.

Das war zunächst alles, was ich von meinem Großvater erfuhr. Später sollte sich noch einiges vervollständigen, bis dahin aber gingen noch einige Jahre ins Land.

Ein paar Tage später, ich lief unsere Straße hinunter, kam mir unser Nachbar entgegen und sagte mir, dass jetzt in unserer ehemaligen Bäckerei am Ende der Straße eine Bibliothek eröffnet hätte. An die Bäckerei konnte ich mich nur noch vage erinnern, das war in frühester Kindheit. Die damaligen Besitzer dieser Bäckerei, so wurde sich erzählt, versteckten während der Nazizeit mehre Juden, ich wusste trotz meines jungen Alters, dass dies damals während der Nazizeit eine Heldentat war. Hätte man sie erwischt, hätten sie das mit dem eigenen Leben bezahlt.

Ich ging in die neu eröffnete Bibliothek und schaute mich um. Draußen schneite es und es war ein ziemlich ungemütlicher Tag. Ich blieb mich die Zeit des Lesens! Im Laufe führte dies dazu, dass sich meine Rechtschreibung kontinuierlich verbesserte. Ich verschlang die Bücher regelrecht, vor allen Dingen die Erzählungen von Jack London über Kanada und den Yukon, seine Erlebnisse, die Bücher, die er schrieb, wie Lockruf des Goldes, oder Wolfsblut, Der Seewolf, Ruf der Wildnis die mich mehre Stunden, die Bibliothek war zwar klein, aber sie war gemütlich. Der Mitgliedsbeitrag war eine DDR-Mark. Ich meldete mich gleich an, und das erste Buch, das ich auslieh war „Uncas der letzte Mohikaner". Damit begann für mich die Zeit des Lesens! Im Laufe führte dies dazu, dass sich meine Rechtschreibung kontinuierlich verbesserte. Ich verschlang die Bücher regelrecht, vor allen Dingen die Erzählungen von Jack London über Kanada und den Yukon, seine Erlebnisse, die Bücher, die er schrieb, wie „Lockruf des Goldes, Wolfsblut, Der Seewolf, Ruf der Wildnis", die mich wie wohl viele andere auch von diesem riesigen Land Kanada träumen ließen. Ich schaute mir die Weltkarte an und sah wie groß dieses Land war. Ich hatte bis dahin keine Ahnung von der Welt, und ich ahnte zu diesem Zeitpunkt nicht, welche Wirkung diese Bücher auf mich haben würden.

In der Schule wurde uns nur von den sozialistischen Bruderländern erzählt, der Rest der Welt waren weiße Flecken und wurden später im Geographieunterricht nur kurz angerissen. Unser DDR-Schulsystem (Oberschule) basierte auf einem 10 Klassen-System, welches einige von uns nach acht Jahren verließen, eine zweite Schülergruppe wechselte auf die EOS (Erweiterte Oberschule) zur Vorbereitung auf das Abitur. Oft waren das ausgewählte 2–3 Schüler pro Klasse, die sich nicht unbedingt durch wesentlich bessere schulische Leistungen hervortaten, sondern durch die Parteizugehörigkeit ihrer Eltern in der SED.

Nach erneuten Ferien wechselten wir in die 5. Klasse und bekamen nach unserer fanatischen und beleibten Klassenlehrerin diesmal einen Klassenlehrer. Ein Allroundtalent, der für nichts zu gebrauchen war, aber anscheinend zu allem fähig war. Also ein Schritt vom Regen in die Traufe. Er war das bereits erwähnte Exemplar „Modell strammer Kommunist". Er zeichnete sich durch maximale Flexibilität aus, hatte aber von den Schulfächern, die er unterrichtete selber wenig Ahnung. Er unterrichtete uns in so ziemlich allen Fächern, die es gab, zumindest sprang er immer dann ein, wenn ein Lehrer für dieses Fach ausfiel, und das kam häufiger vor. Aber sein Hauptfach bestand darin, mit unserem Schulwart zum Angeln zu fahren, sodass bei uns häufig der Unterricht ausfiel. Das fanden wir damals natürlich gut, aber den nicht behandelten Lehrstoff holten wir nie mehr nach. Er hatte Karriere im Parteiapparat gemacht, und das war von Staats wegen wesentlich wichtiger, als Schülern etwas beizubringen. Er unterrichtete Deutsch, Geschichte, Biologie, Chemie, auch schon mal Mathematik und vor allem Staatsbürgerkunde. Staatsbürgerkunde war im „Ersten Sozialistischen Arbeiter- und Bauernstaat auf deutschem Boden" elementar wichtig, schließlich gingen wir den Weg zum guten Kommunisten unbeirrbar weiter (kleiner Scherz).

Staatsbürgerkunde war eine regelrechte Ansammlung von Phrasen-Drescherei: je öfter man dem Sozialismus huldigte, desto besser stand man da. So funktionierte das auch in den oberen Parteiebenen, je mehr man heuchelte, desto schneller ging es aufwärts. Das begriffen wir damals noch nicht wirklich, aber einige aus unserer Klasse sollten sich das später zu eigen machen.

Unser neuer Klassenlehrer war für das ganze System des Sozialismus ein Parade-Beispiel. Unsere Klasse kristallisierte sich dagegen immer mehr als ein Chaotenhaufen heraus!

Wir passten in dieser Hinsicht aber gut zusammen; der Lehrer musste schon mal häufiger jemanden aus unserer Parallelklasse holen, der sich mit dem Lehrstoff besser auskannte ...

In den volkseigenen Betrieben lief es nach dem gleichen Schema, auch dort hatten häufig die dümmsten Bauern mit dem Bonbon am Sakko das Sagen. Jeder machte was er wollte, keiner, was er sollte und alle machten mit. Das Motto hieß: „Privat geht vor Katastrophe."

Wir fuhren als Kinder und Jugendliche immer „zweispurig", das heißt, wir lernten von klein auf das Lügen! Es war eine ständige Gratwanderung zwischen Lüge und Wahrheit, Wahrheit und Lüge, ...es herrschte häufig der Zustand der permanenten Verunsicherung, und das war gewollt! Es konnte für die ganze Familie zu erheblichen Konsequenzen führen, wenn man mit einem Lehrer oder Mitschüler über Themen sprach, die der sozialistischen Ideologie nicht entsprachen und somit nur vom kapitalistischen Klassenfeind stammen konnten. Es herrschte in der DDR ein ständiges Klima der Angst!

Besonders heikel war es, wenn in den Abendnachrichten von ARD oder ZDF berichtet wurde, ein Fluchtversuch eines DDR-Bürgers Richtung Westen sei an der innerdeutschen Grenze gescheitert! Diskussionen in diese Richtung waren in keiner Weise erwünscht, weder in Schulen, noch in Betrieben. Kam es doch mal dazu, antwortete man von staatlicher Seite mit immer den gleichen stereotypischen Antworten, die da lauteten, dass der Kapitalistische Klassenfeind den Frieden der friedliebenden DDR-Bürger bedrohen wolle und die Grenze der DDR nicht achte.

Erstaunlicherweise bestand der sogenannte Klassenfeind fast immer aus den eigenen Bürgern, die von Ost nach West flüchten wollten, das waren dann die berühmten Vaterlandsverräter, die vom Westen in die falsche Richtung geleitet würden.

„Bestenfalls" für die betreffenden „Vaterlandsverräter" war es, wenn sie bei dem Fluchtversuch unverletzt gestellt wurden; Dann wanderten sie zwar für die nächsten Jahre in irgendein Stasi–Gefängnis, hatten aber überlebt. Im schlechteren Fall hatten sie mit Schussverletzungen überlebt, landeten aber anschließend auch im Stasi-Knast. Aber im schlimmsten Fall wurden sie von linientreuen Grenzsoldaten erschossen oder sie traten auf eine Mine auf dem „Todesstreifen", wie der Bereich zwischen den beiden Zäunen außerhalb Berlins genannt wurde, und wurden zerfetzt oder trugen schwere und schwerste Verletzungen davon, dann landeten sie mit eventuell bleibenden Schäden auch im Stasi-Knast, oder die Endstation lautete Friedhof, die mit Abstand schlechteste Variante.

Später wurde dieses perfide Grenzsystem noch durch Selbstschuss-Anlagen erweitert. Daher sollten diese Ereignisse keinesfalls in der DDR öffentlich diskutiert werden; egal was passierte, wir waren die Guten. Auch alle ehemaligen Nazi-Verbrecher lebten jetzt alle im Westen, es konnte ja auch gar nicht anders sein, den wir waren schließlich die Guten, rein und unbefleckt wie eine Jungfrau. Aber viele DDR Bürger schienen diese Propaganda für bare Münze zu nehmen.

Zuhause waren wir von strammen Partei-Genossen und Stasi-Mitarbeitern umgeben. Unser Nachbar Herr Kurz war Fahrer bei Schnüffel und Petz, so der inoffizielle Name für Stasi-Spione, die ihre Umgebung beobachteten und Auffälligkeiten an ihren Führungsoffizier meldeten. Auffällig war grundsätzlich jeder und alles. Als Nächstes wohnte über uns ein Major von der Nationalen Volksarmee (NVA), auch Parteigenosse, dann unter uns der Führungsoffizier unseres Nachbarn. Sie alle hatten natürlich nach außen hin grundsolide bürgerliche Berufe. Es dauerte, bis das nähere Umfeld mitbekam, für welchen Verein sie arbeitete. Unser Nachbar, nach offiziellem Beruf Tischler, kam ständig mit wahrscheinlich konfiszierten Fahrzeugen der Marken VW, Mercedes, BMW, was sehr auffällig war. Sein Sohn verriet sich eines Tages uns gegenüber und gab zu, dass sein Vater und bei Schnüffel und Petz angestellt wäre. Seine Stasi-Kumpane und er observierten „besonders politisch auffällige DDR Bürger". Diese Bürger glaubten dann, sie hätten es mit Bundesbürgern zu tun und wurden redselig. Somit tappten sie in die ihnen gestellte Falle, dann konnte man ihnen unterstellen, sie würden mit dem Klassenfeind kooperieren, was meistens vollkommen abwegig war. Im Nachbarhaus war die Gemengelage an strammen Kommunisten ähnlich durchwachsen. Im Untergeschoss wohnte Genosse Mertens, seines Zeichens Hauptmann am innerdeutschen Grenzübergang Marienborn–Helmstedt, des am besten gesicherten Grenzübergangs am imperialistischen Schutzwall. Diese Truppe war die Schikane-Einheit! Jeder Bundesbürger, der nach West-Berlin oder Verwandte in der DDR besuchen wollte, musste an diesen Typen vorbei, was den blanken Horror bedeuten konnte. Von kleineren Schikanen, angefangen bei Durchsuchungen des Gepäcks, bis hin zum fast kompletten Auseinanderreißen des Autos, *ohne* es anschließend wieder zusammen zu bauen, bis zu anschließenden stundenlangen Verhören. Das Programm an Einschüchterungen und Repressalien an der Grenze war fast unerschöpflich; *jeder* Einreisende aus dem „Kapitalistischen Ausland" (Wortlaut DDR) war ein potentieller Verbrecher.

Diese Grenze, die physisch als auch psychisch im Gedächtnis Spuren hinterließ, sie war monströs und erschreckend!

Aber zurück zur Schule.

Die ideologische Gehirnwäsche ging ihren gewohnten Gang, wir wurden jetzt in die FDJ (Freie Deutsche Jugend) aufgenommen oder besser gesagt zwangsbeglückt, denn das Wort „Freie" war ja als solches schon der blanke Hohn. Ich war in der Kirche und ging regelmäßig in die Christenlehre, außer mir noch drei meiner Klassenkameraden, was von Staats wegen allgemein nicht gerne gesehen wurde. Dazu kam, dass ein Teil meiner Verwandtschaft die DDR entweder schon früh oder kurz vor dem Mauerbau verlassen hatte. Mein Onkel war der Erste, er ging Anfang der Fünfzigerjahre, dann folgte seine Schwester, anschließend und unabhängig davon verließ wie schon erwähnt mein österreichischer Großvater Richtung Westen die DDR, als letzter und somit kurz vor Torschluss, (also vor Mauerschließung) ging mein Vater. Diesen Vaterlandsverrat meiner Verwandtschaft sollte ich die nächsten Jahre noch häufig zu spüren bekommen. Alle wurden die nächsten Jahre mit Einreise- und

Besuchsverbot belegt, was bedeutete, dass sie ihre Eltern, Geschwister, Freunde etc. auf lange und unbestimmte Zeit nicht mehr sehen würden. Für viele die damals gen Westen gingen, war es ein Abschied für immer.

Uns, die zurückgeblieben waren, wurden vom sozialistischen Alltag in Beschlag genommen. Anfang der Siebzigerjahre gab es eine kurze Zeit, in der es bergauf ging. Aber die Betonung liegt auf *kurze Zeit*. Zu Weihnachten gab es dann schon mal Kokosnüsse und Kubaorangen ...Da war sie dann wieder, die Überlegenheit des Sozialismus über dem „parasitären und faulenden Kapitalismus" (bitte Aussage mit Humor betrachten). Die Kuba-Orangen waren wieder Anlass für einen typischen Kalauer, man sprach von „Fidels letzter Rache"! Diese Orangen waren nämlich kaum essbar, sie waren so grob faserig, dass man beim Verzehr immer Zahnstocher brauchte. Die gab es aber nicht, wurden dann halt selber geschnitzt. Der „Neue Sozialistische Mensch" überzeugte in jeglicher Hinsicht durch Improvisation und Einfallsreichtum! Die „letzte Rache" aus Kuba eignete sich bestenfalls zum Auspressen, und auch die Kokosnüsse hatten nur eine kurze Verweildauer in der Kommunistischen Planwirtschaft, es fehlte schlichtweg an harten Devisen für deren Einkauf.

Unser großer Vorsitzender Walter Ulbricht hatte das Zeitliche gesegnet. Er verstarb plötzlich und unerwartet während der in Berlin 1973 stattfindenden Weltfestspiele. Man munkelte in der Bevölkerung, er wäre in Moskau gewesen und hätte sich dort zu weit aus dem Fenster gelehnt, indem er Leonid „Verbrecher-Chef" und weiteren KPdSU-Funktionären erklärte, er sei einer der letzten, die Lenin noch persönlich gekannt hätten.

Sein Schicksal war schon lange vorher besiegelt worden. Sein langjähriger „Ziehsohn" Erich Honecker, vom Volk dann später mit dem Spitznamen „Feten-Ette" bedacht, hatte im Hintergrund schon seit längeren die Fäden gezogen und somit Walterchens Untergang besiegelt. Honecker hatte das Sozialistische Ruder übernommen, eine „intellektuelle Koryphäe", die ihresgleichen suchte! Bei seinen Reden verschluckte er mitunter ganze Silben und halbe Worte. Honi, wie er auch kurz genannt wurde, war ursprünglich im bürgerlichen Beruf Dachdecker. Im Volke hieß es, „Walterchen hat uns eingezäunt, und Honi wird uns sicherlich bald überdachen."

Unser Staatsratsvorsitzender Walterchen wurde ohne großen Pomp in Berlin auf dem Friedhof der Kommunisten beigesetzt, es verlief alles so still und leise, als hätte es ihn gar nicht gegeben. Durch die Weltfestspiele in Berlin erregte sein Ableben keine große Aufmerksamkeit, und das war anscheinend beabsichtigt. Es gab böse Zungen, die behaupteten, man hätte bei Walterchen etwas nachgeholfen; aber keiner wusste nichts Genaues.

In der Provinz hatten die Leute Glück und überlebten die Weltfestspiele in Berlin, ohne zu verhungern. Berlin war laut Partei-Prominenz das „Schaufenster der DDR", was zur Folge hatte, dass die Schaufenster im übrigen Land leer blieben.

Unser schneidiger Klassenlehrer, der uns durch die Wirren des Sozialistischen Schulalltags mehr schlecht als recht manövrierte, beglücke uns nun bereits das dritte Jahr. Er trug während dieser Zeit das ewig gleiche Sakko und die nicht dazu passende braune Rundstrickhose (man konnte nur hoffen, dass er es mit der Unterwäsche nicht ähnlich handhabte). Die Hose glänzte im hinteren Bereich mittlerweile wie eine Lederhose, das Sakko sollte die nächsten Jahre an immer gleicher Stelle den immer gleichen Fettfleck aufweisen; dies konnte man eventuell als eine Art persönlicher Note werten, wie auch immer.

Es standen Gott sei Dank die Sommerferien vor der Tür! Ferien an sich waren schon mal grundsätzlich gut; jedoch sobald der Sommer etwas heißer wurde, tauchten die typischen Engpässe auf: War es länger als 3 Tage am Stück heiß, brach die gesamte Getränke-Versorgung zusammen. Unser HO-Konsum (HO = Handelsorganisation) war nach kurzer Zeit nicht mehr in der Lage, selbst so einfache Dinge wie Verdünnungssirup in größeren Mengen bereitzustellen. Etwas wärmere Sommer als auch kältere Winter hatte man in der 5-Jahres-Planung nicht berücksichtigt.

Da war er wieder, einer der Feinde des Sozialismus: In diesem Fall die unkalkulierbare Natur mit ihrer Witterung. „Sommer und heiß", das hieß, Leitungswasser wurde rationiert, sprich abgestellt, und das wiederum hieß für den Bürger im Umkehrschluss, vorsorglich die Badewanne mit Wasser aufzufüllen. Also Baden in der Badewanne fiel somit aus, aber wer brauchte schon Badewannen??? Einen Kopfsprung in den nächsten leicht verseuchten Teich und die Körperhygiene war wieder im Lot.

Keiner wusste, wann die Leitungen wieder Wasser hergaben, es funktionierte alles nach dem Zufallsprinzip, also: „Wasser marsch", und rasch alles befüllen, was irgendwie Wasser fasste. Einen Sozialisten, der im täglichen Kampf der Mangelwirtschaft erprobt war, konnte das doch nicht erschüttern. Die in solchen Fällen angesagten Vorsorge-Maßnahmen resultierten aus den Erfahrungswerten der letzten Jahre.

Eine *meiner* Aufgaben bestand darin, täglich für den damals bei uns im Haushalt befindlichen Eisschrank Eis von den an der Elbe befindlichen Eiswerken zu holen. Solch ein Eisblock von ca. vierzig Zentimeter Länge kostete etwa 30–40 DDR-Pfennige, ließ also das Haushaltsbudget nicht zusammenbrechen. Ich holte diesen Eisblock jeweils mit dem Fahrrad, ich konnte ihn auf den Gepäckträger klemmen. Mit dem Fahrrad ging es schneller, somit stiegen die Chancen, dass ein Teil dieses Eises auch den Eisschrank erreichte. Es kam aber häufig zu unkalkulierbarer Faktoren. Z. B. traf ich unterwegs schon mal einen Kumpel oder Schulkameraden; das führte dann natürlich dazu, dass das Eis in Vergessenheit geriet und nur noch ein geringer Teil Haus und Hof erreichte, dass die Kühlung im Eisschrank nicht reichte, somit das Essen anfing zu gammeln, usw … Die Konsequenz hieß dann Stress für mich.

Themen-Wechsel:

Unsere Klasse hatte sich mittlerweile zahlenmäßig gelichtet und wir sollten nach den Ferien vier neue Klassenkameraden bekommen. Die vier kamen aus einem Dorf namens Pechau (heute ist die Ortschaft in Magdeburg eingemeindet). Diese besagte Ortschaft lag etwa fünf Kilometer von unserer Schule entfernt, dort gab es nur eine Acht-Klassen-Schule, warum auch immer. Somit wollten die vier die beiden letzten Jahre bis zur 10. Klasse bei uns absolvieren. Es waren ein Mädel und drei Jungs.

Unser Klassenlehrer fuhr wie so häufig und besonders während der Ferien zum Angeln. Sein Motorrad war eine MZ (Motorenwerke Zschopau) mit dem schneidigen Typen-Namen „ES 150". Der Name sowie die Technik und das ganze Motorrad waren natürlich dem Klassenfeind um Jahrhunderte überlegen, ha, ha, ha. Dieses Modell brachte es mit viel Glück, bergab, Kneipe in Sicht und mit der Sonne auf den Tank auf satte 95 km/h. Dieser Tag sollte nicht der Tag unseres Klassenlehrers werden; aber der Reihe nach ...

Wie auch an anderen Tagen führte ihn sein Weg nach Pechau, wo es einen netten See zum Angeln gab. Er stellte das Wunder der Technik, etwas abseits ab (dieses sollte sich als gravierender Fehler erweisen), die restlichen Meter zum See legte er zu Fuß zurück.

Unsere zukünftigen und neuen Mitschüler, (es waren die drei Jungs) hielten sich ebenfalls an diesem See auf. Nach einiger Zeit entdeckten sie das Motorrad, sie konnten natürlich nicht ahnen, dass es das Motorrad ihres zukünftigen Klassenlehrers ist. Einer von den dreien lief nach Hause und holte Werkzeug, und dann nahm die Sache ihren Lauf. Wie bei allen Dingen herrschte natürlich auch bei Ersatzteilen jeglicher Art chronischer Mangel. Damit war für *diese* Ersatzteile der Absatz für gutes Geld schon im Vorfeld gesichert. Das hieß für die Drei Ärmel hochkrempeln, zur Tat schreiten und das Taschengeld aufbessern. Sie zerlegten das Motorrad ihres zukünftigen Klassenlehrers in alle Einzelteile, übrig ließen sie nur den Rahmen und die Sitzbank sowie die Räder, da die Reifen kaum noch Profil aufwiesen.

Nach Vollendung seines Angelausflugs kehrte unser Klassenlehrer frohen Mutes und gut gelaunt zu seinem

Motorrad zurück. Er hatte, wie er später erzählte, zwei gute Hechte gefangen. Er freute sich bereits auf sein Abendessen, und sah dieses Abendessen wohl schon vor seinem geistigen Auge und die Hechte in der Pfanne brutzeln. Die Jungs hatten ganze Arbeit geleistet und waren längst über alle Berge. Die Ersatzteile hatten sie mit einem Handwagen abtransportiert, die schienen wohl einige Erfahrung betreffs Ersatzteilbeschaffung gehabt zu haben. Unser Klassenlehrer erreichte mittlerweile sein völlig entkerntes Motorrad und musste mit Schrecken und Erstaunen feststellen, dass von diesem nicht mehr viel übrig war.

Ihm blieb nichts anderes übrig, als mit seiner kompletten Angelausrüstung und den Hechten über dem Rücken den Rückweg zu Fuß anzutreten. Er suchte auf seinem Rückweg den örtlich ansässigen ABV (Abschnittsbevollmächtigten, Polizei) im Ort auf, um bei diesem eine Anzeige zu erstatten. Anschließend musste er den Heimweg mit den zwei Hechten im Bus antreten.

Die drei Jungs waren leider nicht die hellsten Kerzen auf der Torte. Anstatt die Ersatzteile außerhalb der Ortschaft an den Mann zu bringen, verkauften sie die ersten Ersatzteile gleich wenige Tage später wieder in ihrer Ortschaft, um schnelles Geld zu machen. Der Ort bestand nur aus wenigen Hundert Einwohnern, somit war es nur eine Frage der Zeit, bis sie aufflogen, und das ging dann auch ziemlich schnell. Sie erfuhren von ihrem Dorfsheriff, wessen Motorrad sie da zerlegt hatten, da der die Personalien bei der Anzeige unseres Klassenlehrers aufgenommen hatte. Als die Jungs dann auch noch den Namen hörten, wussten sie gleich, um wen es sich handelte, und zwar um ihren zukünftigen Klassenlehrer. Man kann sich gut vorstellen, was die Jungs für Gesichter gemacht haben. Es war ziemlich klar, dass sie nach den Ferien wohl nicht zu uns in die Klasse kommen würden. Als wir von dieser Story erfuhren, konnten wir uns vor Lachen nicht halten. Unsere neuen Mitschüler zogen es vor, mit unserer Parallelklasse vorliebzunehmen. Was sie und wir zu diesem Zeitpunkt nicht wussten war, dass unser Klassenlehrer nach den Ferien zum stellvertretenden Schuldirektor ernannt wurde und sie trotz Parallelklasse zum Rapport geladen wurden. Und da gab es dann Saures.

Das Ende vom Lied war: Sie mussten für den Schaden aufkommen, und unser Klassenlehrer hatte für längere Zeit kein Fahrzeug mehr, um seiner Angelleidenschaft nachzugehen.

Für uns rückte die Zeit der „Jugendweihe" näher, eine dieser kommunistischen Erfindungen. Es war der staatliche Gegenentwurf zur Kommunion und Konfirmation in der Kirche. Dieses Prozedere diente nur dazu, uns noch enger an das sozialistische System zu binden.

Mittlerweile durften die „Vaterlandsverräter" aus dem Westen auch wieder zu Besuch kommen, wie mein Onkel, meine Tante und mein Vater. Der Grund war simpel: die DDR brauchte Geld und zwar harte Währung, das war in diesem Fall die D-Mark. Die Leute aus dem Westen mussten sich einem so genannten Zwangsumtausch unterwerfen, das war der Preis für den Eintritt in die DDR und das Wiedersehen mit ihren Verwandten. Im DDR-Jargon hieß es „Mindest-Umtausch", in der Bundesrepublik nannte man es Zwangsumtausch.

Anfang der Siebzigerjahre lag dieser Umtauschsatz bei 10,- DM pro Tag und pro Person. Das variierte über die Jahre und endete kurz vor Zusammenbruch des Ostblocks bei 25,- DM pro Tag und Person. Ja, wer Einlass in das Paradies des Arbeiter- und Bauern-Staates haben wollte, musste je nach Aufenthaltsdauer tief in die Tasche greifen. Ein Besuch im Zoo ist schließlich auch nicht gratis, und wir waren immerhin der größte „Freiluft-Zoo" der Welt und hatten noch dazu die skurrilsten Politiker der Welt.

Ehrenhalber muss man hinzufügen, dass die Westdeutschen für den Umtausch der D-Mark die gleiche Geldmenge in DDR-Mark erhielten, was natürlich bei dem „überbordenden" Warenangebot der DDR bei den Eingereisten zum sofortigen Kaufrausch von DDR-Produkten führte (bitte als Humor zu verstehen). Somit empfing man wieder jeden BRD-Bürger und ehemals Abtrünnigen in der DDR herzlichst, denn jeder dieser Einreisenden brachte dem ständig klammen DDR-Staat harte Devisen.

Optisch ging es immer weiter bergab. Die Altbauten wurden meist abgerissen, anstatt sie zu sanieren. Sanierung war zu teuer. Alles Alte und Erhaltenswerte wurde dem Zerfall preisgegeben. Die Innenstädte verrotteten zusehends, und was der Krieg nicht zerstört hatte, bröselte jetzt vor sich hin, bis es unbewohnbar war und abgerissen werden musste.

In den noch verbleibenden Altbauten hatte man immer fließend Wasser; selbst wenn es im Sommer abgestellt wurde, floss es dann immer noch von den Wänden ... In den Vorstädten wurden riesige Plattenbauten hochgezogen oder besser gesagt: zusammengeschustert (ein Ergebnis der 5-Jahres-Planungen). Es musste auf Biegen und Brechen Wohnraum geschaffen werden.

Wir wurden schulisch in diese Bauprogramme einbezogen, es gab das Unterrichtsfach UTP (Unterrichtstag in der Produktion), wir als Schüler wurden in diese Art von Wertschöpfungsprogramm mit eingebunden. Man ließ sich immer neue und abstrusere Ideen einfallen. Diese Tage dienten dazu, den Werktätigen in Betrieben, Kombinaten und im Baubereich tatkräftig unter die Arme zu greifen. Für uns offenbarte sich erstmalig die Misswirtschaft und der Mangel in diesem System in seinem ganzen Umfang!

Während dieser Tage lungerten wir während des UTP-Unterrichts meistens auf irgendwelchen Baustellen herum, weil es ständig an Arbeitsmaterial mangelte. In den Medien der DDR wurde das durch Propaganda-Getöse kaschiert und mit Erfolgsmeldungen in den Nachrichten der „Aktuellen Kamera" übertüncht. Der Sozialismus vollbrachte täglich scheinbar Gigantisches für seine Bürger; Die Realität jedoch spiegelte etwas ganz anderes wieder. Jeden Abend fanden neue Jubelmeldungen in der aktuellen Kamera ihre Empfänger, es gab anscheinend mehr als genug Mitbürger, die entweder blind waren oder diesen Bullshit für bare Münze hielten. Ständig wurden die Pläne nicht nur erfüllt, nein, sie wurden ständig „übererfüllt". Im Anschluss wurden dann die hervorragenden Leistungen der Werktätigen in den volkseigenen Betrieben hochgejubelt. Jeden Abend die gleichen Erfolgsmeldungen und Durchhalteparolen, ... eine halbwegs objektive Berichterstattung vom Rest der Welt: Fehlanzeige! Das sollte sich die nächsten Jahre so fortsetzen und noch wesentlich katastrophaler werden.

Aber es gab auch genügend Durchblicker, und sie nannten diesen ganzen inszenierten Schwachsinn den „Honecker-Tango": dieser „DDR-Tango-Tanz" bestand aus „einem Schritt vor und zwei Schritten zurück". Eines war klar: der *Westen* stand am Abgrund, aber die *DDR* war schon einen großen Schritt weiter!

Eines durfte auf keinen Fall verloren gehen, und das war der Humor.

Im Laufe der Schuljahre wusste man, wem man in der Klasse vertrauen konnte, und bei wem man besser schwieg und Vorsicht walten ließ.

Die Jugendweihe stand vor der Tür und die Aufnahme in den Kreis der Erwachsenden; der nächste Sozialistische Höhepunkt, wie man uns erklärte. Ich bekam zu diesem Anlass einen braunen Kuranzug, mit passendem Hemd und passender Krawatte, aus dem Westen, also vom berüchtigten Klassenfeind, in dem Fall von meiner Tante geschickt. Es war der Kracher!

Das Paket hatte man mal wieder wie üblich auf dem Weg zum Empfänger (in diesem Fall war ich das) in der Hauptpost oder an anderer Stelle aufgerissen und durchwühlt.

Diese Gestalten, die zur Stasi gehörten, waren legitimierte Staatsverbrecher. Diese Typen wurden von uns mit folgenden Namen bedacht, es gab drei Kategorien: 1. Abt. SCHNÜFFEL und PETZ, 2. Abt. HORCH und KUCK, und die 3. Abt. bestand aus TEILE und NIMM WEG! die Letzteren waren die Paketöffner. Jeder von denen hatte seine festgelegten Aufgabenbereiche.

Ich hatte mir für das Ereignis Jugendweihe Geld als Geschenk gewünscht, da ich mir ein Moped kaufen wollte. Es kam einiges zusammen, aber ich musste noch vierzehn Tage bei den Eltern eines Klassenkameraden in der Gärtnerei arbeiten. Der Führerschein stand auch noch an, und auf das Moped mit dem Namen Habicht musste ich auch noch ein halbes Jahr warten. Der Moped-Führerschein kostete mich 15,- DDR-Mark, also kein großer Kostenfaktor. Somit ging alles seinen typischen sozialistischen Gang wie immer, unsere Wünsche waren im Allgemeinen von bescheidener Natur. Das Moped hingegen war für DDR-Verhältnisse und für mich schon eine ziemlich große Sache. Auf eine „Rennpappe", sprich Trabant 601 wartete man nach Anmeldung 15 Jahre. Dieses Modell war ja an Schnittigkeit und Formschönheit weltweit einzigartig. Das Fahrzeug, war nicht nur formschön, sondern auch lautstark, leistungsschwach und dazu noch Werkstatt-treu. Hinzu kam noch, dass alle vier Räder ständig Bodenkontakt hatten, aber die Krönung war, dass dieses Wunder an Technik auch noch den 2. Platz im Windkanal gemacht hatte, und zwar direkt hinter einer DDR-Schrankwand. Wer konnte uns da noch das Wasser reichen. Dieses ausgeklügelte Geschoss besaß sage und schreibe satte 26 PS, und hatte eine Beschleunigung, die einem die Luft zum Atmen nahm. Zudem hatte diese Rakete einen Tank, der über dem Motor angebracht war, und das funktionierte nach dem Fallprinzip wie bei älteren Motorrädern. Somit konnte man die Kraftstoff-Pumpe einsparen. Der „kleine" Nachteil war, dass, sobald das Fahrzeug anfing zu stottern, man sich unter die rechte Seite hechten musste, also unter die Beifahrerseite, um dann den Benzinhahn in die richtige Stellung zu drehen, was zu einem leichten Blindflug führte. Aber mein

Gott, man konnte ja nicht alles haben. Großer „Vorteil" zudem war noch, dass man sich mit den Knien die Ohren zuhalten konnte. Der „Karton de Blamage", wie die Rennpappe auch genant wurde, war ein Zweitakter, man musste den Sprit an der Tanke selber mischen. Hier war *der* klar im Vorteil, der bereits ein Zweitakter-Moped gefahren hatte, der kannte sich aus ...

Ein Fahrzeug aus DDR-Fabrikation zeichnete sich durch ein *wesentliches* Merkmal aus, das war einzigartig auf der Welt und zeigte ein weiteres Mal die Überlegenheit des Kommunismus über den Kapitalismus. Es spielte dabei keine Rolle, ob es sich um einen Trabi, Wartburg, Lada, Dacia, Wolga oder um ein anderes Auto aus Ost-Fabrikation handelte. Nein, *das* konnte der Westen nicht vorweisen: ein DDR-Auto wurde mit jeder Stunde, jedem Tag, jedem Monat und mit jedem Jahr ... *wertvoller*. Es war eine rollende Wertanlage, mit täglich wachsender Wertsteigerung. Später, als ich arbeitete, sagte mir mal ein Arbeitskollege, das Geld für einen neuen Trabi habe er schon zusammengespart, aber für einen Gebrauchten würde es noch nicht reichen! *Verkehrte Welt*.

Langsam rückte die Zeit näher, und die Frage stand im Raum, was mit mir nach dem Ende der Schulzeit beruflich passieren sollte.

Das Misstrauen in diesen Staat namens DDR wuchs mit zunehmenden Alter. Wer mit offenen Augen durch dieses Land lief, erkannte an allen Ecken und Enden die Defizite. Diese Zweifel gegenüber dem Staat und dessen Ideologie wuchsen in mir von Jahr zu Jahr und sollte sich im Laufe der kommenden Jahre durch einschneidende Erlebnisse noch massiv verstärken.

Ich machte meinen Moped-Führerschein und konnte ein paar Wochen später mein Moped mit dem klingenden Namen „Habicht" abholen. Die damals gängigen DDR-Moped-Typen hatten alle klingende Vogelnamen, aber keines davon konnte fliegen! Hätte aber der Sozialismus gesiegt, hätte man diese Mopeds sicherlich doch irgendwann zum Fliegen gebracht. Kleine Chronologie der einzelnen Namen für Leute, denen diese Modell-Palette nicht bekannt ist: Der Spatz war ein Einsitzer, der Star ein Zweisitzer, der Habicht ebenso, und der Kleinroller Schwalbe war auch ein Zweisitzer. Somit begann das „Abenteuer DDR-Straßen"! Für mich fand dieses eher fragwürdige Abenteuer überwiegend in meiner Heimatstadt Magdeburg statt. Die Straßen glichen oft eher Moto-Crossstrecken, ein Schlagloch jagte das andere. Im herkömmlichen Sinne konnte mal in vielen Fällen nicht von „Straßen" sprechen. Kamen mein Vater oder Onkel aus der Bundesrepublik zu Besuch, wussten sie anschließend nach Befahren der Straßen ihrer ehemaligen Heimatstadt, was an ihren Autos alles klapperte. Wie nicht anders zu erwarten, witzelte die Bevölkerung über ihre eigenen maroden Straßen. Einer dieser Witze lautete: HAST DU SCHON GEHÖRT, EINER ALTEN FRAU HAT MAN DIE HÄNDE ABGEFAHREN/FRAGE DES GEGEN-ÜBERS: WIE IST DAS DENN PASSIERT???? SIE IST BEIM BLUMEN-PFLÜCKEN AUS EINEM SCHLAGLOCH GE-KLETTERT. Das nächste Highlight im Straßenverkehr war das Verlegen von Straßenbahnschienen und das Fahren mit diesen Straßenbahnen. Diese Schienen wurden so „gut" verlegt, dass man nach kurzer Zeit schon das Gefühl hatte, man säße nicht in einer Straßenbahn, sondern in einer Dschunke im Indischen Ozean und würde diesen bei Windstärke 12 überqueren. Dafür war der Fahrpreis von 0,15 Pfennig unschlagbar. Was natürlich bei weiten nicht reichte, um die marode Infrastruktur zu modernisieren oder auch nur ansatzweise instand zu halten. Das Fahren zwischen diesen Straßenbahnschienen mit Zweirädern glich eher einen Rodeo-Ritt. Man musste die Stellen kennen, wo man über diese Schienen wechseln konnte, ohne zu stürzen. Als Zugabe donnerten in unregelmäßigen Abständen russische Panzer über die sowieso schon maroden Straßen, was diese noch mehr beschädigte. Die sowjetischen Brüder hatten jedoch in allen Bereichen Narrenfreiheit. Magdeburg war besonders reich gesegnet mit sowjetischen „Brüdern". Hier hatte jeder Einwohner gefühlte drei sowjetische Brüder. Die ehemaligen Wehrmachtkasernen hatte man nach dem Krieg kurzerhand zu Sowjet-Kasernen umfunktioniert. Wir konnten uns auf unserem Heimweg von der Schule zwei Optionen aussuchen, um nach Hause zu kommen. Die erste und direkteste führte schnurstracks die Straße entlang direkt nach Hause, war aber die langweiligste Variante. Die zweite Route unseres Heimweges führte uns durch das so genante Russen-Magazin. Wobei das Wort „Russe" zur damaligen Zeit nicht erwünscht war, sozialistisch korrekt musste es „Sowjetbürger" heißen. Wir gingen also durch das „Sowjetbürger-Magazin", das sagte aber so keiner, Russe blieb Russe. Dieser Weg nach Hause war häufig ein kleines Abenteuer, da wir mit einigen der Sowjetsoldaten kleine Tauschgeschäfte machten.

Besagte Kasernen befanden sich in absolut desolaten Zuständen. Die maroden Zustände zeigten sich nicht nur in unmittelbarer Umgebung dieser ehemaligen Villen, sondern bezogen sich auch auf die Gegenstände innerhalb und außerhalb dieser Häuser. Innerhalb dieser Häuser verwendete man alles was brennbar war, z. B. Treppengeländer, Holzinventar, alles womit man Heizen konnte, also gut brennbare Materialien, im Ofen.

Die Fassaden als auch die Dächer dieser Häuser sahen stellenweise aus, als hätten sie tagelangem Beschuss standhalten müssen. Man hatte seit Kriegsende nichts, aber auch rein gar nichts betreffs Instandhaltung an den jeweiligen Objekten getan. Die einzelnen Häuser wurden nicht von einfachen Soldaten bewohnt, sondern von Offizieren. Bäume, die durch Herbststürme auf die Dächer fielen, blieben einfach liegen ...

Die Kasernen lagen im Verwaltungsbereich der DDR-Behörden, die sowjetischen Brüder mussten durch die DDR finanziert werden; ein weiterer Sargnagel für die sowieso schon marode DDR-Wirtschaft.

Bei Ölwechseln wurde das dabei abgelassene Öl, häufig und direkt ins Erdreich abgelassen, das war kein Problem und störte auch niemanden. Umweltschutz gab es weder in der DDR, noch bei unseren sowjetischen „Vorbildern".

Durch die so genannte „Guillaume Affaire" beim kapitalistischen „Klassenfeind" BRD trat im Mai 1974 der wohl bis dahin beliebteste Bundeskanzler der Bundesrepublik Deutschland, Willi Brandt, zurück. Er war nicht nur bei großen Teilen seiner eigenen Bürger sehr beliebt, sondern genoss auch beim überwiegenden Teil der DDR-Bürger hohes Ansehen. Er stand zudem für die Entspannungspolitik zwischen Ost und West, was viele DDR-Bürger hoffen ließ, dass es unter anderem im Reisebereich zu Erleichterungen für sie kommen würde.

Guillaume war der persönliche Referent von Brandt, und er war Spion der DDR. Speziell in seinem Fall stellte sich die Stümperhaftigkeit der DDR-Bonzen unter Honecker dar.

Für uns als DDR-Bürger änderte sich erst einmal gar nichts. Ich persönlich begann mich zunehmend für Politik und Geschichte zu interessieren. Immer häufiger erlaubte ich mir, diesen real existierenden Sozialismus infrage zu stellen, denn es gab trotz aller Versuche der Ideologischen Gehirnwäsche immer noch das ganz normale Leben; und schließlich gehören zu einer Gehirnwäsche immer zwei, einer der wäscht, und einer, der waschen *lässt!* Wir machten als Jugendliche wohl das, was so viele Jugendliche machten und machen: wir fingen an zu rauchen. Das Geld war knapp, und an Zigaretten zu kommen war auch nicht ganz leicht, also mussten wir uns etwas einfallen lassen. Es war letztendlich ziemlich naheliegend, so tauschten wir mit den russischen Wachposten sämtliche Dinge, und in einigen Fällen tauschten wir Süßigkeiten gegen Zigaretten; sie bekamen Süßigkeiten und wir im Gegenzug Zigaretten.

Im Winter machten wir einen noch größeren Bogen und gingen Richtung Elbe, wir hatten dort einen See, der parallel zur Elbe verlief und der gleichzeitig an das Russenmagazin grenzte. Wir kannten durch das häufige Durchlaufen durch besagtes Russenmagazin mittlerweile ein paar von den russischen Spitzbuben, die schon etwas länger mit ihren Eltern in der Kaserne ausharrten, die sprachen meist auch deutsch und wir durch unseren Russisch-Unterricht in der Schule etwas russisch. Sobald der Winter kalt genug war und der See zufror, spielten wir gegen die Jungs Eishockey. Wir waren gegen sie, die Eishockey liebten und zumal bei Olympischen Spielen und

Weltmeisterschaften die besten Spieler der Welt hatten und so ziemlich alles gewannen, was es im Eishockey zu gewinnen gab, meist gnadenlos unterlegen und hatten so gut wie kaum eine Möglichkeit, ein Spiel zu gewinnen.

Es war ein schöner kalter sonniger Wintertag, wir kamen von der Schule und liefen über das Eis Richtung nach Hause, als wir schon von weiten sahen, dass unsere russischen Kumpels wieder Eishockey spielten. Wir wollten wieder ein kleines Eishockey Match starten, aber es kam anders. Es fand ein häufiger Wechsel und Austausch der russischen Offiziere und ihrer Familien in den jeweiligen Kasernen statt. Eine Truppe neu zugereister Jungs, also die Neuen aus der Russenkaserne, fingen an das trockene Gras am Deich anzuzünden. Das Feuer breitete sich in Windeseile aus, und die Jungs gerieten in Panik. Sie hatten nicht damit gerechnet, dass alles so schnell lichterloh brannte. Aus lauter Verzweiflung rissen sie sich ihre Nylon-Anoraks vom Körper (diese Anoraks aus Nylon waren damals groß in Mode), sie versuchten damit das Feuer unter Kontrolle zu kriegen und zu löschen.

Es gelang ihnen jedoch nicht, wir beobachteten das alles vom sicheren Eis aus. Nach kurzer Zeit hatten sie von ihren Nylonanoraks nur noch die Kapuzen in der Hand, der Rest war weggeschmort. Durch den Rauch und dem damit verbundenen Geschrei der Jungs wurden die Mütter aufmerksam und kamen vom Russen-Magazin angelaufen, sie liefen die andere Seite des Deiches hinauf. Als sie oben auf dem Deich ankamen und sahen, was mit den Anoraks ihrer Söhne passiert war, gab es ein Riesen-Geschrei, und es begann eine Hetzjagd; Die Mütter verfolgten ihre Söhne, die Jungs gaben Hackengas und suchten nur noch mit ihren Kapuzen in der Hand das Weite. Es war ein Schauspiel für die Götter.

Es kam bei der ganzen Sache keiner zu Schaden, außer natürlich die Anoraks. Wir standen auf dem Eis und hatten das Ganze vom Anfang bis zum Ende mit verfolgt. Vor lauter Lachen wären wir auf dem Eis fast zusammengebrochen (nicht zu verwechseln mit eingebrochen), es war einfach eine Mordsgaudi.

Zurück zum Moped.

Es wurde Frühjahr, und es war an der Zeit, meinen Klassenkameraden mein neues Moped vorzuführen; gedacht, getan! Eine kleine Showeinlage konnte dabei nicht schaden, so etwas kommt immer gut. Ich dachte mir, ich fahre mal kurz über den Schulhof auf unsere Turnhalle zu, wo einige Jungs unsere Klasse gerade Fußball spielten.- Das Befahren des Schulhofes war natürlich verboten, aber es würde den Showeffekt wesentlich erhöhen. Es war Samstag, damals noch ein normaler Schultag. Ich fuhr also zwischen unserem überdachten Fahrradständer und unserem Heizhaus in Richtung Schulhof und nahm Kurs auf die Turnhalle. Auf einmal kreuzte von der rechten Seite- hinter dem Heizhaus hervorkommend- eine Gestalt mit dem Fahrrad auf! Trotz eines Schlenkers und bremsen meinerseits war ein Ausweichen nicht mehr möglich, der Crash war unvermeidlich! Kurze Zeit später stellte sich heraus, ich hatte unseren Heizer auf die Hörner genommen. Er lebte Gott sei Dank noch, trug aber einige Blessuren davon. Er hatte ein Handicap, und dieses war ein steifes Bein! Ich wusste sofort, jetzt stand massiver Ärger ins Haus. Ich half ihm auf die Beine, er fluchte und gab ein paar für mich nicht verständliche Grunzlaute von sich. Sein Drahtesel hatte auch einiges abbekommen und war ziemlich ramponiert, aber das Fahrrad war erst mal nebensächlich. Ich selber kam ohne jegliche Kratzer davon. Ich musste mir dann von ihm eine ordentliche Standpauke anhören, aber er hatte offensichtlich auch nicht allzu viel abbekommen. Er bestand jedoch darauf, dass wir sofort gemeinsam zum Schuldirektor gingen. Der war zu meinem Glück an diesem Tag nicht mehr da, war erst wieder am Montag in der Schule. Aber aufgeschoben hieß nicht aufgehoben, und ich wusste, am Montag wartet Action von der übleren Art auf mich. Die Showeinlage war reichlich in die Hose gegangen. Ich hoffte, das Wochenende würde nicht vergehen, oder zumindest sehr langsam, und ich hoffte zudem, dass sich bis Montag die Wogen etwas glätten würden. Aber das Gegenteil war der Fall, das Wochenende verging wie im Fluge und was noch hinzu kam: ich wusste nicht, wie es unserem Heizer ging! Oft kommen die Blessuren erst im Nachhinein zum Vorschein, und so war es dann auch.

Montag früh stand ich zeitiger auf als sonst, was zuhause Erstaunen verursachte, da ich eher zur Gruppe der Langschläfer gehörte. Ich musste unbedingt vor dem Unterricht noch im Heizhaus vorbeisehen. Ich sagte Zuhause, ich wolle noch bei meinen Großeltern vorbeischauen, um was zu erfragen. Der „Besuch" würde direkt auf der schon beschriebenen kürzesten Strecke des Schulweges liegen, somit erregte mein frühes Aufstehen erst mal keinen Argwohn. Ich klingelte, meine Großmutter öffnete, ich ging kurz mit ihr in die Küche und fragte, wann mein Cousin Uwe das nächste Mal aus Braunschweig zu

Besuch kommen würde. Meine Großmutter meinte, ich hätte sie das schon mindestens dreimal gefragt, sie sagte mir das Datum, ich sagte noch kurz Tschüss und weg war ich. Mit meinen Gedanken war ich sowieso längst bei unserem Heizer. Ich machte einen leichten Umweg um die Schule und hoffte, dass mir erst mal keiner begegnen würde, dann ging ich direkt ins Heizhaus. Von unserem Heizer war weit und breit nichts zu sehen. Ich ahnte nichts Gutes, es roch nach Ärger und mir schwante, es würde ungemütlich werden.

Ich ging zur Schule, die Treppen hoch und betrat den Klassenraum. Zwei meiner Klassenkameraden befanden sich bereits da, sie hängten ein Plakat an der hinteren Wand der Klasse auf. Dieses Plakat enthielt eine der üblichen Parolen „Von der Sowjetunion lernen heißt Siegen lernen": Da war sie wieder, unsere tägliche Dosis kommunistischer Dröhnung. Aber ich sollte ein paar Minuten später ein wirkliches Problem haben, denn mit dem Siegen sah es für mich an diesem Tag ganz schlecht aus; im Gegenteil, gleich würde es Saures geben. Es war wirklich nicht die cleverste Idee, auf den Schulhof einzubiegen.

Ich hatte ein mulmiges Gefühl, da ich unseren Heizer immer noch nicht angetroffen hatte. Auf dem Weg zur Toilette kam mir ein weiterer Schulkamerad entgegen, der wusste schon, dass ich mit dem Moped unseren Heizer abgeräumt hatte. Ich ging zurück in die Klasse, die sich langsam füllte, dann kam unsere Geografie-Lehrerin Frau Mertens herein, wir hatten die erste Stunde bei ihr. Nach kurzer Begrüßung (die Zeiten „seid bereit, immer bereit" waren für uns vorbei, wir waren FDJler und wurden seit dem neuen Schuljahr in der 9. Klasse mit „Sie" angesprochen). Die Spannung bei mir steigerte sich stetig, ich hoffte, ich würde glimpflich davon kommen, aber wenn es schon Klassenkameraden wussten, dann wusste es sicherlich schon die halbe Schule. Dann fragte mich Frau Mertens unvermittelt, ob ich denn schon im Sekretariat gewesen wäre. Ich fragte sie Unwissenheit heuchelnd- warum. Sie sagte mir, man würde dort bereits auf mich warten. Jetzt war klar, gleich würde es richtig Stress geben! Also machte ich mich auf den Weg ins Sekretariat und zu unserem Schuldirektor. Im Sekretariat wurde ich erst mal von unserer Schulsekretärin in Warte-Position geparkt. Unser Direktor hatte noch Besuch, ich schmorte gefühlte zwei Stunden, es waren aber nur maximal zehn Minuten. Dann war ich an der Reihe.

Unser Schulleiter war weiß Gott keiner von der sympathischen Fraktion. Ich hatte mir mal erlaubt, als er hinter mir stand und ich ihn nicht bemerkt hatte, von Russen zu sprechen. Ich musste mir eine längere Standpauke anhören, dass es keine Russen wären, sondern Sowjetbürger, und dass sie unsere Brüder wären, die uns vom Hitlerfaschismus befreit hätten, und, und, und ... Er war in jeder Hinsicht ein strammer Kommunist oder tat zumindest so.

Was würde jetzt wohl kommen??? Als Erstes erfuhr ich, dass unser Heizer krankgeschrieben war, das machte die ganze Sache für mich nicht leichter. Mir wurde das Ganze als regelrechter *Anschlag* ausgelegt, Anschlag gegen den Sozialismus! Und ein Rowdy sei ich obendrein! Na ja, die feine englische Art war es sicherlich nicht, mit dem Moped über den Schulhof zu donnern. Dann folgte eine Lektion, was die Verhaltensweisen im sozialistischen Schulbetrieb anbetraf, anschließend eine Belehrung über die Schulordnung (hörte sich fast gleich an). Zum Schluss erklärte man mir, dass sich dieses ungebührliche Verhalten für einen jungen Sozialisten nicht geziemt, die übliche sozialistische Leier halt. Das Ende vom Lied war, ich würde einem Tadel bekommen, der dann für jeden lesbar am öffentlichen Brett am Eingang der Schule hängt. Ich dachte für mich, wenn es weiter nichts ist, damit kann ich leben …

Naja, der Tadel wurde mir dann am kommenden Samstag vor der gesamten Schule um die Ohren geknallt! Ich musste für den Schaden an dem Fahrrad aufkommen. Dann wurde noch erklärt, dass ich gegen die Sozialistischen Grundprinzipien der Schule verstoßen hätte; es musste wie üblich alles mit den sozialistischen Idealen in Verbindung gebracht und jede Kleinigkeit politisiert werden. Ich ließ das Ganze in stoischer Ruhe über mich ergehen, es war halt das übliche DDR-blabla.

Die frohe Botschaft des öffentlichen Tadels und die Aktion mit dem Heizer wurde durch meine schwatzhafte Schwester Zuhause verkündet, was mich dazu veranlasste, ein Jahr lang kein einziges Wort mit ihr zu sprechen!

Von Zuhause wurden Sanktionen gegen mich verhängt: Moped-Verbot für die nächsten vier Wochen sowie die Streichung von Taschengeld! Okay, dachte ich mir, das werde ich auch überstehen. Ich musste circa 100,- Mark für das demolierte Fahrrad bezahlen, das ja sozialistisches Volkseigentum war. Damit wäre es in nächster Zeit mit dem Tanken sowieso Essig gewesen, da mir dann schlicht und einfach das Geld fehlte.

Wir Jungen schafften uns unsere persönlichen Freiräume. Da gab es kein sozialistisches Geschwafel oder Orte, wo das Auge von sozialistischen Parolen beleidigt wurde. Einer dieser Freiräume war unser Fußballverein. Wir gründeten ihn selber, und er bekam den Namen unseres Stadtteils: FC-Cracau. Wir waren sicher, dass wir in einem halben Jahr an der Weltspitze des Fußballs mitmischen würden; einziger Haken: man würde uns zu den ganz großen Begegnungen und den damit verbundenen Spielen nicht aus dem Land lassen ... Naja, träumen konnte man ja mal.

Unsere Fußballtruppe war ein zusammengewürfelter Haufen aus allen Ecken unseres Stadtteils. Im Laufe der Zeit formte sich ein harter Kern von circa fünfzehn Stammspielern. Wir waren keinem dieser offiziellen DDR-Sportclubs angeschlossen, das sollte bald Misstrauen erregen.

Uns ging es um den Spaß an der Sache, um das Fußballspielen als solches und nicht, dass jedes Spiel als Sieg für den Sozialismus ausgelegt wurde. Damit konnten wir in unseren jungen Jahren sowieso noch nichts anfangen.

Der Nachteil bestand darin, dass wir keine Unterstützung von offizieller Seite erhielten, weder finanzieller noch anderweitiger Art. Somit hatten wir auch keinen offiziellen Fußballplatz. Not macht bekanntlich erfinderisch, also spielten wir einmal dort, und ein anderes Mal hier ...

Unser Trainer, Gerald, war immer kreativ, und so mussten wir zum Trainieren schon mal längere Wege innerhalb der Stadt in Kauf nehmen. Natürlich wurde der Eine oder Andere von uns – wie nicht anders zu erwarten – von netten Onkels der Firma „Horch und Kuck" sowie von „Schnüffel und Petz" unauffällig befragt, was wir denn da so treiben würden. Wir gaben bereitwillig Auskunft, schließlich hatten wir ja nichts zu verbergen.

Wir standen somit schon in ganz jungen Jahren unter Beobachtung, denn es konnte nicht sein, was nicht sein durfte. Ein Fußballclub, mal nicht unter staatlicher Kontrolle und einfach so gegründet, das war diesen Gestalten wohl suspekt! Aber das ahnten wir damals alles noch gar nicht, weil viel zu Jung. Wir ließen uns lange Zeit nichts zu Schulden kommen, aber das sollte sich mit einem Ereignis, das richtig Furore machte, ändern.

Kleine Chronologie der Geschichte: In den Siebzigerjahren war der 1. FC Magdeburg einer *der* Spitzen-Fußballclubs der DDR. Sie spielten in der höchsten Fußball-Liga der DDR, in der Oberliga, sie holten dreimal den Meistertitel. Dann im Mai 74 holten sie den Europapokal der Pokalsieger. Die bekanntesten Spieler damals waren Jürgen Sparwasser, Joachim Streich, Martin Hoffmann, Jürgen Pommerrenke, um nur einige zu nennen. Das Stadion und die dazugehörigen Trainingsplätze waren hermetisch abgeriegelt und umgeben von hohen Zäunen. Die Trainingsplätze hatten für DDR-Verhältnisse einen traumhaften Rasen, der zog uns geradezu magisch an!

Ein paar Jungs von uns wollten wieder einmal eine Trainingseinheit absolvieren, aber wie so oft war guter Rat teuer, es mangelte am Trainingsplatz. Da kam einer von uns auf die geniale Idee, es doch mal auf diesen doch wenig frequentierten Plätzen unserer großen DDR-Fußballstars zu versuchen; war ja schließlich alles Volkseigentum. Langer Rede kurzer Sinn, wir setzten unsere Idee in die Tat um. Wir sondierten die Lage, die Luft war rein, kein Mensch weit und breit zu sehen.

Überall standen Schilder mit der Aufschrift, das Betreten der Spielplätze sei verboten. Für uns unverständlich, schließlich lebten wir doch in einem Land, in dem alles Volkseigentum war, wo also alles allen gehörte; oder hatten wir das in der Schule etwa falsch verstanden???

Also nichts wie drüber über den Zaun, und dann begannen wir zu kicken. Es fühlte sich phantastisch an! Es war ein wunderbarer Rasen, auf dem konnte man auch mal stürzen, ohne sich gleich beide Knie aufzuschlagen, was uns auf den Ascheplätzen, auf denen wir sonst spielten, oft genug passierte.

An diesem Tag ging alles glatt, keiner hatte uns erwischt. Das machte uns mutiger, denn was einmal gut ging, konnte ja auch öfters gut gehen, so dachten wir. Jedoch mussten wir ein paar Tage später feststellen, dass unsere hochgelobten FCM-Kicker diese Trainingsplätze selber benutzten, also drehten wir wieder um. Der dritte Anlauf sollte wieder unserer sein. Wir hatten gerade wieder angefangen zu kicken, als Andreas schrie und in die Richtung des Hauptstadions zeigte. Wir sahen nur, dass sich in unsere Richtung ein Schäferhund bewegte, und hinter ihm fuhr ein Moped, dies war wohl der Platzwart, der Chef über das Hauptstadion und die Trainingsplätze! Jetzt hieß es Hacken-Gas geben. Zuerst schoss der Hund auf uns zu, und den wollte keiner von uns am Hintern haben. Die Entfernung vom Hauptstadion bis zu den Trainingsplätzen war Gott sei Dank sehr groß, sodass wir es gerade noch über den Zaun schafften. Das mit dem Volkseigentum hatten wir wohl wirklich falsch verstanden.

Es half alles nichts: wir brauchten unbedingt einen eigenen Sportplatz, dieses ständige hin und her, war keine Lösung. Nach langen Suchen fanden wir dann auch einen Platz. Dieser ähnelte zwar einem Rübenacker, aber egal, es hieß wie immer, das Beste aus der Sache zu machen. Umkleidekabinen und Duschen? Fehlanzeige! Wer braucht den schon so was.

Unsere Fußbälle glichen mehr amerikanischen Football-Eiern, sie waren zwar aus Leder, hielten aber meist die Luft nicht und mussten fünf- bis zehnmal pro Training oder Spiel aufgepumpt werden, oder sie eierten so dermaßen über den Platz, dass man fast nie einen vernünftigen Pass zum Mitspieler spielen konnte. Egal, der Spaßfaktor war vorhanden. Zu einem Fußballplatz gehören bekanntlich auch Tore; unsere hatten ihre besten Jahre lange hinter sich, von Tornetzen ganz zu schweigen. Der Fußballplatz passte sich seiner Umgebung an. Zwei aus unserer Mannschaft kamen auf die glorreiche Idee, Netze für unsere Tore zu besorgen, aber woher nehmen wen nicht stehlen? Später sollte sich herausstellen, dass es sich bei diesen Netzen nicht um *irgendwelche* Tornetze handelte.

Als wir nach einem haushoch verlorenen Spiel ein paar Tage später zu unserem „Rübenacker" kamen, staunten wir nicht schlecht, als wir an unseren Toren Tornetze sahen. Thomas und Gerd, zwei Jungs aus unserer Stammmannschaft, waren an diesem Tag nicht beim Training. wie sich später herausstellte, gab es einen Zusammenhang zwischen unseren neuen Netzen und und dem Fernbleiben der Beiden.

Super! Jetzt hatte das ständige Suchen des Balles im hohen Gras und den dahinter liegenden Büschen ein Ende. Keiner wusste jedoch, woher diese Netze kamen. Gerald hatte schon mehrmals vergeblich versucht, für unsere Tore Netze zu ergattern, aber der Erfolg war jedes mal der Gleiche: es gab keine. Wir hätten vielleicht an die Ostsee fahren sollen, und dort ein paar Fischernetze klauen sollen; aber jetzt hatten wir ja welche, welch glücklicher Umstand. Gerald fragte noch, wo sie die Netze den her hätten, Thomas sagte von seinem Onkel, und Gerald gab sich mit der Antwort zufrieden, einem geschenkten Gaul schaut man ja bekanntlich nicht ins Maul.

Drei Tage später- wir trafen uns wieder zum Training- rief uns Gerald zusammen und sagte uns, er hätte "netten Besuch" von der Kripo bekommen, und zu allem Übel tauchten auch noch zwei Typen von Horch und Kuck bei ihm zu Hause auf. Man hatte also von Staatsseite wieder die halbe Kavallerie aufgeboten. Unsere vor wenigen Tagen noch bewunderten Tornetze schmückten diese unsere Tore nicht mehr. Gerald erzählte, dass sich unsere beiden Kumpels im Dunkeln in das Heiligtum des 1. FCM's namens „Ernst-Grube-Stadion" geschlichen hatten und dort mal ganz locker und dreist die Tornetze abgehängt hatten. Der Klau wurde erst am nächsten Tag bemerkt, und es wurde gleich eine Großfahndung ausgelöst. Die ganze Sache wurde zu einer mittleren Staatsaffäre aufgebauscht, typisch für das System. Wir sahen das eher als einen ganz normalen dummen-Jungen-Streich, jedoch tendierten erste Vermutungen Richtung kapitalistischer Klassenfeind. Dieser wolle den damals besten DDR-Fußballclub schwächen! War ja klar: Es konnten nur wieder die Feinde des Sozialismus am Werk gewesen sein. Man setzte die ganze Maschinerie von Schnüffel und Petz sowie Horch und Kuck in Bewegung. Dieser Klau der Tornetze wurde sogar in der „Volksstimme" publik gemacht, unserer „wahrheitsliebenden" Tageszeitung, die für ihre „vorbildliche und objektive Berichterstattung" bekannt war. Wie die so schnell auf uns kamen, sollten wir nicht erfahren, aber es gab genügend IM (Inoffizielle Mitarbeiter), denen wohl die neuen Tornetze aufgefallen waren, und die hatten wahrscheinlich Meldung bei besagter Behörde gemacht. Somit war die Sache klar, und der Feind wurde in den eigenen Reihen dingfest gemacht, in dem Fall wir.

Ja, es war ein klarer Diebstahl. Aber wieder wurde eine Riesen-Sache daraus gemacht, so als hätten wir einen Staatsstreich geplant. Später stellte sich heraus, dass Thomas in der Schule mit dem Klau der Netze geprahlt hatte.

Da es sich um sozialistisches Eigentum handelte (was besondere Betonung fand), hatte die Sache besondere Brisanz. Es war sicherlich nicht okay, was die Jungs getan hatten, es hatte aber leider zur Folge, dass wir die beiden aus unserem Verein ausschließen mussten. Hätten wir das nicht getan, dann hätten wir den kompletten Verein schließen müssen. Aber es war trotz allem eine Mordsgaudi, und wir mussten natürlich über die ganze Aktion lachen. Unser Trainer Gerald musste in seinem Betrieb eine Erklärung bei seinem Parteisekretär (er selber war nie Mitglied der SED) abgeben, dass er in Zukunft ein besonderes Auge auf uns wirft …

Übrigens ging Jürgen Sparwasser noch in die Fußballgeschichte ein: Er schoss 1974 im Vorrundenspiel der WM das 1 : 0 gegen die BRD und wurde somit zum sozialistischen Sporthelden. Bei diesem 1 : 0 hatten wir es laut DDR-Propaganda dem kapitalistischen Klassenfeind mal wieder so richtig gegeben, aber es sollte der einzige Sieg der DDR über die BRD bleiben. Sparwasser blieb 1988 nach einem Altherren-Spiel im Westen.

Magdeburg versank einige Jahre später in die Fußball-Bedeutungslosigkeit, und das hat sich bis zum heutigen Tag nicht geändert.

Wir sollten bald mit dem wohl größten Sporthelden der DDR in Berührung kommen. Eines Tages spielten wir gegen Heyrothsberge, eine Ortschaft, die von unserem Stadtteil circa 7 Kilometer entfernt war, und die ich Jahre später täglich durchfahren sollte. Die Jungs, gegen die wir fußballerisch antreten sollten, waren ziemlich fit, für uns viel zu fit. Wir schossen uns zwar in Führung und somit das erste Tor, aber beim erneuten Anstoß auf der Mittellinie kam der Spruch von unseren Fußballgegnern: „wer eins null führt. der verliert". So geschah es dann auch, wir gingen 22 : 1 unter! So dermaßen abgefertigt wurden wir weder vorher noch nachher jemals wieder, das war schon eine harte Nummer. Anschließend machte unser Trainer Gerald einen Deal mit der Altherren-Mannschaft von Heyrothsberge: wir sollten 14 Tage später gegen sie antreten. Einige der alten Herren hatten unserem Untergang beigewohnt und rechneten sich Chancen gegen uns aus. Also blieb uns nur eines übrig, wir mussten gegen die *unbedingt* gewinnen.

Zwei Wochen später traten wir gegen die Truppe an. Wir staunten nicht schlecht, als wir sahen, *wer* uns da unter anderem gegenüber stand: Gustav-Adolf Schur, besser bekannt unter dem Namen „Täve" Schur, der bekannteste Radsportler der DDR und wohl auch der Populärste, ein echtes Idol im sozialistischen Sportbetrieb. Er hatte mehrfach die Friedensfahrt gewonnen, war Radweltmeister 1958 und 1959, war Olympia-Zweiter und -Dritter geworden und zudem zigfacher DDR-Meister.

„Täve" hatte während unseres Fußballmatches lauf-
technisch einen Wahnsinns-Speed drauf. zur damaligen
Zeit muss er etwa Mitte vierzig gewesen sein. Man musste ihm neidlos anerkennen, dass er sehr gut austrainiert
war, die Balltechnik jedoch ließ etwas zu wünschen übrig. Aber Täve Schur war ja kein Fußball-Star, sondern
der beste Radrennfahrer der DDR. Das Spiel haben wir
dann knapp 5 : 4 gewonnen, weil wir in bester Besetzung
aufliefen. Aber die älteren Knaben hatten ziemlich Vollgas gegeben und uns somit einiges abverlangt. Mit Täve
Schur sollte ich es später noch einmal zu tun bekommen,
in einem anderen Zusammenhang, das sollte aber noch
zirka 3 Jahre dauern.

Das letzte Schuljahr brach über uns herein, die 10. Klasse.
Langsam dämmerte mir, dass die Schulzeit auf ihr Ende
zu ging; ich hätte sie sicherlich besser nutzen können
hinsichtlich meines Lernens. Rückblickend war es eine
schöne Zeit.
   Die permanenten sozialistischen Durchhalteparolen
geprägt verfehlten bei mir und einigen meiner Klassenkameraden ihr Ziel. So oft man sich während der Schulzeit wünschte, dass alles schnell ein Ende hätte, so sehr
merkte man doch, dass es eine schöne Zeit war.

Wir hatten noch ein sehr einschneidendes Erlebnis!

Unser Klassenlehrer, der Schneidige, berichtete uns eines
Tages vom Selbstmord eines unserer ehemaligen Klassenkameraden. Der hatte uns vor den großen Sommerferien
verlassen und war in einen anderen Stadtteil gezogen.
Das Dramatische war nicht nur sein Suizid, sondern wir

wussten von seinem mehr als desolaten Elternhaus und dem damit für ihn einhergehenden Spießrutenlauf. Das alles wurde von unseren damaligen Pädagogen und dem System nicht wahrgenommen. Er war für uns während unserer gemeinsamen Schulzeit auch noch der Prügelknabe in der Klasse und in der ganzen Schule. Später stellte sich zudem noch heraus, dass er zuhause nicht einmal genügend zu Essen bekam; zudem war er den Schikanen der ständig wechselnden Partner seiner Mutter ausgesetzt. Das alles führte letztendlich dazu, dass er sich mit nur 15 Jahren erhängte.

Wir wussten, dass wir an der ganzen Misere nicht ganz unschuldig waren. Aber die ganze Tragweite seiner Entscheidung haben wir damals nicht wirklich begriffen. Nach dieser Nachricht war keinem mehr zum Lachen zumute.

Eine Mitschuld hatten sicherlich auch die Behörden, aber öffentliche Kritik in irgendeiner Form in diese Richtung hätte für die betreffenden Personen massive Konsequenzen zur Folge gehabt. Denn wie üblich waren Institutionen im Sozialismus über jeden Zweifel erhaben. Ob es Konsequenzen für die Mutter gegeben hatte, haben wir nie erfahren.

Kriminalität gab es in der DDR nicht, geschweige dann Kindesmissbrauch, das war ein Tabu in der Öffentlichen Berichterstattung und wurde nicht thematisiert. Der Sozialistische Mensch war frei von diesen niederen Instinkten.

Der Sozialistische Gang, nahm seinen gewohnten Lauf. An der innerdeutschen Grenze wurde weiterhin geschossen, und das vornehmlich immer auf die eigenen Leute. Da kaum einer von West nach Ost vorhatte über diese verminte Grenze zu kommen, konnten es immer nur die eigenen Leute sein, auf die geschossen wurde. Weltweite Proteste bezüglich des Mordens an dieser Grenze prallten am DDR-Regime ab. Man antwortete mit immer der gleichen zynischen Propaganda, und dass es sich um Grenzverletzer und Konterrevolutionäre handeln würde.

Zerstören konnte man immer weniger, das Land bröselte so langsam vor sich hin. Mit stetiger Gleichmäßigkeit zerlegte sich die Infrastruktur von selber, die Innenstädte zerfielen langsam, und man konnte regelrecht dabei zusehen. Jedoch Geld für Selbstschuss-Anlagen an der Innerdeutschen Grenze schien unbegrenzt vorhanden zu sein, damit konnte man die Flüchtenden noch effektiver liquidieren.

Der tägliche Einkauf glich einem Spießrutenlauf, aber das war alles noch im Negativen zu toppen.

Für uns ging es schulisch Richtung Ziellinie, es begann die Zeit der Prüfungen. Ruhig Sitzen und Lernen war weiß Gott nicht meine Lieblingsdisziplin, aber irgendwie würde ich das schon hinkriegen. Einer meiner Schulkameraden, Charlie, meinte, er müsse wohl zum Endspurt noch eine Kohle auflegen. Darauf antwortete unser Klassenlehrer, dass er wohl am besten einen ganzen Güterwaggon voll Kohlen auflegen solle.

Viele von uns betrachteten Russisch als ihr „Lieblingsfach", was man eher ironisch auffassen musste. Am Tag der Russisch-Prüfung hoffte ich auf tatkräftige Unterstützung von einem unserer Mädels in der Klasse, die waren weit aus fleißiger als wir Typen. Aber es kam wie es kommen musste, man platzierte Klaus neben mir, der hatte noch weniger Ahnung als ich, was fast nicht möglich war. Und so saßen zwei Blindfische nebeneinander. Der eine schrieb das Falsche vom anderen ab, wir ahnten schon, dass das nicht gut gehen würde, aber vielleicht hatten wir ja Glück, die Hoffnung stirbt bekanntlich zuletzt.

Als nächste Prüfung stand Mathematik an, auch wieder ein so unberechenbares Highlight. Da war es dann mit dem Abschreiben ganz vorbei, also Augen zu und durch. Es sollte dann einige Zeit vergehen, bis wir die Ergebnisse der geschriebenen Prüfungen bekommen sollten. Ich hatte inzwischen schon eine Lehrstelle in Aussicht, das war eines der wenigen positiven

Dinge im Arbeiter- und Bauern-Staat: es gab offiziell keine Arbeitslosigkeit. Wer länger als 6 Wochen keiner geregelten Arbeit nachging, der bekam Besuch von den dafür zuständigen Organen und wurde arbeitstechnisch zwangsrekrutiert. Jeder musste schließlich seinen Beitrag für den Sieg des Sozialismus leisten, ob er wollte oder nicht. Wer überhaupt nicht wollte, kam auch schon mal in den Genuss, „gesiebte Luft" zu atmen. Unsere Geographielehehrerin, Frau Kraft, sie war erst seit kurzen bei uns, lernte während eines Wochenendes in Ost-Berlin einen leibhaftigen Amerikaner kennen, und besaß nach mehreren Treffen auch noch die „Dreistigkeit", sich in diesen Klassenfeind zu verlieben. Letztendlich hatte das zur Folge, dass sie einen Ausreise-Antrag in die USA stellte. Das bedeutete für sie den beruflichen als auch privaten Exitus im sozialistischen Schlaraffenland. Es folgte der sofortige Ausschluss aus dem Schulbetrieb sowie die gesellschaftliche Ächtung und, wie in solchen Fällen üblich, stand sie unter Dauerbeobachtung von Schnüffel und Petz. Sie verbrachte ihre letzte Zeit bei den „Pfeiferischen Stiftungen", einem Evangelischen Krankenhaus. Wie lange sie noch in der DDR („DEM DOOFEN REST") verweilen musste, haben wir nie erfahren.

Wie jedes Jahr neuerdings kamen mein Onkel, Vater, und einer meiner Cousins aus dem gelobten Westen zu Besuch. Mein Cousin Jürgen aus Mönchengladbach hatte sein erstes eigenes Auto, einen Opel Rekord! Er hatte ihn für einige Hundert D-Mark gekauft, ein wahrer Traum von Auto für jeden DDR-Bürger. Meinem Cousin wurden von einem DDR-Interessenten 25.000,- DDR-Mark geboten; ein KFZ aus der BRD käuflich zu erwerben, ging aber nicht, eine Anmeldung bei der KFZ-Stelle in der DDR wäre nicht möglich gewesen.

Als im darauf folgenden Jahr mein Cousin mit einem neuen Auto zu Besuch kam, fragte ich ihn, was mit dem alten passiert sei. Er erzählte mir, dass an dem Rekord eine Reparatur anstand; die wäre aber zu teuer gewesen, also gab er das Auto zur Autoverwertung.

Dort bekam er 25,- D-Mark. Die reichten, um sich ein Taxi nach Hause zu nehmen und für eine Schachtel Camel, die er damals rauchte. Damals waren 25.000,- DDR-Mark zirka 41 Monatslöhne, wenn man von einem Facharbeiter-Lohn von etwa 600,- DDR-Mark pro Monat ausging!

Mein Onkel besuchte, wenn er in Magdeburg war, einige seiner ehemaligen Schulkameraden. Diejenigen, die Parteimitglied in der SED waren, durften keinen Besuch aus dem Westen empfangen.

Wir bekamen die Ergebnisse unserer Schulprüfungen! Wir wussten durch den Buschfunk, dass keiner von uns durch eine Prüfung gefallen war. Mir persönlich waren die Noten egal, Hauptsache, ich hatte bestanden. Die besten Prüfungen waren in Staatsbürgerkunde und Geschichte. In Staatsbürgerkunde reichte es, wenn man dreimal das Wort „Sozialismus" oder „Kommunismus" in den Mund nahm.

Voltaire drückte es einmal so aus: *„Geschichte ist die Lüge, auf die man sich geeinigt hat!"* Die DDR-Geschichte verlief genauso: es wurde historisch alles soweit verdreht, wie man es nur verdrehen konnte, und man bekam den Eindruck, dass es nach dem ganzen Verdrehen zum Schluss wieder gerade war! Laut kommunistischer Lesart konnte man glauben, dass die Geschichte erst mit der Oktoberrevolution 1917 unter Lenin ihren Anfang nahm.

Die Schulzeit war beendet! Zehn Jahre sozialistischer Berieselung hatten bei mir genau das Gegenteil von Linientreue bewirkt. Das bedeutete jedoch nicht das Ende des Kampfes an vorderster Front für den Sozialismus.

Jetzt folgte der sozialistische Arbeitsalltag, und der sollte eine Menge an Überraschungen für mich bereithalten.

Wir hatten wegen unseres noch jungen Alters eine Art politischen Welpenschutz. Doch auch für uns waren die Grenzen der Kritik an dem bestehenden System sehr eng gesteckt. Konnte man Jugendliche für ihre Handlungen in politischer Hinsicht nicht in vollem Umfang haftbar machen, so konnte man zumindest die Eltern zur Verantwortung ziehen.

Nachdem wir zehn Jahre die Schulbank gedrückt hatten und jeder wusste wie er sich Lehrern und Mitschülern gegenüber zu verhalten hatte und welche Äußerungen er bei bestimmten Personen machen konnte und welche nicht, wurden jetzt in dem neuen Lebensabschnitt des Berufslebens die Karten neu gemischt. Das heißt, es bestand erst einmal wieder ein Klima des Misstrauens gegenüber allem und jedem!

Das Misstrauen zog sich wie ein roter Faden durch das ganze System der DDR! Man wusste nie, ob einem das unbekannte Gegenüber nicht bei erstbester Gelegenheit aus Missgunst, Neid, eigenem Vorteil oder einfach als Denunziant oder aus einem aus dem Zusammenhang gerissenen Vorkommen an das sprichwörtliche Messer liefern würde … Transparente Beispiele hierfür sollte es nach dem Zusammenbruch des Kommunismus noch reichlich geben.

Beginn der Lehre und die Erkenntnis, dass dieses System auf Dauer nicht überlebensfähig sein kann

Das erste Ausbildungsjahr fand in einem Internat in Rogätz statt, einer Ortschaft zirka 30 km von Magdeburg entfernt. Das Internat war mehr als sporadisch eingerichtet, aber schließlich befanden wir uns ja nicht in einer Wohlfühloase.

Die Zimmer waren mit 4 Personen belegt, links und rechts standen jeweils zwei Holzdoppelbetten, jeder besaß eine schmale Schrankhälfte, wo er seine Habseligkeiten unterbringen konnte, und zur überaus üppigen Ausstattung kam noch ein Tisch mit vier Stühlen. Das war schon ein kleiner Vorgeschmack auf das, was später noch kommen sollte, die NVA (Nationale Volksarmee), was aber noch keiner von uns damals ahnte. Die Räumlichkeiten hatten das Flair einer Gefängniszelle ohne Gitter.

Es waren zirka 80 Leute, die zu Landmaschinen-Monteuren ausgebildet werden sollten. Wir waren alle im Alter zwischen 16–18 Jahren, und das bedeutete eine Menge Sprengstoff für das kommende Jahr und den Ort. Rogätz hatte damals etwa zweitausend Einwohner und nicht viel zu bieten. Schon in den größeren Städten gab es kaum Diskotheken oder andere Veranstaltungen für junge Leute. Das hieß für uns in diesem Fall, selber etwas los machen, und das taten wir dann auch und nicht zu knapp. Wir schossen dann häufig über das Ziel eines sozialistisch überlegenden Gutmenschen hinaus. Diskotheken, lange Haare, Beatmusik, Hippies und viele dieser

„schlechten Einflüsse des Westens" passten einfach nicht in das Bild vom guten kommunistischen Menschen, sie waren ein Symbol westlicher Dekadenz und von einem parasitären und verfaulenden Kapitalistischen System, welches laut unserer Politführung dem Untergang geweiht war. Es wurde uns bei jeder Gelegenheit immer und immer wieder vermittelt, dass wir die Guten und somit die Zukunft des Sozialismus wären.

Ging man so in sich und fragte sich selber, so produzierte der „Westliche Untergang" bessere Autos, bessere Klamotten, sie hatten die Regale in den Supermärkten voll, sie konnten in die ganze Welt reisen, hatten die harte D-Mark und vieles mehr … Wenn *so* der Untergang aussah, hätten sicherlich viele gerne getauscht. Irgendetwas stimmte nicht mit der politischen Rhetorik über unsere deutschen Nachbarn und unserer Staatsführung. Aber egal wir waren die Guten.

Der praktische Teil unserer Ausbildung fand in angrenzenden Werkstätten rund um das Internat statt. Zum theoretischen Berufsschulunterricht mussten wir mit dem Zug nach Wolmirstedt zirka 14 km zurücklegen. Vorher galt es jedoch noch einem Fußmarsch zum Bahnhof in Kauf zu nehmen. Damit war das erste Problem schon vorprogrammiert: Wer steht in dem Alter schon gerne um 06.00 Uhr auf?????

Wir wurden morgens von einem unserer Internatserzieher ziemlich brachial geweckt, aber meistens wurde es zu spät, um noch den Zug zu erreichen. Also stellten wir uns direkt vor dem Internat auf die Straße und versuchten per Anhalter Richtung Schule zu kommen. Das klappte in den wenigsten Fällen, die meisten fuhren an uns vorüber, zumal wir häufig im Dutzend am Straßenrand standen. Nach einiger Zeit stellten wir fest, dass in einigen dieser an uns vorbei fahrenden Autos Lehrer aus der Berufsschule saßen. Wir kamen natürlich regelmäßig zu spät zur Schule, und wurden dann von besagten Lehrern, die vorher an uns vorbei gefahren waren, am Schuleingang in Empfang genommen. Nach der Schule fand dann der Empfang im Internat statt. Dort war man mittlerweile über unser Zuspätkommen informiert worden. Somit mussten wir uns erneut eine Standpauke anhören. Über kurz oder lang blieb nichts anderes übrig als früh aufzustehen und dem Versuch des Auto-Stoppens good by zu sagen.

Die Berufsschule knüpfte nahtlos dort an, wo unsere Schule aufgehört hatte; es gingen die Sozialistische Propaganda und die Durchhalteparolen weiter. Wieder wurden wir für den Kampf an vorderster Front instrumentalisiert. *Unser* Kampf bestand in diesem Fall in guten Arbeits- sowie Berufsschulleistungen. Manchmal schaute ich mich in Gedanken um und versuchte die *zweite* Reihe in unseren unverdrossenen Kampf für den Sozialismus zu entdecken. Ich musste feststellen, es gab nur die vorderste Front. Es galt also noch einige Schlachten zu schlagen.

In der Berufsschule hatten wir einen Staatsbürgerkunde-Lehrer, der im 2. Weltkrieg Kampfflieger unter Adolf Nazi war. Anscheinend hatte man ihn entnazifiziert. Bei einem Kampfeinsatz hatte er sein rechtes Bein verloren, wir tauften in Skippy, nach der gleichnamigen Serie „Skippy das Buschkänguru". Er trug meistens einen Kittel, der hinten eine Art von Schleife hatte. Das war für uns natürlich ein gefundenes Fressen, wir schrieben einen Zettel, hängten ihm den in die Kittelschlaufe, darauf stand: „ich bin Skippy, das Buschkänguru". Mit diesem Zettel durchquerte er das Schulgebäude und machte sich zum Gelächter der ganzen Schule.

Wie nicht anders zu erwarten, hatte das natürlich schwerwiegende Konsequenzen, es war schließlich ein Angriff auf einen Repräsentanten des Staates, noch dazu jener, der die grundlegenden Werte des Sozialismus vermittelte. Zuerst ermittelte man im näheren Umfeld, bis man zu der Erkenntnis kam, dass die Tat in unserer Klasse stattgefunden haben musste. Es wussten über diese Aktion nur zwei Leute Bescheid, was sich später noch als glücklicher Umstand herausstellen sollte, da wir unter uns ein paar Singvögel hatten. Die Befragungen diesbezüglich verliefen im Sande ...

Unsere Werkstätten lagen wie erwähnt unmittelbar neben unserem Internat. Sie waren aufgeteilt in einzelne Sektionen: eine Werkstatt diente zum Schmieden, in der nächsten standen Drehbänke, in der darauf folgenden konnte geschweißt werden, elektrisch sowie autogen, und dann schloss sich noch eine Montage-Werkstatt an. Wir wurden in mehrere Gruppen aufgeteilt, jede Gruppe hatte für den jeweiligen Fachbereich einen Lehrmeister. In der Schmiede ließen sich am besten individuelle Dinge herstellen. Nach grundlegender Einschulung wurde uns gezeigt, wie lange das Eisen im Feuer liegen musste, um es anschließend gut schmieden zu können. Nach einigen Tagen gelang uns das schon sehr gut, und – wie sollte es anders sein- sobald der Lehrmeister die Schmiede verließ, begannen einige von uns schon, sich die eigenen individuellen Werkzeuge herzustellen.

Am besten ließen sich die Rundeisen zu Messern und Speerspitzen schmieden und formen; jeder wollte dabei den anderen überbieten! Der Hit waren Wurfsterne, die stellten wir in allen Größen und Varianten her, wir schmiedeten die einzelnen Spitzen, und sobald wir Zugang und erste Einweisungen in der Schweißerei hatten, begannen wir die Fünf vorher geschmiedeten Spitzen zu einem Wurfstern zusammen zu schweißen. Was uns anfangs eher schlecht als recht gelang, sollte uns nach längerem Üben nahezu perfekt gelingen. Es entstanden regelrechte Kunstwerke an Wurfsternen. Und sie sollten bald zur Anwendung kommen. Oberstes Gebot war natürlich, sie nicht gegen Personen oder sonstige Lebewesen einzusetzen. Die Sterne waren manchmal so robust und schwer, dass sie gegen Personen gerichtet schwere Verletzungen oder sogar den Tod hätten bedeuten können.

Die Angriffsattacken mit unseren geschmiedeten und anschließend geschweißten Kunstwerken sollte sich dann gegen das Sozialistische Volkseigentum in unserem Internat richten; es wurde so von unseren Erziehern ausgelegt, aber letztendlich entsprach es der Wahrheit. Das mit dem „Beschädigen des sozialistischen Eigentums" hätte man außen vor lassen und von Randalieren sprechen können. Aber die Sache wurde wieder wie immer zu einem Politikum gemacht.

An den Wochenenden konnten wir die Flucht nach Hause ergreifen und zwei Tage der Berieselung von Durchhalteparolen entkommen. Keiner von uns hatte es weiter als vierzig Kilometer bis nach Hause.

Nach einer Woche Dauerbeschallung war es von Nöten, etwas über den Rest der Welt in Erfahrung zu bringen, indem man ARD oder ZDF schaute. Die digitale Welt der halbwegs objektiven Berichterstattung bestand damals nur aus diesen beiden Sendern.

Seit 1974 war bei unserem Klassenfeind in der Bundesrepublik SPD-Mann und jetzt zudem Bundeskanzler Helmut Schmidt an der Regierung. Schmidt war in keiner Weise mit unseren geistigen Unterseeboten wie Honecker, Stoph, Mielke und anderen DDR-Politkaspern vergleichbar. Er war geistig ein ganz anderes Kaliber als unsere Propaganda-Demagogen, die nur heiße Luft von sich gaben.

Die Siebzigerjahre waren im Westen auch die Zeit des RAF Terrorismus (Rote Armee Fraktion). Und diese Zeit des Terrorismus fiel in die Regierungszeit Helmut Schmidts. Die SPD unter Willy Brandt als Bundeskanzler hatte Anfang der Siebzigerjahre erste Gespräche mit der DDR-Führung begonnen, die wie schon erwähnt für Bundesbürger die Einreise in die DDR wesentlich vereinfachte. Auch für DDR-Bürger sollte es in speziellen Fällen (z. B. bei Todesfällen, Hochzeiten etc.) leichter sein, gen Westen zu fahren. Es gab seit dem Mauerbau noch eine Vielzahl von Menschen in der DDR, die jenseits der Grenze im Westen Verwandte hatten, und das war auch umgekehrt der Fall. Das wurde jedoch in den Medien der DDR nicht publik gemacht. In der Bundesrepublik Deutschland aber schon!

Eine nicht geringe Bevölkerungszahl der DDR interessierte sich schon mehr für die Verhandlungen zwischen

Ost und West als für die ständigen Erfolgsmeldungen der Ost-Propaganda, aber genau *dieses* Interesse sollte eigentlich in der DDR-Bevölkerung gar nicht erst aufkommen.

Es war ein Ausdruck des DDR-Regimes, der wieder spiegelte, wie groß die Angst vor der eigenen Bevölkerung war. Man hatte die Grenze 1961 nicht umsonst gebaut, es bestand die berechtigte Angst der DDR-Oberen, dass ihnen das ganze Volk abhandenkommt! Diese Angst blieb bestehen, bis zum Fall der Mauer 1989.

Ein gutes Beispiel war einer meiner späteren Arbeitskollegen, er hieß Rainer, er und sein Bruder Bernd durften zum 70zigsten Geburtstag ihrer Mutter nach Hannover reisen (warum sie in der DDR lebten und ihre Mutter im Westen habe ich nicht erfragt). Beide waren verheiratet, Rainer hatte zudem noch einen Sohn, sein Bruder war noch kinderlos. Nach außen hin war die Ehe Bernds noch intakt, aber das war nur der äußere Schein, wie sich später herausstellen sollte. Somit hinterließen beide den bereits erwähnten Faustpfand: in einem Fall war es Frau und Kind, und in Bernds Fall blieb seine Frau im Osten zurück. Als sie in Hannover auf dem Bahnhof ankamen, zeigte Bernd jene Richtung, aus der sie gerade gekommen waren und sagte zu seinem Bruder, dass es für ihn in diese Richtung kein Zurück mehr geben wird.

Bei Rainers Rückkehr in das Arbeiter- und Bauern-„Paradies" wurde er tagelang von Schnüffel und Petz bearbeitet, warum er denn auf seinen Bruder nicht im Sinne der DDR eingewirkt hätte. Es ging so weit, dass er unter Aufsicht von Schnüffel und Petz einen Jammer-Brief an seinen Bruder schreiben sollte, der ihn zur Rückkehr in die DDR bewegen sollte. Das war natürlich

ein irrwitziges Ansinnen, er hätte sich bei seiner Rück-
kehr in das „Paradies" seinen eigenen Strick gedreht.
Für Rainer waren die folgenden Jahre nicht lustig, er
konnte jedoch nachvollziehen, dass sein Bruder im
Westen blieb. Beide sahen sich übrigens erst nach der
Wende 1989 wieder.

Nach dem Fall der Mauer 1989 stellte sich heraus, dass
etliche der im Westen gesuchten Terroristen der RAF in
der DDR untergetaucht waren und von der Stasi neue
Identitäten erhalten hatten. Man hatte sie bereits jahrelang sowohl politisch als auch finanziell im Westen
unterstützt. Sie tauchten über die Jahre als Otto Normal Verbraucher in der Sozialistischen Masse unter und
gingen unauffällig ganz normalen bürgerlichen Beru-
fen nach. Unsere feine politische Elite hatte also auch
da ihre schmutzigen Finger im Spiel, aber bis alles ans
Tageslicht kommen sollte, gingen noch einige Jahre ins
Land. Der Sozialistische Kampf, nein – *Krampf* nahm
seinen Fortgang.

Montag früh hieß es, wieder pünktlich im Internat zu
sein oder direkt zur Schule zu fahren. Die vierzig Kilometer konnten schon mal zu einer kleineren Weltreise
werden, denn mit dem

Moped oder Motorrad zum Internat zu fahren, war uns
untersagt. Begründung dafür gab es keine. Somit blieben
nur Bus und Bahn, und die fuhren sehr unregelmäßig.

Nachdem wir unsere Wurfsterne angefertigt hatten, war
es jetzt an der Zeit, diese auszuprobieren.

Wir hatten Montagnachmittag; die Schule war aus, und der Weg führte zwangsläufig direkt ins Internat. Es sollte der „Abend der Wurfsterne" werden, nicht die Nacht der langen Messer. Zuvor hieß es jedoch noch, unser „leckeres" Abendbrot zu uns zu nehmen. Dieses schmeckte, wie es aussah: mies!

Jetzt lautete die Losung „Abwarten", bis unsere Erzieher das Weite suchten, dann übernahm der Nachtwächter das Ruder.

Nachdem die Luft rein war, schoben wir die auf dem Flur stehenden Spinde zusammen, und dann begann das große Wurfsternwerfen. Es donnerte und schepperte, dass die Heide wackelte. Egal wie wir die Sterne warfen, sie steckten immer in den Schränken. Bei dem Krach, den das Werfen verursachte, kam nach einiger Zeit unser Nachtwächter die Treppe hoch getrappelt, wir verschwanden in unseren Zimmern. Er rannte gegen den ersten von uns quer gestellten Schrank.

Da die Beleuchtung auf unserem Internatsflur nicht sonderlich gut war, sahen wir erst am nächsten Morgen die Schäden an den Schränken, und die waren nicht unerheblich. Das sollte für uns am Abend noch einiges an Stress bedeuten.

Aber wie konnte man auch achtzig Typen in unserem Alter auf so engem Raum zusammenpferchen, das konnte ja nicht gut gehen. Wir sollten noch ganz andere Aktionen starten, das war erst der Anfang. Das grundlegende Motto lautete: „nie erwischen lassen!"

Nachdem im Laufe des Tages durch unsere Heimleitung eine Schadensbegutachtung an den demolierten Schränken stattgefunden hatte, hieß es am Abend einzeln antanzen, und dann fand die Befragung betreffs der nächtlichen Randale statt. Keiner von uns hatte jedoch irgendetwas gehört, geschweige denn gesehen; die Befragung verlief im Sande. Das Ende vom Lied war eine Kollektivstrafe. Wir wurden allesamt zu einer Geldstrafe verdonnert, die hielt sich aber in Grenzen. Wir mussten aufpassen, den Bogen nicht zu überspannen!

Wir stellten fest, wir hatten einen „Singvogel" unter uns, oder wie wir später bei der NVA zu sagen pflegten, ein „Kameradenschwein".

Das Internat war vergleichbar mit einem Biotop: dort drinnen waren wir wie abgeschottet von der Arbeitswelt des „real existierenden Sozialismus" (Diese Wortschöpfung war der Sprachgebrauch bei den kommunistischen Parteifunktionären). Mit der wirklichen Arbeitswelt sollten wir erst ein Jahr später in unseren Stamm-Betrieben konfrontiert werden. Während unseres ersten Jahres im Internat zeigten sich auch wieder die Probleme mit der Materialbesorgung, wie wir sie schon während unserer Schulzeit im UTP erlebt hatten.

In Klein Schwarzlosen, zirka 25 km vom Internat entfernt, wohnte eine Patentante von mir, Gertrud. Sie war evangelische Pastorin.

Die Kirche und die DDR konnte man nicht unbedingt als Liebespaar bezeichnen. Beide hatten ein eher distanziertes Verhältnis zueinander, wobei das Misstrauen überwiegend vonseiten des DDR-Regimes ausging. Das wiederum bedeutete, dass sich die Kirche bis zu einem gewissen Grad dem System der DDR andienen musste.

Soweit das als Laie zu beurteilen war, hielt sich dieses Andienen jedoch in Grenzen.

Gertrud hatte ein großes Pfarrhaus mit viel Platz für mich und viele andere; ein kleines Refugium für sich, weltoffen, sofern wir das beurteilen konnten. Diese kleine Welt unterschied sich sehr von der Propaganda-Maschinerie vor ihrer Tür.

Sie beherbergte häufig junge Menschen aus aller Herren Länder, was wie nicht anders zu erwarten zu einem starken Misstrauen des herrschenden Systems führte. Auch die Kirche war von IM's (Inoffiziellen Mitarbeitern) infiltriert. Die Pfarre war wie eine freigeistige Insel im sonst so langweiligen sozialistischen Alltag. Gertrud selber passte schon durch ihre Äußerlichkeit und ihr Auftreten nicht sonderlich in das starre Kommunistische System. Zu dem Pfarrhaus gehörte noch ein ziemlich großer Garten mit darauf weidenden Pferden aus der Nachbarschaft. Die Ortschaft zählte vielleicht um die zweihundert Einwohner, die Kirche in diesem Ort war der Einwohnerzahl angepasst und somit ziemlich klein. Sie hatte zu ihrem Ort noch zwei weitere Orte seelsorgerisch zu betreuen. Gertrud war Besitzerin einer „Rennpappe", die wurde ihr von der Evangelischen Kirche der Bundesrepublik gespendet. Das bedeutete, dass sie nicht wie normal Sterbliche fünfzehn Jahre auf dieses formschöne Fortbewegungsmittel hatte warten müssen, sondern dieses Fahrzeug über den Genex-Katalog geliefert bekam. Über den Genex-Katalog konnten westdeutsche Firmen oder Privatleute so ziemlich alles ordern und es Verwandten oder Bekannten in der DDR zukommen lassen. Natürlich nur gegen harte D-Mark.

Schon als Kinder verbrachten wir von Zeit zu Zeit einige Tage auf diesem Pfarrhof und tollten im Haus und im Garten herum. Wir fühlten uns dann immer wie im „Takatukaland" von Pippi Langstrumpf!

Auf der Rennpappe von Gertrud klebte auf der Motorhaube eine große Walt Disney-Ente, was besonders bei der älteren Bevölkerung für einiges Kopfschütteln sorgte; Gertrud war, für DDR-Verhältnisse, ziemlich unangepasst. Sie hatte aber trotz ihrer ausgeflippten Art ein gutes Verhältnis zu den Leuten. Ich fuhr ein paar Mal mit ihr über die Dörfer, die sie betreute und nahm an den Gottesdiensten teil. Es blieb ein unvergessliches Erlebnis!

Sie veranstaltete auch jedes Jahr Evangelische Rüstzeiten! Zweimal war ich mit dabei, es war *das* Kontrast-Programm zum sozialistischen grauen Einerlei, zumal immer Leute aus verschiedenen Ländern dabei waren.

Vorteilhaft war, dass ich jetzt ein Jahr lang nicht allzu weit von ihr entfernt war und sie somit des Öfteren besuchen konnte.

In den Werkstätten des Internats jagte ein materieller Engpass den nächsten. Mal fehlten Schweißdioden, dann Bleche, dann war kein Sauerstoff zum autogenen Schweißen vorhanden. In der Werkstatt, wo die Drehbänke standen, konnte man den Eindruck gewinnen, dass an diesen Drehbanken schon Leute unter Kaiser Wilhelm gearbeitet hatten, vom Alter her war nicht mehr identifizierbar, aus welchem Jahrhundert diese Drehbänke stammten. Ähnliches traf auch auf die übrigen Einrichtungen zu. Den größten Kampf führten wir nicht gegen den kapitalistischen Klassenfeind, sondern gegen die sozialistische Mangelwirtschaft!

Unser Internatsleiter war glücklicher Besitzer eines Betriebs-PKW's mit dem klingenden Namen „Moskwitsch", ein Fahrzeug aus Sowjetischer Produktion. Einmal rannte ein Wildschwein in das Auto und konnte trotz des Zusammenpralls und der Verletzungen die Flucht ergreifen. Der Moskwitsch jedoch hatte nach diesem Crash einen so großen Frontschaden, dass er nicht mehr fahrtüchtig war. Durch die Flucht des Wildschweins gab es auch kein Wildschweingulasch, und das war die eigentliche „Katastrophe". Wir waren noch in der guten Lage, den Wagen selber reparieren zu können, da wir über eine Werkstatt verfügten. Aber was half die beste Werkstatt, wenn keine Ersatzteile zu bekommen waren? Es bedeutete, dass der Wagen für längere Zeit nicht mehr einsatzbereit sein würde. Eigentlich war das Fahrzeug ein wirtschaftlicher Totalschaden, aber die Chance auf ein neues Fahrzeug war gleich Null. Man munkelte im Scherz, dass dieses Wildschwein vom westlichen Klassenfeind geschickt wurde, um vor das Auto zu springen und einen Sabotage-Akt zu verüben, damit der Sozialismus in seinen Grundfesten erschüttert würde! Es geschah nie etwas zufällig, alles war vom Klassenfeind geplant!

Irgendwie musste das Auto wieder zusammen geflickt werden, aber wir haben es während unserer ganzen Internatszeit nicht mehr fahren gesehen.

Trotz aller Kritik an Staat und System muss man erwähnen, dass der größte Teil unserer Ausbilder es trotz stark eingeschränkter Materialversorgung schaffte, uns die grundlegenden Dinge in der Praxis zu vermitteln.

In der Berufsschule hatten wir weiter unsere sozialistischen Einpeitscher, die stießen aber zunehmend auf taube Ohren mit ihren ewig gleichen Parolen, und das mit den tauben Ohren betraf den größeren Teil der Klasse. Na ja, sie hatten wohl ihren Sozialistischen Lehrauftrag.

Mit dem Beginn der Ausbildung kam es wieder zu einem Zwangsbeitritt in die nächste Organisation. Diese hatte den schönen Namen „GST. GST" (GESELLSCHAFT FÜR SPORT UND TECHNIK). Hörte sich erst einmal gut an, aber der eigentliche Hintergrund war eine Art vormilitärische Ausbildung.

Von jetzt an ging es auf den Schießplatz, und das in regelmäßigen Abständen. Jetzt lernten wir unsere sozialistischen Errungenschaften mit der Waffe zu verteidigen. Es drängte sich immer mehr die Frage auf: welche Errungenschaften???? Für den häufig zitierten Klassenfeind aus dem düsteren Westen wäre es sicher lukrativer gewesen, wenn er bei sich in der Bundesrepublik einen Schrottplatz überfallen hätte. Da wäre doch sicherlich mehr zu holen als in dem „Schlaraffenland" DDR oder der gesamten Ostzone.

Wir fuhren zum Schießplatz, erhielten eine Einweisung und ein Kleinkaliber-Gewehr, dann wurde geschossen. Einigen machte es mehr Spaß, anderen weniger. Zu Letzteren zählte ich. Nachdem wir geschossen hatten, hieß es, die leeren Patronenhülsen aufsammeln. Dabei kam Charly, der im Nebenzimmer lag, auf den nächsten Blödsinn. Er meinte zu uns, Jungs hebt die Hülsen auf und nehmt sie mit, ohne dass es jemand merkt.

Das machten wir. Ein paar Tage später gingen wir in die Ortschaft und kauften große Packungen Streichhölzer. Pro Packung befanden sich zirka zehn Streichholzschachteln im Paket. Charly erzählte uns, was er vor hatte, und wir waren begeistert! Wir strichen die Roten Phosphor-Streichholzkuppen in die leeren Patronenhülsen und kniffen diese hinten zu. Anschließend gab uns Charly eine kurze Instruktion. Wir stellten die Hülsen auf die Kehrbleche unserer Zimmer, auf die wir vorher Bohnerwachs taten. Wieder hieß es warten, bis unsere Heimleitung den Heimweg antrat. Diesmal würde es nicht zu Sachschäden kommen. Aber wir ahnten noch nicht, wie gewaltig es scheppern würde!

Dann waren unsere Heimleiter verschwunden und die „Wanderdüne von Nachtwächter" hatte wieder seinen Posten bezogen. Der Feuerzauber konnte beginnen.

Wir zündeten die Kehrbleche an, das Bohnerwachs brannte lichterloh und wir stellten die brennenden Kehrbleche schnellstmöglich auf den Flur. Dann begannen die Patronen Hülsen zu explodieren! Es war dunkel, es knallte und ballerte in allen Ecken und an allen Enden des Flures. Wir hatten zirka hundertfünfzig Patronenhülsen auf den Kehrblechen zu stehen, und die waren auf acht Zimmer verteilt. Die flogen jetzt in alle Richtungen durch den Flur. Es hörte sich an, als würde ein ganzes Regiment Heckenschützen aufeinander schießen! Die „Wanderdüne", die unten im Zimmer der Heimleiter saß, traute sich keinen Meter die Treppe zu uns hoch und rief direkt einen der Heimleiter an, der auch wenig später auftauchte. Dann gab es Tabula Rasa, und wir mussten zum Rapport antreten. Der Flur war übersät mit explodierten Patronen Hülsen, wir konnten uns das Lachen nur schwer verkneifen. Aber es war diesmal nichts zu Bruch gegangen, auch wurde keiner verletzt, das war die Hauptsache. Während der Befragung durch die Heimleiter wurde von uns Ahnungslosigkeit geheuchelt. Wir hielten zusammen, und somit kam es nur zu leeren Drohungen, seitens unserer Internatsleitung. Letztendlich verlief die Sache wieder im Sande.

Wir mussten Vorsicht walten lassen, um nicht unsere Ausbildung zu gefährden; das wäre den Spaß nicht wert gewesen.

Es stand die Musterung zum Wehrdienst bei der NVA an, das wurde vierzehn Tage vorher publik gemacht! Es war überhaupt kein gutes Gefühl! Die „Sekte", wie die NVA auch genannt wurde, hatte in der Bevölkerung keinen guten Status, um nicht zu sagen, einen ganz miesen Ruf!!!

Ich stellte für das System, ein gewisses Gefahrenpotenzial dar, was daraus resultierte, dass ein Großteil meiner Verwandtschaft im Westen lebte. Jedes noch so kleine Detail wurde von der Stasi bei der Einreise von Verwandtschaft aus dem Westen registriert. Zudem konnte sich Schnüffel und Petz auf ein Heer von IM's (Inoffiziellen Mitarbeitern) stützen, die gut platziert in der Nachbarschaft Augen und Ohren offen hielten: Für einen Judas-Lohn lieferten die ihre Mitmenschen ans Messer. Einige von diesen Typen machten es aus freien Stücken, andere wiederum wurden erpresst, weil sie sich was zu Schulden kommen lassen hatten. Die Stasi-Krake reichte in alle gesellschaftlichen Schichten hinein. Nach dem Fall des Eisernen Vorhangs kam das ganze Ausmaß der Stasi-Bespitzelung zutage!

Der Tag der Vormusterung war gekommen! Mit großer Wahrscheinlichkeit stand im Vorfeld schon fest, wer zu welcher Waffengattung kommen würde. Wir mussten in mehreren Räumen Platz nehmen. Es dauerte gefühlt *endlos*, bis jeder an der Reihe war. Dann kam ich dran! Mir saßen 4 Offiziere gegenüber, deren Dienstgrade für mich „böhmische Dörfer" waren. Ich wurde mit einer Lawine von Fragen bombardiert, und natürlich kam man auf meine Verwandtschaft im Westen zu sprechen. Es war zu klar, dass die Stasi im Vorfeld jede Menge Informationen über uns gesammelt hatte. In einem Staat, der seine Bürger flächendeckend überwachte, musste man jederzeit mit allem rechnen. Dann kam die Frage, ob ich bereit wäre, mit der Waffe in der Hand Dienst an der innerdeutschen Grenze zu verrichten. Diese Frage kam einem Hohn gleich, man würde mich aufgrund meiner Verwandtschaft niemals an diese Grenze stellen; ich war selber ein potenzieller Flucht-Kandidat. Man wollte wohl meine Gesinnung auf die Probe stellen. Da ich Christ war, gab ich an, dass mir mein Glaube es verböte, auf Menschen zu schießen. Als Nächstes wurde ich gefragt, wie ich den handeln würde, wenn der Kapitalistische Klassenfeind unser sozialistisches Vaterland überfallen würde. Ich antwortete, dass ich das für unwahrscheinlich hielte, da es wohl dann zu einem größeren Konflikt zwischen Ost und West kommen würde. Nach einem Blickwechsel der beiden in der Mitte sitzenden Fragesteller machten sie sich Notizen, anschließend konnte ich den Raum verlassen. Ich ging mit keinem guten Gefühl, aber mit der festen Überzeugung, dass ich überall hinkommen würde, nicht aber an die innerdeutsche Grenze!

Ich unterhielt mich sehr häufig mit meiner Großmutter über ihre Kindheit und Jugend. Sie war Jahrgang 1910, hatte somit beide Weltkriege erlebt. Die Zeit nach dem Ersten Weltkrieg, erzählte sie, war überwiegend geprägt von Hunger und dem Beschaffen von irgendetwas Essbarem. Für ihre und die darauf folgende Generation hatten Lebensmittel einen ganz anderen Stellenwert als für uns! Hauptsächlich unterhielten wir uns aber über die Zeit des Nationalsozialismus von 1933-1945. Als Hitler an die Macht kam, war sie Anfang zwanzig. Sie sagte, sie wäre kein Mensch gewesen, der sich sonderlich für Politik interessierte. Sie hatte das Glück, bis zum Ausbruch des Krieges als Deutsche ein unbeschwertes Leben zu verbringen. Sie erzählte mir von Strukturen im Nationalsozialismus: von den 10–14 jährigen Pimpfen, von der Hitlerjugend (HJ), den 14–18-Jährigen, dem Bund Deutscher Mädel (BDM), vom militärischen Drill und den Feindbildern, – alles war der Staatsideologie untergeordnet. Unter Hitler war es „der Jude", der für alles herhalten musste, in der DDR war es der Kapitalistische Klassenfeind, der zum Feindbild aufgebaut wurde. Es war erstaunlich, wie viele Parallelen es bei genauerem Betrachten zwischen Kommunismus und National-Sozialismus gab, und wie sich die Strukturen ähnelten. Die Bespitzelung und Denunzierung der Bevölkerung durch die Stasi, glich der unter Hitlers Gestapo. Wir in der DDR kamen zudem noch in den Genuss der „Einzäunung", sprich Mauer und Todesgrenze. Hier muss wieder ein kleines Zitat aus der Bevölkerung herhalten, welches lautet:

ZWEIHUNDERT KILOMETER IM QUADRAT,
MINEN, ZÄUNE, STACHELDRAHT,
RAT MAL WO ICH WOHNE,
ICH WOHNE IN DER ZONE.

Das war die nackte Realität im real existierenden Sozialismus! Mit zunehmendem Alter wurde mir bewusst, dass dies für mich auf Dauer nicht die Zukunft bedeuten konnte.

Zurück zum Internatsalltag. Wir wurden sowohl nach der Berufsschule als auch nach der Arbeit häufig von Langeweile geplagt. Die Freizeitgestaltung in unserem spartanischen Internat bot keinerlei Abwechselung. Im Fernsehraum lief nur DDR-Fernsehen, was nur wenige interessierte, also mussten wir uns bezüglich Abwechslung etwas einfallen lassen. Dieses „etwas Einfallen lassen" ergab sich häufig sehr spontan.

Wie jeden Abend fanden wir uns zum Abendbrot in unserem „gemütlichen" Speisesaal ein. Das Einzige was diesen Speisesaal „zierte", war ein überlebensgroßes Bild vom „Feten-Ette", unserem strahlenden Führer. Der Typ hatte selbst auf den Bildern einen irgendwie miesen Blick. Um 18.00 Uhr gab es das obligatorische Abendessen. An diesem Abend kamen gekochte Eier dazu, die waren jedoch ziemlich weich, hatte man wohl in der Küche zu früh aus dem Wasser genommen.

Langsam leerte sich der Speisesaal, zum Schluss saßen wir noch zu dritt am Tisch und unterhielten uns. Auf einem der Teller lagen noch 5–6 Eier. Nicht jeder lässt sich für das Essen von Eiern begeistern, somit waren diese übrig. Es kam wie es kommen musste: Die Essensklappe war bereits geschlossen, da kam Heinrich, genant „Heini" auf die Idee, unseren an der Wand hängenden Honecker im wahrsten Sinne des Wortes die Eier aufs Auge zu drücken. Gesagt getan! Das war die dritte Aktion, nach dem Wurfsterneschmeißen und dem Ballern mit den Patronen auf dem Flur schmissen wir jetzt die Eier auf das Bild mit dem Konterfei von Honecker.

Diese Aktion sollte ein paar Leute auf den Plan rufen, mit denen wir nicht gerechnet hatten. Die Luft war rein, Heini nahm das erste Ei, und zielte auf das Bild von Honecker. Trotz der Größe des Bildes verfehlte er es knapp. Das animierte Uwe und mich, es ihm gleich zu tun, und es gab zwei Volltreffer. Feten-Ette lief ein Ei über das rechte Auge und die Wange, das andere versiegelte seinen Mund. Auch die beiden letzten Eier wurden gut platziert, es war ein Bild für die Götter! Da hing unser großer Staatsratsvorsitzender, und ihm liefen über das ganze Gesicht die Eier herunter. Es gab johlendes johlendes Gelächter, und dann gingen wir Richtung erster Stock auf unsere Zimmer. Diesen Abend passierte nicht mehr viel, und am nächsten Morgen auf dem Weg zum Speisesaal dachte keiner mehr an diese Aktion vom letzten Abend.

Das „Attentat" war nicht unbemerkt geblieben! Einer unserer Heimleiter, ein strammer Partei-Genosse, hatte bereits Himmel und Hölle in Bewegung gesetzt, um die Täter auszuforschen.

Für uns ging es erst einmal in Richtung Berufsschule. Es rollte zur Tatort-Ermittlung Schnüffel und Petz an, schließlich handelte es sich hier um eine mittlere „Staatsaffäre". Wir hatten die Eier vorher von der Schale befreit, was sich jetzt als glücklicher Umstand erweisen sollte, denn auf der Schale hätte man sicherlich Fingerabdrücke sicher stellen können. Keiner konnte genau sagen, wer die Letzten im Speisesaal waren, es wussten nur wir drei. Nach der Schule und dem Eintreffen im Internat hieß es wieder einmal, im Büro antanzen. Bei Aufdecken des „Attentates" hätte das Ende der Ausbildung und noch eine Anklage für dieses schändliche Handeln gedroht. „Dicht halten" lautete also die Devise, das hatte bisher immer funktioniert.

Dass man die Sache so hoch hängte, damit hatte keiner von uns gerechnet. Unser Glück war, dass die Typen von der Stasi nicht die hellsten Kerzen auf der Torte waren. Wir drei hatten sogar kurz die Möglichkeit, miteinander zu sprechen; wir wussten, was für uns auf dem Spiel stand. Unsere Mädels in der Küche konnten nichts sagen, sie hatten wie jeden Abend 70–80 Essen durch die Klappe gereicht und nichts mitbekommen.

Wir sagten aus, dass wir weder etwas gehört noch etwas gesehen hätten und könnten somit zum „Attentat" auf besagtes Honecker-Bild keine Aussage machen. Die Beweislage war äußerst dünn, wir hatten wieder einmal Glück! Wir hielten auch unseren Internatskollegen gegenüber den Mund, denn wir hatten wie schon erwähnt einen Verräter unter uns.

Es war Wochenende, und wir traten die Heimfahrt an. Zuhause angekommen erzählte mir mein Kumpel Michael, von einem Vorkommnis besonderer Art. In unserem Stadtteil hatten wir einen ganz besonderst pfiffigen ABF (Abschnittsbevollmächtigter). Er verkörperte in vielerlei Hinsicht das kranke System der DDR. Obwohl er fast alle Bürger seines Stadtteils kannte, forderte er die meisten immer wieder dazu auf, ihren Ausweis vorzuzeigen, indem er rief: Ausweiskontrolle!!! Er war Parteigenosse, also Mitglied der SED. Und er war ein „Ausbund an Intelligenz", *das* war entscheidend!

Am Ende unserer Straße befand sich eine Gaststätte, die Bezeichnung „Spelunke" traf es besser. Michael erzählte mir, dass unser Rächer der Enterbten mal wieder Durst hatte, und so kehrte er ein in diesen Ort der Gastlichkeit. Er besuchte die Spelunke mit seinem Fahrrad, und nach einigen Stunden und wohl noch mehr Bieren trat er vor die Tür und musste feststellen, dass man ihm sein Fahrrad geraubt hatte. Seine Vermutung ging in die Richtung, dass sein Fahrrad von einem unserer „Brüder", einem Sowjetischen Offizier, geklaut worden war. Sie hielten sich häufig in der Schenke auf und tranken dort auch reichlich Wodka. Unser Rächer dachte sich wohl in seinem Rausch: was die können, kann ich schon lange, klaute sich ebenfalls ein dort stehendes Fahrrad und radelte mit diesem nach Hause. Als er am nächsten Tag mit dem geklauten Fahrrad durch unseren Stadtteil radelte, traf er auf den eigentlichen Besitzer des Fahrrades, der ihn ansprach und darauf hinwies das es sein Fahrrad wäre auf dem er sitze. Unsere Geistesleuchte von Sheriff antwortete darauf, dass er das Fahrrad kurzfristig konfisziert hätte, um eine Verfolgung aufzunehmen. Wen er da verfolgt hatte, wusste er nicht mehr so recht. Und er wäre gerade im Begriff, das Fahrrad seinem rechtmäßigen Besitzer zurückzubringen … Er war für seine dubiosen Einsätze berüchtigt! Einer dieser Einsätze fand in unserer Kaufhalle statt. Eine alte Dame die einkaufen war, und wahrscheinlich durch ihr hohes Alter etwas durcheinander, steckte aus Versehen eine Packung Kaffee in ihre Tasche, anstatt den Kaffee in den Korb zu legen. Er selber, unser Stadtteil-Rächer, hielt sich ebenfalls in besagter Kaufhalle auf. Jetzt trat er mit der ganzen Härte eines Gesetzeshüters auf, legte ihr Handschellen an und ab ging es auf sein ABV-Revier. Solche Aktionen waren leider eher die Regel als die Ausnahme.

Im Jugendclub forderte er die Jugendlichen auf, an ihren Mopeds in der Dunkelheit das Standlicht einzuschalten. Das Standlicht befand sich bei den besagten Fahrzeugmodellen Habicht, Star, Schwalbe auf dem Lenker. Zur Antwort bekam er von den Jungs, dass sie dieses nicht Einschalten könnten, da „Strom-Sperre" wäre (was häufig der Fall war); er nahm das zur Kenntnis und schlich davon. Man munkelte, dass er bei seiner Führerscheinprüfung zigmal durchgefallen wäre. Woher sollte er da auch wissen, was eine Batterie ist, die man zum Einschalten der Moped-Standleuchte benötigte? Seine nächste Aktion war ebenso hanebüchen. Es befand sich ein Häftling auf der Flucht! Die Flucht war von vornherein zum Scheitern verurteilt, denn wo wollte dieser Mensch hin flüchten in einem Land, das hermetisch abgeriegelt war? Aber unser cleverer ABV nahm die Flüchtlingssuche sehr ernst. Er hielt uns an und verlangte von uns, dass wir die Sitzbänke unserer Mopeds hochklappten, Volker fragte ihn warum, er sagte, er müsse alles durchsuchen und Nachforschungen anstellen … Wahrscheinlich vermutete er den Flüchtigen unter unserem Mopedsitz. Dann rief mir Volker in einem fragenden Ton zu, ob ich den meinen 19-er Maulschlüssel dabei hätte, da dieser unabdinglich zur Standard-Ausrüstung eines jeden Mopeds gehöre, was natürlich völliger Quatsch war. Prompt wollte unsere ABV-Genie diesen 19er-Schlüssel von mir sehen.

Solche Leute wurden von unseren Oberbonzen als die „Speerspitze der DDR" bezeichnet oder wie Stasi-

Chef Mielke sich ausdrückte: SCHILD UND SCHWERT DER PARTEI! Man mochte sich gar nicht ausmalen wie es dann erst am Ende des Speeres aussah, wenn *das* die Spitze war.

Einer unserer Internatshäuptlinge war ein sehr unangenehmer Zeitgenosse, es wurde Zeit, ihm mal einen Denkzettel zu verpassen. Es hieß für uns, wie so häufig, die Langeweile zu bekämpfen. Wir steckten die Köpfe zusammen um zu beraten, wie wir ihm eins „reinwürgen" könnten, und so heckten wir den nächsten Blödsinn aus.

Einer von uns kam auf die geniale Idee, seinem Motorrad (es war das gleiche Modell, das damals unser Klassenlehrer fuhr und das ihm beim Angeln zerlegt wurde) etwas „anzutun". Gedacht getan. Er stellte sein Motorrad neben dem Internat in einen überdachten Schuppen. Dieser Schuppen war schlecht einsehbar. Am nächsten Tag nahmen wir aus der Werkstatt ein paar Fünfer- und Sechser-Muttern mit. Einer von uns musste Wache schieben und, sobald einer das Internat verließ, einen vorher vereinbarten Namen Rufen. Dann schritten wir zur Tat: wir schraubten die Zündkerze aus dem Zylinderkopf und ließen die Muttern durch das Loch fallen, anschließend schraubten wir die Zündkerze wieder rein und steckten den Zündkerzen Stecker wieder auf die Zündkerze. Jeder, der sich mit Fahrzeugen etwas auskennt, kann sich vorstellen was das verursachen würde. Die Aktion dauerte kaum fünf Minuten und verlief ohne Zwischenfälle, keiner hatte etwas mitbekommen. Der Dienst des Heimpersonals endete um 22.00 Uhr mit der für uns obligatorischen Bettruhe; bis dahin hieß es Abwarten.

Dann wurde zur Bettruhe geblasen, und der Showdown nahm seinen Lauf.

Die DDR-Motorräder waren nur mit einem Kickstarter zum Laufen zu bringen.

Wir warteten gespannt auf das Starten des Motorrades. Es herrschte absolute Ruhe ... Dann, nach einer Weile, hörten wir das Durchtreten das Kickstarters, 2–3-mal. Als Nächstes vernahmen wir ein Scheppern und Krachen, die Muttern wurden vom Kolben gegen den Zylinderkopf katapultiert, und damit war das Ende eingeleitet: der Kolben sowie der Zylinderkopf waren hinüber! Unser Erzieher ahnte nicht, dass er so eben durch das Antreten seines Motorrades den Kolben und Zylinderkopf vernichtet hatte. Er musste den Heimweg zu Fuß antreten. Am nächsten Tag ließ er das Motorrad in der Werkstatt zerlegen, und da kam schnell heraus, dass etwas nachgeholfen wurde. Diesmal konnte man jedoch nicht, die Sozialistische Volkseigentumskeule schwingen, das Motorrad war sein Privateigentum. Auch kam es zu keinen Befragungen. Das Spektrum an Leuten im Internat, die ihn nicht mochten, war zu groß. Das Motorrad war für die nächsten Wochen nicht mehr einsatzbereit, da es wie üblich keine Ersatzteile gab. Ziel erreicht!

Man konnte mit Fug und Recht behaupteten, dass wir in einigen Fällen wie Tom Sawyer und Huckleberry Finn, oder wie Max und Moritz agierten.

Die heutigen Bundesländer wie z. B. Sachsen Anhalt, Brandenburg, Sachsen etc. nannte man zu Zeiten der DDR Bezirke. In all diesen Bezirken waren reichlich Sowjetische Militäreinheiten stationiert, sorry Sowjetische Brüder. Eines Tages, es war Sommer, kam es zu einem Vorfall mit einem dieser sowjetischen Soldaten.

Nicht weit von unserer Berufsschule entfernt gab es ein großes Kühlhaus, das auch von unseren Sowjetischen Brüdern zur Aufbewahrung von tiefgefrorenen Schweine- und Rinderhälften genutzt wurde. Die Jungs trugen dünne Sommer-Felddienst-Uniformen. Wir sollten später erfahren, dass es die einzige Uniform war, die sie hatten, und die sie im Sommer *und* im Winter trugen. Es war ziemlich heiß an diesem Tag, und sie verluden den ganzen Tag von den angelieferten Kühl-LKWs das Fleisch in besagtes Kühlhaus. Einer von ihnen hatte sich wohl etwas abseits von den anderen aufgehalten. Wie es passierte, konnte oder durfte keiner sagen. Unseren heldenhaften Sowjetischen Brüdern konnten solche Fehler eigentlich nicht passieren, aber selbst Helden und Sowjetische Übermenschen machen Fehler: Sie haben am Abend einen ihrer Kameraden im Kühlhaus eingeschlossen!!! Im Kühlhaus herrschten Minusgrade im zweistelligen Bereich, was eigentlich den sicheren Tod bedeutet hätte. Ein Rauskommen aus dieser Situation ohne Hilfe von außen war nicht möglich. Also musste der Kamerad sich entscheiden, ob er Leben oder Sterben wollte. Er entschied sich für Leben und begann gegen die Kälte anzukämpfen, indem er „arbeitete": er trug die Schweinehälften (die leichter waren als die Rinderhälften) von einer Seite des Kühlhauses auf die gegenüber liegende Seite des selbigen und wieder zurück, und das die ganze Nacht! Es dauerte mehrere Stunden, bis man in seiner Kaserne mitbekam, dass er fehlte.

Anfangs ging man davon aus, dass er sich unerlaubt von der Truppe entfernt hatte, was gelegentlich bei solchen Ausflügen vorkam. Dass man ihn im Kühlhaus vergessen hatte, zog man nicht in Betracht. Es wurde eine Suchaktion ins Leben gerufen, die aber nicht zum Erfolg führte. Am nächsten Morgen beim Eintreffen des Stammpersonals im Kühlhaus trauten diese ihren Augen nicht, als ihnen ein russischer Soldat, fast zu Tode erfroren aber lebend, entgegen wankte. Durch sein cleveres Handeln hatte er sein Leben gerettet.

Das Geschehene stand in keiner Zeitung, es machte durch Mund-Propaganda die Runde, was zum Staunen und zu einigen Lachern führte.

Wirtschaftlich ging der Sozialistische Sinkflug unaufhörlich weiter, und man versuchte das mit den herkömmlichen Parolen zu kompensieren. Die „Übererfüllung der Fünf-Jahres-Pläne" stieg täglich in besagten Kombinaten ins Unermessliche, so zumindest wurde es vom sozialistischen Staatsfernsehen propagiert. In der Wirklichkeit klafften Anspruch und Realität immer weiter auseinander, von Investitionen in modernere Technik ganz zu schweigen, dazu fehlten die Devisen. Von besagtem Ulbricht Zitat: „Wir werden den Westen überholen, ohne ihn einzuholen", entfernte man sich immer weiter.

Der Slogan hätte heißen müssen „Goodbye, wir verabschieden uns in die Versenkung!" Die Erfolgsmeldungen in den Fernsehnachrichten der aktuellen Kamera, sowie in den einschlägigen Zeitungen wie Neues Deutschland oder Volksstimme, wuchsen im gleichen Maße, wie die Waren des täglichen Bedarfs in den HO (Handelsorganisation/HO-Konsum) schrumpften.

Wollte man sich ein halbwegs realistisches Bild über die Mangelwirtschaft und die sonstigen Zustände in der DDR verschaffen, so musste man sich in den Nachrichten von ZDF und ARD informieren. Westdeutsche Journalisten, die kritisch über Probleme im Arbeiter- und Bauern-Staat berichteten, wurden von den sogenannten „Sicherheitsorganen" der DDR, sprich Stasi, massiv behindert. Es kam mitunter zu Ausweisungen dieser zu kritisch berichtenden Journalisten aus der DDR. Im restlichen Ostblock wie Bulgarien, Rumänien, Ungarn usw. sah es mit dem Informationsfluss durch Westliche Medien eher mau aus. Aber Menschen waren zu allen Zeiten in der Lage, sich Informationen zu holen. Deutschland war das einzige Land im Kommunistischen System, das geteilt war, abgesehen von Nord- und Südkorea. Für Einreisende oder die Transitstrecke benutzende Westdeutsche gab es massive Schikanen an den jeweiligen Grenzübergängen Helmstedt-Marienborn und dem Westberliner Grenzübergang Drewitz–Dreilinden. Bei der Fahrt nach Westberlin, die von oben bereits erwähnten Grenzübergängen sich 190 km durch die DDR zog, war für die Fahrer aus dem Westen besondere Aufmerksamkeit gefordert. Auf dieser Transitstrecke standen etwa hundertneunzig DDR-Radarkontrollen, also pro Kilometer eine! Das war eine *der* großen Geldbeschaffungsmaßnahmen der DDR. Es rollte der Rubel. Nein, den Rubel wollte keiner haben, hier rollte die harte D-Mark!

Schon kleinste Vergehen, etwa Geschwindigkeitsüberschreitungen oder Fahrspurwechsel nach dem im Westen üblichen Reißverschluss-Prinzip, wurden mit drastischen Geldstrafen in D-Mark geahndet. Diese Autobahn, die schon zu Zeiten der Weimarer Republik geplant wurde und später unter Adolf Nazi als „Reichsautobahn" bekannt wurde, wurde zu DDR-Zeiten auf diese Weise von der Bundesrepublik mit D-Mark-Zahlungen in Millionenhöhe an die DDR subventioniert.

Einige Jahre später sollte auch ich noch in den „Genuss" dieser Geschwindigkeitskontrollen kommen, aber alles der Reihe nach.

Sobald man als DDR Bürger diese Transitstrecke befuhr, konnte man sich hinter ein westdeutsches Fahrzeug vom Typ Mercedes, BMW, VW, Opel etc. hängen. Mit dem Dranhängen war es nicht so einfach, dafür benötigte man schon einen Lada, einen Wartburg oder ein Fahrzeug mit etwas mehr Kraft als die Rennpappe mit ihren 26 PS. Hatte man es in den Windschatten eines dieser Fahrzeuge westdeutscher Fabrikation geschafft, spielte die Geschwindigkeit für einen Ossi keine Rolle mehr. Raus gewunken wurde nur der, welcher die richtige Währung in der Tasche hatte, und das war immer der vor einem fahrende mit dem Westauto! Ende gut, alles gut.

Anzumerken wäre, dass ein Verlassen der Transitstrecke ohne gültiges Visum mit einer saftigen Geldstrafe sanktioniert wurde!

Eines Tages fuhren ein Freund und ich in die Stadtmitte Magdeburgs. Wir sahen schon von Weitem eine riesige Menschentraube, Bananen oder Orangen konnten dort nicht verkauft werden. Wir waren neugierig, was sich dort abspielte und nahmen Kurs auf die Menschenmenge, stellten unsere Mopeds ab und liefen in die Richtung der Menschenmassen. Was wir nach einigem Drängeln sahen, verschlug uns die Sprache, dort stand eine Honda Goldwing!!! Wie kam die dort hin und wo waren die Besitzer? Es war strengstens verboten, die Transitstrecke mit einem Motorrad zu verlassen, ob mit oder ohne Visum. Der Besitzer der Maschine sowie sein Sozius bummelten vor den spärlich ausgestatteten Schaufenstern unserer Innenstadt. Durch ihre Motorradkluft, die aus Leder bestand (was für uns damals schon ein Blickfang war) waren sie weithin erkennbar. Es dauerte nicht lange, da kamen aus allen Himmelsrichtungen unsere berühmt-berüchtigten Ordnungsorgane (Vopos) mit Blaulicht. Bei *dem* Aufgebot an Einsatzkräften konnte man den Eindruck gewinnen, sie würden ausrücken, um Al Capone persönlich zur Strecke zu bringen. Sicherlich hatte ein verdienter Genosse oder ein Mitarbeiter von Horch und Kuck, die sich um die öffentliche Ordnung Sorgen machten, den Freund und Helfer informiert. Diese tauchten dann gleich in Rudelstärke auf, schließlich war Gefahr im Verzuge. Die Jungs mit der Gold-Wing waren Niederländer und kannten sich mit den Gesetzmäßigkeiten des Arbeiter- und Bauern-Staates nicht aus. Nach Aufforderung durch unsere Vopos mussten sie umgehend ihre Maschine besteigen und wurden dann Richtung Transitstrecke von mehreren Polizeiwagen mit Blaulicht eskortiert.

Meine Großeltern begingen auch einen Kardinalfehler bezüglich dieser Transitstrecke. Meine Cousine aus Mönchengladbach fuhr mit ein paar Bekannten nach Westberlin, um dort wiederum Leute zu besuchen. Auch wollten sie den Trip nutzen, um sich Berlin anzusehen. Sie nutzten die Transitstrecke und fuhren zwangsläufig an Magdeburg vorbei. Von der Transitstrecke abfahren und die Großeltern besuchen, war nicht. Sie hatten kein Visa beantragt, so fuhren sie direkt nach Berlin. Meine Großeltern befanden sich in der glücklichen Situation, über ein Telefon zu verfügen. In Berlin angekommen, telefonierte meine Cousine mit unseren Großeltern in Magdeburg. Da sie sich schon lange nicht mehr gesehen hatten und meine Cousine ihnen erzählte, dass sie in Westberlin wäre, aber kein Visa hätte, um sie in Magdeburg zu besuchen, vereinbarten sie für die Rückfahrt ein Treffen auf dem Börde-Rasthof, der der Transitstrecke angeschlossen war. DDR-Bürgern war es grundsätzlich nicht verboten die Transitstrecke zu befahren.

Meine Cousine hatte noch einige Kleinigkeiten in West-Berlin eingekauft, unter anderem Kaffee, Schokolade, Seife, Shampoos und Dinge, die den kommunistischen Alltag etwas erträglicher machten. Vom Haus unserer Großeltern bis zu besagter Raststätte waren es etwa 20 Kilometer. Sie hatten sich einen Zeitpunkt ausgemacht, an dem sie sich am Rasthof Treffen wollten. Die Großeltern mussten eine Weile warten, bis meine Cousine und ihre Bekannten auftauchten. Sie gingen in das Restaurant des Rasthofes. Die Transitstrecke als auch die dazugehörenden Raststätten und Restaurants waren dafür bekannt, dass sie flächendeckend von Schnüffel und Petz sowie von Horch und Kuck „verseucht", sprich überwacht wurden. Die Typen waren so dermaßen „unauffällig", auffälliger war schon fast nicht mehr möglich. Häufig hockten sie zu viert in ihren Ladas oder in den bereits schon erwähnten konfiszierten Opel, Mercedes, BMW oder sie lungerten ebenso unauffällig in den Rasthof-Gaststätten und Cafés herum. Man musste sie nicht sehen, man roch sie förmlich schon von weiten. Vermutlich hatten sie auch das Telefon-Gespräch zwischen unseren Großeltern und meiner Cousine abgehört, das gehörte ja zur gängigen Praxis von Schnüffel und Petz. Auch konnte man mit hoher Wahrscheinlichkeit davon ausgehen, dass die Gaststätten an der Transitstrecke mit Abhörwanzen gespickt waren. Nachdem sie sich in der Gaststätte eine halbe Stunde unterhalten hatten und meine Cousine und ihre Freunde noch einige Hundert

Kilometer bis Mönchengladbach vor sich hatten, gingen sie auf den Parkplatz und holten die für meine Großeltern gekauften Sachen aus dem Kofferraum und übergaben diese. Sie verabschiedeten sich, meine Großeltern fuhren zurück nach Magdeburg, meine Cousine mit Freunden brachen Richtung Mönchengladbach auf.

Unsere Großeltern wurden von drei Gestalten verfolgt. Großvater saß am Steuer, er bekam die Verfolgung nicht mit.

Meine Cousine wurde dann am Grenzübergang Marienborn-Helmstedt in Empfang genommen, sie wurden gezielt rechts raus gewunken, es ging in eine dieser Baracken, dort wurde mit ihnen ein „nettes Gespräch". geführt. Die Großeltern erreichten Haus und Hof, und hinter ihnen bog das Stasi-Überfall-Kommando ein. Sie wurden umgehend dazu aufgefordert, ihren Kofferraum zu öffnen, dann hieß es von Schnüffel und Petz, alles ausräumen. Sie wurden behandelt, als hätten sie auf dem Rasthof einen größeren Waffen- und Drogen-Deal abgewickelt!

Meine Cousine nebst mitfahrendem Anhang musste sich einer Moralpredigt unterziehen, man erklärte ihnen, dass es laut Gesetzgebung der DDR verboten wäre, dies und jenes zu tun. Es war ein Vorgang, der der Einschüchterung diente, sie hatten schließlich nichts verbrochen, dann konnten sie ihre Fahrt Richtung Mönchengladbach fortsetzen … Das waren so kleine Erlebnisse im real existierenden Sozialismus.

Aber Zurück zum Internat. Das erste Jahr neigte sich dem Ende zu. Wir hatten sicherlich nicht *mehr* Blödsinn getrieben als andere Jugendliche weltweit in unserem Alter. Jedoch wurde unsere Jugendzeit ständig politisiert, alles musste sozialistisch konform ablaufen. Dazu kam, dass man uns die Sozialistische Lebensform als die einzig Wahre und Richtige verkaufen wollte. Der Einzelne zählte gar nichts, dass Kollektiv war alles, und diesem Kollektiv hatte sich jeder unterzuordnen. Wenn man darüber nachdachte, konnte man auf den Gedanken kommen, man wäre Teil einer Gnu-Herde. Die so genannten „Sozialistischen Autoritäten" waren mir schon in der Schule äußerst suspekt. Zu allem sozialistischen Jubel kam bei mir noch der Umstand hinzu, dass jährlich meine ganze Verwandtschaft aus dem Westen auftauchte. Zumindest war optisch sichtbar anhand der Autos und der sonst mitgebrachten Dinge, das es dort im Westen doch wesentlich besser voranging, als man uns in der Ostzone glauben machen wollte. Was mich aber besonders interessierte, waren die Reisen nach Italien, Spanien, Griechenland, Holland, Belgien, Frankreich, die meine Cousinen und die Anderen unternahmen. Das bedeutete *Freiheit* und hatte wenig mit dem kommunistischen Geschwafel zu tun, man wolle uns vor dem ach so bösen Klassenfeind beschützen, und dass man uns zwecks des Schutzes vor dieser West-Spezies eingemauert und umzäunt hätte. Die Gedanken bezüglich freiem Reisen waren in der DDR überhaupt nicht erwünscht; wir lebten schließlich im Schlaraffenland! Wozu da noch Reisen?

Ein paar Aktionen sollte es in den letzten Wochen unseres Internatslebens noch geben. Wir waren von Erdbeerfeldern umgeben, also begannen wir einige von ihnen abzuernten. Das Gleiche geschah mit dem Spargel. Wir hatten ein paar Jungs unter uns, die sich im Spargel-Stechen auskannten. Wir verkauften ihn, er brachte mehr ein als die Erdbeeren, die wir auch verkauften. Das konnte man als eine Art kreative Aufbesserung des Taschengeldes bezeichnen. Jedoch hatten die Besitzer der Spargelfelder, das Nachsehen, da sie nach uns kamen und somit bei ihrer Spargelernte häufig ins Leere stießen.

Wir sammelten und legten von den Verkäufen des Spargels und der Erdbeeren ein paar Mark beiseite, die wollten wir für unsere Abschlussparty verwenden. Ein Teil von uns würde ein weiteres Jahr im Internat bleiben, der andere Teil würde das kommende Jahr in seinem sogenannten Heimatbetrieb arbeiten. Das Arbeiten in den Betrieben sollte die Sozialistische Realität wieder spiegeln, aber noch ahnte keiner von uns, was da wirklich auf ihn zukam.

Einige Monate später (die Internatszeit lag schon hinter uns) erfuhren wir noch von einem Zwischenfall im Internat, der zwei von unseren ehemaligen Mitstreitern die Lehre gekostet hatte. Die Jungs hatten den Bogen überspannt.

Das Bild von Honecker im Speisesaal, das wir mit Eiern beworfen hatten, durchsiebten sie mit einem Luftgewehr! Ihr Pech war, dass sie dabei beobachtet wurden. Es lief das übliche Programm ab, zuerst tauchte die Kripo auf und anschließend kam die Stasi.

Die beiden mussten umgehend das Internat verlassen und bekamen einen Eintrag in ihre Personalakte! Was noch an Konsequenzen folgte, haben wir nicht mehr erfahren. Ein Anschlag auf Feten-Ette mit einem Luftgewehr, auch wenn es sich nur um ein Bild handelte, glich einem Hochverrat.

Wir setzten unsere Ausbildung laut Lehrvertrag in unserem Heimatbetrieb fort. Der Ort hieß Königsborn und lag hinter der Ortschaft Heyrothsberge, wo wir während unserer Fußballkarriere die größte Klatsche, dieses 22 : 1 bekamen und wo unser größter Radrenner Täve Schur beheimatet war, gegen den wir damals ebenso spielten. Jetzt stießen wir auf die „real existierende Sozialistische Arbeitswelt", ein Abenteuer ganz besonderer Art. Die Lehrwerkstätten unserer Internatszeit, die also *nicht* die Arbeitsrealität in der DDR widerspiegelten, waren Geschichte. Es hieß nun „raus aus dem Internatsbiotop, und rein in die Sozialistische Wirklichkeit des Arbeitsprozesses".

Wir wurden in unserem besagten Heimatbetrieb auf die einzelnen Werkstätten verteilt und wurden Teil der berühmten „DDR-Kollektive". Diese Kollektive sollten der Steigerung der Sozialistischen Arbeitsproduktivität dienen. Wie diese aussah, lernten wir die nächsten Monate kennen.

Am ersten Tag wurden wir durch den Betrieb geführt, es wurden uns unser Lehrmeister vorgestellt. Wir waren acht Lehrlinge, die jetzt in besagtem Betrieb ihre Lehre fortsetzten. Da wir acht ein Jahr lang Tag und Nacht miteinander im Internat verbracht hatten, kannten wir uns besonders gut.

Die Werkstätten waren in einem desolaten Zustand, was schon bei unserer ersten Begehung sichtbar wurde. Auf den Böden lag ein Gemisch aus altem Fett, Öl und reichlich Schmutz und bildete eine dicke rutschige Schicht. Auch die Werkbänke hatten wohl schon seit Langem ihre Hochblüte hinter sich. Die Werkstatt-Gebäude spiegelten innen wie außen den allgemeinen Verfall der sie umgebenden Gebäude wieder.

Mein Part, oder besser meine „Arbeitskarriere", begann in der Schweißerei. Dort sollte ich die nächsten Wochen arbeiten. Ich hatte es mit zwei Gesellen im wahrsten des Wortes zu tun, die von der krassen Sorte waren. Ihre Namen waren Günther und Bernd, und sie waren beide so hoch wie breit. Beide hatten mehrere Jahre in der Mongolei auf Montage verbracht, sie arbeiteten dort zusammen als Schweißer auf Erdöl- und Gas-Pipelines. Ich ahnte nicht, was da auf mich zukommen würde; die Ahnungslosigkeit sollte sich aber schon am nächsten Tag ändern.

Der DDR-Krampf an der Arbeitsfront begann meistens zwischen 06-06.30 Uhr, wir hatten schließlich einen sozialistischen Kampfauftrag zu erfüllen, und das hieß früh aufstehen!

Ich stand am nächsten Morgen pünktlich um 06.30 Uhr in der Schweißerei auf der Matte. Mein Kampf an diesem ersten Tag war der Ritt auf dem Kehrbesen, und das hieß Fegen, Fegen und nochmals Fegen. Lehrjahre sind bekanntlich keine Herrenjahre, zumindest galt das damals noch. Nachdem das Fegen erledigt war, wurde mir eine leere Baumwolltasche in die Hand gedrückt mit der Aufforderung, die leeren Bierflaschen aus den Werkbänken zu holen und die selbigen mit Leben zu füllen, sprich die „Luft aus den Flaschen zu lassen". Ich bekam zwanzig Mark in die Hand gedrückt, sollte zum gegenüberliegenden Konsum gehen, Bier zu holen und noch eine Flasche Wodka mitbringen. Nach der Frage, wie viel Biere es sein sollen, hieß es: soviel wie in die Baumwolltasche passen, der Typ im Konsum weiß Bescheid! Ich erwiderte, ich müsste doch am Direktorenbüro vorbei, darauf sagte mir Bernd, es wäre kein Problem, alles gehe seinen sozialistischen Gang. Dieser sozialistische Gang sollte jetzt zu einer Art Wegbegleiter und Schlachtruf werden. Ich öffnete die Türen der Werkbänke traute meinen Augen nicht! Ich hatte bis zu diesem Zeitpunkt noch nie so viele leere Bier- und Schnapsflaschen gesehen!

Nachdem ich die Flasche Wodka sowie ca. 12 „Hopfenkaltschalen" sicher und ohne Zwischenfälle in die Schweißerei gebracht hatte, sich unterwegs keiner daran gestört hatte, selbst unser Meister, der mir während des Alkohol-Transportes entgegenkam, keine Regung zeigte, obwohl der Inhalt der Tasche weithin sichtbar war, lieferte ich die Erfrischungsgetränke ordnungsgemäß ab. Dann ging die Post ab!

Ich dachte schon, dieser erste Tag würde auch gleichzeitig mein letzter. Mir wurde die Tasche aus der Hand gerissenen, und die beiden ehemaligen Mongolen-Kämpfer öffneten sich ein Bier und nahmen einen ordentlichen Schluck Wodka ...In der Betriebsanweisung, die wir noch am Vortag unterschreiben mussten, stand etwas von einem Alkoholverbot, aber das galt wohl nur für uns Lehrlinge. Auch das sollte sich bald ändern. Ich stellte mir die Frage, was da wohl noch so über den Tag kommen würde, wenn der Durst am Vormittag schon *so* groß ist. Auf diese mir selbst gestellte Frage bekam ich nach zirka einer guten Stunde dann auch die Antwort. Aus den angrenzenden Werkstätten kamen nach und nach noch unbekannte Kollegen, und alle schien eines zu vereinen, der Durst! Und der war offensichtlich enorm! Die Flasche Wodka war so gut wie leer, und von den Hopfenkaltschalen war auch nicht mehr viel übrig. Ich bekam wiederum zwanzig Mark in die Hand und den Befehl, Nachschub zu holen. Die Arbeit ließ man Arbeit sein. Ich holte also nochmals die gleiche Ladung an Alkohol. Interessant, dachte ich, das also war der reale Sozialistische Arbeitsalltag! Davon hatte man in den all abendlichen Nachrichten der Aktuellen Kamera nie etwas gehört. Am späten Mittag löste sich die Gruppe auf, jeder schlenderte ziemlich angetrunken in seine Werkstatt. Die leeren Bier- und Schnapsflaschen gab es in jeder Werkstatt und in jeder Werkbank in Hülle und Fülle.

Der nächste Tag begann so, wie der Tag zuvor endete: Mir wurde mitgeteilt, was morgens meine erste Aufgabe wäre (man wird es kaum erraten): eine Tasche Bier zu holen und den dazugehörigen Wodka oder Korn. Der Slogan hieß: „Nur Korn bringt uns nach vorn!" Da die beiden Kameraden mit steigendem Alkoholkonsum verdammt ungemütlich werden konnten, war es ratsam, ihren Anweisungen genau folge zu leisten.

Eines war aber schon die ersten Tage klar, es regierte der Durst, und zwar nach alkoholischen Getränken und *nur* nach diesen!

In der Schweißerei kam es dann häufig zu „Jagdszenen", dies war wohl ihrer Zeit in der Mongolei geschuldet. Aus ihren Erzählungen ging hervor, dass ihre Freizeit in der Mongolei überwiegend aus Jagen und Alkohol bestand. Sie schossen dort auf alles, was vier Beine hatte. Gott sei Dank besaßen sie keine Gewehre mehr, somit mussten in der Schweißerei andere „Waffen" her. Eines Tages lief eine Ratte durch die Schweißerei und zwar ein ziemlich großes Exemplar. Es sollte der letzte Tag dieser Ratte sein, sie hatte sich in die „Todeszone" begeben! Dann nahm die Jagd ihren Lauf ..., ich dachte nur: Was geht den *jetzt* ab? Einer von den beiden schnappte sich den Brennerwagen mit Sauerstoff- und Gasflasche; im Laufen wurde der Brenner angezündet und die Jagd begann ... (Die beiden hatten schon wieder reichlich getankt). Die Ratte verkroch sich in der angrenzenden Werkstatt unter einem Berg von alten LKW-Hydraulik-Leitungen, in denen noch ein Rest von altem Hydrauliköl war. Diese Leitungen begannen sie zu erhitzen, durch das restliche Öl in den Leitungen wurde die Wirkung des Erhitzens erhöht! Es war ersichtlich, die beiden waren im „Jagdrausch". Die Ratte, in die Ecke gedrängt mit keiner Aussicht auf Flucht, begann Todesschreie von sich zu geben, was die Beiden nur noch mehr anfeuerte ... Ratten sind weiß Gott nicht die beliebtesten Tiere, aber diese Ratte tat mir leid. Sie starb einen qualvollen Tod! Wo war ich da bloß hingeraten?

Das waren meine ersten Tage in der „realen Sozialistischen Arbeitswelt". Jetzt konnte es eigentlich nur besser werden. Dachte ich. Aber weit gefehlt. Aber was einen nicht umbringt, macht nur härter, also Augen zu und durch.

Aber es gab auch im grauen sozialistischen Alltag Lichtblicke: Ich machte meinen Motorrad-Führerschein!

Ein Bruder eines ehemaligen Klassenkameraden war Fahrlehrer. Der Führerschein kostete die lächerliche Summe von 60,- DDR-Mark: Da war sie wieder, die drückende Überlegenheit des Sozialismus über den Kapitalismus. Wenigstens *einmal* hatte man einen Vorteil gegenüber dem kapitalistischen Klassenfeind. Mein Cousin in Mönchengladbach musste für seinen PKW-Führerschein Hunderte D-Mark bezahlen, er verdiente aber auch ein Mehrfaches, und dazu noch harte D-Mark.

Das Machen des Führerscheins stellte kein Problem dar, jetzt konnte ich mir ein neues „Wunderwerk" der DDR-Ingenieurkunst kaufen. Die Auswahl der Modelle war überschaubar. Diese Zweiräder hatten zwar keine Vogelnamen, aber ihre Bezeichnung wie TS 150/11,5 PS oder TS 250/19 PS oder ES 150 oder ES 250 waren nun auch nicht unbedingt die Kracher, und die „Geschosse" zogen mit ihren PS auch keinen Hering vom Teller, ... egal: wir Zonis waren gewohnt, das Beste draus zu machen.

Als Nächstes mussten wir laut Ausbildungsvertrag einen Führerschein für Traktoren machen, der sollte aber mit Abstand der Leichteste werden. Bald sollte ich meine erste Stunde haben, es fand erstmal eine Einweisung statt. Es war ein Traktor vom Typ ZT 300. Der wurde in der Nähe von Magdeburg in einem verhältnismäßig großen Werk gebaut und von dort in den ganzen Ostblock geliefert. Mit diesem Traktorenwerk sollte ich später noch einmal auf ganz andere Art in Berührung kommen.

Wie üblich in der DDR, war auch dieses Modell ein Wunder der Technik und dazu noch „formschön", wie nicht anders zu erwarten. Mein Fahrlehrer hieß Rudi, er war etwa Ende dreißig und schien auch zu den ganz Durstigen zu gehören. Er wartete schon im Fahrschultraktor auf mich. Ich stieg hoch, und als ich die Tür des Traktors öffnete, hatte ich das Gefühl, in eine Hafen-Spelunke einzutreten, in der hundert sturzbetrunkene Matrosen sitzen. Es schien wohl zum guten Ton zu gehören, mit einer kräftigen Alkoholfahne den Tag zu beginnen, und es interessierte niemanden.

Rudi erklärte mir erst einmal die grundsätzlichen Funktionen des Traktors wie Schaltung, Differenzial, Blinker, Hupe und so weiter.

Gott sei Dank kam es an diesem Tag zu keiner Fahrstunde, und ich hoffte, bei unserem nächsten Zusammentreffen und der damit verbundenen Fahrstunde würde sich Rudi in einem besseren, also nüchternen Zustand befinden. Die Realität war eine andere und sollte mich eines Besseren belehren.

Ich hatte bis dato gelernt, dass Alkohol beim Fahren eines Kraftfahrzeuges nicht zu sich genommen werden sollte, da es eine 0,0-Alkoholgrenze gab. Dass sich das als graue Theorie im Sozialistischen Arbeitsalltag herausstellen sollte, wurde mir täglich klarer. Zwei Tage später sollte dann die erste Fahrt auf der Straße stattfinden.

Was meine Arbeit in der Schweißerei anbelangte, hatte ich nach einiger Zeit auch meine Freiräume. Morgens das Obligatorische holen von 10 –12 Bier (Hopfenkaltschalen) und den dazugehörigen Schnaps. Häufig waren die beiden Mongolenjäger auf ihren Baustellen und bauten an ihren Häusern. Während ihrer Montagezeit in der Mongolei hatten sie einiges an Geld verdient, und somit lautete das Motto: „PRIVAT GEHT VOR KATASTROPHE." Der private Hausbau ging vor sämtlichen anderen betrieblichen Aktivitäten!

Immer mehr wurde mir deutlich, warum in diesem Staat nichts weiterging! Jeder machte, was er wollte, keiner was er sollte, und alle machten mit. Das ganze private Arbeiten störte genauso niemanden wie der ständige Durst der Kollegen.

Unser großer Vorsitzender, Feten-Ette (der Name kam nicht von ungefähr), hielt im Palast der Republik, der „natürlich" nur für das Volk gebaut war, eine seiner Standard-durchhalte-Reden. Dabei las er jedes einzelne Wort von seiner ihm geschriebenen Rede ab, die er wahrscheinlich selber nicht verstand. Es gab immer noch genügend Parteisoldaten und Fußvolk, die dieser dumpfen Propaganda folgten und sie glaubten.

Der Aufstand 1953 wurde brutal nieder geschlagen, und dieses Ereignis hatte sich in das kollektive Gedächtnis der meisten DDR Bürger eingebrannt.

Aber zurück zum schnöden Lehrlingsalltag. Es nahte der Tag und die damit verbundene Fahrt mit dem Traktor auf der Straße. Rudi wartete wie letztens im Traktor auf mich. Da war er wieder: der Geruch der Spelunke, der mir beim Einsteigen in den Traktor entgegenschlug! Mücken als auch Fliegen vielen sofort tot zu Boden, sobald sie in das Innere der Kabine des Traktors vordrangen.

Wahrscheinlich ging bei Rudi ohne Alkohol gar nichts mehr. Also Augen zu und durch (sinnbildlich!). Wo ging die Fahrt wohl hin? Wir durchquerten einige Dörfer, es war Gott sei Dank wenig Verkehr und ich war froh, dass der Traktor nicht allzu schnell fuhr. Rudi neben mir nahm erst einmal einen kräftigen Schluck aus der Flasche. Es war erstaunlicherweise eine Wasserflasche!!! Wir kamen in einer Ortschaft an, für mich vollkommen unbekannt. Auf Rudis Anweisung hin fuhr ich links, dann wieder rechts, die Ortschaft war von der Größe her überschaubar und dann, nach etwa zirka hundert Metern, kam es wie es kommen musste: Ich sollte Kurs nehmen auf die vor uns liegende Dursttankstelle, also Kneipe! Sie lag in der Mitte des Dorfes. Rudi wies mich an, die Fahrschulfahrt zu unterbrechen, da er kurz in die Lokalität einkehren müsste. Ich hielt vor der Destille, er sagte, ich solle den Motor abstellen. Dann zog er aus irgendeiner Ecke des Traktors einen Beutel und verschwand umgehend mit diesem in der Kneipe.

Ich wartete 10 Minuten, 20 Minuten ... von Rudi noch nichts in Sicht. Dann fiel mir seine Wasserflasche ein, aus der er während der Fahrt einen kräftigen Schluck genommen hatte, und ich roch daran: wie vermutet kam mir ein strenger Wodka-Geruch entgegen. Das war schon eine harte Nummer! Einer von der Sorte „Kampftrinker" und dazu noch Fahrlehrer, eine seltene Mischung! Nach einer guten halben Stunde tauchte Rudi wieder auf, und es war klar, was geschehen war: Er hatte ein hochgeistiges Gespräch mit einem hochprozentigen Durstlöscher geführt! Er lebte wohl nach dem Motto „ALLE SEHEN, WENN ICH BETRUNKEN BIN, ABER KEINER SIEHT, WENN ICH DURST HABE!"

Wir schafften den Weg zurück, ich parkte den Traktor neben unserer Lackiererei, Rudi nahm seine Tasche, wahrscheinlich mit 40 % Selterswasser gefüllt, und verschwand in der Lackiererei.

Ich ging zur Schweißerei, keiner da! Die beiden Mongolenjäger waren wohl wieder mit ihrem Häuserbau beschäftigt. Am Vortag hatten sie mir die Aufgabe zugewiesen, ich sollte Bleche zuschneiden. Auf den Baustellen wurden Zementmischer benötigt, und wir hatten so ziemlich alle Möglichkeiten, diese zu bauen. Im Arbeiter- und Bauern-Staat war so etwas Gold wert. Solche Dinge gab es in der Sozialistischen Mangelwirtschaft nicht zu kaufen. Also war es meine Aufgabe, für die Trommel des Zementmischers die Bleche zuzuschneiden. Die Rohre für das benötigte Untergestell des Mischers hatten wir meistens auch, manchmal waren sie dünner, manchmal dicker, und manchmal hatten wir auch keine dieser Stahlrohre. Dann hieß es irgendwie improvisieren. Die Räder, um den Mischer auf der Baustelle von A nach B zu rollen, fielen meistens auch sehr unterschiedlich aus, mal waren sie größer dann wieder kleiner ..., egal es kam schließlich nicht auf Ästhetik, sondern auf Funktionalität an. Man musste halt nehmen was da war, das galt für den Abnehmer und für uns als Hersteller gleichermaßen! Zum Schluss und für den Antrieb fehlten nur noch die Elektromotore, die den Mischer antreiben sollten. Woher die kamen, habe ich nie heraus bekommen! Sobald einer dieser Mischer kurz vor der Endmontage stand, hatten die beiden Mongolenjäger auch einen dieser Elektromotore zur Hand. Die Mischer gingen weg wie warme Semmeln, Kostenpunkt zirka 1200-1400,- DDR-Mark, also gut zwei Monatsgehälter. An Geld mangelte es im Sozialismus nicht, für die Aluchips gab es nur nichts zu kaufen außer Alkohol und Grundnahrungsmittel. Der Hopfen, der für Bier angebaut wurde, wurde häufig für harte Devisen in den Westen verkauft. Das Gebräu, welches der Ost-Zoni zu trinken bekam, wurde mit Schweinegalle versetzt, damit es den typischen Bier-Geschmack bekam, dies erfuhr ich ein paar Jahre später aus sicherer Quelle. Die Biere schmeckten in etwa so, wie die Autos aussahen! Blöder Vergleich, aber bildlich gesprochen. Es gab das „Goldquell", der Name war Programm, schmeckte wie eingeschlafene Füße, dann „Kristall Bier", auch nicht viel besser, und „Luxator". Da wir der restlichen Welt in allen Bereichen „weit" voraus waren, schafften wir es auch noch, Weltmeister im Saufen, sprich „Suff-Weltmeister" zu werden, ein doch sehr „erstrebenswerter Titel". Wir hatten den höchsten Pro-Kopf-Verbrauch bei Bier und Schnaps, wir waren das Volk der Trinkautomaten. Nach den Ursachen dieses exzessiven Alkoholmissbrauchs wurde von staatlicher Seite nicht gefragt, es war ja schließlich alles im grünen Bereich. Für viele DDR-Bürger war das Hauptproblem der Staat und sein permanentes Eingreifen in alle Lebensbereiche. Die einzige Flucht war die in den Alkohol!

Arbeitslosigkeit drohte in den VEB Kombinaten niemanden, insofern er nicht staatsfeindliche Äußerungen von sich gab, und war er noch dazu SED-Genosse, konnte er schon gar nicht in Ungnade fallen. Also weiter hoch die Tassen, lautete das Motto. Ich musste halt immer aufpassen, sobald meine beiden Kollegen zu viel Alkohol zu sich genommen hatten, dass ich mich dann etwas absetzte. Meistens gelang mir das auch, aber manchmal kam auch schon mal ein Hammer geflogen. Eines Tages, die Tasche Bier und eine Flasche Schnaps waren bis Mittag schon wieder vernichtet, hieß es erneut Nachschub holen, und ich wurde zum Zwangs-Mittrinken verdonnert.

Klaus, ein Kollege aus der Neben-Werkstatt hatte Geburtstag. Er gehörte zu den ganz harten Trinkern. Wenn es mal nichts gab und er kein Geld mehr hatte, scheute er nicht davor zurück, Bier zu trinken, welches schon wochenlang offen in den Schränken stand. Ich musste seiner Einladung folgen und wurde gezwungen, zu den Bieren auch noch Schnaps zu trinken. Nach einer Stunde war ich so volltrunken, dass ich mich in ein altes Lkw-Fahrerhaus zum Schlafen legen musste. Die anderen schienen gegen Alkohol irgendwie resistent zu sein. Ich schaffte es an diesen Tag noch, mit dem Fahrrad nach Hause zu kommen; wie weiß ich bis heute nicht.

Der Tag war ein Tag wie jeder andere. Die öffentlichen Verbindungen waren so schlecht, dass es ewig gedauert hätte, zur Arbeit zu kommen. Also fuhr ich, wie so oft, mit dem Motorrad zur Arbeit. An diesem Tag regnete es, und ich musste mir meine orange Regenjacke anziehen. Irgendwo hatte ich diese Regenjacke mit viel Glück ergattert. Motorradbekleidung im herkömmlichen Sinne gab es im Arbeiter- und Bauernstaat nicht, und wenn, dann waren es Selbstanfertigungen. Improvisationen waren immer und überall, das Gebot der Stunde. Ich war etwas zu spät dran und musste einen recht flotten Fahrstil auf der Schlagloch-Piste hinlegen. Ich fuhr zügig durch schon die erwähnte Ortschaft Heyrotsberge, wo unser berühmter DDR-Radrennfahrer zuhause war. Die Sicht an diesen Morgen war schlecht, und ich unter Zeitdruck, als nicht weit vor mir jemand über die Straße huschte. Ich musste Abbremsen und einen leichten Schlenker machen, was mir auch Gott sei Dank gut gelang.

Ich kam ein paar Minuten zu spät, es fiel aber niemand auf, die beiden Mongolenjäger waren nicht in der Schweißerei. Ich räumte erst mal die Werkstatt auf. Am Abend zuvor hatte eine Großversammlung in der Schweißerei stattgefunden, die wieder mit reichlich Durst verbunden war. Also hieß es für mich, erst einmal die leeren Flaschen einsammeln, Aschenbecher leeren und auffegen. Ich wusste nicht, wann die beiden Protagonisten auftauchen würden und in welchem Zustand. Nach zirka gut zwei Stunden kam Bernd in die Werkstatt. Ich hatte alles vom Vorabend gesäubert und aufgeräumt, also gab es keine Beanstandungen. Ich bekam das obligatorische Geld in die Hand gedrückt mit der üblichen Aufforderung, die Tasche mit Bier zu füllen. Also machte ich mich auf den „Bier-hol-Trip" (diesmal ohne Flasche Schnaps, es stand wohl kein Kampf-Sauf-Tag an).

Nach meiner Rückkehr in die Werkstatt sagte mir Bernd, ich solle zu unserem Meister kommen, der war wohl in der Schweißerei gewesen, er wollte mit mir sprechen. Ich wusste zwar nicht worüber, aber das würde ich ja sicherlich gleich erfahren. Ich traf ihn dann in einer unserer vorderen Werkstätten, und dann gingen wir in sein Büro, musste also eine mächtig wichtige Sache sein, und dazu noch top-geheim. Dann ließ er ohne Umschweife die Katze aus dem Sack: es gebe eine Beschwerde über mich! Ich fragte von wem und warum und woher sie kommen würde, ich war mir keiner Schuld bewusst. Den Vorfall in der Früh mit der vor dem Motorrad vorbeihuschenden Gestalt hatte ich längst vergessen.

Es hatte sich kein Geringerer beschwert als Täve Schur! Er war vor zirka eine halben Stunde vorbeigekommen, hatte sich an die Betriebsleitung gewendet und dort berichtet, dass ich ihn in der Früh fast auf die Hörner genommen hätte. Ich fragte, wie er auf mich käme und er sagte mir, Herr Schur hätte mich schon öfters durch seine Ortschaft fahren sehen und das wohl mit einer Geschwindigkeit, die nicht unbedingt jener in geschlossenen Ortschaften entspräche. Er hatte mich auch mehrmals in den Betrieb fahren sehen und daraus geschlossen, ich würde dort arbeiten. Ich hatte zu dieser Zeit auch oft die orange Regenjacke an, die mich weithin sichtbar machte. Ich gab mich geschlagen, leugnen hätte nichts gebracht und dann noch gegen einen der populärsten Sportler der DDR, da hatte ich schlechte Karten. Also hieß es Reue zeigen und Besserung geloben. Ich fuhr ab dann nicht mehr ganz so hastig durch Herrn Schurs Ortschaft, also alles gut. Man hätte mich sicherlich öffentlich geteert, gefedert und geviertelt, wenn ich ihn unfreiwillig auf meinem Motorrad mitgenommen hätte, einen der größten Sportler der DDR-Geschichte.

Ich kam zurück in die Schweißerei und musste berichten, warum ich zum Rapport musste. Ich erzählte ihnen von meiner Aktion am frühen Morgen; das Gelächter war ziemlich groß. Die Jungs hatten schon wieder einige Biere intus, der Tag begann so wie der Vortag geendet hatte.

Ich war nach dem einen Jahr Internat nun wieder täglich Zuhause. Das hieß mit meinen alten Kumpels immer irgendetwas loszumachen, und am Wochenende gingen wir in die „heißen DDR Jugendclubs" mit so klingenden Namen wie „DDR 25" wo die Hälfte des Publikums aus Schnüffel und Petz und Horch und Guck bestand. Das Reinkommen in diese besagten Clubs war immer die größte Hürde. Hier galt wie in allen anderen Lebensbereichen „Vitamin-B". Plätze waren Mangelware; war der Club für hundert Leute ausgelegt, stand die drei- bis vierfache Menge vor selbigen Club. Im Laufe der Zeit kannte ich die meisten Türsteher und musste nicht mehr stundenlang vor der Tür ausharren.

Die Jugendclubs hatten oft den Charme einer Bahnhofsvorhalle, und die Musik sollte laut Beschluss unsere Polit-Elite überwiegend aus knackigen Ost-Songs bestehen, die aber wollten die wenigsten hören. Es gab die sogenannten Einstufungen, wo prozentual zirka 70–80 Prozent DDR-Songs gespielt werden mussten, und die restlichen 20–30 Prozent waren dann so genannte West-Songs. Hielten sich die DDR-Discjockeys nicht an diese Auflagen, waren sie ruckzuck ihre Lizenz los. Der Staat musste schließlich seine Jugend vor schädlichen West-Einflüssen schützen und unter Kontrolle haben, und das in allen Bereichen und Lebenslagen. Gott sei Dank hielten sich etliche Clubs nicht an diese Anweisungen, und spielten überwiegend West-Kracher. Es stellte sich mal wieder heraus, der Klassenfeind lauerte überall, auch wenn es nur in Form von Musik war. Das System stellte sich täglich neu infrage, aber die Summe an Hardcore-Kommunisten, die von diesem System profitierten, war noch zu groß, und somit nahm das Elend Kommunismus weiter seinen Lauf.

Auf der Arbeit ging es seinen üblichen berühmten sozialistischen Gang, jeder machte was er wollte, keiner was er sollte und alle machten mit. Ich begann in der Schweißerei, wenn ich Zeit hatte (und die hatte ich häufig, da meine beiden Mongolenjäger überwiegend mit ihrem Hausbau beschäftigt waren), Garderoben aus Metall zu bauen, ich konnte mittlerweile ganz gut schweißen. Meine Konstruktionen fanden guten Absatz, ich arbeitete sogar auf Bestellung, was mein Lehrlingsgehalt aufbesserte. Wie so häufig scheiterte es jedoch oft an den benötigten Materialien. Die „Aktion Garderobe" wäre noch ausbaufähig gewesen, aber in der Sozialistischen Mangelwirtschaft war es nicht einfach, sich der kapitalistischen freien Marktwirtschaft anzunähern.

Alles, was an materiellen Nachschub kam, wurde häufig gleich für Private Zwecke, verwendet, in meinem Fall hieß das eben Garderoben herstellen, jeder hatte schließlich seinen Teil für das Sozialistische Vaterland zu leisten.

Wen kümmerten schon Erichs Fünf-Jahres-Pläne. Er verkündete wieder einen seiner berühmten Pläne in der Volkskammer, und anschließend beklatschte er sich wie üblich selber; Er hielt eine seiner Standard-Reden und erzählte von den unendlichen Erfolgen des Sozialismus und den heroischen Werktätigen und Bauern, die permanent ihre Vorgaben übererfüllten und somit den Frieden und die Stärkung des Sozialismus vorantrieben. Am Ende seiner von Floskeln triefenden und nichtssagenden Rede forderte er die Werktätigen auf, weiter auf dem siegreichen Weg die Produktivität der Kombinate zu steigern und somit mehr aus den Betrieben heraus zu holen. „Aus den Betrieben mehr herausholen", *das* war das Stichwort!

Dieses Herausholen bedeutete im Sozialistischen Sprachgebrauch die Steigerung der schon erwähnten Produktivität, die aber täglich tausendfach an nicht vorhandenen Materialien scheiterte. Wir fassten das ganz anders auf, wir nahmen das „Mehr Herausholen" aus den Betrieben *wortwörtlich*, der Satz war mehr als doppeldeutig, und so setzten wir auf unsere Art und Weise dieses Herausholen aus den Betrieben in die Tat um.

Mein Mitstreiter und Lehrlingskollege Volker benötigte ständig Schrauben und Muttern jeglicher Art und Größe, da sein Bruder ununterbrochen an alten Motorbooten herumschraubte. Sobald eine neue Lieferung an Schrauben und Muttern im Lager eintraf, räumte er reichlich ab, egal welche Größe; man wusste ja nie wann und wofür sie gebraucht wurden, und wann die nächste Lieferung eintraf. Hauptsache erst mal Bunkern, egal was es war, über kurz oder lang wurde alles benötigt, und man konnte es notfalls gegen andere Dinge eintauschen.

Auf legale Art und Weise war nichts zu bekommen, also musste man sich die Dinge halt anders besorgen. Für die DDR-Aluchips bekam man sowieso nichts, da einfach nichts da war. Geld und Kommunismus, das passte so gar nicht zusammen!

Es hieß mitnehmen, was nicht niet- und nagelfest war, und wo ging das besser als im Kommunistischen Kombinat. Wir sahen das nicht als Klauen an, sondern wir nahmen uns nur unseren Teil vom sozialistischen Volkseigentum, es gehörte ja schließlich alles allen! Dass dies langfristig zum Untergang dieser Diktatur führen würde, ahnten wir damals natürlich nicht, es sollten noch einige Jahre bis zum endgültigen Untergang der DDR ins Land gehen, aber wir trugen unbewusst unseren Teil dazu bei.

Wenn an Material nichts mehr da war, war halt nichts mehr da, es interessierte keinen! Und es war in allen Betrieben das Gleiche.

Ich erweiterte mein Repertoire! Zu den Garderoben stellte ich jetzt zusätzlich noch Vasen aus verschiedenen Stahlrohren her, die Vasen eigneten sich gut für dekorative Zwecke. Die ganze Infrastruktur um uns herum, Straßen, Häuser, Brücken etc. bröselten vor sich hin. Wir selber, also der gewöhnliche Ossi, damals noch als „gemeiner DDR-Bürger" bezeichnet, nahmen das nur punktuell oder zum Großteil gar nicht wahr. Wie auch ??? Wir hatten keine Vergleichsmöglichkeiten. Wer immer nur Äpfel zu Essen bekommt, weiß nicht wie Birnen schmecken. Aber jedes Mal, wenn die Karawane aus dem Westen anrollte (in meinem Fall Onkel, Tante, Cousinen, Cousin sowie Vater), die den Blick von außen hatten und feststellten, dass in der Ostzone der Zerfall immer mehr voranschritt und es von Jahr zu Jahr schlimmer wurde, dann ahnte man, dass was dran sein musste, an dem, was sie sagten.

Ende der Siebzigerjahre wusste keiner, wann und ob das irgendwie mal ein Ende haben würde. Der perspektivlose Kommunismus wurstelte Jahr für Jahr weiter vor sich hin. Viele hatten längst resigniert, ließen die dumpfen Durchhalteparolen über sich ergehen und zogen sich weitestgehend in ihre Privat-Bereiche zurück. Die Möglichkeiten waren beschränkt. Es gab die Angepassten, die der Kommunistischen Ideologie willig folgten und bereit waren, Kind und Kegel zum eigenen Vorteil ans Messer zu liefern, wie man es Deutschland schon von 1933–1945 erlebt hatte; es gab jene, die wirklich an die Kommunistische Idee und deren Ideale glaubten und *nicht* Verwandte und Nachbarn denunzierten. Diese aufrichtigen Kommunismus-Gläubigen wurden aber im Laufe der Jahre immer weniger. Und es gab die Verzweifelten, die zu Kurzschluss-Reaktionen neigten und dem Staat per Flucht entkommen wollten! Häufig bezahlten ihr Handeln mit dem Leben, oder sie landeten für Jahre im Stasi-Gefängnis und wurden dort physisch und psychisch für den Rest ihres Lebens zerstört.

Nach jedem Kommen meiner Verwandtschaft aus dem Westen verstärkte sich meine Wut auf diesen mir verhassten Staat namens DDR.

Es musste ein Plan her! Auf alle Fälle musste ich meine Lehre beenden, dann konnte ich wie auch immer geartete Fluchtpläne schmieden. Was diese Fluchtpläne anbetraf, standen neue Informationen unter einigen DDR-Abtrünnigen im Raum.

Es wurde viel gemunkelt, aber keiner wusste nichts Genaues! Internet und somit Informationen aus aller Welt waren zum damaligen Zeitpunkt noch Lichtjahre entfernt. Also man munkelte, die DDR hätte 1975 die Schlussakte von Helsinki unterschrieben. Was das wirklich bedeutete, wusste auch keiner so richtig, öffentliche Informationen zu diesem Thema gab es natürlich keine. Nach mehr als schwierigen Recherchen erfuhr ich dann, dass man vorsah, Familien-Zusammenführungen zwischen DDR-Bürgern und BRD-Bürgern zu ermöglichen. Es keimte ein Funken Hoffnung auf! Was war dran an diesen von Mund zu Mund getragenen Informationen? Es kursierten die wildesten Spekulationen und Gerüchte.

Ich musste beim nächsten Besuch meiner West-Verwandtschaft unbedingt mehr heraus bekommen! Sie versprachen, für mich Einsicht in besagte Unterlagen in Mönchengladbach zu nehmen. Geschriebene Briefe von mir hätten ihren Empfänger im Westen sicherlich nicht ungeöffnet erreicht. Ich ging davon aus, dass sämtliche Post meinerseits gen Westen von Schnüffel und Petz akribisch untersucht wurde, von Telefonaten in Richtung Westen ganz zu schweigen.

Eines war klar, ohne abgeschlossene Ausbildung in den Westen zu gehen oder notfalls zu flüchten hätte keinen Sinn gemacht. Somit hieß es, erst einmal die Ausbildung abzuschließen.

Es sollte noch ein ganz besonderes Erlebnis auf mich warten, das ich mir sehr gerne erspart hätte, und das hieß *anderthalb Jahre NVA*! Diese Zeit aber in der NVA bestärkte meinen Entschluss endgültig, dieser DDR den Rücken zu kehren, egal wie hoch der Preis dafür sein sollte!

In der verbleibenden Zeit in der Schweißerei erlebte ich noch so manche Jagdszenen mit unseren Mongolen-Jägern. Die Waffen, die dabei zum Einsatz kamen, waren sehr unterschiedlich: Manchmal war es nur ein Besen, dann auch schon mal größere Schrauben, mit denen gejagt wurde; es wurde gegriffen was verfügbar war. Die beiden waren meist so berauscht, dass es mit der Treffsicherheit haperte, die meisten der Tiere konnten unbeschadet die Flucht ergreifen. Glück für die gejagten Kreaturen, sie mussten nicht das Schicksal der Ratte unter den Hydraulikleitungen erleiden. Die Zeit der Beiden in der Mongolei hatte wahrnehmbar und merklich Spuren hinterlassen.

Wir Lehrlinge wechselten jetzt unsere Arbeitsplätze innerhalb des Betriebes. Ich wanderte von der Schweißerei in die gegenüberliegende Werkstatt. Trotz der ganzen Aktionen in der Schweißerei und des damit verbundenen täglichen Einkaufens von Alkohol hatte ich doch einiges dazugelernt. Somit waren die ersten drei Monate und damit die erste Etappe im real Sozialistischen Arbeitsalltag gemeistert. Leider brach eine Einnahmequelle weg, denn es war nun Schluss mit dem Bau von Garderoben oder Vasen.

Ich ging in die mir zugeteilte Werkstatt und wurde einem Gesellen (damals Facharbeiter) zugeteilt. Es lief wie anfangs in der Schweißerei: ich wurde erst mal für alle niederen Arbeiten eingeteilt wie Fegen, Aufräumen, Saubermachen und (wie schon in der Schweißerei) Bier holen. Wir waren aber diesmal in der Werkstatt *drei* Lehrlinge. Volker und Peter waren mit mir schon das erste Jahr im Internat zusammen. Schnell stellte sich heraus: auch hier regierte der Durst! Jetzt hieß es, abwechselnd zum Alkohol-Einkauf aufzubrechen.

Die Lehrfahrten mit dem Traktor liefen kontinuierlich weiter, immer nach dem gleichen Muster, auch die Strecke, die wir fuhren, blieb immer die gleiche und endete immer vor der gleichen Dorfkneipe, und anschließend ging die Fahrt wieder zurück in den Betrieb. Eines Tages wurden wir bei einer dieser „Lehrfahrten" von einer Polizei-Streife angehalten. Rudi schien die Rächer der Enterbten aber zu kennen, es war die Sorte „schneidiger Vopo" Rudi nahm noch einen kräftigen Schluck aus der „Wasserflasche"; nach einem kurzen Plausch vom Fahrerhaus des Traktors aus setzten wir unsere Fahrt fort ... Das war von Rudi an Dreistigkeit nicht mehr zu überbieten! Beim Eintreffen im Betrieb offenbarte mir Rudi dann, dass ich nächste Woche meine Prüfungsfahrt zu absolvieren hätte.

Wir reparierten jetzt LKWs der Marke W50, Modell „Brachial-Technik". Nach einiger Zeit ließ man uns wissen, dass die Motoren zirka alle 100.000 km ausgetauscht werden müssten. Neue Motoren gab es aber keine! Die ausgebauten Motoren wurden dann durch generalüberholte Motoren ersetzt, und das wiederholte sich so zirka alle 100.000 km. Wie oft diese Motoren immer wieder überholt wurden, haben wir nie raus bekommen. Aber oft hielten die nicht mal diese 100.000 Kilometer. Es waren regelrechte „Power Maschinen" mit einer unglaublichen Leistung von sagenhaften 110-125 PS bei vier Tonnen Nutzlast! Man glaubt es kaum! Nach der Runderneuerung standen sie wenige Wochen später schon wieder in der Werkstatt. Das war nicht etwa die Ausnahme, sondern eher die Regel. Man konnte auch noch einen Hänger an diese Power-Maschine hängen, das war dann so ziemlich das Ende. Die Fahrzeuge ohne Hänger zogen schon keinen Hering vom Teller, aber mit einem Anhänger sah das Elend noch ganz anders aus. Bergauf und beladen kamen sie gerade noch auf Schrittgeschwindigkeit, und je häufiger sie mit Anhänger fuhren, desto häufiger standen sie wieder in der Werkstatt, und das Spiel begann von Neuem.

Eine kleine Anekdote: von 1973–1976 baute man in Berlin den Palast der Republik mit dem dafür üblichen Kommunistischen Getöse. Kaum ein Land auf diesem Planeten hatte jemals solch eine „gigantische" Bau-Leistung vollbracht. Ein paar Jahre zuvor hatte man den Fernsehturm am Alexanderplatz gebaut und eröffnet. Damals stand also die nächste bauliche Weltsensation des Kommunismus vor der Vollendung, zumindest suggerierte uns das die Propaganda. Da aber ein Palast so wenig zu einem Arbeiter- und Bauern-Staat passte wie ein

Stabhochsprung zu einem Schwein, war es natürlich ein Palast für die Arbeiter und Bauern, es kam nur auf die richtige Wortwahl an.

Wie üblich wurden sämtliche Baumaterialien aus allen Ecken der Republik zusammen gekarrt, sodass das Hinterland wie so häufig in die Röhre guckte, und die

Material-Knappheit im restlichen Teil des Landes sich drastisch vergrößerte. Alles ging in solchen Fällen Richtung Berlin, unsere glorreiche Sozialistische Hauptstadt.

Wie immer kam der altbekannte Galgenhumor der DDR-Bürger zum Tragen, und dieser Palast erhielt sogleich den inoffiziellen Namen „Erichs Lampen-Laden".

In diesem Palast der Republik hingen Lampen in einem Ausmaß, wie es in keinem Zentrum-Warenhaus der DDR zu sehen, geschweige dann käuflich zu erwerben war.

Die sozialistischen Errungenschaften waren nicht zu toppen, der Westen musste Dank dieser bisher nie da gewesenen Errungenschaften bald kapitulieren (Bitte immer mit einem Quäntchen Ironie und Humor auffassen).

In unserem Sozial- und Verwaltungsgebäude hing eine dieser obligatorischen Wandtafeln, auf denen die üblichen Durchhaltephrasen standen. Auch ein großes Bild unseres so viel gerühmten Palastes mit dem dazugehörigen Kommentar war dabei. Die Überschrift lautete: „Dieser Palast ist unser Palast", ein mehrseitiger Kommentar gab über das Innenleben des Palastes Auskunft. Auch wurde angemerkt, dass etliche Säle auch als Räumlichkeiten für das einfache „Fußvolk" (also die sooft benannten Arbeiter und Bauern) zugänglich waren. Irgendein Witzbold im Betrieb hatte sich den Spaß gemacht, und hat die Sache etwas umgedichtet, aus der Überschrift wurde kurzerhand: „DIESER PALAST IST UNSER BALLAST!", was ja gefühlt auch zutraf.

In jedem Betrieb mit mehr als drei Mitarbeitern gab es einen Parteisekretär, denn dort wo ein Genosse war, war auch die Partei! Somit war es nur eine Frage der Zeit bis diese schändliche Verunglimpfung aufflog. Ich konnte mich vor dieser Entdeckung des „Verrates an unserem sozialistischen Vaterland" noch ergötzen, da mir Volker den Hinweis gab, ich solle doch mal einen Blick auf die Wandtafel werfen …

Es war die Veränderung zweier Buchstaben, die die ganze Maschinerie des Überwachungsstaates in Bewegung setzte, da kannte man keinen Spaß!

Schnüffel und Petz, unsere berühmt-berüchtigte Stasi, gab sich der Sache mit voller Hingabe hin, jeder wurde verdächtigt. Da hieß es Antreten zur Einzelbefragung im Büro des Parteisekretärs.

Zuerst kamen die Genossen an die Reihe, die meisten von ihnen waren „Pseudo-Genossen", die des persönlichen Vorteils wegen in diese Partei eingetreten waren. Und dann mussten wir zur Befragung … Es wusste diesmal auch wirklich *niemand,* wer sich diesen Schabernack hatte einfallen lassen. Die Befragung brachte nichts, der Betreffende hatte gute Arbeit geleistet! Die Wandtafel wurde abgehängt, und betreffende Bilder sowie Kommentare wurden konfisziert und mitgenommen. Was des Weiteren passierte, wurde nicht bekannt. Es glich einer Farce; wie üblich waren die so häufig zitierten „Konterrevolutionäre" schuld. Die Sache verlief im Sande. Aber bei solchen Sachen und dem sich-darüber-lächerlich-machen verstand man vonseiten der politischen Führung keinerlei Spaß.

Es nahte der Tag der Traktor Prüfung! Ich wusste nicht, wie sie verlaufen würde, da ich als Erster fahren musste. Ich ging von einem externen Prüfer aus.

Mit dem Schalten, Blinken und allem anderen hatte es bei den Übungsfahrten immer gut geklappt, und die Strecke war immer die Gleiche.

Meine Bedenken waren vollkommen unbegründet: als ich auf den Traktor zusteuerte, saß nur einer im selbigen, nämlich Rudi. Ich fragte, ob wir noch warten und ob noch ein zusätzlicher Prüfer mit an Bord käme (ich hatte das von meinem Freund Hannes gehört, der ein paar Monate zuvor seine LKW Prüfung absolviert hatte). Rudi gab mir zu verstehen, ich solle einsteigen, sagte nur kurz: „Du kennst ja die Strecke", und so verlief die Prüfungsfahrt ebenso wie die davor absolvierten Übungsfahrten. Solch eine lässige Fahrprüfung würde ich wohl nie wieder absolvieren! Als Nächstes stand der LKW Führerschein an. Der würde wohl anders ablaufen, und vor allen Dingen mit einem anderen Fahrlehrer. Aber vor allem konnte man mit der LKW-Fahrerlaubnis auch PKW fahren, und somit hätte ich alle Fahrerlaubnis-Klassen. Das war die Fahrerlaubnis Klasse 1 für Motorrad und die Fahrerlaubnis Klasse 5 für LKW! Der war auch in der DDR nicht ganz billig. Aber er war ein Bestandteil meiner Ausbildung. Super Sache: ich war gerade 18 Jahre alt und würde die Führerscheine fast zum Nulltarif bekommen! Da sollte mal einer sagen, der *real existierende Sozialismus* habe nicht auch seine guten Seiten, ... aber davon gab es leider viel zu wenig. Alles andere ging seinen üblichen sozialistischen Gang, was also bedeutete: es ging- wie immer – nichts weiter. Die „Materialschlacht", also der Mangel an Materialien nahm weiter seinen Lauf, was uns oft und immer öfter zum Herumlungern zwang, aber auch daran gewöhnte man sich.

Ehrenhalber muss ich anmerken: es gab nicht nur Sozialismus von morgens bis abends, es gab auch Freiräume. Es gab auch nicht nur Leute, die bei Schnüffel und

Petz, Horch und Guck und Teile und nimm wegarbeite-
ten, sondern auch die ganz normalen, die mit dem ganzen kommunistischen Schwachsinn nichts zu tun haben
wollten. Wie heißt es doch im Leben so treffend?: gleich
und gleich gesellt sich gern! Man umgab sich eben mit
Leuten, die die gleiche Einstellung hatten.

Das führte jedoch nach dem Zusammenbruch des
Kommunismus 1989 für viele Leute in der DDR zu der
bitteren Erkenntnis, dass sie von Leuten, die sie für
Freunde hielten, ans Messer geliefert wurden, und nicht
nur von diesen sogenannten Freunden, sondern häufig
auch vom eigenen Ehepartner bespitzelt wurden.

Geld spielte eine untergeordnete Rolle, zumal es ziemlich wertlos war, zumindest im internationalen Vergleich.
Auch im eigenen Land hatten die „Aluchips" (= DDR
Mark) keinen hohen Stellenwert, im Gegensatz zur harten DM des Westens. Es kam zu einem Deal zwischen
der Bundesrepublik und der DDR. Dieser beinhaltete
die Lieferung mehrerer Tausend Autos von der Marke
Golf I sowie Mazda Model 323. Und da wurde wieder der
ganze Irrsinn des Systems sichtbar: Diese Fahrzeuge,
die überwiegend strammen und linientreuen Genossen
zugeteilt wurden, erzielten noch nach Jahren astronomische Preise von bis zu 70.000–80.000 DDR Mark. Da
war sie wieder, die „rollende Wertanlage Auto": je älter
desto teurer! Wohlgemerkt, nicht für neue Modelle,
sondern für gebrauchte Fahrzeuge. Das Geld eignete
sich bestenfalls zum Bezahlen der Miete. Da sie staatlich gestützt wurden, waren Mieten extrem günstig,
denn auch die Häuser waren Volkseigentum. Aber man
konnte die Häuser nicht sanieren, sodass sie dem Zerfall preisgegeben waren.

Für eine 75 m2 große Wohnung lag die Miete bei zirka 40 DDR Mark. Verwaltet wurden so ziemlich alle Gebäude von der KWV (= Kommunale Wohnungsverwaltung). Dort bestand das gleiche Problem wie in dem ganzen System, es herrschte chronischer Materialmangel. Die Grundnahrungsmittel wie Brot, Butter, Fleisch, Wurst etc. waren so günstig, dass man davon kaum die Herstellungskosten decken konnte. Diese Dinge wurden alle staatlich subventioniert. Und wollte man beim Bäcker noch etwas ergattern, so war es ratsam, sich schon vor dem Öffnen einen Platz in der dort anstehenden Schlange zu ergattern. Einkaufsschlangen gehörten zum Sozialismus und zum öffentlichen Erscheinungsbild wie das Benzin zum Auto. Oft stellten sich Menschen an selbigen Schlangen an, wussten jedoch nicht, was es zu kaufen gab, aber: notfalls auf Vorrat kaufen, das war immer gut! Gab es etwa Bananen zu kaufen, konnte es schon mal vorkommen, dass die Hälfte eines Betriebes auf der Flucht war, um Bananen zu ergattern! Auch das gehörte zur Sozialistischen Normalität. Dann blieb die Arbeit liegen, und es hieß, dass wohl die Affen im Westberliner Zoo die Bananen nicht mehr fressen wollten, weil sie fast schon schwarz waren!

Ein Restaurant-Besuch zum Beispiel glich immer einem Abenteuer und zugleich einem Spießrutenlauf: entweder stand auf jeden Tisch ein „Reserviert"-Schild, oder es war häufig „Weinzwang"! Der Witz dabei war: es gab so gut wie keine Weine! Das waren die offiziellen Versionen. In Wirklichkeit hatte man einfach keine Lust, die Leute zu bedienen. Man musste immer jemanden kennen, der einen kannte, der einen kannte und der nochmals einen kannte. Nach so „erfolgreichen Abenden" wurde man dann noch mit mehreren Ausweiskontrollen durch die staatlichen Organe, sprich Vopos, beglückt. Es lauerten schließlich immer und überall Staatsfeinde, Saboteure und Konterrevolutionäre, die von der BRD eingeschleust waren und es auf die Sozialistischen Errungenschaften abgesehen hatten. Es kam schon mal vor, dass man eine Nacht auf dem Revier einer Polizeistation verbrachte, weil man keinen Personalausweis dabei hatte.

Wollte man versuchen, ein Telefon anzumelden, dann musste man eine Art von Dringlichkeitsantrag stellen, und sollte man nicht zum Club der strammen Genossen gehören, war die Aussicht auf ein Telefon gleich Null.

Es blieb einem meist nur der Galgenhumor im damals wohl langweiligsten Land der Welt. Kleines Beispiel: Unsere Wohnung lag über einer Durchfahrt. Dies bedeutete im Winter bei minus Graden, dass man im Badezimmer Schlittschuh laufen konnte. Der Boden glitzerte so vor Frost, dass man ohne Probleme auch gleich zur Toilette schlittern konnte. Es pfiff in der Wohnung durch alle Ritzen, hatte aber den Vorteil, dass die Frisur immer gut lag.

Es war einer dieser grauen kalten Wintertage, und ich lief wieder einmal unsere Straße hinunter, ließ den Blick über die Hausfassaden schweifen, und dachte mir, diese Straße mit diesen langsam zerfallenden Häusern würde doch eine gute Kriegskulisse abgeben. Es hatte sich seit 1945, also seit Kriegsende, nichts wesentlich geändert. Aber das traf bis auf wenige Ausnahmen schließlich auf das ganze Land zu. Der Sommer ließ diese zerfallende

Szenerie in einem weicheren Licht erscheinen, aber wer im Winter nicht leichte bis mittlere Depressionen bekam, war wohl aus Stein ...

Über die Straße, die mehr als speziell war, sollte ich noch von anderer Seite eine Posse zu hören bekommen.

Eines Tages, wir hatten Gott sei Dank wieder Sommer, kam mir auf unserer Straße ein Mann entgegen. Ich sah schon aus einiger Entfernung, dass der kein DDR-Bürger war. Er war sehr elegant gekleidet, was darauf hinwies, dass er aus dem Westen oder zumindest aus einem westlichen Teil der Welt kam. Man sah es diesen Leuten einfach an, sie hatten ein anderes Auftreten und rochen meistens auch anders als wir Zonis. Wir schrieben das Jahr 1978. Ich war der Einzige, der gerade die Straße hinunter lief, und so kam es, dass er mich ansprach. Ich wusste gleich, dass die Bundesrepublik ausschied, aber da ich damals noch nicht zuordnen konnte, *was* er für einen Akzent hatte, fing ich an zu rätseln. Er fragte mich, wie er den zum „Wasserfall" kommen würde? Der Wasserfall war eher ein Wasserfällchen, aber im Volksmund war es halt der Wasserfall. Von unserem Standort aus waren es noch etwa 600 m bis dahin. Ich schätzte den Mann auf vielleicht Mitte Ende Vierzig. Wir kamen ins Gespräch, ich fragte ihn unumwunden, wo er herkäme, und er sagte mir aus den USA. Ich konnte es kaum glauben: da stand doch wirklich ein echter Amerikaner vor mir, der von unseren Polithäuptlingen als größter Klassenfeind bezeichnet wurde! Er musste also jeden Moment eine Waffe ziehen und wild um sich schießen; so zumindest wurde es von unserer Propaganda proklamiert. Das Gegenteil war der Fall, er war sehr nett, und ich fragte, was ihn denn nach Magdeburg und speziell nach Cracau, unseren Stadtteil verschlagen hätte. Er erzählte, dass er Bekannte und Freunde sowohl in der Bundesrepublik als auch in der DDR besuchen würde, unter anderem in Magdeburg, da er einen Teil seiner Kindheit und Jugend hier verbracht hätte. Es war nicht ganz einfach gewesen, ein Visum für die DDR zu bekommen, wie ich heraushörte, und für Amerikaner war es wohl noch einmal besonders schwierig. Er erzählte mir dann, dass er als junger Mann Ende der Fünfzigerjahre nach Amerika ausgewandert wäre. Ich fragte ihn, wo er denn dort leben würde, und er sagte mir in der Nähe von Chicago. Ich konnte es kaum fassen! USA und in der Nähe von Chicago, unvorstellbar. Ich dachte bei mir, er wird nun sicherlich in der DDR um Asyl ansuchen, weil wir ja – laut unserer Elite- das schönste und einzige Schlaraffenland der Welt sind.

Ich hätte mich gerne noch länger mit ihm unterhalten, ging aber davon aus, dass er sicherlich von Horch und Kuck beschattet würde, denn so viele Amerikaner würden sich wohl nicht in Magdeburg aufhalten. Ich schaute die Straße hoch und runter, sah aber niemanden.

Er meinte, dass seit seinem Weggehen damals sich hier nicht viel verändert hätte; außer dass alles noch etwas zerfallener aussehen würde. Das deckte sich mit der Aussage meiner Verwandtschaft aus Mönchengladbach und meiner eigenen Wahrnehmung. Die Erinnerungen meines Gesprächspartners lagen hingegen schon gut 20 Jahre zurück, was wohl jetzt für ihn einem mittleren Kulturschock bedeuten musste.

Er sagte mir dann noch dass diese Straße, an der wir standen und uns unterhielten, ihn schon in seiner Jugendzeit phantasieren ließ, ob die selbige nicht schon von Napoleons Truppen genutzt wurde. Vom Alter her war das gut vorstellbar, denn sie bestand aus uraltem Kopfsteinpflaster. Er meinte das natürlich ironisch. Mir gefiel die Vorstellung, dass Napoleon mit seinen Truppen über diese Straße gelaufen war; sie fiel mir über die Jahre hinweg immer wieder ein, und ich musste innerlich immer wieder darüber lachen.

Ich erklärte ihm noch den Weg zum Wasserfall, und wir verabschiedeten uns voneinander. Ich rechnete eigentlich nach diesem zufälligen Treffen damit, dass ich in nächster Zeit eine nette Einladung zu einem intimen Gespräch an spezieller Stelle bekommen würde, aber anscheinend hatten Schnüffel und Petz schon so viel zu tun, dass man einen Amerikaner nicht flächendeckend überwachen konnte. Es gab ja noch genügend IM (Inoffizielle Mitarbeiter) die uns eventuell beobachtet hatten, aber man staune: nichts dergleichen geschah.

Ich dachte noch lange an diese Begegnung und beneidete diesen Menschen, der noch vor dem Bau der Mauer die Möglichkeit ergriffen hatte, diesem Land und seinem System den Rücken zu kehren.

Am nächsten Tag holte mich der real existierende Sozialismus wieder ein.

In der Werkstatt, meinem neuen Betätigungsfeld, hatten wir Klaus, wohl den härtesten Trinker von allen. Der scheute nicht mal davor zurück, schon acht Wochen altes offenes Bier zu trinken, wie ich bereits erwähnte. Es passierte schon mal, dass ihm im Suff das abgelassene Motoröl über den Kopf lief. Wir riefen ihn des Öfteren mit der Aussicht auf ein Bier und verkündeten dann, sobald er zu uns rüber kam, dass er gerade eine Laufprobe absolviert hätte. Das war Langeweile pur und häufig mussten wir mit solchem Blödsinn die Zeit totschlagen. Es war der Mangel an Ersatzteilen der uns tagelang zum Nichtstun verdammte.

Direkt an unsere Werkstatt schloss sich die Auto-Lackiererei an, mit einem Lackierer der seine Lackierkunst wohl in Timbuktu unter Feindbeschuss genossen hatte und – wie nicht anders zu erwarten- dem allgemeinen kollektiven Durst erlegen war. Er passte somit gut in das sozialistische Betriebskollektiv. Langsam konnte man sich des Eindrucks nicht erwehren, dass vor der Berufsqualifikation zuerst die Trinkfestigkeit des Einzustellenden getestet wurde. Aber Torsten, wie unser Lackierer hieß, war mit Vorsicht zu genießen! Er neigte bei zunehmenden Alkoholkonsum zur Aggressivität! Wie wir später herausbekamen, hatte er schon mehrere Jahre im Knast verbracht wegen Totschlags. Seine Lackierkünste ließen sehr zu wünschen übrig, das schien aber niemand wirklich zu stören, es passte zum allgemeinen Bild. Zumal war das Leben ja kein Wunschkonzert, und auch er musste die Farben nehmen, die eben gerade zur Verfügung standen. Je nach Alkoholpegel bekam er oft mehr Farbe ab als die von ihm zu lackierenden LKWs …

Das Töten von Menschen an der Innerdeutschen Grenze, die von Ost nach West wollten und das illegal versuchten, nahm weiterhin – trotz weltweiter Proteste – seinen Lauf. Diese Grenze wurde ständig auf den neuesten Stand gebracht, und sie verschlang Milliarden an DDR Mark. Im Jahre 1970 wurde sie zusätzlich noch mit Selbstschussanlagen ausgestattet. Dies alles erfuhr man nur über die Bundesdeutschen Nachrichten, zur damaligen

Zeit repräsentiert von ARD und ZDF. Erstaunlicherweise war für dieses Monster von Grenze und die dazu gehörige Tötungsmaschinerie genügend Geld vorhanden und wohl auch die sonst so dringlich an anderer Stelle benötigten Materialien gab es dort im Überfluss. Meine Gedanken kreisten häufig darum, wie man diese Grenze unbeschadet überwinden könne.

Es war so gut wie unmöglich! Alleine schon um an nahe gelegene Grenzorte zu kommen, brauchte man einen Passierschein. Das betraf zum Beispiel auch die Ostseeküste, was wir später noch zu spüren bekommen sollten.

Aber zurück zum Schnöden sozialistischen Arbeitsalltag, unsere Lkw-Führerscheinausbildung begann.

Fahrlehrer Erwin war ein netter Typ, er gehörte nicht der Sparte der Trinkautomaten an. Auf diesen Führerschein freuten sich alle, also alle Jungs, die wir die gemeinsame Ausbildung zusammen machten, denn nach bestandener Prüfung hieß es für uns: Freie Fahrt! Ein wahrer Lichtblick, den man brauchte am sonst so trüben sozialistischen Horizont.

Fast jeder Tag brachte eine neue Überraschung, aber man wusste nicht, welcher Art diese Überraschung war.

Wir hatten einen uralten Traktor, den wir nur zum Abschleppen und Herausziehen der LKWs aus den Werkstätten innerhalb des Betriebsgeländes nutzten. Unser Lackierer war mal wieder alkoholisiert wie 1000 Kosaken. Das nahmen ein paar von uns Lehrlingen zum Anlass, ihn zu überreden mit dem alten Betriebstraktor von der vor seiner Lackiererei bestehen ehemaligen Laderampe zu springen. Die Rampe hatte eine Auffahrt und fiel dann am anderen Ende zirka 1.20 m senkrecht ab. Er sollte Anlauf nehmen und dann über die Senkrechte mit dem Traktor einen Sprung vollführen. Als Belohnung stellten wir ihm ein Kasten Bier in Aussicht, und wie erwartet konnte er diesem Angebot nicht widerstehen. Er nuschelte in seinem Rausch, dass das das eine seiner leichtesten Übungen wäre. Dass er das in die Tat umsetzen würde, damit hatten wir nicht gerechnet ... Er schwang sich auf den Traktor, oder besser gesagt er kroch diesen hoch, schmiss irgendeinen Gang ein, und fuhr die Rampe hoch ... Was hatten wir uns da bloß wieder für einen Mist einfallen lassen ..., dann donnerte er auf der anderen Seite mit dem Traktor runter. Ich schloss die Augen, ich hörte es nur Krachen und Scheppern, der Wahnsinnige war tatsächlich von der Rampe gesprungen.

Gott sei Dank hatte er sich nicht überschlagen, aber der Traktor hatte einen Totalschaden. Er selber kam ohne größere Blessuren davon. Wie heißt es doch so schön: Betrunkene und kleine Kinder haben immer Glück! Das traf in diesem Fall wirklich zu, und somit hatte er seinen Kasten Bier gewonnen. Jedoch hatte die Sache für ihn ein Nachspiel, er musste ins Büro zum Meister kommen und zu der Sache Stellung beziehen. Er legte es so aus, dass ihm der Traktor durchging und er ihn nicht mehr stoppen konnte, da das Gaspedal sich verklemmte hatte und ihm nichts anderes übrig blieb, als von der Rampe zu springen ...Das Gegenteil konnte ihm nicht nachgewiesen werden, da der Traktor wie erwähnt einen Totalschaden hatte.

Die Erfolgsmeldungen nahmen ein immer größeres Ausmaß an, desto mehr es mit der Wirtschaft bergab ging. Sie standen im krassen Widerspruch zur täglich erlebten

Realität. Es gab Gegenden, dazu gehörte Dresden, die geographisch so ungünstig lagen, dass sie dort nur der permanenten DDR-Beschallung ausgesetzt waren, und großteils ein eher unrealistisches Bild von der restlichen Welt vermittelt bekamen, sodass sie von einem großen Teil der Bevölkerung als das TAL DER AHNUNGSLOSEN bezeichnet wurden.

Von den SED Bonzen wurde eine ganz besonders miese Type an die DDR Bildschirme beordert, der Hetzer gegen den Westen schlechthin und ebenfalls ein Speichellecker und Oberbonze. Sein Name war Karl-Eduard von Schnitzler und seine Sendung hieß „Der Schwarze Kanal". Von vielen Antikommunisten und weiten Teilen der kritischen Bevölkerung, die es schließlich auch gab, wurde er nur Sudel-Ede genannt, eine wahrhaft miese Type vom Allerschlimmsten. Alleine sein hässliches Gesicht hätte ausgereicht, um in einem Horrorfilm zu spielen. Der besagte Schwarze Kanal bezog sich auf die Westdeutschen Fernsehsender. Über Jahre hinweg hatte man unter anderen mit Störsendern seitens der kranken DDR Diktatur versucht den Empfang von ARD und ZDF zu unterbinden, was jedoch erfolglos blieb. Also musste man es mit Falschinformationen und übelster Hetze versuchen, was jedoch bei vielen, die diesem Unrechtsregime immer kritischer gegenüberstanden, das Gegenteil auslöste.

Feten-Ette hatte mal wieder seine Koffer gepackt, bereiste sein „Königreich" namens DDR. Er besuchte mit seinem Tross aus Hofschranzen und Paladinen ein VEB-Kombinat. Dort hatte man Wochen vorher gewütet und alles auf Vordermann gebracht, damit die Potemkinschen Dörfer von unserem geistigen Tiefflieger Erich in Augenschein genommen werden konnten. Er wurde von der jeweiligen VEB-Betriebsführung so eingelullt und zugedröhnt mit diesen weltweit einzigartigen Erfolgen dieses jeweiligen Kombinates, dass er zum Schluss des Rundgangs so berauscht war wie ein Junkie, der sich einen neuen Schuss gegeben hat. Anschließend hielt er in seiner unnachahmlichen Art, eine Rede vor den dort anwesenden Werktätigen, beklatschte sich dann selber und seine eigene Rede, die Werktätigen taten es ihm nach und bedachten in wiederum mit einer wochenlang vorher eingeübten Klatsch-Orgie. Die Muppets-Show war gegen dieses Schmierentheater ein billiger Abklatsch.

Der Einzige der diesem inszenierten Affentheater Glauben schenkte, war Feten-Ette. Am Abend dann wurde diese VEB-Kombinats-Show mit einem Riesen Brimborium in der Aktuellen Kamera gezeigt und die Erfolge des Kombinats als Weltsensation verkündet. Sobald jedoch der Erste Staatsratsvorsitzende der SED und Vorsitzende des Zentralrates der DDR, Erich Honecker die Heiligen Hallen der von ihm besuchten Kombinate verließ, brach dieses künstlich aufgebaute Konstrukt wieder in sich zusammen. Wäre das alles nicht so traurig gewesen, hätte man darüber lachen können.

Willi Brand, der damalige Bundeskanzler der Bundesrepublik Deutschland, bemühte sich vermehrt um eine Annäherung der beiden deutschen Staaten. Im Fokus standen dabei Erleichterungen für DDR Bürger sowie für Bundesbürger. Es ging unter anderem um Reiseerleichterungen zwischen Ost und West. Für Bundesbürger war das Reisen von West nach Ost kein großes Problem. Dies lag hauptsächlich daran, dass vonseiten der DDR ein vermehrtes Interesse an der harten D-Mark bestand, sprich der Einnahme von Devisen. Die DDR Mark hatte weltweit keine Kaufkraft, man bekam für sie im westlichen Ausland nichts. Aber man bekam für die D-Mark dringend benötigte Waren wie Maschinen und andere wertvolle Konsumgüter, und die gab es nur für harte Devisen in der westlichen Hemisphäre. Die westlichen Technologien waren denen des Ostblocks um Jahrzehnte voraus.

In Einzelfällen konnten DDR-Bürger gen Westen reisen. Zum Beispiel bei Eheschließungen oder in Todesfällen von Verwandten ersten und zweiten Grades. Von staatlicher DDR-Seite behielt man jedoch einen Faustpfand, indem die Kinder oder Ehepartner des Verreisenden in der DDR blieben, um eine Rückkehr zu gewährleisten. Diese Fahrten gen Westen kamen jedoch nur vereinzelt und nach massiver Überprüfung zum Tragen.

Da sich die wirtschaftliche Situation in der DDR jährlich verschlechterte, erhöhte man für einreisende Bundesbürger über die Jahre kontinuierlich die Tagessätze bei der Einreise in die DDR, was unter dem Begriff „Zwangsumtausch" Einzug in den allgemeinen Sprachgebrauch hielt. Es ließ für viele DDR-Bürger, die Verwandte in der Bundesrepublik hatten, die Hoffnung aufkommen, in Richtung Westen reisen zu können; was sich aber in den meisten Fällen nicht erfüllte.

Eine derartige Möglichkeit stand für mich nicht zur Debatte, ich hatte keine Chance auf einen Besuch bei meiner Verwandtschaft im Westen, da ich kein Faustpfand anbieten konnte, außer vielleicht unseren Wellensittich. Für mich gab es daher nur die harten Varianten: Flucht, Ausreiseantrag oder ein paar Jahre Knast. Knast drohte bei gescheiterter Republik-Flucht grundsätzlich, und beim Stellen eines Ausreiseantrags drohte einem mit großer Wahrscheinlichkeit selbiges. Einige Jahre später sollte es zu einer politischen Begebenheit kommen, von der zu diesem Zeitpunkt noch keiner etwas ahnte. Aber so weit war es noch nicht.

Im Ausbildungsbetrieb lief es wie gehabt.

Rudi, ein Mitkämpfer an der Ausbildungsfront (wir hatten bereits das erste Jahr zusammen im Internat verbracht), kam auf die irrwitzige Idee, aus Rache an seinem Vater sich für 25 Jahre bei der NVA zu verpflichten.

Für ihn wäre es sinnvoller gewesen, eine der wenigen Sparkassen zu überfallen oder einen Anschlag auf unseren „großen Staatsratsvorsitzenden" zu verüben, aber er entschied sich für die schlechteste aller Varianten, eben 25 Jahre NVA. Wahrscheinlich hat er seine Entscheidung, diesen Weg zu gehen, später zigmal bereut. Wir versuchten über Tage hinweg, ihn von diesem Vorhaben abzubringen. Aber trotz allen guten Zuredens gelang es nicht, ihn von seiner Kamikaze-Idee abzubringen. Er konnte durch diese Entscheidung die Lehre um ein halbes Jahr verkürzen (die Rattenfänger von NVA und Stasi arbeiteten mit allen Tricks). Später, kurz bevor er uns in Richtung NVA verließ, erzählte er uns, dass er seinem Vater erst informierte, als er die Verpflichtungserklärung bei der NVA unterschrieben hatte. Sein Vater fiel aus allen Wolken! Ziel erreicht, sozusagen. Aber zu welchem Preis?????

Die älteren Kollegen hatten diesen ganzen NVA DDR Militär Mist schon hinter sich. Sie hatten sich Jahre früher nach langem Beschwatzen und dem Aufzählen vieler für sie bringender Vorteile zu einem Militärdienst für drei Jahre verpflichtet; und sie hatten es kurz nach Antritt ihrer Dienstzeit bitterlich bereut!

Das Problem in all diesen Fällen war, dass, wenn man diesen Fehler früher oder später bereute, es kein Zurück mehr gab. Sobald einer versuchte, danach aus diesem Vertrag auszusteigen, wurde er unehrenhaft entlassen. Somit bekam die betreffende Person in diesem Staat kein Bein mehr auf die Erde; das war in etwa vergleichbar mit dem Stellen eines Ausreiseantrages.

Ich geriet durch eine von mir gemachte Konstruktion in den betrieblichen Focus!

Es handelte sich um eine schlichte Vorrichtung, mit der man die zu wechselnden Motoren besser aus den LKWs ziehen konnte. Ich wurde von der Betriebsleitung gefeiert, als hätte ich die Mondlandung ermöglicht. Der Kracher war: ich bekam eine Urkunde als Neuerer mit der Bemerkung, einen Neuerungsvorschlag gemacht und umgesetzt zu haben und erhielt dazu knackige 100,- DDR Mark. Aber als Lehrling war man über jede noch so kleine finanzielle Zuwendung glücklich. Die Urkunde versenkte ich noch am gleichen Tag in der Elbe. Für mein Sozialistisches Vaterland hatte ich eine bahnbrechende Erfindung gemacht. Gott sei Dank wurde ich nicht noch in der allabendlichen Aktuellen Kamera zur besten Sendezeit in Szene gesetzt.

Zwischenzeitlich hatte ich mir ein größeres Motorrad zugelegt, eine ETS 250 vom weltbesten Motorrad-Hersteller

MZ (kleiner Scherz am Rande). Optisch sah es natürlich aus wie alle vom Sozialismus designten Fahrzeuge. Also hieß es erst mal, dem Teil ein besseres Aussehen zu verpassen, zumindest im für mich bescheidenen Rahmen. Dem Motorrad ein individuelles Aussehen zu verpassen bedeutete jedoch, dass von diesem Tag an ein Katz- und-Maus-Spiel mit unseren „intelligenten" Vopos begann.

Die erste Devise hieß: möglichst viel Chrom! Und da lag schon der Hase im Pfeffer. In der nächsten Kreisstadt Burg gab es zwar einen Betrieb, der Teile verchromte, aber nur im Auftrag staatlicher Unternehmen. Man musste an einen von den Jungs, die dort arbeiteten, herankommen und ihm einiges an Geld zukommen lassen, sodass er die gewünschten Teile in Schwarzarbeit verchromen würde. Hier sprang einer meiner alten Internatskumpel, Uwe, der in Burg wohnte, ein. Er kannte einen, der dort einen kannte, der auch wiederum einen kannte. Das Unterfangen war wie üblich mit unendlich viel Aufwand, Zeit und Geld verbunden. Letztendlich führte es zum Ziel, jedoch war der Chrom von so schlechter Qualität, dass er ständig mit unserem allzeit bewährten Hochglanz-Mittel namens „Elsterglanz" aufpoliert werden musste. Vor dem Verchromen wurde der hintere Kotflügel noch schön kurz am hinteren Ende abgesägt. Somit waren die Kotflügel als auch die Seitenteile verchromt.

Dann wurde der Sound verändert, dies geschah durch das Aufbohren des Auspuffs. Als Nächstes wurde der DDR-Lenker durch einen Magura-Lenker westlichen Fabrikats, mit Zertifikat, verbaut. Das Zertifikat wurde zwar nicht anerkannt, war ja schließlich kapitalistisches Teufelswerk, aber egal. Als dann wurden der Tank sowie der Scheinwerfer in Angriff genommen: beide erhielten eine blaue Metallic-Lackierung, dafür sorgte unser Kumpel Ecki. Der machte gerade eine Lehre zum Autolackierer, somit hatten wir für Lackierungen einen Mann an der richtigen Stelle. Damals war eine Metallic-Lackierung **der** Kracher.

Wir fuhren häufig zur Börde-Raststätte, an der die Leute, die von Westdeutschland nach Westberlin auf der Transitstrecke fuhren oder umgekehrt, dort Rast machten. Dann schauten wir uns die westdeutschen Motorräder an, die wir uns zum Vorbild nahmen. „Motorräder gucken", so nannten wir das. Es war in dem Falle immer Vorsicht geboten, bloß mit keinem der Motorradfahrer aus West-Germany ins Gespräch zu kommen, das hätte zu schweren Repressalien mit den dort in gefühlter Kompaniestärke herumlungernden Stasi-Typen führen können. Aber es war der einzige Ort, wo wir uns Inspirationen für unsere schwer untermotorisierten MZ-Motorräder holen konnten.

Vom Originalzustand meines Motorrades blieb zum Schluss nicht mehr viel übrig. Die ersten Verkehrskontrollen ließen auch nicht lange auf sich warten, und so nahm der Tanz seinen Anfang. Erste Beanstandung: Zuviel verchromt! Könnte bei Sonnenschein andere Verkehrsteilnehmer blenden. Nächster Punkt war der Lenker aus dem kapitalistischen Ausland, deshalb nicht zugelassen. Als Nächstes der zu laute Auspuff, dann der abgesägte Kotflügel, dann folgte der Scheinwerfer, der natürlich auch nicht DDR-konform war. Jeder einzelne Punkt reichte um die Zulassung abzugeben, ... tja und weg war sie.

Damit begann der neuerliche Stress: Die nächsten Tage nach der Arbeit hieß es Umbauen, den hässlichen

Originalzustand wieder herzustellen, anschließend bei den Vopos auf das angegebene Revier zu fahren und, nach weiteren Schikanen und mit etwas Glück, seine Zulassung wieder zu bekommen. Glückte es und die Zulassung war wieder am Mann, begann der Tanz von vorn: Umbauen, Zurückbauen, Umbauen, Zurückbauen und so weiter und so fort, ... ein ständiges Katz und Maus Spiel.

Das war unsere Art und Weise, gegen diese Unfreiheit zu rebellieren; leider zog man in den meisten Fällen den Kürzeren. Ich habe nicht gezählt, wie oft ich meine Zulassung abgeben musste; aber es waren Dutzende Male!

Im Laufe der Zeit führte alles, was nur einen Hauch von Westen hatte, zu Schwierigkeiten. Das begann schon bei einer simplen Plastik-Einkaufstasche mit westlichem Werbeaufdruck, und setzte sich bei der Bekleidung des Klassenfeindes, speziell bei Jeans wie Wrangler, Levis und anderen Textilien, fort. Nach Kommunistischer Sprachart roch das alles nach kapitalistischer Bedrohung und subversiven Kräften, die gegen den Sozialismus gerichtet waren; und diese mussten mit allen zur Verfügung stehenden Mitteln bekämpft werden.

Mit zunehmender Verschlechterung der Umstände rutschte dieses System immer mehr in schizophrene Verhaltensmuster ab. Was sich aber über kurz oder lang jede Diktatur zu eigen macht, ist die Angst vor dem eigenen Volk, vor deren Aufstand, Verrat und den so genanten „Königsmördern".

Die Vopos hatten *eines* mit Schnittlauch gemeinsam: sie traten beide gebündelt auf. Böse Zungen behaupteten sogar dass, wenn sie zu viert im Auto saßen, sie zusammen wenigstens die achte Klasse Schulbildung hätten. Die Abschlussprüfung für einen DDR-Vopo bestand darin, dass er mindestens zwei Stunden aus dem Fenster sehen muss, ohne an etwas zu denken. Wissen war nebensächlich, schadete und war hinderlich! Was zählte, war einzig die Parteizugehörigkeit zur SED.

Dass damals noch keine Computer existierten, hatte auch sein Gutes: alles wurde handschriftlich notiert, und man konnte nicht wie heute mit einem Mausklick sämtliche Daten abrufen. Als Nächstes kam hinzu, dass die DDR-Rächer nicht die hellsten Kerzen auf der Torte waren, um es mal salopp zu formulieren. Von diesen doch sehr unterbelichteten Gestalten schwirrten so viel durch die Gegend, dass es fast nicht möglich war zweimal an den gleichen zu geraten.

Es hört sich rückblickend sicherlich sehr spaßig an, aber das war es nicht. Es herrschte bei der überwiegenden Mehrheit der Bevölkerung doch ständig die Angst, ein falsches Wort, einen falschen Satz zu einem vermeintlichen Freund, Bekannten, oder Arbeitskollegen zu äußern, und dieses konnte verheerende Folgen haben. Überwiegend traf diese Angst auf Leute zu, die den Nationalsozialismus noch miterlebt hatten. Sie wussten, was es bedeutete, verraten und/oder denunziert zu werden. Durch die vielen Gespräche mit meiner Großmutter erkannte ich immer mehr Parallelen zum Nationalsozialismus.

Rudis Abschied Richtung NVA stand bevor, trotz guten Zuredens. Er ließ sich von seinem Vorhaben „25 Jahre

NVA" nicht abbringen. Die Not bei ihm Zuhause muss wohl größer gewesen sein, als wir uns vorstellen konnten.

Ein damaliger Kumpel, er war ein paar Jahre älter, diente seit zwei Monaten bei der Bereitschaftspolizei. Im Volksmund hieß die Truppe „Knüppelgarde"; sie standen bereit, um notfalls gegen Zusammenrottungen von irgendwelchen subversiven antikommunistischen Gruppierungen eingesetzt zu werden.

Bernhard, so hieß mein Kumpel, hatte unwahrscheinliches Glück, nur zwei Kilometer von seinem Zuhause stationiert worden zu sein.

Wir beide hatten viel Spaß miteinander. Er hatte eine 350ziger Jawa, die er fast zu Tode putzte. Im Sommer fuhren wir zum Baden an die Ehle in der Nähe von Biederitz. Da mussten wir über staubige Ackerwege fahren. Sobald wir an der Badestelle angekommen waren, begann Bernhard mit der Putzorgie an seiner Jawa. Das gleiche geschah, sobald wir wieder Haus und Hof erreicht hatten: Putzlappen raus und Putzen.

Jahrzehnte später erfuhr ich, dass in dieser Ehle, in der wir als Jugendliche badeten, die Überreste von Hitler, Eva Braun und der Goebbels-Sippe, auf Anordnung und unter strengster Geheimhaltung unserer sowjetischen Brüder und dem damaligen KGB Chef Andropow, bei Nacht und Nebel verbrannt wurden und die Asche von der dortigen „Schweinebrücke" in die Ehle gestreut wurde.

Meine Großmutter erzählte mir, dass man Hitler bei seiner Wahlkampftour 1932, die ihn unter anderen auch nach Magdeburg führte, nicht sonderlich freundlich empfangen hatte. Magdeburg war überwiegend eine Arbeiterstadt, SPD-regiert und somit rot. Man bewarf ihn wohl mit Steinen, Obst und Gemüse. Hitler mied fortan Magdeburg, doch auch hier setzte sich letztendlich der Nationalsozialismus durch.

Hitlers sterbliche Überreste als auch die der Anderen lagerten laut Berichten, nach etlichen Malen des Aus- und wieder Eingrabens, an verschiedenen Orten in der DDR, zuletzt in der Klausener Straße im Stadtteil Sudenburg. Dieses Grundstück war von Sowjettruppen besetzt, und als sie dieses Grundstück räumen mussten, mussten auch die Überreste der Nazis verschwinden.

Nach der Wende sollten wir in der Parallelstraße zur Klausener Straße, der Helmstedter Straße, ein Büro beziehen.

Es ist eine Ironie des Schicksals, dass Hitler, der die halbe Welt in den Abgrund gerissen hatte, 25 Jahre nach seinem Ende, 1970, in *der* Stadt regelrecht versenkt wurde, die er nicht mochte und die ihn nicht mochte.

Aber das nur am Rande, zurück zu Bernhard.

Seine Freundin konnte ihn, nach dem er seine Grundausbildung hinter sich hatte, häufiger besuchen. Seine Schilderungen während seines Kasernen-Ausgangs verhießen nichts Gutes. Das Image der NVA war mehr als mies, und ein entscheidender Punkt dabei war, zu welcher Waffengattung man kam, und in welche Ecke der DDR man zwangsverfrachtet wurde. Da gab es sehr gravierende Unterschiede. NVA war nicht immer gleich NVA.

Der Abschied von Rudi fand an einem Freitag statt, er hatte reichlich Alkohol eingekauft und wie nicht anders zu erwarten waren schon am frühen Morgen die Berufskampftrinker früher als sonst in der Werkstatt. Der Tag war arbeitstechnisch schon beendet, bevor er eigentlich begann.

Direkt am frühen Morgen flogen die Ersten Kronkorken von den Bierflaschen, kurze Zeit später wurde auch die erste Wodkaflasche herumgereicht.

Mangelwirtschaft war der ständige Begleiter der sozialistischen Planwirtschaft, aber der Alkohol war erstaunlicherweise eine nicht zu versiegende Quelle.

Wie nicht anders zu erwarten waren die von Rudi gekauften Getränke bereits mittags vernichtet. Das hieß für uns Lehrlinge, Nachschub holen, also ab zum Konsum. Es sagten sich noch die Mädels aus dem Büro an, also auch noch Wein mitnehmen. Leichter gesagt als getan. Der Wein als solcher führte in der DDR ein stiefmütterliches Dasein.

Wir kauften den Klassiker, den bulgarischen Rosentaler Kadarker. Der war schön süß, und ein Glas zu viel bedeutete am nächsten Tag Kopfschmerzen für drei, und mit diesem Kopf kam man dann durch keine Tür mehr. Aber egal: was die Mädels wollten, sollten sie kriegen.

Bei Klaus hatte man irgendwie den Eindruck, er trinke sich mit Wodka nüchtern!!! Unglaublich, was doch manche Leute vertrugen. Mit zunehmendem Alkoholspiegel nahm auch die Lästerei über unseren „schönen" Sozialismus zu. Mittlerweile hatte sich auch der Großteil der Führungsriege in der Werkstatt zum allgemeinen Umtrunk eingefunden.

Ich persönlich verließ dann die Betriebsparty nach der Alkohol Einkaufstour am Mittag.

Von Rudi haben wir dann erst zum Schluss unserer Ausbildung noch einmal etwas gehört, angeblich ging es ihm gut. Aber was sollte er auch anderes berichten; danach verlief sich die ganze Sache im Sande.

Wir hatten noch ein halbes Jahr bis zum Ende unserer Ausbildung. Den LKW-Führerschein schafften wir alle. In der DDR hieß es „Fahrerlaubnis", denn einen Führer hatten wir ja nicht mehr.

Es ging alles seinen gewohnten sozialistischen Gang. Der Gang entpuppte sich immer mehr als ein Schleichgang, und ein sprichwörtliches Hochschalten wurde immer schwieriger. Erstaunlich war, dass sich dieses marode System immer noch am Leben hielt. Unseren Fußballverein FC Cracau gab es nicht mehr, von den ehemaligen Klassenkameraden blieben auch nicht mehr viele übrig, der Kontakt riss langsam aber stetig ab und so verlor man sich mehr und mehr aus den Augen. Die Interessen verlagerten sich; aber das ist der normale Lauf der Dinge und hatte wohl weniger mit dem jeweiligen Gesellschaftssystem zu tun.

Die alten Freunde, die man schon immer hatte, blieben einem erhalten.

Wir bewegten uns auf die Ziellinie zu, die Lehre neigte sich dem Ende zu.

Was passierte nach der Ausbildung??? In der DDR war das kein Problem, Arbeit fand man an jeder Ecke. Unser Meister fragte uns, wer denn vorhätte, nach der Ausbildung weiter im Betrieb zu bleiben. Arbeitskräfte waren immer Mangelware, ein Teil von uns hätte also im Betrieb verbleiben können.

Aber es stellte sich eine ganz andere Frage, und die schwebte wie ein Damokles-Schwert über uns Jungs, und das war die verhasste NVA! Man wollte die achtzehn Monate so früh und so schnell wie möglich hinter sich bringen, aber man hörte von allen Seiten nichts Gutes über diesen Armee-Verein. Es stellte sich mehrere Fragen: Wo kommt man hin, in welche Ecke des Landes und zu welcher Einheit? Fragen über Fragen, die ein starkes Unbehagen verursachten. Man konnte für die Zukunft nichts planen.

Ich lernte meine Freundin kennen, in einem dieser dünn gesäten Jugendclubs am anderen Ende der Stadt. Ich hatte sie ein paar Mal in unserem Stadtteil gesichtet, wusste aber nicht, wo sie wohnte. Bevor ich sie näher kennenlernte, sah ich sie einmal bei uns am Ende der Straße an der gegenüberliegenden Straßenbahn-Haltestelle stehen. Ich donnerte mit dem Motorrad Richtung Gegenverkehr so an ihr vorbei, um so ihre Aufmerksamkeit auf mich zu lenken. Da das Motorrad durch die schon erwähnten Veränderungen ziemlich auffällig war, hatte es einen guten Wiedererkennungsfaktor. Später, als ich wieder mal meine Zulassung zurück hatte, fragte sie mich dann, ob ich der Verrückte gewesen wäre, der damals gegen die Fahrtrichtung an ihr vorbei schoss. Ich musste lachen und bejahte die Kamikaze-Aktion.

Aber beginnen wir von vorne:

Sie fiel auf! Man konnte sie nicht übersehen, weder in der Disco noch auf der Straße. Sie hieß Susanne, war ausgesprochen hübsch, hatte lange blonde Haare und eine super Figur. Sie war gerade 18 geworden und somit ein Jahr jünger als ich. Sie war noch in der Ausbildung zur Bauzeichnerin. Ich brachte sie an diesem Abend nach dem Jugendclub nach Hause. Ich staunte nicht schlecht, aber sie wohnte nur zirka einen Kilometer von mir entfernt, direkt neben der besagten Russenkaserne, die wir als Kinder nach der Schule oft durchquert hatten. Wir verabredeten uns direkt für den nächsten Tag. Ich holte sie von der Arbeit ab, dann schlenderten wir beide an der Elbe und am schon erwähnten Wasserfall entlang. Wir hatten uns viel zu erzählen, wie das so ist wenn man sich neu kennenlernt, und die Zeit verging wie im Fluge. Wir verabredeten uns gleich wieder für den nächsten Tag, und auf einmal war alles nicht mehr ganz so grau und deprimierend, man nahm die zerfallende und zerbröselnde Umwelt um einen herum nicht mehr so wahr. Hätte ich damals nur ansatzweise erahnt, was auf mich zukommen würde, aber solche Dinge sind schlecht steuerbar.

Mein Plan für die Zukunft sah vor, raus zu kommen aus diesem Land ohne Zukunft! Jedoch *wie* das Rauskommen aussah, stand noch in den Sternen. Aber die Dinge nahmen ihren Lauf.

Wir waren auf der Ziellinie bezüglich der Lehre. Die Berufsschule hatten wir bereits abgeschlossen, es folgte noch eine praktische Prüfung in unserem Ausbildungsbetrieb, und dann bekamen wir unsere Facharbeiter-Zeugnisse. Mein Meister sprach mich an und wollte verständlicherweise bis Ende des Monats eine Entscheidung von mir, ob ich im Betrieb verbleiben würde. Er sprach mich auch auf eine andere Sache an, die eher nicht publik werden durfte. Er wusste, dass ich häufiger im Besitz von D-Mark war. Und es gab den Intershop, einen Laden, in dem man mit D-Mark Westartikel kaufen konnte. Er wollte dort für seine Frau zum Geburtstag eine Jeans kaufen. Es gab die inoffiziellen Umtausch-Kurse, diese schwankten von fünf bis zu zehn DDR-Mark für eine D-Mark. Ich war noch im Besitz von zirka Hundertzwanzig D-Mark und tauschte mit ihm fünfzig D-Mark zu zweihundertfünfzig DDR Aluchips. Er war glücklich, und ich konnte mit den Aluchips zumindest etliche Male zum Tanken fahren. Eine Hand wusch also die andere, frei nach dem Motto „Du gibst mir, was ich nicht habe, und ich gebe Dir, was du nicht hast."

Die DDR war eine einzige große Tauschbörse: Ich helfe Dir, wenn Du mich brauchst, und Du hilfst mir, wenn ich Dich brauche. Ein System, in dem es permanent an allem mangelte, konnte nur so funktionieren! Der Zusammenhalt war groß, aber häufig aus der Not heraus geboren.

Finanziell ging es nach der Lehre bergauf, aber für die Aluchips gab es nichts zu kaufen. Bevor ich Susanne kennenlernte, wollte ich schnellstmöglich diese verhasste NVA-Zeit hinter mich bringen; doch jetzt hoffte ich sehr, dass sie mich noch einige Zeit in Ruhe lassen würden. Die Einberufungen fanden bis Mitte zwanzig statt, aber jeder war froh, die ganze Sache so bald als möglich hinter sich zu bringen. Mein innerer Wunsch auf Aufschub sollte sich nicht erfüllen!

Mein Kumpel Bernhard stand kurz vor seiner Entlassung bei der Knüppelgarde. Er hatte diesen NVA-Mist fast hinter sich, der Glückliche, er hatte es ziemlich gut erwischt. Meine Kumpel Hannes, Michael, Ecki und ich saßen alle wie auf heißen Kartoffeln. Keiner wusste, wann und wohin es ihn verschlagen würde, und wir alle hatten mittlerweile Freundinnen. Das DDR-System zog die Leute zum Militärdienst ein, selbst wenn sie mit dem Kopf unter dem Arm zur Musterung kamen.

Eines Tages tauchte ein neuer Mitarbeiter in unserer Werkstatt auf. Die anderen, die schon länger im Betrieb waren, begrüßten ihn freudig. Es stellte sich heraus, dass es der Bruder unseres Meisters war. Er hieß Rüdiger, und er hatte eine anderthalbjährige Zwangspause einlegen müssen. Diese Zwangspause hatte er bei der NVA verbracht. Das war nicht schwer zu erraten, alleine schon sein Haarschnitt verriet seinen früheren Aufenthaltsort (wir anderen trugen Ende der Siebzigerjahre die Haare alle noch etwas länger). Jetzt hatte ich erstmals direkt jemanden vor Ort, bei dem ich mich erkundigen konnte, wo er war, wie seine anderthalb Jahre NVA abgelaufen waren, und was gegebenenfalls auf mich zukommen würde. Seinen Erzählungen zufolge hatte er es verdammt schlecht erwischt, es war nicht vergleichbar mit den Schilderungen meines alten Kumpels Bernhard. Er landete im Bezirk Schwerin, heute bekannt als Bundesland Mecklenburg-Vorpommern. In der DDR wurden die heutigen Bundesländer in Bezirke aufgeteilt. Wie zum Beispiel Bezirk Magdeburg. Er erzählte, dass seine Kaserne mitten im Wald lag, der nächste Ort hieß Karow, ansonsten war weit und breit nichts. Ausgang aus der Kaserne gab so gut wie gar nicht, und wenn, dann gab es keine Möglichkeit etwas zu unternehmen, weil man von der Kaserne nicht wegkam. In dem Ort Karow, den man von der Kaserne nur mit einem Fußmarsch erreichen konnte, gab es nur eine Kneipe. Und wenn sie dann mal Ausgang hatten, haben sie sich in dieser Kneipe sinnlos besoffen. Ich fragte, wie es denn während der anderthalb Jahre mit dem Urlaub aussähe? Er meinte, es sei nicht ungewöhnlich, schon mal ein halbes Jahr durchweg in der Kaserne verbringen zu müssen, und dass bei kleinsten Vergehen der Urlaub gestrichen würde. Na das hörte sich ja alles ganz „toll" an. Da konnte man ja nur hoffen, dass eine so „schöne Unterbringung" für die anderthalb Jahre einem erspart bleiben würde.

Das Einziehen der Zulassung ging seinen gewohnten sozialistischen Gang, man konnte regelrecht die Uhr danach stellen. Eine Verkehrskontrolle jagte die nächste, wir kannten die Ecken und versuchten diese zu umfahren, dies gelang jedoch nicht immer. Es kam schon mal vor, dass die Rächer an der Kreuzung bei Rot aus dem Auto sprangen, dann hieß es „rechts ran", Mängelliste kassieren, und mal wieder die Zulassung abgeben. So ging das Spiel ständig weiter.

Ich passte meinem Fahrstil meiner hinter mir sitzenden Freundin an, obwohl es ihr manchmal gar nicht schnell genug gehen konnte. War ich mit meinen Kumpels alleine unterwegs, dann ging es schon mal etwas zügiger voran ...

Mein Kumpel Michael und ich fuhren mal wieder etwas hastiger durch unseren Stadtteil, es könnten so knapp um die hundert Stundenkilometer gewesen sein. Ich ahnte nicht, dass meine Mutter mit meiner Schwester gerade von unserer Großmutter kam, sie liefen beide durch eine Seitenstraße, als wir auf der Hauptstraße an ihnen vorbei schossen. Mutter meinte: „hast du diese Verrückten gesehen?" Meine Schwester hatte mich erkannt und antwortete: „Einer dieser Verrückten war dein Sohn ..." Als ich abends nach Hause kam, fragte mich meine Mutter, ob ich den verrückt wäre, so durch die Straßen zu jagen. Aber in diesem Alter ging das links ins Ohr rein und rechts direkt wieder raus; man war ja schließlich unverwundbar!

Wie üblich fuhr ich an einem dieser Morgen zur Arbeit. Ein ehemaliger Klassenkamerad mit Namen Jürgen (er wird später noch mal in einem anderen Zusammenhang eine Rolle spielen und in Erscheinung treten) hatte ein ähnliches Motorrad wie ich. Er verunglückte an diesen Morgen mit selbigem. Ausgerechnet an diesem Tag musste ich länger arbeiten. Am Morgen kam ein Nachbar an der Unglücksstelle vorbei und nahm an, es sei mein Motorrad, obwohl die Strecke in eine komplett andere Richtung führte. Er informierte in der allgemeinen Aufregung meine Mutter, die umgehend zur Post lief und von dort sämtliche Krankenhäuser abtelefonierte. Einfacher wäre es gewesen im Betrieb anzurufen und nachzufragen. Ich kam abends nach Hause, und da ich weithin hörbar war, erwartete mich ein ganzes Empfangskomitee! Ich staunte nicht schlecht. Jürgen ist Gott sei Dank außer ein paar Blessuren nicht viel passiert.

Ich hoffte, dass der Kelch der Einberufung erst einmal an mir vorbeigehen würde. Ich hatte gerade mein neunzehntes Lebensjahr erreicht. Würde ich im kommenden Frühjahr einberufen werden, hätte ich dieses Elend mit einundzwanzig Jahren hinter mir.

Ich war auf dem Weg zu unserer stets prall gefüllten HO Kaufhalle, im Bewusstsein, dass von den fünf Dingen die ich kaufen wollte, ich wohl nur zwei davon bekommen würde. Man musste ja schließlich Abstriche machen und für den Sozialismus Opfer bringen. Ich begegnete einem ehemaligen Klassenkameraden. Schon von weiten sah ich, dass sein Haupt ziemlich kurz geschoren war, was nur einen Schluss zuließ: er war bei der Sekte, also unserer allseits geliebten NVA. Den Begriff Sekte hatte ich bei den Gesprächen in der Werkstatt mit Rüdiger aufgeschnappt. Wir kamen ins Gespräch; seine Eltern waren stramme Partei-Soldaten. Ich fragte ihn, wohin es ihn denn geographisch verschlagen hätte. Die Antwort: er schob seinen Dienst an der innerdeutschen Grenze. Bei ihm hatten die Rattenfänger wieder eins Ihrer Opfer gefunden. Nachdem sie ihm versprochen hatten, dass das alles ein großes Abenteuer ist und er anschließend auch noch studieren könne, legte er noch eine Schippe drauf und unterschrieb gleich mal für drei Jahre. Gab ja wohl auch nichts Schöneres, als auf die eigenen Landsleute zu schießen, aber es diente ja alles dem Wohle des Sozialismus! Ich hatte einfach die falsche Einstellung zu diesem Staat.

Ein paar Tage später traf ich das nächste NVA Opfer. Anscheinend lief die große Einberufungswelle. Olaf, wir kannten uns von gemeinsamen Motorrad-Touren (man kannte so ziemlich alle Gleichaltrigen in seinem Stadtteil). Er trug die Haare noch offen, also noch lang. Aber der kommende Monat sollte seiner werden; da hieß es für ihn einrücken zur Sekte! Seine kostenlose Vollpension mit schlechtem Essen hieß Prora.

Seine Begeisterung darüber war sprichwörtlich grenzenlos, Prora gehörte mit zu den ganz großen und ganz miesen NVA-Kasernen. Prora liegt auf der schönen Insel Rügen, wo wir als Kinder häufiger in den Ferien waren. Hitler wollte auf Prora von 1936–1939 eine über-dimensionierte Ferienanlage erbauen lassen, für bis zu 20.000 Urlauber. Der dann von ihm entfachte Krieg 1939 verhinderte die Fertigstellung. Es war eines jener KdF = Kraft-durch-Freude-Projekte. Später wurden Teile davon zur NVA Kaserne umfunktioniert.

Meine Einberufung würde wohl im Herbst des Jahres 1978 nicht mehr stattfinden, da betreffende Bekannte wie oben erwähnt ihre Stellungsbefehle und Einberufung für den Monat November bereits erhalten hatten. Die nächsten Einberufungen würden erst wieder im Mai kommenden Jahres stattfinden. Das war auf der einen Seite gut, auf der anderen Seite eher nicht, denn aufgeschoben war nicht aufgehoben. In meinem Falle konnte ich nicht auf eine Ausmusterung spekulieren, bei der letzten Musterung war ich topfit. Also hieß es abwarten bis zum kommenden Frühjahr.

Die Karawane aus dem Westen, Vater, Onkel, Tanten, Cousinen mit und ohne Anhang rollte wieder wie jedes Jahr an. So wurde das Jahr 1978 wieder genutzt, um Eltern und Großeltern zu besuchen. Mit ihrem täglichen Zwangsumtausch trugen auch sie dazu bei, dass sich dieses unsägliche System weiterhin über Wasser halten konnte. Die Ostzone war immer mehr vergleichbar mit einem Hirntoten, den man nur noch mit Schläuchen und Gerätschaften am Leben hielt.

Aber nicht nur die DDR wurde von Betonköpfen regiert. Noch schlimmer war es bei unseren „Brüdern", der von allen so geliebten Sowjetunion. Breschnew machte einen noch desaströseren Eindruck als unser Feten-Ette und seine Clique. Viele in der DDR-Bevölkerung munkelten, dass der große Vorsitzende der Sowjetunion schon seit Jahren tot wäre, man würde ihn aber bei seinen Reden auf dem Roten Platz in Moskau immer wieder kurz zum Leben erwecken und ihn mit einem Kran auf die Rednertribüne hieven. Lenin, eines der großen Vorbilder dieser kommunistischen Diktatur, lag bereits seit mehreren Jahrzehnten in dem für ihn speziell geschaffenen Mausoleum auf dem Roten Platz. Das gesamte Alter dieser in der UDSSR regierenden Politbonzen konnte man bei deren Parteitagen und Versammlungen auf gut und gerne mehrere Tausend Jahre schätzen, es glich einem Mumien-Schieben.

Die Bundesrepublik wurde hingegen von einem durchaus fähigen Bundeskanzler Helmut Schmidt regiert. Zwischen ihm und unseren politischen Tieffliegern taten sich Abgründe auf, was alleine schon an der jeweiligen Rhetorik Schmidt/Honecker hörbar wurde. Man erfuhr immer nur über das ZDF und die ARD, was sich in der Bundesrepublik betreffs z. B. des RAF-Terrors abspielte. In den Staatsmedien der DDR wurde dieser Terror nicht oder nur wenig thematisiert. Warum das speziell bei diesem Links-Terrorismus so war, erschloss sich der DDR-Bevölkerung und der Bevölkerung der Bundesrepublik erst nach der Wende 1989.

Es waren etliche dieser RAF Terroristen mit Hilfe der Stasi in der DDR untergetaucht und erhielten neue Identitäten. Jedoch wurde unterschwellig vom Ober-Propagandisten Schnitzler mit höhnischen Kommentaren der Untergang des Kapitalismus herauf beschworen.

Die Stasi-Krake unter Erich Mielke drang in alle Bereiche des Lebens ein, ein System im System, was das System der DDR am Leben hielt, durch Angst, Repressalien, Drohung, Erpressung, Denunzierung! Jedes Mittel war recht, sie scheuten vor nichts zurück in ihrer Schäbigkeit. Sie standen der Gestapo im Dritten Reich unter dem Oberkommando von Heinrich Himmler und dessen Vollstrecker, Gestapo Müller, in vielen Bereichen in nichts nach.

Meine Freundin und ich kamen aus komplett unterschiedlichen Elternhäusern. Mich trieb immer mehr der Unmut über dieses kommunistische und mich einschränkende System, sie kam aus einer Familie, die von diesem Staat profitierte und die die Staatslinie mit trug, es gab von ihrer Seite keine verwandtschaftlichen Verbindungen in die Bundesrepublik. Ihre Haltung und die damit verbundene positive Einstellung zur DDR sollte sich ein paar Jahre später ins komplette Gegenteil umkehren.

Eines war sicher wie das Amen in der Kirche: man würde mich unter keinen Umständen als Grenzsoldat rekrutieren. Man hatte sich nicht nur meine Äußerung während der ersten Musterung notiert und diese schriftlich festgehalten. Viel mehr wog die Tatsache, dass ein Großteil meiner Verwandtschaft in der Bundesrepublik lebte und man wusste bis ins kleinste Detail über Besuche und Zusammentreffen unsererseits Bescheid. Es gab immer wieder Ereignisse an der innerdeutschen Grenze, die zu aufgeblasenen Propaganda-Schlachten seitens der DDR-Medien gegen den Westen genutzt wurden. Diese kamen besonders zum Tragen bei Tötungsdelikten an DDR-NVA-Grenzposten. Bei diesen Tötungsdelikten handelte es sich laut staatlicher Propaganda immer um Provokationen von westlicher Seite, um das friedliche Leben der DDR Bürger zu unterwandern, um feige Morde an DDR Grenzsoldaten, die ihr sozialistischen Vaterland vor dem kapitalistischen Aggressor schützen wollten. Sehr häufig handelte es sich um Flüchtlinge aus der DDR, die von Ostdeutscher Seite, sprich von NVA Grenzposten mit der Waffe an ihrer Flucht gen Westen gestoppt werden sollten. Was mitunter dazu führte, dass diesen Flüchtenden von westlicher Seite Feuerschutz gewährt wurde und es somit zur Tötung besagter NVA Grenzposten kam. Dieses passierte speziell in Berlin, wo von westdeutscher Seite Tunnel Richtung Osten gegraben wurden, um Leute von Ost nach West zu schleusen.

Jedoch kam der größte Teil dieser getöteten Grenzsoldaten durch ebenfalls dort stationierte *eigene* Soldaten des Grenzschutzes, die gen Westen flüchteten und somit ihre Kalaschnikows gegen die eigenen Leute richteten, ums Leben. Dieses durfte jedoch in der DDR Propaganda nicht an die Öffentlichkeit dringen. Etliche dieser so zu Tode gekommenen Grenzsoldaten bekamen ein mit großem Pomp begangenes Begräbnis, ihre Namen mussten für etliche Plätze, Schulen, Kindergärten und andere öffentliche Institutionen herhalten, und wer war immer Schuld???? Der kapitalistische und imperialistische Klassenfeind. Auch was diese Begebenheiten betraf, wurde dies erst nach der Wende publik, mit der Öffnung der Stasi-Akten. „DDR-Humoristen" ließen sich für die Mauer und den Grenzzaun wieder einen ziemlich beispiellosen Spruch einfallen:

ZWEIHUNDERT KILOMETER IM QUADRAT,
MINEN, ZÄUNE, STACHELDRAHT!
RAT MAL WO ICH WOHNE,
ICH WOHNE IN DER ZONE.

Es war wieder ein Wochenende, als wir einen weiteren Ausflug nach Ostberlin machten. Man konnte es nicht als ein Fahren bezeichnen, nein, es glich mehr einem Reiten von Magdeburg nach Berlin. Es war ein Ritt von zirka 160 Kilometern; ein Ritt im wahrsten Sinne des Wortes, da man sowohl von der Fahrzeugtechnik (Federung, Chassis) als auch von der Straßenbeschaffenheit her nur von einer Art Ritt sprechen konnte. Diese Autobahn Helmstedt/Marienborn-Berlin ließ nur diese Interpretation des sprichwörtlichen Reitens zu. Man war aber von westdeutscher Seite dabei, diese von den Nazis gebaute und aus Betonplatten bestehende Autobahn mit einer zentimeterdicken Asphaltschicht zu überziehen.

Die vom Schwermaschinen-Bau geprägte Stadt Magdeburg war meist von einer grauen öligen, rußigen Dunstglocke eingehüllt, verstärkt wurde dieser sich über alles absetzende Ruß noch durch die ebenso umweltbelastenden Zweitakterfahrzeuge wie Trabant, Wartburg, die diversen Mopeds. Nicht zu vergessen die unzähligen, mit minderwertiger Braunkohle beheizten Haushalte, in denen noch im großen Stil Kachelöfen standen.

Deshalb bedeutete eine „kleine Flucht" nach Ostberlin immer auch eine Abwechselung, und auch noch erwähnenswert war in diesem Fall, dass man auch noch den allseits „gefürchteten und gefährlichen Klassenfeind" aus Westberlin traf. Man musste sich jedoch bewusst sein, dass in Ostberlin die größte Ansammlung von Schnüffel und Petz zugegen war, und die so ziemlich alles und jeden unter Beobachtung stellten.

Die Mauer rückte in Berlin immer wieder in das Blickfeld und somit in das Bewusstsein. Die dort, in ihren Wachtürmen auf Ostberliner Seite, waren speziell ausgesucht und dafür ausgebildet, auf jene zu schießen, die versuchten, die Grenze von Ost nach West zu überwinden. Den Westberlinern erging es nicht besser, sie rannten, egal in welche Richtung, zwangsläufig gegen diese Mauer. Westberlin war eine Insel mitten in der DDR! Bei etlichen Westberlinern kam es während der 28-jährigen Teilung der Stadt zum Mauerkoller, und so verließen einige von ihnen West-Berlin, und zogen Richtung Westdeutschland. Ich wusste zum damaligen Zeitpunkt noch nicht, dass ich in zirka zwei Jahren direkt an dieser Mauer in Ostberlin-Mitte wohnen würde.

Hin und wieder kam es vor, dass wir bei solch einem Trip nach Ost-Berlin Bananen oder ein paar Mandarinen, oder sogar Orangen erbeuteten. Nicht die letzte Rache von Kubas Fidel, wie es sie in unserem Russenmagazin zu kaufen gab, sondern richtige Orangen! Das war wie Weihnachten, Ostern und Pfingsten zusammen!

Man pumpte halt alles in das Schaufenster der Republik ...

Selbst Ostberlin war immer ein kleines Highlight in unserem sonst so trostlosen sozialistischen Alltag. Aber dann ging es wieder zurück in die graue und schmutzige Provinz. Und manchmal kehrten wir eben mit einer schönen „Beute", bestehend aus Orangen und Bananen, heim, und alle zuhause freuten sich sehr über das Mitgebrachte.

Wir hatten den Spätherbst 1978. Die Jungs für den Herbst waren schon seit einigen Wochen in den Kasernen. Mein Kumpel Hannes bekam seine „Einladung zur Musterung", kurze Zeit später erhielt auch unser gemeinsamer Kumpel Ecki die gleiche beglückende Nachricht. Und dann erhielt auch ich die Hiobsbotschaft! Es war für uns alle drei ein ziemlich untrügliches Indiz dafür, dass es im Frühjahr soweit sein würde und wir unseren Dienst bei der NVA antreten müssten.

Ich verkündete abends die „frohe Botschaft" meiner Susanne, aber es stand noch nichts fest. Die Hoffnung war die, dass man irgendwo heimatnah stationiert wurde, was aber an Hand von vielen Beispielen von Bekannten unwahrscheinlich war. Bernhard war da die Ausnahme mit seiner Knüppelgarde.

Die Leute, die das Abitur gemacht hatten, mussten sich nach Beendigung ihrer Schulzeit, wenn sie anschließend studieren wollten, zu drei Jahren bei der NVA verpflichten. Die Kosten des Studiums übernahm dann der Arbeiter- und-Bauernstaat. Das sollte aber ein Großteil von ihnen bitter bereuen, insofern sie nicht schon von zuhause aus indoktriniert und auf diesen Staat eingeschworen waren.

Das Gefühl, im kommenden Frühjahr für anderthalb Jahre in einer Kaserne zu verschwinden, war kein gutes. Wäre ich alleine gewesen, hätte ich mich gefreut, die Sache schnellstmöglich hinter mich zu bringen. Einzig die Hoffnung blieb, nicht am anderen Ende unserer „schönen DDR", im Irgendwo und Nirgendwo am Ar... des Propheten, wie Prora oder, wie Rüdiger, in Karow zu landen.

Die DDR war ja weiß Gott kein großes Land, was die Fläche anbetraf, aber die Verbindungen mit der Bahn waren zu 99 % katastrophal. Die Reichsbahn brauchte ewig, und man musste meistens zigmal umsteigen, was immer mit längeren Wartezeiten verbunden war. Da konnten ein paar hundert Kilometer schon mal zu einer knappen Tagesreise werden. Meine Großmutter kam auf die geniale Idee und besorgte über die Schwiegertochter ihres Bruders für Susanne und mich eine Pension im Harz, wo wir mal komplett für uns waren. Es waren etwa achtzig Kilometer bis zu besagter Pension, also im Mittelgebirge. Dazu muss man noch anmerken, dass dieser für uns gebuchte Trip nur zustande kam, weil die Schwiegertochter ihres Bruders im einzigen Reisebüro in Magdeburg arbeitete, einer Stadt mit 280tausend Einwohnern. Dort konnte man, wenn man verreisen wollte, nicht etwa sich die Reisen aussuchen, sondern das lief umgekehrt: das Reisebüro suchte sich die Verreisenden aus und gab ihnen das sozialistische Land und den Ort vor, den sie bereisen konnten ...!

Für uns stand der Tag der Musterung vor der Tür! Wir hofften auf alle Fälle zu erfahren, in welcher NVA Kaserne wir Vollpension beziehen würden, könnten, müssten, sollten, also wo wir hinkämen, und welcher Waffengattung wir zugeteilt würden, was auch nicht unerheblich war.

Mot. Schützeneinheiten waren verpönt! Man nannte sie zwar motorisierte Einheiten, aber die armen Schweine mussten meistens mit voller Ausrüstung hinter den Panzern herlaufen. Oder sie steuerten diese fahrenden Särge. Pionier-Einheiten waren auch nicht viel besser. Als erster war Hannes dran, aber auf seine Fragen, wohin er kommen würde, zu welcher Einheit und wann er denn eingezogen würde, bekam er keine Antwort. Uns beiden Anderen erging es nicht anders, auch wir wurden im Ungewissen gelassen. Die Antwort beim Gehen lautete, wir würden schon früh genug Bescheid bekommen. Nach dem Motto „nichts Genaues weiß man nicht" herrschte wie üblich der Zustand des Nicht-Informierens und der permanenten Verunsicherung. Das hatte System in diesem System!

Die Einberufungskommission setzte sich aus mehreren Militärs zusammen, deren Dienstgrade wir zur damaligen Zeit noch nicht kannten. Ich wusste auch nicht, welcher Waffengattung sie angehörten. Ein Vorstellen dieser einzelnen Militär-Protagonisten war im Musterungsprotokoll offensichtlich nicht vorgesehen. In diesen Kreisen war das Wort Höflichkeit ein Fremdwort. Aber das sollten meine zukünftigen Mitstreiter und ich noch ganz anders kennenlernen.

Nach der Musterung setzte bei uns ein Verdrängungsprozess ein; bis zum Frühjahr und der eventuellen Einberufung waren es ja schließlich noch einige Monate. Das kennt wohl jeder: Unschöne Ereignisse verdrängen und einfach nicht daran denken ... Meine Zukunft war wohl ab dem Frühjahr 1979 schon von staatlicher Seite verplant, und das ohne Widerspruchsrecht! Eine Glaskugel hätte man haben müssen, um in die Zukunft schauen zu können, aber das wünschten sich schon Generationen vor uns. Ich kündigte auf der Arbeit schon mal an, dass ich wohl bald zwangsrekrutiert würde, was nicht unerwartet kam. Ich sprach mit Rüdiger und erzählte ihm von meiner Musterung, und dass ich keine Infos bekommen hätte. Er sagte mir, dass wäre normal, und die würden die Katze erst kurz vor der Einberufung aus dem Sack lassen. Unsere Kampftrinker aus der Werkstatt, schrien sofort nach einem Ausstand mit reichlich Bier und Schnaps, denn jede Gelegenheit, sich mit Alkohol für ein paar Stunden weg zu beamen musste schließlich genutzt werden. Dieses ständige und exzessive Trinken war, wie ich schon damals vermutete, diesem stupiden und ereignislosen Alltag geschuldet. Die bereits Gedienten, die ihre Militärzeit schon hinter sich hatten, machten sich eine Gaudi und erzählten jeden Tag neue Schauergeschichten. Selbst die, die den Krieg noch miterlebt, aber nicht bei der NVA gedient hatten, gaben einige Storys zum Besten.

Ich musste mein Motorrad verkaufen! Das fiel mir gar nicht leicht. Es steckte viel Zeit, Geld und Arbeit drinnen, aber es hatte auch sein Gutes: Die Zeit des ständigen Einziehens der Zulassung sowie des ständigen Umbauens hatte nun ein Ende. Zumindest für die nächsten anderthalb Jahre. Es war kaum noch von der Hand zu weisen, dass für mich im Mai des kommenden Jahres die Stunde der NVA-Wahrheit schlagen würde.

Das erste Motorrad hatte ich an meinen damaligen Lehrlingsmitkämpfer, Volker verkauft. Bevor ich dieses Motorrad an Volker verkaufte, hatte ich noch einen unfreiwilligen und einen mehr als peinlichen Stunt absolviert. Ich machte noch eine letzte Testfahrt, bei dieser besagten Testfahrt blieb ich vor unserem Eiscafé stehen, oder besser ich wollte stehen bleiben. Das ging aber gründlich in die Hose, und das im wahrsten Sinne des Wortes. Es war die Zeit der Hosen mit weitem Schnitt, es war der Übergang von der Schlaghose zu diesen von oben nach unten weit geschnittenen Hosen. Sie waren genauso hässlich wie die Schlaghosen. Bei dieser letzten Fahrt hatte ich ausgerechnet diese Hose an. Es war ein schöner warmer Sommertag und das Eiscafé war draußen voll besetzt wie üblich, es war ja auch das einzige Eiscafé weit und breit. Ich wollte noch einen auf ganz cool machen, nahm das Bein von der Fußraste, und blieb mit diesem weit geschnittenen unteren Ende der Hose an der Fußraste hängen. Dann nahm der Stunt seinen Lauf: ich fiel wie in Zeitlupe mitsamt dem Motorrad auf die linke Seite. Es saßen dort etliche Leute, die mich kannten. Das Gelächter war unbeschreiblich! Ich habe nie wieder in meinem Leben etwas so schnell aufgehoben wie dieses Motorrad … Bis auf ein paar kleine Kratzer, blieb das Motorrad weitgehend unbeschädigt. Ich habe es dann am nächsten Tag für ein paar DDR-Mark weniger an Volker verkauft. Jedoch wurde mir diese Aktion von einigen Leuten noch lange Zeit unter Gelächter aufs Butterbrot geschmiert!

Ein paar Wochen später erfuhr ich, dass Volker einen Unfall hatte. Es war naheliegend, dass es mit meinem ehemaligen Motorrad passiert sein musste, was sich dann auch als richtig herausstellte. Er war die darauf folgende Woche wieder im Betrieb, hatte Gott sei Dank nicht viel abbekommen, aber auch zwei Mädels waren an dem Unfall beteiligt, die hatte Volker ohne eigenes Verschulden abgeräumt! Die beiden hatten einige Verletzungen davongetragen, sie mussten mehrere Wochen im Krankenhaus verbringen. Volker erzählte uns, dass er auf dem Weg nach Hause war, es war bereits dunkel, als die beiden Mädels nach einer Kurve wie aus dem Nichts auftauchten, und das mitten auf der Straße! Er konnte nicht mehr rechtzeitig reagieren, und so kam es zum Crash. Wie sich später herausstellte, waren beide erheblich alkoholisiert gewesen. Das Motorrad war nicht mehr zu gebrauchen. Aber in der DDR wurde nichts verschrottet, irgendeiner fand sich immer und kaufte den Schrott auf.

Mein Motorrad, das ich ständig um- und wieder zurückgebaut hatte, welches ich jetzt verkaufen wollte, mit diesem Motorrad sollte es noch wesentlich schlimmer kommen.

Ich verkaufte es an einen Typen, der in etwa gleich alt war wie ich. Wir unterhielten uns eine ganze Weile, und ich sagte ihm, dass ich wohl im Frühjahr für anderthalb Jahre diesen allseits bekannten „Sonderurlaub" antreten würde. Er verstand.

Er sagte mir, er müsse sich auf den Weg machen, da seine Freundin auf ihn wartete. Ich wünschte ihm noch alles Gute, und dann fuhr er davon.

Die restlichen Teile, die ich für das Motorrad noch hatte, wollte er sich die nächsten Tage abholen. Ich hatte ihn darauf hingewiesen, dass er sich darauf einstellen müsse, das Motorrad häufiger rückbauen zu müssen, aber das war ihm egal, er hatte in dieser Hinsicht die gleiche Einstellung wie ich. Mit einem 08/15-Motorrad konnte halt jeder fahren, und schließlich musste man ja noch die unterbelichtete Volkspolizei beschäftigen.

Ich hatte das Motorrad um einiges teurer verkauft, als ich es damals selber gekauft hatte. Das war eines der wenigen schönen Dinge im Sozialismus: die Sachen wurden mit zunehmendem Alter immer wertvoller, obwohl sie keine Antiquitäten waren!

Einige Wochen später ertönte ein Pfiff unter unserem Küchenfenster, es war unverkennbar Michael. Wir wohnten ja nebeneinander, und unsere Motorräder ähnelten sich sehr stark. Er hatte sein Motorrad noch, bei ihm stand die Einberufung noch nicht an, also war der Motorradverkauf bei ihm noch kein Thema. Er hatte an diesem Morgen sein Motorrad in die Werkstatt gebracht. Auf diesen Termin hatte er schon eine Ewigkeit gewartet, denn das Lager an seiner Lenkung musste gewechselt werden. Das war eine Reparatur, die wir nicht selber durchführen konnten, da uns dazu das Werkzeug fehlte.

Nachdem ich sein Pfeifen vernommen hatte, ging ich zum Küchenfenster. Er erzählte, dass mein ehemaliges Motorrad dort in der Werkstatt stünde, mit einem absoluten Totalschaden! Ich fragte nach, ob es sich wirklich um mein Motorrad handeln würde, und er war sich ganz sicher. Er hatte mit dem Werkstattmeister gesprochen, und der meinte, dass das wohl ein heftiger Crash gewesen sein musste. Der Fahrer läge noch immer im Krankenhaus, die junge Frau, die auf dem Sozius saß, wäre bei dem Unfall tödlich verunglückt. Sie waren viel zu schnell unterwegs, laut den Auswertungen der Polizei.

Das war schon eine sehr betrübliche Nachricht, ich konnte es kaum glauben. Ich grübelte, ob an dem Motorrad eventuell ein technischer Mangel gewesen war, bei mir lief das Motorrad in einwandfreiem Zustand. Es war von der Polizei auch wieder frei gegeben worden, sonst hätte es nicht in der Werkstatt gestanden. Hätte es außerdem etwas Belastendes gegen mich gegeben, wäre ich sicherlich eine Einladung oder ein netter Besuch von gewisser Stelle erfolgt. Letztendlich war doch die weit überhöhte Geschwindigkeit die Unfallursache. Das kam selbst im so streng regulierten sozialistischen Straßenverkehr nicht selten vor.

Meine Zeit im Betrieb der Kampftrinker neigte sich dem Ende zu, die letzten Tage vergingen wie im Fluge. Es ist wohl immer so: wenn ein Ereignis auf einen wartet, das man nicht unbedingt herbeisehnt, dann vergeht die Zeit wesentlich schneller als sonst. Der Frühling stand vor der Tür, und mein Kumpel Bernhard verkündete, er würde bald Vater werden. Ich sagte ihm, dass wir das leider nicht gemeinsam feiern könnten, da ich dann schon im Zwangssonderurlaub wäre.

Von altgedienten „Front-Kameraden" hatte ich schon erfahren, dass man während der Grundausbildung, die mindestens acht Wochen oder länger dauern würde, keinen Urlaub bekäme. Naja, dachte ich bei mir, werde ich wohl die nächsten anderthalb Jahre auch meine geplanten Weltreisen auf Eis legen müssen.

Sekte war sowieso Abenteuer pur! Man hatte immerhin seine geregelten drei Mahlzeiten, seinen täglichen Drill, es hieß früh ins Bett gehen und noch früher aufstehen, und das alles mit Pfiffen und den täglich dazu gehörenden Kommandos, das waren die zu erwartenden Highlights. Und als Krönung gab es zum Dienstschluss die kommunistische Dröhnung in Dauerschleife und durch das DDR-Fernsehen, somit konnte uns der Klassenfeind nicht ins Handwerk pfuschen und in die Suppe spucken. Konnte es einem noch besser gehen?? Wohl kaum! Was uns aber wirklich erwartete, erahnte zu diesem Zeitpunkt noch keiner im Entferntesten.

Bis dato war mir mein Humor noch nicht abhandengekommen, und ich hoffte, das sie mir, während dieser anderthalb Jahre, auch treu bleiben würde. Der Humor war eine wesentliche Überlebensstrategie in diesem wohl langweiligsten und am meisten überwachten Land auf dem

Planeten. Meine Sorgen kreisten noch um andere Dinge. Meine Freundin würde ich auch ewig nicht sehen, ... naja, so konnte es auch nicht zum Streit kommen. Die Medaille hat ja auch immer zwei Seiten. Man munkelte, das Essen käme einem Fünfsternehotel gleich, und von seinen Offizieren würde man den ganzen Tag bespaßt werden ... Was wollte der Mensch mehr? War halt alles eine Frage der Sichtweise und Perspektive. Es sollte im wahrsten Sinne des Wortes knüppeldicke kommen, und es sollte uns allen das erste Mal im Leben die Kinnlade bis zu den Knien hängen, und nicht nur die Kinnlade.

Die letzten Wochen verbrachten meine Freundin und ich in trauter Zweisamkeit.

Wir nahmen nicht nur unseren regulären Urlaub, nein, wir nahmen noch den allseits geliebten und bekannten DDR-Sozial-Urlaub, wir ließen uns also Krankschreiben. Das hieß sechs Wochen Zusatzurlaub über die Krankenkasse! War nicht nur ein Tipp unter Insidern, sondern wurde häufig und flächendeckend praktiziert.

Ich hatte kein gutes Gefühl, was die Zukunft von uns beiden betraf. Wir kannten uns noch nicht einmal ein Jahr, und ich war durch meinen anderthalb jährigen „Urlaub" klar in der Defensive. Es spielten noch andere Kriterien eine Rolle, was zum damaligen Zeitpunkt noch nicht wirklich absehbar war. Für mich sollte es wie eine Art des Zusehens werden, ohne dass ich in die kommenden Geschehnisse eingreifen konnte.

Dann im April 1979 war es soweit! Meine Mutter weckte mich.

Der SV-Urlaub war mittlerweile aufgebraucht, aber ich hatte noch ein paar Tage frei, da wir im Betrieb eine größere Fläche mit Beton aufgefüllt hatten. Diese Arbeit dauerte mehrere Tage und musste in einem Zuge fertiggestellt werden. Wir hatten das Wochenende durchgearbeitet, ich konnte an diesem Tag also etwas länger schlafen. Der Briefträger hatte bereits seinen Job gemacht, sodass die Post bereits im Briefkasten lag, als meine Mutter von ihrem morgendlichen Einkauf zurückkam. Als sie den Briefkasten öffnete, lag dort mein Einberufungsbefehl! Während ich die Augen öffnete, beglückte sie mich dann damit. Ich wurde regelrecht aus dem Schlaf gerissen, was zur damaligen Zeit einem Wunder glich; normalerweise hörte ich nämlich während des Schlafes nicht einmal die häufig vorbeifahrenden sowjetischen Panzer.

Da war er nun also, mein Einberufungsbefehl!

Das Frühstück an diesen Morgen blieb mir nach dieser Botschaft regelrecht im Halse stecken. Jedoch konnte ich der ganzen Sache zumindest noch etwas Positives abgewinnen: die Ungewissheit und die Warterei hatte ein Ende! Ein schwacher Trost.

Auf den ersten Hammer folgte sogleich der nächste! Beim Durchlesen der Einberufung erfuhr ich auch, wohin es mich verschlagen würde, und das war der eigentliche Schock: Es war Karow im Bezirk Schwerin, dort, wo mein Kollege Rüdiger seine anderthalb Jahre verbracht hatte! Schlechter hätte es mich nicht treffen können, das waren ja schöne Aussichten. Es verblieben noch einige Tage Galgenfrist bis zum Zwangseintritt in die NVA, ich musste mich nochmals intensiv mit meinem Kollegen Rüdiger unterhalten ... ...

Am Abend musste ich dann meiner Freundin die „Frohe Botschaft" überbringen. Auch sie arbeitete wieder und würde erst gegen siebzehn Uhr nach Hause kommen.

Ich begab mich eine Stunde früher auf den Weg zu ihr, obwohl die Entfernung zu ihr in 10 Minuten zu Fuß zu schaffen war. Solche Neuigkeiten mussten schließlich gebührend gefeiert werden, also kehrte ich in das an der Elbe liegende Kanu-Clubhaus ein, wo ich zu dieser noch frühen Stunde der einzige Gast war und schüttete in kürzester Zeit so viel Alkohol in mich hinein wie nie zuvor und nie wieder danach. Und zwar Bier *und* Schnaps, obwohl ich Schnaps wie eh und je nicht ausstehen konnte. Ich schüttete die Sachen in mich hinein, als gebe es kein Morgen und kein Übermorgen, frei nach Grönemeyers Song: „ALKOHOL IST DEIN SANITÄTER IN DER NOT!" Damals gab es diesen Song noch gar nicht, aber gefühlt habe ich mich so! Ich war wie schon erwähnt der einzige Gast, aber ich hielt die Bedienung auf Trab, als hätte sie 5 Gäste zu bedienen. Sie brachte mir die Getränke und schaute mich mit einem ungläubig mitleidigen Blick an, als wollte sie fragen, ob ich vorhätte mich in kürzester Zeit zu Tode zu trinken. Nach einer dreiviertel Stunde war ich rund wie ein Buslenker, und machte mich mehr schlecht als recht auf den Weg. Laufen war nur noch bedingt möglich, es war mehr ein Stolpern. Nachdem ich die Klingel betätigt hatte, öffnete mir die Mutter meiner Freundin die Tür und ließ mich rein. Sie bemerkte gleich, dass ich mich in einem etwas desolaten Zustand befand. Susanne war bereits zuhause, ich schwankte in ihr Zimmer. Ich warf im Vollrausch und ohne ein Wort meine Einberufung auf ihr Bett. Ihre Reaktion war wie erwartet, sie brach in Tränen aus. Als sie dann noch las, in welche Ecke es mich verschlagen würde, war es gänzlich vorbei. Ich hatte ihr von meinem Kollegen Rüdiger erzählt, der seine achtzehn Monate in Karow verbracht hatte und nur das „Schönste" geschildert hatte, ... Der Abend war gelaufen.

Hannes sowie unser gemeinsamer Kumpel Ecki bekamen ebenso ihre Benachrichtigung der Einberufung, somit würden wir zumindest auch zur gleichen Zeit alle drei wieder zurückkommen. Wenn es keinen von uns während unserer NVA Zeit dahinraffen würde, was schon mal vorkam. Nur einer blieb verschont von der Einberufungswelle, es war Michael. Aber aufgeschoben war nicht aufgehoben, und seine Galgenfrist würde irgendwann ablaufen. Er hatte zur damaligen Zeit gerade ein Mädel kennengelernt und war somit mehr als froh, erst mal davon gekommen zu sein.

Bei Hannes lief es genau anders herum mit seiner Freundin Sigrun: mittlerweile über vier Jahre mit ihm zusammen, gab sie ihm den Laufpass! Es traf ihn aus heiterem Himmel, ohne jegliche Ankündigung. Sie schien nicht gewillt zu sein, anderthalb Jahre auf ihn zu warten. Bei ihm kam noch erschwerend hinzu, dass seine beiden Eltern im betagten Alter waren und beide zum damaligen Zeitpunkt im Krankenhaus lagen.

Ein paar Tage später ging ich dann schon mal zum Friseur und ließ mir die für damalige Verhältnisse langen Haare ziemlich kurz schneiden, damit der Schock beim kompletten Abschneiden in der Kaserne nicht ganz so groß sein würde. Aber dieses Haare abschneiden war ein untrügliches Indiz für das nähere Umfeld, wohin die Reise demnächst gehen würde.

Ich musste meinen Ausstand im Betrieb geben. Unsere Betriebskampftrinker waren glücklich, sie freuten sich auf ein gratis Besäufnis und sie sparten nicht mit Häme und dummen Sprüchen. Es war mein erster Betrieb, in dem ich bis zu meiner Einberufung meine Ausbildung machte und diese abschloss, und dann einige Monate arbeitete.

Es stellte sich mir die große Frage: war das die Regel in den kommunistischen Betrieben und Kombinaten, das Trinken, das Nichtstun und das ewige Warten auf irgendwelche Ersatzteile? Dazu kam noch diese ganze desolate Situation, die einen umgab, marode Gebäude, vergammelte dreckige Werkstätten und viele andere Dinge. Es war ein System, dessen Aussagen in Rundfunk und Staatsmedien in keiner Weise kompatibel waren mit dem, was die tägliche Realität wieder spiegelte. Sie wurden aber von einem großen Teil der Bevölkerung entweder nicht wahrgenommen oder verdrängt. Mit jedem weiteren Tag, an dem dieser Staat namens DDR existierte, verschlimmerte sich auch die Situation des täglichen Lebens. Ich jedoch musste mich jetzt erst einmal auf die auf mich zukommende Situation einstellen, und das bedeutete, dass diese kommenden anderthalb Jahre bei der NVA nichts mit dem bisherigen Leben zu tun haben würden!

Ich setzte mich noch einmal mit Rüdiger zusammen, schließlich hatte er genau in dieser Kaserne seinen Wehrdienst abgeleistet und konnte mir somit nochmals wertvolle Tipps geben. Jedoch was ich von ihm erfuhr, ließ nichts Gutes Hoffen. Unter den dortigen Offizieren befanden sich einige spezielle Despoten, Sadisten und Leute, die Spaß daran fanden, über ihre Befugnisse hinaus ihre Untergebenen zu schikanieren.

Es war allgemein bekannt das sich die NVA nicht durch Humanität hervor tat, das erfuhr man häufiger über Westmedien, die Dinge zutage förderten, welche eigentlich unter der Decke gehalten werden sollten. In der DDR-Öffentlichkeit kamen die militärischen Gesetzmäßigkeiten der Schweigepflicht zum Tragen. Aber wie es im inneren Zirkel der NVA aussah, erfuhr man nur von der Mund-zu-Mund-Propaganda von ehemals gedienten Soldaten.

Einer stach in dieser Kaserne besonders hervor, erzählte Rüdiger, und das war ein Spieß! Der Name „Spieß" sagte mir bis zu diesem Zeitpunkt überhaupt nichts, das Wort „Fähnrich" hatte ich schon einmal gehört, aber all das sollte sich bald ändern. Dieser Fähnrich war für seine mehr als zweifelhaften Aktionen und seine Schikanen gegenüber seinen Soldaten weit über die Kasernengrenzen hinaus gefürchtet! Erzählungen und Vorstellungen geben meist nicht die Realität wieder, und die sollte bei diesem Psychopathen das Erzählte bei Weitem in den Schatten stellen. Hier zeigte sich eines der wohl begründeten Vorurteile über die NVA: Wer bereit war, sich für zehn oder fünfundzwanzig Jahre zu verpflichten, der war schon in Gänze eine ganz spezielle Art von Mensch.

Als Rüdiger mir erzählte, dass es sich dort um ein Versorgungsbataillon handelte, welches aus Kraftfahrern bestünde, war mir ziemlich klar, warum ich dort hinbeordert wurde. Allzu viele in unserem Alter gab es noch nicht, die im Besitz einer LKW-Fahrerlaubnis waren, und ich hatte eine.

Rüdiger gab mir noch einen Tipp mit auf den Weg: Befehlsverweigerungen und andere Vergehen wurden dreimal so hart bestraft wie im Zivilbereich. Das hieß, rückblickend auf die Zeit im Internat, dass die dort veranstalteten Aktionen noch lustige Dummejungenstreiche waren.

Unsere bis dahin doch sorgenfreie Kinder- und Jugendzeit neigte sich dem Ende zu. Die letzten Tage in relativer Freiheit vergingen auch wie im Fluge. Ich nahm mir noch ein paar Tage unbezahlten Urlaub, denn in der Werkstatt fehlte es sowieso wie immer an allem und jedem; da kam es auf meine Anwesenheit auch nicht mehr an. Den Durstigen im Betrieb brachte ich noch einen Kasten Bier von *dem* Konsum, wo meine Bier-hol-Karriere für die Mongolenjäger aus der Schweißerei begann. Als Dank dafür bekam ich noch letzte Tipps und ein paar Sprüche mit auf den Weg, und dann verabschiedete ich mich von den alten Sprit-Drosseln. Damit hatte ich meine ersten Erfahrungen im real existierenden sozialistischen Arbeitsalltag hinter mir, den ich jetzt erst mal für anderthalb Jahre verlassen würde. Glück gehabt, dass ich während meiner Zeit der Ausbildung nicht zum Alkoholiker geworden bin!

Es kam der Tag der Tage! Ich machte mir erst einmal selber Mut und sagte mir, ich müsse ja nicht in den Krieg ziehen wie Generationen vor mir, und das war ja auch schon mal etwas. Das alte Motto lautete: wie auch immer, nur nicht den Humor verlieren! Was nicht so einfach war. Denn bis dahin war das Leben doch ziemlich sorgenfrei und unkompliziert verlaufen.

Einberufung zur NVA und der innerliche Bruch mit der DDR

Hannes, sozusagen „Teilzeit-Vollwaise", da seine Eltern immer noch im Krankenhaus lagen, schlief die letzte Nacht bei uns zuhause. Wir beide mussten uns am nächsten Morgen sehr früh auf dem Magdeburger Domplatz einfinden. Dort wurden wir dann mit anderen dort wartenden zukünftigen „Front-Kameraden" sortiert für Richtung Norden und Richtung Süden. Für Hannes und mich war es Richtung Norden. Anschließend ging es im Gleichschritt, sofern man schon von Gleichschritt sprechen konnte, zum Bahnhof. Unser Zug wartete bereits, wir stiegen ein und es ging los ... Die Stimmung war mehr als gedrückt und betrübt. Wir fuhren sinnbildlich gesehen von einem Knast mit Namen DDR in einen noch kleineren Knast Namens NVA!

Im Gegensatz zu Hannes hatte ich ja schon einige Informationen über meine unfreiwillige Unterkunft, die ich die nächsten anderthalb Jahre bewohnen würde. Wie sich aber bald herausstellen sollte, brachten mir diese Infos rein gar nichts.

Auf unseren Weg Richtung Bahnhof hatten wir den Eindruck, halb Magdeburg wurde einberufen, das war aber wohl ein subjektiver Eindruck.

Susanne hatte ich gebeten, mich nicht zu begleiten, es war besser so. Wir hatten uns am Abend vorher schon voneinander verabschiedet, in der Hoffnung, dass wir uns bald wieder sehen würden. Ich glaubte aber nicht wirklich daran. Von Rüdiger wusste ich, dass die Grundausbildung drei Monate dauern würde. Während der Grundausbildung gab es sowieso keinen Urlaub. Was danach kommen würde, stand erst einmal in den Sternen. Ich sagte Susanne nichts davon. Ich ahnte von vornherein nichts Gutes, denn ich eignete mich nicht zum Befehlsempfänger, das wusste ich. Das war schon in der Schule mein größtes Problem, dass ich zweifelhafte und wenig glaubwürdige Dinge immer hinterfragt habe. Ich ahnte bereits im Vorfeld, dass diese anderthalb Jahre einem Spießrutenlauf gleich kommen würden, und meine Vorahnung sollte sich schon bald bestätigen.

Die Zugfahrt glich, wie schon so häufig, einer gefühlten Weltreise. Während der Fahrt zu unserer zukünftigen Unterkunft dachte ich bereits mit Schrecken daran, wie sie uns mit der Propaganda zudröhnen würden. Der Zug hielt dann auch an so ziemlich allen Bahnhöfen, die auf der Strecke lagen und sammelte weitere zukünftige Vaterlandsverteidiger ein. Diese waren schon weithin an ihren kürzeren Haaren erkennbar, was wie bereits erwähnt ein untrügliches Indiz dafür war, dass es zur Sekte ging. Etliche von ihnen waren schon so abgefüllt mit Alkohol, dass sie nur noch durch die Gänge der einzelnen Waggons schwankten und manche waren regelrecht voll wie Strandhaubitzen und konnten sich kaum noch auf den Beinen halten. Sie sprühten vor „Glück", dass sie demnächst ihr Sozialistisches Vaterland gegen den kapitalistischen Klassenfeind verteidigen durften. Einige von ihnen betraten den Zug mit der Wodkaflasche in der Hand. Jedoch patrouillierte Militärpolizei durch den Zug, und wir gehörten vom Tag der Einberufung an schon zu den militärischen Streitkräften unseres heldenhaften Sozialistischen Vaterlandes. Bitte immer die

Ironie beachten!!!!!! Somit hieß es, Bier als auch Wodka Flaschen abliefern, die Party war zu Ende. Die Begeisterung in den Gesichtern der jeweiligen Delinquenten war schier grenzenlos. Wir alle machten den Eindruck, als würden wir zum Schafott fahren!

Von Magdeburg bis Schwerin waren es gute zweihundert Kilometer; für Hannes war in Schwerin Endstation. Er war die ganze Fahrt über ziemlich geknickt und sprach kaum. Es hatte wohl damit zu tun, dass ihn seine Freundin so eiskalt abserviert hatte, und seine Eltern noch im Krankenhaus lagen und er nicht helfen konnte. Somit kamen bei ihm mehrere Baustellen zusammen. Das war schon ziemlich viel auf einmal, und wir waren noch sehr jung und ohne jegliche Lebenserfahrung. Ich versuchte, ihn noch mit ein paar flotten Sprüchen etwas aufzuheitern, aber es gelang mir nicht.

Dann fuhr der Zug in den Schweriner Hauptbahnhof ein, und es wurde Zeit, dass wir uns voneinander verabschiedeten. Wir hofften sehr, dass wir uns Zuhause während der anderthalb Jahre mal treffen würden, aber so richtig glaubten wir beide nicht daran. Telefonieren ging nicht, kam also nur das Briefeschreiben in Betracht.

Für mich ging die Fahrt weiter in Richtung Pampa. Im Zug hatte ich zwei Typen ausgemacht, die mir schräg gegenüber saßen und die auch schon die Haare etwas kürzer trugen. Wir kamen ins Gespräch und stellten fest, dass wir das gleiche Ziel hatten, also Leidensgenossen waren. Wir versuchten uns krampfhaft über die kommenden anderthalb Jahre gegenseitig Mut zu machen, was nicht wirklich gelang. Der eine hieß Ronald und der andere Klaus. Ronald kam wie ich aus Magdeburg und hatte sich schon ziemlich mit Alkohol abgefüllt, Klaus kam aus Stendal, einer Kreisstadt in der Nähe von Magdeburg. So fuhren wir gemeinsam unserem neuem „Glück" entgegen. Ich hatte beiden gegenüber einen kleinen Wissensvorsprung und erzählte ihnen, was mir mein ehemaliger Arbeitskollege Rüdiger über unsere neue Unterkunft berichtet hatte. In ihren Gesichtern sah ich blankes Entsetzen. Die nächsten anderthalb Jahre würden wir also das gleiche Schicksal teilen. Auch sie hatten jeweils ihre Freundin zurückgelassen, um ihre Vollpension für die nächsten achtzehn Monate in vollen Zügen zu „genießen". Das zu erwartende gemeinsame Elend schweißte uns schon einmal zusammen.

Dann trafen wir an dem Ort unserer „Sehnsucht", Karow/Plau am See, ein. Der Bahnhof machte den Eindruck, als wäre hier das letzte Mal während des 2. Weltkrieges ein Zug angekommen: Grau, dreckig und runtergekommen! Die Kaserne sollte noch einige Kilometer außerhalb liegen. Als wir aus dem Zug stiegen, wurden wir sogleich mit harschem Befehlston und Kommandos in Empfang genommen. Man machte uns gleich klar, dass jetzt ein anderer Wind wehen würde. Einige von den Jungs, die aus dem Zug stiegen, waren so voll, dass sie sich kaum auf den Beinen halten konnten. Sie hatten es anscheinend doch noch geschafft, trotz des von der Militärpolizei konfiszierten Alkohols sich noch reichlich Hochprozentiges einzuflößen.

Es warteten bereits vor dem Bahnhof LKWs auf uns, die uns in unsere Fünf-Sterne-Unterkunft bringen sollten. Wir fuhren durch diesen Ort namens Karow, er war geschätzt halb so groß wie der Friedhof von Chicago, aber doppelt so tot. Dieser Ort vermittelte eine Ahnung davon, wie es denn sein würde, wenn wir mal die Möglichkeit haben sollten, einen Kasernenausgang zu bekommen. Man war ja in der DDR einiges an Elend gewohnt, was das Weggehen und die gesellschaftlichen Ereignisse anbetraf, aber *das* hier würde wohl alles noch toppen. Aber das war nicht das vorrangige Problem. Ich schaute nicht auf die Uhr, aber es dauerte noch gefühlt ewig, bis wir vor dem Kasernentor eintrafen. Man konnte sich des Eindrucks nicht erwehren, es hätte uns ans andere Ende der Welt verschlagen, wie immer dieses andere Ende auch aussah im Irgendwo und Nirgendwo. Wir waren raus aus jeglicher Zivilisation, und das war nicht übertrieben: Unsere Unterkunft für die nächsten anderthalb Jahre lag mitten im Wald!

Dann stoppten wir abrupt, es öffnete sich ein Tor und schloss sich sogleich wieder hinter uns. Dieses Tor sollte sich für längere Zeit nicht wieder öffnen. Wir waren an dem Ort unserer Bestimmung angekommen!

Die Jungs in ihren Militäruniformen, die diese Tätigkeit des Tor-Öffnens und -Schließens ausführten, taten dies mit einem breiten Grinsen; später sollten wir erfahren, warum sie sich so freuten. Dann ging es für uns runter vom LKW. Es waren die gleichen LKWs, die ich die letzten Jahre repariert hatte, Typ W 50, das Standard-Modell des DDR-LKWs. Hier strahlten diese LKWs in diesem hässlichen Militär-grün.

Wir schauten mit einem rundum Blick auf unsere zukünftigen Unterkünfte, und die strahlten nichts Gutes aus. Zu dem bekannten sozialistischen Alltagsgrau gesellte sich hier auch noch dieses penetrante Militärgrün dazu, was die Dinge in einem noch tristeren Licht erscheinen ließ. Aber damit nicht genug, wurde die sowieso schon gedrückte Stimmung zusätzlich noch durch gebrüllte Kommandos und Befehle verschärft. Wir sprangen und liefen herum wie aufgescheuchte Hühner, wie Kleinkinder, die ihre ersten Schritte taten. Alles war neu, und die Regeln und Befehle und alles um uns herum war eine in sich abgeschlossene Welt für sich und hatte nichts, aber auch gar nichts mit dem normalen Leben zu tun. Der erste Eindruck ist ein visueller, und der bestand aus den zwei Farben, Grau und Grün. Die Straßen waren grau, und die Gebäude im allseits bekannten DDR-Stil des Plattenbaus waren grün. Dann hieß es in Dreierreihen antreten, es flogen die Kommandos durch die Luft. Man konnte sich des Eindrucks nicht erwehren, dass die vor uns stehenden und mit Kommandos um sich brüllenden Typen dieses mit einer gewissen Schadenfreude taten.

Als besagter Hühnerhaufen sich halbwegs gesammelt hatte und in Reih und Glied stand, schrillten schon die nächsten Kommandos durch die Luft. Jetzt hatten wir die beiden grünen Häuserblocks, unsere zukünftigen Unterkünfte, vor uns. Sie bestanden jeweils aus drei Etagen. Dann hieß es linksum, und wir nahmen Kurs auf den linken der beiden Blocks. Auf unserem Marsch dorthin traten wir uns gegenseitig in die Hacken, da wir dicht hintereinanderliefen. Wir kannten den militärischen Gleichschritt noch nicht, aber der sollte uns die nächsten Tage noch eingeprügelt werden.

Wir machten in jeder Etage halt, dann wurden die Namen vorgelesen, und die betreffenden Jungs wurden somit neues unfreiwilliges Mitglied in dieser Kompanie und somit in dieser Etage. Meine Zukunft lag in der dritten Etage und somit in der dritten Kompanie.

Etage = 1. Kompanie
Etage = 2. Kompanie
Etage = 3. Kompanie

Dort angekommen wurden wir von einer Handvoll Leuten mit Stiefeln und militärischen Schirmmützen in Empfang genommen. Es sollten unsere zukünftigen Vorgesetzten sein, wir kannten weder ihre Dienstgrade noch ihre Position in der Kompanie, aber auch das sollte sich bald ändern. Dann flogen wieder Kommandos über den Flur, die sich in diesem geschlossenen langen Flur noch verstärkten. Wir mussten in Zweierreihen antreten, dann wurden unsere Namen aufgerufen. Jetzt gab es eine neue Form des Ansprechens, die begann entweder mit „Genosse", oder mit „Genosse Soldat", oder mit Genosse und dem jeweiligen Familiennamen. Innerlich bäumte es sich in mir schon das erste Mal auf bei dieser Form der Ansprache; ich hatte *nichts* mit einem Genossen dieser DDR-Diktatur gemeinsam! Genossen waren diejenigen, die in die SED eingetreten waren und diesen fehlgeleiteten Weg des Kommunismus mittrugen. Diese Form der Ansprache bei der NVA musste ich wohl oder übel über mich ergehen lassen. Dann wurden unsere Namen aufgerufen, und wir wurden auf die einzelnen Zimmer verteilt. Ich kam mit noch zwei zukünftigen Kameraden auf das Zimmer mit der Nummer zwölf. Als wir das Zimmer betraten, wurden wir beim Eintreten wieder mit einem breiten Grinsen von den schon länger dienenden Kameraden empfangen. Man konnte den Eindruck gewinnen, dass wir schon sehnsüchtig erwartet wurden.

Kaum hatten wir unsere Taschen im Zimmern abgestellt, kam ein Pfiff und ein Schrei: „Erstes Diensthalbjahr raustreten!" Wir wussten gar nicht, dass wir gemeint waren, bis uns einer im Zimmer, der schon länger dabei war, sagte, dass *uns* dieser Pfiff sowie der Ruf galt. Auf dem Flur stand ein Soldat mit einer roten Armbinde. Auf dieser standen die Buchstaben GUvD, wie wir bald erfuhren, hieß das übersetzt *Gehilfe des Unteroffiziers vom Dienst*. Er forderte uns auf, im Flur anzutreten.

Wir waren zwölf neue Soldaten in der dritten Kompanie, und so standen wir nebeneinander und warteten, was wohl jetzt auf uns zukommen würde. Keiner sprach ein Wort, es lag eine unheimliche Spannung in der Luft. Dann trat ein Offizier aus einem der vorderen Zimmer, und bewegte sich auf uns zu. Als er in der Mitte unserer angetretenen neuen Truppe ankam, brüllte er: „Achtung!" Was das nun wieder hieß, wusste auch noch keiner von uns, aber es deutete darauf hin, dass er uns etwas mitzuteilen hatte, und so war es dann auch. Er nannte seinen Namen und Dienstgrad, er hieß Lange, sorry, Genosse Oberleutnant Lange, er war unser zukünftiger Kompaniechef, sein Dienstgrad war der eines Oberleutnants. Sicherlich würde es noch eine ganze Zeit dauern bis wir uns mit all den Dienstgraden auskennen würden. Anschließend erklärte uns Genosse Oberleutnant in kurzen Sätzen den Ablauf des nächsten Tages ... Ich war mit meinen Gedanken ganz wo anders. Physisch waren wir zwar angekommen, jedoch das psychische Ankommen, *das* sollte noch eine Weile dauern! Am nächsten Tag sollten wir unsere Uniformen erhalten, und all die anderen Dinge, wie Sturmgepäck, Trainingsanzug etc., die ab jetzt unseren anderthalbjährigen Aufenthalt begleiten würden. Nachdem dieses verkündet war, hieß es wieder „Wegtreten". Kaum im Zimmer angekommen, schallte schon der nächste Pfiff über den Flur und wieder hieß es „erstes Diensthalbjahr raustreten!" So ging das den Rest des Tages: raustreten, dann wieder wegtreten und so weiter und so fort, es bot einen ersten Vorgeschmack auf das, was uns zukünftig erwarteten würde.

Am Abend marschierten wir noch in unserer Zivilkleidung zum Abendbrot; das war dann auch das letzte Mal, dass wir unsere eigene Kleidung trugen. Als wir den Speisesaal betraten, sprang uns die pure „Gemütlichkeit" entgegen. Jede DDR-Bahnhofsvorhalle verstrahlte mehr Charme, und das wollte schon was heißen.

Die bereits anwesenden Soldaten im Saal empfingen uns wieder mit einem breiten Grinsen. Dieses Grinsen hatte so eine fiese Art, in der zu erahnen war, was uns die nächsten Monate erwarten würde. Es gab nämlich eine strenge Hierarchie unter den Soldaten und unter den einzelnen Diensthalbjahren, aber davon ahnten wir an diesem ersten Tag noch nichts.

Die ersten Diensthalbjahre der einzelnen Kompanien standen bei der Essensausgabe immer am Ende der Schlange. Das hatte folgenden Grund: wir hatten nur ein bestimmtes Zeitfenster, um unser Essen in Empfang zu nehmen und zu essen, und das war knapp bemessen. Jetzt kann man sich ausrechnen, wie viel Zeit noch übrig blieb für das Essen, wenn man in der Schlange ganz hinten stand.

Sollte es einer von den Neuen, sprich erstes Diensthalbjahr, wagen, diese ungeschriebene Regel nicht einzuhalten und sich vorzudrängeln, führte das unmittelbar zu Konsequenzen in der jeweiligen Kompanie. Wir hatten viel zu lernen, nicht nur was die militärischen Richtlinien, sondern auch was die internen Regeln anbetraf! Wir hatten von nichts eine Ahnung und darum auch dieses diabolische Grinsen der schon länger dienenden Soldaten.

Ich bekam die erste Nacht kein Auge zu! Es schwirrten hunderttausend Dinge durch meinen Kopf, und das ging sicher nicht nur mir so. Dann, um sechs Uhr morgens, erschallte wieder dieser gellende und schrille Pfiff durch den Kasernenflur, dem Pfiff folgte der Ruf: Aufstehen!!! Anschließend rannte ein Unteroffizier durch die Zimmer und brüllte nochmals: „Aufstehen!!! Jetzt war auch der Letzte wach.

Es hieß wieder in Zweierreihen auf dem Flur antreten, diesmal die gesamte Kompanie. Es ging zum Frühsport. Wir, die gestern neu eingetroffen waren, hatten noch keinen Trainingsanzug und erhielten den Befehl: „Erstes Dienstjahr auf die Stuben wegtreten!" Aber das mit den Trainingsanzügen und der restlichen Ausrüstung sollte sich an diesem Tag noch ändern, und nicht nur das! Es stand uns noch ein schönes Ereignis bevor: wir sollten heute einen „schönen neuen Haarschnitt" bekommen, und noch so einige Dinge mehr. Es wurde für uns ein Tag der Überraschungen, aber einer von der übleren Sorte! Und eine dieser Überraschungen sollte ganz besonders hervorstechen!

Dann bekamen wir unsere Uniformen, die berühmte DDR-NVA-Felddienst-Uniform mit dem Muster „ein Strich/kein Strich", und jeweils eine Ausgangsuniform. Diese Bekleidungsstücke saßen etwa genauso gut wie die DDR-Jeans!

Dann gab es noch die ebenso gut sitzenden und herabhängenden Trainingsanzüge für den alltäglichen Frühsport. Zum Abschluss bekamen wir die im Volksmund genannten und bekannten „Knobelbecher"! Allein der Name für die Stiefel sagte schon alles! So wie sie aussahen, saßen sie auch an den Füssen. Man konnte mit Fug und Recht behaupten, wir sahen aus wie „Schütze Arsch im letzten Glied!" Als Draufgabe gab es dann noch Kragenbinden, die immer und ständig kontrolliert wurden, ob beim Morgenappell, beim Wache-Stehen oder im Feldlager. Die Kragenbinden mussten immer von klinischer Reinheit sein, auch wenn die Felddienst-Uniform selber steif stand vor Dreck und wir bei längerem Aufenthalt im Feld stanken wie die Iltisse. Zudem sollten die Stiefel immer geputzt sein, aber nicht nur der Stiefel als solche, was ja noch einleuchtete. Nein, auch unter der Sohle, und zwar zwischen Hacken und Sohle, der sogenannten Brücke! Was das für Sinn machte, erschloss sich uns nicht. Bernhardt riet mir damals schon, sobald ich NVA Sektenmitglied sein würde, sollte ich das Gehirn zuhause lassen, da ich es nicht bräuchte! Er sollte Recht behalten.

Unter dem Strich unterschieden wir uns in unseren NVA-Ausgangsuniformen kaum von den ehemaligen Wehrmachtssoldaten. Unterschiedlich waren nur die Schulterstücke auf der Ausgangsuniform, ansonsten hatte man sich wohl an den Uniformen des Dritten Reiches orientiert. Jedoch wurde uns bei dem ersten großen Antreten auf dem Appellplatz verkündet, dass wir zukünftig mit der Waffe in der Hand die herausragenden Errungenschaften unseres sozialistischen Vaterlandes verteidigen würden. Welcher Art diese Errungenschaften waren, offenbarte sich vielen meiner zukünftig bewaffneten Mitstreiter und mir nicht. Eines war jedoch Fakt: die nächsten anderthalb Jahre würde man mit der ganz großen sozialistischen Propaganda-Keule auf uns einschlagen.

Wir bekamen die Instruktion, unsere Zivilkleidung zu verpacken und gen Heimat zu schicken. Die Jungs, die schon etwas länger dabei waren, grinsten wieder mit dem Hinweis, dass von jetzt an nur noch Uniform getragen würde. Egal wo, wann und wie, diese schicke Bekleidung begleitete uns jetzt die nächsten anderthalb Jahre. Auf dem Kasernen-Hof sahen wir alle gleich aus, in diesem Fall war es gut, dass es hier keine Frauen gab. Wir würden bald schon nicht mehr wissen wie Frauen aussahen, da schlichtweg keine vorhanden waren. Die Frauen die uns die Haare geschnitten hatten, wurden wahrscheinlichen nach Hässlichkeit ausgesucht, damit keiner in der Kaserne in Versuchung geraten konnte; sie waren genauso hässlich wie die Haarschnitte, die sie uns verpasst hatten ...

Wieder ertönte ein Pfiff, und wieder hieß es „erstes Dienst-Halbjahr raustreten!" Wir hatten es noch nicht einmal geschafft, uns halbwegs diese Felddienst-Uniformen anzuziehen, es musste demnächst alles schneller gehen. So sprangen dann fast alle nur halb angezogen auf den Kompanie-Flur hinaus. Dort standen wir dann wie die letzten Mohikaner.

Unsere länger-gedienten Stubenkameraden sagten uns mit einem Grinsen im Gesicht, während wir unsere Felddienst-Uniformen anzogen, dass wir heute noch einen über die Kaserne hinaus bekannten Fähnrich kennenlernen würden. Er sei der Spieß der dritten Kompanie, also jener, in der wir uns befanden. Das konnte nur auf *den* Menschen zutreffen, den mir Rüdiger seinerzeit schilderte. Wir hatten also in dieser 3. Kompanie auch noch den Jackpot in dieser sowieso schon trostlosen Kaserne gezogen.

Ich hatte zumindest schon eine vage Vorstellung von dieser Person; aber was war schon eine Vorstellung gegen die Realität, die uns erwartete …

Auf dem Kompanie-Flur waren wir immer noch dabei, uns halbwegs anzuziehen, es hing alles schief an uns herum, angefangen von der Hose über die Koppel-Schnalle bis hin zum Käppi.

Man konnte den Eindruck gewinnen, dass wir alle die gleiche Uniformgröße trugen; bei dem einen war die Hose zu kurz, bei dem anderen zu lang. Mit den Armlängen der Uniformjacken verhielt es sich ähnlich. Dann gab es die Dicken und die Dünnen, wie im wirklichen Leben. Doch aus den Dicken sollten bald auch Dünne werden, und die Dünnen würden bald noch dünner sein.

Es schalte ein „Achtung!" durch den Kompanieflur, dann tauchte *er* auf, der in Ost-Norddeutschland bei den Streitkräften der NVA berühmt-berüchtigte Fähnrich!

Er lief erst einmal, ohne ein Wort zu sagen, an uns, die wir in Reih und Glied auf dem Kompanieflur standen, auf und ab und musterte dabei jeden von uns von oben bis unten. Ich versuchte, sein Alter zu schätzen: er war wohl so zirka Mitte vierzig, sein Gang war leicht nach vorn gebeugt, zudem zierte sein Gesicht eine Hakennase. Seine Größe betrug zirka 1,70 m, er war von eher schmächtiger Statur. Seine Augen fielen mir auf und diese Augen verhießen nichts Gutes! Sie erinnerten mich an das Bild von Honecker, welches wir im Internat seinerzeit mit Eiern beschmissen hatten; auch diese Augen gefielen mir überhaupt nicht. Das Einzige, was ihn scheinbar zusammenhielt, war seine Uniform. Aber wir sollten uns täuschen. Vor uns stand ein Psychopath und Sadist, seine Augen funkelten und blitzten! Er begann zu sprechen und sagte, dass jetzt andere Gesetze herrschen würden und dass jegliche Art von Verfehlung und Überschreitung der militärischen Grundregeln auf das Schärfste bestraft würde. Er wies darauf hin, dass das Militär-Gelände, auf dem wir uns befanden, von einem Starkstrom-Zaun umgeben sei. Sollte es einer versuchen diesen Starkstrom-Zaun illegal zu überwinden, um nach draußen zu gelangen, so könnte es passieren, dass man ihn anschließend in einem Schuhkarton nach Hause schicken könne. Das war schon einmal eine Ansage, die ihre Wirkung nicht verfehlte. Dann verwies er auf unsere Kleiderordnung, die er so nicht noch einmal sehen wolle. Sein letzter Satz endete damit, dass er sagte, wir hätten die Möglichkeit, nach unserem Grundwehrdienst als ehrenhafter Gefreiter in den zivilen Alltag zurückzukehren. Das war die erste und kurze Begegnung! Ich hatte vom ersten Moment an kein gutes Gefühl, und ich sollte mich nicht täuschen ... Dann folgte das Kommando „Wegtreten!"

Nachdem wir wieder auf der Stube waren, meinte Volker, einer von uns drei Neuen, dass der Fähnrich doch einen ganz netten Eindruck machen würde. Ich enthielt mich meiner Stimme. Otto, einer vom zweiten Diensthalbjahr auf unserer Stube, grinste nach Volkers Einschätzung über das ganze Gesicht. Er meinte nur: „lasst euch überraschen". Dieser Mensch, den man intern nur „Paul" nannte, machte auf mich überhaupt keinen guten Eindruck. Ich ahnte instinktiv, dass da nichts Gutes auf uns zukam, er hatte nicht umsonst solch einen derart schlechten Ruf, aber das wusste Volker noch nicht. Außerdem musste jedem von uns neu Angekommenen klar sein, dass wir uns nicht in einem Mädchen-Pensionat befanden. Militär funktioniert grundsätzlich nach anderen Spielregeln!

Jetzt begann der zweite Lernprozess. Dieser lief parallel zu der offiziellen militärischen Ausbildung. Es waren die besonderen Pflichten von uns „Spritzern!" So lautete ab jetzt unsere Bezeichnung im internen Soldaten-Jargon. Zwischen den Wehrdienstleistenden herrschte eine strenge Hierarchie, und die sollten wir die nächsten 6 Monate zu spüren bekommen. Es gab drei Diensthalbjahre, die teilten sich wie folgt intern auf: die Neuen, also wir, erstes Diensthalbjahr, waren die Spritzer, dann das zweite Diensthalbjahr, das waren die „Zwischenhunde", und das dritte Diensthalbjahr wurde genannt „EK's". Übersetzt in den offiziellen NVA-Sprachgebrauch waren das „Erfahrene Kämpfer". Intern unter den Soldaten waren das die „Entlassungskandidaten".

Es dauerte einige Zeit, bis wir diese interne Rangordnung verinnerlicht hatten, konnten dann aber nachvollziehen, warum uns anfangs immer mit einem breiten Grinsen begegnet wurde, weil die Spritzer, die ein halbes Jahr vor uns einberufen wurden, jetzt den Staffelstab des „Fußabtreters" an uns weiterreichten. Sie waren jetzt zweites Diensthalbjahr, also „Zwischenhunde". Sie hatten ihr halbes Jahr an Drecksarbeit und Knechtschaft hinter sich, jetzt hieß es für uns, Dreck fressen. Ihre Aufgabe bestand jetzt darin, uns die nächsten 6 Monate in Schach zu halten, damit die Ek's das letzte halbe Jahr ihrer Militärzeit möglichst viel Ruhe hatten. Diese interne Rangordnung unter den Diensthalbjahren wurde von den Offizieren weitestgehend stillschweigend geduldet.

Ein paar Tage später kam Otto auf mich zu, er war jetzt einer der aufgerückten Zwischenhunde. Wir hatten Dienstschluss und waren bis an unsere physischen Grenzen geschliffen wurden. Wir kamen auf unsere Stube, setzten uns kurz auf die Stühle, die nicht mal eine Lehne hatten. Otto sagte zu mir, ich solle doch mal ans Fenster kommen, was ich auch tat. Er sagte, ich solle doch mal aus dem Fenster sehen, auf die Bataillonsstraße. Ob ich den gelben Panzer auf der Straße unten sehen würde. Ich fragte welchen gelben Panzer, seit wann gab es gelbe Panzer??? Ich schaute mehrmals hin, weit und breit war kein gelber Panzer zu sehen. Typischer Anfängerfehler und somit Spritzer-Fehler! Otto sagte, ich soll doch dann mal Fensterputzmittel holen und die Fenster putzen. Trotz der körperlichen Ermattung nach diesem Tag holte ich Putzmaterial. Dieses bestand aus einem alten Lappen und Wasser, Fensterputzmittel gab es nicht und reinigte damit die Fenster. Nachdem ich fertig war, fragte mich Otto nochmals, ob ich denn jetzt den gelben Panzer sehen würde. Ich: Na sicher, ich würde ich ihn jetzt ganz deutlich sehen … Das war eines dieser vielen kleinen, aber immer noch harmlosen Spielchen.

Dann kam einer täglichen Regelmäßigkeit folgend um achtzehn Uhr wieder dieser schrille Pfiff, und es hieß „Kompanie raustreten!" Unser Spieß/Fähnrich Paul führte uns im Gleichschritt in die Essens-Kantine, er hatte eigentlich schon längst Dienstschluss. Wir merkten schon in diesen ersten Tage unseres Kasernenlebens, dass dieser Mensch einen regelrechten Militarismus *zelebrierte!* Paul war morgens der Erste in der Kompanie und abends fast immer der Letzte. Zudem kam es nicht selten vor, dass er nach Dienstschluss zwischendurch unverhofft auftauchte, und nicht nur an normalen Wochentagen, nein auch Sonn- und Feiertags! Es musste ihm wohl einen innerlichen Abgang verschaffen, wenn er die Kompanie im Gleichschritt und mit Kommando-Gebrülle Richtung

Essensbaracke führen konnte; wobei das Wort Baracke diese Essensaufnahme-Stelle bildlich beschrieb.

Kaum hatten wir unser mieses Essen in Empfang genommen, schlich dieser Verrückte, wie er auch genannt wurde, um die Tische und beobachtete uns mit Argusaugen. Es kam das Gefühl auf, dass er uns alle für potenzielle Verbrecher, Konterrevolutionäre und Lumpen hielt. Dieser Eindruck seiner Menschenverachtung sollte sich die nächsten Wochen und Monate noch verfestigen. Die Essensaufnahme erfolgte im Eiltempo, schon stand die nächste Kompanie am Eingang zum Essen runterschlingen. Es war von morgens bis abends ein ständiges Hetzen.

Die ersten Monate hieß es nur Kohldampf schieben, hinzu kam die körperzehrende Grundausbildung. Diese Grundausbildung sollte sich über drei Monate hinziehen und verlangte uns wirklich das Letzte ab! Wir waren alle von sehr unterschiedlicher physischer und psychischer Konstitution, das ließ einige in jeglicher Hinsicht regelrecht zusammenbrechen! Aber wir waren bei der NVA, und da gab es keine Schwäche und es galt kein Zusammenbrechen; wir wurden alle bis auf das Zahnfleisch geschliffen. Auf Einzelschicksale könne man schließlich im Krieg auch keine Rücksicht nehmen, so lautete sehr häufig die Devise.

Nach der Grundausbildung waren wir alle um etliche Kilo leichter. Einigen hat dies offensichtlich ganz gut getan. Jedoch waren etliche nach Monaten so dünn und abgemagert, dass wenn sie durch die Sonne liefen, man bei ihnen das Herz schlagen sah. Zur dieser letzteren Gruppe gehörte ich!

Unsere Grundausbildung fand im Sommer statt, im Mai, Juni und Juli. Das hieß im Umkehrschluss Sommer, Sonne und Hitze.

Paul geleitete uns jetzt täglich unter gebrüllten Kommandos zur Essensbaracke und zurück in unseren grünen Plattenbau. Da wir wie erwähnt in der letzten und somit dritten Etage untergebracht waren, mussten wir zwangsläufig an der Ersten sowie an der Zweiten Kompanie vorbei. Aber bevor wir an diesen beiden Kompanien die Treppe hochliefen, kamen wir an einem Fenster mit typischen Glasbausteinen vorbei, wie es sie wohl nur in der DDR gab. Hier hatte Paul seine Spuren hinterlassen, und zwar in Form von Einschüssen mit seiner Dienstpistole.

Diese Glasbausteine waren robust und hatten eine gewisse Stärke, selbst mit einem Hammer hätte man längere Zeit gebraucht, diese zu zerstören. Da diese Einschusslöcher, es waren insgesamt fünf, eine gewisse Regelmäßigkeit aufwiesen, waren sie nicht zufällig entstanden.

Als wir dann auf unserer Dienststube ankamen, erfuhren wir von den anderen Jungs, was es mit diesen Löchern auf sich hatte:

Paul hatte Kasernenobjekt-Dienst, d. h. im Dienstzimmer neben der Wache musste er mit einem wachhabenden Offizier dafür sorgen, dass wir nicht vom kapitalistischen Klassenfeind überfallen würden. Doch an diesen Abend sollte der Feind von ganz anderer Seite kommen, und zwar aus den eigenen Reihen. Ein Feind, der mit Alkohol bewaffnet sein würde. Es war ein Soldat aus der zweiten Kompanie, der eine Tasche mit Schnaps in die Kompanie schmuggeln wollte.

An diesen Abend stellte seine Kompanie, also die 2te, die Wache. Sie hatten ihn raus gelassen und natürlich bei seiner Rückkehr mit dem Alkohol wieder in die Kaserne rein gelassen, es war alles im Vorfeld abgesprochen.

Sie freuten sich nach dem Ende ihres Vierundzwanzig-Stunden-Wachdienstes auf ein zünftiges Besäufnis. Natürlich es gab ein striktes und strenges Alkoholverbot bei der NVA. Er hatte es fast schon geschafft, er musste nur noch am Zimmer des wachhabenden Offiziers, abgekürzt „OvD", Offizier vom Dienst, und dem „GOvD", dem Gehilfen des Offiziers vom Dienst, vorbei kommen. Keiner wusste, dass an diesem Abend Paul der GOvD sein würde, er war kurzfristig für einen erkrankten Unterfeldwebel eingesprungen. Wie man uns Spritzern erzählte, war Paul für seinen fanatischen GOvD berüchtigt, er patrouillierte immer die ganze Nacht durch die Kaserne.

Besagter Soldat schlich also mit der Tasche voll Schnaps gerade am Wachzimmer vorüber, als Paul durchs Fenster im Dunkeln auf der Bataillons-Straße eine Gestalt vorbeihuschen sah. Er hechtete sich regelrecht aus dem Wachzimmer! Der Kumpel aus der zweiten Kompanie gab Hackengas und sprintete mit der Tasche voll Schnaps, die er sich unter keinen Umständen abnehmen lassen wollte, Richtung Gebäude und somit in die Kompanie. Nach Beobachtungen einiger Jungs aus den Fenstern nahm Paul unter Gebrüll die Verfolgung auf, brüllte mehrfach „stehen bleiben, sofort stehen bleiben", was der Flüchtende natürlich ignorierte, er wollte schließlich die Tasche, die voll mit Schnapsflaschen war, retten. Zudem hatte die halbe Kompanie für den Fusel zusammengelegt, und er war kurz vor seinem Ziel. Paul zückte während der Verfolgung seine Dienstwaffe und feuerte einmal in die Luft, er brüllte noch einmal. Kollege Soldat hatte bereits die Eingangstür des Gebäudes erreicht und verschwand in diesem, Paul folgte ihm auf dem Fuße. Anscheinend geriet er so in Wut und Rage, dass er das ganze Magazin leer feuerte, und diese fünf Schüsse in den Glasbausteinen zeugten von dieser Schnapsverfolgung.

Der Schnaps war gerettet!!! Paul rannte durch alle Zimmer, hatte aber wegen der Dunkelheit den Soldaten nicht identifizieren können. Seine Kameraden hatten den Schnaps sofort versteckt, und der Schmuggler hatte es noch geschafft sich ins Bett zu legen, als Paul die Zimmer durchforstete. Die beiden Jungs der zweiten Kompanie, die am Eingangstor Wache standen, hatten weniger Glück: Paul veranlasste, dass beide abgelöst wurden und umgehend im Knast landeten. Sie sollten beim Bataillonsappell wegen Wachvergehens und Wehrkraft-Zersetzung (Wehrkraft-Zersetzung stand bei solchen Delikten ständig im Raum) bestraft werden. Das hinderte sie aber nicht daran, ein paar Tage später ein kräftiges Saufgelage in der zweiten Kompanie zu veranstalten, was aber wiederum dazu führte, dass einige andere sturzbetrunken im Knast landeten.

Als Volker, der Paul anfänglich noch für einen netten Fähnrich hielt, diese Sache hörte, schüttelte nur noch ungläubig den Kopf.

Für Paul hatte das Auf-die-eigenen-Leute-Schießen keinerlei Konsequenzen; zumindest wurde nichts publik. Alles geschah in unserem doch so hochgepriesenen, moralisch humanistischen Land mit Namen DDR. Auch wenn wir bei der NVA waren, das Schießen auf die eigenen Soldaten war mehr als erschreckend. Es sollte nicht das letzte Feuergefecht Pauls auf die eigenen Leute sein, wobei diese Art von Feuergefecht sehr einseitig war.

Ronald war in der zweiten Kompanie gelandet. Wir nannten in kurz Roni, wir hatten uns wie bereits erwähnt im Zug kennengelernt. Mit ihm sollte es während der anderthalb Jahre auch noch rund gehen. Ronis 2. Kompanie trug den inoffiziellen Namen „Bellos Hundestaffel". Ihr Kompanie-Chef war ein Oberleutnant, ein kleiner bissiger Zwerg.

Er hatte bei erhobenen Händen die Größe von zirka 1.30 m. Er bellte die Kommandos abgehackt und heiser wie ein Zwergpinscher in kurzen knappen Stößen heraus. Deswegen „Bellos Hundestaffel". Waren wir auf dem Weg zum Frühstück, Mittagessen oder Abendbrot an der zweiten Kompanie, fingen sowohl etliche unserer EK's als auch einige der Zwischenhunde anzubellen, was „Bello" veranlasste nach vorne zu stürmen, um die Beller ausfindig zu machen. War er vorne, bellten einige aus seiner eigenen Kompanie am anderen Ende, was ihn wiederum dazu veranlasste, nach hinten zu stürmen. Es war ein Katz- und Maus-Spiel. Bello hatte bei diesem Spiel immer das Nachsehen. Es war im täglichen tristen Kasernenleben eine seltene Gaudi!

Wir drei Neuen auf unserer Stube, Volker, Franz und ich, diskutierten noch Tage später über die uns erzählten Geschehnisse betreffs der Schüsse auf einen Soldaten aus der eigenen Kaserne durch unseren Kompanie-Spieß Paul. Und das wegen ein paar läppischer Flaschen Schnaps. An der eigenen Grenze gehörte so etwas zum täglichen Tagesgeschäft; dort wurden die eigenen Bürger von Grenzsoldaten mit Schüssen niedergestreckt.

Man schliff uns wie schon erwähnt während der Grundausbildung wirklich bis aufs Zahnfleisch. Nach dem Frühsport und dem anschließenden Frühstück kam der Befehl, die Kalaschnikow aus der Waffenkammer entgegenzunehmen; es waren „Pauls Waffen", und nur er überreichte sie uns. Tags zuvor hatten wir bereits eine Einweisung bezüglich der Kalaschnikow erhalten. Diese wurde uns an diesen Morgen ohne Munition ausgehändigt, und ohne Munition sollten wir sie auch während der gesamten Grundausbildung mit uns tragen. Abends, nach Beendigung der täglichen Grundausbildung, gingen die Waffen zurück in die Waffenkammer. Jeder bekam seine persönliche Kalaschnikow, für die er die nächsten anderthalb Jahre verantwortlich war.

An diesem Morgen hatten wir nicht nur die Kalaschnikow an den Körper zu hängen, sondern auch das Sturmgepäck und das „Seitengewehr" trugen wir am Gürtel. Das Seitengewehr ist landläufig besser bekannt unter dem Begriff „Bajonett".

Es war morgens schon ziemlich warm und das Sturmgepäck wog schwer.

Dann kam der Befehl, die Treppe schnellstmöglich runterzulaufen und unten auf der BATTALIONSSTRASSE anzutreten. Natürlich klappte es nicht in der uns vorgegebenen Zeit. Also wieder hochlaufen, und der ganze „Spaß" begann von vorn. Das alles mussten wir viermal über uns ergehen lassen, und logischer weise dauerte es jedes Mal länger, da uns immer mehr die Kräfte verließen ...

Das Sturmgepäck, die Gasmaske – die laut NVA-Sprachgebrauch nicht Gasmaske hieß sondern Schutzmaske –

und sämtliche anderen Utensilien hingen uns nur noch schlaff am Körper herunter. Wir waren an diesem frühen Morgen schon bis auf die Knochen durchgeschwitzt. Hinzu kamen noch die ständigen Kommandos und das Gebrülle der Offiziere und Unteroffiziere, die ihr übriges taten, aber das sollte erst der Anfang sein. Nachdem wir von unseren Unteroffizieren betreffs unserer schlaff sitzenden Uniform und der mitzuschleppenden anderen Utensilien zusammengeschrien wurden, ging es im Gleichschritt Richtung Kasernenausgang und somit Richtung Wald.

Jetzt sollte das Schleifen erst richtig beginnen! Wir mussten in den Laufschritt überwechseln, und dies fand wieder unter ständigem Gebrülle statt.

Dann hieß es in Zweier- oder Dreierreihen antreten. Es folgten Anweisungen, unter anderem sollten wir den Gebrauch der Schutzmaske lernen, sowie den vom dazugehörigen Schutzanzug und den Schutzhandschuhen. Als wir die Sachen auspackten, konnten wir uns vorstellen, was da gleich auf uns zukommen sollte. Nach Anziehen des aus Gummi bestehenden Schutzanzuges über unsere Felddienst-Uniform setzten wir uns unter dem ständigen Kommando-Gebrülle in Bewegung ... Kurze Zeit später kam das Kommando „Gasangriff", und wir mussten die Gasmaske aufsetzen. Alles erfolgte genauso wie das Vorherige Treppen-hoch-und-runter-Laufen in der Kompanie unter Zeitvorgabe. Wir verfehlten wie nicht anders zu erwarten das vorgegebene Zeitziel. Auch hier übten wir solange, bis wir die vorgegebene Zeit in etwa erreichten.

Anschließend hieß es, „unter Vollschutz marschieren"; dann als Nächstes kam das Kommando „Fliegerangriff", das hieß sich links und rechts in den Wald und in die Büsche zu schmeißen.

Die Füße in den neuen Knobelbechern schmerzten extrem, und langsam merkte man, wie sich immer mehr Schweiß in der Gasmaske und in den Gummihandschuhen sammelte. Auf den Gasmasken trugen wir noch die Stahlhelme, auf dem Rücken drückte unser Sturmgepäck, die Kalaschnikow baumelte am Körper, ebenso die Munitionstasche und das Seitengewehr. Nach dem Fliegeralarm hieß es weitermarschieren und das auch durch kleine Flüsse. Die Stiefel liefen voll, das sorgte für kurze Kühlung! Aber durch die vorhandene Nässe der Strümpfe in den Stiefeln wurde es noch schlimmer mit dem Laufen.

Dann erschallte wieder das Kommando „Fliegeralarm"; ein paar von den Jungs kippten um, sie konnten einfach nicht mehr, rissen ihre Gasmasken vom Kopf und blieben liegen!

Nachdem sie Wasser getrunken und sich etwas erholt hatten, ging es auch für sie wieder unter Kommando-Gebrüll weiter; auf Einzelschicksale konnte im Krieg auch keine Rücksicht genommen werden, so lautete die Antwort der uns kommandierenden Offiziere. Unsere Unteroffiziere als auch ein uns begleitender Unterleutnant hatten an diesem Drill besonders viel Freude, wie man durch die Gasmaske erkennen konnte.

Jetzt machte das ewige Grinsen unserer Zwischenhunde auch immer mehr Sinn. Es bedeutete: „Jungs, wenn ihr wüsstet, was auf euch in nächster Zeit zukommt" ... Ja, *sie* wussten es, den sie hatten ja alles dies selber erlebt!

Wir konnten nach zirka zwei Stunden das erste Mal eine Pause einlegen, und uns an den Waldrand setzen. Wir rissen uns die Gasmasken und Handschuhe runter und ließen den Schweiß aus beiden laufen. Es konnte einem regelrecht schlecht werden bei der Menge von Schweiß, der sich angesammelt hatte, aber wir sollten uns die nächsten Tage und Wochen daran gewöhnen. Auch nach dem Ausziehen des Schutzanzuges war die Felddienstuniform komplett durchschwitzt.

Es ging extrem an die physischen Grenzen und sollte sich die nächsten Wochen auch nicht ändern, im Gegenteil: die Schinderei war noch ausbaufähig!

Das sollten wir schon nach der viel zu kurzen Pause erfahren.

Wieder war Laufschritt angesagt, und jetzt wurde das „Hinschmeißen und in Deckung gehen" noch intensiviert.

Es ging durch Wald und Flur, und man bekam das Gefühl, als würde sich bald keine Flüssigkeit mehr im Körper befinden ...!

Als wir am späten Nachmittag wieder die Kaserne erreichten, schafften wir es gerade noch die Treppen hoch und schleppten uns in unsere Kompanie.

Die Hoffnung auf etwas Ruhe sollte sich im nächsten Moment gleich wieder zerschlagen. Nachdem wir unserer Sturmgepäck auf dem Spind abgelegt hatten, kam schon wieder ein schriller Pfiff und das Kommando „erste Kompanie raus treten!" Das nächste Kommando lautete, Tische und Stühle aus den Stuben holen. Jetzt hieß es, die Kalaschnikows putzen. Auch dieses musste in einer genauen Reihenfolge erfolgen: Waffe demontieren, putzen, einölen und wieder zusammenbauen! Wir waren ja noch blutige Anfänger, was diese Arbeit betraf.

Da war er wieder, Paul, er lief den Kompanieflur auf und ab, und wieder beäugte alles mit großem Argwohn. Es waren *seine* Kalaschnikows, die Waffen gegen den

Klassenfeind, sie hatten es ihm im besonderen Maße angetan, das sollten wir zukünftig zu spüren bekommen, wenn wir sie nicht pfleglichtst behandelten! Jetzt in der Anfangsphase des Waffenputzens ließ Paul noch milde walten.

Unsere Unteroffiziere hatten auch einen *internen* Namen im NVA-Sprachgebrauch, und zwar Kapo!

Kapos waren unter Hitler Funktionshäftlinge oder schwerkriminelle Verbrecher, die in den Konzentrationslagern die Drecksarbeit verrichteten und dafür Sonderrationen erhielten. Das Wort Kapo durfte im offiziellen Sprachgebrauch nicht erwähnt werden, da es eben mit den Gräueltaten des Nationalsozialismus im Zusammenhang stand.

Wir hassten sie wie die Pest! *Sie* waren es unter anderen, die uns von morgens bis abends schliffen. Unsere beiden zu diesem Zeitpunkt noch verhassten Kapos, Willi und Schmiedti, hatten bereits anderthalb Jahre hinter sich. Sie würden mit uns zusammen nach Hause gehen. Wir sollten noch beste Freunde werden, aber das wussten wir damals noch nicht.

Ihre Aufgabe war es, uns während der Grundausbildung zu schleifen, und das bis zum sprichwörtlichen „Umfallen".

Ein kleiner Reim lautete:

„ER IST KEIN MENSCH, ER IST KEIN TIER, ER IST EIN UNTEROFFIZIER". Nach dem Waffenputzen und dem Wegtreten auf unsere Dienststuben hofften wir endlich auf etwas Ruhe und Erholung; aber wir lagen falsch!

Wir bekamen Druck von unseren Zwischenhunden; Sie gaben uns die nächsten Aufgaben: „Toiletten sowie Waschräume als auch die Stuben reinigen und feucht aufwischen!" Kaum waren wir damit fertig, dröhnte das Kommando über den Flur: „Raus treten, antreten!" und Paul führte uns im Gleichschritt Richtung Speisebaracke.

Das Abendbrot war so nahrhaft und schmackhaft wie eine alte Raufasertapete. Es gab Büchsen-Nahrung, bei der NVA bekannt unter dem Namen „Komplete" (Wieder etwas gelernt, was man später nie mehr brauchen würde!). Eine typische Wortschöpfung, des DDR/NVA-Sprach-Gebrauchs. So wie der Name der Büchsennahrung, so war auch ihr Geschmack: nicht beschreibbar! Aber der Hunger trieb es rein; und wir sollten davon in den anderthalb Jahren noch reichlich zu Essen bekommen …

Es gab ja auf DDR-Lebensmitteln grundsätzlich keine Haltbarkeitshinweise, aber bei diesen Dosen hatte man vom Geschmack her den Eindruck, dass man sie während des 1. Weltkrieges bei Verdun vergraben hatte und sie dann zufällig wieder fand! Und jetzt bekamen *wir* sie serviert!

Wir lernten jeden Tag und in jeder Hinsicht Neues dazu. Das Wort „DDR" hatte hier in der Kaserne oder grundsätzlich bei der NVA eine vollkommen neue Bedeutung. Für uns Spritzer hieß DDR = „DRUCK-DAMPF-UND-REVIERE".

Also Druck und Dampf erhielten wir von unseren Unteroffizieren und Offizieren, und Reviere hieß übersetzt, Toiletten, Stuben, Kompanieflur, Offizierszimmer und alles was sonst noch einer Säuberung bedurfte, zu reinigen. Und diese Reviere bescherten uns unsere Zwischenhunde.

Als wir diese „nahrhafte und wohlschmeckende Nahrung"
zu uns genommen hatten, ging es unter Pauls Kommando
zurück auf unsere Dienststuben. Auf-das-Bett-legen gab
es für uns Spritzer nicht, dafür sorgten die Zwischenhunde. Wir waren so müde und kaputt, dass wir stellenweise
mit dem Kopf auf den Tischen einschliefen.

Man muss bei der ganzen Sache eines bedenken: die
Jungs, die uns jetzt in Schach hielten, hatten dieses selbst
erdulden müssen. Jetzt waren *sie* diejenigen, die das an
uns Spritzer weitergaben; so war eben die Hierarchie
unter den einzelnen Diensthalbjahren.

Dieses erste Diensthalbjahr sollte das Schwerste sein,
wir mussten wie auch immer da durch, wie viele vor und
wohl auch nach uns!

Der nächste Tag verlief wie der voran gegangene, wir
wurden wieder geschliffen, gedrillt, gehetzt, getrieben
und mit Kommandos niedergebrüllt, und dies wieder bis
zur völligen Erschöpfung, wir waren so kaputt, dass wir
nachts wie die Toten schliefen!

Der darauf folgende Tag begann wie üblich mit dem
obligatorischen Frühsport, Frühstück und Duschen. Wir
Spritzer durften nur mit kaltem Wasser und einer Schüssel,
die wir uns über den Kopf schütteten, duschen; auch so ein
ungeschriebenes Gesetz! Das Frühstück schmeckte genauso mies wie das Abendbrot, aber es gab keine Alternative.

Wir sollten unseren ersten Parktag haben, denn wir waren ein reines Kraftfahr-Battalion. In unserem Fuhrpark
gab es überwiegend Fahrzeuge vom Typ Tatra aus einem
weiteren Bruderland, der Tschechoslowakei! Man verlor
so langsam den Überblick vor lauter Brüdern, aber egal.

Wir steuerten im Gleichschritt auf unseren hermetisch abgeriegelten Fuhrpark zu. Dort angekommen bekam jeder das für ihn bestimmte Fahrzeug zugewiesen. Wie bei der Waffe waren diese Fahrzeuge für die nächsten anderthalb Jahre jetzt unsere. Meines war ein Sattelschlepper, rechts und links neben dem standen die Fahrzeuge meiner beiden Zimmerkameraden Volker und Franz.

Optisch unterschieden sich die Fahrzeuge in nichts voneinander. Jedoch hatte jedes von ihnen eine andere Ladung. Ja, da war sie wieder, die überlegende Technik des Sozialismus. Bei näherem Betrachten konnte man den Eindruck gewinnen, dass diese Fahrzeuge größtenteils nur noch von Farbe zusammen gehalten wurden. Auch wir sollten im Laufe der kommenden anderthalb Jahre unseren Beitrag leisten, und die rollenden Rostlauben mit reichlich Farbe überpinseln.

Diese Parktage hatten einen großen Vorteil: sie verschafften uns ein wenig Erholung von den Tagen des Schleifens und Drills!

Kaum waren wir nach unseren ersten Parktag nachmittags wieder in der Kompanie angekommen, flog wieder dieser schrille Pfiff durch den Flur, und es ertönte das Kommando: „erstes Diensthalbjahr raustreten und in Zweierreihen antreten!"

Paul schritt wieder die Reihen ab und musterte jeden einzelnen von uns mit funkelnden misstrauischen Augen. Er nahm Anstoß an unserer Kleiderordnung, überprüfte die Kragenbinden, die Sohlen unserer Knobelbecher zwischen Hacken und Sohle usw.

Einige hatten schlecht geputzte Stiefel, bei anderen saß das Käppi etwas zu schief, bei dem nächsten bemängelte er das falsche Sitzen des Gürtels –, keiner kam ungeschoren davon.

Dann kam das Kommando „Wegtreten", und wir hatten 10 Minuten Zeit, alles in Ordnung zu bringen. Dann erfolgte wieder das Kommando „Raustreten", natürlich es gab wieder Beanstandungen von Paul … Er gab uns eine Galgenfrist bis zum nächsten Morgen, alles bis auf die kleinsten Mängel abzustellen.

Wir hatten mittlerweile beobachtet, dass nicht unser Kompaniechef, der ein Oberleutnant war, dass Sagen hatte, nein es war überwiegend Paul, der in der Kompanie das Kommando führte; trotz seines wesentlich niederen Dienstgrades! Verrückte Welt!

Die Frage war, woher bezog dieser Mensch seine Macht?

War es die Uniform, war es seine offenkundig militaristisch geprägte Einstellung, seine permanente Präsenz in der Kaserne, seine Linientreue dem Staat gegenüber? Bekleidete er inoffiziell gar einen wesentlichen höheren Dienstgrad als Stasi-Offizier???? Fragen über Fragen …

Auf alle Fälle wurde er von allen gehasst und ebenso gefürchtet, obwohl er *ohne* seine Uniform ein schmächtiger kleiner unscheinbarer Mensch im Zivilleben gewesen wäre. Noch hatten wir Spritzer ihn nicht in voller Action erlebt, aber das sollte bald kommen …

An diesem Nachmittag tauchten noch unsere Unteroffiziere Willi und Schmidti auf. Wir sprachen sie mit „Genosse Unteroffizier" an und sprangen mit einem „Achtung" auf, wenn sie die Stube betraten. Sie machten Schrankkontrollen, alles musste in unseren Schränken genau an den dafür vorbestimmten Plätzen liegen. Sie ließen noch Milde walten, drohten aber an, sollten die Dinge nicht bei der nächsten Schrankkontrolle an ihren jeweiligen Plätzen richtig liegen, würden sie die Schränke vornüber kippen. Das bedeutete, die Schränke müssten wieder komplett neu eingeräumt werden. Auch das sollten wir noch häufig erleben.

Hatten wir einmal ein paar Minuten Ruhe, und das kam bei der Grundausbildung meist nur am Sonntag vor, dann wurde uns bewusst, dass wir eigentlich im Knast, nur mit verschärften Regeln, lebten! War die DDR an sich schon ein Knast mit 16,8 Millionen Insassen, so saßen wir hier nochmals in einem Knast mit zirka 400 Insassen und mit dem etwa Zehnfachen an verschärften Regeln!

Es gab noch ein gravierendes Handicap, und das hieß: „Keine Information!!!" Informationen vom „Klassenfeind", also Nachrichten aus aller Welt, waren gleich null! Wir wussten nicht einmal, was im eigenen Land vor sich ging. Wir waren im sprichwörtlichen Sinne vom Rest der Welt abgeschnitten. Als Informationsjunkie traf das einen sehr hart!

Zuhause schaltete man den Fernseher ein, entweder ZDF oder ARD, und informierte sich über das Weltgeschehen. Hier in der Kaserne gab es die Möglichkeit nicht mehr, wir lebten wie unter einer Käseglocke. Eines schönen Tages brachte einer von den Jungs ein Transistorradio mit. Er hatte es von seiner Freundin erhalten, die ihn in der Kaserne besuchen durfte. Es war klein und er hatte es geschafft das Radio in die Kompanie zu schmuggeln. Wir schalteten einen westlichen „Feindsender" ein, waren aber zu unvorsichtig! Einer von unseren

Offizieren betrat unverhofft das Zimmer und kassierte die Informationsquelle ein. Als wir das nächste Mal die Offizierszimmer säubern mussten, wechselte das konfiszierte Radio zurück zu seinem rechtmäßigen Besitzer. Es fiel nicht auf, dass es verschwunden war, da es wie gesagt sehr klein war! Jedoch agierten wir von da an wesentlich vorsichtiger: Beim Abhören der westlichen Feindsender stellten wir uns nun abwechselnd auf den Flur, um zu warnen, wenn Gefahr im Verzuge war.

Wir waren jetzt schon seit einigen Wochen in der Kaserne. Aber häufig hielten die Tage immer noch einige Überraschungen bereit!

Es war ein Samstag und wir hatten „Bataillonsappell", d. h. wir lernten unseren Bataillons- Kommandeur kennen. Er hatte den Dienstrang eines Oberstleutnants inne. Auch hier wurde uns von unseren Zwischenhunden mitgeteilt, dass auch er in die Kategorie „militärisch durchgeknallt und verhaltensauffällig" einzuordnen war! Sein Spitzname beim zweiten sowie dritten Diensthalbjahr war „Ratze-Bum". Jeder dieser Offiziere hatte seinen eigenen internen Namen, der von Diensthalbjahr zu Diensthalbjahr unter den Soldaten weitergegeben wurde. „Ratze-Bum" hatte den höchsten Dienstgrad in der Kaserne. Wir mussten eine flammende Rede über uns ergehen lassen, die handelte – wie nicht anders zu erwarten – vom glorreichen Sieg des Sozialismus über den Kapitalismus und die damit einhergehende Verteidigung unserer Errungenschaften, die wir jetzt mit der Waffe in der Hand übernehmen würden ..., es waren die üblich altbekannten Floskeln.

An einem dieser folgenden Abende war es dann so weit, wir Spritzer hatten wieder einen dieser knochenharten Grundausbildungstage hinter uns. Wir fielen zur Nachtruhe in unsere Stahlbetten. Unser Zimmer setzte sich aus dem ersten und zweiten Diensthalbjahr zusammen, also aus Spritzern und Zwischenhunden. In den zwei gegenüberliegenden Zimmern waren einige vom dritten Diensthalbjahr, also die sogenannten „EKs", und die sollten diese Nacht ihren ersten großen Auftritt haben. Sie waren aufgerückt, als wir Spritzer kamen und die alten EKs ihre anderthalb Jahre hinter sich hatten und damit endlich nach Hause durften.

Von unseren Zwischenhunden auf unserem Zimmer wurde uns vorher gesagt, wir hätten jetzt absolut nichts, aber auch gar nichts mehr auf dem Kompanieflur zu suchen.

Dann ging es los! Was nun geschah, war offiziell strengstens verboten.

Es donnerte auf den Fluren, und wir Spritzer hatten keine Ahnung, was da abging. Stahlkugeln rollten über die Fliesen des Kompanieflures, dann brüllte ein EK in der Dunkelheit aus dem Fenster in die Nacht hinaus: „EKs, WO SEID IHR?" Ein Mehrfaches an Stimmen brüllte zurück: „HIER!!!" Dann wieder die einzelne Stimme: „EKs, WAS WOLLT IHR?" Der Rückruf lautete „BIER!!!" Dann rief wieder die einzelne Stimme: „EKs, WAS WOLLT IHR NOCH???" Dann die Antwort: „WIR WOLLEN EINMAL, WIR WOLLEN EINMAL DIE FREIHEIT WIEDER SEHEN!!!" Es schallte durch die ganze Kaserne. Auf den Fluren schepperte und donnerte es weiterhin gewaltig, wie wir dann erfuhren, nannte sich das „EK-Kugeln".

Der Offizier und sein Gehilfe, die diese Nacht Dienst hatten, rannten aus dem Dienstgebäude in Richtung unseres Blockes; sie wollten sich die Stahlkugeln schnappen, aber das hatten schon andere vor ihnen versucht, ohne Erfolg. Die Jungs aus dem dritten Diensthalbjahr hatten von ihren Vorgängern gelernt, die Stahlkugeln schnellstens verschwinden zu lassen, sodass der Wachhabende und sein Gehilfe unverrichteter Dinge wieder abziehen mussten.

Am nächsten Morgen nach dem Frühsport und dem Frühstück mussten wir wie jeden Morgen in gesamter Kompaniestärke antreten. Paul schritt die Reihen auf und ab und musterte wie üblich alle von oben bis unten. Er hatte natürlich am frühen Morgen vom Wachhabenden erfahren, was am Abend zuvor abgegangen war. Schon als wir beim Frühsport waren, ließ er von den Unteroffizieren die Zimmer durchsuchen, um der Stahlkugeln in seiner dritten Kompanie habhaft zu werden. Er hatte keinen Erfolg. Die Suche verlief im Sande, und das verbesserte seine sowieso schon schlechte Stimmung nicht gerade. Zumal waren am Vorabend beim EK-Kugeln einige Kacheln am Ende des Kompanieflures zu Bruch gegangen. Jetzt legte er in einem anderen Tonfall los! Er schritt dabei wieder auf und ab und brüllte von einem „Anschlag auf das Sozialistische Eigentum". Jedoch konnte er keinen von den Jungs aus dem dritten Diensthalbjahr einzeln verantwortlich machen, also kam nur eine Kollektivstrafe in Betracht. Das hieß, dass sie die nächsten Wochenenden zu Strafarbeiten herangezogen würden; die Strafe würde kommenden Samstag beim Bataillonsappell verkündet werden! Aber das war ihnen die Sache allemal wert.

Dieses EK-Kugeln sollte sich noch einige Male wiederholen, und wir Spritzer beneideten die Jungs, denn sie würden diesen ganzen Militär-Drill und -Dreck in ein paar Monaten hinter sich haben.

Ein neuer Tag lag vor uns. Nach dem obligatorischen Frühsport und schlecht schmeckenden Frühstück mussten wir in Reih und Glied mit kompletter Ausrüstung auf dem Flur antreten. Dann nahmen wir aus Pauls Händen unsere Kalaschnikow entgegen. Laut Wetterbericht sollte es ein brütend heißer Tag werden, und es sollte eine besondere Überraschung geben:

Das Fahren mit unseren Tatras unter „Vollschutz!" Das bedeutete das komplette Programm: Gasmaske, Schutzanzug, Stahlhelm, Handschuhe, Waffe! Auf dem Beifahrersitz nahmen bei dieser Übung diesmal die Jungs aus dem dritten Diensthalbjahr Platz.

Es ging raus aus der Kaserne und Richtung Übungsgelände. Jetzt saßen wir erst einmal auf dem Beifahrersitz, und die uns begleitenden EKs fuhren bis zu dem vorgegebenen Parcours. Es war schon während der Hinfahrt in diesen dunkelgrünen Fahrerhäusern sehr warm, aber was noch kommen sollte, übertraf alles noch bei Weitem.

Der Konvoi stoppte, dann sollten wir die Fahrerpositionen wechseln, und während des Wechselns kam das Kommando „Gas!" Jetzt hieß es schnellstmöglich den Schutzanzug, Gasmaske und alles Andere anlegen. Schon nach wenigen Minuten spürte man die Ströme von Schweiß in der Gasmaske, aber das war erst der Anfang. Durch die Maske war die Rundumsicht im Fahrzeug sehr stark eingeschränkt. Wir hatten uns erst zwei Tage zuvor bei einer kurzen Fahrt mit diesen LKWs vertraut gemacht. Wir begannen, die Hindernisse zu befahren, die Hitze wurde unerträglich. Es ging bergauf und dann durch ein Wasser-Hindernis. Man hatte das Gefühl, in der Schutzkleidung bereits zu kochen. Die Seitenscheiben der LKWs mussten laut Befehl geschlossen bleiben, da ein angeblicher und simulierter Gasangriff bevorstand. Dieser Gasangriff wurde dann auch tatsächlich durch Nebelgranaten initiiert, so dass das Ganze realistischer wirkte.

Der mich begleitende EK kam jetzt auf die geniale Idee, die Heizung des LKWs bis zum Anschlag aufzudrehen, was ich aber durch meine eingeschränkte Sicht gar nicht wahrnahm, und ich mich auf das vor mir liegende Hindernis konzentrierte. Die Hitze im sowieso schon heißen LKW stieg nochmals um ein Vielfaches. Zwei von unseren Jungs verloren das Bewusstsein und kippten einfach zur Seite, sodass der neben ihnen Sitzende in das Lenkrad greifen musste, um die Sache unter Kontrolle zu bringen. Das erfuhren wir aber erst später. Auch ich hatte kurzzeitig das Gefühl zu kollabieren, aber dann kam die Erlösung: wir konnten die Fahrzeuge abstellen und uns die Schutzkleidung vom Körper reißen! Es floss an Schweiß, was fließen konnte, aus der Gasmaske und den Gummihandschuhen! Aber Ekel gab es diesbezüglich schon keinen mehr. Nach gefühlten zwei Atemzügen flogen schon wieder die Kommandos durch die Lüfte und zum Nachdenken blieb keine Zeit. Auch diese Übung dieser Art sollte nicht die Letzte sein. Man konnte sich des Eindrucks nicht erwehren, dass mitunter der Tod eines Soldaten billigend in kauf genommen wurde. Wahrscheinlich hätte man das unter „Kollateralschaden" verbucht.

Die EKs erklärten uns später, dass sie das Aufdrehen der Heizung unter Vollschutz genauso erdulden mussten wie wir; eines Tages würden wir es dann genauso mit den neuen Spritzern machen; ... sie sollten Recht behalten.

Als wir nach den Übungen wieder die Kompanie erreicht hatten, hieß es „Waffen putzen". Ich fragte auf dem Flur meinen Nachbarn, ob wir die Kalaschnikows nicht irgendwann vor lauter Putzen „weggeputzt" hätten. Paul lief den Kompanieflur wieder rauf und runter, es schien ihm innerlich einer abzugehen, sobald er uns die Kalaschnikows, seine über alles geliebten Waffen, putzen sah. Wehe, es baute jemand die Maschinenpistole nicht in seinem Sinne und nach seinen Vorgaben auseinander und wieder zusammen ...!

An diesem Abend, und noch an vielen darauf folgenden Abenden nach dem Drill der Grundausbildung folgte hinter unserem grünen Block das Aufsammeln von Zigarettenkippen und allem anderen Müll und Dreck. Anschließend ging der DRUCK-DAMPF-UND-REVIERE-Stress in der Kompanie weiter. So vergingen die Tage schleppend und schleichend im immer gleichen Trott, mit Kommando-Gebrülle, mit Schleifen und Schikanen. Man war täglich so ausgelaugt, dass man nicht mehr wusste, ob man Männlein oder Weiblein war. Aber Weibleins waren sowieso in unendlicher Ferne. Streckenweise verlor man sogar seinen Galgenhumor. Einige Jahre später, da war ich bereits im freien Teil Deutschlands, erinnerte mich der Gunnery Sergant Hartmann aus dem Film „Full Metal Jacket" an Paul. Dieser Typ im Film wies verdammt viele Parallelen zu Paul auf. Militär und Drill waren die eine Sache, aber psychopathischen Despoten ausgeliefert zu sein, eine ganz andere!

Es beschlich einen mit zunehmender Dienstzeit immer mehr der Gedanke, dass die uns Befehligenden mit ihrer getroffenen Entscheidung, Offizier in der NVA zu werden, sich selber einen Bärendienst erwiesen hatten, und diese ihre Fehlentscheidung an uns ausließen. Für diese Offiziere gab es kein Zurück mehr! Träfen sie die Entscheidung, die NVA zu verlassen, waren sie in der DDR gesellschaftlich geächtet und würden kein Bein mehr auf die Erde bekommen.

Unter den Offizieren gab es ein stillschweigendes Abkommen, was die Hierarchie unter den einzelnen Diensthalbjahren anbetraf, also „Spritzer, Zwischenhunde und EKs". Doch für Paul galt das nicht, er machte allen Druck und das sollte erst am letzten Tag enden, und selbst da kannte er kein Erbarmen.

Langsam kannten wir immer besser die einzelnen Dienstgrade und konnten somit unterscheiden, wer wessen Vorgesetzter war.

Unser Haarschnitt wurde auch ständig auf den neuesten Stand gebracht, und unsere Offiziere schoben ständig Frust, sie waren das Opfer ihrer eigenen nicht überdachten Entscheidung.

Mir fiel hin und wieder noch mal mein ehemaliger Ausbildungskollege Rudi ein, der sich, um seinen Vater zu ärgern, 25 Jahre verpflichtet hatte; wie würde es *ihm* wohl gehen???

Die Grundausbildung ging unvermindert weiter, es wurde von Tag zu Tag wärmer. Was noch belastend hinzukam, waren die Schwärme von Mücken, die uns das Leben zusätzlich schwer machten, denn wir lagen nicht weit entfernt von einem See. Aber eines Tages konnte ich die Mücken zu meinem Zeitvertreib nutzen, bis dahin sollte es aber noch dauern.

Jeden Tag nach dem Mittagessen warteten wir sehnlichst auf das Verteilen der Post.

Das besorgte kein anderer als Paul, und wie nicht anders zu erwarten ließ er die gesamte Kompanie bis auf den letzten Drücker zappeln. Alle warteten ungeduldig, bis sie aufgerufen wurden, um dann den Kompanieflur entlang zu Paul zu laufen, um sich die Post abzuholen. Es war enttäuschend, wenn man nicht aufgerufen wurde und somit keine Post erhielt; es war der einzige Draht zur Außenwelt, zu Frau, Freundin oder Familie.

Es war Ende Juni. Wir hatten bereits knapp zwei Monate Grundausbildung hinter uns. Die Tage zogen sich dahin wie Kaugummi, und man hatte das Gefühl, schon ewig in dieser verfluchten Kaserne zu sein.

Es erwartete uns eine neue Überraschung, ein „Feldlager". Hörte sich erst einmal ganz gut an, denn es hieß endlich wieder raus aus der hässlich grünen Kaserne. Aber *was* uns erwartete, war alles andere als gut, vor allem, was die hygienischen Zustände betraf.

Am nächsten Morgen nach Frühsport, Frühstück und Kompanie-Appell hieß es für uns Spritzer, das Sturmgepäck vom Spind holen und dann die Kalaschnikow von unserem „geliebten Paul" der bereits vor der Waffenkammer lauerte, in Empfang zu nehmen. Dann ging es hinunter auf die Battaillonsstraße, wo die LKWs bereits warteten, um uns in besagtes Feldlager zu bringen. Es stand uns ein neues und unbekanntes Abenteuer bevor!

Wir glaubten, alles wäre besser, als ständig in dieser Kaserne zu hocken. Als wir am Abend zuvor noch unsere Zwischenhunde fragten, wie das Feldlager ablaufen würde, erhielten wir nur kurz zur Antwort: „lasst euch überraschen!" Diese Antwort bekamen wir von den Jungs des zweiten Diensthalbjahres schon einige Male, und das verhieß gar nichts Gutes.

Dann ging die Fahrt ins Ungewisse los. Zumindest brauchten wir in das Feldlager nicht zu marschieren. Die anfänglich mit Schmerzen und Blasen übersäten Füße hatten sich mittlerweile den Knobelbechern angepasst. Unsere beiden Kapos Willi und Schmidti, sowie mehrere „Säcke" (Sack oder Säcke war der abwertende Begriff für Offiziere) aus den anderen Kompanien begleiteten uns ins Feldlager. Seit etwa zwei Wochen hatten wir in der Kompanie einen „Offiziersfrischling" im Rang eines Unterleutnants, dieser hatte sich zu drei Jahren Dienst bei der NVA verpflichtet, um anschließend ein Hochschulstudium absolvieren zu dürfen. Er bekam von uns den Namen „die Wilde Hilde", er war die Hektik in Person und so dünn, dass man darauf achten musste, in seiner Nähe nicht zu tief Luft zu holen, da man ihn sonst quer vor der Nase haben konnte. Ja, es klappt langsam wieder mit dem Galgenhumor!!!

Nach zirka einer dreiviertel Stunde erreichten wir unser Ziel mitten im Wald. Keiner von uns hatte eine Ahnung, wo wir waren, aber wir waren auf alle Fälle mal raus aus der Kaserne. Dann hieß es runter springen vom LKW, in Zweier-Reihen antreten und die Tagesinstruktionen entgegen nehmen.

Wir befanden uns auf einer Lichtung, umgeben von Wald, hier sollten wir unser Feldlager aufschlagen, und von diesem Stützpunkt aus sollten wir eine Woche lang den Klassenfeind mit der Waffe in der Hand bekämpfen, jedoch ohne Munition. Keiner sollte jedoch in dieser Woche und auch in keiner anderen Woche, diesen immer wieder aufs Neue beschworenen Klassenfeind zu Gesicht bekommen. Für kommunistisch ideologisierte Menschen wie Paul und seinesgleichen war der kapitalistische Klassenfeind immer und überall präsent. Gott sei Dank war er in der Kaserne geblieben.

Wo waren die Zelte??? Wenige Minuten später bekamen wir die Antwort: Wir trugen sie unbewusst auf unserem Sturmgepäck und somit auf den Schultern. Es wurden Feldspaten verteilt, unsere Kapos erklärten, dass wir mit diesen Feldspaten so etwas wie eine Art Grube von jeweils dreißig Zentimeter Tiefe und einer Breite von zirka zwei Metern sowie einer Länge von knapp vier Metern ausheben sollten.

Der Schweiß lief bereits in Strömen, ich meinte zu Volker neben mir, jetzt fehle nur noch das Kommando „Gas" und somit das Anziehen der Schutzkleidung. Aber das blieb uns dieses Mal erspart. Wir nahmen unsere Zeltplanen und bauten daraus eine Art Zelt für vier Leute.

Uns schwante langsam, dass es ein Camping der ganz besonderen Art werden sollte. Der Untergrund, auf dem wir uns des Nachts betten würden, bestand aus blanker Erde. Im Anschluss kamen unsere NVA-Decken (auch „Pferdedecken" genannt) zum Einsatz. Da soll mal noch einer sagen, NVA-Camping wäre nicht das ganz große Abenteuer ... Aber wirklich überraschen sollte uns das alles nicht. Wir waren mittlerweile reichlich Kummer gewöhnt. Dieses Rahmenprogramm sollte wie schon er-ahnt in Vollschutz, Fliegerangriffen, Feindbekämpfung, Marschgesängen, Kommandos und vielen weiteren unerfreulichen Dingen dem nicht vorhandenen Publikum Freude bereiten. Unsere Kapos und Säcke hatten sich im Vorfeld große Zelte aufbauen lassen. Unsere beiden Kapos Willi und Schmidti waren mies drauf, sie hatten wohl auf diese Form des Zeltens nicht allzu viel Lust, nach ihren bisherigen Erfahrungen während ihrer bereits anderthalbjährigen Dienstzeit.

Als wir mit dem Aufbau unseres „Basislagers zur Feind-Bekämpfung" fertig waren, traten wir an, um das Mittagessen zu holen. Es gab Erbsensuppe aus der im Militär-Jargon bekannten „Gulaschkanone". Es war das erste Mal seit Wochen, dass es ein genießbares und gut schmeckendes Essen gab!!! Wie gut doch eine einfache Erbsensuppe schmecken konnte, nach diesem NVA-Essens-Müll der letzten Wochen! Man war ja schon im DDR-Zivilleben weiß Gott nicht kulinarisch anspruchsvoll ...

Die Essensaufnahme war nur von kurzer Dauer, nach den ersten Nahrungshappen flogen schon die ersten Kommandos und Befehle durch die Lüfte. Hastig nahmen wir noch ein paar Löffel aus dem Kochgeschirr, dann hieß es wieder „Antreten!!!" Es war reine Schikane. Die Jungs hinten an der Essensschlange hatten so gut wie gar nichts gegessen. Man musste immer zusehen, so weit wie möglich vorne wie möglich zu stehen, dann waren die Chancen, ein paar Essenshappen mehr herunterzuschlingen, größer. In dem verordneten Feldlager waren wir alle Spritzer, somit gab es keine Diensthalbjahre-Hierarchie.

Der Nachmittag begann, wie die vorangegangenen Tage der Grundausbildung endeten. Es ging vom Feldlager direkt in den uns umgebenen Wald. Nach kurzer Marschzeit kam der Befehl „Gas!", das hieß Vollschutz! Im Anschluss daran hieß es, mit den Feldspaten unter Vollschutz eine flache Grube auszuschaufeln, in der wir Deckung nehmen konnten. Dieses Prozedere sollte die ganze Woche so weiter gehen. Wir durchwühlten mit unseren Feldspaten den halben Wald, und es stellte sich einem die Frage: *Wer* würde noch Gasangriffe durchführen? Gab es nicht bereits wesentlich effektivere Waffen??? Auch die allseits beliebten Wasser-Durchmärsche blieben nicht aus, sie förderten abermals die Blasenbildung an den Füßen. Wir wurden im Laufe der Zeit zwangsläufig immer bescheidener …

Uns erreichte eine frohe Botschaft nach unserem in-die-Büsche-hechtenden Nachmittag: wir würden während der Woche einmal in die Kaserne zum Duschen fahren!!! Unser Feldlager war ohne jegliche sanitäre Anlagen; wir hoben an diesem Abend noch eine Latrine aus …

Als wir am zweiten Abend nach unseren täglichen Märschen und den damit verbundenen Gas- und Feindesangriffen unsere Stiefel auszogen, fielen wir in einen regelrecht narkotischen Zustand. Mit diesen „Düften" hätte man den so viel zitierten Klassenfeind für eine lange Zeit kampfunfähig machen können. Aber es hatte noch ein Gutes: es fielen die Mücken tot von unseren zusammengezimmerten Zelt-Himmeln, also war auch dieses Problem gelöst. Als wir zum Morgen-Appell antraten, stanken wir bereits wie die Moschusochsen! Kein Wunder, uns lief tagsüber der Schweiß in Strömen! Aber Hauptsache war, dass die Kragenbinden schneeweiß und die Brücken unter den Stiefeln zwischen Hacken und Laufsohle geputzt waren ... es war hinlänglich bekannt, dass der Klassenfeind bei jedem getöteten Gegner (in diesem Fall wir) zuerst die Kragenbinde begutachtete und anschließend die Stiefelbrücke kontrollierte. IRONIE!!!

Ich dachte immer wieder an Bernhardts Aussage: „Gehirn zuhause lassen!!!" Wie recht er doch hatte.

Dann, am vierten Tag, fuhren wir zum Duschen. Es wurde allerhöchste Zeit, die Bäume in unserer Umgebung verloren schon ihre Blätter, und die Büsche, in die wir uns während unserer Märsche warfen, verkümmerten innerhalb von Sekunden.

Das Wasser, obwohl kalt, war eine echte Wohltat, und zu unserem Erstaunen war von Paul weit uns breit nichts zu sehen. Nach dieser Woche des Drecks, Gestanks und der Schinderei, kaum zu glauben, sehnten wir uns regelrecht nach unserer hässlichen grünen Kaserne. Die letzte Nacht im Feldlager verbrachten wir in strömendem Regen, alles war feucht und modrig, und so krochen wir wieder unter Vollschutz und fiktiven Gasangriffen den letzten Tag noch durch Schlamm und Morast.

Ich persönlich tröstete mich immer damit, was die „Armen Schweine" im ersten und zweiten Weltkrieg mitmachen und erleben mussten und dabei ihre Kameraden sterben sahen und selber ihr Leben verloren! Dagegen war das doch alles noch das reinste Sanatorium, was wir hier erlebten.

Paul war die Woche einmal zur Stippvisite im Feldlager aufgetaucht; er musterte uns wie üblich von oben bis unten und verschwand dann genauso schnell wie er gekommen war. Unsere beiden Kapos aus unserer dritten Kompanie, Willi und Schmidti hatten uns während dieser Woche reichlich geschliffen, wir hassten sie abgrundtief dafür. Aber auch sie waren in dieser Maschinerie nur ganz kleine Rädchen.

Es war bereits Mitte Juli. Am täglich getrübten Horizont zeichnete sich ein Schimmer der Hoffnung ab; das Ende der Grundausbildung lag in nicht mehr allzu weiter Ferne. War die Grundausbildung beendet, stand die „Vereidigung" vor der Tür, das hieß, wir konnten für ein paar Stunden Familie, Frau oder Freundin empfangen! Welch freudige Botschaft!!! Aber: Was waren eigentlich noch mal „Frauen?" Wie sahen die aus????

Die Zwischenhunde unserer Stube schoben jetzt eine Wache nach der anderen. Sie machten weiß Gott keinen freudigen Eindruck, wenn sie zurück auf die Stube kamen ... Aber *einen* Dienst gab es, der *noch* mieser war als der Wachdienst: der *Küchendienst*! Der sollte für uns auch bald kommen ...

Wir kannten jetzt langsam die Spielregeln in dieser hermetisch abgeriegelten Welt; und wir kannten die Dienstränge unserer Säcke anhand ihrer Schulterstücke, ihre Launen und Gemütszustände.

Wir nahmen täglich mehr den Militär-Jargon an, und wir wussten, dass die Nächsten die kommen würden, *unsere* Opfer sein würden. So waren die Spielregeln, das ließ uns durchhalten. Jedoch waren wir drei Monate noch die Opfer.

Wir hatten – bis auf das Waffen-Putzen, das Post-Verteilen und andere kleinere Dinge – noch nicht wirklich viel mit Paul zu tun gehabt, da er auch nicht für die

Grundausbildung zuständig war. Dies sollte sich nach der Vereidigung und den darauf folgenden Kompanie-Diensten ändern.

Der Frühsport war überwiegend uns Spritzern vorbehalten, dafür sorgten die Zwischenhunde. Da das alltägliche Prozedere der morgendlichen Körperertüchtigung von den Kompanie-Kapos durchgeführt wurde, ließen diese klarerweise die EKs in Ruhe. War jedoch Paul zum Frühsport in der Kompanie anwesend, hieß es auch für die Jungs vom dritten Diensthalbjahr zumindest den Schein wahren und den Weg Richtung Sturmbahn zu nehmen. Da Paul aber den Frühsport selber nie leitete, waren die Jungs des dritten Diensthalbjahres auch schon an der nächsten Ecke verschwunden und tauchten bis zum Ende des Frühsports nicht mehr auf.

Wir wurden von den Schüsseln mit kaltem Wasser – Gott sei Dank, es war Sommer – vom „Warmduscher" zum „Kaltschüssler"!

Es war wieder Kalaschnikow-Putzen angesagt. Wir hatten mit dieser Waffe bisher noch keinen einzigen Schuss abgegeben! In der Waffenkammer nahm Paul die Waffen aus ihrer Halterung und übergab sie uns …; dieses Ritual erfüllte ihn mit großer Zufriedenheit, die er sonst nie ausstrahlte. In so einem Moment meinte Holger einmal zu mir, er würde sich nicht wundern, wenn Paul dabei irgendwann mal einen Rumpelstilzchen-Tanz beginnen würde. Dieser Mensch war ein exemplarisches Beispiel für einen überkorrekten preußischen Militaristen! Wir gaben irgendwann das Zählen dieses Waffenputzens auf; gefühlt war es zehntausendmal!

Wenn man in einer ruhigen Minute einmal in sich ging und überlegte, welchem Schwachsinn wir hier tagtäglich ausgesetzt waren!!! Angefangen von permanentem Waffenputzen, über das sinnlose In-die-Büsche-Hechten unter Vollschutz bei angeblichen Gasangriffen, bis zum endlosen Wache-Stehen, Küchendiensten, Exerzieren, Parktagen, Feldlagern und was es sonst noch so alles gab! Wir waren junge Männer im besten Alter; was hätten wir nicht alles an **guten** Dingen machen und bewegen können für die Gesellschaft! – Aber nein, stattdessen vergeudeten wir anderthalb Jahre mit sinnlosem Kriegsgetue! Und dieser Schwachsinn lief und läuft weiterhin weltweit, weil Menschen auf der ganzen Welt politisch indoktriniert wurden und werden, um sich gegenseitig umzubringen.

Lief beim Waffenputzen jetzt etwas falsch, dann reagierte Paul zunehmend rigoroser. Nicht nur verbal, nein, er riss schon mal die Waffe an sich und führte die richtige Handhabung des Auseinander- und Zusammenbauens dem betreffenden Soldaten vor. Wie in allen Bereichen des Lebens gab es auch unter uns Soldaten welche mit zwei linken Händen. Die schafften es bis zum Schluss nicht wirklich, die Maschinenpistole auseinander und direkt wieder zusammenzubauen; sie wurden die zukünftigen „Freunde" Pauls. Nach Beendigung des Waffenputzens untersuchte Paul jede Waffe akribisch, dann platzierte er sie wieder an die dafür vorgesehene Stelle in der Waffenkammer.

So krochen die Tage dahin im ewig-gleichen stumpfen Rhythmus von Frühsport, Gasangriffen, Exerzieren, Waffenputzen, Parktagen und dem hastigen Einnehmen von schlecht schmeckenden Mahlzeiten. Dazu ständig Kommandos, Befehle, Druck, Dampf und abends Reviere.

Der Tag der Vereidigung rückte näher und damit auch das Ende der Grundausbildung. Wir Spritzer hatten alle reichlich an Gewicht verloren. Die Vereidigung fand in der Kaserne statt und hatte einen zeitlich sehr begrenzten Rahmen, was das Treffen mit angereisten Angehörigen betraf. Ich hatte Susanne geschrieben, sie solle nicht kommen, da ich ihr die ewig dauernde An- und Abreise ersparen wollte; zumal hatten wir keine Möglichkeit, die Kaserne zu verlassen. Zudem musste ständig und ununterbrochen die Kampfbereitschaft aufrechterhalten werden, denn der Klassenfeind konnte uns jederzeit, auch in der Stunde unserer Vereidigung, überfallen. Diese Kampfbereitschaft bestimmte unser ganzes Leben während dieser anderthalb Jahre, sie sollte zudem noch die meisten Urlaubsplanungen zerstören.

Welcher Feind könnte wohl Interesse daran haben, diese marode Kaserne mit seinem psychopathischen Führungspersonal und der veralteten Technik zu überfallen?

Die 3 Monate Grundausbildung lagen hinter uns und der Tag der Vereidigung war da!

Wir hatten Ende Juli, es war sehr heiß! Wir standen mit unseren Stahlhelmen und den Pferdedecken namens „Ausgangsuniform" in der prallen Sonne. Ich wollte mir gar nicht vorstellen, mit dieser Uniform nach Hause zu fahren und dann vielleicht auch noch auf Leute zu treffen, die mich kannten. Bis dahin sollten ohnehin noch etliche Wochen vergehen; das ahnte ich zu diesem Zeitpunkt noch nicht, denn ich hoffte, bald Urlaub zu bekommen. Auch hier sagten uns die Zwischenhunde bezüglich Urlaubsanfrage: „Lasst euch überraschen!" Da hatte mir auch Rüdiger, mein ehemaliger Arbeitskollege, wenig Hoffnung gemacht. Aber man hoffte immer …

Bei besagter Vereidigung bekamen einige einen Hitzschlag und fielen um! Man zerrte sie aus den Reihen und brachte sie im Schatten und mit Wasser wieder halbwegs auf Vordermann. Nach zirka einer Stunde war die Aktion „Vereidigung" beendet und wir waren jetzt vollwertige Kämpfer für die gute Sache des Sozialismus. Paul schritt süffisant die Reihen seiner neuen Rekruten ab.

Nach der Grundausbildung blieb uns eines *nicht* erspart: mindestens einmal pro Woche die Sturmbahn! In unseren Reihen waren mehrere „Hochleistungssportler", für die war die Sturmbahn und die dazu gehörige Eskaladierwand ein fast unüberwindliches Hindernis. Beim Versuch diese zu überwinden, klatschten sie dagegen wie eine Rennpappe gegen die Berliner Mauer … Diese Jungs mussten mehrmals Anlauf nehmen und es versuchen; das verschaffte dem Rest der Truppe immerhin eine kurze Verschnaufpause. Trotz mehrfacher Versuche gab es einige, die es nicht schafften. Mit denen probierte es Genosse Unteroffizier Willi dann im Einzeltraining. Aber er hätte genauso gut versuchen können, einem Schwein den Stabhochsprung beizubringen …: sie kamen einfach nicht über diese Wand hinüber.

Mittlerweile kannten wir uns alle recht gut, wir hockten ja schließlich Tag und Nacht aufeinander. Trotz der Enge in den Stuben und im Allgemeinen blieben die Diensthalbjahre vorwiegend unter sich. Den wenigsten

Kontakt hatten wir Spritzer zu den EKs. So wie es im wahren Leben heißt, „GLEICH UND GLEICH GESELLT SICH GERN", so traf diese Regel auch hier in der Kaserne zu: Es bildeten sich Konstellationen zwischen jenen Leuten, die die gleichen Ansichten, Vorstellungen und Positionen hatten. Jedoch bei der NVA war äußerste Vorsicht geboten: war es im zivilen Bereich der DDR schon ein Wagnis, sich über Dinge kritisch zu äußern, so war es beim Militär umso gefährlicher, da die Bestrafungen weit höher angesetzt wurden als im Zivilbereich.

Nach der Vereidigung bekamen wir dann noch ein „Festessen", es war Frikassee, in der Kasernensprache: „Sprenghuhn". Diese „Köstlichkeit" sollte noch häufiger auf unseren Tellern landen. Ich persönlich hätte lieber noch einmal Erbsensuppe aus der Gulaschkanone gegessen, und das in Ruhe! Aber Wunschessen und Speisen à la carte waren nicht vorgesehen. Bei den ersten Happen dieser sogenannten Sprenghühner konnte man sich des Eindrucks nicht erwehren, dass die an Altersschwäche zusammengebrochen waren; genauso gut hätte man uns gekochte Autoreifen mit Soße vorsetzen können. Also ab in die Tonne und hungrig bleiben ...

Wir hofften nach der Vereidigung auf etwas Ruhe, aber weit gefehlt: Kaum waren wir in unseren Stuben angekommen und hatten die Pferdedecken abgestreift, kam schon wieder das Kommando „erstes Diensthalbjahr raustreten und in Zweier-Reihen antreten"!
    Paul schritt die Reihen auf und ab und hielt uns einen feierlichen Vortrag über den Schutz unseres sozialistischen Vaterlandes, den wir jetzt an vorderster Front mit

der Waffe in der Hand bestreiten würden, und welche große Ehre uns zuteil kommen würde. Wir hatten das Gefühl, das ganze Leben von Paul würde nur aus imaginären Fronten und Feinden bestehen ...! Als die nicht enden wollende Kampfesrede doch ihr spätes Ende fand, bekamen wir zum 1001-mal unsere „kalte Braut" in die Hand gedrückt, unsere Kalaschnikow, die meist verkaufte Maschinenpistole der Welt.

Nach der Grundausbildung sollte sich der Kontakt zwischen uns und Paul zwangsläufig intensivieren, worüber keiner von uns begeistert war. Wir mussten jetzt auch häufiger den GUvD stellen, und das führte zwangsläufig dazu, den ganzen Tag auf diesen „sympathischen Zeitgenossen" zu treffen, da unsere Vierundzwanzig-Stunden-Kompaniedienste und der dazu gehörende Pult direkt neben seinem Dienstzimmer platziert waren. Der Tanz mit Paul in der Kompanie sollte jetzt erst so richtig beginnen ...

Wir hatten in den letzten Wochen mehrmals Politunterricht, dieser wurde von unserem Bataillonspolitoffizier mit dem Spitznamen Kinski abgehalten. Kinski hatte nichts mit dem gleichnamigen Schauspieler Klaus Kinski zu tun, nein man hatte ihm den Namen verliehen, weil er im Offiziersheim laut interner Aussage mit einen Stoff-Teddybären schlief.

Inwieweit das der Wahrheit entsprach, war für uns nebensächlich, er war für alle nur der „Kinski". Wir mochten ihn genauso wenig wie die anderen Säcke, aber das beruhte eben auf Gegenseitigkeit: wir verachteten sie, so wie sie uns verachteten.

Es waren Veranstaltungen, die den Staatsbürgerkunde-Unterricht in den Schulen um *Längen* übertrafen: es war eine regelrechte Gehirnwäsche! Man wollte uns allen Ernstes vermitteln, dass die Bundesrepublik nur darauf warte, uns den Dolchstoß zu versetzen, um uns anschließend unserer angeblich so hervorragenden sozialistischen Errungenschaften zu berauben. Mehr Schwachsinn konnte selbst ein schwerer Alkoholiker oder Drogensüchtiger unter schweren Halluzinationen nicht von sich geben, ich hätte am liebsten losgebrüllt vor lauter Lachen! Erschreckend war, dass viele diesen Schwachsinn *wirklich* glaubten, sowohl im Zivilleben als auch bei den sogenannten bewaffneten Organen, zu denen auch wir jetzt zählten.

Wir wurden während dieser Politorgien reichlich mit schriftlichem Propaganda-Material zugemüllt.

Eines Tages gelangten wir beim Umblättern auf eine Seite, wo ein Foto des Brandenburger Tores abgebildet war. Bei genauerem Hinsehen erkannte man die Quadriga mit den berühmten vier Pferden, also das komplette Gespann. Dieses Gespann rannte erkennbar gen Osten. Wir waren in meiner Kindheit häufiger in Berlin und fuhren dann auch des Öfteren zum Brandenburger Tor. Es wurde von Grenztruppen der DDR bewacht, sodass man es nur aus mehreren hundert Meter Entfernung betrachten konnte. Ich erinnerte mich noch gut daran, dass die Quadriga in Richtung Osten ausgerichtet war, auch das Foto vor uns unterstützte meine Erinnerung. Das war aber nicht der entscheidende Punkt. Es waren nicht die später dort stehenden Grenzsoldaten, es waren auf *diesem* Bild DDR-Betriebskampfgruppen.

Das Bild musste also um den 13., 14., 15. August 1961 entstanden sein, also zu Beginn des Berliner Mauerbaus und dessen Schließung. *Jetzt* kommt der eigentliche und wesentliche Aspekt dieses Bildes: diese Betriebskampfgruppen richteten ihre Gesichter und ihre gesamte Vorderfront mit den Maschinenpistolen vor der Brust *in Richtung Osten* aus!!! Ich schaute mir das Bild in aller Ruhe an, und in mir entstand die Frage: *„seit wann kehrt man dem Feind den Rücken zu???"* Der kapitalistische Klassenfeind lauerte doch laut Aussage unserer politischen „Elite" direkt im Hintergrund; in diesem Fall *hinter* dem Brandenburger Tor.

Ich meldete mich militärisch korrekt und stellte mit einer Art von Naivität die Frage, warum besagte Betriebskampftruppen mit dem Gesicht Richtung Vaterland blicken, wo der Feind doch in der anderen Richtung lauerte. Kinski griff zur sozialistischen Kampfeslektüre, betrachtete das Bild sehr lange und nuschelte irgendwas vor sich hin ... Nach einer Weile versuchte er krampfhaft, das Bild als wahrscheinliche Falschaufnahme zu interpretieren, das wirkte aber wenig glaubhaft. Hatte ich da in ein Wespennest gestochen? Dieses Bild sagte doch mehr als tausend Worte! Offensichtlich hatte die Regierung die vor dem eigenen Volk mehr Angst als vor dem „Feind"! Ich rechnete nach meiner kompromittierenden Frage mit eventuellen Konsequenzen. Die blieben jedoch aus ...

Es begannen die Dienste, wie Wacheschieben, Küchendienst, Feuerwache, und es folgten längere Abschnitte, in denen wir an unseren rollenden Schrottlauben herum schraubten und pinselten. Meistens pinselten wir gleich über den Rost, ohne ihn vorher entfernt zu haben ...

Holger wohnte zwei Zimmer von unserer Stube entfernt. „Seine" Stube war die größte in der Kompanie und mit zwölf Soldaten belegt. Wir nannten sie nur den „Kreißsaal". Holger und ich wurden wie schon erwähnt die besten Kumpels. Er kam aus der Nähe von Berlin. Seine Begeisterung bezüglich unserer anderthalbjährigen Vollpension deckte sich mit meiner zu hundert Prozent, und es waren noch viele andere die „glückselig" waren. Er hatte zudem auch noch eine sehr dezidierte Meinung zu unserem so glorreichen Vaterland. Wir waren in dieser Richtung ganz auf einer Wellenlänge.

Er hatte, wie sich herausstellte, einen ganz persönlichen Vorteil: auf ihn wartete weder eine Freundin noch Frau! Bei etwaigen Vergehen im Dienst konnte man ihm nicht mit Entzug oder dem Verwehren von Urlaub drohen. Er vertrat die Meinung, sie können ihn grundsätzlich und wortwörtlich da lecken, wo es bitter schmeckt, die anderthalb Jahre zieht er notfalls auch ohne Urlaub durch! Das war eigentlich die beste Einstellung. Der Großteil von uns war doch und blieb emotional erpressbar ...

Es kam der Tag, an dem ich mit Paul das erste Mal Stress haben sollte! Es ging um eine schnöde Fotografie. Wir sollten uns auf dem Gefechtspark zu einer Bildformation zusammenstellen, unser NVA-Haus- und Hof-Fotograf wollte ein Bild von dem ersten und zweiten Zug der dritten Kompanie machen. Ich hatte dann auf einem dieser Bilder beide Hände tief in den Taschen der Felddienst-Uniform. Das Käppi saß mehr im Genick als auf dem Kopf und das Gürtelkoppel rundete die ganze Sache ab, das hing auf halb neun. Ich war mit Abstand der „Schickste" auf einigen dieser Bilder. Ich selber hatte es während des Fotografierens gar nicht bemerkt, aber es spiegelte durch die beschriebenen Aspekte und die Körperhaltung die ganze Ablehnung, die ich in mir trug, wieder. Einige Tage später, die Bilder waren entwickelt, wir kamen von einem dieser Parktage zurück in die Kompanie.

Ich war gerade auf der Stube, als der GUvD meinen Namen rief, ich auf den Kompanieflur trat und er mir sagte ich hätte mich bei Paul zu melden. Er sagte natürlich nicht „Paul", sondern „Genosse Fähnrich". Ein Einzelgespräch. Ich ahnte nichts Gutes, war mir aber keiner Schuld bewusst. Ich klopfte bei Paul an, trat ein, nahm Haltung an und begrüßte ihn mit der obligatorischen Grußerweisung, rechte Hand an die Schläfe.

Vor mir auf dem Tisch lagen ausgebreitet die Fotografien. Er befahl mir, diese anzusehen, was ich umgehend tat. Er fragte, ob mir an diesen Bildern etwas auffallen würde. Jetzt in der Gesamtheit sah ich, dass ich auf allen Bildern den *lässigsten* Eindruck machte, um es salopp auszudrücken. In diesem Moment bekam Paul einen seiner berühmt berüchtigten Wutanfälle und brüllte, ob ich das Ansehen der Nationalen Volksarmee in den Dreck ziehen wolle usw … Ich verneinte, aber die Bilder spiegelten wie erwähnt meine ganze Ablehnung wieder. Bilder sagen eben wirklich mehr als tausend Worte. Ich hatte ein paar Tage vorher das erste Mal um Urlaub eingereicht; Paul sagte mir, der Urlaub wäre umgehend und ersatzlos gestrichen! Ich war jetzt schon den vierten Monat in dieser verfluchten Kaserne, ohne Ausgang ohne irgendwas. Das war der Anfang eines „Liebesverhältnisses" zwischen Paul und mir; es sollte im Laufe der Zeit noch inniger werden …

Zurück auf der Stube musste ich erst einmal über mein Treffen mit Paul berichten. Die Bilder wurden übrigens nochmals geschossen; vorerst war dieses Kapitel beendet.

Paul verteilte wie üblich die Post, und es erreichte mich ein Brief meines alten Kumpel Hannes. Die Entfernung zwischen unseren beiden Kasernen betrug etwa gute siebzig Kilometer. Selbst mit einer Rennpappe wäre es nur eine Stunde Fahrzeit gewesen, aber wir sollten uns erst wieder nach anderthalb Jahren auf unserer Rückreise begegnen.

Wie aus seinem Brief hervorging, hatte er es wohl um einiges besser getroffen, er war in einer Sanitätskompanie gelandet. Auch in unserer Kaserne hatten die Sanis einen ziemlich lauen Dienst und wurden von den übrigen Muschkoten der Kompanien beneidet.

Auch schrieb mir Hannes, dass er schon einen VkU= Verlängerten-kurz-Urlaub hatte. Das hörte sich schon mal etwas besser an als bei uns. Ich setzte mich am Abend hin und schrieb ihm zurück. In meinem Brief erwähnte ich, in welcher Kompanie ich gelandet war, und dass wir im Ernstfall für die Versorgung der Nord-Division zuständig wären. Ich schrieb auch unter anderem von meinem neuen „Freund" Paul. In einem späteren Brief schrieb er mir, dass er von diesem Paul auch schon gehört hatte. Paul hatte wahrlich einen Ruf, der ihm vorauseilte. Es war schon eher selten, dass jemand auf die eigenen Soldaten schoss, und das sprach sich herum.

Eines Tages in einer ruhigen Minute erzählte uns Otto (der mit dem „gelben Panzer"), wie sich einige Soldaten der vorangegangenen Diensthalbjahre an Paul gerächt hatten.

Paul benutzte ein Fahrrad, mit dem er zwischen Zuhause und der Kaserne pendelte, dieses sein Fahrrad stand in einem dafür vorgesehenen Verschlag. Dieser Verschlag lag direkt neben der Kaserne und schloss unmittelbar an die Poststelle an. Täglich musste ein Soldat aus der jeweiligen Kompanie zu dieser Poststelle und die dort eintreffende Post abholen, die Paul dann wie schon erwähnt nachmittags verteilte. Man muss dazu sagen, dass dieser Verschlag zum damaligen Zeitpunkt für jedermann frei zugänglich war, sodass jeder an Pauls Fahrrad herankam. Darüber hinaus war der Verschlag schlecht einsehbar, was die Sache wesentlich erleichterte. Hier setzte die Rache an!

Der jeweils die Post abholende Soldat schlich jetzt zu Pauls Fahrrad und verdrehte ihm zum Beispiel den Strom-Dynamo oder trat das Rücklicht ab. Der Nächste verdrehte ihm die Fahrradlampe usw ..., diese ganzen Aktionen gdurften nur wenig Zeit in Anspruch nehmen. Aber die Krönung der Anschläge auf Pauls Fahrrad gipfelte darin, dass einer beim Post abholen eine Metallsäge mit hatte, die er aus der Gefechtspark-Werkstätte mitgehen ließ, und damit Pauls Fahrradrahmen ansägte. Auf dem Heimweg, so wurde erzählt, brach Paul mit dem Fahrrad zusammen und schlug sich die Knie und die Hände blutig. Da war das Maß dann voll!

Nachweisen konnte man niemandem diese „schändlichen Angriffe. Es wurde jedoch dafür gesorgt, dass man für sein Fahrrad einen separaten und eigens abschließbaren Stellplatz baute, somit war sein Fahrrad in Sicherheit!

Wir waren von der uns umgebenen Umwelt hermetisch abgeriegelt, Informationen erhielten wir nur von Kameraden, die Urlaub bekamen und uns dann berichteten, was in der Welt vor sich ging. Mit der Post, die wir schrieben, mussten wir vorsichtig sein, da man damit rechnen musste, dass sie geöffnet wurde, bevor sie ihren Adressaten erreichte ... Die DDR war ein Überwachungsstaat, das war seinerzeit immer zu bedenken, und als Militärangehöriger war es ratsam, doppelt vorsichtig zu sein.

Wir hatten in unserem Nebenblock eine Art Telefonzelle, diese war jedoch offen, und es war die Einzige in der ganzen Kaserne. Die meisten der Jungs, die zuhause anriefen, mussten dieses jedoch vorher in einem Brief ankündigen, da wie gesagt die wenigsten privat über ein Telefon verfügten. Diese Anrufe glichen jedes Mal einem Lotterie-Spiel: Zum einen standen immer ein halbes bis ein Dutzend in der Schlange, und jeder konnte jedes Wort des jeweils Telefonierenden mit anhören; zum anderen erreichte man am anderen Ende Frau, Freundin dann nicht mehr, weil das Ganze viel zu lange dauerte und die schlechte Verbindung bei dem Vorkriegs-Telefonnetz ihr übriges tat.

Eine Privatsphäre gab es nicht! Wir hockten 24 Stunden sieben Tage die Woche aufeinander, und das Monat für Monat. Die Zeit verlief wie in Zeitlupe. Trotz alledem hatten wir schon Ende August und freuten uns auf den November, denn dann würden die neuen *Spritzer* kommen, und dann waren wir an der Reihe, Druck Dampf und Reviere zu verteilen. In dem Fall eher die Reviere.

Die Briefe von Susanne wurden von Monat zu Monat weniger. Und ich konnte ihr nichts Weltbewegendes erzählen und schreiben. Sie hätte diesen Irrsinn nicht verstanden, wir lebten ja in einem abgeriegelten *Parallel-Universum*.

Mittlerweile kannten wir die meisten Tricks und Drehs im Kasernenalltag. Die Jungs des dritten Diensthalbjahres hatten nur noch zwei Monate vor sich. Sie hielten uns bei jeder Gelegenheit ihre Maßbänder unter die Nase, und davon schnitten sie jeden Tag einen Zentimeter ab. Mit den Zwischenhunden und EKs kamen wir immer besser klar, aber wir waren doch immer noch die Spritzer und somit für die Drecksarbeiten zuständig.

Ich reichte erneut Urlaub ein, in der Hoffnung, dass mit Susanne nicht alles flöten ging; man malte sich in der Tristesse dieses Kasernenlebens die schlimmsten Bilder aus ... Dann kam auch noch das Wachestehen hinzu. Bei diesen einsamen vier Stunden schossen einem die wildesten Fantasien durch den Kopf. Es war einfach zum Verzweifeln! Es gab genügend Beispiele von Jungs, die aus dem Urlaub kamen und deren Beziehung oder sogar Ehe zu Ende war.

Mein Urlaub wurde abgelehnt mit der Begründung, die Gefechtsbereitschaft des Bataillons könne sonst nicht aufrechterhalten werden!!! Man hatte den Eindruck, als sei der Feind hinter wirklich *jedem* Baum ...

Seit unserer Einberufung waren mittlerweile mehr als vier Monate vergangen. Volker und Fritz – wir hatten zusammen unsere Betten in dieser grünen Kaserne aufgeschlagen – durften das erste Mal nach Hause fahren. Beide kamen aus Thüringen, waren so Mitte zwanzig, eher von der ruhigen Sorte, und sie waren beide verheiratet.

Wie wir mit Erschrecken feststellten, hatte Paul den ganzen Sommer über nicht *einmal* Urlaub gehabt! Es war uns nicht aufgefallen, da wir zu sehr mit der Grundausbildung beschäftigt waren. Unsere Zwischenhunde auf der Stube sagten, dass Paul immer anwesend war, seit sie in der Kaserne waren, und sie hatten vor knapp einem Jahr das erste Mal die Kaserne betreten.

Ich schrieb Susanne, dass es mit dem Urlaub wieder nicht klappen würde; sie schrieb mir im folgenden Brief, dass sie mich besuchen würde! Ich war begeistert!

Ich versuchte, zumindest Ausgang für diesen Besuch zu bekommen. Aber es sollte wieder etwas dazwischen kommen. Eine Sache, die sich auf unserem Gefechtspark zutrug.

Wir hatten wieder einen dieser sinnlosen, nichts bringenden Basteltage auf dem Gefechtspark. Es galt wie üblich, die Zeit totzuschlagen. Dabei wurden wir von der Wilden Hilda begleitet, der an diesem Parktag die Leitung innehatte. Er hatte von der Materie und der Autotechnik keine Ahnung, und wir baten ihn, dass er im Ersatzteillager ein Ersatzteil holen möge. Unser Umgang mit der Wilden Hilda war sehr locker; war kein über ihn gestellter Offizier anwesend, sprachen wir ihn mit „Du" an.

Wir baten ihn also eine „*Ölzentrifugen-Schleuderschraube*" aus dem Ersatzteillager zu holen.

Er machte sich auf den Weg, und nach einer geraumen Weile kam er wutschnaubend zurück. Die Jungs im Lager waren vor Lachen zusammengebrochen, als er bat, man möge ihm eine Ölzentrifugen-Schleuderschraube aushändigen. Holger lag bei Hildes Zurückkommen über dem Vorderrad seines LKWs, direkt unter dem Kotflügel, als ihn ein massiver Tritt in den Hintern mächtig durchfuhr. Er kroch unter dem Kotflügel hervor, und die Wilde Hilde stand vor ihm. Es kam zu einem heftigen Wortgefecht, aber damit war die Sache mit dem Tritt noch nicht beendet. Während dieser Aktion war ich auf der Toilette, also erzählte Holger bei meiner Rückkehr, was passiert war. Wir mussten die Wilde Hilde in die Schranken weisen, das war klar.

Wir schnappten uns ein paar Minuten später die Wilde Hilde hinter unseren Sattelschleppern, wir waren zu dritt, Ronnie aus der zweiten Kompanie war dazugestoßen, und nach einer kurzen Beratung umzingelten wir Hilde und nahmen ihn uns zur Brust. Vorsicht war geboten! Ein Angriff auf einen Vorgesetzten konnte schwerwiegende Folgen nach sich ziehen! Aber keiner von uns hatte die Absicht, ihn körperlich zu attackieren. Ihm wurde ziemlich mulmig, denn wir machten ihm klar, dass solche Aktionen von ihm von uns nicht hinnehmbar wären. Er hatte begriffen, dass er in diesem Fall den Bogen überspannt hatte.

Ein paar Tage später, wir hatten die Begebenheit bereits abgehakt, hieß es für Holger und mich zum Rapport bei Paul anzutreten. Wir wussten nicht warum, aber Paul klärte uns sehr schnell auf, indem er von einem verbalen Angriff auf einen Vorgesetzten sprach. Es konnte sich in diesem Fall nur um die Sache mit der Wilden Hilde handeln. Er sprach eine mündliche Verwarnung aus und drohte mit Sanktionen bei nochmaligem militärischen Fehlverhalten. Abschließend sagte er uns, er würde in Zukunft ein besonderes Auge auf uns werfen.

Wir brachten nicht in Erfahrung, wie er an die Information kam. Hätte sich die Wilde Hilde persönlich bei ihm beschwert, wäre er sicherlich bei dieser Unterredung anwesend gewesen. Damit hakten wir die Angelegenheit ab.

Am nächsten Tag erhielt ich dann die weniger frohe Botschaft, dass mein Ausgang gestrichen war; ich war wohl nicht ganz unschuldig!

Paul tauchte nun zu allen nur erdenklichen Tages- und Nachtzeiten unvermittelt auf.

Er führte nach Dienstschluss willkürliche Spind- und Kragenbindenkontrollen, Sturmgepäckkontrollen, Kontrollen der Sanitäranlagen durch, und er überwachte permanent den Personalstand. Wurden Soldaten nach Dienstschluss nicht in ihren Stuben angetroffen, so setzte Paul Himmel und Hölle in Bewegung, um diese aufzuspüren.

Als Erstes musste der UvD und sein GUvD den Befehl Pauls umsetzen und versuchen, die Abtrünnigen aufzuspüren. Meistens befanden diese sich in einer anderen Kompanie, was unseren hochgradigen Psychopathen sofort ein Komplott vermuten ließ. Sein Misstrauen allem und jedem gegenüber hatte wirklich pathologische Züge. Er sorgte mit seinem ständigen und unvermittelten Auftauchen für einen Zustand permanenter Verunsicherung. Nur sonntags, wenn es ganz ruhig war in der Kaserne und Paul wieder einmal unverhofft auftauchte, konnte zumindest die Wache die einzelnen Kompanien per Anruf bei den jeweiligen UvD oder GUvD vor seinem Kommen warnen. Dieser Mensch verursachte echt Albträume!!!

Paul hatte Familie. Zu dieser Familie gehörten auch zwei Söhne im jugendlichen Alter. In der Kaserne munkelte man, dass er mit diesen beiden ein ebenso strenges Regiment führte wie mit uns in der Kompanie.

Da in der Kaserne und bei der NVA im Allgemeinen strengstes Alkoholverbot galt, schlichen sich einige von Zeit zu Zeit bei günstigen Bedingungen aus der Kaserne, um Schnaps in den umliegenden Orten von irgendeiner Kaschemme zu besorgen. Dies ging jedoch nur, wenn die eigenen Jungs Wache standen und die Schnapsschmuggler dann durch das Wachtor die Kaserne verlassen konnten.

Das Schnapsschmuggeln musste gut vorbereitet sein, man musste im Vorfeld herausbekommen, wer der diensthabende Wachoffizier und dessen Gehilfe für die nächsten vierundzwanzig Stunden war. War es Paul, war das Risiko exorbitant hoch. Davon zeugten ja die Einschüsse in unserem Block in den Glasbausteinen. Zudem stellte sein oftmaliges unvermitteltes Auftauchen in allen drei Kompanien eine zusätzliche Gefahr dar.

Die Ortschaften in unmittelbarer Umgebung waren angewiesen, Soldaten in Felddienst-Uniformen keinen Alkohol zu verkaufen. Hatten die Jungs ihre Ausgangsuniformen an, so mussten sie in den Kneipen ihren Ausgangsschein vorweisen. Dies galt auch für die HO-Konsum-Verkaufsstellen, aber diese hatten sonntags sowieso geschlossen. Auch für dieses Problem musste eine Lösung gefunden werden, und: es wurde eine gefunden!

Ein paar ganz Pfiffige hatten in weiser Voraussicht bei der Rückkehr aus ihrem Urlaub Zivilbekleidung an einem markierten Ort im Wald verbuddelt. Jedoch nahm das „UE" (= das UNERLAUBTE ENTFERNEN) einiges an Zeit in Anspruch, und zudem war es angebracht, die Straßen zu meiden, was bedeutete, sich durch die Wälder zu schlagen. Das kostete viel Zeit. Waren die Schnapsschmuggler geübt in ihrem Metier, schafften sie es in gut zwei Stunden. Jedoch musste man ausgesprochen gute Ortskenntnisse besitzen, und das auch noch im Wald. Alle, die in diesen Schnapsschmuggel involviert waren und auch Geld beigesteuert hatten, mussten den Leuten, die dafür unterwegs waren, den Rücken freihalten.

Schnaps hatte unter den herrschenden Bedingungen in der Kaserne einen *extrem* hohen Stellenwert! Für Schnaps bekam man so gut wie alles, wobei dieses ALLES in einem Land des Mangels doch sehr überschaubar war.

Leider ging so manches Abenteuer in die Hose; die Jungs wurden entweder abgefangen, weil sie verraten wurden, oder es scheiterte aus Mangel an Erfahrung.

Hier waren diejenigen, die Erfahrung *und* Ortskenntnisse hatten, klar im Vorteil: konnten sie von der Wache irgendwie gewarnt werden, so verscharrten sie den Schnaps im Wald ...

Eine dieser im Wald verscharrten Schnapsflaschen sollten Holger und mir später noch ein schönes Besäufnis bescheren. Schnaps verscharren war eines *der* Mittel, das viele von uns praktizierten, wenn sie aus dem Urlaub kamen.

Man kam nicht ohne ein akribisches Durchsuchen von Kleidung und Taschen durch den jeweils wachhabenden Offizier nach dem Urlaub zurück in die Kompanie.

Wir spekulierten, wie viele Flaschen, die nie mehr wieder gefunden wurden, wohl in dem uns umgebenden Wald liegen würden.

Endlich war es soweit: nach fast fünf Monaten sah ich Susanne wieder!

Ich wusste schon nicht mehr, wie sie in natura aussah; die letzten Monate blieb mir nur ein Bild von ihr. Da mir der Ausgang gestrichen war, musste sie zu mir in die Kaserne kommen, was einem Spießrutenlauf gleichkam!

Ihr Vater brachte sie mit dem Auto, was für sie eine enorme Zeitersparnis bedeutete. Es war Sonntag, und da wir keine Dienste hatten, lungerten wir herum. Ich wartete vorne an der Wache auf sie. Die Jungs in meiner Kompanie wussten, dass meine Freundin käme, also glotzte fast die Hälfte aus dem Fenster, glotzen war in dem Fall wohl der richtige Ausdruck.

Als sie durch das Wachtor lief, fielen den Jungs von der Wache fast die Augen aus dem Kopf, und die Kameraden aus meiner Kompanie stimmten ein fröhliches Pfeifkonzert an. Für eine junge Frau war das schon ziemlich befremdlich. Sie blickte sich in unserer „schönen-grünen-fünf-Sterne-Unterkunft" um, und ihr Blick sprach Bände …

Wir gingen zu dritt in unseren einzig verfügbaren Raum, den sogenannten Kulturraum, der unmittelbar dem Kino angegliedert war und den gleichen Charme hatte wie die berühmt-berüchtigten Mitropa-Gaststätten in den Reichsbahnhöfen unseres Landes. Ich trug das erste Mal öffentlich die „schicke Ausgangsuniform", ich hatte sie bis dato nur bei der Vereidigung getragen. Susanne meinte, ich wäre ziemlich dünn geworden. Schlank war ich ja schon immer, aber sie hatte recht; war das ein Wunder nach dieser Grundausbildung und *der* Essensverpflegung??? Irgendwie war alles grotesk: es gab hier keinen Funken Intimität! Wir befanden uns mit mehreren Besuchern in diesem sterilen Kulturraum, über was sollten wir da sprechen? Ich hatte bereits alles geschrieben, und zu schreiben gab es weiß Gott nicht viel. Das abgeschottete stupide Dasein in dieser Kaserne konnte man einer jungen Frau auch kaum vermitteln. Ich hatte von anderen, die schon mal Besuch erhalten hatten erfahren, dass auch sie nicht in der Lage waren, ein vernünftiges Gespräch zu führen. Es ging einfach nicht!!! Man konnte nur dem lauschen, was der Besucher von draußen und von zuhause erzählte …

Hannes war bereits zweimal zuhause gewesen und hatte Susanne schon einmal besucht. Die Frage, die jetzt kam, war zu erwarten: Warum hatte ich bis dato nach fast fünf Monaten noch keinen Urlaub bekommen??? Ich wich ihrer Frage aus, sagte, dass ich anders als Hannes in einem Bataillon für rückwärtige Dienste dienen würde und wir somit ständig unter Gefechtsbereitschaft stünden ... das war ja auch größtenteils die Wahrheit. Leider war diese Aussage für sie nicht so überzeugend, was ich an ihrem kurzen Schweigen erkannte. Ich konnte ihr nicht sagen, dass ich mit unserem Kompanie-Psychopathen schon ein paar Mal wegen Nichtigkeiten aneinandergeraten war, die Sache mit den Fotos und der Wilden Hilde, – ich spürte, dass uns beide schon nach fünf Monaten Welten trennten. Jedoch konnte ich ihr Versprechen, dass ich bald freibekommen würde, denn nach einem halben Jahr stünden mir sechs Tage Urlaub zu. Da sich das erste halbe Jahr langsam dem Ende zuneigte, würde ich am nächsten Tag gleich Urlaub einreichen; es wurde auch allerhöchste Zeit!!!

Es war ein Treffen der traurigen Art, in jeglicher Hinsicht. Aber ich konnte nicht über meinen Schatten springen und diesen stumpfsinnigen kommunistischen Ideologen in den Hintern kriechen. Im Gegenteil: meine Wut steigerte sich täglich, da wir dauernd wie der letzte Dreck behandelt wurden! Wir verabschiedeten uns und ich schlich gedankenverloren hoch in unsere Kompanie ...

Ich beneidete Holger irgendwie.

Wir sollten bald schon eine andere Kaserne, nämlich unsere „sowjetischen Brüder", besuchen.

Im September, wir hatten immer noch das Jahr 1979, kam es zu einem Ereignis, das wir erst etwas später *wirklich* wahrnahmen: Es war der 16. September, ein Sonntag. Wir lungerten wie meistens auf unseren Stuben herum, es war weit und breit kein Offizier anwesend, außer dem Wachhabenden unten neben unserer Wache, aber der war weit weg. Wir hatten unser zurückerobertes Radio an und hörten den BRD-„Feindsender" ... dann kam eine Meldung, die wie eine Bombe einschlug! Es wurde eine spektakuläre Flucht aus der DDR verkündet. Volker auf unserer Stube gebot Ruhe! Er war Thüringer, und die Flucht hatte in Thüringen stattgefunden, und zwar mit einem Heißluftballon. Wir bekamen nur noch den Rest der Meldung mit. Wir warteten gespannt auf die nächste stündliche Nachrichtensendung. Als diese dann kam, hielten alle den Atem an. Den Nachrichten war zu entnehmen, dass es sich um acht Personen handelte, die aus Pößneck (Thüringen) kamen. Volker kam aus demselben Ort, was ihn zusätzlich in Aufregung versetzte. Diesen acht Personen war es gelungen, mit einem Heißluftballon von Thüringen nach Bayern zu flüchten.

Man hatte ja im Laufe der Jahre so einiges vernommen, was Fluchtgerätschaften anbelangte: Mit der Badewanne über die Ostsee, durch Tunnel von Ostberlin nach Westberlin, dass man mit Pfeil und Bogen Seile gen Westen über die Mauer geschossen hatte und sich dann bei Nacht und Nebel hinüber hangelte, oder sich in umgebauten Autos rüberschmuggeln ließ; ... die Möglichkeiten waren vielfältig, immer äußerst riskant und oft auch nicht von Erfolg gekrönt. Aber mit einem Heißluftballon! Das war ja mal was ganz Neues. Woher hatten die Leute diesen Heißluftballon??? Auf diese Frage bekamen wir erst einmal keine Antwort. Das war schon mehr als spektakulär, zumal jegliche Fluggeräte in der DDR strengstens verboten waren. Volker meinte noch es könne durchaus sein, dass er die betreffenden Personen kenne, da es sich ja um eine, *seine* Kleinstadt handle. Es war schon erstaunlich, welche Risiken die Leute auf sich nahmen, um dem *paradiesischen* Arbeiter- und-Bauernstaat zu entkommen.

In den DDR-Medien abends wurde diese Flucht nicht mit der kleinsten Silbe erwähnt. Es konnte schließlich nicht sein, was nicht sein durfte ...

Die spektakuläre Flucht wurde ein paar Jahre später von Hollywood verfilmt unter dem Titel „ Mit dem Wind nach Westen". Als ich ihn sah, erinnerte ich mich wieder an diesen Sonntag den 16. September, wie wir in der verhassten Kaserne saßen und lauschten, und sah nochmals unsere erstaunten Gesichter vor mir. Ich dachte an Volker und ob er die Leute wohl gekannt hatte??? Ich habe es leider nie erfahren.

Ich hatte wieder einen Versuch unternommen und Urlaub beantragt. Es hieß nun die nächsten Tage die Füße stillhalten und sich auf die Lippen beißen. Die Woche neigte sich ihrem Ende zu, und mein Pokern hatte Erfolg! Ich bekam Anfang Oktober tatsächlich eine Woche Urlaub, nach fünf Monaten ununterbrochenen Kasernenlebens ... Holger stellte ebenso einen Antrag auf Urlaub, und auch dieser wurde genehmigt. Wenn wir zurückkommen würden in unsere ach so geliebte Kaserne, dann hatten wir nur noch eine kurze Zeit als Spritzer, bis die neuen *Opfer*, also die neuen Spritzer ihren Dienst der Ahnungslosigkeit antreten würden, so wie wir vor einem halben Jahr.

Die Jungs vom dritten Diensthalbjahr ließen bis kurz vor ihrer Entlassung noch zweimal die Stahlkugeln über die Flure donnern und stießen noch zweimal den Ruf „EKs wo seid ihr ..." aus. Dann würden ihnen unsere Zwischenhunde folgen, die schon sehnsüchtig darauf warteten, denn dann waren *sie* die EKs.

So wurde der Staffelstab von einem Diensthalbjahr an das Nächste weitergegeben. Das dritte Diensthalbjahr trug unter den Stiefelhacken Stahlabsätze, und diese Stahlabsätze standen ausschließlich den EKs zu. Jeder wusste bei dem Klicken des Metalls auf dem Kompanieflur, dass da ein EK unterwegs war ...

Aber am Tag ihrer Entlassung sollte noch ein echtes Highlight auf uns warten. Unsere Zwischenhunde erwähnten etwas, ließen uns aber im Unklaren, worum es ging, nach dem Motto: „lasst euch überraschen"; *sie* hatten dieses Prozedere ja schon einmal miterlebt.

Mein Fokus lag aber erst einmal auf dem zu erwartenden Urlaub. Einige Wochen später war es dann endlich soweit: am darauffolgenden Tag sollte ich meinen einwöchigen Urlaub antreten. Um bösen Überraschungen vorzubeugen, räumte ich an diesem Vorabend mein Spind akribisch auf. Die Bügelfalten an der Ausgangsuniform (Pferdedecke) mussten akkurat sitzen, was für mich erstmals den Griff zu einem Bügeleisen bedeutete. Nach etlichen Fehlversuchen mit diesem vorsintflutlichen Kompanie-Bügeleisen kam eine halbwegs erkennbare Bügelfalte zum Vorschein.

Mein Zug Richtung Heimat fuhr am Freitagnachmittag, vor dem Verlassen der Kaserne kam jedoch noch die obligatorische Schrankkontrolle. Paul betrat genüsslich und in aller Ruhe unsere Stube und schritt zur Tat. Ich hatte selbst die so viel beachtete Brücke unter den Stiefeln geputzt, aber *eines* hatte ich vergessen: den Staub auf dem Schrank! Paul strich mit dem Zeigefinger über die Vorderkante des Schrankes, er hatte etwas Staub am Finger, deutete darauf hin, womit er mir zu verstehen gab, dass der Schrank einer Reinigung bedurfte. Ich hastete in unseren Waschraum, griff mir einen Lappen und wusch den oberen Teil des Spindes ab. Paul hatte das Zimmer bereits verlassen. Nun musste ich wiederum warten, bis er sich erbarmte und einen zweiten Anlauf nahm. Ich sah meinen Zug schon ohne mich abfahren …

Es war diese Art von Spielchen, die er besonders gerne spielte, nach dem Motto:

Schikanieren, Kommandieren, Drangsalieren! Dann endlich bekam ich das OK von ihm …

Da wir an diesem Freitag zu fünft waren, die Urlaub bekommen hatten, brachte man uns mit einem LKW zu diesem gottverlassenen Bahnhof in Karow. Wir schafften es sozusagen in letzter Minute und das auch nur mit einem Sprint, um den Zug noch zu erreichen.

Dann begann die Reiseodyssee, die so typisch war für das „technisch beste Land der Welt" namens DDR. Der Zug hielt in jedem Kuhkaff, das auf dem Weg lag. Der erste Reiseabschnitt endete in Schwerin, das waren knapp 75 km, dies dauerte gefühlte fünf Stunden. Dort angekommen hieß es warten auf den Anschlusszug, der wie immer reichlich Verspätung hatte. Dann ging es weiter nach Berlin, wiederum gute 210 km. Die Waggons waren heillos überfüllt, und es stank nach allem möglichen wie Bier, Schnaps, Lebensmitteln, Zigaretten und etlichen anderen undefinierbaren Dingen ... Sitzplatz bis Berlin? Fehlanzeige! Also Platz nehmen auf der Reisetasche im Gang, wir schunkelten Richtung Berlin.

Angekommen in Berlin hieß es wiederum warten. Hier spielte sich das Gleiche ab wie vorher in Schwerin, aber wir als Zonis waren solch Elend ja gewohnt und ertrugen es mit stoischer Ruhe. Berlin war zugleich auch ein Drehkreuz für etliche Jungs, die ebenso wie wir bei der *Sekte* waren und Richtung Heimat fuhren, oder wieder von der Heimat in die Kaserne zurück mussten.

In Schwerin hatten wir uns schon ein paar Hopfenkaltschalen gekauft, aber diese waren bei der Ankunft in Berlin geleert. Darum hieß es Nachschub holen. Manche von uns waren bereits so abgefüllt, dass sie die ganze Breite des Bahnsteigs benötigten. Andere blieben direkt an Ort und Stelle liegen, wurden dann von patrouillierenden Militärstreifen aufgegabelt und landeten nach einer Nacht der Ausnüchterung umgehend wieder in ihren Kasernen, ohne ihr Zuhause jemals erreicht zu haben. Da war dann der Heimaturlaub vorbei, bevor er überhaupt begonnen hatte.

In Berlin verabschiedete ich mich dann auch erst einmal von Holger. Ich hatte noch mal etwa 150 km von Berlin nach Magdeburg vor mir.

Dann, nach zirka 445 km und einer Fahrzeit von über 8 Stunden, erreichte ich spät in der Nacht endlich meine Heimatstadt. Wenn das mal nicht rekordverdächtig war ...

Die direkte Entfernung betrug die Hälfte an Kilometern, aber wer wollte sich schon dieses unwiederbringliche Abenteuer des ewigen Unterwegsseins mit der

Deutschen Reichsbahn entgehen lassen. Galgenhumor war hier die halbe Miete, ohne diesen war man schnell der Verzweiflung nahe.

Susanne würde ich erst am nächsten Tag sehen; war auch gut so, nach den ganzen geleerten Bieren. Sie selber trank damals überhaupt keinen Alkohol. Die Nacht hatte wiederum ein Gutes, es erkannte mich mit meiner hässlichen Pferdedecken-Uniform niemand. So fuhr ich unerkannt mit der Straßenbahn nach Hause. Die Nacht umhüllte weitestgehend die hässlichen Häuserfassaden. Es hatte sich bautechnisch seit Jahrzehnten nichts verändert, im Gegenteil: der Verfall schritt unaufhörlich voran. Warum sollte sich auch in fünf Monaten etwas verändert haben, dachte ich so bei mir.

Zuhause angekommen nahm mich meine Großmutter in Empfang. Sie freute sich sehr über mein Kommen. Nach ein paar Sätzen überkam mich aber die Müdigkeit, und ich legte mich nieder. Es waren wohl doch ein paar Bier zu viel gewesen. Nach der Alkohol-Abstinenz der letzten Monate und des Abgemagertseins vertrug ich kaum noch Alkohol.

Am nächsten Morgen wurde ich nicht durch einen schrillen Pfiff und anschließende Kommandos geweckt, sondern durch meine liebevolle Großmutter! Trotz leichter Kopfschmerzen begab ich mich umgehend zu meiner Freundin. Als wir uns sahen, merkte ich, dass etwas nicht stimmte. Es fiel mir schon bei ihrem Besuch in der Kaserne auf. Sie besuchte mittlerweile eine Fachschule für Freiflächengestaltung in Mühlhausen/Thüringen, es hieß also für sie, montags wieder aufzubrechen Richtung Thüringen. Ich fragte, ob ich sie begleiten solle, oder besser, ob sie das überhaupt wolle. Die Antwort von ihr lautete ja, ich solle mitkommen. Also war doch noch nicht alles verloren.

Bevor wir nach Thüringen aufbrachen, begegnete mir noch unser Hauptmann aus unserem Haus, der war bei der Knüppelgarde, Bernhards ehemaliger Kaserne. Wie ich bereits erwähnte, waren wir in unserer Straße umgeben von Zuträgern und Spitzeln jeglichen Couleurs. Das einwöchige Abtauchen nach Mühlhausen ermöglichte mir, dass ich diesen Gestalten nicht über den Weg lief.

Die Woche verging wie im Fluge, aber mein Gefühl sagte mir, es war nicht wie früher. Zwei Monate später sollte sich mein Gefühl bestätigen.

Es war Freitag und ich musste zurück in die Kaserne. Dienstbeginn war Samstag früh um sechs Uhr. Ich zog mir meine Pferdedeckenuniform an und begab mich Richtung Bahnhof. Ich hatte es nicht geschafft meine alten Kumpels zu besuchen, nicht einmal die, die noch nicht bei der Sekte, oder im Fall Bernhards schon wieder zurück waren.

Die Rückfahrt verlief wie die Hinfahrt, der Durst überfiel einen bei dem Gedanken an die nächsten Monate in dieser Kaserne. In den Zügen waren immer genügend Muschkoten, die zurück in ihre Kasernen mussten, sodass man schnell im Gespräch war. Einige hatten gleich volle Bierkästen mitgenommen.

In Berlin angekommen traf ich zwei Jungs aus der ersten Kompanie, EKs. Auf den Bahnsteigen spielte sich wieder ein wahres Sodom- und Gomorrha ab. Die Polizei konnte nicht einschreiten, da wir als Militärangehörige einer anderen Gesetzgebung unterlagen. Für uns war einzig und allein die Militärpolizei zuständig. Paul hätte wohl bei diesem Anblick von *Wehrkraft-Zersetzung* gefaselt. Die beiden aus der Ersten hatten auch schon einiges intus. Wir nutzten noch einmal die Möglichkeit, Bier zu holen und zu trinken. Wer wusste schon, wann wir das nächste Mal die Gelegenheit dazu hatten, und außerdem war der Alkohol ein guter Trostspender.

Man traf in Berlin auch diejenigen, die auf die eigenen Leute schossen: Grenzsoldaten. Im korrekten DDR-Militärsprachgebrauch hießen sie „Grenztruppen der DDR". Viele dieser Typen hatten sich für den Grenzjob freiwillig gemeldet. Manche hatten, um Vergünstigungen zu bekommen, sich bereit erklärt, bei einer sogenannten „Republikflucht von Ost nach West" auf die eigenen Bürger zu schießen. Das alleine verdiente schon meine tiefste Verachtung. Ein anderer Teil stammte aus Familien linientreuer Partei-Bonzen. Sie alle waren weithin erkennbar, denn auf Ihrer Ausgangsuniform am linken unteren Arm prangte eine schmale grüne Binde mit der Aufschrift *GRENZTRUPPEN DER DDR*. Wir machten einen großen Bogen um diese Typen ...

Nach dem Zusammenbruch des Kommunismus und dem Ende der DDR war für die Grenztoten an der Innerdeutschen Grenze scheinbar niemand verantwortlich. Jeder schob die Verantwortung auf den über ihm stehenden höheren Dienstgrad. Zum Schluss konnte man meinen, alle wären eigenhändig von Chruschtschow, Breschnew, Tschernenko und Andropow erschossen worden. Das waren die Sowjet-Führer, die während der Teilung Deutschlands von 1961–1989 an der Macht waren. Die lebten jedoch alle nicht mehr. Gorbatschow bleibt in diesem Fall außen vor, da er den Untergang des Kommunismus einläutete.

Hier drängte sich wieder der Vergleich auf, den es in der deutschen Geschichte schon 1946 bei den Nürnberger Prozessen gab. Auch damals wusste keiner was, keiner war dabei, jeder handelte nur auf Befehl, und nur einer hatte Schuld, und der war tot! Man konnte in beiden Fällen Parallelen erkennen, was die „Unschuld" der jeweils Handelnden anbetraf.

Wir erreichten am frühen Morgen unsere mit „Sehnsucht" erwartete hässlich grüne Kaserne.

Wir hatten, bevor wir die Kaserne betraten, noch rasch einige Flaschen Schnaps im Wald vergraben. Beim Vergraben war es noch dunkel, und wir nicht mehr ganz nüchtern. Würden wir diese Flaschen jemals wieder finden? …

Beim Betreten der Kaserne hieß es erst einmal Antreten beim OvD zur Leibesvisitation und Reisetaschenkontrolle. Spätestens hier wäre der Schnaps weg gewesen. In der Kompanie angekommen erhielt ich eine „frohe Botschaft" von unserem Kapo Willi. Wir waren mittlerweile beim Du angekommen. Also er sagte mir, dass ich abends zur Wache eingeteilt wäre. Wunderbar, und das direkt nach dem Urlaub … Aber er wartete auch mit einer wirklich frohen Botschaft auf. Und zwar war unser „Philanthrop" Paul zu einer Schulung in Schwerin, Rückkehr-Zeitpunkt unbekannt! Das hieß im Umkehrschluss, er könnte zu jeder Tages- und Nachtzeit unvermittelt auftauchen.

Was wir zu diesem Zeitpunkt noch nicht ahnten war, dass sich unser Zwangsaufenthalt in der Kaserne nochmals um zwei Monate verlängern würde! Und nicht nur das, es sollten noch etliche Dvs (= DIENSTVERRICHTUNGEN) hinzukommen. Eine Dienstverrichtung bedeutete 5 Stunden Strafarbeit nach Dienstschluss. Diese Strafarbeiten fielen meist auf die Wochenenden. Holger und ich sollten bald ein gutes Straf- und Dienstverrichtungs-Team abgeben. Der Slogan lautete „jeder wie auch immer geartete Tag war ein gedienter Tag".

Die Jungs vom dritten Diensthalbjahr hatten nur noch zirka 14 Tage bis zu ihrer Entlassung, und jeder passte auf, dass er nicht noch von „Lupo" erwischt wurde. „Lupo" bezeichnete den Tod des Soldaten!!! Es waren Zahlen im Umlauf, die von etwa 3 Toten pro hundert Mann sprachen. Inwiefern das der Realität entsprach, war damals nicht in Erfahrung zu bringen, da so etwas zur allgemeinen Geheimhaltung gehörte. Sicherlich waren Todesfälle bei Panzereinheiten oder Mot. Schützen-Kompanien höher als in Kompanien wie z. B. unseren Einheiten. Jedoch kam es bei falschem Waffenhandling auch zu etlichen tödlichen Unfällen, die natürlich vertuscht wurden.

Dann war es endlich soweit: die Jungs vom dritten Diensthalbjahr ließen sich auf Befehl von Paul ihre Zivilkleidung von Zuhause schicken. Man merkte deutlich, dass dieser Befehl Paul keine Freude bereitete, aber den Jungs vom dritten Diensthalbjahr dafür umso mehr. Der verrückte Paul hatte mit seiner anderthalbjährigen Quälerei und seinem militärischen Drill nicht das erreicht, was ihm wohl vorschwebte.

Am letzten Tag standen die Jungs in Zivilkleidern auf dem Flur. Sie machten einen komplett anderen Eindruck, wir kannten sie nur in Uniform. Sie waren geduscht, gestriegelt und bereit für das Leben in Freiheit, auch wenn diese Freiheit im großen DDR-Gefängnis an Grenzen im wahrsten Sinne des Wortes stieß. Aber wie heißt es so schön: „Wer immer nur Vita Cola oder Club Cola getrunken hat, weiß nicht, wie Pepsi oder Coca Cola schmeckt"! *Keiner* von uns kannte den Westen.

Paul hielt noch eine letzte frenetische Kampfesrede, dass sie jetzt als erfahrende Kämpfer und ehrenhafte Gefreite zurück in die sozialistische Gemeinschaft gingen, bla, bla, bla. Es war das übliche Einsilbige. Dann stieß er zum Abschluss noch eine Warnung aus, und jetzt kam endlich das, was uns die Zwischenhunde vor ein paar Wochen als Überraschung der EKs angekündigt hatten.

Paul warnte sie davor, ihre alten Turnschuhe und Trainingsanzüge in das hinter uns angrenzende Wäldchen zu schmeißen. Und er warnte außerdem, ja keine Vorhängeschlösser, weder an der Waffenkammer noch an den außen laufenden Rohrleitungen, anzubringen! Die erste Tür der Waffenkammer bestand aus einem massiven Stahlgitter ...

Es war eine alte Tradition, die Turnschuhe zusammengebunden und die zerfetzten Trainingsanzüge in die Tannen zu schmeißen und die Schlösser an allen möglichen Stellen zu hinterlassen, am liebsten an der Waffenkammer. Paul konnte nicht überall sein, und so kam dann das Unvermeidliche: ***überall*** hingen die Schlösser!!!

Unten wartete bereits der Sattelschlepper auf die Jungs, er sollte sie zum Bahnhof bringen. Wir beneideten sie unendlich!

Unsere Zwischenhunde verabschiedeten sich mehrheitlich sehr emotional, schließlich hatten sie mit den

Jungs ein ganzes Jahr zusammen Tag und Nacht verbracht; das verband schon!

Auch wir Spritzer sagten Tschüss und wünschten uns gegenseitig alles Gute.

Die Jungs hatten sich auf den Sattelschlepper gehievt und das Kasernentor öffnete sich. Unsere Zwischenhunde sagten zu uns: „Passt auf, was jetzt passiert!" Es flogen unzählige Löffel vom Sattelschlepper und landeten in allen Farben auf der Bataillonsstraße. Wie wir erfuhren, hatten etliche von ihnen die Löffel aus der Kantine mitgehen lassen, sie mit großen Hämmern in der Werkstatt breit geschlagen und mit Farbe angemalt, um sie am Tag der Entlassung vom LKW zu schmeißen.

An diesem Tag endete die Herrschaft Pauls über sie! Er lief den Rest des Tages mit ziemlich mieser Laune durch die Gegend.

Wie nicht anders zu erwarten mussten wir einen Bolzenschneider aus der Werkstatt holen und alle Schlösser irgendwie abschneiden, oft unter großer Mühe. Aber wir lachten uns einen Ast dabei! Ein Jahr später würden wir trotz aller Drohungen es ihnen gleich tun; dann, wenn Pauls Macht auch über uns erloschen wäre. Aber bis dahin hatten wir noch ein schier unendlich langes Jahr vor uns, und es sollten noch einige nicht sehr schöne Dinge auf uns warten.

Zwei Tage später änderte sich unser Status: es kamen die Neuen!!! Wir stiegen in der internen Hierarchie auf. Jetzt waren *wir* die Zwischenhunde. Das bedeutete für die Neuen „Druck Dampf und Reviere". *Wir* waren jetzt für die Reviere zuständig, die armen Teufel hatten genauso wenig Ahnung wie wir vor einem halben Jahr.

Wir fuhren an diesem Abend, als die Neuen ankamen, zum „Nachtschießen", Paul war in bester Stimmung, als wir auf dem Sattelschlepper Richtung Schießplatz unterwegs waren. Er erzählte Witze, war regelrecht aufgedreht und von einer Leichtigkeit, die man von ihm nicht kannte. Es war alles nur Show.

Wir nahmen anfänglich an, dass seine gute Laune daher rührte, dass er jetzt wieder neue unwissende Opfer hatte. Aber wir sollten nach dem Nachtschießen feststellen, *weshalb* er so locker und zu Späßen aufgelegt war. Es war alles nur Fassade.

Ein Tipp von altgedienten Landsern war, dass man schon mal eine Patrone verschwinden lassen konnte. Das war am einfachsten eben während des Nachtschießens. Der praktische Hintergrund war folgender: Sollte beim Wachestehen einmal eine Patrone verloren gehen, hatte man immer eine Patrone in petto. Die ausgegebene Munition wurde vor und nach dem Wachdienst akribisch abgezählt. Fehlte anschließend eine Patrone, war die Hölle los.

Wir feuerten beim Nachtschießen zuerst Einzelschüsse ab, anschließend schalteten wir die Kalaschnikow um auf Dauerfeuer. Wir verwendeten eine Mischung aus normaler Munition und Leuchtspur-Munition. Dabei konnte man am einfachsten eine Patrone verschwinden lassen. Es war ein guter Tipp!

Kaum waren wir zurück in der Kaserne und Paul hatte die Waffen in der Waffenkammer eingeschlossen, war er wieder das typische Arschloch.

Jetzt wurde uns klar, warum Paul während der Fahrt und des anschließenden Nachtschießens so gut drauf war: er hatte eine Heidenangst, dass ihm während des Schießens einer eine Salve verpassen könnte ...

Pauls Welt war zutiefst geprägt von der Sozialistischen Ideologie und des von ihm immer wieder propagierten Kampfes gegen den Imperialistischen Klassenfeind. Bei ihm kam es im Gegensatz zu vielen seiner Parteibonzen auch sehr glaubhaft rüber. Man konnte seiner Überzeugung nach den Eindruck gewinnen, dass auf der anderen Seite Deutschlands blutrünstige Barbaren mit einer grundsätzlich anderen Sprache und Lebensphilosophie lebten, deren einziges Ziel es war, unser „blühendes Land" zu überfallen, auszuplündern und uns zu töten. Von Annäherungsbemühungen der damaligen westdeutschen SPD, die unter dem damaligen Bundeskanzler Willy Brandt die Regierungsverantwortung inne hatte Anfang der Siebzigerjahre, hatte Paul anscheinend nichts mitbekommen.

Zurück zum militärischen Alltag.

Da wir auf unseren Zimmer jetzt nur Zwischenhunde und EKs waren, mussten wir uns einen Spritzer aus einem anderen Zimmer zum Saubermachen holen. Hier bot sich der Kreißsaal an. Die Jungs dort hatten vier neue Spritzer auf ihrem Zimmer. Die Neuen waren genauso verunsichert und verängstigt wie wir vor sechs Monaten. Auch sie mussten jetzt durch die harte halbjährige Schule der Spritzer gehen.

Holger und ich reichten Ausgang ein, mit wenig Hoffnung auf Erfolg. Aber er wurde uns genehmigt! Wir ahnten nicht, dass dies der einzige Ausgang unserer ganzen anderthalb jährigen Dienstzeit sein und bleiben würde. Wir schmissen uns in unsere hässliche Pferdedecken-Ausgangsuniform, holten unsere Ausgangsgenehmigung ab und machten uns zu Fuß auf in das Kaff Karow. Jeder andere Ort wäre für uns nicht schnell genug erreichbar gewesen, da wir nicht mobil waren. Wie anfangs erwähnt, war die Ortschaft halb so groß wie der Friedhof von Chicago, aber doppelt so tot. Es gibt Orte, die erfasst man mit wenigen Blicken und Eindrücken, und diese Ortschaft gehörte definitiv dazu. Es nagte wie überall der Zahn der sozialistischen Planwirtschaft an den Gebäuden.

In die erste Spelunke, die uns über den Weg lief, kehrten wir ein; es war auch die einzige. Kaum eingetreten in diese typisch sozialistische Gastlichkeit sahen wir uns schon mit einigen Offizieren aus unserer Kaserne konfrontiert. Kurze Ehrenbezeigung und dann erst mal ein Bier bestellt. Holger und ich diskutierten kurz über ein Weiterziehen, da uns die anwesende Gesellschaft nicht unbedingt zu Begeisterungsstürmen hinriss.

Wir fragten den Gastwirt, ob es noch eine andere Destination geben würde. Er blickte uns an, als hätten wir ihn gefragt, wann das nächste Flugzeug nach New York abheben würde. Also hieß es Ende Gelände, und wir bestellten ein neues Bier. In dieser „gemütlichen Gastlichkeit" mit dem Charme einer sibirischen Hafenkneipe schütteten wir uns ein Bier nach dem anderen hinein.

Unsere Rückkehr in die Kaserne wurde um 24.00 Uhr erwartet, wir sollten dieser Erwartung jedoch nicht nachkommen. Von unseren Kasernensäcken befand sich zu später Stunde keiner mehr in besagter Kneipe. In unserem Rausch und nach Bekanntgabe des Wirtes, dass er jetzt schließen würde, begaben wir uns mit je zwei Bierflaschen bewaffnet auf eine Art Abenteuertour. Wobei hier die Tour im Vordergrund stand und weniger das Abenteuer, da dieses schlichtweg nicht vorhanden war.

Es war schon weit nach Mitternacht, als wir von einer patrouillierenden Militärstreife aus unserer Kaserne aufgegriffen wurden. In dieser Nacht fuhren einige Jungs aus der Feldbäcker- Kompanie Streife und gabelten uns auf. Es ging im Vollrausch zurück in unsere „geliebte Kaserne". Dort angekommen, begrüßte uns der wachhabende Offizier, und dann ging es in Begleitung zweier Wachestehender Jungs aus der 2. Kompanie direkt in den Knast.

Nach einer mehr als ungemütlichen Restnacht im Knast ging es zurück in die Kompanie.

Wir zogen unsere Felddienst-Uniform an, die Jungs kamen gerade vom Frühsport, dann ging es unter Pauls Kommando und im Gleichschritt zum Frühstück. Man hatte ihn sicherlich längst informiert über unsere nächtlichen Eskapaden. Beim Frühstück schlich er wie üblich um uns herum wie der Tiger um die Beute. Danach hieß es, antreten auf dem Kompanieflur. Holger und ich mussten vortreten, und es folgte das übliche BlaBla von Wehrkraftzersetzung und einer Beschädigung der NVA ... Wir erhielten jeweils zwei Dienstverrichtungen, das hieß die nächsten zwei Samstage Strafarbeit. Wir konnten uns ein leichtes Grinsen nicht verkneifen, was Paul noch mehr in Rage versetzte. Er brummte uns zudem noch zwei Monate Urlaubs- und Ausgangssperre auf. Die Ausgangssperre war lächerlich, aber die Sache mit dem Urlaub war nicht sehr schön, da die Briefe von Susanne in letzter Zeit immer weniger wurden und ich beim nächsten Urlaub für klare Verhältnisse sorgen wollte. Was ich zu diesem Zeitpunkt noch nicht wusste war, dass mich der Urlaub auch schon bald nicht mehr interessieren würde und meine Befürchtungen während meines letzten Urlaubes und die immer weniger werdende Post meinen Verdacht erhärten ließen.

In jeder Gruppe gibt es die Starken und die Schwachen, physisch als auch psychisch. Die Kombination der Stärke aus beiden ist natürlich das Ideal. So war es auch bei den neuen Spritzern, es gab solche und solche.

Wir hatten einige dabei, sie waren in einem Alter von 18, 19, 20, die noch nie von Zuhause weg waren. Sie taten sich unter den verschärften Bedingungen eines Kasernenlebens besonders schwer. Das Leben dieser Leute wurde bis zum Tag ihrer Einberufung überwiegend von ihren Müttern und Vätern geprägt und bestimmt, was ja äußerst bequem ist. In der Kaserne hingegen half ihnen keiner mehr, und sie mussten dem Druck von allen Seiten standhalten.

Einer war dabei, der über beides nicht zu verfügen schien. Körperlich war er eher gebrechlich, und seine Psyche schien auch nicht sonderlich belastbar zu sein. Pietschi, so nannten wir ihn, machte im landläufigen Sinne den Eindruck eines Muttersöhnchens, was sich auch bestätigen sollte. Er war das erste Mal von Zuhause weg, und er schleppte sich wie ein Häufchen Elend über den Kompanieflur. Seine ganze Körperhaltung spiegelte wenig bis gar kein Selbstbewusstsein wieder.

Man konnte ihn zu Recht als das geborene Opfer bezeichnen, aber das sollte sich nach dem ersten halben Jahr grundlegend ändern. Für ihn wurden die ersten sechs Monate ein Leidensweg.

Das stupide Kasernenleben nahm weiter seinen Lauf. Die Entscheidung seitens des DDR-Ministeriums für Nationale Verteidigung „Befehl 30/74", ein striktes Alkoholverbot zu erlassen, war wohl im Rückblick eines der seltenen guten Gesetze. Wäre Alkohol in der Kaserne ähnlich verfügbar gewesen, wie es viele während ihrer Ausbildung und anschließend während ihres Berufslebens in den Betrieben und Kombinaten kennengelernt hatten, wäre auch aus dem letzten Antialkoholiker bei dieser NVA ein Alkoholiker geworden. Es hatte dieses Alkoholverbot *noch* ein Gutes: es verhinderte, dass man mit Gewalt auf despotische und Soldaten schindende Vorgesetzte losging und auf sie einschlug, was zwangsläufig die „Hölle von Schwedt" bedeutet hätte. Die immer gleichen Abläufe, das Wachestehen, Parktage, Küchendienste, Feuerwache, Exerzieren, Phrasen dreschendes Politgeschwafel und dieser undefinierbare Kasernengeruch, nicht zu vergessen das ewige Putzen der kalten Soldatenbraut, taten ihr übriges. Das war auf Dauer für die Psyche schwer erträglich. Die nächsten zig Monate war diesbezüglich auch kein Lichtblick in Sicht.

Wir hatten Herbst und, der nächste Urlaub sollte erst wieder im Frühjahr stattfinden, aber Gott sei Dank ahnten einige von uns nicht, *wie* lange wir in dieser Kaserne bleiben mussten. Man konnte zumindest immer wieder einen Urlaubsantrag stellen. Ob der genehmigt wurde, stand auf einem anderen Blatt.

Die halbjährliche Umstellungen Sommer/Winter/Winter/Sommer auf unseren Gefechtspark begannen. Es war besser, als Tag und Nacht Wache zu schieben. Zu diesen Umstellungen kamen Mot. Schützen-Einheiten aus anderen Kasernen, die für die Wache bei uns eingeteilt wurden. Diese Typen waren nicht koscher; wir hatten keinen Bezug zueinander, sie nicht zu uns, und wir nicht zu ihnen.

Als wir unsere rollenden Schrottlauben mit *noch* mehr grüner Farbe verziert hatten und wir diese ganzen Zeit-tot-schlagenden sinnlosen Parktage hinter uns gebracht hatten, kam schon die nächste Überraschung um die Ecke, und die hieß „Feldlager". Diesmal Herbst-Feldlager! Wir hatten eine Divisionsübung und mussten weitestgehend die Kaserne räumen, um hochrangigen Offizierssäcken unsere Räumlichkeiten zu überlassen.

Wir zogen mit Mann und Maus in das von uns aufgebaute Feldlager, jedoch hatten wir diesmal normale Militärzelte und auch Stahlbetten wie in der Kaserne.

Die Spritzer wurden gedrillt, unter anderem auch von unseren Kapos Willi und Schmidti.

Abends wurden sie dann von uns in Schach gehalten, sprich sie mussten alles im Feldlager sauber halten sowie immer für genügend Brennholz sorgen, da wir in der Mitte der Zelte Öfen stehen hatten, die Tag und Nacht geheizt werden mussten. Pietschi lag bei uns im Zelt, und ihm kam somit die Rolle des Oberheizers zu. Er musste dafür sorgen, dass der Ofen Tag und Nacht brannte. Er rannte und schleppte die ganze Woche und bei jedem Wetter Brennholz aus den uns umgebenen Wäldern heran.

Es kam zu einem dramatischen Zwischenfall!

Die Feldbäckerkompanie war im Gegensatz zu uns, also der 1., 2. und 3. Kompanie, in der Kaserne geblieben.

Einer von ihnen wollte sich bei Nacht und Nebel aus der Kaserne schleichen. Jedoch kam er nicht durch die Wache, da diese wie bereits erwähnt von einer auswärtigen Mot. Schützen Einheit gestellt wurde.

Also wählte er den Weg über das Tor der Eisenbahn-Einfahrt. Diese Einfahrt war bestimmt für die Versorgung des Heizhauses und für unser Divisionstreibstofflager. Hier wurden per Güterzug Kohlen und große Mengen an Benzin- und Dieseltreibstoffen angeliefert. Sobald die Lieferungen beendet waren, schloss man besagtes Tor, spannte die abnehmbaren Stromkabel von dem Stromzaun, der unserer Kaserne umgab und fuhr die Stromzufuhr wieder hoch. Genau an dieser Stelle wollte er unter den gespannten Stromkabeln hindurchkriechen. Er kam jedoch mit dem Kopf gegen das untere Stromkabel, erhielt einen Schlag, und Schlug mit dem Gesicht auf den Boden auf. Das Aufschlagen mit dem Gesicht auf den Boden und der damit verbundene Schmerz ließen ihn den Kopf wieder hochschnellen, sodass er einen weiteren Stromschlag erhielt. Dies passierte wohl mehrmals hintereinander! Er erlitt Verbrennungen an Hinterkopf und Nacken und erhebliche Gesichtsverletzungen durch das ständige auf und ab. Er hatte Glück, dass er das überlebte. Es war dem glücklichen Umstand zu verdanken, dass der betreffende Soldat, der für das Hochfahren des Stromes zuständig war, dieses nur zur Hälfte tat und somit indirekt das Leben seines Genossen rettete.

Für dieses nicht-komplette Hochfahren des Stromkreislaufes wurde betreffender Soldat am darauffolgenden Samstag beim Bataillonsappell von unserem Oberpsychopathen Ratze Bum vor dem angetretenen Bataillon bestraft!!! Es war kaum zu glauben.

Anstatt froh zu sein, dass der Soldat der Feldbäcker-Kompanie diese Stromstöße überlebt hatte, gab es auch für ihn nach dem Verlassen des Krankenhauses noch eine Attacke betreffs des UEs. Gut, besagter Soldat hatte sicherlich nicht militärisch korrekt gehandelt. Aber zumindest konnte man froh sein, dass er dieses überlebte.

Zurück aus dem Feldlager hieß es Antreten zur samstäglichen Strafarbeit. Wir, in diesem Fall Holger und ich, hatten die Aufgabe, den auf unserem Fuhrpark befindlichen Ölabscheider zu säubern. Das hieß Gummistiefel anziehen und ab in die Grube, in der sich ein Gemisch aus Schlamm, Dreck und Öl angesammelt hatte. Die mussten wir per Schaufel entleeren. Eine echte Sisyphusarbeit! Die Grube hatte Mannshöhe, war somit zirka 1,80 m tief. Das Rausschaufeln war eine enorme Kraftanstrengung! Wir schaufelten die klebrige Masse hinaus an den Grubenrand, und ein Teil davon lief in die Grube zurück … Heldenhaft verrichteten wir diese Tätigkeit mit dem uns schon zu Lehrzeiten beigebrachten sozialistischen Phlegmatismus, der in der NVA-Hierarchie wesentlich ausgeprägter war als im Zivilleben der DDR. Unser Motto lautete am Abend: wir hatten wieder einen Tag gedient!

Es hieß wieder einmal Waffenputzen. Diesmal sollte das Waffen Putzen einigen von uns zu einer neuen Strafarbeit verhelfen. Dieses ewige Putzen der Soldaten-Braut ließ uns auf eine neue Idee kommen. Wir saßen wie üblich auf unserem Kompanieflur, putzten unsere Kalaschnikows. Von Paul war weit und breit nichts zu sehen. Hatte er mittlerweile so viel Vertrauen zu uns, das er uns mit seinen geliebten Waffen unbeaufsichtigt ließ? Irgendjemand kam auf die geniale Idee dieses ganze alte Öl, das sich in und an der Kalaschnikow befand, wesentlich schneller und effektiver im Waschraum zu entfernen. Kaum ausgesprochen, gingen drei von uns in den Waschraum und hielten die Waffen unter fließend heißes Wasser. Es funktionierte perfekt!

Paul tauchte unvermittelt wieder in der Kompanie auf, er war kurz in der zweiten Kompanie gewesen. Er stellte fest, dass drei seiner „Schäfchen" nicht an ihren Plätzen saßen, daraufhin durchforstete er die jeweiligen Zimmer ohne Erfolg und stand kurze Zeit später im Waschraum, dem Herzinfarkt nahe. Wir duschten seine Lieblinge, die Braut des Soldaten, einfach mit heißem Wasser! Das war des Guten zu viel! Er bekam einen Tobsuchtsanfall und wir wegen falschen Umgangs mit der Waffe eine DV.

Die Medaille hat bekanntlich immer zwei Seiten: wir hatten zumindest wieder für einen Samstag Arbeit, während die anderen in ihren Betten herumlungerten ...

Jedem der bis drei Zählen konnte war klar, dass in unseren Reihen Leute dabei waren, die für Horch und Kuck und Schnüffel und Petz tätig waren. Menschen, mit denen man 24 Stunden und sieben Tage die Woche über einen langen Zeitraum Zeit verbringt, können sich nicht zu hundert Prozent verschließen. Einige ließen Äußerungen fallen, welche Hinweise auf ihre Einstellung bezüglich des Staates zuließen. Das hieß, diesen Leuten gegenüber Vorsicht walten zu lassen.

Eine staatsfeindliche Äußerung konnte bei der NVA zu noch größeren Repressalien führen, als es im DDR-Zivilleben möglich war. Bei dieser Art von Vorkommnissen wurden betreffenden Soldaten „Staatsfeindliche

Aktivitäten" als auch „Wehrkraftzersetzung" unterstellt. Das Militärstrafrecht sah dafür drakonische Strafen vor!

Wir ahnten es, hatten aber keine Beweise, was besagte Verräter betraf, im Militärjargon als „Kameradenschweine" verschrien. Ein Sprichwort laut Überlieferung von Julius Caesar besagt: „Der Staat liebt den Verrat, aber er hasst den Verräter."

Immer wenn wir an der zweiten Kompanie, Bellos Hundestaffel, vorbei liefen, bellten und heulten wir Zwischenhunde jetzt auch mit; es war zumindest ein kleiner Spaß, den wir hatten.

Eines fiel uns immer mehr auf, je länger wir in der Kaserne verweilten: alles, aber auch alles nahm Paul persönlich! Waren die Betten einmal nicht hundert Prozent in Ordnung, oder im Schrank lag eine Kleinigkeit nicht richtig, drehte er regelrecht durch.

Es zog sich durch alle Bereiche, auch wenn wir die schier ungenießbaren Sprenghühner mittags nach ein paar Happen in der Restetonne versenkten, konnte er sich eine Äußerung wie „Seien sie froh, dass sie überhaupt etwas zu essen bekommen" nicht verkneifen.

Unser ebenso begnadeter Oberstleutnant Ratze Bum, der Name dieses Menschen war Programm, hielt wieder die Rede zum Samstag, wir hörten immer wieder das Gleiche, man konnte es als eine Art ideologischen Terrors bezeichnen. Es waren immer die gleichen Hasstiraden, und es gab in einem nicht geringen Umfang Menschen, die sich instrumentalisieren ließen. Die jahrelange Hassrhetorik hinterließ bei vielen ihre Spuren, aufgrund dessen konnte dieses System seinen Machtanspruch über Jahrzehnte zementieren. Natürlich nur mit Unterstützung der heldenhaften und unfehlbaren Sowjetunion, die notfalls mit Waffengewalt die konterrevolutionären Umtriebe niederknüppelte, siehe 17. Juni 1953.

Große Bevölkerungsgruppen in Deutschland neigten schon seit eh und je zu einer Art preußischem Kadavergehorsam: Nichts hinterfragen, sondern der Herde hinterherlaufen! Wohin das immer wieder führt und geführt hat, ist exemplarisch an deutscher Geschichte erkennbar.

Zurück zu Ratze Bum. Sprachlich war er ebenso begabt wie Honecker, optisch ähnelte er Ulbricht, Fred Feuerstein und Barney Geröllheimer zusammen, er war eine Mischung aus all diesen aufgezählten Figuren.

Nach der wie so üblich nichtssagenden Samstags-Rede brach wieder eines dieser vor-sich-dahin-vegetierenden Wochenenden an. Außer den Soldaten, die zu den üblichen Diensten eingeteilt waren, hieß es für ein paar von uns antreten, um die DVs abzuarbeiten. Es sollten im Laufe der Zeit immer die gleiche Delinquenten werden. Rony, der sich als verlässlicher Strafarbeiter mit einreihte, sollte es noch zu einem ganz besonderen Rekord bringen, er sollte sage und schreibe 41 Wochen in der Kaserne, ohne Urlaub und natürlich auch ohne Ausgang, verbringen!!!

An diesen Samstag wurden wir in mehrere Gruppen aufgeteilt und eingeteilt, Holger und ich sollten Telegrafenmasten eingraben, und das unmittelbar vor unserer Kaserne.

Man stellte uns einen Kapo aus der 1. Kompanie zur Seite, der die ganze Sache beaufsichtigen sollte. Wir kannten ihn nur unter dem Spitznamen" Ponyreiter" er war klein von gedrungener Gestalt und hatte extreme O-Beine, daher der Name. Er war nicht begeistert, uns beaufsichtigen zu müssen, aber Befehl war nun einmal Befehl. Wir nahmen unsere Spaten und begannen für die Telegrafenmasten die Löcher zu graben, wir wechselten uns jeweilig ab.

Nach gut einer Stunde und der uns eingeprägten sozialistischen Arbeitsintensität waren wir dabei, das vierte Loch auszuheben. Unser Kapo schlenderte in Sichtweite rauchend durch den Wald.

Nach kurzem Graben stieß ich auf etwas Hartes. Gott sei Dank ging ich nicht mit brachialer Gewalt zu Werke. Wir erkannten mehrere Flaschen! Der Kapo schlenderte immer noch durch Wald und Flur. Wir legten die Flaschen vorsichtig frei, es waren drei volle Wodkaflaschen, jeweils 0,7 l mit Grobgewinde, die von irgendwelchen Kameraden wann auch immer an dieser Stelle verbuddelt waren. Wir hatten die überall im Wald verbuddelten Schnapsflaschen gar nicht mehr auf dem Schirm.

Wir hatten noch einige Löcher zu buddeln, die Wodka Flaschen bedeckten wir erst einmal mit Erde, ließen sie aber in dem Loch. Unser Kapo hatte keine Zigaretten mehr, er meinte, er gehe mal schnell in die Kaserne um sich neue zu holen, und wir sollten nicht auf die Idee kommen, stiften zu gehen.

Warum sollten wir nach *diesem* Fund noch stiften gehen, wir hatten doch, was wir wollten. Den Schnaps mit in die Kaserne zu nehmen war in diesem Fall unmöglich. Also schnell eine Flasche öffnen und einen kräftigen Schluck nehmen, unser Kapo war noch außer Sichtweite. Unser Bewacher tauchte wieder auf und war froh, dass wir noch vor Ort waren. Den Schnaps hatten wir gut versteckt hinter einen Baum gestellt.

Meine Abneigung gegen Schnaps hatte sich nicht geändert, aber hier diente er dazu, diesen ganzen Dreck für ein paar Stunden zu vergessen.

Nachdem unser Kapo etwas Vertrauen zu uns gefasst hatte, tauchte er nur kurz auf und verschwand wieder in Richtung Kaserne. Das sollte sich für ihn im Nachhinein als Fehler erweisen. Für uns hieß das aber im Umkehrschluss, wir konnten uns in Ruhe den Alkohol einflössen. Es war schon eine Gaudi! Wir mussten Strafarbeit leisten und kamen komplett voll und sturzbetrunken in die Kaserne zurück. Wir waren am Ende so volltrunken, das wir es nicht einmal mehr schafften weitere Löcher auszuheben.

Nach einer kleinen Ewigkeit tauchte unser Kapo auf, und musste feststellen, dass wir uns nicht mehr auf den Beinen halten konnten. Er versuchte uns in die Kaserne zu schleusen, was aber gründlich daneben ging, wir brauchten fast die ganze Bataillonsstraße und mussten zudem noch am wachhabenden Offizier vorbei. An diesem Abend hatte Bello, der Hundestaffel-Führer aus der zweiten Kompanie, Dienst. Er sah, dass wir kaum noch stehen konnten und ließ die Wache kommen. Die Jungs von der Wache staunten nicht schlecht, schließlich hatten sie uns am frühen Nachmittag noch ganz normal rausgehen sehen. Und jetzt waren wir voll wie tausend Ritter. Sie konnten sich auf dem Weg zum Knast mit uns das Lachen nicht verkneifen. Wieder eine Nacht auf der harten Pritsche im Knast. Aber wir merkten das sowieso nicht mehr. Der nächste Tag war Sonntag. Als wir am Morgen in unsere Kompanie kamen, wussten alle schon Bescheid, da wir abends nicht auf den Stuben aufgetaucht waren. Sie schmissen sich weg vor Lachen, als wir ihnen alles erzählten.

Es war unsere Form des Widerstandes, Regeln zu brechen, und wir hatten erlebt, dass sich Paul in jeglicher Form persönlich angegriffen fühlte. Es war eine Gratwanderung nicht die rote Linie zu überschreiten und im berühmt-berüchtigten Armee-Knast von Schwedt zu landen.

An diesem Abend starteten unsere ehemaligen Zwischenhunde, die jetzt EKs waren, ihre Rufe ... „EKs wo seid ihr ...", und ließen die Stahlkugeln über den Kompanieflur donnern, und wieder splitterten die Kacheln.

Der kommende Montag wurde wieder einmal ein Montag der Bestrafungen; es waren jedoch auch wieder abgediente Tage, die hinter uns lagen. Das waren die Kategorien, in denen wir nur noch dachten. Wieder wurden uns zwei Dvs (= 10 Std. Strafarbeit) aufgedrückt und eine Warnung vonseiten Pauls. Es war ratsam, in nächster Zukunft vorsichtiger zu agieren ...

Unser Kapo Ponyreiter kam auch nicht ohne Strafe davon, da er seinem Befehl nicht Folge leistete, uns lückenlos zu beaufsichtigen. Wie die Strafe für ihn ausfiel, erfuhren wir nicht, und es war uns auch egal.

Es folgte der monatliche Politunterricht. Kinski stellte kühne Thesen über die Zukunft des Sozialismus auf. Wir wandelten mit der sozialistischen Ideologie auf dem Pfad der Sieger, so meinte er. Wie dieser Sieg denn letztendlich aussehen würde, verriet er uns aber nicht. Deutschland hatte schon mal jemanden, der sogar den Endsieg verkündet hatte; wie dieser endete, ist bekannt.

Was für den Christen die Bibel, war für den ideologisch geprägten Kommunisten das „Kapital von Karl

Marx und die Lehren des Marxismus-Leninismus. Wie und wann der große Stern des Sozialismus seine volle Strahlkraft entfalten würde, diese Antwort blieb er uns jedoch schuldig.

Für Versorgungsengpässe, Fluchtversuche der eigenen Bevölkerung, schlechte Ernten, kalte Winter, zu heiße Sommer und wenn unser Erich Verstopfung hatte (man hätte noch weitere tausende Dinge aufzählen können): Der einzige und alleinige Schuldige für sämtliche Miseren und Misserfolge war letztendlich immer der kapitalistische Klassenfeind.

Menschen neigen dazu, bei Dauerberieselung abzuschalten; und das taten wir dann auch während des Politunterrichts.

Wir hatten Dezember 79 und somit noch zirka zehn Monate zu dienen, das hieß, wir würden bald Halbzeit haben. Wir klammerten uns an jede Kleinigkeit des Vorwärtskommens. Jeden Tag, den wir hinter uns brachten, brachte uns ein Stück näher in Richtung „großes Gefängnis", und somit zu etwas mehr Freiheit! Diese Sichtweise: kleines Gefängnis, großes Gefängnis, teilte zum damaligen Zeitpunkt nur eine Minderheit, die aber im Laufe der Jahre- wie jedem bekannt- wachsen sollte. Wir freuten uns alle auf ein Jahr später! Im Jahr 1980 sollte es jedoch im polnischen Danzig mit der „Solidarnosc" unter Lech Walesa, für uns Soldaten noch brisant werden. Bis dahin hatten wir noch einige Tage zu dienen, und noch war die Situation in Polen für uns Streitkräfte weit weg.

Wir schritten zum Ritual der Spritzer-Taufe, eines von den Dingen, die auch uns zuteilwurden. Es diente zudem, die

Zeit totzuschlagen und der Belustigung, war jedoch für die Betroffenen nicht sehr lustig. Es gab mehrere Disziplinen, die von den Spritzern durchlaufen werden mussten:

1. Aushängen der Spindtür und mit dieser das Schlagen auf den nackten Hintern
2. Der Mutsprung
3. Das Stiefelboxen

Ein Spiel war dämlicher als das andere, aber irgendwie musste man die Zeit ja totschlagen …

Es begann mit dem Aushängen einer beliebigen Spindtür, der betreffende Soldat des ersten Diensthalbjahres musste sich auf den Tisch des Zimmers legen, wurde dann jeweils von zwei Zwischenhunden am linken sowie am rechten Arm festgehalten. Es kam ein dritter Zwischenhund mit besagter Spindtür, und ließ diese dann auf den nackten Hintern, des auf dem Tisch Liegenden sausen, jeweils sechsmal, ein Schlag pro Monat für das erste halbe Jahr.

Dieses Ritual war das Schmerzhafteste, man verspürte beim Zusehen noch einmal die eigenen Schmerzen.

War das erledigt, und alle hatten ihre „Tracht Prügel" mit der Schranktür erhalten, kam die nächste Bewährungsprobe, die jedoch war eher harmlos, aber sie hatte es in sich.

Es war der Mutsprung, dieser Mutsprung hatte wieder mit der Spindtür zu tun. Betreffendes Opfer musste sich mit verbundenen Augen auf die von vier Leuten gehaltene Spindtür stellen. Diese wurde dann etliche Male hoch und runter gehoben, sodass der Betroffene keine Orientierung mehr hatte und nicht wusste, in welcher Höhe er sich befand. Dann kam das Kommando „spring"; dabei zögerte jeder der auf der Tür stand. In welcher Höhe sich der auf der

Tür Stehende befand, sahen nur die Umstehenden. Der auf der Tür grübelte über die Höhe nach; eine wirklich blöde Situation, er wusste es wirklich nicht. Nach mehrmaligem Rufen setzte er zum Sprung an. Oft schwebte die Tür nur knapp über dem Boden, aber der auf der Tür ging von einer größeren Höhe aus, und so kam ein komplett verkrampfter Sprung zustande, zur Belustigung der Umstehenden.

Dann kam die letzte Prüfung, das Stiefelboxen, sie war von allen drei Übungen die Harmloseste. Aber was verstand man unter Stiefelboxen???

Die Erklärung ist kurz. Wieder wurden die Augen verbunden, dann hieß es, mit verbundenen Augen in einen hingehaltenen Stiefel zu boxen, ... der Schwachsinn erreichte seinen Höhepunkt!!! Der jeweilige Stiefelboxer schlug mit verbundenen Augen immer wieder etliche Luftlöcher, dann kam einer von uns mit einem großen Eimer Bohnerwachs. Immer noch schlug derjenige unter Anfeuerungsrufen wilde Luftlöcher, bis ihm der Eimer hingehalten wurde, er mit voller Wucht zuschlug, und dann unter Gelächter in dem Eimer stecken blieb. Kamen wir damals im Internat schon auf recht blöde Ideen, so waren sie jetzt durch die noch größere Langeweile noch dämlicher! Wer käme schon im Zivilleben auf die Idee, Leute von einer Tür springen zu lassen oder in einen Stiefel zu boxen ... Draußen würde sich da kaum jemand für hergeben, aber in einer Kaserne hatte man keine Wahl.

Es hieß einmal wieder Wache stehen. Ein Wachposten-Bereich war besonders unbeliebt, nämlich das Kraftstofflager. Dieser Bereich war riesig! Es lagerten dort Kraftstoffreserven für den gesamten Nordost-deutschen Divisionsbereich. Das erste Mal dort Wache stehen war eine besondere

Herausforderung, sowohl für den jeweiligen begleitenden Unteroffizier als auch für den wachhabenden Soldaten.

Es lagen dort oberirdisch hunderte Fässer voll mit Benzin und Diesel, und andere brennbare Flüssigkeiten. Unterirdisch in riesigen Tanks lagerten dann die wirklich großen Mengen an Kraftstoffen. Die oberirdisch gelagerten Fässer knackten, und es schepperte an allen Ecken und Enden; vor allem nachts und im Winter war es mehr als gespenstisch. Alles war sehr weiträumig und unüberschaubar, das machte das Ablösen der Wachposten für die jeweiligen Unteroffizier besonders gefährlich, speziell bei jenen Posten, die dort zum Ersten Mal standen. Man hatte ein Magazin mit dreißig Schuss scharfer Munition in den Kalaschnikows, und zwei weitere Magazine mit voller Munition in der Munitionstasche. Ein Schuss in diesem Bereich hätte wahrscheinlich verheerende Auswirkungen gehabt!

Nach mehrmaligem Wache stehen in diesem Treibstofflager – es war von der übrigen Kaserne hermetisch abgeriegelt – wurde es dann doch zur Routine. Man kannte dann die Ecken, wo man verschwinden konnte und kauerte sich dort irgendwo hin.

Aber die Steigerung allen Übels war der Küchendienst mit all seinen Facetten. Angefangen von der Mannschaftsküche über die Offiziersküche –, er war von allen Diensten die größte Zumutung. Meist zogen sich die Küchendienste über mehrere Wochen hin, und dieser Dienst wurde häufig zur Bestrafung eingesetzt, obwohl er als solche nicht deklarierte wurde.

Kaum hatten wir die vierundzwanzig Stunden Wachdienst hinter uns, hieß es zwei Tage später nach Parktag und des obligatorischen „Kalaschnikow-Braut-Putzens" antreten zum Küchendienst. Allein die Stundenanzahl des Küchendienstes war mehr als knackig, wir fingen direkt nach dem Frühsport um 06.30 Uhr an, das Ende war dann so zirka gegen 20.00 Uhr.

Bei der Sekte hieß es friss oder stirb, morgens ein wenig Marmelade, ein bisschen Margarine, zwei Scheiben Graubrot sowie zwei Scheiben Wurst. Die Wurst war so dünn geschnitten, hielt man diese in die Sonne so schien diese durch selbige.

Als flüssige Beilage gab es den immer gleichen übel schmeckenden Tee, dessen Geschmack wohl aus Sibirischen Tundra-Gras gewonnen wurde, das aber bereits das dritte Mal aufgebrüht worden war ...

Nach dem Abwaschen der Unmengen an Kunststofftellern, Tassen, und Geschirr schritten wir zur zweiten Etappe, dem Mittagessen. Hier bestand anscheinend eine Patenschaft mit einer Hühner züchtenden LPG (= Landwirtschaftliche Produktionsgenossenschaft). Anders war der nicht zu versiegende Strom von Sprenghühnern nicht zu erklären. Wir bekamen in der Kaserne nur die Hühner, die an Altersschwäche zusammengebrochen waren. In der Küche verstand man das Zubereiten eines Sprenghuhnes so: Topf auf, Huhn rein, eine Handgranate dazu, Deckel drauf, und fertig war das Sprenghuhn. Diese Art der Zubereitung wurde aber heimlich gemacht, da wir sie beim Küchendienst nie wahrnahmen.

Nach dem jeweiligen Aufräumen, Abwaschen, Küche reinigen und vieler anderer Tätigkeiten, fand die kulinarische Abrundung des Tages statt, das Abendbrot. Dieses bestand mitunter aus „erlesenen und schwer essbaren Antiquitäten": Pumpernickel, das mitunter 15, 16, 17

Jahre alt war, der, die, das Pumpernickel hätte sich wahrscheinlich besser geeignet, um die maroden Dächer der Republik zu decken ... Als Beilage und zur Abrundung kam die allseits und beliebte „Komplekte" hinzu. Diese verschiedenen Wurstsorten in den kleinen Büchsen standen dem Pumpernickel vom Alter her in nichts nach. Von daher lautete die Parole: „So wie die Verpflegung, so die Bewegung!"

Aber der gemeine DDR-Bürger war auch im Zivilleben zwangsläufig von der bescheidenen Sorte, die HO-Konsum-Lebensmittel gaben auch meist sehr wenig her, es wurde von unserem großen Staatsratsvorsitzenden nur als kleiner vorübergehender Mangel auf dem Weg zum großen Sieg des Sozialismus deklariert. Dieser Zustand der Mangelwirtschaft sollte im Laufe der nächsten Jahre zu immer neuen Höchstleistungen in der Lage sein, sodass es zum Schluss nicht einmal mehr Toilettenpapier gab!

Der Küchendienst war ein Sieben-Tage-Dienst, und dann mitunter über einen ganzen Monat! es war eine regelrechte Tortur!

Wesentlich besser versorgt wurden die „Säcke"! Also mussten wir an das Essen der Offizierskantine kommen, es war wesentlich besser als das Mannschaftsessen.

Vorteil war bei unseren Essens-Schmuggel-Aktionen, dass Paul meistens schon nicht mehr in der Kompanie war, wenn wir um 20.00 Uhr mit dem Essen die Kompanie erreichten.

Natürlich durften Holger und ich häufiger dem verhassten Küchendienst frönen, wir wurden somit das Küchenteam und die „Master of Desaster". Es bedeutete alleine für vierhundert Soldaten, Offiziere und Zivilangestellte dreimal täglich Abwaschen. Die nächsten DVs sollten nicht lange auf sich warten lassen ...

Es war wieder ein x-beliebiger Tag des Küchendienstes, wir stapelten, an diesem Tag, die Kunststoffteller der Mannschaftskantine so hoch bis nichts mehr ging, letztendlich fiel alles in sich zusammen! Dies brachte uns zusätzlich noch zwei Wochen Küchendienst ein. Der Küchenbulle, Dienstgrad Hauptfeldwebel, beschwerte sich wie zu erwarten bei Paul.

Nachdem wir eine weitere Woche in der Mannschaftskantine tätig waren, wartete die Offizierskantine auf uns, und das bedeutete, wir konnten uns mit etwas Cleverness reichlich an dem wesentlich besseren Essen bedienen und den Jungs auf unseren Zimmer auch noch was zukommen lassen.

Wir versteckten das Essen aus der Offiziersküche unter unseren Felddienstuniformen. Der Küchenbulle hatte meist schon Dienstschluss, wir nahmen mit, was wir nur kriegen konnten: Fleisch, Gemüse, Kuchen, ... alles, was nicht niet und nagelfest war, ließen wir mitgehen, zur Freude unserer Zimmerkameraden. Holger und ich hatten uns tagsüber schon die Bäuche vollgeschlagen, wir durften uns bloß nicht erwischen lassen. Langsam legten wir wieder etwas Gewicht zu.

Wir beobachteten durch einen Spalt der Essensklappe die „Säcke" bei ihrer Essensaufnahme. Wir nannten es die „Raubtierfütterung".

Einen Vorteil hatte der Küchendienst: wir sahen Paul so gut wie nie!

Wir hatten Halbzeit, waren somit also schon neun Monate in dieser unseligen Kaserne, jetzt ging es Tage-technisch für uns bergauf. Patze, einer unserer Stubenkameraden vom dritten Diensthalbjahr, durfte das zweite Weihnachten auch nicht nach Hause fahren, Gefechtsbereitschaft musste wie üblich aufrechterhalten werden; immer das gleiche Lied ...

Er hatte einen Monat vor seiner NVA Einberufung geheiratet, war mittlerweile Vater einer Tochter, und erhielt bei seinem im Januar genehmigten Urlaub seine Heiratskündigung.

Ich hatte an dem Tag, als Patze aus dem Urlaub kam, Dienst, und zwar war ich der Gehilfe von Willi, also GUvD.

Patze kam im Morgengrauen vollkommen sturzbetrunken die Treppe hoch, ein Wunder, dass er es überhaupt geschafft hatte, am Wachhabenden vorbei zu kommen. Er war am Boden zerstört. Er versuchte mir in seinem Vollrausch kurz zu erzählen, was er Zuhause erlebt hatte, dann schwankte auf unser Zimmer.

Seine Frau war wohl der Meinung, seine lange Abwesenheit sei darin begründet, dass er jemanden neu kennengelernt hätte. Sie verstand anscheinend nicht, dass es für ihn kein Rauskommen aus der Kaserne gab.

Nach dem GUvD ging es wieder zurück zum Küchendienst, Holger und ich mussten die 14-tägige Küchensonderschicht abarbeiten. Da wir wechselweise mal in der Mannschaftsküche, dann wieder nach Bedarf in der Offiziersküche arbeiten mussten, kamen wir irgendwann auf die Idee, unseren Säcken Baldriantropfen in den Kaffee oder Tee zu mischen. Die Sache war leicht umsetzbar, da besagte Tropfen leicht zu verstecken waren, und uns nicht nachgewiesen werden konnte, dass wir dahinter steckten. Einer von den Spritzern auf Holgers

Zimmer, im „Kreißsaal", hatte die Baldriantropfen bei sich im Spind stehen. Holger schnappte sich diese und weg waren sie. Keiner bemerkte irgendetwas, und wenn, dann waren sie halt weg!

Wir gingen ganz systematisch vor: wir mussten herausfinden, wann wer genau kam und was er dann trinken wollte. Die meisten Offiziere kamen immer zur gleichen Zeit zur „Raubtierfütterung", so konnten wir uns auf unsere Opfer vorbereiten. Es war leicht zu erraten, wer unser Hauptopfer war: natürlich Paul. Aber hier war die Dosierung wichtig, wir konnten nicht gleich das volle Programm fahren. Es war eine Revanche für all die Schikanen, die wir über die Monate über uns ergehen lassen mussten.

Wir beobachteten durch den Essensklappen-Schlitz diejenigen, denen wir die Baldriantropfen in ihr jeweiliges Getränk geträufelt hatten. An ihren Gesichtern konnte man ablesen, dass die von ihnen eingenommenen Flüssigkeiten wohl nicht der gewohnten Geschmacksrichtung entsprachen ...

Wir freuten uns diebisch! Es trudelten Beschwerden beim Küchenbullen ein, aber schließlich hatten wir beide das Essen und die Getränke weder gekocht noch zubereitet, wir reichten sie ja nur durch die Essensklappe. Wir machten einen auf verwundert und heuchelten Ahnungslosigkeit. Die Flasche mit den Baldriantropfen hatten wir sorgfältig an einer Stelle deponiert, wo sie nicht so leicht zu finden war. Wir mussten dümmsten Falls mit einer Leibesvisitation rechnen, aber das passierte nicht. Schade, dass wir nicht im Besitz von anderen Drogen waren, z. B. berauschende Kräuter, oder Pilze ... wir hätten sie sicherlich zum Einsatz gebracht.

Einer von den im Herbst gekommenen Spritzern sollte in Schwedt/Oder landen. Was für politisch Verfolgte und Inhaftierte der Knast in Bautzen war, war für NVA-Angehörige der Militärknast in Schwedt. Angel war sein Name, er war bereits im Zivilleben mit dem Gesetz in Konflikt gekommen, er hatte wegen mehrerer Delikte bereits anderthalb Jahre im Knast gesessen. In seiner Freizeit war er Amateurboxer, er war gut durchtrainiert. Ein Leutnant aus der 1. Kompanie hatte ihn mehrfach schikaniert, er ließ ihn immer wieder die gleiche Toilette säubern, und das mehrfach am selben Tag. Dann gingen Angel die Nerven durch, und er schlug ihn in dieser Toilette zusammen. Er wurde von der Wache festgenommen und landete umgehend in unserem Kasernen-Knast, in dem er verblieb. Einige Tage später kam aus Schwerin ein Militärstaatsanwalt mit seiner Entourage. Wir mussten uns alle im Kinosaal einfinden und dem Strafverfahren beiwohnen. Er wurde in diesem Schnellverfahren wegen eines Angriffes auf einen Vorgesetzten zu drei Monaten verurteilt. Die Zeit bis zu seinem Haftantritt in Schwedt musste er weiterhin in unserem Kasernen-Knast verbringen. Uns sollte dieser Schauprozess als Warnung dienen. Sie verdeutlichten uns damit, dass sie alle Rechte hatten und wir hatten keine! Wobei das Zusammenschlagen eines Vorgesetzten sicherlich keine Lösung war, aber die ständigen und sinnlosen Schikanen andererseits wohl ebenso wenig.

Anschließend musste er sich an besagten Tag des Haftantrittes auf den Weg machen, alleine und ohne Begleitung, wohin hätte er bei einer Flucht auch fliehen sollen??? Er kam aus einem kleinen Knast/Kaserne kurzzeitig in den großen Knast DDR und meldete sich wieder im kleinen Militärknast Schwedt.

Als er nach diesen drei Monaten wieder in die Kaserne zurückkehrte, musste man dreimal hinschauen um ihn zu erkennen. Er erwähnte nur einmal kurz, dass es die Hölle auf Erden war; bei seinem Anblick bestanden daran keine Zweifel.

Unser Kompanie Spritzer Pietschi schlich zwar immer noch über den Kompanieflur, aber mittlerweile mit einem wesentlich aufrechteren Gang und einem weitaus erhobeneren Kopf, als die ersten Wochen seiner Einberufung, er hatte wohl realisiert, dass es auch ohne Mutter geht. Für ihn waren die ersten Monate ein Martyrium. Mit einem breiten Grinsen im Gesicht sagte er, er freue sich schon auf die neuen Spritzer ...

Wieder hatten wir einen Samstag, nach Dienstschluss hieß es einmal mehr die verhängten DVs abzuarbeiten. Die Aufgabe lautete diesmal, die toten Tierkadaver aus dem Starkstromzaun zu bergen. Die verkohlten Kadaver waren größtenteils Hasen, Kaninchen, Füchse, ... es konnte auch schon mal eine Katze dabei sein. Anschließend mussten wir das ganze Terrain harken. Das Harken diente dazu, Spuren zu lokalisieren von Leuten, die UE gingen. Es gab zwei oder drei Leute die das Wagnis eingingen, über die Starkstromkabel zu klettern. Sie taten das, indem sie auf die Porzellan-Isolatoren traten, die sich an den jeweiligen Pfeilern befanden und die Kabel hielten, durch die der Strom lief; das war höchst lebensgefährlich!

Es kam der Tag, der zu erwarten war; er kam in Form eines Briefes.

Mein Gefühl sagte mir schon des Längerem, dass in der Heimat mit meiner Freundin etwas nicht stimmte. Es wurde wöchentlich spürbar an der immer spärlicher werdenden Post, die ich von ihr bekam. Laut ihrer Aussage lag es an dem vielen Lernen bezüglich ihres Studiums.

Ronnie hatte ein paar Wochen vorher schon die „erfreuliche Botschaft" seiner Freundin erhalten: sie wäre zu jung um so lange zu warten … Sie hatten eigentlich vorgehabt, nach der NVA-Zeit zu heiraten.

Wir machten uns bewusst, dass unsere Einflussnahme auf das, was draußen geschah, gleich Null war. Ronnie meinte nur lapidar, andere Mütter hätten auch schöne Töchter … Bei dem ganzen Elend hilflosen Zusehens hatte die ganze Sache auch was Gutes: Kein Betteln mehr um Urlaub, kein tägliches Warten auf Post. Wir stellten uns die Frage, ob mehr Urlaub das Ende verhindert hätte??? Holger hatte von Anfang an die bessere Option gewählt: keine Bindung und somit keine Urlaubserpressung. Trotz der zuhause wartenden Freundin konnte man sich schließlich nicht selber aufgeben und von diesen kommunistischen System-Paladinen schikanieren lassen. Zudem konnte man annehmen dass, wer nicht in der Lage war, anderthalb schwierige Jahre durchzustehen, wohl auch nicht geeignet sein würde, für eine noch längere Zeit dann miteinander durchzuhalten. Hier bestätigte sich auch meine Vermutung, dass wir aus politisch zu unterschiedlich geprägten Familien kamen, die eine kommunistisch, die andere kapitalistisch.

Unsere Wege sollten sich später noch einige Male kreuzen.

Nach einigen Wochen des Grübelns nahm mein alter Plan, diesem Staat den Rücken zu kehren (wann das auch immer sein mochte), wieder Gestalt an. Der Hass auf das „System DDR" war dabei die treibende Kraft und dieser steigerte sich täglich. Doch einen Schritt nach dem anderen; als erstes hieß es, diese NVA hinter mich bringen! Es sollten noch einige langweilige, aber ereignisreiche Monate vor uns liegen.

Bei unserer letzten Auswärtsübung mit unseren Sattelschleppern und Tankwagen ließen sich Rudi und Volker zurückfallen, und stürmten in den am Straßenrand liegenden Konsum, um diesen seiner Schnapsflaschen zu berauben, natürlich gegen Bezahlung. So was musste in einem Affentempo vonstattengehen, und bevor die Mädels an der Kasse den „Schnapsüberfall" ganz realisierten, waren die Jungs, ohne auf das Wechselgeld zu warten, schon wieder bei ihren LKWs und schlossen zu dem Konvoi auf ...!

Bevor wir in die Kaserne zurückkehrten, hängten wir die Flaschen in die Tankwagen. Beim Einkehren in die Kaserne wurden die Fahrzeuge jedes Mal akribisch durchsucht, aber auf die Idee, an *dieser* Stelle zu suchen, kam niemand. Wir banden die Schnapsflaschen während der Nacht an dünne Stricke, die wir für diese Aktion bereitgelegt hatten und versenkten die Flaschen dann durch die große Dieseleinfüllluke. Die Schnapsflaschen hingen somit in tausenden Litern von Diesel, es war äußerst unwahrscheinlich, dass hier jemand nachsah. Wir hatten die Seile zusammengebunden und sie so an der Dieselluke befestigt, dass sie von unten nicht sichtbar waren. Als wir in die Kaserne fuhren, hieß es beim wachhabenden OvD und seinem Gehilfen, dem GOvD, „Anhalten zur Kontrolle". Es kam ja immer wieder vor, dass nach solchen Übungen Soldaten auf ihren Stuben sturzbetrunken aufgegabelt wurden, und das wollte man natürlich verhindern. Wie erwartet durchsuchten sie so ziemlich alles am LKW, was als Versteck hätte dienen können; aber auf die Idee, dass wir den Schnaps in den Diesel gehängt hatten, nein darauf kamen sie nicht!

Wir stellten die LKWs anschließend auf dem Gefechtspark ab, und dort hing der Fusel dann einige Tage im Diesel. Als Nächstes mussten wir ihn vom Fuhrpark holen und in die Kompanie schmuggeln, das war auch wieder nicht ganz einfach. Aber bei einer sprichwörtlichen Nacht-und-Nebel-Aktion gelang es uns. Wie heißt es so schön: Ende gut, alles gut.

Es trudelten des Öfteren auch Pakete ein. Jedes dieser Pakete musste in Anwesenheit eines Offiziers oder eines anderen Vorgesetzten in dessen Dienstzimmer geöffnet werden. Draußen im Zivilleben war man auch nicht ganz blöde. Hatten männliche Familienangehörige oder Freunde bereits bei der NVA gedient und waren wieder zuhause, wussten sie, was ein Soldaten-Herz in der Ferne und somit in der Kaserne begehrte.

Man versuchte von außerhalb, den Alkohol auf jegliche Art und Weise seinem Angehörigen zukommen zu lassen. Jedoch waren die meisten Tricks so alt wie das Militär selber.

Lag ein größerer länglicher Mürbeteig Kuchen in dem geschickten Paket, so konnte man mit sehr großer Wahrscheinlichkeit davon ausgehen, dass in diesem Kuchen eine Flasche Schnaps versteckt war. Für diese

Eventualitäten lag ein großes Küchenmesser bereit, und der Kuchen wurde in der Mitte zerteilt und es kam fast immer eine Flasche Schnaps zum Vorschein.

Dieser wurde einbehalten und ward nie mehr gesehen. Wahrscheinlich verleibten sich unsere Säcke diesen Alkohol selber ein. Eine andere Idee, die leider auch nicht zum Erfolg führte, war, dass einer von den Jungs von seiner Freundin eine Wärmflasche geschickt bekam, mit einem beiliegenden Schreiben, dass er des Nachts nicht so frieren müsse. In der Wärmflasche war natürlich, wie nicht anders zu erwarten, Fusel. Der Beschenkte kam auch hier nicht in den Genuss, auch nur einen Schluck zu genießen. Ganz abgesehen von den unendlichen vielen „Fruchtsaftflaschen", die speziell zu Weihnachten eintrafen: sie wurden durchwegs alle geöffnet, ein kurzer Geruchstest reichte, und auch diese Fruchtsaftflasche mit ihrem Inhalt sollte den Beschenkten nicht beglücken.

Die Sache mit der Wärmflasche war jedoch eine geniale Idee, natürlich nicht in einem geschickten Paket, aber diese Wärmflasche gab uns eine Steilvorlage für einen kommenden Urlaub, und dann sollte sie uns Erfolg bringen.

Nach Dienstschluss öffneten wir mal wieder eine Flasche unseres hineingeschmuggelten Schnapses und mischten diesen mit einer „leckeren DDR-Club-Cola". Wir wollten uns in das Reich des Vergessens beamen, aber wir hatten die Rechnung ohne den Wirt „Paul" gemacht. Wir nahmen an, dass er schon längst außer Haus wäre, aber weit gefehlt. Er legte an diesen Abend mal wieder eine seiner Sonderschichten ein, sprang in jedes Zimmer und brüllte „Achtung", das bedeutete, alles hatte stramm zu stehen.

Wir lagen mit unserer Stube am Ende des Flurs, auch bei uns sprang er rein und brüllte Achtung. Wir reagierten schon nicht mehr, er brüllte noch mehrmals Achtung, wieder keine Reaktion unserseits. Jetzt zerrte er an uns herum, er merkte wohl, dass wir einiges intus hatten. Er brüllte wie von der Tarantel gestochen, wir hätten uns unversehens bei ihm im Dienstzimmer einzufinden. In unserem „etwas" angetrunkenen Zustand hatten wir nicht mitbekommen, dass Paul Dienst hatte, er war GOvD. Welch ein Glück für seine Familie, dafür hatten wir ihn am Hals.

Normal funktionierte der Buschfunk in der Kaserne, diesmal aber nicht. In dieser Situation half auch nichts mehr. Er keifte wie üblich und fabulierte von Wehrkraftzersetzung und von konterrevolutionären Umtrieben … Eine Nummer kleiner hätte es auch sein können, aber Paul holte gleich die ganz große Keule raus. Bei seinen abstrusen Vermutungen und Beschuldigungen konnten wir uns das Lachen nicht verkneifen, was ihn noch mehr in Rage versetzte. Jetzt konnte es nicht mehr lange dauern, bis er zur Dienstwaffe griff, aber soweit kam es dann doch nicht. Wir hatten Glück, unser Bataillonsknast war bereits belegt. Er drohte, dass das noch Konsequenzen für uns hätte. Am darauf folgenden Samstag, beim mittäglichen Bataillonsappell, bekamen wir die nächsten drei Dienstverrichtungen. Langsam stellten wir uns die Frage, ob es sich bis zu unserer Entlassung überhaupt ausgehen würde, alle DV's abzuarbeiten. Es war die wohl am langsamsten verlaufende Zeit in unserem Leben, aber sie lief; und sie lief für uns …

Der Februar stand vor der Tür und es kam zu einem bedenklichen Ereignis. Unserem Kompanietyrannen Paul ereilte ein persönliches Schicksal, und bei diesem tragischen Ereignis wurde seine Geisteshaltung sichtbar. Seine Frau verstarb. Nähere Umstände waren keinem von uns bekannt und es wurde auch in der Kompanie diesbezüglich nichts publik. Wir erfuhren es auch eher zufällig von unserer Wilden Hilde, aber auch er wusste nichts Genaues. Wie häufig in solchen Fällen wurden gleich höhnische Spekulationen geäußert, so nach dem Motto, sie beging wohl Befehlsverweigerung zuhause, und Paul hätte sie daraufhin mit seiner Dienstwaffe erschossen. Ein anderer meinte, sie hätte sich wahrscheinlich vor lauter Verzweiflung erhängt. Wieder einer sprach davon, dass sie wohl zum kapitalistischen Klassenfeind flüchten wollte, und dabei auf der Flucht von Paul erschossen wurde. So nahm die Häme durch die Kaserne ihren Lauf.

Jedoch war Pauls Verhalten höchst befremdlich. Wir gingen davon aus, dass er der Kaserne in den folgenden Tagen fern bleiben würde, schließlich hatte er noch zwei minderjährige Söhne. Aber dieses Fernbleiben erwies sich als reine Spekulation unsererseits. Im Gegenteil, es gab nach wie vor „Dienst nach Vorschrift" wie jeden Tag, und das unter Pauls Führung. Wir dachten, unsere Wilde Hilde hatte uns im wahrsten Sinne des Wortes einen Bären aufgebunden. Wie sich wenig später an Hand von Äußerungen einiger Offiziere herausstellte, entsprach der Tod seiner Frau den Tatsachen. Ein paar Kameraden unserer Kompanie mussten ein paar Tage später auf Pauls Befehl zum örtlichen Friedhof fahren und dort ein Grab ausheben. Nach vollzogener Bestattung seiner Frau ging unser Kompanie-Tyrann zum Alltag über, als wäre nie etwas geschehen. Am selbigen Tag, an dem die Beerdigung seiner Frau stattfand, brachte er uns abends zum

Abendbrot in die Speisebaracke, im Gleichschritt und mit den üblichen Kommandos.

Dass er für Menschen wenig bis keine Empathie empfand, war uns nicht verborgen geblieben.

Aber bei dem Tod der eigenen Frau solch ein Verhalten an den Tag zu legen, das ließ schon tief blicken. Man konnte den Eindruck gewinnen, dass er sich in einem permanenten inneren Krieg befand, und wie war wohl seine Sozialisierung verlaufen???

Wir fuhren noch häufig zum Nachtschießen, und Paul begleitete uns jedes Mal dabei. Sobald wir auf unseren Sattelschlepper saßen und Richtung Schießplatz fuhren, wurde Paul zur regelrechten Stimmungskanone, als wir dann auch noch scharfe Munition in unseren Kalaschnikows hatten, wurde er noch lustiger. Hier erkannten wir, dass er da häufig Angst um sein Leben hatte. Es waren die einzigen Momente, in denen er zwanghaft witzig und redselig war. Jedoch sobald die Maschinenpistolen wieder in der Waffenkammer an ihrem Platz standen, war er wieder der Alte.

Für unsere EKs ging es Richtung Ziellinie, sie zeigten uns das anhand ihrer immer kürzer werdenden Bandmaße, aber noch hatten sie einige Wochen vor sich. Das Bandmaß war eine Art Heiligtum eines jeden EKs. Die einzelnen Tage hatten ihre jeweilige Bedeutung und wurden dementsprechend farblich markiert.

Trafen sich Soldaten in Uniform beim Heimfahren in den Urlaub und waren optisch nicht unterscheidbar, weil einer an seinen Schulterstücken nicht als Gefreiter erkannt wurde, da diese keine Balken aufwiesen, reichte ein kurzes Zeigen des Bandmaßes, und die Fronten waren geklärt.

Im Dezember 1979 begann der Krieg in Afghanistan, der von der DDR-Führung nicht thematisiert wurde. Unsere „Sowjetischen Brüder" installierten nach internen Machtkämpfen in Afghanistan eine kommunistische Regierung. Wie der Krieg in Afghanistan endete, ist hinlänglich bekannt: sie erlitten das gleiche Schicksal, wie die USA nach zehn Jahren Krieg in Vietnam. Dass dieser Krieg einer der Anfänge vom Ende des Kommunismus sein sollte, ahnte damals noch niemand. Das nächste Ereignis sollte sich schon kurz darauf in Polen ereignen, die Solidarnosc-Bewegung. Amerikas Vietnam-Inferno lag 1979 vier Jahre zurück, unsere „sowjetischen Brüder" hatten wohl wenig bis nichts aus dem militärischen Desaster der USA gelernt.

Langsam, für uns jedoch viel zu langsam, bewegten wir uns in Richtung Frühjahr 1980. Es würde für uns keinen zweiten Winter geben, wir sahen immer mehr Licht am Ende des Tunnels. Verkürzten sich mit jedem Tag die Bandmaße unserer EKs, so bedeutete das auch für uns Zwischenhunde ein immer näher rückendes Ende unserer NVA-Zeit.

Es war einer dieser todlangweiligen Sonntage, als Patze, der sich von der Hiobsbotschaft während seines letzten Urlaubs etwas erholt hatte, auf die Idee kam, eine EK-Heimfahrt zu inszenieren und diese durchzuspielen.

Die EK-Heimfahrt sah wie folgt aus: Aus den umliegenden Zimmern wurde ein halbes Dutzend Spritzer zusammengetrommelt. Diese mussten im Kasernenbereich, in diesem Fall hinter der Sturmbahn (dort waren Sträucher und Hecken vorhanden) einiges von diesem Grünzeug in die Kompanie holen. Dieses taten vier Spritzer, die beiden anderen mussten Schilder beschriften. Patze, der diese symbolische Heimfahrt antreten wollte, instruierte die beiden Spritzer, welche Schilder sie mit welchen Bahnhöfen beschriften sollten, an denen er dann vorbei käme, auf seiner Heimfahrt und ohne Rückkehr in die verhasste Kaserne. Das Letzte dieser Schilder trug den Namen seiner Heimatstadt; besser hätte man wohl kaum ein komisches Theaterschauspiel inszenieren können.

Nachdem dies alles organisiert war, kamen die Regieanweisungen an die Spritzer. Eines der Doppelstockbetten stellte den Waggon eines Zuges dar. In dieses hockte sich Patze, dann wurde der Fahrplan erstellt. Es mussten die zu passierenden Bahnhöfe in der Reihenfolge sortiert werden. Als dieses erledigt war, bekamen die Jungs mit den abgebrochenen Zweigen ihre Instruktionen, und dann begann das kuriose Schauspiel der EK-Heimfahrt.

Ein Spritzer stand am Fußende des Doppelstockbettes, der andere am Kopfende des Bettes, das den Waggon darstellte. Ihre Aufgabe bestand darin, an besagtem Bett in dem Patze saß, zu rütteln, es sollte einen fahrenden Zug darstellen, die Spritzer mussten zudem noch Zuglaute von sich geben. Dann kamen die vier anderen Spritzer ins Spiel; zwei von ihnen hatten die Order, die Schilder mit den Bahnhöfen hochzuhalten an denen der Zug hielt. Mit den jeweiligen Namen der Bahnhöfe nahmen wir es nicht so genau, da wir keine Karte hatten, es ging vordergründig um den Spaß, was spielten da schon die Namen der Bahnhöfe für eine Rolle.

Der Endbahnhof für Patze war seine Heimatstadt Neubrandenburg, das zählte und nur das.

Die Gaudi begann, der imaginäre Zug setzte sich in Bewegung, das Bett wurde leicht zum Wanken gebracht dann liefen zwei mit den Zweigen bewaffnete Spritzer um das Bett herum, dies symbolisierte das Fahren durch die Landschaft.

Als Nächstes erfolgte die Einfahrt in den nächsten Bahnhof, das Rütteln am Bett musste jetzt gedämpft werden, da der Zug an Geschwindigkeit nachließ, und in den Bahnhof einfuhr.

Die Choreographie war noch ausbaufähig, aber wir hatten ja den ganzen Sonntag Zeit.

Jetzt kamen die Jungs mit den Bahnhofsschildern zum Zuge, der Zug hielt an und das Schild mit betreffenden Bahnhof wurde hochgerissen.

Dieses ganze Prozedere wiederholte sich noch etliche Male, bis der Heimatbahnhof von Patze in Neubrandenburg erreicht war, dann brauste der Jubel auf.

In einer ruhigen Minute des Nachdenkens fragte man sich, wie können erwachsene Menschen auf so einen Blödsinn kommen.

Die Frage war rückblickend einfach zu beantworten, es ging darum, die Zeit totzuschlagen, wie lautete doch ständig unser Motto, alles gediente Zeit.

Paul hätte diese Form der Inszenierung wohl überhaupt nicht gefallen, und das machte die Sache für uns umso mehr zur Gaudi und Freude.

Die jeweiligen Dienste, wie Wache stehen, Feldlager, Parktage, Küchendienste, Waffenputzen, Exerzieren oder auch Strafarbeiten und vieles andere waren verhasst, aber sie lenkten uns vom Grübeln von Zuhause ab.

An diesen unendlich langweiligen Sonntagen saßen wir oft schweigend auf unseren kargen Stuben, und dachten darüber nach, was macht wohl gerade die Frau oder die Freundin, und malten uns die wildesten Horrorfantasien aus.

Die Bestätigung dafür war Patze, der bei seinem letzten Heimaturlaub diesen Horror erlebt hatte, der jetzt aber wieder etwas Lebensmut gefasst hatte, und der an diesem Tag schon einmal die Heimfahrt proben durfte.

Pauls Gesichtszüge verdunkelten sich zusehends, als er erfuhr, dass es sich um eine aufgehängte Puppe handelte. Man konnte in seinem Gesicht und in seiner Mimik förmlich ablesen, was er dachte. Wieder fand ein Angriff irgendwelcher vom Klassenfeind instrumentalisierter Konterrevolutionäre statt, diese konnten sich nur in den eigenen Reihen befinden.

Wir waren froh, dass es sich nur um eine Puppe handelte, und konnten uns ein Grinsen während des Frühstücks nicht verkneifen, Paul beäugte uns mit noch größeren Misstrauen als er es sowieso schon tat.

Nachdem wir hastig unser Frühstück runtergewürgt hatten, ging es zurück in die Kompanie, und dann begann der Tanz: Stube für Stube wurde durchsucht, wo fehlte irgendeine Bekleidung, die man der am Schornstein hängenden Puppe zuordnen konnte? Aber die Suche war vergebens, nirgendwo fehlte etwas. Es konnte wohl auch kaum jemand so blöde sein und seine eigenen Sachen für diese Gaudi verwenden. Für unseren Kompanie-Tyrannen war das ein Fauxpas, den er gegen sich gerichtet sah. Er war halt umgeben von Verbrechern, Ganoven, Vaterlandsverrätern, Antikommunisten, Konterrevolutionären, kurz und knapp von dem Pack, was den unaufhaltsamen Sieg des Sozialismus behindern und sabotieren wollte.

Pauls Suche setzte sich auch den folgenden Tag fort, er stellte wieder alles auf den Kopf, was nicht niet und nagelfest war, wurde aber wieder nicht fündig; er musste wohl eine schlechte Nacht hinter sich gehabt haben.

Keiner wusste, aus welcher Kompanie die Jungs kamen, sie mussten des Nachts den Schornstein hochgeklettert sein, um die Puppe aufzuhängen. Wir hatten alle unseren Spaß und rätselten auch, wer wohl auf die Idee gekommen war, diese Aktion zu starten, aber wir sollten es nie erfahren.

Von unserer Nomenklatura erfuhr man bezüglich der politischen Entwicklungen in Afghanistan nichts; es herrschte in altbekannter Manier das System des Schweigens. Die kommende Entwicklung in Polen sollte uns wesentlich mehr beschäftigen.

Der Aufstand in der DDR 1953 wurde von unseren Sowjetischen „Brüdern" blutig niedergeschlagen. Es folgte drei Jahre später 1956 der Aufstand in Ungarn, auch dieser wurde unter erheblichen Ungarischen Verlusten, von der Sowjetunion in gleicher Manier beendet.

Als Nächstes folgte die Kubakrise 1962, hier spielte die NVA noch keine Rolle, federführend war auch hier die Sowjetunion.

Die nächste Krise folgte sechs Jahre später, 1968, mit dem Prager Frühling in der Tschechoslowakei. Hier stand die NVA Gewehr bei Fuß, jedoch kam es nicht zum Einmarsch seitens der NVA in die Tschechoslowakei.

Bei der Solidarnosc-Bewegung in Polen 1980/81 und der im Ostblock einhergehenden Angst vor ähnlichen Unabhängigkeitsbewegungen wie Jahre zuvor in der DDR, Ungarn und der Tschechoslowakei, konnte das für uns als Militärangehörige schon ganz anders aussehen. Hier kam gegebenenfalls ein Einmarsch von Teilen der NVA in Betracht oder zumindest eine Mobilmachung. Was im Umkehrschluss bedeutet hätte, dass unsere Entlassung infragestehen würde.

Es sollte sich in der Kaserne noch eine berechtigte Unruhe unter den Soldaten breitmachen.

Diese Bewegung in Polen sollte fast auf den Tag genau mit dem Bau der Berliner Mauer vor 19 Jahren zusammenfallen: Mauerbau 13. August 1961, Proteste der Solidarnosc-Bewegung Beginn am 15. August 1980.

Es fand ein ständiger Wechsel von Wache stehen und Küchendienst statt. Bei kleinsten Wachvergehen wie etwa dem kurzen Hinsetzen im Wachbereich, während der vier Stunden des Wachdienstes oder einer Pinkelpause, wurde mit dem Nicht-Ablösen des jeweiligen Wachpostens nach vier Stunden bestraft, sodass man mitunter durchgängig 8–12 Stunden Wache stehen musste. Im Sommer war dies noch erträglich, aber im Winter bei Minusgraden ging das schon sehr stark an die körperliche Substanz. Ich selber musste dreimal 8 Stunden und einmal 16 Stunden durchstehen. Die ersten dreimal hatte mich irgendjemand sitzen sehen und mich verpfiffen, und bei den 16 Stunden dies war im Sommer, da hatte mich Ponyreiter beim Schlafen im Treibstofflager erwischt.

Er war mit drei Soldaten zum Tanken im Treibstofflager und hatte somit legalen Zugang zu diesem Postenbereich. Daraufhin kam Schmidti, mit dem wir als wachhabender Unteroffizier Wache standen, und sagte er hätte den Befehl erhalten mich die nächsten Wachen durchstehen zu lassen. Ähnlich verhielt es sich mit den Küchendiensten; durchgehend wochenlang ohne eine Pause verstieß ebenso gegen militärische Regeln, selbst bei der NVA. Aber wo und bei wem hätten wir uns beschweren sollen? Wir waren regelrecht vogelfrei! Selbst wenn der Beschwerdebrief seinen Adressaten erreicht hätte,- recht hatten immer die Säcke. Also leisteten wir mit unseren bescheidenen Mitteln Widerstand. Selbst Wache-Durchstehen war gediente Zeit, und wir hatten von dieser gedienten Zeit bereits den größeren Teil hinter uns.

Der Frühling hielt langsam wieder Einzug in unsere grau/grüne hässliche Kaserne. Auch dies war wieder ein Lichtblick, es war der zweite Frühling und wir hatten nur noch den einen Sommer vor uns, und ein kleines Stück Herbst; und das noch dazu als EKs ...!

Die Umstände prägen einen, und man wird bescheiden in seinen Ansprüchen. Zwei Jungs aus Bellos Hundestaffel, Micha und Tommy, bekamen Ausgang. Es war kein besonderes Ereignis, es endete sowieso immer im Vollrausch, aber bei *den* beiden wurde es eines, und wir sollten uns wegschmeißen vor Lachen.

Es lief nach dem üblichen Schema ab: Sie nahmen den kürzesten Weg in Richtung der einzigen Kneipe, und nachdem die beiden nicht mehr auf den Beinen stehen konnten, kam einer von ihnen auf die „geniale Idee", mit dem Zug nach Schwerin zu fahren, um Mädels kennenzulernen. Gesagt, getan, und so torkelten die Beiden Richtung Bahnhof.

Man muss dazu bemerken: wir trugen immer weiße lange Unterwäsche. Zum einen, weil die Ausgangsuniform (Pferdedecke) extrem an den Beinen kratzte, und zum anderen half sie beim Tragen der Felddienstuniform, den Schweiß im Sommer am effektivsten aufzusaugen. Und natürlich wärmte sie im Winter.

Kaum saßen sie im Zug Richtung Schwerin, kam einer der Beiden auf eine „noch genialere Idee". Sie dachten sich in ihrem Suff, dass sie am besten die Uniform ausziehen sollten, um nicht so sehr als Soldaten aufzufallen! Gedacht und in die Tat umgesetzt!!! Wie viel Alkohol beide intus hatten, konnte später keiner mehr sagen, aber es musste schon verdammt viel gewesen sein ... In langer weißer Unterwäsche im Zug zu sitzen, ist auch ziemlich unauffällig, da das ja mindestens 90 % der Leute so machen. Als Clou vergaßen sie zudem noch, ihre Militärschirmmützen abzusetzen, ... es muss ein Bild für Götter gewesen sein.

Es kam natürlich wie es kommen musste: der Zugschaffner lief durch den Zug zwecks Fahrkartenkontrolle. Da die Beiden nun „vollkommen unauffällig" ohne Fahrkarte sowie in weißer Unterwäsche und mit Militärmütze im Abteil saßen, wurde ihr Ausflug abrupt beendet.

Der Zugschaffner informierte umgehend per Funk die Trappo (= Transportpolizei) in Schwerin. Die staatlichen DDR-Institutionen funktionierten in dieser Hinsicht perfekt, im Gegensatz zu allen anderen Dingen. Die Beiden hatten keine Möglichkeit, diesem auf sie wartenden Empfangskomitee zu entkommen.

Der Zug hielt fahrplanmäßig in Schwerin, und hier wurden unsere beiden Trunkenbolde schon in Empfang genommen, in weißer langer Unterwäsche und der Militärmütze auf dem Kopf. Es muss wirklich ein Bild für die Götter gewesen sein!

Sie wurden im Anschluss daran von der Trappo an eine Schweriner Militärstreife übergeben. Die Ausnüchterung fand in Schwerin in einer der Kasernen dort statt. Am darauf folgenden Tag um die Mittagszeit trafen sie dann wieder in ihrer Heimatkaserne ein. Als wir von diesem ganz speziellen Ausgang erfuhren, war das Gejohle bei uns riesig, sie waren für die nächsten Tage unsere Helden.

Sie mussten umgehend zu Bello zum Rapport, man hörte ihn durch die halbe Kaserne brüllen.

Die Bestrafung folgte auf dem Fuße. Samstag erfolgte die Abrechnung für die Beiden beim Bataillonsappell, von Ratze Bum, gab es drei Tage Knast sowie drei DVs, aber sie hatten die Lacher auf ihrer Seite, und wir waren wieder um zwei Mitglieder für die nächsten zu verrichtenden Strafarbeiten reicher.

Für unsere EKs brach die letzte Woche an. Bei vielen von ihnen machte sich eine spürbare Unruhe breit. Es war bei den Jungs eine freudig erwartende Unruhe. Wir hatten mit ihnen ein Jahr verbracht, und das rund um die Uhr. Während dieser Zeit hatte man häufig das subjektive Gefühl, als hockten wir schon fünf Jahre aufeinander.

Das beiderseitige Abschiednehmen hatte für beide Seiten etwas Gutes. Sie kehrten in die begrenzte Freiheit des DDR-Sozialismus zurück, und für uns brach das letzte Drittel dieser unsäglichen NVA-Zeit an.

Es lief ebenso ab wie bei allen Vorgängern, trotz Mahnungen seitens Pauls:

Die Turnschuhe und die zerfetzten Trainingsanzüge flogen in die Tannenbäume, die Vorhängeschlösser landeten da wo sie hingehörten bei der Entlassung, an der Waffenkammer und an sämtlich vorhandenen Kompanie-Rohren. Auch flogen die breitgeschlagenen Löffel vom Sattelschlepper, als sie die Kaserne für immer verließen, ... Goodbye Jungs!!!

Paul hatte es wieder nicht geschafft, aus den meisten stramme Kommunisten zu formen, es war sein Kampf gegen Windmühlen! Nun konnte er sich auf die neuen zukünftigen „Verbrecher" vorbereiten.

Es wurde Zeit, Urlaub einzureichen, und er wurde anstandslos genehmigt. Ein paar Tage raus aus der ganzen Litanei und des apathischen Kasernen-Alltags. Seit dem letzten Urlaub waren sieben Monate vergangen.

Der Urlaub an der „Heimatfront" war ein Schuss in den Ofen. Keine Freundin, die wartete, und alles wie immer trist, trübe und öde.

Die Gedanken kreisten wieder vermehrt um das Thema Flucht. Aber wie??? Ich war nicht Werner Weinhold, der im Dezember 1975 als Grenzsoldat zwei Grenzsoldaten erschoss und dann Richtung Westen flüchtete. Außerdem versah ich keinen Dienst an der Grenze, sondern hockte im Wald von Karow bei Plau am See; Also weit weg von der Grenze, somit auch keine Möglichkeit zur Flucht. Zwei Menschen zu erschießen war auch keine Option. Auch wenn es Grenzer waren, und sie es im umgekehrten Fall sehr wohlgetan hätten! Und dafür hätten sie noch Sonderurlaub und andere Vergünstigungen erhalten ...!

Diese Woche verging ziemlich schnell. Den letzten Urlaub würde ich laut Befehl zwangsläufig nehmen müssen. Dies wiederum hieß im Umkehrschluss, sich noch ein paar Dienstverrichtungen einfangen, noch ein paar Mal wegen irgendwelcher Kapriolen im Knast landen; und dieser Plan würde aufgehen! Ein schöner Gedanke, in keiner Weise mehr erpressbar zu sein. Die letzten knapp sechs Monate würden wir auf einer Arschbacke absitzen. Die Devise lautete: Arschloch hoch Amerika!!!

Was ich auf der Rückfahrt zur Kaserne noch nicht ahnte war, dass ich beim Umsteigen nach Schwerin auf unserer Fahrt in unsere „geliebte" Kaserne Holger im Zug treffen würde.

Beim Umsteigen in Berlin herrschte wie beim letzten Urlaub, das reinste Sodom und Gomorrha! Laut Vier-Mächte-Status war Berlin eine entmilitarisierte Zone, aber die jährlichen Militärparaden zogen hier an unserem großen Staatsratsvorsitzenden unter dem Beifall vieler angekarrter FDJlern vorüber.

Das gaben sich sonst nur Freiwillige der Stasi und Hardcore-Kommunisten.

Außer Holger waren noch ein paar Jungs aus der Ersten und Zweiten Kompanie im Zug. Zwei zukünftige Zwischenhunde aus der Ersten Kompanie, und zwei zukünftige EKs wie wir, aus der Zweiten Kompanie.

Wie immer bei den Rückfahrten in die Kasernen schütteten sich alle reichlich Alkohol rein. Als zwei Militärstreifen durch den Zug liefen, zeigten wir kurz unsere noch nicht angeschnittenen Bandmaße, und die Jungs gingen ohne ein Wort zu sagen, weiter. Wir erreichten ziemlich abgefüllt Schwerin, unser Motto lautete: ALLE SEHEN, WENN WIR BETRUNKEN SIND, DOCH KEINER SIEHT, WENN WIR DURST HABEN!

Keiner hatte Lust in Richtung Kaserne aufzubrechen, also ließen wir unseren Anschlusszug fahren und begaben uns auf eine Erkundungstour durch Schwerin. Was nicht fehlen durfte, war der dazugehörige Alkohol, also besorgten wir reichlich Nachschub und schlenderten durch die schöne Stadt, die wie alle Städte der DDR in ihrem Einheitsgrau vor sich hindämmerte. Nach dem nächsten Bier war es uns egal, wann wir in der Kaserne ankommen würden; es würde sowieso mächtig Stress geben, Dienstverrichtungen hageln, und wahrscheinlich kamen ein paar Tage Knast auch noch hinzu.

Wir hatten Raum und Zeit aus den Augen verloren und hingen auf ein paar Bänken in der Innenstadt herum. Wir lümmelten mit unseren im Dreck hängenden Militärklamotten, umgeben von reichlich leeren Bierflaschen, mitten in der Stadt auf dem Präsentierteller und grölten vor uns hin.

Es war bereits später Vormittag, die Sonne versprühte ihre ersten Frühlingsstrahlen. Wir hätten schon längst in der Kaserne sein müssen; aber wir hatten Zeit, die Kaserne konnte warten. Dann, wie aus dem Nichts, kam hinter uns ein brüllendes, kreischendes „Achtung!!!"

Das konnte nur ein Traum der ganz bösen Sorte sein. Ein Albtraum??? oder war es eine rufende Sirene oder gar eine Fata Morgana, die jetzt auf einmal vor uns stand und wieder „Achtung!!!" brüllte. Nein, es war die nackte Realität, und wieder erschallte zum dritten oder vierten oder fünften Mal ein „Achtung!!!" Aber wie und woher kam *dieser unsägliche Paul* auf einmal?, und schon brüllte er das nächste Achtung.

Er war es tatsächlich! Der Verrückte stand vor uns, und um uns hatte sich mittlerweile eine Menschentraube gebildet. Wir rappelten uns auf, konnten uns aber kaum auf den Beinen halten. Irgendjemand musste uns verpfiffen haben. Kein Wunder, das war ja Alltag im DDR-System. Wir hatten uns in unserem Suff auch selten blöde angestellt, das konnte ja nur schief gehen. Paul hatte einige Jungs der Feldbäcker im Schlepptau, sie stellten an diesem Tag die Wache und begleiteten uns mit ihren umgehängten Kalaschnikows zum Lkw.

Wir schafften es mit viel Mühe und mit Ach und Krach auf die Pritsche, und dann ging es Richtung Kaserne. Aber den Alkohol, den wir intus hatten, konnte uns keiner mehr wegnehmen, und wir hatten in unseren Reisetaschen noch einige Biere. Die Fahrt mit dem LKW würde noch einige Zeit dauern, und die paar Flaschen würden wir uns auch noch einflößen. Paul hatte während des ganzen Tohuwabohu tatsächlich vergessen, unsere Reisetaschen zu kontrollieren.

Holger pinkelte während der Fahrt hinten aus dem LKW, jedoch kam der ganze Mist zurück und traf ihn selber, wir konnten uns vor Lachen nicht halten.

Was beim Eintreffen in der Kaserne auf uns zukam, wussten wir. Wir waren jetzt ein Jahr dabei und wussten, wie der Laden läuft.

Paul brüllte und übergoss uns mit einem seiner Wortschwalle, er spulte die immer gleichen Worthülsen ab, von Wehrkraft-Zersetzung, Schädigung der NVA, Vaterlandsverrat, wir wären subversive Elemente und, und, und … Wir hörten in unserem Rausch alles nur noch halb. Es folgte die obligatorische Taschenkontrolle, anschließend ging es bis zum Abend in den Knast.

Kurz und knapp: das erste Ziel war erreicht! das würde wohl für die nächsten Wochen reichen. Und dann konnte man ja nochmals nachlegen …

Am Samstag beim BATTAILLONS-APPELL gab es dann die erwarteten Strafen, es gab DVs, jedoch zu unserem

Erstaunen keinen Knast! Aber die nächsten Wachdienste sollten uns gehören.

Was am nächsten Tag auffiel und was wir am Tag unseres Rausches nicht bemerkt hatten: Die Kaserne war wie verändert! Es rannten überall hochrangige Offiziere durch die Kaserne, davon etliche Generäle, Oberste und, und, und ... Was war los??? Keiner wusste nichts Genaues, es gab die wildesten Spekulationen; irgendetwas stimmte hier nicht. Wir, das gemeine Soldaten-Fußvolk und eventuelles Kanonenfutter, erfuhren gar nichts.

Der nächste Tag begann dann mit Wache stehen, es war nur noch stumpfsinnige Routine; und da war er wieder, der Gedanke: ES WAR ALLES GEDIENTE ZEIT.

So dümpelten die Tage dahin: vier Stunden Wache, vier Stunden Bereitschaft, vier Stunden Schlaf.

Dann gab es eine kleine Abwechselung. Ich stand in meinem mir zugewiesenen Postenbereich, dem Munitionsdepot. Dieser Bereich war weithin einsehbar. Ein Generalleutnant bewegte sich in meine Richtung. Als er fünf, sechs Meter von mir entfernt stand, sprach er mich an. Ich ignorierte ihn, denn während des Wachdienstes war alles verboten: Essen, Trinken, Sitzen, Singen, Pfeifen, Pinkeln, Sprechen mit unbefugten Personen war nicht erlaubt.

Mit dem Sitzen während der Wache hatte ich mir ja schon dreimal ein längeres Durchstehen eingehandelt.

Er versuchte, weiter auf mich einzuschwatzen und kam dabei langsam näher. Er wollte

mir anscheinend auf den Zahn fühlen, testen, inwieweit ich meine Dienstpflichten wahrnahm; anders konnte ich mir sein Verhalten nicht erklären.

In den jeweiligen Postenbereichen hatten immer nur zwei Leute etwas verloren: der wachhabende Soldat sowie der diensthabende Unteroffizier mit jeweiliger Tagesparole. Der Typ kam immer näher und sprach weiter auf mich ein, er wollte mir definitiv eine Falle stellen. Es fehlten nur noch zwei bis drei Schritte, dann würde er meinem Postenbereich betreten! So dämlich konnte er nicht sein.

Ich wartete regelrecht darauf, ich würde die Kalaschnikow blitzartig von der Schulter reißen, entsichern und ihn im Dreck niederknien lassen. Ich fixierte jede seiner Bewegungen. Er wusste natürlich, wenn er diese letzten Schritte machen würde, wäre es für ihn gleich vorbei mit lustig.

Da wir keinen Kontakt zu unserem Wachlokal hatten, hätte ich ihn bis zur Wachablösung mit entsicherter Kalaschnikow im Dreck am Boden liegen lassen (und das wären zu diesem Zeitpunkt noch gut anderthalb Stunden gewesen). Dieses Vorgehen entsprach korrekt den militärischen Vorschriften und Vorgaben im Postenbereich, für die wir jedes Mal vor dem Wachestehen vergattert wurden.

Es war wie vermutet eine Falle, die er mir stellen wollte, dies erfuhr ich dann bei der Wachablösung durch Willy. Er wollte einfach nur testen, in wieweit wir die Vorschriften einhalten. Alles richtig gemacht, meinte Willy. Dieser Oberhäuptling hatte anschließend direkt unseren wachhabenden Offizier konsultiert. Es wäre mir eine Freude gewesen ihn bis zur Postenablösung im Dreck liegen zu lassen.

Kaum zu glauben war, dass von Paul eine lobende Anerkennung kam, aber sie kam! Sie war jedoch nur von kurzer Dauer. Paul war ein ganz linker Agent, es sollten schon bald die nächsten DVs folgen …

Pietschi war jetzt Zwischenhund, einer von der ganz harten Sorte! Glaubten wir während des ersten halben Jahres noch, dass er die Zeit als Spritzer nicht überstehen würde, staunten wir jetzt umso mehr. Jetzt sorgte er dafür, dass wir EKs unsere Ruhe hatten. Als Zwischenhund machte er den Spritzern Druck und verschaffte ihnen reichlich Reviere, sodass keine Langeweile für sie aufkam. Er war selbstsicherer geworden und es verschaffte ihm bei den anderen Respekt. Da sollte noch mal einer sagen, das Militär hätte nicht auch etwas Gutes …

Jetzt war es unsere selbstauferlegte und nach militärischen Regeln schwer illegale Aufgabe, die Stahlkugel über den Flur donnern zu lassen und aus den Fenstern zu schreien: „EKs wo seid ihr … ", also den Schlachtruf des dritten Diensthalbjahres erklingen zu lassen. Auf das erste Mal freuten wir uns schon seit Langem.

Irgendeiner von uns kam auf die „grandiose" Idee, eine ganz besondere Stahlkugel zu verwenden, die schwerer und größer war als die unserer Vorgänger. Wir hatten neben unserer Sturmbahn Langhanteln aus einem Stück liegen, an deren Enden links und rechts die für uns infrage kommende Kugel sich befand.

Diese Hanteln ähnelten denen aus alten Filmen auf damaligen Jahrmärkten, wo ein starker Mann vor staunendem Publikum diese Hantel stemmte. Wir mussten aus der Werkstatt eine Eisensäge entwenden und dann bei Nacht und Nebel eine dieser Kugeln von der Hantel absägen.

Dass sie beim Aufschlagen am Ende des Flurs an der Wand einen viel größeren Schaden verursachen würde, dessen waren wir uns nicht bewusst.

An dem Abend unseres „Kugelns" mussten wir sondieren, welcher Offizier und welcher jeweilige GOvD in der Kaserne den Vierundzwanzig-Stunden-Dienst versah. Es gab die flinkeren Offiziere und deren Helfer (GOvD), und es gab die behäbig/phlegmatischen. Wir kannten beide Spezies, und wir würden uns erst einmal letzterer Gruppierung widmen und sie somit herausfordern. Mit zunehmender Routine konnten wir die ganze Sache dann immer noch ein wenig steigern. Vielleicht würden wir einmal die Kugeln durch Kompanien donnern lassen, wenn Paul Dienst hatte; das wäre dann ein ganz besonderer Kick. Bei unserem Kasernenpsychopathen war damit zu rechnen, dass er von der Schusswaffe Gebrauch machen würde. Wir hatten den anderen Kompanien gegenüber einen Vorteil: wir waren im 3. und somit letzten Stockwerk untergebracht!

Sobald die „Kampfschreie" aus den Fenstern hallten, setzte sich der GOvD in Bewegung und nahm Kurs auf die Kompanien, dies hatten wir bei unseren Vorgängern schon beim aus-dem-Fenster-Schauen miterlebt.

Die beiden Kapos, Willi und Schmidti, unsere ehemaligen „Intim Feinde", waren mit von der Partie. Für sie hätte ein Erwischt-Werden bei diesen Bräuchen zu einer wesentlich härteren Bestrafung geführt, aber wir hatten im dritten Stock genügend Zeit, um zu verschwinden und auch die Kugel rechtzeitig beiseitezuschaffen.

Ein paar Tage später tauchten die neuen Unteroffiziere auf. Sie kamen frisch von der Unteroffiziersschule und hatten ein halbes Jahr Theorie hinter sich. Sie wussten nicht, was sie erwarten würde. Man hatte ihnen theoretisch eingebläut, dass sie zukünftig eine große Nummer in der ihnen zugeteilten Kaserne seien würden.

Holger und ich schlenderten nach Dienstschluss zu Willy und Schmidti aufs Zimmer.

Paul war zwischenzeitlich verschwunden, aber er würde heute nochmal auftauchen; der Grund waren die neuen Unteroffiziere. Dass die neuen Kapos kommen würden, hatte uns Paul schon am Morgen beim Kompanieappell mitgeteilt, und er hatte eine deutliche Warnung formuliert, die speziell an uns EKs und an die Zwischenhunde gerichtet war. Die neuen Kapos mussten zum Abendbrot bei uns durch die Mannschaftskantine. Eine alte Sitte war es, sie beim erstmaligen Durchlaufen der Mannschaftskantine durch das Schlagen mit den Esslöffeln auf die Tische zu empfangen und sie so zu begrüßen …

Würde auch nur einer von uns heute Abend bei diesem unrühmlichen Ritual erwischt, bedeutete das sofort Arrest, sprich Knast.

Als wir bei Willy und Schmidti im Zimmer angekommen waren und eintraten, blickten uns zwei neue Gesichter an. Schau an, schau an, die ersten Kapo-Spritzer waren also schon eingetroffen.

Als sie uns sahen, brüllte Einer von beiden, wie sie es auf der Unteroffiziersschule gelernt hatten: „Achtung!" Er ging davon aus, dass wir ihm gegenüber die militärische Grußerweisung und die dazugehörige Haltung einnehmen würden, denn er war schließlich ein „Vorgesetzter". Holger und ich lachten uns schlapp, Willy nannte ihn einen

Pausenclown, machte ihn zur Schnecke und fragte ihn dann, ob er wüsste, wer vor ihm stünde.

Der Achtung-Schreier schaute vollkommen verdattert drein, sagte dann in unsere Richtung blickend, es stünden ihm zwei Soldaten gegenüber. Willy sagte ja, aber wir vier wären EKs.

Damit konnte der Neue Kapo-Spritzer nun überhaupt nichts anfangen. Er kannte nur erstes, zweites und drittes Diensthalbjahr. Man konnte ihm ansehen, dass seine schöne neue Unteroffizierswelt etwas bröckelte, zumal ihm die eigenen Unteroffiziersgenossen Willy und Schmidti nicht zur Seite sprangen, sondern zu uns hielten. „Kumpel du hast noch mehr Tage als der Eiffelturm Nieten", wies ihn Holger zurecht. Als wir wieder gingen, schauten sie uns ziemlich verdutzt hinterher.

Die erste Lektion war gelernt. Die Jungs hatten noch jede Menge zu lernen, aber dafür blieben ihnen ja auch zweieinhalb Jahre Zeit; und sie wussten noch nicht, in wessen Kompanie sie da gelandet waren.

Die Wache rief unseren GUvD an, und gab Bescheid, dass Paul im Anmarsch war. Paul wollte den neuen Kapos ein schönes Bild seiner Kaserne (die Betonung liegt auf „*seiner*" Kaserne) vermitteln. Wir wussten nicht, ob in den anderen Kompanien auch mit Repressalien gedroht wurde, was den Empfang der neuen Kapos in der Essensbaracke betraf. Etliche von uns waren überzeugt, dass das alte Ritual der Begrüßung unserer neuen Unteroffiziere weiter beibehalten werden musste. Wir riefen im Wachlokal an und fragten nach, ob der Knast leer oder mit irgendwelchen Delinquenten belegt wäre. Beide

Zellen waren vollkommen ausgebucht, somit war Pauls Androhung erst einmal nichts wert.

Er führte uns wie immer im Gleichschritt Richtung Essensbaracke. Es lag eine knisternde Spannung in der Luft.

Paul schlich wie üblich um die Tische und beobachtete alles wie gehabt mit Argusaugen. Da saßen wir also: die ganzen Verbrecher, Vaterlandsverräter, Lumpen, Strauchdiebe und Konterrevolutionäre.

Hatte Paul seine linke Hand in der Hosentasche, traute er selbst dieser nicht. Ebenso verhielt es sich mit rechten Hand. Warum?: Er sah sie beide nicht!

Er hätte sicherlich auch in Alcatraz einen hervorragenden Job gemacht, aber er war auf der falschen Seite: keine Dollars am Monatsende auf der Bank, nur wertlose DDR-Aluchips. Das Leben konnte schon hart sein, selbst für einen Amerikaner-, Kapitalisten- und BRD-Hasser wie Paul.

Dann kamen sie, die neuen Kapos, und liefen durch unsere Mannschaftskantine ... In diesem Moment droschen die Erste sowie die Zweite Kompanie mit ihren Löffeln auf die Tische, und wir natürlich auch. Es ging alles ganz schnell und dazu das Gejohle. Die Neuen des ersten Diensthalbjahres, also die Spritzer, schauten ziemlich verdutzt; sie erlebten das zum ersten Mal. Paul hatte doch „recht": alles hier Verbrecher, Gesindel und Pack! Am Ende landete einer unserer Köche im Knast, denn er hatte den größten Löffel, sprich Kelle, mit der er auf der Essensausgabe herumdrosch.

Es war alle halbe Jahr das gleiche Spiel, Paul gönnte uns nicht mal diesen kleinen Spaß. Wir hatten gewonnen, aber er würde sich auf seine Art rächen, das stand fest wie das Amen in der Kirche.

In Polen braute sich politisch etwas zusammen. Wir erfuhren es von den Jungs, die aus dem Urlaub kamen, und wir hatten immer noch das kleine Radio und konnten somit weiter den „kapitalistischen Feindsender" abhören.

Wir hatten ein paar Leute dabei, die mehr Urlaub und Ausgang bekamen als der Rest der Truppe. Dies ließ eigentlich nur einen Schluss zu: sie waren Zuträger, sie denunzierten ihre eigenen Kameraden! Wir ahnten es, hatten aber keine stichhaltigen Beweise.

Ein Hauptmann in der Kaserne zählte zu den eher menschlicheren Charakteren unter den Offizieren. Wir sprachen ihn nie mit „Genosse" an, sondern sagten immer nur Hauptmann zu ihm, wenn kein weiterer Offizier in der Nähe war. Die Ansprache *ohne* Genosse davor war offiziell nicht gewollt. Er sollte den Kontakt zum Klassenfeind, der ihm ausdrücklich verboten war, besonders zu spüren bekommen.

Er und seine Frau trafen sich mit der Cousine seiner Frau aus West-Berlin in Ost-Berlin. Er hätte alleine wegen seines Berufsstandes als Offizier der NVA jeglichen Kontakt Richtung Westen unterbinden müssen. Die Stasi hatte wieder ganze Arbeit geleistet und ihn lückenlos überwacht.

Es war soweit: der Abend an dem wir das erste Mal die Kugel über den Flur rollen lassen würden! Was diese schwere Kugel anrichten würde, ahnten wir noch nicht. An diesem Abend hatten unser Politoffizier Kinsky und Spieß Mahtes von der Feldbäckerkompanie Dienst. Sie waren weder die Hellsten, noch stachen sie durch besondere Sportlichkeit hervor; Von ihnen war also wenig zu befürchten. Es war nach 22.00 Uhr, somit Bettruhe, und der Tanz konnte beginnen ...

Wir taten, was alle vor uns gemacht hatten! Und wir hatten alle Zeit der Welt, die Stahlkugeln verschwinden zu lassen und selber abzutauchen. Die beiden diensthabenden Typen waren in jeder Hinsicht zu langsam, und der Überraschungseffekt war immer auf unserer Seite.

Am nächsten Morgen, als wir von unserem obligatorischen Frühsport, an dem wir als EKs genauso wenig teilnahmen wie unsere Vorgänger, zurück kamen, sahen wir die massiven Schäden, welche die Stahlkugel am Ende des Flures angerichtet hatte! Im Dämmerlicht des vorangegangenen Abends und der allgemeinen Hektik hatte keiner auf die Einschläge der Stahlkugel geachtet. Paul war an diesem Morgen noch nicht anwesend, aber er würde nicht lange auf sich warten lassen. Nachdem wir unsere alltägliche sparsame Körperhygiene beendet hatten, hörten wir ihn schon. Er hatte wohl von Kinsky einen Lagebericht der Nacht erhalten.

Beim Antreten auf dem Flur und dem anschließenden Marsch Richtung Kantine verlor Paul kein Wort, und das machte die Sache sehr bedenklich ... Er brüllte und polterte ansonsten morgens gleich Kommandos über den Flur.

Beim anschließenden Kompanie-Appell lief Paul mit gesenktem Blick an der angetretenen Kompanie auf und ab. Er sprach wie bei unseren Vorgängern und schon deren Vorgängern von schweren Verfehlungen und der Zerstörung von Sozialistischem Eigentum; ... Es waren die üblichen Phrasen, also nichts Neues. Hier kam nur wieder eine Gruppenbestrafung infrage. Die verursachten Schäden, dass wusste Paul, war nur einer Gruppe zuzurechnen, und das waren wir, die Kompanie-EKs.

Man muss dazu sagen, dass die Wand am Ende des Flures und die dazugehörigen Fliesen *vor* unserem „EK-Kugeln" schon in einem sehr desolaten Zustand waren, an dem unsere Vorgänger einen wesentlichen Anteil hatten. Aber nach der wohl doppelt so schweren Kugel, die wir in der Nacht zur Anwendung gebracht hatten, sah das Ende des Flures aus, als hätte es Napoleon unter Beschuss genommen.

Langer Rede kurzer Sinn: jeder von uns wurde zum Einzelgespräch vorgeladen, und jeder wusste, was für ihn auf dem Spiel stand! Wir waren mittlerweile clever genug: Am Ende war es keiner, jeder hatte tief und fest geschlafen, und die Zerstörungen an der Wand waren vorher auch schon existent ...

Da keine Einzelperson von Paul ermittelt werden konnte, die er bestrafen hätte können, gab es eine Gruppenbestrafung für das gesamte Dritte Diensthalbjahr unserer Kompanie. In der Ersten und Zweiten verfuhr man ebenso. Es würde bei unseren Nachfolgern ein halbes Jahr später ebenso ablaufen, es war auch immer mit einem Nervenkitzel verbunden ...

Die nächsten Samstage nach Dienstschluss mussten alle ausrücken, um den Unrat um und in der Kaserne zu beseitigen. Fuhrpark, Sturmbahn, Elektrozaun, umliegendes Waldgebiet: es gab reichlich Müll und somit hatten wir viel zu tun. Aber das war es uns wert!

Beim nächsten EK-Kugeln griffen wir dann auf das etwas kleinere Kugelexemplar zurück.

Uns stand wieder ein kleines, aber für uns EKs bedeutendes Ereignis bevor: das Tragen des Bandmaßes! Wir hatten jetzt die letzten hundertfünfzig Tage vor uns, und von diesem Bandmaß würden wir ab jetzt jeden Tag einen Zentimeter abschneiden.

Einige von uns würden nicht zum Gefreiten befördert werden, das erfüllte uns mit Stolz!

Wir brauchten keine Auszeichnung! Die Gefreiten-Beförderung war eine Auszeichnung, und wir wollten sie von dieser uns so verhassten NVA nicht! Wir wollten so gehen wie wir gekommen waren: als Nichts gekommen, und als Nichts gehen!

Aber mit erhobenem Haupt diese Volksarmee, die nie eine Armee des Volkes war, verlassen!

Mir war bewusst, dass meine Rückkehr nach anderthalb Jahren NVA in die DDR-Zivilgesellschaft und das damit kurzfristig verbundene Glück in dieser DDR-Pseudofreiheit nur von kurzer Dauer sein würden.

In der Bundesrepublik Deutschland war seit 74 Helmut Schmidt Bundeskanzler. Im Gegensatz zu Willy Brandt stand für ihn die Deutsche Wiedervereinigung nicht so im Vordergrund. Teile *seiner* Amtszeit als Bundeskanzler wurden vom RAF Terror geprägt ...

Die politische Situation in Polen mit der Solidarnosc-Bewegung sollte sich bis zum Herbst 1980 weiter verschärfen. Ende Oktober würde unsere Entlassung bevorstehen. Bis dahin schossen die wildesten Spekulationen ins Kraut. Über das staatlich verordnete DDR-Fernsehen, die allabendliche „Aktuelle Kamera", versteht sich! Diese war etwa so informativ wie der Blick in die Toiletten-Keramik unserer NVA!

Ein eventuelles Einrücken in unseren „Bruderstaat Polen" und das Bekämpfen der „Subversiven Elemente und Konterrevolutionäre" (O-Ton der DDR-Oberen), deren einziges Ziel es war, den sozialistischen Bruderverbund zu zerstören, bereitete uns das meiste Kopfzerbrechen.

Die Rhetorik unserer großen Vorsitzenden in Berlin unterschied sich nicht von der der Vorgesetzten in der Kaserne. Auch hier saßen großteils „ausgebildete Sprachkünstler", deren Wortschatz sich immer wieder aus den gleichen Vokabeln und Worthülsen zusammensetzte: Konterrevolutionäre, Klassenfeinde, subversive Kräfte/ Elemente, Imperialistische Unterwanderung, Zersetzung und und und …

Es war ein DDR-Sprech von „unglaublicher Vielfalt", den es vorher so nicht gab und den es nach dem Zusammenbruch der DDR auch nicht mehr geben sollte und würde. Ein sprachliches Parallel-Universum zum Rest der Welt.

Einer unserer Offiziere, Genosse Oberleutnant Schiller, war lang und dürr wie der Mexikanische Sommer und hatte einen ständig nach vorne fallenden Gang, zudem war er immer schlecht gelaunt. Bezüglich der Situation in Polen äußerte er mehrmals, dass wir uns auf eine erhöhte Gefechtsbereitschaft einstellen müssten, wenn es zur Verschärfung der dortigen Lage kommen sollte. Unsere Entlassung im Oktober wäre damit hinfällig geworden.

Es stand uns noch einmal ein Feldlager bevor. Vielleicht eine Art Vorbereitung auf den eventuellen Einsatz in Polen, aber das war erst einmal reine Spekulation. Für uns als drittes Diensthalbjahr sollte es definitiv das Letzte Feldlager in unseren Gefilden sein. Das hieß nochmal nur einmal pro Woche duschen, und noch einmal den „Duft" der großen weiten Welt von alten Socken und anderen „lieblich duftenden Dingen" um sich haben. Mit Aussicht auf die hoffentlich letzten Wochen in dieser verhassten Kaserne und deren Umgebung war das zu schaffen. Die zweite Sache war wesentlich interessanter! Es sollte das Manöver „Waffenbrüderschaft" stattfinden, unter anderem an der Ostsee, auf Usedom. Es stand fest, dass einige aus unserem BATAILLON dorthin abkommandiert und somit an diesem Manöver teilnehmen würden. Jeder Anlass war willkommen, die verhasste Kaserne zu verlassen. In diesem Fall war das Glück auf meiner Seite. Dieses Manöver war wohl das positivste Erlebnis während dieser anderthalb Jahre NVA, und es würde dort ein paar ungeahnte Freiheiten geben!

Der Beginn war Anfang September und sollte zirka eine Woche dauern. Somit waren die Tage, die wir in der Kaserne zu dienen hatten, überschaubar. Je näher wir dem Ende unserer Militärzeit kamen, desto langsamer verging die Zeit, das war wohl eher ein subjektives Gefühl.

Nachdem wir wie immer im ewig gleichbleibenden stumpfen Rhythmus von Wachestehen, Küchendienst, Parktagen und dem Putzen der Kalaschnikow unseren Dienst versahen, rückten wir zum Feldlager aus.

Wir vom dritten Diensthalbjahr wurden während diesem für uns letzten „Kampfe für den Sozialismus und gegen den imperialistischen Klassenfeind" in unseren zusammengeknüpften Zeltbahnen von unseren meist missmutig gelaunten vorgesetzten Offizieren weitgehend in Ruhe gelassen. Unsere Gleichgültigkeit und Abstumpfung erreichte in diesen letzten Wochen einen Höhepunkt.

Der Einzige, der unerbittlich militärischen Stress und Terror verbreitete, war unser Kompanietyrann, und der hörte damit erst an dem Tag auf, als wir für immer diese unsägliche Kaserne verließen.

Aber ganz blieben auch wir, das 3. Diensthalbjahr, von unseren übrigen tyrannischen Offizierssäcken nicht verschont. Sie wussten, wir würden bald gehen, und sie mussten ihre Fehlentscheidung für ihre militärische Laufbahn die nächsten zig Jahre ausbaden! Sie würden immer wieder Soldaten kommen sehen, die auch vor ihnen gehen würden. So gab es dann auch für uns noch „Vollschutz" und noch ein paar „Fliegerangriffe" in Wald und Flur, Stiefelbrücke Putzen und hie und da kleinere Schikanen. Aber wir machten dies alles mit einem Lächeln auf den Lippen und mit einer Lässigkeit, sie konnten uns keinen Stress mehr machen. Wenn wir sie dann noch so richtig auf die Palme bringen wollten, nannten wir die Zahl der Tage, die wir noch zu dienen hatten ... war halt alles gediente Zeit.

Auch im Feldlager beim Frühsport tauchten wir vom dritten Diensthalbjahr ab, und die Zwischenhunde mussten den Spritzern Druck machen.

Abends beim Stiefelausziehen narkotisierten wir uns wieder selber und verfielen in den altbekannten Tiefschlaf.

So rissen wir auch noch das hoffentlich letzte Feldlager ab, in der Hoffnung, Polen würde für uns nicht zu einer sich erfüllenden Prophezeiung.

Ein Gedanke, der mich bei dem bevorstehenden Manöver umtrieb war, ob ich mit meiner rollenden Tatra-Schrottlaube überhaupt das vorgegebene Ziel an der Ostsee erreichen würde??? Aber das war eigentlich nicht mein Problem. Intern sollte es das bis dahin größte Manöver unseres sozialistischen Vaterlandes werden und wir wären umgeben von „Brüdern" von Waffenbrüdern und wir würden mit geballter Schlagkraft dem imperialistischen Klassenfeind zeigen, wo der Hammer hängt! ... Es wurde nicht mit Superlativen gespart. Dachte ich jedoch an mein mehr als desolates KFZ, kam ich zu einer anderen Überzeugung. Aber in Absurdistan zählten keine Fakten, sondern nur Kampfes- und Durchhalteparolen. Wie sagte unser großer Vorsitzender, Vortänzer und Lenker in Berlin: „VORWÄRTS IMMER, RÜCKWÄRTS NIMMER!" Wir tanzten schließlich den Honecker Tango und der ging so: „EIN SCHRITT VOR UND ZWEI ZURÜCK" und „DER WESTEN STAND AM ABGRUND, DIE DDR WAR SCHON EINEN SCHRITT WEITER". So zogen wir also ins Gefecht.

Bevor es ins Manöver ging, erinnerte ich mich an eine Geschichte, die mir Andreas in den ersten Monaten unseres Wehrdienstes erzählte. Er war derjenige, der damals bei einer der ersten Übungsfahrten neben mir saß und die Heizung aufdrehte, als wir unter Vollschutz Fahren mussten, wir hatten das erste halbe Jahr mit ihm verbracht. Er hatte zwei Winter mitgemacht, ich hatte an diesem Abend einen meiner ersten 24-Stunden-Dienste als GUvD und somit kamen wir ins Plaudern. Es kam nicht allzu häufig vor, ein Gespräch zwischen EKs und Spritzern.

Der Winter 1978/79 legte den Norden der DDR lahm! Das war nicht schwierig, es reichten zwei Schneeflocken, die in der DDR niedergingen, um Panik zu verbreiten. Aber dieser Winter hatte es wirklich in sich! Ich konnte mich noch an die Berichterstattung erinnern, denn es traf auch den wesentlich besser vorbereiteten Norden der BRD. Andreas war mittendrin. Er bekam einen Stellungsbefehl und wurde aus unserer Kaserne einer Kompanie zugeteilt, die aus mehreren Kasernen zusammengestellt wurde und die Versorgung der Zivilbevölkerung mit Lebensmitteln sicherstellen sollte. Gesagt, getan! Also machte er sich laut Befehl auf den Weg. Sein Tanklaster wurde dafür zweckentfremdet, man ließ den Diesel aus den Tanks ab, reinigte sie und füllte sie dann mit Wasser. Als Nächstes musste er zu einem Zuchtteich für Karpfen fahren, dort verfrachtete man die Fische in seinen Tanklaster. Anschließend fuhren sie im Konvoi Richtung vorgegebenes Ziel. Kurz vor dem Ziel machten sie halt vor einem Gasthof, um im selbigen zu übernachten. Er erzählte, dass der Abend für ihn und seine Mitstreiter aus den anderen Einheiten recht nett und entspannt verlief. Sie lernten zwar keine Mädels kennen, aber auch in diesem Fall war das Bier und der Schnaps der beste Tröster des Soldaten, und gutes Essen gab es an diesem Abend auch noch. Das mit dem guten Essen sollte sich aber bald ändern ... Sie lagen gut in der Zeit und wollten die letzten Kilometer bis zu ihrem Ziel am nächsten Morgen zurücklegen. Es hatte tagsüber schon viel geschneit und abends wurde es mit dem Schnee immer heftiger, zudem wurde es extrem kalt und ein eisiger Sturm kam hinzu. Am nächsten Morgen waren sie komplett eingeschneit, es gab kein Vor und kein Zurück mehr. Und es schneite weiterhin kräftig! Nach zwei weiteren Tagen ununterbrochenen Schneiens waren die Lebensmittel der Gaststätte aufgebraucht. Es blieb ihnen nichts anderes übrig, als die Karpfen aus dem Tanklaster zu fischen. Der Wirt hatte Gott sei Dank einen Kescher, sodass sie oben den Tankturm öffneten und mit dem Kescher die Fische aus dem Tank holen konnten. Was anfangs ein

Segen schien, entwickelte sich die nächsten Tage zu einem kulinarischen Albtraum. Ab da gab es nur noch Karpfen, zum Frühstück, zu Mittag und als Abendbrot, in allen Varianten: gebraten, gekocht, gegart, wie auch immer, und dieses Karpfen-Essen erstreckte sich über etliche Tage. Er sagte mir, er träume immer noch von Karpfen, und er wird nie, aber auch wirklich nie wieder, Karpfen essen.

Diese Geschichte fiel mir wieder ein, aber wir hatten fast schon Spätsommer, somit waren wir noch nicht von Einschneien und Schneestürmen bedroht.

Wir hatten zwischenzeitlich eine Kaserne unserer „sowjetischen Brüder" in Schwerin besucht.

Im Gegensatz zu diesen armen Typen ging es uns noch relativ gut.

Da wir als Kinder häufiger von der Schule durch die Kaserne liefen und Kontakt zu den dortigen Kindern hatten, kannte ich diese Zustände besser als die meisten meiner Mitkämpfer. Wie diese Kasernen von innen aussahen, war mir weitestgehend in Erinnerung geblieben. Diesmal sollten wir direkt die Mannschaftsquartiere besuchen, und die boten einen weitaus katastrophaleren Eindruck als alles bisher Gekannte.

Viele dieser Kasernen wurden ursprünglich von der deutschen Wehrmacht gebaut und genutzt und gingen nach Kriegsende in den Besitz der DDR über, waren somit Volkseigentum und dienten dem sowjetischen Militär.

Als wir unser Ziel erreicht hatten, wurde unser Oberstleutnant Ratze Bum von seinem Sowjetischen Pendant empfangen; wir mussten in Reih und Glied Spalier stehen. Nachdem wir die obligatorischen Grußbezeugungen hinter uns hatten, marschierten wir durch die Kaserne zu einem dieser Häuserblöcke. Hier waren überwiegend einfache Soldaten untergebracht. Im Vergleich zu unserer Kaserne, die neueren Baudatums war, sahen viele von diesen sowjetisch bewohnten Unterkünften wie nach Bombenangriffen aus. Es wurde seit dem Kriegsende 1945 nichts mehr investiert. Wie im gesamten Kommunismus wurde nur von der Substanz gelebt und das solange, bis es entweder in sich zusammen fiel oder abgerissen werden musste. Der Zustand *dieser* Armeegebäude übertraf alles, was ich jemals gesehen hatte! Und das sollte schon etwas heißen. Die armen Hunde (anders konnte man sie nicht bezeichnen), die in diesen Abrisshäusern hausen mussten, waren weiß Gott nicht zu beneiden!

In einigen Teilen der DDR-Bevölkerung war bekannt, dass sowjetische Soldaten bei kleinsten Vergehen mit drakonischen Strafen belegt wurden. Bei größeren Vergehen wie zum Beispiel dem Versuch zu desertieren, konnte das auch noch ganz andere Bestrafungen nach sich ziehen. Ein paar Jahre später sollte es in Magdeburg zu einem Ereignis mit Sowjet-Soldaten kommen, das sich in die Erinnerung der Stadt einbrannte. Da waren wir bereits schon wieder ein Teil der Zivilgesellschaft. In den DDR-Medien wurden diese Vorfälle nie thematisiert, es drang davon nichts nach außen. Unsere sowjetischen Brüder waren schließlich die Helden, und Helden erlauben sich keine Fehltritte und sind über jeden Zweifel erhaben!

Für den normalen sowjetischen Soldaten gab es keinen Ausgang. Dies blieb nur den Offizieren vorbehalten.

Ein Umstand, der uns in Erstaunen versetzte, war die Art der Munitionsausgabe für diejenigen Soldaten, die Wache stehen mussten. Bei unserer Munitionsannahme und Übergabe wurde jede Patrone dreimal überprüft und gefühlte hundertmal abgezählt. In dieser Kaserne hier wurde in die Munitionskiste gegriffen und dann den Soldaten regelrecht in die Hände geschaufelt. Von Abzählen oder Überprüfen der jeweils ausgegebenen Munition keine Spur.

Die dienenden Muschkoten lagen in großen Gruppen in Schlafsälen; dagegen war unser „Kreißsaal" der reinste Lacher. Die Jungs lagen zu Dutzenden in diesen riesigen Räumen, an den Wänden waren nur noch Reste von Putz vorhanden und die Gerüche erinnerten uns an die Feldlager, die wir hinter uns hatten …

Strümpfe hatten sie keine, sie wickelten sich so genannte Fußlappen um den jeweiligen Fuß; sie teilten sich zu zweit eine kleine Kommode, in der sie ihre Habseligkeiten unterbrachten.

Bei dem Besuch in dieser Kaserne bekam die Parole: VON DER SOWJETUNION LERNEN HEISST SIEGEN LERNEN, eine ganz neue Bedeutung.

Nach diesem deprimierenden Besuch fuhren wir zurück in unsere Kaserne.

Ein Gutes hatte der Tag doch: unser Psychopath war nicht dabei! Sicherlich hatte er schon Entzugserscheinungen und würde sehnlichst auf uns warten …

Es tauchten erneut hochrangige Offiziere in der Kaserne auf, und wieder machte das Gerücht des Einmarsches in Polen die Runde. Hinzu kam das bevorstehende Manöver.

Manöver werden häufig dafür genutzt, um dem Feind Stärke zu demonstrieren, ein altes Militärisches Instrument. Je näher das Ende unserer NVA Zeit kam, desto nervöser wurden wir vom dritten Diensthalbjahr. Aber so schnell die Obersäcke gekommen waren, so schnell waren sie auch wieder verschwunden. Dadurch wurden die Spekulationen unsererseits noch mehr befeuert.

Nun geschah etwas, womit Holger und ich überhaupt nicht gerechnet hatten: auf unsere letzten Tage noch wurden wir beide versetzt! Er kam in die Erste Kompanie, und ich landete in der Zweiten Kompanie, Bellos Hundestaffel. Warum, wieso, weshalb sagte uns keiner. Egal, wir kannten uns mittlerweile alle gut, da wir uns nach Dienstschluss des Öfteren auch in anderen Kompanien aufhielten. Ich landete im Chaoten-Zimmer der 2. Kompanie. In dieser Stube waren wir zu fünft, und alle waren EKs.

Zwei von den Jungs, „Büchse und Dose", waren Fischköppe, die sich bei Langeweile immer in die Arme bissen, sie kamen direkt von der Küste. Bogi, war Schluchtenjodler aus Thüringen, rund und gesund, und Tomi kam wie ich aus dem Bezirk Magdeburg. Ronni lag direkt schräg gegenüber von uns. Er hatte es doch tatsächlich auf einen Rekord von einundvierzig Wochen ohne Urlaub und Ausgang gebracht. Jedoch tauchte er nach seinem Urlaub nicht in der Kaserne auf, sondern wurde von einer Militärstreife der Knüppelgarde in einer Spelunke in Magdeburg komplett volltrunken aufgegabelt. Er war zu diesem Zeitpunkt schon zwei Tage überfällig. Ronni hatte nach der langen Zeit doch das Recht, seinen Urlaub zu verlängern, zumindest sahen wir das so. Aber die Säcke waren da wohl anderer Meinung. Man brachte ihn dann per LKW direkt in die Kaserne, die Rechnung für die Überführung musste er aus eigener Tasche bezahlen. Aber was sollte ihm noch groß passieren? Er fasste noch ein paar Tage Knast ab, und das war es. Für einen Aufenthalt in Schwedt hat es dann doch nicht gereicht.

Bei einem unserer Besuche in unserer ehemaligen dritten Kompanie liefen Holger und ich Paul direkt in die Arme. Er verwies uns umgehend der Kompanie mit dem Hinweis, sollte er uns nochmals im 3. Stock antreffen, ließe er uns einsperren. Bei späteren Besuchen in der Kompanie stellten wir uns etwas geschickter an, und informierten uns vorab bei Schmiedi und Willi, ob der „Revolverheld" schon das Weite gesucht hatte. Es war grundsätzlich nicht verboten nach Dienstschluss bis zur Nachtruhe um zehn Uhr in einer anderen Kompanie zu verweilen. Für Paul jedoch gehörten wir offensichtlich zum Feindbild.

Mit dem Wechsel der Kompanie wechselten wir auch die Fahrzeuge. Mein Einsatz beim Manöver Waffenbrüderschaft stand aber nicht infrage. Der „neue Sattelschlepper" war mit verschiedensten Kraftstoffen und Ölen beladen, es war eine Art mobile Tankstelle, mehr erfuhr ich nicht. Konkrete Befehle und Instruktionen sollten wir vor Ort bekommen. Es galt wie üblich absolute Geheimhaltung, der Klassenfeind lauerte schließlich überall …

Es war einer dieser unendlich langweiligen Sonntage! Den Samstag hatten wir wieder mit Dienstverrichtungen verbracht, es waren noch einige DVs abzuarbeiten, aber die alle zu erledigen würden wir bis zu unserer Entlassung nicht schaffen. Unsere Stube hatte etwa 12 Quadratmeter für 5 Soldaten, sie war von bedrückender Enge! Drei von uns lungerten im Fernsehraum herum und ließen sich von der sozialistischen Erfolgspropaganda beschallen. Unser fülliger Thüringer Kamerad Bogi, der alleine schon durch seine Fülle das halbe Zimmer in Beschlag nahm, lag in seiner „Schweinesuhle", so nannten wir sein im Bett. Er faselte ständig davon, dass er zuhause bei Muttern mal wieder so richtig Fläääsch (Fleisch) essen wollte. Träumten andere von Frau oder Freundin, war es bei ihm das Fläääsch! Nach seinem Tagtraum vom Fläääsch schleppte auch er sich aus dem Zimmer in Richtung Fernsehraum.

Man war nie alleine. 24 Stunden an 7 Tagen umgeben von den gleichen Gestalten, von diesem ständigen Kommandogebrülle; und von den schwer zu beschreibenden „Düften" einer Kaserne, bestehend aus Schweiß, stinkenden Uniformen, Bohnerwachs, Speisebaracken und Essen. Und dazu noch Leute, die von Fläääsch faselten ... In einem Irrenhaus konnte es nicht schlimmer sein!

Ich lag auf dem Bett, es war endlich ruhig, und grübelte vor mich hin. Es schwirrten tausend Sachen durch meinen Kopf, und es schwirrte noch etwas durch die Stube, ein verhasster Feind namens Mücke. Es musste eine Ablenkung her, egal welcher Art, und da war sie, die Idee! Es ging langsam in Richtung Abend und immer mehr Mücken summten und flogen durch die Stube und suchten sich ein Opfer. Durch die umliegenden Seen war die Kaserne stark mit Mücken verseucht. Wir hielten die Fenster tagsüber geschlossen, aber das führte dazu, dass sich der liebliche „Duft" der uns umgab, im Sommer noch intensiver wurde.

Ich wollte nicht nur die bleierne Zeit mit einer vor meinem geistigen Auge sehenden Fliegenklatsche totschlagen, nein es sollten endlich etliche dieser blutsaugenden Plagegeister ins Jenseits befördert werden. Was macht man nicht alles aus Langeweile?? Ich kam auf die tolle Idee, die Fenster aufzureißen, mir ein Gummi zu besorgen und die an der Wand sitzenden Mücken abzuschießen. Das hatten wir schon als Kinder getan. Die Insektensprays in der DDR waren die reinsten Chemiewaffen, die rissen selbst einen Papagei von der Stange! Ich wartete also eine ganze Weile außerhalb der Stube, um dann meinen Mücken-Mordplan in die Tat umzusetzen. Als ich wieder eintrat, saßen etliche dieser Plagegeister an den Wänden und warteten auf ein warmblütiges Opfer. Somit konnte das große Abschießen beginnen. Manche dieser Mücken hatten sich vorher schon an einigen Opfern vollgesaugt, sodass Blutflecken die Wände verzierten. Es war schlicht und einfach mein Beitrag an diesem Abend: ich bekämpfte meine Langeweile mit dem Killen dieser Blutsauger! Ich wiederholte dies noch einige Male, und das Zimmer bekam dadurch eine besondere Note verliehen ... bei näherer Überlegung fragte man sich schon, auf was für einen Schwachsinn man kam. Dieses „Massaker" an den Wänden bemerkten einige der Offiziere erst am Tag unserer Entlassung. Wir fragten uns alle verwundert, woher denn diese breit geschossenen Mücken an den Wänden kämen??? Es waren letztendlich hunderte ...

Es kam der Tag und ich erhielt den Befehl für das viel gepriesene „Unternehmen Waffenbrüderschaft" und meiner Abkommandierung zu diesem Manöver.

Ich hoffte bloß, dass mir auf meine letzten Tage bei der Sekte nicht noch Lupo, der gefürchtete Soldaten-Tod, begegnen würde. Wir wurden nochmals dazu verdonnert, Stillschweigen zu bewahren, denn wie schon erwähnt, der Klassenfeind hörte immer mit!!!

Ich hatte jedoch dem KLASSENFEIND schon mitgeteilt, dass ich ihm mit einem mit verschiedenen Kraftstoffen beladenen und überwiegend aus Farbe zusammengehaltenen LKW so richtig die Hölle heißmachen würde. Da ich jedoch keine Rückantwort erhielt, ging ich davon aus, dass er schlotternd und sich in die Hose machend davon geschlichen hatte (Das war ein kleiner Beitrag zur Spionage).

Zwei Tage später sollte ich in die nicht allzu weit entfernte 8. Motorisierte Schützen-Division nach Goldberg aufbrechen. Meine rollende Rostlaube erreicht ohne Zwischenfälle ihr erstes Etappenziel. Diese Kaserne war wesentlich größer als unsere. Dort angekommen meldete ich mich bei dem für mich zuständigen Oberleutnant Fischer. Ich erhielt weitere Instruktionen, die da lauteten, dass wir uns in einem Konvoi mit mehreren verschiedenen Einheiten und deren Fahrzeugen Richtung Ostsee bewegen sollten. Das Manöver sollte vom 04.09.–12.09. stattfinden. Jetzt erfuhren wir auch unser Endziel: es ging nach dem berühmt-berüchtigten Peenemünde auf Usedom! Es war jenes Peenemünde, wo Hitler unter der Führung von Wernher von Braun seine berühmten V2-Raketen-Versuche stattfinden ließ, diese zum Einsatz brachte und damit englische Städte bombardierte. Meine Aufgabe sollte darin bestehen, die Betankung der Fahrzeuge zu gewährleisten, Zweitakter als auch Viertakter; angefangen vom Trabant-Kübel über den Russen-Militärjeep GAZ, die „leistungsstarken" MZ-Kradmelder-Motorräder, Wartburg, und alles was sonst noch in meiner Umgebung mit einem KFZ unterwegs war und nach Militär aussah.

Jetzt konnte ich dem Kapitalistischen Klassenfeind detailliert und heimlich Informationen über meine Tätigkeit während des „Manövers Waffenbrüderschaft" zukommen lassen. (Ironie Ende).

Wir setzten uns Richtung Peenemünde in Bewegung. Mein Sattelschlepper war in dieser Kolonne von etwa dreißig Fahrzeugen das mit Abstand größte Fahrzeug. Hatte ich das erste Etappenziel von unserer Kaserne bis zur Kaserne in Goldberg- zirka 15Km- hervorragend und heldenhaft gemeistert, stand uns jetzt eine Strecke von guten 200 km bevor. Wir fuhren über Güstrow, dort würden sich noch weitere Fahrzeuge unserem Konvoi anschließen. Bei unserer ausgefeilten und perfekten Militärtechnik war die Ankunft in Peenemünde ungewiss. Ich hatte die ganze Zeit schon ein mulmiges Gefühl, wir hatten schon bei kleineren Übungen aus unserer Kaserne heraus etliche Ausfälle, aber jetzt ganze 200 km am Stück? Egal, war nicht mein Problem, und abends hatten wir wieder einen Tag abgedient, das war die Hauptsache.

Es kam dann auch wie erwartet: nach dem wir wieder 30 km am Stück bis nach Güstrow geschafft hatten, und das in sagenhaften knappen zwei Stunden, fing meine rollende Tank-Schrottlaube an zu stottern. Sie schaffte es noch bis in die Mitte der Stadt und blieb dann auf einer der Hauptkreuzungen liegen. Es konnte mich keiner abschleppen, ich war für die anderen Fahrzeuge einfach zu groß. Ich blockierte komplett den Verkehr auf dieser Kreuzung, wobei dieser Verkehr daraus bestand, dass

alle 20 Minuten eine Rennpappe oder ein Wartburg auftauchte … Die ausgeklügelte Ostblock-Ausfall-Technik
hatte wieder einmal zugeschlagen; oder war es doch wieder einer dieser hinterhältigen Sabotageakte des Klassenfeindes??? Militärangehörige sowie ihr Equipment
unterlagen nicht der Zivilrechtlichen Gesetzgebung,
sondern hatten einen militärischen Sonderstatus. Laut
Befehl verriegelte ich das Fahrerhaus von innen und
wartete, bis Hilfe kam. Es dauerte ewig. Jemand fuhr
zurück zur Kaserne und holte einen russischen Kraz-
LKW, der mich von der Kreuzung holte, ins Schlepptau
nahm und zu einem nächstgelegenen Parkplatz zog. Bei
der Fehlersuche fand man heraus, dass der Kraftstoff-
filter vollkommen verunreinigt war.

Man stellte sich heimlich die Frage, ob wir noch ankommen würden, *bevor* das Manöver Waffenbrüder in
seine Endphase ging, sprich ob die eine Woche reichen
würde, um unser angepeiltes Ziel Peenemünde zu erreichen.

Nach Säubern des Kraftstofffilters setzten wir die
Fahrt fort. Wir hatten noch zirka 170 Kilometer vor
uns. Es war kaum zu glauben, aber wir schafften diese
gigantische Entfernung in einem Stück, ohne weitere
Zwischenfälle!

Bei unserem Eintreffen auf Peenemünde, bekamen wir
in einem abgeriegelten Waldstück unsere Stellplätze zugewiesen; für diesen späten Nachmittag war nichts weiter
mehr vorgesehen, wir hatten somit frei. Oberleutnant
Fischer aus Goldberg, dem ich zugewiesen, ward nicht
mehr gesehen. Nicht an diesen Nachmittag, und auch
an den kommenden Tagen, er tauchte überhaupt nicht
mehr auf …! Darüber war ich weiß Gott nicht traurig,

denn für mich war nun keiner wirklich verantwortlich, oder besser: ich hatte keinen direkten oder unmittelbaren Vorgesetzten mehr!

Das ganze Gebiet war hermetisch abgeriegelt, es war ja militärisches Sperrgebiet. Nach einer Weile leichter Entspannung sperrte ich mein „Wunderwerk der Technik" ab und erkundete erst mal die nähere Umgebung. Zu weit Entfernen war nicht angesagt, es konnte jederzeit ein Sack auftauchen und Stress machen. Also die Sache locker angehen und die Lage sondieren. Ich ging ein Stück in den uns umgebenden Wald hinein, und entdeckte in der Dämmerung des frühen Abends ein paar Beton-Fragmente. Ich ahnte, was es sein konnte, ich hatte schon einiges über Peenemünde gelesen. Ich kehrte bald wieder zurück zu meinem Tanksattelschlepper; in den nächsten Tagen würde sicherlich noch Gelegenheit sein, die Dinge etwas näher zu erkunden ...

An diesem Abend tauchten etliche Fahrzeuge mit hochrangigen Offizieren auf, angefangen vom Oberstleutnant bis zum Generalleutnant. Weil es schon recht dunkel war, erkannte ich die Generäle nur schemenhaft an ihren durchgängig roten Streifen links und rechts ihrer Hosenbeine. Besagte Generäle und die anderen NVA-Offiziers-„Würdenträger" versammelten sich direkt vor meiner Nase! Sie kehrten ab nun hier Abend für Abend in eine Art umgebaute LKW-Kneipe ein und kamen des Nachts dann ziemlich abgefüllt aus dieser rollenden Destille raus. Schwankend und stolpernd bestiegen sie ihre jeweiligen Fahrzeuge, die samt Fahrer auf sie warteten. Mich übersahen sie dabei komplett! Ich kann nur sagen, *hervorragend für mich!*

Aus der Erfahrung mit unserer Kaserne und dem unvermeidlichen Aufeinandertreffen mit dieser Spezies hochrangiger Säcke wusste ich: Je höher der Dienstgrad, desto lockerer die Typen in ihren Uniformen! Das traf sehr häufig zu. Ein General oder Oberst hatte nur noch wenig mit den normalen Truppe-Soldaten zu tun.

Da keiner mehr da war, der irgendwelche Befehle oder Anweisungen gab, beobachtete ich noch eine Weile das ständige Kommen. Dann legte ich mich quer über die LKW-Sitzbank und deckte mich mit der vom Sturmgepäck genommenen Pferdedecke zu. Sie roch schon etwas streng von den letzten Feldlagern. Ich ließ den lieben Gott einen frommen Mann sein, und wieder war ein Tag gedient. Gute Nacht.

Am nächsten Morgen weckte mich ein Klopfen an der LKW-Tür, ein Kradmelder brauchte Sprit. Ich ließ die Seitenklappen meines Sattelauflegers runter, durch Ketten jeweils links und rechts konnte ich die Klappen in einen Winkel von 90 Grad stellen und sie als eine Art Laufsteg nutzen. Die Fässer mit Sprit standen direkt vorn Öl daneben. Ich mischte dem Kumpel für seine MZ die mir altbekannte Mischung von 1 : 33, er füllte seinen Tank auf und weg war er.

Langsam wachten die Ersten auf und fingen an, vor sich hin zu wuseln.

Ich schlenderte hin zu der rollenden Kneipe, der Soldaten-Kellner beseitigte eben die Hinterlassenschaften des letzten Abends. Wir unterhielten uns kurz. Er meinte, sie hätten wieder gesoffen wie die Löcher, und das würde jetzt die ganze Woche so weitergehen. Auch seine Tage waren gezählt, er war ebenso EK und war mit der rollenden Kneipe das neunte Mal unterwegs! Es mangelte ihm also nicht an Erfahrung bezüglich seiner Gäste. Die rollende Destille hatte innen eine für DDR-Verhältnisse recht noble Ausstattung. Da war er wieder: Der Durst der DDR! Er machte vor keiner gesellschaftlichen Gruppierung halt. In anderen Ländern war es sicherlich ähnlich, aber vielleicht nicht ganz so krass. Ich konnte das zum damaligen Zeitpunkt noch nicht beurteilen.

Ich blieb auf dem mir zugewiesenen Platz und wartete auf Kundschaft. Ich war sehr zufrieden, von mir aus konnte das so die ganze Woche weitergehen! Und doch sollte es noch besser werden!

Keine Kommandos, kein Psychopath, kein Kasernen-Gestank! Es wurde Zeit zu frühstücken. Ich befragte den Kollegen Soldaten-Kellner. Etwa 400 Meter weiter hatten sie Zelte aufgebaut, hier gab es Frühstück, Mittag und Abendbrot. Gut, war das auch geregelt.

Der Wald mit den Beton-Fragmenten zog mich magisch an, aber erst einmal musste ich zurück zur rollenden Tankstelle.

Ich wartete und wartete. Nichts passierte, keiner kam zum Tanken. Der Wald rief mich, also nahm ich den zweiten Anlauf.

Dann lagen sie vor mir: Ein Teil der zersprengten Anlagen! Hier also hatten Adolf Nazi und seine Spießgesellen gewütet, hier wollten sie die Wunderwaffen herstellen, um dem verlorenen Krieg noch eine Wendung zu geben. Es rieselte einem schon ein Schauer über den militärischen NVA-Rücken ... Ich war sozusagen mitten drin statt nur dabei! Eine ganz seltsame Stimmung: einerseits ein Kapitel dunkelster deutscher Geschichte, anderseits meine ganzen „Brüder", am selben Ort! Es war schon erstaunlich, wie viel „Brüder" man haben konnte, ohne von deren Existenz etwas zu ahnen. Ich musste wieder zurück zu meiner Tankstelle.

Ich schob eine ruhige Kugel und wünschte mir am liebsten, dass das so weiter ginge bis zum Tag meiner Entlassung ... Aber diese Bunker-Anlagen oder was auch immer das war, wollte ich mir noch einmal genauer anschauen, für Geschichte hatte ich schon immer ein Faible.

Ich bekam anfangs von dem ganzen Manöver-Getöse so gut wie nichts mit, da ich weit weg vom Schuss mitten im Wald lag, aber das große Geballere und das Pfeifen der Stalinorgeln (Katjuschas) sollte auch erst einige Tage später stattfinden. Hatte man dieses Geräusch der Stalinorgeln einmal gehört, vergaß man es nicht wieder. Wie erging es wohl den Muschkoten im Russlandfeldzug 1941-45, als sie dieses Geräusch hörten und wusste, dass gleich ein Hagel an Raketen auf sie niederging ...?

Einen Tag später, ich war gerade wieder dabei einem Kradmelder für sein Motorrad eine Mischung zuzubereiten, tauchte ein Jeep neben meiner mobilen Tankstelle auf. Es öffnete sich die Beifahrertür und es entstieg ihr ein Oberst von äußerst kleiner Statur, Typ Händehoch-eins-Dreißig. Er hastete in Richtung Stabsoffizierszelte, die es auch noch gab, die standen etwa hundertfünfzig Meter von meinem Tanklaster entfernt. Anschließend entstieg sein Fahrer dem Jeep, und ich traute meinen Augen nicht: Uwe! Ein alter Kumpel und zudem stadtbekannter Typ aus Magdeburg! Wie heißt es doch so schön: die Welt ist ein Dorf. Wirklich! Da treffen wir uns bei der Sekte, und dann noch mitten in der Pampa, oder besser im Wald, auf Peenemünde. Kaum zu fassen!

Wir fachsimpelten erst einmal kurz, er sagte mir, er wäre von diesem Händehoch-eins-dreißig mit dem Dienstgrad Oberst der Chauffeur; er sei in Rostock stationiert. Er meinte auch, dass der Typ ein ausgemachter Giftzwerg wäre; er müsste ihn überall hin karren und das auch noch bei Tag und bei Nacht. Dann kam der laufende Meter schon wieder aus dem Zelt gehastet, sprang in den Jeep, und ab ging die Post, wohl in Richtung Strand, wo die Vorbereitungen für das ganz große Feuerwerk liefen. Das war eine schöne kurze Begegnung!

Am Abend kamen die beiden wieder, Händehoch-eins-dreißig verschwand diesmal in der rollenden Destille und tauchte auch so schnell nicht wieder auf.

Es artete wieder zu einer mittleren Orgie aus. Nach mehreren Stunden kam der laufende Meter auf seinen Jeep zu getorkelt und weg waren sie ... Am nächsten Abend tauchten sie schon wieder auf. Uwe erklärte, dass er ihn noch zu einer anderen Party fahren musste, aber er musste nicht wie üblich auf ihn warten, sondern konnte in sein Quartier fahren ...

Es ist schon bemerkenswert, wie sich unsere sogenannten Vorgesetzten und sozialistischen „Vorbilder" aufführten ...! Dieses Prozedere blieb die nächsten Tage gleich! Man konnte sich des Eindrucks nicht erwehren, dass hier nicht das Manöver „*Waffenbrüderschaft*" stattfand, sondern eher das Manöver „*Wir saufen uns gegenseitig nieder*". Wir machten uns das zunutze und begaben uns unserseits auf Abwege!

Wir fuhren mit einem Jeep sowjetischer Bauart, Typ UAZ-469, der natürlich allen anderen Fahrzeugen der Welt technisch *weit* überlegen war. Diese Jeeps wurden aus einem Stück geschnitzt und gefeilt. Ihr Kraftstoffverbrauch war enorm. Vielleicht rührte daher auch der Durst seiner jeweiligen Insassen; man hat das nie so wirklich rausbekommen ...

Wir nahmen also die Gelegenheit war und fuhren in die Ortschaft Peenemünde, es waren nur wenige Kilometer. Wir wollten uns dort mit Bier eindecken. Uwe kannte sich aus, da er mit dem Giftzwerg schon häufiger in die Ortschaft gefahren war. Wir hatten eine Sondergenehmigung dabei, die er im Falle einer Kontrolle vorzeigen konnte und die uns freie Fahrt garantierte. Aber wir kamen problemlos in den Ort. Es wimmelte überall von Militär und zwar fast nur von Militär!

Flaschenbier gab es keines mehr, also ließen wir einen Kanister mit Bier auffüllen. Wir hatten Gott sei Dank Plastik-Kanister dabei, in ihnen war Wasser, das wir ausschütteten. Es störte sich auch keiner daran, dass wir nur einfache Soldaten waren. Wir hatten befürchtet, keinen Alkohol zu bekommen. Es würden für jeden von uns etwa 2,5 Liter Bier sein. Ich erinnerte Uwe wegen des Trinkens, er müsse doch den Giftzwerg noch fahren, aber er winkte nur ab. Als wir wieder an unserem Ausgangspunkt zurück waren, hatte unsere Abwesenheit niemand bemerkt.

Unsere hochrangigen Offiziers Vorbilder feierten feucht fröhlich in ihrer rollenden Spelunke, wir taten es ihnen in meinem Tankwagen im Fahrerhaus gleich. Wie heißt es doch so schön, so wie der Herre, so das Geschere, oder so ähnlich ...

Uwe hatte ein verhältnismäßig lockeres Dasein in seiner Kaserne in Rostock, aber er musste halt ständig Gewehr bei Fuß stehen und den kleinen Giftzwerg durch die Gegend kutschieren. Bei der oft miesen Laune seines Oberst war das kein Zuckerschlecken. Uwe hatte mir gegenüber ein Handicap von 6 Monaten, er war Zwischenhund. Er meinte, auf den ersten Blick sei es ein lockerer Job, auf den zweiten ein Sklaven-Job!

Der nächste Tag verlief nach gleichem Schema, wir entfernten uns erneut, jedoch ging es diesmal Richtung Strand. Für den zivilen Bereich war alles abgesperrt, so konnten wir mit dem Jeep den Strand abfahren, wir taten es mit großem Vergnügen. Wir fuhren mit karacho durch das Ostseewasser, sodass es in hohen Bogen links und rechts am Jeep hoch spritzte. Nach zirka einer halben Stunde kehrten wir wieder zurück, und wieder hatte keiner gemerkt, dass wir eine Spritztour unternommen hatten. Das war fast schon wie Urlaub! Zwischendurch sah ich vor meinem geistigen Auge unseren Kasernen-Psychopathen. Dieser Mensch gönnte keinem das Schwarze im Auge, geschweige denn eine coole Fahrt am Ostseestrand durch Sand, Wellen und Meer. Der hätte wahrscheinlich wie von der Tarantel gestochen in den Ostsee-Wind gebrüllt und wäre wie Luis de Funes in den Dünnen von einer Ecke in die andere gesprungen ... Aber ab Ende Oktober würden diese ganzen Uniform-Fratzen mit ihrer immer gleichen Rhetorik, den Parolen und ihren Kommandogebrülle sowieso Geschichte sein, dann käme die nächste Generation an Spritzern, an denen sie sich weiter abarbeiten konnten. Bis dahin waren es noch zirka sieben Wochen, das war auch noch zu schaffen ...

Unsere „Vorbilder" torkelten weiterhin spät abends in ihre Autos, wir wiederum machten uns den Abend so angenehm wie es nur ging. Uns waren diese Sauftouren der Säcke nur recht. Wir planten schon für den nächsten Abend.

Ich hatte Uwe von den Bunker-Fragmenten um uns herum erzählt. Also beschlossen wir eine Exkursion dorthin und wollten eintauchen in das dunkelste Dunkel Deutscher Geschichte.

Die 12 Jahre Nationalsozialismus von 1933–1945 fanden im DDR-Geschichtsunterricht kaum Erwähnung! Die Guten, das waren wir, und die Schlechten hinter dem antiimperialistischen Schutzwall, das waren halt die Schlechten, *die* waren für die 12 Jahre unter Hitler verantwortlich. Und wenn dann etwas in unserem sozialistischen Schlaraffenland nicht funktionierte, dann waren es auch die Schlechten hinter dem Antiimperialistischen Schutzwall. Mein Gott, die Welt konnte doch so einfach sein ... Es gab in der DDR zum Thema Peenemünde und den dortigen Raketen-Versuchen unter Hitler wenig bis gar keine Lektüre. Aber der Vater von einem Kumpel hatte darüber noch einiges Material aus dem 2. Weltkrieg. Unter anderem wurden dort auch die Raketen-Versuche von Peenemünde erwähnt, und es gab außerdem für uns das erreichbare ZDF und die ARD. Ansonsten waren Informationen für Normalsterbliche schwer zu bekommen.

Wir schlichen also an jenem Abend zwischen diesen Beton-Trümmern hindurch. Wie ich später erfuhr und was auch offensichtlich war, hatte man versucht, diese Bauten zu sprengen. Aber durch ihre massive Stahlbeton-Bauweise war dies nur bedingt gelungen. Wir gelangten auch an den ehemaligen Bahnhof, der unter Wasser stand. Ob er geflutet oder auf andere Art und Weise vollgelaufen war, blieb uns ein Rätsel. Vieles hier war nach bereits fünf-unddreißig Jahren von der Natur überwuchert. Dieses Areal vermittelte einem immer wieder ein Schaudern. Ich erinnerte mich später sehr oft daran und las im Zu-sammenhang mit dem Nationalsozialismus noch vieles über Peenemünde und die von dort abgeschossenen Ra-keten. Nach Schätzungen hatten in London achttausend Menschen durch diese Raketen ihr Leben verloren. Aber das ist ein Kapitel für sich.

Zurück zur Gegenwart. Die Woche der Waffenbrüder-schaft neigte sich ihrem Ende zu. Die Abschlussschlacht war geschlagen, wir hörten die Stalinorgeln Zischen und Pfeifen und die Kalaschnikows knattern, sahen konn-ten wir das große Abschluss-Spektakel nicht. Wie nicht anders zu erwarten endete dieses Manöver mit einem glorreichen Sieg (wer hätte daran auch zweifeln kön-nen) über unseren kapitalistischen Klassenfeind. Das sah anfangs mit dem hinterhältigen „Sabotage-Akt" auf meinen Tanksattelschlepper gar nicht so aus, aber: Ende gut alles gut! (Ironie!!!!)

Ich trug mein Bandmaß noch in meinen vor gut vier Monaten kleinen angefertigten Holzsarg. Uwe war scharf auf den Sarg, worin er künftig sein Bandmaß unterbringen wollte, ich überließ ihn ihm. Es war eine alte Sitte, die Behältnisse wenn gewollt, weiterzugeben. Diese eine Woche war wie im Fluge vergangen, es war mir Abstand die beste Woche während der anderthalb Jahre! Wir verabschiedeten uns. Ich versprach ihm, dass wenn ich wieder draußen wäre, ich ein Bier auf ihn trinken würde! Die knapp acht Monate würde er auch noch schaffen! Wir würden uns in der Magdeburger Szene wieder sehen, oder zumindest dem, was wir damals dafür hielten.

Es ging während der acht Tage alles glatt. Wie viele bei dieser Übung verletzt oder gar getötet wurden, blieb ein Militärgeheimnis; Lupo hatte *mich* jedenfalls verschont! Uns wurde mitgeteilt, dass an dieser „Waffen-Party" vierzigtausend Militärangehörige teilgenommen hatten. Beim Abschluss-Appell wurde nochmals betont, wie erfolgreich doch alles verlaufen sei. Der Sozialismus würde mit seiner überlegenden Schlagkraft überall siegen! ... Keiner, der uns sagte, wann und wo dieser Sieg stattfinden würde. Es blieb wie immer alles im Ungewissen ...

Es ging zurück in die Isolation der Kaserne. Wir fuhren wieder im Konvoi zurück, ohne technische Zwischenfälle. Ich konnte das nur für mich beanspruchen, was hinter mir geschah, sah ich nicht, und es war mir auch egal. Es war meine letzte Fahrt mit diesem Wunderwerk der Technik! Auf der Rückfahrt hielt ich am erstbesten Konsum an und kaufte für die Jungs in der Kaserne noch zwei Flaschen Schnaps. Ohne diesen hätte ich nicht auftauchen dürfen.

In der Kaserne angekommen wurde das Fahrzeug wie immer akribisch auf Alkohol untersucht, aber das war wie das Suchen nach der berühmten Stecknadel im Heuhaufen. Ich hatte die beiden Flaschen einfach zwischen die Fässer und Kanister gestellt, es lief alles glatt, wir mussten sie bloß vom Gefechtspark holen, bevor das Fahrzeug wieder versiegelt wurde. Wir kannten ja mittlerweile alle Tricks, somit stand der nächsten und wahrscheinlich letzten Party im NVA-Gefängnis nichts mehr im Wege.

Es waren noch etwa sechs Wochen bis zum großen Showdown, der Entlassung! Ich hatte noch meinen vollen Urlaub für dieses letzte halbe Jahr, und der würde befehlsmäßig und somit zwangsverordnet erfolgen.

Das Schöne daran war, ich konnte nicht mehr erpresst werden, in keinerlei Hinsicht.

Aber eine Frage stand weiterhin unbeantwortet im Raum: wie war die Situation in Polen??? Wir hatten während unseres Manövers noch weniger mitbekommen als sonst, jetzt musste man fragen, wer zuletzt im Urlaub war und wer den Feindsender abgehört hatte. Die Situation in Polen war angespannt; gut das war sie während der Zeit des Kalten Krieges mal mehr, mal weniger, aber was würde das letztendlich für uns als Militärangehörige bedeuten??? Die Ungewissheit blieb.

Ein Tag nachdem ich wieder in der Kompanie angekommen war, wurde wie üblich die Post ausgeteilt. Ich hatte schon lange keine Post mehr bekommen, hatte auch so gut wie nicht mehr geschrieben, an wen auch??? Von Hannes hatte ich auch schon lange nichts mehr gehört, wir würden uns ja bald wieder sehen ... Dann fiel mein Name, ich hörte es nur so nebenbei. Ich konnte mir nicht vorstellen, wer mir geschrieben haben sollte, ging im Kopf alle durch und holte meine Post ab.

Unglaublich, Susanne hatte mir geschrieben! Ich hatte häufig an sie gedacht, und: wie sahen eigentlich noch mal Frauen aus ...? Jetzt nach etlichen Monaten kam ein Brief von ihr. Ich öffnete ihn, sie schrieb, ob wir die Verlobungsgeschenke aufteilen wollen; tja, so etwas wie eine Verlobung gab es ja auch einmal. Ich fragte mich, warum sie mir jetzt schrieb, kurz vor meiner Entlassung? Die Verlobungsgeschenke interessierten mich nicht mehr, ich wusste schon gar nicht mehr, woraus diese Geschenke bestanden.

Vom Gefühl her hätte ich Susanne gerne wieder gesehen, aber ich ließ dem Verstand die Oberhand. Es gibt im Leben die Entscheidung zwischen Herz und Verstand, ich entschied mich für den Verstand. Ich schrieb ihr, sie könne die Geschenke alle behalten, es bestünde meinerseits kein Interesse mehr an diesen. Ich war schließlich kein Spielzeug, das man in die Ecke wirft und, wenn man wieder Lust hat, es hervor kramt, um dann weiterzuspielen; sicher nicht! Ich hatte mir die ganze Situation schließlich nicht ausgesucht.

Hannes sollte später eine andere Entscheidung treffen, er hatte ja vor unserer NVA-Zeit von seiner Freundin den Tritt in den Hintern bekommen ...

Meine Gedanken kreisten jetzt, nach diesen fast anderthalb Jahren NVA, noch mehr um das Thema Flucht/Ausreise! Raus aus diesem Land der Unterdrückung, der Bespitzelung, der dumpfen Parolen und Hoffnungslosigkeit! Der Gedanke nach Freiheit ließ mich nicht mehr los! Diese NVA-Zeit war dann der letzte Punkt auf dem i.

Schon eine Woche später musste ich auf Befehl hin Urlaub nehmen, Bello verkündete das beim Morgen-Appell. Ronni wurde ebenso zwangsbeurlaubt, wir mussten beide grinsen ... So fuhren wir beide eine Woche später Richtung Magdeburg. Ronnis ehemalige Freundin hatte sich ebenfalls bei ihm gemeldet, aber auch er hatte kein Interesse mehr.

Bei unserer Rückkehr hätten wir nur noch wenige Tage zu dienen, und das war ein so unendlich gutes Gefühl, das nur derjenige empfinden kann, der es erlebt hatte!!! Wir würden bei unserer letzten Rückkehr in die verhasste Kaserne unsere Zivilkleidung mitnehmen, die aber bis zum Tag der Entlassung unter Verschluss käme.

Schon als wir in Magdeburg ankamen, verabredeten wir uns auf die gemeinsame Rückfahrt eine Woche später, Treffpunkt sollte der Bahnhof sein.

Bei meinem Eintreffen zuhause kam mir auf unserer „napoleonischen" Straße mein Kumpel Michael entgegen. Die Beschreibung unserer Straße durch den Chicagoer hatte sich mir eingebrannt! Michael verkündete, dass er eben seinen Einberufungsbefehl erhalten hätte. Tja, dummgelaufen, wir kamen zurück und er musste einrücken … Er ahnte nicht mal im Ansatz, was ihn erwarten würde. Hinzu kam, dass er seit einigen Wochen eine neue Freundin hatte. Innerlich sagte ich mir, na dann mal alles Gute.

Er erzählte mir auch von Susanne, dass er sie getroffen hätte, aber ich wollte es nicht hören. Seine zukünftige Unterkunft und somit Zwangspension für die nächsten anderthalb Jahre würde ihn nach Prora verschlagen, direkt an die Ostsee. Hörte sich gut an, war es aber nicht, und er wusste es nicht, noch nicht. Wenn er erst einmal bis zum Hals im Dreck stecken würde und ständig unter Vollschutz in die Büsche springen müsste, würde er die Ostsee nicht mehr wahrnehmen.

Die NVA-Kaserne in Prora war auch ein Bauwerk, welches Adolf Nazi in seinem Größenwahn von 1936–1939 errichten ließ. Es sollte damals für verdiente Volksgenossen ein KdF-Seebad entstehen und als Erholungsstätte dienen. Jedoch musste das Projekt mit Kriegsbeginn 1939 eingestellt werden. Der Bau hat gigantische Dimensionen, und in einigen Gebäuden dort befanden sich Einheiten der NVA. Ab 1950 wurde im Auftrag der Kommunistischen Partei mit einem Umbau dieser ehemals geplanten Feriensiedlung begonnen und diese zur Kaserne ausgebaut. Der Komplex hat immer noch eine Länge von 2,5 Kilometern.

Wir wollten Michael noch ein paar Tipps geben, da wir einige Tage vor seiner Einberufung entlassen würden.

Ich besuchte meinem alten Kumpel Bernhard, wir hatten uns jetzt auch schon eine ganze Weile nicht mehr gesehen. Das hatte Gott sei Dank bald ein Ende …

Anschließend schlenderte ich zu meinen Großeltern. Der Tross aus dem Westen, Vater, Onkel, Tanten, Cousinen, waren wie jedes Jahr zu Besuch gewesen, ich hatte sie verpasst. Zudem wusste ich gar nicht, ob ich sie hätte treffen *dürfen*. Ich war schließlich einer der geheimsten Geheimnisträger und verfügte somit als NOCH-Tanksattelschlepper-Fahrer über ein fundiertes Wissen über eine der schlagkräftigsten Armeen der Welt, also war für mein ganzes sozialistisches Vaterland „Gefahr im Verzug". Ich sah schon die Überschrift in unserem Propaganda-Blatt „Magdeburger Volksstimme": NVA-Angehöriger trifft sich mit Westverwandtschaft und plaudert geheimste Geheimnisse an den Klassenfeind aus …" Nach dem Motto, welcher LKW fährt noch und welcher nicht, oder fehlt an besagtem LKW am rechten Hinterrad eine Radmutter …? Schließlich waren das kriegsentscheidende Informationen für den überall lauernden Klassenfeind … Wäre es nicht so traurig gewesen, hätte man darüber lachen können; ich lachte innerlich, und das kräftig!!!

Auf dem Rückweg Richtung Kaserne füllten wir im Zug nach Karow den Fusel in Wärmflaschen um, banden eine Schnur an die Wärmflaschen, hängten sie uns um den Hals und machten ein Probehängen. Wir waren immer noch so dünn, dass wir den Bauch bis zum Rückgrat einziehen konnten. Aber bei dieser letzten Rückfahrt in die Kaserne waren wir gut drauf. Die letzten Tage würden wir auf einer A...backe absitzen, egal welche Schikanen noch kommen sollten, wir hatten es so gut wie hinter uns.

Als wir dann das letzte Mal in die Kaserne kamen, erfolgte das uns bestens bekannte Prozedere. Alles wurde kontrolliert, aber kein Alkohol gefunden, unsere Abschlussparty war gesichert! Die anderen Jungs hatten auch noch einiges an Alkohol gebunkert.

Büchse, einer unserer Fischköppe auf der Stube, hatte ebenfalls Urlaub, auch er musste diesen Urlaub auf Befehl antreten, er war einen Tag bevor wir kamen, gefahren.

In seiner Familie herrschte ein rauer Umgang, um es milde auszudrücken. Als er aus dem Urlaub zurückkam erzählte er, er habe seinen Vater bei seiner Heimkehr erst einmal verprügelt, er öffnete ihm die Tür, das war dann wohl der entscheidende Fehler seines Vaters, und dann gab es für den Vater prophylaktisch erst einmal eine Tracht Prügel. Es ist schon sehr erstaunlich, welche Begrüßungsrituale in so mancher Familie gab. Die Sache hatte jedoch eine längere Vorgeschichte, die er uns erzählte. Da er als Kind sowie auch seine Mutter permanent unter der Brutalität seines Vaters gelitten hatten, drehte er jetzt den Spieß als Erwachsener um, und so gab es schon einmal ohne Vorankündigung eine Tracht Prügel für seinen Vater.

Dann gab es noch ein Ereignis während unseres Urlaubes, der uns die Kinnlade runterfallen ließ. Es handelte sich wie nicht anders zu erwarten um unseren Psychopathen-Paul, der wohl an diesem Tag Dynamit oder Handgranaten gefrühstückt hatte, und somit zum Scharfschützen mutierte. Er ließ wie immer unsere ehemalige dritte Kompanie zum Abendbrot im Gleichschritt und unter seinen Kommandos marschieren. Es war bereits dunkel und dann erschallte aus einer der beiden anderen Kompanien, aus der Ersten oder Zweiten, das konnte nicht festgestellt werden, weil die Leute die riefen sofort abtauchten: „PAUL SCHIESS DOCH!!!" und dieses Rufen erfolgte mehrmals.

Paul ließ sich laut Aussage unseres Kapos Willy, der vor der Kompanie lief, nicht lange bitten, und feuerte mehrere Schüsse in die Luft, was die Rufenden in Volldeckung gehen ließ. Dieser Typ gehörte eigentlich in eine Zwangsjacke und weggesperrt!

Die letzten Tage bis zu unserer Entlassung waren überschaubar, aber sie zogen sich hin.

Laut letzten Meldungen des Buschfunks und durch das Abhören des Feindsenders am Abend auf unserer Stube hatte sich die Situation in Polen auf der Danziger Werft mit der Solidarnosc Bewegung weder verbessert, noch trat eine Verschlechterung ein.

In freudiger Erwartung unserer Entlassung ließen wir noch einmal die Stahlkugel über den Kompanieflur donnern und schrien unseren EK-Ruf in die Nacht hinaus, tranken dazu unseren geschmuggelten Fusel und fachsimpelten, was wir in unserer sogenannten Freiheit machen würden. Das Wort „Freiheit" hatte in der DDR eine etwas merkwürdige Bedeutung, aber damals kannten wir alle nichts anderes. Und hatten wir diese unsägliche NVA erst einmal hinter uns gebracht, dann hatten wir einen echten Härtetest bestanden.

Wer in dieser NVA, aus welchen Gründen immer, *nicht* dienen musste, war im Volksmund eine „ungediente SAU".

Wir wollten nach unserer Entlassung uns noch vierzehn Tage Zeit lassen. Es würden ein paar Leute aus Magdeburg und Umgebung kommen und wir wollten noch ein wenig Party machen, um diesen verfluchten Kasernen-Geruch aus den Knochen kriegen, den Dreck vergessen und uns dann eine Arbeit suchen, denn Arbeit gab es ja an jeder Ecke.

Dann war es endlich soweit! Der über anderthalb Jahre sehnlich herbeigewünschte Tag unserer Entlassung stand am nächsten Tag vor der sprichwörtlichen Tür. Unsere über die Zeit „liebgewonnenen" Kompanie-Despoten (Säcke) bauten die übliche Drohkulisse auf, wie bei unseren Vorgängern. Die Zeit der Schikanen und der Demütigungen fand zumindest in der Enge und Begrenzung dieser Kaserne ihr Ende. Aber die geistige Engstirnigkeit dieses kommunistischen Systems würde sich außerhalb der Kaserne fortsetzen, das war mir am Tag der Entlassung bewusst. Wir würden auch noch ein paar Tage *nach* unserer Entlassung zur NVA gehören, aber ihre Drohungen gingen ins Leere. Ihre Befehls- und Verfügungsgewalt über uns endete am kommenden Tag, und dies mit dem Durchfahren des Kasernentores Richtung Bahnhof!

Es war ein sehr gutes Gefühl, wir machten es natürlich wie unsere Vorgänger, die Turnschuhe und die vorher in Fetzen zerschnittenen Trainingsanzüge hatten wir in der Nacht in die Bäume geworfen, schließlich konnten sie uns nicht alle einsperren.

Am nächsten Morgen liefen wir das letzte Mal und in Zivilkleidung durch die Kaserne, es ging noch einmal in die Speisebaracke zum Frühstück, aber nicht mehr im Gleichschritt. Paul kam uns mit den Zwischenhunden und den Spritzern im Gleichschritt entgegen, ich sagte zu Holger mehr fragend, wie lange würde wohl dieser Mensch noch Soldaten im Gleichschritt durch diese Kaserne führen? Holger meinte leicht lachend, wahrscheinlich bis an sein Lebensende. Er lief wieder mit diesem missmutigen Gesichtsausdruck an uns vorbei. Dieser Ausdruck in seinem Gesicht war mir schon bei unseren Vorgängern, als diese entlassen wurden, aufgefallen. Dieser ideologisch verblendete Mensch war im Grunde zutiefst zu bedauern. Er kämpfte alle halbe Jahre wieder gegen Windmühlen, indem er versuchte, seine verkorkste militärische Doktrin den neu Einberufenen mit allen Mitteln aufzuoktroyieren! Was würde wohl so ein Mensch im zivilen Leben machen??? Aber die Vorstellung war bei diesem Menschen irreal.

Wir verabschiedeten uns von unseren Zwischenhunden. Pietschie war mehr als begeistert, er stieg jetzt zum EK auf, er hatte eine komplette Kehrtwende vollzogen. Er lief selbstbewusst und mit erhobenen Kopf durch die Kaserne und Kompanie, nichts mehr war übrig von dem anfänglichen Elend seines über-den-Flur-Schleichens ...

Auf der BATTAILLONSSTRASSE wartete der Sattelschlepper, der uns zum Bahnhof bringen sollte; wir befreiten uns von den Messern und Teelöffeln unseres Essbestecks sowie einigen andere Dinge, sie flogen wie bei allen unseren Vorgängern, auf die BATTAILLONSSTRASSE ...

Der Zug brachte uns nach Schwerin, dort hieß es Umsteigen in den Zug Richtung Berlin und dann Richtung Magdeburg. Ich verabschiedete mich in Berlin von Holger mit dem Versprechen, ihn bei nächster Gelegenheit zu besuchen.

An dem Zug in unsere Heimatstadt war ein Speisewaggon angeschlossen, Ronni und ich zogen los, um uns erst einmal ein Entlassungsbier zu holen ... nein wir holten uns der Ehrlichkeit halber gleich mehrere Entlassungsbiere. Wir hatten uns im Zug kennengelernt, hatten anderthalb Jahre diesen sinnlosen Irrsinn dieser NVA ertragen, und jetzt fuhren wir im Zug wieder zurück nach Hause, der Zug war voll mit EKs, nein, mit Leuten, die in das Zivilleben zurückkehrten ...!

Auf dem Weg zum Speisewaggon rief jemand meinen Namen. Ich erkannte natürlich sofort die Stimme, es war Hannes, welch ein Zufall. Auch wir hatten uns das letzte Mal in diesem Zug gesehen, und jetzt im selbigen wieder getroffen. Wir hatten unseren Schriftverkehr die letzten Monate ziemlich einschlafen lassen, aber das war jetzt egal, die Sekte lag hinter uns! Hannes erzählte mir freudig, dass er seit seinem letzten Urlaub vor zwei Monaten wieder mit seiner Freundin zusammen war, und sie hatte ihn auch in der Kaserne besucht. Na toll, sagte ich zu ihm, innerlich dachte ich mir, ob er da nicht was falsch macht? Aber jeder trifft seine Entscheidungen anders, langfristig sollte ich Recht behalten, sie hatte anderthalb Jahre nichts anbrennen lassen, das sollte später alles noch ans Licht kommen. Hannes war alt genug und musste wissen was er tat, wir kannten fast das ganze bisherige Leben.

Vom grünen Drill der NVA zurück in die graue Tristesse des DDR-Alltags

Jetzt hieß es, sich um die Zukunft Gedanken zu machen, und meine Zukunft sollte nach meinen Vorstellungen nicht so verlaufen wie bei 99,5 % meiner DDR Mitbürger.

Meine Großmutter sagte mir öfter, dass ich mich während dieser anderthalb Jahre NVA ziemlich verändert hätte. Die fröhliche Unbeschwertheit aus früheren Tagen war nicht mehr vorhanden. Ich hatte erkannt, dass dieses System mein Feind war; und nicht nur meiner. Ein paar von uns die aus Magdeburg und der Umgebung kamen, trafen sich noch einige Male, aber dann ging jeder seiner eigenen Wege.

Meinen Kumpel Holger besuchte ich wie versprochen dann noch einmal. Rückblickend und mit dem Abstand zur NVA mussten wir über den geistesgestörten Paul und die anderen NVA-Paladine nur noch den Kopf schütteln ... Wir sahen uns nur noch diese eine Mal. Auch Kumpel Ecki war wieder in den heimischen Gefilden angekommen.

Mit den Jungs, mit denen ich aufgewachsen war wie Hannes, Ecki, Michael, blieb alles beim Alten; aber *eine* Veränderung hatte stattgefunden: es war uns die Unbeschwertheit der früheren Jahre abhandengekommen. Oder empfand ich das nur so???

Im Dezember 1980 gab es ein Ereignis, das um die Welt ging! John Lennon wurde in New York erschossen, am 08.12.! Es gibt Dinge, die sind so bedeutend, dass man noch Jahrzehnte später weiß, wo man sich bei dieser

Nachricht aufhielt. Wir saßen bei der Meldung in einer dieser üblichen heruntergekommenen DDR-Spelunken. Der Wirt ließ doch tatsächlich und unverfroren den Feindsender laufen. *Diese* Meldung aber schaffte es sogar in die Propaganda-Blätter „Volksstimme" und „Neues Deutschland" am nächsten Tag.

Wir hatten Winter. Und der war in diesem alles dominierenden Grau noch schwerer zu ertragen als der Sommer. Schwebte im Sommer ständig eine Dunstglocke über der Stadt, breitete sich im Winter ein schmutzig-grauer öliger Schleier über die vom Schwermaschinen-Bau und von Zweitakt-Fahrzeugen dominierte und so geprägte schmutzige Stadt. Der Trübsinn lag nicht nur über der Stadt, nein, er legte sich auch auf die Seele und das Gemüt. Was blieb zu tun? Ein Wegziehen? Aber wohin??? Ostberlin war noch die beste Option in diesem trübsinnigen Land des Sozialismus.

Erst einmal weg nach Ostberlin und das Wohnen direkt an der Berliner Mauer

Ostberlin strahlte zumindest ein wenig internationalen Charme aus. Das lag zum einen daran, dass dort die meisten finanziellen Mittel des DDR-Budgets investiert wurden, um dieser Stadt einen gewissen Glanz zu verleihen. Zum anderen kamen viele Besucher aus Westberlin und dem Rest der Welt zu Tagesausflügen nach Ostberlin. Das spülte wiederum harte D-Marks in die ständig klammen Kassen des SED-Staates.

Allein diese alles trennende Mauer und die damit einhergehende Teilung der Stadt war für viele schon ein Grund, nach Westberlin zu Reisen; wo gab es das sonst noch auf der Welt?

Ich musste mir hier erst mal einen Job suchen. Über eine Stellenanzeige in der Zeitung wurde ich fündig. Sie suchten vom STKM (= Straßen- und Tiefbau-Kombinat Magdeburg) Leute für das größte Bauprojekt der DDR, „Berlin Marzahn". Es brauchte dort Mitarbeiter für alle Bereiche. Es sollte die größte Plattenbausiedlung der DDR entstehen, und das wieder mit diesem unsäglichen althergebrachten Propaganda-Getöse sowohl in TV-Medien als auch in dem parteikonformen Propaganda-Blätterwald. Die Realität und Produktivität auf dieser größten Baustelle der DDR spiegelte etwas ganz anderes wieder, das würde ich bald erfahren.

Das Ganze nannte sich „Montage". Dieser Ausdruck besaß in der DDR eine ganz eigene Doppeldeutigkeit.

Auch bei Leuten, die wegen Republikflucht oder eines Ausreiseantrages im Knast saßen, wurde auf Nachfrage, wo sich betreffende Person befände, im Volksmund geantwortet, jene seien auf „Montage" ... Somit wusste man, dass dieser Mensch gesiebte Luft in irgendeinem Stasiknast atmete.

Unsere Unterkunft war ein Bauarbeiter-Wohnheim in der Adalbertstraße, Berlin-Mitte, direkt an der berühmt-berüchtigten Berliner Mauer. Sie trennte Friedrichshain vom Stadtteil Kreuzberg. Wie für tausende Berliner, die direkt an dieser Mauer wohnten, wurde auch für mich diese Mauer mit der Zeit zum Alltag!

Die 3-Zimmer-Wohnung belegten wir zu dritt. Für DDR-Verhältnisse war sie komfortabel, die Einrichtung war sozialistisch spartanisch, wie es sich für Kämpfer des Sozialismus an vorderster Arbeitsfront geziemte. Die gegenüberliegenden Häuserfronten waren dem Zusammenbruch nahe. Sie sahen nicht so aus, als hätten sie dem 1. und 2. Weltkrieg standgehalten, nein, sie sahen aus als hätten sie den 30-jährigen Krieg gerade so überstanden. Die Bezahlung war für DDR-Verhältnisse überdurchschnittlich, sie betrug mehr als das Doppelte von dem, was ich in meinem Ausbildungsbetrieb nach der Lehre verdient hatte.

Es stellte sich die Frage nach Löschung des Durstes! Wie wurde diese bewältigt? Auf diese Frage musste ich schnellstens eine Antwort finden ...!

Ostberlin war das Mekka der Stasispitzel, allein dadurch bedingt, dass Westberlin nur einen Steinwurf entfernt war und somit ein reger Verkehr von West nach Ost stattfand!

Den gehassten Klassenfeind wollte man zwar nicht, aber sein Geld war herzlich willkommen. Wer in das Schaufenster Ostberlins schauen wollte und Zutritt zum Arbeiter- und Bauern-„Paradies" begehrte, musste dafür mit harter Währung zahlen. Mielkes Stasi-Krake in Ostberlin war präsenter als im Rest der Republik. Hier befand sich auch das Ministerium der Staatssicherheit.

Es war die Zeit der Häuserbesetzungen in Kreuzberg! Brannte in Kreuzberg sprichwörtlich die Luft, wenn man aus dem Fenster im dritten Stock sah, so befand man sich jenseits der Mauer im Osten wie auf einem stillgelegten Friedhof! Einen größeren Kontrast konnte man sich kaum vorstellen: Wir waren nur einen Steinwurf entfernt und doch trennten uns Welten!

Informationen über die Ereignisse auf der anderen Seite erhielten wir nur über die Westberliner Medien, jedoch bekamen wir die Aktionen auf Kreuzberger Seite akustisch mit. Ich musste zu meinem Bedauern feststellen, dass ich mich auf der falschen Seite befand, hundert Meter weiter tobte das pure Leben, und auf unserer Seite wurden um achtzehn Uhr die Bordsteine hochgeklappt und der Mond weitergeschoben ...

Mein Job auf unserer sozialistischen Großbaustelle bestand darin, die von einem Bagger ausgeschaufelte Erde von einer Ecke in die andere zu karren. Um es qualifizierter auszudrücken: ich hatte als LKW-Fahrer angeheuert! Diese Tätigkeit setzte keine geistigen Höchstleistungen vor aus, aber die waren im Arbeiter- und Bauern-Staat sowieso nur hinderlich. Mit den Wölfen heulen und Staatstreue heucheln brachte viele viel schneller an ihr gewünschtes Ziel.

Mein zukünftiges Arbeitsgerät war ein MAZ der Fünfhunderter-Baureihe, mit einer Kippmulde, besser bekannt unter dem Namen „Büffel". Im Westen waren diese Fahrzeuge unverkäuflich, da sie Modelle veralteter sowjetischer Brachial-Technik waren, von der Sorte „aus-einem-Stück-gefeilt". Den Kraftstoffverbrauch dieser Fahrzeuge kannte keiner wirklich, es spielte aber auch keine Rolle ...

Wir waren meistens vier Leute, die am Morgen von unserer Unterkunft Richtung Baustelle Marzahn aufbrachen: Zwei Baggerfahrer, Eddi und Holger, und zwei LKW-Fahrer, Jürgen und ich. Im sozialistischen Sprachgebrauch waren wir ein Kollektiv. Dieser Job sollte, was die Arbeitsproduktivität betraf, meinen vorherigen um Welten übertreffen; auch das war noch möglich. Der „Arbeitsproduktivität" im freien Fall nach unten waren im Sozialismus keine Grenzen gesetzt.

Wir arbeiteten im Zweischicht-Betrieb, Tagschicht und Nachtschicht. Aufgrund der Ersatzteil-Knappheit sowohl für die Bagger als auch für die LKWs kam es arbeitstechnisch zu ständigen Leerläufen und Standzeiten, was wiederum niemanden auch nur ansatzweise interessierte. Nach meiner anderthalbjährigen NVA-Zeit war alles hier noch desaströser geworden.

Der gemeine DDR-Bürger spürte diese zunehmende Verknappung der grundlegendsten Konsumgüter am unmittelbarsten bei seinen täglichen Einkäufen. Stürmte man früh morgens nicht als einer der Ersten die Konsum-Kaufhallen, stand man schon kurze Zeit später vor leer gefegten Regalen. Es fehlte an Butter, Eiern, Brot; von Gemüse und Fleisch ganz zu schweigen. All diese

Lebensmittel gab es punktuell mal hier mal dort, und es handelte sich häufig um Glücksfälle, diese zu ergattern. Mittlerweile hätte es dem Letzten auffallen müssen, dass so gut wie nichts mehr funktionierte. Die Profiteure dieses Regimes setzten weiterhin auf Propaganda und Durchhalteparolen. Mielkes Stasi-Terror-Regime agierte mit der Angst und reagierte zunehmend radikaler und brutaler auf Oppositionelle.

Nachdem Wolf Biermann 1976 ausgebürgert wurde, unterschrieben Manfred Krug, Angelica Domröse, Eva Maria Hagen nebst Tochter Nina Hagen und weitere andere DDR-Künstler eine Petition gegen diese Ausbürgerung Wolf Biermanns! Auch sie verließen anschließend die DDR Richtung Bundesrepublik. Die Ost-Berliner Regierungsbetonköpfe vergraulten die Elite der DDR-Künstler. Diese Leute waren zu bekannt, um sie einfach wegzusperren.

Anderen erging es wesentlich schlechter, sie verschwanden bei Nacht und Nebel und waren bei Hinterfragen auf besagter „Montage". „Die Partei hat immer Recht" war weiterhin der Slogan der sich selbst legitimierten Regierungsverbrecher, sie hatten schließlich am meisten zu verlieren. Ein Großteil der DDR-Bevölkerung hatte bereits kapituliert und ergab sich apathisch in sein Schicksal. Sie zogen sich in die mit viel Aufwand und oft zusammengeklauten Materialien aus ihren VEB-Betrieben errichteten Datschen zurück. Dieses von der Polit-Elite selbst deklarierte Arbeiter- und Bauern-„Paradies" war für einen Großteil der Bevölkerung nur noch im benebelten Zustand (Suff) zu ertragen.

Anfang der Siebzigerjahre hatte man die ersten Intershops in der DDR eröffnet. Diese waren fensterlos, um gierigen Blicken vorzubeugen. Dort konnten DDR-Bürger, die im Besitz von D-Mark waren, die Konsum-Güter aus dem Westen einkaufen. Wie zum Beispiel die allseits beliebten West-Jeans, auch „Nieten-Hosen" genannt, oder den guten West-Kaffee sowie Schokolade und andere über alles begehrte West-Artikel.

Man kam auf die Idee, kein Wechselgeld in den Intershops dem Kunden auszuhändigen. Der DDR Bürger musste ab 1979 bevor er in besagten Intershop einkaufen wollte, seine D-Mark vorher in Forumschecks umtauschen, was auf staatlicher Seite den Vorteil hatte, dass man sich den zu tauschenden D-Mark Betrag komplett einstrich.

Eine Dame vor einem dieser Intershops äußerte sich damals gegenüber einem anwesenden Kamerateam aus der Bundesrepublik, dass sie sich entmündigt fühle. Dieses wurde im ZDF oder ARD ausgestrahlt, was der Dame einen umgehenden Besuch von Horch und Kuck einbrachte und mit anschließender Verhaftung endete. Sie wurde dann nach einiger Zeit von der Bundesrepublik frei gekauft ...

Im Umkehrschluss bedeutete dies in dem immer mehr zusammenbrechenden und dahinsiechenden System, dass man noch vorsichtiger mit seinen Äußerungen sein musste und abwägen musste, wem man was sagte. Der beste Freund konnte einen heute oder morgen ans Messer liefern, und man wusste nie, woher der „Schuss" kommen würde.

Von Zeit zu Zeit fuhr ich am Wochenende von Berlin nach Hause, schließlich gab es noch meine alten Freunde.

An einem dieser besagten Wochenenden lag Post für mich auf dem Tisch. Ich öffnete ihn und überflog ihn kurz. Ich sollte mich noch einmal bei den Behörden einfinden. Worum es bei diesem Termin genau ging, war nicht erkennbar, aber ich hatte dort zu dem mir angegebenen Termin zu erscheinen! Unter erheblichen Schwierigkeiten informierte ich per Telefon meinen Brigadier in Berlin von meinem späteren Kommen. Was alleine eine Stunde bei der Post bedeutete, kann man sich gar nicht vorstellen! Man hatte das Gefühl, als hätte man zum Mars telefoniert ... Ich nahm diesen Termin zwangsläufig wahr. Als ich dann den angegebenen Raum beim Bezirk der Stadt Magdeburg betrat, dämmerte mir schon, was die vor mir sitzenden Uniform-Träger von mir wollten! Es ging um ein Anwerben. Man fragte mich ohne große Umschweife, ob ich der Volkspolizei beitreten wolle, oder der Trapo = Transport Polizei! Jetzt fehlte nur noch die Frage nach Horch-und-Kuck, Schnüffel-und-Petz, und Teile-und-Nimm-weg. Ich gab ihnen zur Antwort, dass ich in meinem Leben keine Uniform mehr tragen würde und auch sonst keine staatsdienstlichen Tätigkeiten ausüben möchte! Sie müssten doch anhand ihrer Unterlagen Notiz davon genommen haben, dass ich nicht der vorbildlichste Soldat war, und nicht nur das. Sie kannten doch jede Bewegung, die meine West-Verwandtschaft während ihrer Besuche in Magdeburg gemacht hatte. Sie wussten es, denn sie wussten alles. So schnell ich in diesem Zimmer war, so schnell war ich aus diesem auch wieder draußen. Sie handelten wohl nach dem Motto, man könne es ja mal versuchen. Beim Verlassen des Raumes dachte ich mir, lieber scheintot im Massengrab, als mit diesen Verbrechern und diesem Staat zu kooperieren!!!

Was uns zum Ende unserer NVA Zeit sehr beschäftigte, war die Solidarnosc Bewegung in Danzig! Es war etwas ruhiger geworden, auch hörte man weniger von der Sowjetischen Invasion in Afghanistan. Die DDR-Medien berichteten weder von der einen noch von der anderen Sache. Was aber zur damaligen Zeit noch keiner ahnen konnte, war die Tatsache, dass beide Ereignisse letztlich zum Untergang des Kommunismus führen sollten ...

Laut kommunistischer Doktrin gab es die wahre Welt und die sich darauf befindende menschliche Gesellschaft erst seit Karl Marx und Friedrich Engels. Sie wurde dann später durch Wladimir Iljitsch Lenin, Stalin und Mao komplettiert, wobei die Göttlichkeit der Beiden letztgenannten selbst unter strammen Kommunisten immer mehr ins Schwanken geriet, nachdem ihre an den eigenen Landsleuten verübten Gräueltaten zutage kamen. Unsere große „Lichtgestalt und begnadeter Lenker" Honi ließ nach dem Bau des Palastes der Republik dann noch das Palasthotel bauen (in den sich später „Carlos der Schakal" einquartierte). Wieder konnte man den Eindruck gewinnen, der Sozialismus hatte die Welt erfunden!

Dem gegenüber stand die von uns täglich erlebte Realität. Schaffte es unser eingesetzter Bagger, zwei bis drei Stunden durchzulaufen, konnte man das schon als Erfolg verbuchen! War es bei den Tagesschichten schon ein Problem, beschädigte Bolzen, Seile oder andere Teile zu besorgen, so war das bei Nachtschichten überhaupt nicht möglich, sodass wir häufig nach ein bis zwei Stunden zu unseren Unterkünften zurückkehrten, und die Nachtschicht sein ließen. Der nächste Tag begann dann mit dem Besorgen des jeweiligen Ersatzteils, oder wir reparierten die entstandenen Schäden notdürftig selber. Die Probleme unterschieden sich durch nichts von der Arbeit, die ich vor meiner Militärzeit verrichtete, jedoch waren die Leerläufe und somit das Herumlungern während der Arbeitszeit wesentlich größer. Das Chaos schien von Jahr zu Jahr größer zu werden. Der Vorteil bestand darin, dass man trotz Nachtschicht meist am nächsten Morgen bestens ausgeschlafen war und somit sich anderen Tätigkeiten widmen konnte. Ich persönlich nutzte die dadurch reichlich gewonnene Freizeit, um mir die Sehenswürdigkeiten Ostberlins anzusehen, und davon gab es doch einige, wie zum Beispiel das Pergamon-Museum, Deutsches Historisches Museum, Unter-den-Linden, Karl Marx Allee, ... um nur einige zu nennen.

Wie im vorigen Betrieb während der Lehrzeit gab es auch hier einen harten Kern von Kampftrinkern, die nach der Beendigung der Arbeit nur noch ihre Unterkunft verließen, um die am Vortag ausgetrunkenen Biere und Spirituosen neu zu ordern.

Hinter dieser furchteinflößenden Mauer mit ihren Panzersperren, Wachtürmen und der grellen Beleuchtung tobte in Kreuzberg fast jeden Abend der Häuserkampf, oft zu hören durch heulende Polizei-Sirenen.

Auf der Ostseite, also direkt an der Mauer, schlichen unsere Ordnungshüter (Vopos) entlang, dies diente natürlich nur zu unserem Schutz, darum ja auch diese Wortschöpfung des „Antiimperialistischen Schutzwalls". Er sollte uns vor den Schlechtigkeiten des kapitalistischen Klassenfeindes schützen. Eines dieser ordnungshütenden Exemplare begegnete mir öfter bei meinen Einkäufen im nicht weit entfernten HO-Konsum. Der kürzeste Weg zu diesem Lebensmittel-Konsum war, an der Mauer entlang zu gehen. Doch ich hatte die Rechnung ohne diesen Zeitgenossen in Uniform gemacht. Er gehörte zu der Sorte „3. Klasse absolviert und dann den Versuch unternommen, die Lehrerin zu heiraten". Er war dabei offensichtlich gescheitert. Somit blieb nur die Option, Vopo bei den Organen der DDR zu werden.

Es war in der DDR im hohen Maße sträflich, keine Ausweispapiere bei sich zu haben, denn da konnte ganz schnell die Verhaftung drohen, und in Ostberlin war das noch einmal eine ganze Nummer schärfer!

Es musste das Zehnte oder Zwölfte mal gewesen sein, dass ich auf diesen gleichen uniformierten Menschen traf, dass Prozedere lief immer nach dem selbigen Muster ab. Auf meiner Höhe angekommen, brüllte dieser Mensch „Ausweiskontrolle!" Nachdem ich ihn darauf hinwies, dass er mich doch mittlerweile kennen müsse, bekam ich zur Antwort: „Spielt keine Rolle, Ausweiskontrolle". Wäre die Mauer nicht 1989 gefallen, würde dieser Mensch wahrscheinlich noch heute immer die gleichen Leute nach ihren Ausweisen fragen. Man konnte mit Fug und Recht behaupten, dass dieses grün-uniformierte Individuum seinen Platz im kommunistischen System gefunden hatte. Er hatte seinen Abschnitt und seinen Bereich sicherlich zur vollsten Zufriedenheit seiner Vorgesetzten absolut im Griff, das musste man ihm lassen, und er kämpfte schließlich an vorderster antifaschistischer Front …

Wir hatten wieder einmal einer dieser früh endenden Nachtschichten. Das bot die Gelegenheit, mich mit Gerd, einen entfernten Kumpel aus Magdeburg zu treffen. Wir kamen aus dem gleichen Stadtteil. Er arbeitete ebenso wie ich seit einiger Zeit in Berlin.

Wir trafen uns im Palasthotel. Es befand sich seitlich auf der gegenüberliegenden Straße des Palastes der

Republik. Hätte es die DDR alleine gebaut, wäre das Bauende wahrscheinlich auf das Jahr 2150 gefallen. Es entsprach einem Standard, den es *so* nur einmal in der gesamten DDR gab: westlich. Wobei wir von westlich nur eine vage Vorstellung hatten, da uns die Vergleichsmöglichkeiten fehlten. Aber die Materialien, aus denen die Räumlichkeiten dieses Hotels bestanden, gab es in der gesamten DDR nicht. Die Übernachtungen mussten in harter Währung, D-Mark, Dollar oder in anderen frei konvertierbaren Währungen entrichtet werden.

Man suchte nach ständig neuen Einnahmequellen, um an das Geld des verhassten Klassenfeindes zu kommen. Nach dem Fall der Mauer wurde publik, das dort staatlich geförderte DDR-Prostituierte ihrer Arbeit nachgingen, um als zweibeinige wandelnde Lauschmaschinen dem Klassenfeind Geheimnisse zu entlocken. Nichts war zu schmutzig, wen es von Mielke angeordnet und von seinen Stasi-Schergen ausgeführt wurde. Da wurde selbst die so häufig gepriesene, überlegende und hehre sozialistische Moral über Bord geworfen. Sowieso war dieses Hotel eine einzige riesige Lausch- und Abhörwanze.

Die Toilette verfügte über eine Lichtschranke (Urinal, Pissoir), für uns als Zonis die reinste Hexerei, also gingen wir an diesen Abend etwas häufiger auf diese Toilette, auch wenn dazu kein dringendes Bedürfnis bestand.

Jahre später, es muss wohl schon nach der Wende gewesen sein, erfuhr ich, dass Gerd „IM" war! Ich hatte also diesen Abend mit einem Informanten der Stasi verbracht. Man konnte nicht vorsichtig genug sein. Ich hatte gottseidank bei unserem Treffen im Hotel auf Hasstiraden bezüglich des Sozialismus verzichtet.

An diesem Abend ereignete sich noch ein Vorfall, der sich mir einprägte! Nach unserem Treffen im Palast-Hotel fuhr ich mit der S-Bahn Richtung Wohnheim, stieg dann Station Jannowitz-Brücke aus, um den Rest des Weges zu Fuß zurücklegen.

Ich hatte noch etwa zwei Kilometer Fußweg vor mir, als ich in einiger Entfernung Schüsse durch die Nacht peitschen hörte! Da meine Militärzeit noch nicht einmal 1 Jahr zurücklag, erkannte ich, dass es Schüsse aus einer Kalaschnikow waren. Der Klang lag mir noch in den Ohren von unseren Ausflügen auf die Schießstände. Als ich weiter Richtung Wohnheim ging, kamen aus allen Richtungen unsere sogenannten Vopos angerast und sperrten die Straßen und das umliegende Areal weiträumig ab, sodass es kein Weiterkommen gab. Es war eine verrückte Situation, vollkommen irreal und schockierend zugleich, dass mitten in einer Stadt Schüsse aus einer Maschinenpistole durch die Nacht hallen. Zwangsläufig stellte ich mir die Frage, ob man gerade eben einen Menschen an der Mauer erschossen hatte, dessen einziges Verbrechen es war, von einem Teil der Stadt in den anderen Teil zu gelangen. Diese Art von Fluchtversuch direkt an der Berliner Mauer zeigte die schiere Verzweiflung vieler DDR-Bürger, aus dieser Diktatur auszubrechen, und koste sie es im Zweifelsfall auch das eigene Leben … Dieser Abend endete in einem regelrechten Spießrutenlauf des Ausweis-Zückens! Am nächsten Tag kam in den Meldungen aus Westberlin, dass wieder ein Fluchtversuch missglückt war! Bis zum Fall der Mauer sollten aber noch einige Fluchtversuche scheitern und gar manche mit dem Tod des Flüchtenden enden!

Die Spitzeldichte in der DDR übertraf bei Weitem die der Nazis. Kam unter der Gestapo von Heinrich Müller und Heinrich Himmler ein Gestapomann auf viertausend Bürger, so waren es unter Erich Mielke hundertachtzig Bürger auf einen Stasi-Mitarbeiter!

Mielke war ein ausgemachter Schwerverbrecher, der 1931 mit einem weiteren Verbrecher in Berlin auf offener Straße zwei Polizisten erschossen hatte! Jetzt war er Minister und einer aus unserer „Führungselite"!

Es wurde tagtäglich offensichtlicher: dieses Land bot keinerlei Perspektiven für diejenigen, die nicht mit dieser Diktatur konform gingen. Es musste ein Weg gefunden werden, der nicht zwangsläufig auf dem Todesstreifen dieser barbarischen Grenzanlagen endete! Der Toten waren schon zu viele, es wäre sinnlos sich bei ihnen einzureihen …

WENN UNRECHT ZU RECHT WIRD, WIRD WIDER-STAND ZUR PFLICHT!
(Zitat von Berthold Brecht)

Der Widerstand würde wachsen, das lag alleine schon in der Ökonomie des Sozialismus begründet. Glaubten viele anfänglich noch an die Ideale des Sozialismus, so holte sie inzwischen der real existierende sozialistische Alltag ein.

Die meisten Repräsentanten, ob Kaiser, König, Diktatur, Faschismus, Kommunismus, Führer und Verführer in der Vergangenheit, Gegenwart erlagen und erliegen der Macht und somit dem Cäsarenwahn! Selbst demokratisch gewählte Staatsoberhäupter sind dagegen nicht immun, man nimmt das eigene Volk und dessen alltäglichen Kampf und Probleme nicht mehr wahr, man sieht nur noch den eigenen Machterhalt!

Das Leben nahm seinen gewohnten Lauf und wir setzten unsere schlampige Arbeit fort. Die tägliche Losung lautete: „Es geht alles seinen sozialistischen Gang." Ein Gang, welcher von Jahr zu Jahr schleppender wurde …

Es stand eine Betriebsfeier an, und dabei kam es zu einem Ereignis, das im Nachhinein nur mit ungläubigem Kopfschütteln quittiert wurde, weil es kaum zu glauben war. Unser Brigadier hatte eine HO-Gaststätte angemietet. Für unsere Kampftrinker war das ein willkommener Anlass, sich gratis zu betrinken. Es war vorauszusehen, wie es enden würde; die Ersten lagen nach zwei Stunden mit den Köpfen auf den Tischen. Das Problem war, dass wir eine reine Männer-Truppe waren. Im Strassen- und Tiefbau gab es keine Frauen. Es war damit zu rechnen, dass am nächsten Morgen die Hälfte der Leute nicht zur Arbeit kommen würde, aber das war einkalkuliert. Ich machte mich nach zwei Stunden Party auf den Heimweg, Betriebsfeiern waren nicht so mein Ding.

Ich wartete am nächsten Morgen wie jeden Tag in meinem Kipper auf Edi und Holger, unsere beiden Bagger-Fahrer. Nach einer Weile tauchte Edi auf. Er und Holger bewohnten die gleiche Wohnung. Ich fragte, ob Holger noch kommen würde, er sagte, er hätte in sein Zimmer geschaut, aber dort wäre er nicht gewesen. Sie hatten beide ziemlich viel Alkohol getrunken, er war dann Richtung Wohnheim gegangen, und Holger wäre noch geblieben.

Edi meinte, Holger wollte noch in die Disco Sorry (nannte sich ja „Jugendclub" in der DDR) des Palastes der Republik gehen. Wir vermuteten, er hätte da eine Bekanntschaft gemacht und wäre mit dieser irgendwo „abhandengekommen". Aber es war ganz anders!

Edi und ich fuhren auf die Baustelle nach Marzahn, wir mussten einmal quer durch die halbe Stadt fahren. Der Bagger blieb immer auf der Baustelle, er wurde von Ketten angetrieben, und war daher nicht sehr beweglich. Als wir abends wieder in unser Wohnheim zurückkamen, ging ich rüber zu Edi, um zu erfahren, ob Holger schon aufgetaucht wäre. Fehlanzeige.

Edi meinte, es sei schon ungewöhnlich, dass Holger immer noch nicht aufgetaucht ist. Beide kannten sich schon lange, und hatten auf verschiedenen Baustellen des Landes zusammengearbeitet. Es konnte ihm immerhin etwas zugestoßen sein. Auch unser Brigadier machte sich langsam Sorgen.

Ich wartete am darauf folgenden Tag wie üblich auf die Jungs im LKW. Wieder tauchte nur Edi auf, der machte sich auch schon berechtigte Sorgen über den Verbleib unseres Kollegen. In der DDR gab es statistisch gesehen keinerlei Verbrechen! Und gab es doch welche, wurden diese nicht publik gemacht. Der kommunistisch geprägte Mensch war frei von so niederen Instinkten wie Mord, Diebstahl, Betrug, etc. Das systematische Erschießen der eigenen Leute an der Innerdeutschen Grenze war staatlich legitimiert und galt somit nicht als Verbrechen!

Auf dem Weg zur Baustelle überlegten wir, wie wir weiter vorgehen könnten. Es gab nur noch die Möglichkeit, zur Volkspolizei zu fahren und zu erfragen, ob es irgendeinen Vorfall gegeben hatte, der mit Holger im Zusammenhang stehen könnte; ansonsten waren wir ziemlich ratlos.

Gesagt, getan wir blieben bei der nächsten Vopo-Wache stehen, die waren ja dicht gesät in der DDR. Edi ging hinein, ich wartete im LKW. Ich bezweifelte, dass die

Nachfrage etwas bringen würde. Selbst wenn sie etwas wüssten, würden sie wohl nichts preisgeben! Irgendetwas stimmte an der ganzen Sache nicht.

Ich wartete eine gefühlte Ewigkeit, dann kam Edi aus dem Vopo-Stützpunkt, nach der Frage, ob er was erreicht hatte, verneinte er. Wollten oder *konnten* sie ihm keine Antwort geben???

Wir grübelten, wie wir weiter vorgehen sollen. Was blieb uns noch übrig?? Wir konnten ja nicht kreuz und quer durch Ost-Berlin fahren und auf gut Glück *irgendwo* suchen. Wo sollten wir anfangen, wo aufhören???

Als wir abends wieder im Wohnheim ankamen und Holger immer noch nicht aufgetaucht war, machten wir uns ernsthaft Sorgen. Ich fragte Edmund, ob sie mal über Flucht gesprochen hätten, jetzt, da wir die Mauer direkt vor der Nase hatten. Er verneinte; Holger hatte eine kleine Tochter und das war nie ein Thema für ihn. Seine ganze Verwandtschaft lebte ja auch in der DDR. Aber irgendetwas musste passiert sein ...

Wir wollten bei ihm zuhause in Staßfurt anrufen, vielleicht war er ja einfach heimgefahren. Eine funktionierende Telefonzelle zu finden, kam einem Lotteriespiel gleich. Wenn sie nicht demoliert waren (ja das gab es häufig in dem ach so friedfertigen Sozialismus), waren sie meist wegen irgendwelcher technischer Mängel nicht benutzbar. Wir einigten uns darauf, bis zum nächsten Tag mit dem Anruf zu warten, um seine Freundin nicht voreilig in Panik zu versetzen.

Am nächsten Tag bekamen wir die Antwort auf alles! Holger tauchte spät vormittags auf der Baustelle auf. Er kam mit öffentlichen Verkehrsmitteln und machte einen ziemlich fertigen Eindruck. Was er uns nun erzählte, war

symptomatisch für den allumfassenden Überwachungsstaat. Er hatte, nachdem er sich von der Betriebsfeier verabschiedete und in Richtung Palast der Republik aufbrach,
in seinem Alkoholrausch die Orientierung verloren, und
war vom Weg abgekommen. Zwischenzeitlich hatte er einen
starken Druck auf der Blase und machte genau das, was er
nicht hätte machen dürfen, er pinkelte gegen die Mauer.

Was dann passierte, hätte Vorlage für einen schlechten Film sein können und er war der Hauptdarsteller! Er
wurde von einer Vopo-Streife aufgegriffen und aufs Revier
gebracht, wo er seinen Rausch ausschlief. Am nächsten Tag
wurde er von zwei Stasi-Typen abgeholt. Die verhörten ihn
über einen längeren Zeitraum, sie wollten ihm Republik-
Flucht unterstellen. Als er erklärte, er sei viel zu betrunken
gewesen, um überhaupt irgendetwas zu machen, verhörten
sie ihn weiter und immer weiter, sie wollten von ihrer These
der Republikflucht nicht abweichen. Schließlich war es ja
ein leichtes, ohne jegliche Hilfsmittel und im Vollrausch
eine aalglatte Mauer von 3,60 m zu überspringen ...

Da er aus Staßfurt kam, 35 km von Magdeburg entfernt, wurde das dortige Amt von den Stasi-Schergen
kontaktiert und nachgefragt ob irgendetwas gegen ihn
vorläge, irgendwelche subversiven oder staatsgefähr-
denden Aktivitäten. Die Nachfrage erfolgte per Telefon,
andere kommunikative Möglichkeiten außer zusätzlich
Funk gab es nicht. Es lag nichts gegen ihn vor, er hatte
eine blütenreine Weste. Ein paar Tage später erhielt er
die Aufforderung, Strafe zu zahlen wegen Beschädigung
öffentlichen Eigentums! Keine weiteren Fragen, man
konnte nur mit dem Kopf schütteln. Holger wollte nach
diesem Vorfall Berlin den Rücken kehren, wollte mehr
Zeit mit seiner Tochter und seiner Freundin verbringen.

Wir beide sollten kurz darauf noch ein Erlebnis der unschönen Art haben.

Es war ein Freitagmittag. Holger und ich fuhren
mit dem LKW von der Baustelle Richtung Wohnheim,
um dann anschließend nach Hause zu fahren. Es hatte
den ersten Frost gegeben, und die Straßen waren schon
leicht verschneit. Aus einer Seitenstraße kam plötzlich
ein Skoda-PKW auf uns zu! Ich trat reflexartig auf das
Bremspedal, wir kamen leicht ins Schleudern. Mit der
rechten Vorderseite des LKWs erwischten wir den Skoda, der schoss bei dem Aufprall Richtung rechten Fußgängerweg, wo sich Gott sei Dank keine Fußgänger befanden. Kurze Zeit später registrierte ich, dass ich mit
dem Heck des LKWs zwei PKWs erwischt hatte, die auf
der linken Seite auf dem Parkstreifen standen. Der Eine
war ein Wartburg, der Andere ein Trabant. Ich sprang aus
dem Fahrerhaus und lief auf den Skoda zu. In ihm befand sich eine Frau, die auf dem Beifahrersitz saß, stark
am Kopf blutete und wie wild schrie. Ich versuchte, die
Beifahrertür zu öffnen, aber es gelang mir nicht, da der
ganze Wagen deformiert war. Der Fahrer stieg aus, und
zu meiner Verblüffung bot er mir als erstes eine Zigarette
an. Ich sagte ihm, wir müssten als erstes seine Frau aus
dem Auto befreien, worauf er mir entgegnete, es wäre
nicht seine Frau.

Die Leute liefen aus allen Richtungen zusammen, auf
der Kreuzung sah es aus wie nach einem Bombenangriff.
Der Wartburg, den ich mit dem Heck erwischt hatte, war
auch ziemlich demoliert. Der Trabi hatte Totalschaden.
Wie sich später bei der Unfall-Aufnahme herausstellte,
hatte der Besitzer der Rennpappe ihn erst vor einem Monat neu erworben. *Das* war die eigentliche Katastrophe:

Ein Trabi mit Totalschaden. Das bedeutete, sich wieder hintanstellen und mindestens 10 Jahre auf einen neuen Trabant warten!

Zurück zum Unfall. Gegenüber unseres Crashs befand sich glücklicherweise eine Apotheke, und der Frau, die mittlerweile aus dem Auto befreit werden konnte, wurde die Kopfwunde versorgt und sie in ein Krankenhaus gebracht.

Nach Aufnahme sämtlicher Daten und der Rekonstruktion der Unfallstelle fuhren wir Richtung Heimat. Ich hatte ein sehr unruhiges Wochenende, da ich nicht wusste wie es der Frau ging. Als ich am Montag wieder in Berlin war, erkundigte ich mich zuerst nach dem Gesundheitszustand des Unfallopfers. Gott sei Dank war ihr nicht viel passiert, sie hatte einen Schock erlitten, und die stark blutende Wunde war eine Platzwunde, die genäht wurde. Die Frau konnte am gleichen Tag das Krankenhaus verlassen. Ich war mehr als erleichtert, und ich hatte keine Schuld an dem Crash. Meine Schlussfolgerung betreffs des Fahrers und seiner Reaktion nach dem Unfall war, dass er alkoholisiert war. Ich erfuhr das aber nie. Für mich war die Sache damit erledigt.

Holger machte seine Ankündigung wahr und kündigte, er ging zurück nach Staßfurt. Die Sache mit der Mauer und der Verdacht er wolle Republik-Flucht begehen, hinterließ Spuren bei ihm! Arbeit zu bekommen war das kleinste Problem, die gab es wie gesagt an jeder Ecke.

Auch meine Tage in Berlin waren gezählt. Ich erhielt einen Anruf, dass meine Mutter verstorben war. Das war einer dieser Momente, den man bis zu seinem eigenen Tod nicht vergisst! Er verursachte eine Schockstarre, ich war jetzt mit Unterbrechungen fast fünf Jahre von Zuhause weg.

Zurück nach Magdeburg, eine neue Arbeit und das Stellen des Ausreiseantrages

Ich begab mich unverzüglich zurück nach Magdeburg. Da ich der Älteste war, war es an mir, mich um die Modalitäten der Beerdigung zu kümmern und alles, was damit verbunden war. Das Verhältnis zwischen meiner Mutter und mir war nie besonders gut. Aber der Tod einer Mutter ist immer ein schmerzlicher Verlust.

Was ich damals noch nicht ahnte und mir zu diesem Zeitpunkt auch nicht bewusst war, war der Umstand, dass der Tod meiner Mutter für mich die Fahrkarte in den Westen, sprich Bundesrepublik Deutschland, bedeutete. Aber das kam erst einige Zeit später. Jetzt musste ich mich um andere Dinge kümmern und meiner Großmutter und meinen Geschwistern seelischen Beistand leisten.

Ich war wieder in der Stadt, die ich so gar nicht mochte: Magdeburg. Ich hatte zwar dort meine Freunde, und später wurde mir bewusst dass Freunde, mit denen man aufwächst, die innigsten Freundschaften für ein Leben sind. Aber ich konnte mich immer weniger mit dem Gedanken abfinden, mein Leben lang in dieser Diktatur und der damit verbundenen Bespitzelung zu verbringen. Es wurde physisch wie psychisch täglich für mich zu einem immer größer werdenden Gefängnis.

Die Jungs, Hannes, Ecki, Michael war noch bei der NVA, Bernhard, der bereits Vater war, und etliche andere, hatten bereits alle feste Freundinnen, und es war nur eine Frage der Zeit, wann die ersten Kinder kämen.

Sie hatten sich schlichtweg mit dem System und dessen Verhältnissen abgefunden. Egal was kommen würde, *mein* Plan war es, in den Westen zu kommen! Das war unverrückbar, mich würde nichts und niemand mehr davon abbringen! Selbst Ornella Muti, damals eine der schönsten Frauen der Welt, hätte mich davon nicht abbringen können. Wobei Ornella Muti bereits in Italien lebte und von dort nicht flüchten musste. Aber das nur am Rande und Spaß beiseite.

Noch war jedoch kein Licht am Ende des Tunnels, und die jetzt vorhandene Möglichkeit, nach dem Tod meiner Mutter gen Westen zu kommen, sah ich zu der Zeit noch nicht. Aber mir sollte nach etwas Ruhe und einer gewissen Zeit nach dem traurigen Ereignis ein Licht aufgehen.

Ich stolperte über eine Statistik. Aus welcher Quelle diese Zahlen stammten, gute Frage, hatte ich mir nicht gemerkt. Aber meinem persönlichen Empfinden nach konnte das alles gut möglich sein. Der Alkoholkonsum in der DDR war schon sehr bedenklich, das hatte ich während der zwei Arbeitsstellen, die ich bisher angetreten hatte, auch ohne diese Statistik mitbekommen. Die DDR war Suff-Weltmeister! Pro Kopf wurden bis zu 23 Liter Korn, Weinbrand oder Likör getrunken, hinzu kamen 143 Liter Bier! Pro Kopf! Die Parole lautete „Lasst uns den grauen Alltag schönsaufen", und „Nur Korn bringt uns nach vorn". Diese Statistik wurde wahrscheinlich von keinem DDR-Institut verfasst, sie kam höchstwahrscheinlich vom Klassenfeind!

Selbst bei den grundlegendsten Dingen wie Lebensmittel kam es immer wieder zu gravierenden Engpässen, jedoch auf Alkohol traf das nie zu! Der war immer reichlich vorhanden. Das gab einem schon zu denken ...

Ein Land, welches hermetisch vom Rest der Welt isoliert ist, kann natürlich seine Bevölkerung mehr indoktrinieren, als Länder, in denen demokratische Strukturen und ein mehr-Parteien-System herrschen und zudem noch Reisefreiheit besteht. Als Beispiel: Die Bundesrepublik Deutschland!

In der DDR regierte ein Einparteien-System namens SED, das jegliche noch so kleine Opposition im Keim erstickte. Besonders betroffen von Falsch-Informationen und mangelnder eigener Meinungsbildung über den Zustand der DDR waren Gegenden, die als „Tal der Ahnungslosen" bezeichnet wurden. Dies war im Sprachgebrauch der Bevölkerung sarkastisch gemeint. Es betraf Gebiete, die keinen Zugang zu sogenannten Westsendern wie ZDF, ARD, Deutschlandfunk oder anderer TV- und UKW-Sendern hatten. Exemplarisches Beispiel hierfür war eine der größten Städte der DDR, Dresden.

Was wir später noch durch eigenes Erleben in dieser Stadt zu sehen und zu spüren bekamen.

Es stand ein Ereignis an, was sich jeder ersparen möchte, was aber früher oder später alle erleben werden: Die Beerdigung eines Freundes/einer Freundin!

Bei der Beerdigung kam Gertrud wieder ins Spiel; ich hatte sie zu diesem Zeitpunkt schon einige Jahre nicht gesehen. Ich hatte sie gebeten, die Grabrede für ihre Freundin zu halten, sie tat es gerne ...

Ich musste mir erst einmal wieder einen Job suchen. An fast jedem Betrieb hingen Schilder mit der Aufschrift: Wir stellen ein, oder: Suchen für den und den Bereich

Facharbeiter, Ingenieure, Sekretärinnen, Schlosser etc ...
So landete ich im „VEB BMK", übersetzt hieß das „Volks-
eigener Betrieb, Bau- und Montage-Kombinat". Nach
einiger Zeit erklärten mir Kollegen die „Interne Bezeichnung" für VEB BMK, die da lautet: „VORSICHT ES
BRÖCKELT, BESSER MAN KÜNDIGT." Die zweite Version war: „BUMMLE MIT KUMPEL!" Hier brach sich der
typische DDR-Galgenhumor wieder Bahn ...

Ich machte mich die ersten Wochen erst einmal mit
den innerbetrieblichen Gepflogenheiten vertraut. Unser
Aufgabenbereich umfasste den gleichen Bereich wie in
meinem damaligen Lehrbetrieb: Wir bauten aus alten
Schrott-LKWs neue Schrott-LKWs. Das hieß, wir arbeiteten fast nur mit regenerierten oder generalüberhol-
ten Teilen; mit überholten Motoren, Getrieben, alten
Schrauben, alten Luft- und Hydraulikleitungen. Neue
Teile waren immer Mangelware.

Das Arbeiten lenkte vom Tod meiner Mutter ab, zudem war ein längeres Fernbleiben von der sozialistischen Planwirtschaft nicht ratsam. Arbeitsämter gab
es keine, und man kam schnell in den Verdacht, seinen
Lebensunterhalt mit zwielichtigen Geschäften zu bestreiten. Das wiederum führte in dieser Diktatur mit
flächendeckender Überwachung dazu, dass plötzlich
Leute vor der Tür standen, mit denen man eher nichts
zu tun haben wollte. Zudem wurde man in solchen
Fällen schnell zum „Asozialen Subjekt" erklärt, und
einer Inhaftierung stand nichts im Wege! In meinem
Fall und mit meinen Zukunftsplänen war das so gar
nicht förderlich. Ich wollte, dass sie keinerlei Handhabe gegen mich haben!

Man könnte es göttliche Fügung nennen, ich traf in diesem Betrieb auf jemanden, der mich betreffs meiner Ausreisepläne nicht nur ermutigte, sondern auch mit Tipps und Ratschlägen versorgte und unterstützte!!! Aber Vorsicht war immer noch die Mutter der Porzellankiste. Manni war sein Name, er arbeitete eine Werkstatt weiter und war der KFZ- Elektriker im „BUMMLE MIT KUMPEL"-Betrieb.

Noch hatte ich ihm von meinen Zukunftsplänen nichts erzählt, aber er schimpfte sehr häufig über unseren „geliebten" Staat. Noch hieß es, sich langsam herantasten. Es landeten viel zu viele Leute hinter Schwedischen Gardinen, weil sie zu vertrauensselig waren. Aber dann eines Tages erzählte er mir, dass seine Mutter in Duisburg lebte und er bereits einen Ausreiseantrag gestellt hatte. Ich wiederum erzählte ihm, dass ein Großteil meiner Verwandtschaft in Mönchengladbach lebte.

Wir hatten auch einige Vietnamesen im Betrieb. Sie lebten schon seit einigen Jahren in der DDR und waren der deutschen Sprache mächtig. Ihre Art und Mentalität war bescheiden und unauffällig. Sie waren Nordvietnamesen und kamen im Zuge des Vietnamkrieges in die DDR, sie studierten oder erlernten einen Beruf. Mit einem von diesen vietnamesischen Jungs unterhielt ich mich des Öfteren. Er lebte bereits seit sieben Jahren in der DDR. Er erzählte mir einiges über seine Jugendzeit, und was er während des Krieges erlebt hatte. Es war hoch interessant und veränderte auch meinen bis dahin sehr positiven Blick auf die USA.

Im Betrieb herrschte der übliche Schlendrian, Privat ging vor Katastrophe, und wie nicht anders zu erwarten stand auch hier die Durst-Bekämpfung für einige im Mittelpunkt.

Es kam der Tag an dem ich „stolzer Besitzer" einer Rennpappe wurde, des Modells „Trabant 601". Erschreckend
war der Kraftstoffverbrauch! Anfangs ging ich von einem
faustgroßen Loch im Tank aus, was sich aber nach längerer Untersuchung nicht bestätigte.

Es gab so gut wie keine linientreuen Genossen unter den
neuen Kollegen, das vermittelten mir einzelne Gespräche
mit jenen Leuten, mit denen ich die Werkstatt teilte. Im
Gegenteil, es wurde geflucht was das Zeug hielt, allein
schon wegen der desaströsen Ersatzteil-Situation. Trotz
allem war es ratsam, sich bedeckt zu halten, was politische Äußerungen anbelangte.

Mit Manni, unserem KFZ-Elektriker war ich schnell
auf einer Linie. Wir unterhielten uns zunächst oberflächlich über die Zustände und die politische Situation in der
DDR; es war eine Art gegenseitigen Abtastens. Später, als
wir uns schon besser kannten, äußerte er sich zunehmend
abfällig über das kommunistische System und auch über
unsere Betriebsleitung. Auch in diesem Betrieb war ersichtlich, dass die Führungsebene nicht durch Leistung
glänzte, sondern durch politisches Phrasen-Dreschen,
Buckeln, Anbiedern, und besonders durch ihre SED-Par-
teizugehörigkeit. Nur so besetzten sie die Posten und
jeweiligen Positionen, in denen sie sich befanden.

Dieser häufige und regelrecht anbiedernde Opportunis-
mus spiegelt sich in besonderem Maße in der Politischen
Parteienlandschaft sowohl damals als auch heute wieder!
Diesbezüglich hat sich nichts, aber auch gar nichts geändert.

Manfred und ich waren allein in der Elektrowerk-
statt. Er erzählte, dass er einmal seine Mutter in Duisburg besuchen durfte, dies lag zum Zeitpunkt unserer

Unterhaltung schon wieder fünf Jahre zurück. Er hatte seine Familie als Faustpfand in der DDR zurück lassen müssen, seine Familie bestand aus seiner Frau und ihren gemeinsamen drei Töchtern.

Nach seiner Rückkehr aus der Bundesrepublik in die DDR hatte er mit seiner Frau gesprochen, und sie hatten nach reiflicher Überlegung den Entschluss gefasst, dass sie als gesamte Familie einen Ausreiseantrag in die Bundesrepublik Deutschland stellen wollten. Er berief sich auf die Vereinbarungen der Helsinki-Schlussakte, die 1975 auch von der DDR unterzeichnet wurde. In dieser Akte wurde unter anderem mehr Freizügigkeit bei Familienzusammenführungen zwischen Ost- und West-Deutschland vereinbart. In der DDR gab es jedoch keine Möglichkeit, diese Beschlüsse und die darin gemachten Vereinbarungen einzusehen. Manni hatte sich während seines Besuchs in Duisburg einige Informationen eingeholt.

Ich hatte in Manfred jemanden gefunden, der mir nicht nur wertvolle Tipps geben konnte, sondern er leistete mir zudem moralische Unterstützung und machte mir Mut, auch einen Ausreiseantrag zu stellen.

Er wies darauf hin, dass ich nicht wie er in familiärer Hinsicht erpressbar wäre, jedoch sollte ich mich im schlechtesten Falle auf ein paar Jahre in einem Stasi-Knast einstellen ...

Endlich nahmen meine Pläne, der DDR den Rücken zu kehren, Gestalt an!!! Ich hatte seiner Meinung nach gute Chancen, dass das Stellen eines Ausreiseantrages für mich zu einem Erfolg führen würde, auch wenn dies für mich schlimmstenfalls einige Zeit in einem Stasi Knast bedeuten würde! Manni sagte: „Zieh es durch, dann bist du in der Freiheit!"

Manfred erzählte mir weiter, dass er und seine Frau jedes Für und Wieder abgewogen hatten, bis die Entscheidung klar war. getroffen hatten. Sie stellten den Ausreiseantrag mit der Begründung, dass sich seine in Duisburg lebende Mutter in keinem guten gesundheitlichen Zustand befand und sie deshalb mit der gesamten Familie in die BRD übersiedeln wollten, um seine Mutter zu unterstützen, sie gegebenenfalls zu pflegen, oder für ihre Pflege aufzukommen. Das Schreiben schickte er dann per Einschreiben an den „Rat der Stadt Magdeburg, Abteilung Inneres". Rückantwort und Vorladung ließen nicht lange auf sich warten. Zirka eine Woche später bekam er ein Schreiben von besagter Abteilung für Inneres mit einem Termin. Die Unterhaltung, bei der mehrere Stasi-Typen anwesend waren, zog sich etwa zwei Stunden hin. Ständige Fragen, aus welchen Gründen er die DDR wirklich verlassen wollte, etc. ... Es endete damit, dass er persönlich und alleine ausreisen könne, da es sich um seine leibliche Mutter handele, aber seine Frau und seine Kinder müssten in der DDR bleiben, man würde ihnen eine Ausreise in die Bundesrepublik verwehren. Als er darauf entgegnete, er wolle mit seiner gesamten Familie ausreisen, wurde ihm gedroht, dass man die ganze Sache auch anders handhaben könne. Sie sagten ihm, was das für ihn im Klartext bedeuten würde. Bei einem weiteren Beharren auf eine Ausreise seinerseits könne man seine Frau und ihn inhaftieren, und seine Kinder kämen dann in staatliche Obhut, sprich in eines dieser gefürchteten Kinderheime, die wie man später erfuhr unter der Führung der Honecker-Hexe (Margot Honecker) standen.

Mit dieser unmissverständlichen Drohung der Stasi fuhr er nach Hause, beriet sich anschließend mit seiner

Frau, und sie kamen beide zu dem Schluss, keine weiteren Ausreiseanträge zu stellen ... Die Kinder von den sogenannten „abtrünnigen Republik-Verrätern", die entweder mehrere Ausreiseanträge gestellt hatten, oder in Haft saßen und dann in Richtung Bundesrepublik abgeschoben wurden, diese Kinder konnten dann von sogenannten „verdienten Genossen" adoptiert werden, da diese meist selbst keine Kinder bekommen konnten.

Manfred sagte mir, dass der Preis, Frau und Kinder zurückzulassen, einfach zu hoch gewesen sei, was für jeden absolut verständlich war.

Durch sein Stellen eines Ausreiseantrages war Manfred in der DDR weitestgehend erledigt. Er musste zur Betriebsleitung und dort Stellung beziehen. Auch seine Frau bekam einiges an Repressalien zu spüren. Nicht besser erging es seinen Kindern in der Schule, auch sie wurden von einigen regimetreuen Lehrern direkt oder indirekt darauf angesprochen.

Wenn in diesem Staat auch sonst nichts funktionierte, aber die Überwachungsmaschinerie der Stasi wuchs in demselben Maße, wie die Angst der Regierenden vor dem eigenen Volk wuchs. Die Stasi-Krake wucherte von Jahr zu Jahr, und sie bespitzelte und durchsetzte die Gesellschaft bis in die allerletzten Ecken.

Die Gespräche mit meinen Kollegen Manfred riefen in mir eine Art Initialzündung hervor! Ich musste die Dinge möglichst strategisch und gut überlegt angehen. Punkt Nummer eins war, ich musste die mir nahestehenden Menschen von meinem Vorhaben des Ausreisens, also dem Stellen eines Ausreiseantrages, informieren. Meine Großeltern verfielen nach meiner

Ankündigung in Panik, da sie Angst hatten, nicht mehr in den Westen reisen zu dürfen. Ihre Befürchtung sollte sich gottseidank nicht bestätigen; weder sie, noch die jährlich aus dem Westen kommende Karawane ihrer Kinder und Enkelkinder hatte später mit irgendwelchen Repressalien zu kämpfen!

Michael hatte seine NVA-Zeit auch fast hinter sich, er hatte nur noch ein paar Wochen zu dienen. Die Zeit in der begrenzten Freiheit der DDR verging, wie ich feststellte, doch etwas zügiger als bei der verhassten NVA.

Das wirtschaftliche und somit auch das politische System der DDR sollte noch einmal eine Art Renaissance durch eine Infusion der D-Mark eines westdeutschen CSU-Politikers erleben, dies sollte den Sterbeprozess der DDR noch einmal verzögern.

Es krankte jedoch an zu vielen Fronten im gesamten sozialistischen Staatenverbund. Die wirtschaftliche Lage wurde von Jahr zu Jahr prekärer, die führenden Betonköpfe in den jeweiligen Ländern waren nicht zu wirtschaftlichen und gesellschaftlichen Reformen bereit. Der Untergang des Sozialismus hatte längst begonnen, mit der Solidarnosc-Bewegung in Polen und dem nicht zu gewinnenden Krieg der Sowjets in Afghanistan.

Polen hatte zudem einen starken Verbündeten im Vatikan zu Sitzen: Sein eigener Landsmann, bekannt unter dem bürgerlichen Namen Karol Józef Wojtyla. die Welt kannte ihn als Papst Johannes Paul den II. Mit ihm hatten Polen einen mächtigen Fürsprecher.

Da er ein Papst aus dem Osten war, erhielt er in der DDR den Beinamen „Reisepapst" er hatte das Privileg sich die Welt anzuschauen, wobei dies mit einem Augenzwinkern zu betrachten war, da es zu seinen Pflichten als Oberhaupt der Katholischen Kirche gehörte in andere Länder zu Reisen.

Durch die immer größer werdende Unzufriedenheit in der Bevölkerung des Ostblocks und den damit einhergehenden politischen Verwerfungen, die sich im täglichen Alltag immer weniger verbergen ließen, bildete sich eine zunehmend größere Opposition, was wiederum zu einem Ansteigen der Ausreiseanträge Richtung Westen führte.

Hier hatte der DDR-Bürger einen klaren Vorteil gegenüber anderen sozialistischen Ländern. schließlich befanden sich im westlichen Teil Deutschlands ebenso Deutsche und somit die gleiche über Jahrhunderte gelebte Kultur, und es bestanden, trotz Jahrzehntelanger Bemühungen seitens der DDR, diese mit allen Mitteln zu unterbinden, weiterhin enge familiäre Kontakte von Ost nach West und umgekehrt. Hinter den politischen Kulissen wurde gegen harte D-Marks für tausende politisch Inhaftierte sowie für DDR-Bürger mit gestellten Ausreiseanträgen die Freiheit ausgehandelt. Dies alles geschah unter strengster Geheimhaltung auf beiden Seiten. Es war nur Insider-Kreisen bekannt, dass Leute freigekauft wurden!

Manfred war letztendlich für mich *der* Rat- und Impulsgeber. Er sagte mir immer wieder: „Du hast nichts zu verlieren, aber viel zu gewinnen!"

Es war Frühjahr 1982, auch Michael hatte mittlerweile seine NVA-Zeit hinter sich. Wir unternahmen gemeinsam eine Reise nach Ungarn, an den Balaton. Ungarn kam uns wesentlich freier und offener vor als die von starrsinnigen Betonköpfen regierte DDR. In Budapest konnte man den selbst hergestellten westlichen Mode-Schick kaufen. Hauptgrund der Reise nach Ungarn war jedoch ein Treffen mit meinem Vater! Bei einem Telefonat äußerte ich mich aus Abhörgründen seitens der Stasi nicht zu meinen Plänen der Ausreise. Meine Absicht per Post mitzuteilen wäre auch ein zu großes Risiko gewesen, also musste ich ihm meinen Entschluss von Angesicht zu Angesicht verkünden.

Anscheinend hatten alle mehr Angst und Bedenken als ich selber, jedoch war ich von meinem Vorhaben nicht mehr abzubringen. Letztendlich hatte ja ich die Konsequenzen zu tragen. Der Ausreiseantrag musste möglichst wasserdicht sein, sprich: Die Begründung musste eindeutig auf einer Familienzusammenführung basieren. Es gab schließlich keine Formulare für eine Ausreise aus der DDR, es musste alles aus dem Bauch heraus sachlich, logisch und überzeugend für die Stasi klingen. Doch es gab keine Logik in dem System der DDR-Diktatur, ein Ausreiseantrag wurde als Angriff gewertet, es war ein Verrat am sozialistischen Vaterland. Man wurde als ein vom Klassenfeind indoktrinierter Gegner des Kommunismus stigmatisiert. Bei Verhören seitens der Stasi durften keinerlei Widersprüche auftauchen.

Bei meiner Rückkehr aus Ungarn konsultierte ich nochmals meinen Kollegen Manfred.

Es war soweit, ich sprach mit dem Bruder meiner Großmutter, der mir beim Aufsetzen meines Antrages behilflich sein wollte. Die Ironie an der Sache war, er war Partei-Mitglied in der SED! Meine Großmutter erzählte mir einmal, sie vermute, dass ihr Bruder unter Hitler auch der NSDAP angehörte, was wir aber nicht weiter thematisierten. Ich sprach ihn bezüglich seiner parteipolitischen Vergangenheit nicht an. Er musste eine Art von Chamäleon-Mentalität besitzen, um solch eine politische Wandlungsfähigkeit an den Tag zu legen; na wie auch immer …, von der NSDAP zur SED und dann Beihilfe zu einem Ausreiseantrag leisten, das grenzte schon an Fluchthilfe!

Wir verfassten den Ausreiseantrag mit der Begründung auf Familienzusammenführung!

Zwei Tage zuvor hatte man mich in der Werkstatt zum Lehrfacharbeiter ernannt. Man machte somit den Bock zum Gärtner. Drei Lehrlinge waren mir unterstellt. Es war durchaus möglich, dass ich nach dem Einreichen des Ausreiseantrages direkt die Kündigung bekäme (Variante eins), oder direkt zur „Montage" abgeholt würde, ein, zwei, vielleicht auch drei Jahre gesiebte Luft atmen würde (Variante zwei). Alles war möglich, man ahnte nicht im Ansatz, was kommen würde. Blieb man in Freiheit??? Winkte der Knast??? Alles war offen, es herrschte ein Zustand von permanenter Verunsicherung, eine andauernde Ungewissheit bis zum Schluss.

Am Nachmittag brachte ich den Brief mit meinem Ausreisegesuch zur Post, adressiert und per Einschreiben! Ich hatte ein ziemlich mulmiges Gefühl, was noch gelinde ausgedrückt war. Einige Leute in meinem näheren Umfeld äußerten Bedenken, ob die ganze Sache gut gehen würde. Die Dame von der Post, die den Brief entgegen nahm, schaute etwas argwöhnisch betreffs der Adresse. Was die bedeutete, wussten die meisten DDR-Bürger …

Die Dinge würden jetzt ihren Lauf nehmen, endlich war dieser lang herbeigesehnte Schritt gemacht! Sobald der Brief seinen Adressaten erreicht hatte, würde man mich als Staatsfeind betrachten. Damit konnte ich leben.

Es war ein Samstag, ich hatte seit dem Verschicken meines Ausreiseantrages am Tag zuvor ein äußerst mulmiges Gefühl, und das sollte so bleiben. Ich traf mich mit ein paar Leuten aus unserem Stadtteil im Eiscafé. Es war genau jenes Eiscafé, wo ich die Jahre zuvor im Stand mit meinem damaligen Motorrad unter dem Gelächter der draußen sitzenden Leute umgefallen war. Das Eiscafé war in Privatbesitz und somit eine Goldgrube. Es gab weit und breit keine Konkurrenz, dieses Eiscafé war wie eine Lizenz zum Gelddrucken. Wer in der DDR über 500.000,- DDR-Mark verdiente, zahlte einen Steuersatz von 90 %. Die Steuersätze waren irrwitzig, aber wer verdiente schon als Selbstständiger in der DDR 500.000,- DDR-Mark? Das waren nicht viele.

Die Jungs die ich traf, kannte ich von früher. Wir wohnten alle im gleichen Stadtteil, und wir fuhren damals öfters mal zusammen mit dem Motorrad durch die Gegend. Von meinem Ausreiseantrag ließ ich nichts verlauten.

Es öffnete sich die Tür des Eiscafés, und Susanne kam herein. Ich hatte sie schon seit längerer Zeit nicht mehr gesehen, aber ab und zu noch an sie gedacht. Sie ging wahrscheinlich immer noch in Thüringen zur Schule. Sie sah mich an und wirkte etwas irritiert, ging dann an die Theke, um sich ein Eis zu kaufen. Anschließend verließ sie das Eiscafé. Ich stand auf, ging hinterher und rief ihr nach, aber sie beschleunigte ihren Schritt! Sie tat so, als wäre ich ein Fremder ...

Ich kehrte um und ging zurück in das Lokal. Meine Prioritäten waren jetzt andere, egal was kommen würde. Es gab kein Zurück mehr; keine Frau, kein Knast, keine Kündigung oder alles was sonst noch auf mich zukommen könnte, würden mich jetzt noch aufhalten!

Am Montag rief wieder das „BUMMLE MIT"-KOMBINAT. Ich gab Manni Bescheid. „Die Aktion Ausreise läuft", sagte ich. Er war der Einzige, den ich in Kenntnis setzte! Er gratulierte mir regelrecht.

Jeder Tag wurde jetzt zur Zitterpartie, aber es passierte erst einmal gar nichts. Nach über einer Woche fragte ich mich, ob ich das Schreiben falsch adressiert hatte. Oder waren mir andere Fehler unterlaufen? Es musste doch von seitens Schnüffel und Petz eine Reaktion erfolgen. Aber nein, Fehlanzeige. Das steigerte die Unruhe von Tag zu Tag mehr, die Ungewissheit war unerträglich. Manni sagte mir, es wäre Taktik, die Leute im Ungewissen zu lassen. Anscheinend arbeiteten bei der Stasi nicht nur Dummköpfe und Denunzianten. Im Gegenteil, es war eine Art geniale psychische Folter, und die funktionierte perfekt!

Nach gut drei Wochen kam unser Werkstattleiter Jogi auf mich zu, ein sympathischer Typ und keiner dieser Partei-Bonzen. Jetzt sollte es dann wohl zum Showdown kommen. Ich ging fest davon aus, dass er mich jetzt bezüglich meines Ausreiseantrages ansprechen würde, aber wieder Fehlanzeige. Er fragte mich ob ich eine Woche im Heizhaus das Heizen übernehmen könne, da der Heizer krank wäre. Schon einmal hatte ich eine Woche in diesem Heizhaus verbracht, es musste Sommer wie Winter besetzt sein, da es auch für die Warmwasser-Versorgung im

„BESSER-MAN-KÜNDIGT-KOMBINAT" gebraucht wurde. Es war wie alles hier von einer bestechenden Technik. Man tauchte in diesem Heizhaus gefühlt in das 17. Jahrhundert ein. Man turnte auf den Kesseln mit einer Lorre herum und musste sie ständig mit Rohbraunkohle, deren Brennwert gleich null war, befeuern ...

Nach knapp vier Wochen kam endlich Bewegung seitens der Stasi in die Sache. Ich saß oder besser dämmerte den letzten Tag nach dieser einen Woche der höchst anspruchsvollen Tätigkeit im Heizhaus vor mich hin. Es war Freitag und das Wochenende stand vor der Tür. Die Öfen waren aufgefüllt. Dann betrat Jogi das Heizhaus, er bat mich um ein Gespräch. In diesem Moment wusste ich instinktiv, was kommen würde. Ich sah es an seiner Mimik und Gestik. Er kam direkt von der Betriebsleitung wie er mir sagte, man hatte ihn dort informiert, dass ich einen Ausreiseantrag gestellt hätte. Und er sagte noch, dass wir Montag früh einen Termin bei der Betriebsleitung hätten. Es kam also Bewegung in die Sache. Zum Abschluss beschwor er mich, ich solle auf gar keinen Fall mit meinen Kollegen über meine Absichten reden. Dieses Wochenende verlief für mich sehr unruhig! Meine Großmutter malte schon die schlimmsten Szenarien an die Wand, sie sah mich schon ihr gegenüber sitzend und schwer gefoltert in irgend einem Besucherraum eines Stasi-knasts. Ich musste sie erstmal beruhigen. Aber was den folgenden Montag kommen würde, stand in den Sternen.

Großmutter sagte mir immer wieder übers ganze Wochenende: „Junge, Junge sag bloß nichts Falsches, sie nehmen dich direkt mit und sperren dich ein!" Die Alte Lady hatte zwei Weltkriege überlebt, und da weiß man, was Angst um einen dir nahestehenden Menschen bedeutet!

Das Wochenende war zu Ende und der Montag sollte neue Erkenntnisse bringen, so zumindest dachte ich. Die Sache begann Fahrt auf zu nehmen, in welche Richtung diese Fahrt gehen würde, würde ich vielleicht schon bei dem kommenden Gespräch erfahren. Ich hatte noch Zeit genug, Manni zu konsultieren. er wünschte mir viel Glück und sagte: „Junge bleib standhaft, sie können dir gar nichts!" Er meinte, das wäre wohl der erste Schritt, um mich von meinem Vorhaben der Ausreise aus der DDR abzubringen; er sollte damit richtig liegen! In familiärer Hinsicht war ich nicht erpressbar, das war mein großer Vorteil. Jogi kam in die Werkstatt und wir gingen schweigend Richtung Betriebsleitung.

War das der Anfang des Spießrutenlaufs??? Wir betraten das Büro unseres Betriebsdirektors, er war keine besonders sympathische Erscheinung. Zu seiner Linken saß der wie in jedem Betrieb vorhandene Parteisekretär. Ich hatte bis zu jenem Moment etwa zwei Sätze mit dem Betriebsdirektor gewechselt, er war nicht für die Einstellungen zuständig.

Wir nahmen Platz, und es begann die Fragerei. Was mich den bewogen hätte einen Ausreiseantrag zu stellen, da ich doch im Sozialismus sämtliche Vorzüge genießen würde. Angefangen von kostenloser Schulbildung, Medizinischer Versorgung, Nutzung sämtlicher subventionierter sportlicher als auch kultureller Einrichtungen ... Zudem hätte ich mir doch das Abzeichen für gutes Wissen erworben, auch sonst stünden mir doch alle weiteren Errungenschaften des Sozialismus offen. Ja, aber die Tür gen Westen stand mir nicht offen, dachte ich mir! Ich ahnte schon im Vorfeld, dass es ein inhaltsloses bla-bla werden würde. Die Sozialistische Rhetorik bediente sich der ewig gleichen Floskeln und leeren Worthülsen. Wer in dieser DDR aufgewachsen war und die Dinge kritisch hinterfragte, ahnte bereits im Vorfeld, welche Totschlags-Argumente bei einem Antrag auf Ausreise kommen würden. Aber es war gegen die stumpfsinnige Dummheit der Politbonzen schwer anzukommen. Ich nannte ruhig und sachlich meine Beweggründe und blieb bei meiner Linie, der Familien-Zusammenführung.

Meine Aussagen waren nachprüfbar, der Tod meiner Mutter, mein Vater, der im Westen lebte, alles stimmte. Ich brauchte nichts zu erfinden, und eines wusste ich mit Sicherheit: Sie wussten alles über mich! Meine Daten und Fakten waren überprüfbar, somit waren meine Argumente schlüssig! Aber das spielte in dieser verquer denkenden Ideologie dieser Menschen keine Rolle.

Nachdem sie mir die Vorzüge des Arbeiter- und Bauern-„Paradieses" herunter gebetet hatten keinen sichtbaren Erfolg damit verzeichnen konnten, versuchten sie es jetzt mit der Angst- Keule vor dem Kapitalismus. Sie kamen auf die Millionenfache Arbeitslosigkeit zu sprechen, die Verwahrlosung des parasitären verfaulenden Kapitalismus jenseits der Mauer bei dem kapitalistischen Klassenfeind; dieser sei dem Untergang geweiht ... Sie sprachen von dem System jenseits der Mauer, als hätten sie dort bereits die Hälfte ihres Lebens verbracht, aber hier sprachen wohl die Blinden von der Farbe.

Meine Blauäugigkeit dem Westen gegenüber ging nicht soweit, dass ich hinter der Mauer das Schlaraffenland erwartete; weiß Gott nicht! Ich hatte mich dafür viel zu häufig mit meiner Verwandtschaft unterhalten, die doch ein sehr differenziertes und realistischeres Bild des Westens zeichnete, und die auch viele Dinge im Westen Deutschlands hinterfragten und kritisch betrachteten.

Aber die Protagonisten die vor mir saßen, mussten sich wohl häufiger mit abtrünnigen Parteigenossen herumschlagen, seltener mit Leuten die das Land verlassen wollten. Das Gespräch endete nach zirka einer Stunde. Man gab mir mit auf den Weg, ich solle mir die ganze Sache nochmals in aller Ruhe durch den Kopf gehen lassen. Abschließend fragte ich, ob ich meine Arbeitskollegen von dem Vorhaben meiner Ausreise unterrichten solle, was vehement verneint wurde! Nein, nein, es ginge niemanden etwas an, es solle keiner wissen!

Ein Zurück gab es nicht mehr; nach dem Stellen eines Ausreiseantrages bekam man kein Bein mehr auf die Erde.

Diese Unterhaltung mit der Betriebsführung war harmlos, sie würden sich nach diesem Gespräch wieder mit Schnüffel und Petz in Verbindung setzen. Jetzt galt es abzuwarten, was folgen würde. Ich rechnete mit drastischen Folgen und damit, dass jeder Tag der vor mir lag, im Knast enden konnte.

Das sinnlose Töten an der innerdeutschen Grenze sowie an der Berliner Mauer ging unvermindert weiter! Die wahre Zahl der Getöteten, die die Flucht versuchten, sollte erst bei Zusammenbruch des DDR-Regimes öffentlich werden. Schätzungen gehen von über 1300 Toten aus, andere Schätzungen gehen von wesentlich weniger erschossenen Flüchtenden aus. Diese Zahlen ergaben sich aus gemachten Erhebungen von 1945–1989.

Wobei der Großteil der Getöteten in dem Zeitraum des Mauerbaus von August 1961–1989, dem Fall der Mauer zu beklagen waren. Hier war jeder einzelne Tote ein Toter zu viel! Überwiegend handelt es sich um junge Menschen, die man wie Kaninchen abknallte. Ein Großteil der DDR-Bevölkerung nahm es mit einem Schulterzucken zur Kenntnis. Schließlich waren es die Gesetzte der DDR, hieß es dann ... Vielen instrumentalisierten DDR-Bürgern war gar nicht bewusst, dass man an diesem angeblichen Antiimperialistischen Schutzwall fast nur die eigenen Landsleute erschoss. Viele wollten es nicht hinterfragen, man verdrängte das Unangenehme wie schon vierzig Jahre zuvor. Diejenigen die es laut und öffentlich hinterfragten, waren sehr schnell auf einem längeren „Montage-Einsatz". Mit jedem weiteren Toten stieg mein Hass und meine Abneigung auf dieses Regime!

Es vergingen wieder etliche Wochen, es war Zermürbungstaktik und ein Spiel ihrerseits mit einem ungewissen Ausgang meinerseits, und einer ständigen Angst. Es konnte schon die kleinste Denunzierung genügen, um hinter schwedischen Gardinen zu landen.

Es war an einem dieser Nachmittage nach der Arbeit, ich stand am Waschbecken, und wir wuschen uns zum Feierabend die Hände, als einziger stand Schmidti neben mir, ein Kollege der aus niederen Beweggründen und in jungen Jahren der SED beigetreten war. Ein wieder-Austreten aus dieser SED kam ebenfalls einem Verrat gleich, und so blieb Schmidti wohl oder übel weiterhin als schweigendes Mitglied in dieser Partei. Er wohnte damals in einem Arbeiterwohnheim mitten in der Stadt. Er war ein netter Kollege, ziemlich pfiffig und auch sonst ein guter

Typ, ich hatte mich schon häufig mit ihm über Gott und die Welt unterhalten. Er gehörte jedoch wie viele andere auch der Koalition der Durstigen an. Bei eben diesem Händewaschen sprach er mich leise an, und erzählte mir, dass am Vorabend „Besuch" der nicht erwünschten Art bei ihm aufgetaucht wäre, in seinem Arbeiterwohnheim. Er fragte mich ob ich wohl erraten würde, wer dieser Besuch war, und warum sie bei ihm waren. Nach dieser Fragestellung war es naheliegend, wer ihn besucht hatte. Er wusste jetzt also Bescheid von meinem Ausreiseantrag. Er war schließlich Partei-Genosse, die wurden in solchen Fällen von der Stasi als erstes kontaktiert. Er sagte mir, sie hätten ihn zwei Stunden nach mir befragt, wie ich mich auf der Arbeit verhalten würde. Ob ich staatsfeindliche Äußerungen von mir geben würde und vieles mehr. Ein weiteres Indiz dafür das die Typen von Schnüffel und Petz aktiver wurden. Ich konnte nur hoffen, dass bei den Erkundigungen über mich nicht zu viel Negatives von Schmidtis Seite kam. Es passierte schon mal in der Werkstatt, dass ich mich zu abwertenden Äußerungen hinreißen ließ, betreffs der Ersatzteil-Situation zum einen und der allgemeinen Situation im großen und ganzen. Aber es stellte sich später heraus, dass von ihm nichts Negatives kam, was mir hätte Schaden können. Wie er mir erzählte, sollte er über diesen abendlichen Besuch der beiden Gestalten absolutes Stillschweigen bewahren. Für mich war es ein untrügliches Indiz dafür, dass sich im Hintergrund etwas bewegte.

Bis zu diesem Zeitpunkt deutete nichts auf eine Kündigung im Betrieb hin, es lief bis auf diese Kleinigkeiten, wenn man das Bespitzeln als Kleinigkeit bezeichnen konnte, weiter wie gehabt.

Es kam zu einer Lächerlichkeit! Darüber *konnte* man unter normalen Umständen nur lachen. Aber es gab in diesem Land keine halbwegs normalen Umstände, also wurde wie so häufig in solchen Fällen die Sache als eine Art Überfall auf die sozialistische Grund-Ideale gewertet. Ein paar Lausebengels hatten sich einen Scherz erlaubt und auf eines dieser Plakate mit den üblichen sozialistischen Durchhalte-Parolen ihre Sprüche mit Pinsel und Farbe gemalt. Es musste wohl in der Nacht geschehen sein, Denn die Schilder hingen weithin sichtbar auf der Berliner Chaussee.

Der Spruch lautete jetzt: „BALD IST ES VORBEI MIT DEM SOZIALISTISCHEN EINERLEI." Darunter versahen sie das Schild mit einem zusätzlichen Gruß, dieser lautete „ES GRÜSST DIE MAFIA VON PUPPENDORF!" in diesem Stadtteil, der direkt an unseren Betrieb grenzte, wohnte auch Manni.

Das Alles war zu viel des Guten! Sozialistisches Einerlei! Und dazu noch die Mafia! Hier musste sofort ganz schweres Geschütz von Seiten der staatlichen Organe aufgefahren werden.

Als ich an diesem Morgen zur Arbeit kam, herrschte schon am Eingangstor emsige Betriebsamkeit. Es schien eine ganze Kompanie von Horch, Kuck, Schnüffel und Petz bei uns im Betrieb und in der näheren Umgebung die Mafia von Puppendorf zu suchen und sie gnadenlos zu jagen. Das Schild mit der übertünchten Parole und dem Gruß der Mafia war schon zur frühen Morgenstunde von den Stasi-Spießgesellen abmontiert und erkennungsdienstlich untersucht worden. Was auf dem Schild stand, erzählte mir Manfred, er hatte es noch in voller Pracht gesehen. Da er in diesem Stadtteil wohnte, wurde er auch als einer der ersten Zeugen vernommen, konnte aber keine Hinweise geben. Was er auch nicht getan hätte, wenn er die „Übeltäter" gekannt hätte. Es war einfach nur köstlich, bei welchen Nichtigkeiten dieses Regime die ganze Kavallerie in Bewegung setzte und sich der Lächerlichkeit Preis gab.

Bis Mittags wurden wir alle einzeln einer Art Verhör unterzogen, zudem musste jeder eine Schriftprobe abgeben. Als wir wieder alleine in der Werkstatt waren, mussten wir über die angebliche Mafia und ihre nächtlichen Machenschaften herzlich lachen. Ob sie der „Mafia" von Puppendorf habhaft wurden, war und blieb ein Geheimnis. Wir erfuhren von dieser staatstragenden Verfolgungsaktion nichts mehr ...

Während dieser Zeit im „BESSER MAN KÜNDIGT" oder „BUMMLE MIT KUMPEL"-Betrieb kam es zu einem folgenschweren Ereignis, welches auf keinen Fall an die Öffentlichkeit dringen durfte und sollte. Es handelte sich hierbei um Soldaten der sowjetischen Streitkräfte, also um unsere vielzitierten sowjetischen Brüder. Immer wieder kam es zu gravierenden Zwischenfällen mit diesen, die aber nirgendwo publik gemacht wurden, weder von sowjetischer Seite noch seitens der DDR. Es musste weiterhin das Bild des moralisch überlegenden und heldenhaft agierenden Sowjet-Menschen aufrechterhalten werden.

In der damals von sowjetischen Soldaten besetzten Kaserne Herrenkrug in Magdeburg, sie war wahrscheinlich die größte Kaserne der Stadt, kam es zu einem Ausbruch mehrerer sowjetischer Soldaten aus dieser Kaserne. Es musste sich zweifellos um eine Verzweiflungstat gehandelt haben. Ich erinnerte mich schlagartig an den

Besuch der Sowjet-Kaserne während unserer NVA-Zeit. Nicht weit von Herrenkrug entfernt lag eine große städtische Mülldeponie. Beide waren nicht weit von unseren Betrieb entfernt und grenzten mittelbar und unmittelbar an die Berliner Chaussee. Auch unser Betrieb lag an dieser Chaussee. Ein Kollege, Peter, hatte seine Wohnung direkt auf dem Betriebsgelände. Sie lag über den Büros unserer Betriebsleitung.

Wir hatten an diesem besagten Abend längst Feierabend, als das Drama seinen Lauf nahm. Peter erzählte am nächsten Tag, dass er mehr oder weniger Augenzeuge der Geschehnisse wurde. Die flüchtenden Soldaten waren mit Kalaschnikows und Handgranaten bewaffnet, und versuchten aufgrund mangelnder Ortskenntnis über die besagte Mülldeponie zu entkommen. Ihr Fluchtversuch musste nach kurzer Zeit von den Wachposten in der Kaserne entdeckt und gemeldet worden sein, damit begann die Verfolgung durch ihre eigenen Offiziere. Wieviele Soldaten an dem Fluchtversuch beteiligt waren, wurde nicht in Erfahrung gebracht, da es wie erwähnt zu diesem Vorfall keine offiziellen Statements gab. Die Rede war inoffiziell von fünf bis zu acht Soldaten, die an diesem Ausbruch beteiligt waren. Auf der Müllhalde kam es dann zu ersten Feuergefechten zwischen den flüchtenden Soldaten und den sie verfolgenden Offizieren. Ein Bekannter unseres Kollegen Peter wohnte unmittelbar an der Mülldeponie und wurde Zeuge des Feuergefechts. Er berichtete tags darauf in unserer Werkstatt, noch unter Schock stehend, dass er das Gefühl hatte, es herrsche Krieg. Es sollte laut seiner Aussage auf der Mülldeponie zu den Ersten Toten gekommen sein. Damit war das Drama aber noch nicht zu Ende, das Feuergefecht ging weiter. Sie liefen an seinem Haus vorbei, und er geriet somit selber unter Beschuss! Er meinte, er lag noch nie so flach auf dem Fußboden wie bei dieser Schießerei. Einige der Soldaten die weiter von ihren Offizieren verfolgt und beschossen wurden, schafften es die Chaussee zu erreichen. Diese war mittlerweile weiträumig von DDR-Vopos abgesperrt worden. Die DDR-Behörden hatten jedoch keine rechtliche Grundlage, einzugreifen und aktiv zu werden. Zum einen handelte es sich um sowjetische „Besatzungstruppen", und zum anderen um Militärangehörige, die keiner Zivil-Gesetzgebung unterstanden, und schon gar nicht der durch DDR-Behörden. Die Vopos hatten nur eine Statisten-Rolle in diesem Drama, es war in der DDR-Bevölkerung hinlänglich bekannt, dass die Sowjets, nicht sonderlich zimperlich waren, wenn es um schwerwiegende militärische Verstöße ihrer Soldaten ging.

Auf der Berliner Chaussee setzten sich dann die Schießereien zwischen den fliehenden Soldaten und ihrer sie verfolgenden Offiziere fort. Sie kamen somit zwangsläufig an unserem Betrieb vorbei, wo Peter in weitestgehender Deckung die Verfolgung im wahrsten Sinne des Wortes hautnah mitverfolgen konnte.

Peter sprach am darauffolgenden Tag von etwa drei bis vier Leuten, die er in Richtung Heyrothsberge, meiner ehemaligen betrieblichen Wegstrecke, laufen sah. Sie wurden von einer größeren Gruppe verfolgt, es kam immer wieder zu Feuerstößen zwischen beiden Seiten. Etwa sechshundert Meter von unserem Betrieb entfernt querte ein Bahngleis die Chaussee. Auf der linken Seite des Gleises befand sich ein flaches Gebäude, in dem sich ein Friseurladen, sowie ein Jugendclub befanden. Der Friseursalon hatte schon seit einigen Stunden geschlossen, somit war das Ziel der verzweifelt Flüchtenden der Jugendclub. Wie später berichtet wurde, wollten sie sich dort wohl Zivilbekleidung besorgen. Aber ihre Verfolger waren ihnen schon zu dicht auf den Fersen, und ein Entrinnen somit ziemlich aussichtslos. Die Leute im Club konnten anfänglich die Situation nicht richtig einordnen. Als sie mitbekamen, dass die Soldaten Waffen trugen, flüchteten sie durch die Fenster ins Freie! Das bekamen die mittlerweile eingetroffenen Offiziere mit und stürmten hinein. Was Peter noch in Erfahrung gebracht hatte war, dass es in dem Jugendclub zu einem letzten Feuergefecht kam, in dem alle geflüchteten Soldaten und auch zwei der Offiziere starben! Von den dort befindlichen Jugendlichen war zum Glück keiner zu Schaden gekommen.

Es konnte nur eine Verzweiflungstat dieser armen Teufel gewesen sein. Sie befanden sich in einem hermetisch abgeriegelten Land, das hatten sie wahrscheinlich bei ihrer Planung nicht bedacht. Ihr Fluchtversuch war von vornherein zum Scheitern verurteilt.

Von solchen Ereignissen wie diesen besonders krassen Fall erfuhren meist nur Leute, die dieses menschliche Drama unmittelbar miterlebt hatten.

In den Zeitungen der Volksstimme sowie des Neuen Deutschland wurden solche Ereignisse mit keiner Silbe erwähnt, für denn normal sterbliche DDR-Bürger war im Arbeiter- und Bauernstaat alles Friede, Freude, Eierkuchen.

Zurück zum Ausreiseantrag. Das Gespräch zwischen mir und dem Betriebsdirektor hatte für die Stasi nicht den gewünschten Erfolg gebracht. Man hatte sich wohl erhofft mich zum Verbleib im Arbeiter- und Bauern-Paradies überreden zu können. Jetzt erhielt ich eine persönliche Vorladung zum Rat der Stadt, Abteilung Inneres.

Mein Leben bestand zu dieser Zeit aus einer Mischung von Unruhe, Ungewissheit und einem Teil Angst vor dem, was mich tagtäglich erwarten könnte. Diese Angst war durchaus berechtigt, da in Insider-Kreisen bekannt war, wozu dieser Überwachungsstaat fähig war, Menschen gefügig zu machen und sie zu brechen. Selbst das Auto Fahren wurde immer mehr zum Risiko. Wie aus Berichten der West-Medien bekannt, wurden Leute, die gen Westen wollten, unter anderem mit fingierten Unfällen Fallen gestellt, die ihnen dann angelaste wurden. Diese kamen dann häufig so in Bedrängnis durch dieses perfide System und der damit verbundenen Schuldzuweisung durch die Stasi, dass sie von ihrem Vorhaben der Ausreise Abstand nahmen. Mielkes Stasi-Schergen waren sich für keine miese Schweinerei zu schade. Trotz strengster Geheimhaltung kamen etliche dieser menschenverachtenden Praktiken durch die Medien der Bundesrepublik ans Tageslicht.

Der Tag der „Einladung" stand vor der Tür. Ich ging davon aus, dass dieser Tag für mich eine Entscheidung bringen würde, wahrscheinlich eine von der negativen Sorte. Ich betrat das Gebäude des Rates der Stadt Magdeburg und begab mich in das Ressort der Abteilung Inneres. Ich hatte jetzt direkt mit der Stasi zu tun! Ich betrat den auf der „Einladung" bekannt gegebenen Raum. Mir gegenüber saßen zwei Typen an einem Tisch, sie baten mich in einem äußert höflichen Ton, ich möge doch Platz nehmen. Diese gespielte Freundlichkeit rief in mir sofort außerordentliches Misstrauen hervor. Einer dieser beiden war rothaarig, der Andere hatte dunkle Haare, sie stellten sich namentlich nicht vor, was zu erwarten war. Hätten sie dieses getan, konnte man davon ausgehen, dass diese Namen Pseudonyme waren. Beide waren zirka Anfang bis Mitte dreißig, Menschen wie Du und Ich. Unseren Nachbarn im Haus und im Haus nebenan sah man schließlich auch nicht an, dass sie für Schnüffel und Petz und deren Untergruppierungen arbeiteten; und ihre Mitmenschen ans Messer lieferten. Beide wollten mir am Anfang unseres Gesprächs eine Art Wohlfühl-Atmosphäre vermitteln. Ich hatte mir im Vorfeld eine Strategie zurechtgelegt, an der ich auf alle Fälle festhalten musste, ich hatte diese Strategie die letzten Tage vor dieser „Einladung" innerlich immer und immer wiederholt, davon hing schließlich mein zukünftiges Schicksal ab. Ich musste trotz der innerlichen Unruhe die ich verspürte, ruhig und sachlich auf ihre Fragen antworten. Ich hatte es mit den mir gegenübersitzenden Typen nicht mit den dummen Vopos auf der Straße zu tun, die es meistens nur schafften, den Personalausweis zu Kontrollieren. Hier saß ich Leuten eines anderen Kalibers gegenüber, sie hatten ihre Seele an den Stasi-Teufel Mielke verkauft.

Wie ich aus der geringen Entfernung meines Sitzens erkennen konnte, hatten sie in ihren Unterlagen meinen Ausreiseantrag vor sich zu liegen. Der Rothaarige bat mich wieder in einem freundlichen Ton, ihnen zu schildern, was meine Beweggründe wären einen Ausreiseantrag in die BRD zu stellen. Ich sagte ihnen, dass es mir um die Familienzusammenführung ginge und ich das in meinen Ausreiseantrag dargelegt hätte. Die Antwort von ihm lautete, ich möge dieses doch nochmals mündlich formulieren. Ich hatte meinen Ausreiseantrag in zweifacher Ausführung verfasst, das Kopieren war nicht möglich, es gab schlichtweg keine Kopierer, auch nicht in den Betrieben! So hatte ich ihn nochmals handschriftlich niedergeschrieben.

Es herrschte immer noch eine gespielte übertriebene Freundlichkeit. Ich kam also der Bitte nach und schilderte ihnen nochmals mündlich, was sie in meinen Ausreiseantrag schriftlich vor sich zu liegen hatten.

Die Wortwahl war wichtig und es musste schlüssig klingen, ich hatte jedoch keinen Grund zu lügen, da meine Schilderungen dem überprüfbaren Sachverhalt standhalten würden. Das Hauptargument betreffs meines Ausreise betraf den Tod meiner Mutter und den damit einhergehenden Wunsch, zu meinem im Westen lebenden Vater zu ziehen, aber dieses hatten sie im Vorfeld schon mit hundertprozentiger Sicherheit überprüft. Zeit genug dazu hatten sie schließlich die letzten Wochen seid dem Stellen meines Ausreiseantrages.

Es folgte von dem dunkelhaarigen eine Lobeshymne auf das System der DDR, was zum Standard Repertoire dieser Steigbügelhalter des Sozialismus gehörte und was uns seit frühester Kindheit eingeimpft wurde. Sie waren rhetorisch besser geschult und malten ein strahlendes Bild des zukünftigen Sozialismus an die Wand, als beispielsweise unser „schneidiger" Betriebsdirektor. Dieser versuchte mit den üblichen Plattitüden zu überzeugen. Der Umgangston war immer noch freundlich. Ich hatte mitunter das Gefühl, sie würden mir jeden Moment ihre Pausenbrote anbieten.

Als sie merkten, dass ihre Art der Überzeugung nicht fruchtete, wurde die Atmosphäre zunehmend frostiger. Dann zogen sie ihre Unterlagen zu rate, und lasen mir mit Jahr, Tag und Uhrzeit vor, wann welcher meiner Verwandten aus dem Westen zu Besuch in Magdeburg war. Auch die jeweiligen Autotypen und deren Nummernschilder waren akribisch aufgeführt. Es war ein Beweis dafür, wie flächendeckend ihre Überwachungsmaschinerie funktionierte, dieses am eigenen Leib zu spüren, war schon erschreckend. Was käme als nächstes??? Würden sie vielleicht abgehörte und aufgezeichnete Gespräche abspielen??? Die Angst saß mir im Nacken. Dann folgte eine Pause; sie verließen den Raum, ließen mich sitzen und warten.

Es dauerte gefühlte Stunden, bis sie wieder den Raum betraten. Was würde als nächstes kommen??? Von der anfänglichen Freundlichkeit zu Beginn des Gesprächs war nicht mehr viel übrig. Jetzt begann die Phase, die Schlechtigkeiten des Kapitalismus aufzuzählen, die es ja unbestritten gab. Sie sprachen von grassierender millionenfacher Arbeitslosigkeit im Westen, dann über Drogensüchtige an allen Ecken und Enden im parasitären Kapitalismus, einer kaum beherrschbaren Kriminalität, Mord und Totschlag wo man auch hinsah, bis hin zu der Tatsache, dass es kaum bezahlbare medizinische Versorgung gab, und die Mieten sozusagen mit dem Trommelrevolver kassiert wurden.

Nach ihren Aussagen war der Westen als eine Art mittelalterliches Sündenbabel zu betrachten. Es war immer wieder erstaunlich, woher diese Leute ihren Erkenntnisgewinn über die Bundesrepublik zogen, da sie das beschriebene Land selber nie gesehen, geschweige denn in ihm gelebt hatten. Aber die Stasi schickte „KUNDSCHAFTER DES FRIEDENS", wie sie sie nannte, getarnt als Bundesbürger in den Westen, um abtrünnige Prominente, Sportler oder Leute wie Weinhold entweder zu beschatten, oder auch im schlimmsten Fall zu töten (Beispiel Lutz Eigendorf).

Das zweistündige Gespräch mit meinem Arbeitskollegen Schmidti, hatte anscheinend auch nicht den gewünschten Erfolg gebracht, es lagen keine staatsfeindlichen Beweise gegen mich vor. Sie sprachen mich auf meine NVA-Zeit an, und warum ich dort nicht Gefreiter geworden bin, sie hatten sich wirklich alle erdenkliche Mühe gemacht und alles durchleuchtet, aber das war in einem Überwachungsstaat wie der DDR kein Wunder. Ich antworte, dass ich keinerlei Interesse an militärischen Dingen hätte. Dann sollte ich immer wieder die Beweggründe meiner Ausreise schildern, es war Zermürbungstaktik. Sie legten wieder eine Pause ein, und wieder verließen sie den Raum, ich ging mittlerweile davon aus, das der nächste Weg in einen Raum führen würde, aus dem ich nicht mehr rauskommen würde.

Es verging wieder eine gefühlte Ewigkeit, bis die beiden Typen diesen Raum betraten, sie nahmen erneut ihre Plätze ein, schauten sich gegenseitig an, und mit einem kurzen Nicken des dunkelhaarigen, fragte mich der Rothaarige in einem ziemlich scharfen Ton, was meine weiteren Pläne bezüglich meiner Ausreise wären. Ich sollte mir doch besser überlegen meinen Ausreiseantrag rückgängig zu machen, noch hätte ich die Chance die ganze Sache vergessen zu machen. Ich sagte ihm so ruhig wie ich konnte und es die Situation zuließ, dass ich meinen nächsten Ausreiseantrag stellen würde. Ich wusste, jetzt gab es kein Zurück mehr! Er gab mir daraufhin zu verstehen, dass sie auch ganz anders könnten; mir war sofort bewusst was er damit meinte. Ich fragte in einem etwas naiven Ton nach, wie dieses Andere aussehen würde, und was er damit meine. Er antwortete mir, dass ich dies zu gegebener Zeit zu sehen und zu spüren bekommen würde, er drohte mir quasi unverhohlen mit Knast! Nachdem beide miteinander Blicke gewechselt hatten, sagte der Rothaarige zu mir, ich könne gehen, und ich würde von ihnen hören ...

Mein Bruder hatte über drei Stunden im Auto gewartet, er hatte nicht mehr damit gerechnet mich wieder zusehen.

Am nächsten Tag im Betrieb wusste nur Manni von meinem „Rendezvous" am Tag zuvor. Sicherlich hatte man auch von Stasi-Seite die Betriebsleitung informiert. Manfred kam morgens direkt in unsere Werkstatt. Wir gingen gleich hinaus ins Freie, dort konnten wir uns ungestört unterhalten. Ich schilderte ihm wie es abgelaufen war, und bat ihn Stillschweigen zu bewahren. Somit wussten nach wie vor nur zwei Leute von meinen Absichten, Schmidti, Manni, und die Betriebsleitung.

Es hieß jetzt mehr als je zuvor, absolute Vorsicht walten zu lassen, was jegliche Art von Äußerungen über diesen Staat betraf. Ich ging davon aus, dass sie nur auf den geringsten Anlass warteten, um mich wegzusperren. Als ich am Nachmittag nach Hause kam, tat ich, was ich den beiden Stasi-Typen versprochen hatte: ich verfasste den nächsten Ausreiseantrag! Es sollten diesen beiden Ausreiseanträgen noch etliche weitere folgen.

So erschreckend diese Begegnung beim Rat der Stadt auch war, was mir noch bevorstehen würde wusste ich nicht, aber eines wusste ich: die Sache hatte Fahrt aufgenommen. Jetzt hieß es abwarten. Und doch war die Angst noch mehr als zuvor mein ständiger Begleiter. Wer etwas anderes in dieser Situation behauptet hätte, hätte gelogen!

Wieder vergingen unzählige Wochen, ohne dass etwas geschah, und ich stellte unbeirrt weiter meine Ausreiseanträge. Es musste ihnen bewusst werden, das ich es ernst meinte mit meiner Ausreise!

Es kam zu einem merkwürdigen Ereignis, das eigentlich die Regel war, jedoch in *meinem* Fall mit einem laufenden Ausreiseantrag eher verwunderlich. Mein Militärdienst bei der NVA lag bereits zwei Jahre zurück. Im Briefkasten lag ein amtliches Schreiben. Ich öffnete es, und zu meiner Verwunderung wollte man mich zum Reservisten-Dienst einberufen! Diese Einberufung als Reservist war nichts Ungewöhnliches. einige erwischte es mehrmals nach ihrem Grundwehrdienst, auch traf es Leute, die höhere Dienstgrade bekleideten. Jedoch in meinem Fall mit einem Ausreiseantrag war dies mehr als seltsam. Die Musterung und Einberufungsstelle befand sich im Stadion Neue Welt, es war ein großes Schwimmbad in dem wir schon als Kinder und Jugendliche badeten, es lag direkt gegenüber unseres BUMMLE-MIT-KUMPEL-Betriebes.

Es konnte wohl kaum sein, dass sie einem abtrünnigen Landesverräter nochmals eine Kalaschnikow in die Hand drücken würden, um das von ihm ungeliebte Vaterland gen Westen zu verteidigen; irgendetwas stimmte an der ganzen Sache nicht. Ich vermutete bei dieser ganzen Angelegenheit eine Finte der Stasi, die mir suggerieren sollte, dass das vermehrte Stellen von Ausreiseanträgen meinerseits zu keinem Erfolg führen würde.

Meine Rückschlüsse diesbezüglich zog ich aus dem Gespräch mit diesen beiden Stasi-Typen, die genau wussten, wann welcher Verwandte aus dem Westen an wel-

chen Tag und mit welchen Auto zu Besuch war. Und jetzt
war die Reservisten-Einberufungsstelle der NVA nicht
über meine Absichten informiert worden??? Dies war
ein Ding der Unmöglichkeit!

Als ich am nächste Tag wieder zur Arbeit ging, suchte ich als erstes Manni auf, ich erzählte ihm von der Re-
servisten-Vorladung. Er meinte sofort: „Da läuft doch
irgendetwas falsch. Die geben dir doch in diesem Land
nie wieder eine Knarre in die Hand!" Ich entgegnete ihm,
dass mir das auch gleich durch den Kopf gegangen wäre.

Die Woche darauf nahm ich den Termin beim gegenüberliegenden Wehrkreiskommando wahr; an dem betreffenden Tag verkündigte ich in der Werkstatt, dass ich
zur Musterung für Reservisten müsse. Die Schadenfreude
unter meinen Kollegen war groß. Wer wollte schon gerne zur Reserve eingezogen werden. Außer Schmidti und
Manni, wusste immer noch keiner von meinen Ausreiseanträgen, es waren mittlerweile fünf. Schmidti schaute
mich nur ungläubig an, und meinte: „Was soll das denn?"
Die Anderen wünschten mir schon einmal viel Glück.
Keiner der anderen wusste, das ich nicht mehr in die
Kategorie „normaler DDR-Bürger" fiel.

Ich nahm diesen Termin in meiner ziemlich beschmutz-
ten Arbeitsbekleidung wahr, lief über die Straße und
steuerte auf das Gebäude für Reservisten zu, es war
weithin sichtbar ausgeschildert. Ich betrat das Gebäude
und gab im Vorraum nach Aufforderung meinen Wehr-
dienst-Ausweis ab. Anschließend nahm ich in einem
großen zentralen Raum Platz. Von diesem Raum gingen
jeweils Räume ab, über denen auf Schildern die einzelnen Waffengattungen standen, wie zum Beispiel: Mot.
Schützen, Panzer, Artillerie, Marine etc.

Es saßen mit mir etliche weitere Leute in diesem großen Vorraum, die darauf warteten, aufgerufen zu werden. Nach und nach wurde einer nach dem anderen aufgerufen, Sie verschwanden in den jeweiligen Zimmern mit betreffender Waffengattung. Es kamen immer neue Personen von draußen hinzu, auch diese wurden alle vor mir aufgerufen. Ich vermutete schon eine Verwechselung, überflog noch einmal das Schreiben, alles stimmte: Name, Straße, Geburtsdatum ...

Dann nach einer ganzen Weile des ungeduldigen Wartens kam ich an die Reihe. Was würde jetzt folgen? Es machte sich wieder eine Unruhe in mir breit. Ich wurde in einen Nebenraum gerufen, dort saß mir ein Major gegenüber (die Dienstgrade waren mir noch bestens geläufig). Er saß mir gegenüber mit einem zerknitterten Gesichtsausdruck, dies erinnerte mich wieder an Karow und unsere Säcke in der Kaserne, sie hatten alle irgendwie die gleichen zerknitterten Gesichtsausdrücke. Anscheinend bereuten sie alle diese einmal getroffene Fehlentscheidung zu 25zig Jahren NVA.

Wir hatten noch lange nicht das Computer-Zeitalter; im Osten schon gar nicht, und selbst im Westen sollten noch etliche Jahre ins Land gehen, bis das Elektronische Zeitalter seinen Siegeszug antreten würde. Alles wurde noch handschriftlich oder bestenfalls per Schreibmaschine festgehalten, was in vielerlei Hinsicht von Vorteil war, zum Beispiel bei Fahrzeugkontrollen oder Personenkontrollen ...

Dieser Major sprach mich nicht mit Genosse an, was eigentlich bei diesen Vorladungen üblich war, sondern mit Herr! Es fiel mir sofort auf, da man die vor mir in die jeweiligen Zimmer Gerufenen immer mit „Genosse"

Müller, Maier, Schulze, ... aufrief. Er schaute in die vor ihm liegende Akte, welche anscheinend meine war. Dann schaute er mich mit einem skeptischen Blick an, er musterte mich wie ein unbekanntes Studienobjekt. Sicherlich, dachte ich bei mir, auch er hatte es nicht täglich mit Ausreise-Kandidaten zu tun, das zumindest verriet sein ungläubiger Gesichtsausdruck. Er schaute nochmals auf die vor ihm liegende Akte, sah mich wieder an und sagte dann kurz und bündig, die Sache sei für mich erledigt, ich könne gehen. Er verabschiedete sich knapp, und ich verließ umgehend die Musterungsstelle!

Ich ging zurück zur Arbeit. Unterwegs grübelte ich, was wohl in der Akte stand. Sicherlich der Vermerk: Kein Guter Soldat! Aber viele waren keine guten Soldaten, die NVA wurde von vielen gehasst. Es gab eigentlich nur eine Erklärung: es musste mit meinem Ausreiseantrag zusammenhängen. Als ich wieder in der Werkstatt auftauchte, rieben sich schon einige meiner Kollegen die Hände. Die erste Frage lautete, wohin es mich den demnächst als Reservist verschlagen würde. Ich musste ihnen „leider" mitteilen, dass sich für mich die Sache erledigt hatte, was mit Kopfschütteln und ungläubigen Blicken quittiert wurde.

Ich wusste, es lief! Auch wenn ich schon wieder seit Wochen keine Reaktion seitens der Stasi auf meine Ausreiseschreiben bekam. Auch die Betriebsleitung zitierte mich nicht in ihr Büro. Wie auch immer, die Sache beim Wehrkreiskommando war ein Wink mit dem Zaunpfahl.

Mittlerweile war ich Besitzer eines Wartburg vom Typ 353. Mein Großvater, der durch sein ehemaliges Kohlengeschäft noch alle Leute unseres Stadtteils kannte, vermittelte mir den Deal. Dieses Fahrzeug war im Gegensatz zur Rennpappe aus Blech und hatte satte 50 PS, was fast der doppelten Leistung der Rennpappe entsprach. Ich besaß den Trabi aber auch noch, das war ein Problem!

Ich war knapp 23 Jahre alt und im Besitz zweier Autos, das brachte mich schnell in den Focus der örtlichen Organe! In meiner Situation war das gar nicht gut. Der Autoverkauf war ganz einfach in der DDR, ich musste nur erst einmal den Wartburg anmelden. Das erforderte den Gang zum Amt. Dort wurde man gewahr, dass ich mit 23 Jahren im Besitz zweier Autos war, dies erregte tiefes Misstrauen. Die Rennpappe wurde mir regelrecht aus den Händen gerissen, ich konnte preislich sogar noch etwas draufschlagen! Autoverkäufe in der DDR endeten immer mit einem Gewinn.

Hannes wurde Vater, er wollte heiraten. Ich hielt es für keine so gute Idee, ließ es ihn aber nicht wissen. Er war alt genug und musste wissen was er tat.

Es war ganz offensichtlich, dass jetzt jeder seine eigenen Wege ging, die gemeinsamen Kinder- und Jugendjahre waren vorüber. Aber sobald einer den anderen brauchte, waren wir wieder füreinander da. Das waren die guten Dinge in der DDR, dieser Zusammenhalt!

Während die anderen mehr und mehr zur Gründung einer Familie neigten, war mein Weg das genaue Gegenteil. Familie war nie meine Sache, und die Vorstellung, den Rest meines Lebens in dieser sozialistischen Enge und dem damit verbundenen Eingesperrtsein zu verbringen, schnürte mir regelrecht den Hals zu.

Dass ich meine Freunde und Verwandten auf unbestimmte Zeit nicht mehr wiedersehen würde und ich manche gegebenenfalls *nie* mehr wiedersehen würde, wenn meine Zeit der Ausreise gekommen war, war der Preis den ich zu zahlen hatte! Und ich schloss dies vom ersten Moment meiner Absicht, auszureisen, mit ein.

Manchmal gingen wir noch wie vor unserer NVA-Zeit auf die Piste, jedoch nicht mehr in diesem Ausmaß wie früher. Alle außer mir hatten jetzt feste Freundinnen, und nicht nur bei Hannes stand Nachwuchs ins Haus, als nächster verkündete Ecki, dass er Vater würde.

Michael der auch immer Richtung Westen wollte, hatte diesen Traum ebenso beerdigt, er wurde als letzter von den dreien Vater, seine Freundin Kerstin bekam eine Tochter. Alle drei hatten sich sehr zeitig bereits fest gebunden.

Ich zog jetzt häufiger alleine um die Häuser, kannte ich doch genügend Leute in den Jugendclubs. Diese Clubs mit ihrem unverwechselbaren DDR-Charme hatten sich im Laufe der Jahre gar nicht verändert. Aber manchmal war das auch ganz gut so, es rief die zurückliegenden Disco-Jahre wieder in Erinnerung. Man traf immer ein paar von den „Harten", die man noch von früher kannte; entweder wollten sie nicht heiraten, oder sie waren bereits schon wieder geschieden. Das war eines der großen Probleme in der DDR, die Leute heirateten zu schnell und ließen sich ebenso schnell wieder scheiden. Und übrig blieben die Kinder! Aber das gab und gibt es ja auch im Westen ...

In der DDR hieß es: Ohne Kind und Trauschein keine Wohnung! Wobei man speziell bei Altbauwohnungen von heruntergekommenen Bruchbuden sprechen musste. Aber wenn man Jung und verliebt war, heiratete man sehr schnell, um eine Wohnung zu erhaschen, auch wenn es eine Bruchbude war. Wohnung und Kinder, und der Staat spendierte einem Fünftausend DDR-Mark Kredit; die kleine Welt der meisten DDR-Bürger war damit erst einmal in Ordnung.

Wo gab es Möbel??? Man kaufte sich die Einheitsschrankwand beim VEB MDW (Möbelkombinat Deutsche Werkstätten), diese Möbel waren ebenso vollendet und formschön wie der in aller Welt geschätzte Trabi.

Die Zukunft war somit bis zur Rente vorbestimmt, man durfte bloß nicht darüber nachdenken. Dann überkam viele der blanke Frust und das Elend über das ereignislose Leben. Viele flüchteten sich deshalb in den Alkohol, sie hatten die Perspektivlosigkeit im Laufe ihres Lebens erkannt. Suffweltmeister, Heiratsweltmeister, Scheidungsweltmeister! Traurig aber wahr.

Jetzt meldete sich nach längerer Zeit auch die Betriebsleitung wieder, man bestellte mich wieder zum Rapport. Dies geschah sicherlich auf anraten von Schnüffel und Petz. Wieder wurde die ewig gleiche Platte abgespielt, die Jubelrede über den Sozialismus. Sie waren so in ihrer immer gleichen politischen Ideologie gefangen, dass sie ihre eigene Stumpfsinnigkeit nicht mehr wahrnahmen.

Die Stasi änderte ihre Taktik. Sie standen unangemeldet vor der Wohnungstür, aber sie trafen mich niemals an. Meine Großmutter, von jeher eine alte Kommunistenhasserin, sollte sie im Laufe der Zeit mehrmals in Empfang nehmen. Meine Großmutter war vom Wuchs her ein Zwerg mit einer Körpergröße von nur 1,53 m, hatte aber eine mindestens so große Klappe wie Muhammed Ali zu seinen besten Zeiten. Sie hatte zwei Kriege hinter sich und sie meinte: „Was wollen diese Pfeifen mir alter Frau schon anhaben?" Wo sie Recht hatte, hatte sie halt Recht.

Es war wieder einmal Wochenende und ich zog durch unsere spärlich gesäten Klubs in unserer Heimatstadt. Da ich die meisten der Einlasser dieser Klubs kannte, bekam ich auch schnellen Zutritt. Für Fremde konnte das Anstehen vor solchen Klubs schon mal einige Stunden dauern, aber der Zoni war das gewohnt, wir waren auch im Schlangestehen Weltmeister!

Ja und wer lief mir da über den Weg? Es war Uwe, dem ich meinen Bandmaßsarg auf Usedom vermacht hatte. Er erzählte mir noch ein paar Anekdoten, die er mit seinem Oberst, dem Giftzwerg erlebt hatte.

Wir beschlossen, von der „Banane", so hieß der Club inoffiziell (offiziell „DDR 25", wollte aber keiner sagen) ins „Café Impro", einer Magdeburger Szene-Institution, zu wechseln. In diesen Klub bekamen normal Sterbliche kaum Zutritt, es standen immer Unmengen von Menschen vor der Tür dieses Klubs.

Das „Impro" war in den 70zigern der wichtigste Beatclub der DDR! Anfang der 80ziger Jahre war es die Zeit des Discosounds und der aufkommenden „neuen deutschen Welle". In diesem Klub traf sich so ziemlich alles, angefangen von Dissidenten, Ost-Snobs oder die, die sich dafür hielten, der Magdeburger Hochadel, wenn es ihn denn gab und häufig Bandmitglieder aus der Musikszene der DDR wie „Stern Meißen", oder auch der „Gruppe Magdeburg", die sich aber 1981 auflösen mussten, sowie einige andere Musiker. Und genau dieses Publikum war für die Stasi höchst interessant! In diesem Klub war äußerste Vorsicht geboten, mit wem man im Halbdunkel des Klubs über welche Dinge sprach ...

Uwe und ich kamen durch den Seiteneingang ins Impro. Jürgen, ein Kumpel von uns, war hier Klubmitglied, und die bestimmten, wer rein kam und wer draußen blieb.

An diesem Abend im Impro lief mir noch jemand über den Weg, es war wieder Susanne. Es war schon etliche Zeit vergangen, seit wir uns das letzte Mal im Eiscafé begegnet waren und sie regelrecht vor mir geflüchtet war. Unsere Blicke kreuzten sich kurz, es war eine seltsame Distanz zwischen uns. Ich hatte keine Lust sie anzusprechen, und sie mich wohl auch nicht, also liefen wir aneinander vorbei.

Wir sollten uns noch einige male im Café Impro über den Weg laufen, ohne ein Wort miteinander zu wechseln. Aber unter ganz anderen Umständen sollten wir uns im Sommer 1984 wiedersehen, jedoch ahnte das zum damaligen Zeitpunkt noch keiner von uns beiden.

Uwe „liebte" die DDR wie Fußpilz, das war uns beiden gemein, er wollte auch in den Westen. Das Hindernis war seine Freundin; sie hatten ein Kind miteinander, und somit war die Sache fürs erste ausgeträumt.

Ich sah Uwe an diesen Abend das letzte mal! Wir hatten im Impro noch viel Spaß und lachten über die gemeinsame schwachsinnige NVA-Zeit. Wie ich später erfuhr, wurde er von einem Bekannten ans Messer geliefert und wanderte in den Knast. Sie hatten Antiquitäten von zwielichtigen Gestalten (die es ja in der DDR angeblich nicht gab) erworben und wollten diese weiterverkaufen. Diese Typen hatten eine Kirche ausgeraubt und bei diesem Raub kam der Pfarrer zu Tode. Die Stasi hatte diese dunklen Gestalten über einen längeren Zeitraum observiert, der angebliche Kumpel von Uwe wurde dann wiederum von der Stasi erpresst, da schon einiges gegen ihn vorlag, er wiederum lieferte Uwe ans Messer. Das Ende vom Lied: Uwe verschwand im Knast, ich sah ihn nie wieder!

Nach dem Ende der DDR kam ans Licht, dass dieser angebliche Kumpel IM bei der Stasi war. So schloss sich wieder der Kreis dieses von der Diktatur geprägten Staates.

Es war wieder einige Zeit ins Land gegangen und ich ging ins Impro, der Klub war mit Abstand der Beste in der Stadt, aber hier hatten selbst die Gläser Ohren. Da gab es diesen Witz: Was ist der Unterschied zwischen dem Tresen und dir??? Der Tresen bleibt hier, und du kommst mit!!!

An diesem Abend sprachen mich zwei Mädels an, ich hatte sie ein paar Mal zusammen mit Susanne gesehen, hatte mich aber mit den beiden nie unterhalten. Sie fragten mich so etwa in der Art, ich würde doch Susanne kennen? … Sie wussten es doch sehr genau, weshalb dann diese dumme Fragestellung? Dann erzählten sie mir, dass Susanne mit zwei Typen, die ich auch kannte, einen Fluchtversuch unternommen hatten! Sie wollten von Ungarn aus nach Österreich flüchten, dabei wurden sie von Ungarischen Grenzposten entdeckt und festgenommen, anschließend nach Budapest gebracht. Von dort ging es dann zurück nach Magdeburg in den Stasi-Knast am Moritzplatz. Dieser Knast war in der Stadt berüchtigt! Später erfuhr ich dann, dass man sie abgeurteilt hatte; sie landete für über zwei Jahre wegen Republikflucht im Frauenknast Karl-Marx-Stadt.

Und das bei ihrer familiären Konstellation: Der Stiefvater war Professor an der damaligen Magdeburger Technischen Hochschule! Es sollte noch einiges deswegen auf ihn zukommen, von Susannes Situation mal ganz abgesehen ...

Es war wie bei den Nazis. Auch dort wurden die nächsten Verwandten für solche Vergehen (Republikflucht) in Sippenhaft genommen, zumal es sich bei ihrem Stiefvater noch um einen Pädagogen handelte, der im Sinne dieser kommunistischen Ideologie seinen Einfluss auf seine Stieftochter hätte ausüben müssen. Es musste sich bei ihr ein Sinneswandel von 180 Grad vollzogen haben, anders war dieser Fluchtversuch nicht zu erklären. Aber das war in diesem Fall nicht mehr mein Problem ...

Die nervenaufreibende Warterei ging weiter! Die Tage zogen sich endlos in die Länge, es war eine bleierne Zeit. Noch war ich jedoch in der begrenzten Freiheit dieses unfreien Staates, und ich hatte noch meinen Job. Hätte ich diesen nicht mehr gehabt, hätte ich mir schnell einen neuen Job suchen müssen, sonst wäre ich als asoziales, staatsfeindliches Element schneller hinter Gittern gelandet, als ich mir das hätte ausmalen können. Jedoch war ich vom ersten Moment an auf das Schlimmste vorbereitet.

Wir machten das, was in fast allen Betrieben gemacht wurde, wir arbeiteten wieder möglichst viel „privat". Unser Dreher brauchte eine Gartenbank, also bauten wir ihm aus den letzten vorhandenen LKW Hydraulikleitungen ein Untergestell, dazu schnitten wir Holz zu Latten, schweißten und montierten alles zusammen, und fertig war die Gartenbank! Ich wiederum brauchte einen schönen verzierten Schalthebel für meinen Wartburg. Also drehte man mir aus dem wenigen Messing, das in der Dreherei vorhanden war, einen Schalthebel. Der nächste brauchte einen Grill, also bauten wir ihm einen Grill. Privat ging schließlich immer vor Katastrophe, und wenn es die letzten Reserven des Betriebes kostete, wie etwa Bleche, Hölzer, Rohre, Schweißdioden und was nicht noch alles, es wurde weitestgehend alles für private Zwecke verwendet! Hatte nicht unserer großer Staatsratsvorsitzender, das unvergleichliche Universalgenie Honie immer wieder auf den Parteitagen verkündet: „ES IST NOCH MEHR AUS DEN BETRIEBEN HERAUSZUHOLEN." Vielleicht meinte er das arbeitsproduktiv-technisch. Wir hatten das für uns umdefiniert! Da die sozialistische Mangelwirtschaft nichts hergab, musste man schließlich zusehen, wo man blieb. Der Sozialismus würde sowieso untergehen, wir halfen auf unsere Art kräftig mit, damit es mit dem Untergang etwas schneller ging.

Was sich politisch im Hintergrund abspielte, ahnte zu diesem Zeitpunkt keiner, aber für Leute wie mich und viele andere, die die Ausreise zu diesem Zeitpunkt beantragt hatten, und für die, die als politische Häftlinge im Knast saßen, sollte das zu einer glücklichen Fügung werden.

Mein alter Kumpel Hannes war erst einmal glücklich verheiratet. Innerlich wünschte ich ihm, dass es so bliebe, aber na ja, es kam dann später, wie es halt so häufig kommt.
　　Wir gingen seit längerer Zeit mal wieder gemeinsam auf die Piste; unser anvisiertes Ziel, eine Dorfdisko. Ich wusste

nicht, warum wir unbedingt dorthin fuhren. Hannes wusste es schon, und eine gute Stunde später wusste ich es auch.

Ich ging dem „Jemanden-kennen-zu-lernen" permanent aus dem Weg. Erstens war mein Vorhaben, die DDR zu verlassen, nicht mehr umkehrbar, zweitens wollte ich kein Elend zurücklassen, wenn ich das Land für immer verlassen würde … Es kam jedoch an diesem Abend und in dieser Disco anders …

Wir schrieben das Jahr 1983. Die Frau des „Ost-Propaganda-Hetzers Schnitzler" (Sudel-Ede) hatte man beim Klauen im West- Berliner KDW erwischt! Das wurde abends vom ZDF sowie der ARD auch in die Wohnzimmer der DDR per Nachrichten mitgeteilt. Welch eine Freude! Im Hintergrund fädelte unser „großer Staatsratsvorsitzender", Feten-Ete, einen Milliardenkredit mit dem verhassten Klassenfeind ein, und dies mit keinem geringeren als mit Franz Josef Strauß. Aber Geld stinkt ja bekanntlich nicht, das galt auch im Sozialismus, speziell wenn es um harte D-Mark ging.

Strauß wurde von Sudel-Ede in seiner vom DDR-Fernsehen ausgestrahlten Sendung „Der Schwarze Kanal" über Jahre hinweg als Kommunisten-Fresser betitelt, und genau dieser Kommunisten-Fresser fädelte jetzt der DDR den Arsch-rettenden Milliarden-Kredit ein …

Das war es! Genau dieser Milliardendeal sollte mir und vielen anderen den Weg in die Freiheit ebnen! Strauß knüpfte nämlich an dieses Geld Bedingungen wie zum Beispiel, politisch Inhaftierte, Ausreisewillige, in den Westen ausreisen zu lassen!

Die DDR war de facto wirtschaftlich am Ende! Dieser Kredit war nur noch eine Verlängerung des sowohl wirtschaftlichen als auch politischen Sterbens der DDR. Für knapp siebzehn Millionen DDR-Bürger sollte dieses Sterben noch sechs Jahre andauern ...

Es wurde dieser Deal nicht öffentlich gemacht, und schon gar nicht wurden die Bedingungen, die mit diesem Milliardenkredit einhergingen, preisgegeben. Dieser gewährte Kredit sollte ein Jahr später mein Ticket in die Bundesrepublik Deutschland bedeuten!!!

Aber zurück zur Dorfdisko, in die mich Hannes geschleppt hatte. Ich lernte an diesem Abend Karin kennen! Optisch entsprach sie meinem Frauentyp. Ich ging die Sache mit äußerster Vorsicht an. Es stand vom ersten Moment an fest: Wir würden keine gemeinsame Zukunft haben, zumindest nicht in diesem Land. Wir unterhielten uns an diesem Abend über dieses und jenes. Die Vorsicht hatte Priorität, der Feind lauerte überall! Vielleicht litt ich aber auch schon unter Verfolgungswahn. Aber Leute verschwanden häufig aus nichtigen Gründen bloß wegen einer kleinen unüberlegten Äußerung, auch *ohne* einen Ausreiseantrag gestellt zu haben!

In unserem Gespräch kristallisierte sich durch einige ihrer Bemerkungen heraus, dass sie diesem Staat nicht sonderlich viele Sympathien entgegenbrachte, was schon mal ein guter Ansatz war.

Hannes sagte mir später bei unserer Rückfahrt in die Stadt, dass er und seine Frau sie bei einer gemeinsamen Freundin kennengelernt hatten und sie im Gespräch äußerte, dass sie von der DDR ebenso wenig hielt wie wir! Sie war um einiges jünger als ich, aber das nur am Rande.

Ich sagte ihr, der Ehrlichkeit halber gleich, wie die Dinge standen, und dass ich einen Ausreiseantrag am

Laufen hätte. Es stünde ihr frei, sich so zu entscheiden wie sie es für richtig hielt; es bliebe ihr überlassen, ob wir uns noch einmal träfen oder nicht. Zwei Tage später meldete sie sich bei mir auf der Arbeit, und wir verabredeten uns zu einem zweiten Treffen.

Ich hatte mittlerweile sieben Ausreiseanträge verschickt, immer an die gleiche Adresse. Ich merkte: Hier stieß Penetranz von meiner Seite auf Ignoranz der anderen Seite! Es musste eine andere Strategie her, bloß welche??? Brachte es was, die Schlagzahl zu erhöhen? Jeden Monat einen Ausreiseantrag zu verschicken? Wohl kaum.

Es gab noch eine weitere Option die es zu verfolgen galt, und die vielleicht wirksamer war: Ein direktes Schreiben an das Ministerium der DDR, „Abteilung Inneres Ost-Berlin". Das war die oberste Instanz, und vielleicht würde von dort ein Signal kommen. Ob positiv oder negativ, war in dem Fall abzuwarten.

Ich setzte ein Schreiben auf, mit dem gleichen Wortlaut wie die bisherigen Anträge und verschickte dieses wieder über unser Postamt per Einschreiben. Wieder erwischte ich die gleiche Lady am Schalter wie bei meinem ersten Antrag. Sie schaute mich wieder mit diesem etwas befremdlichen Blick an. Sie konnte sich wohl langsam denken, wohin meine Reise gehen sollte. Es kam wohl selten vor, dass Briefe an das Ministerium des Inneren in Berlin auf die Reise geschickt wurden. Ich hätte diesen Brief direkt an Erich Mielke adressieren sollen, aber so offensichtlich musste es dann auch nicht sein.

Die Warterei auf eine Antwort aus der Oberspionage-Zentrale Mielkes lief ins Leere! Meine Hoffnungen diesbezüglich hielten sich von vornherein in Grenzen; aber zumindest hatte ich es versucht.

Es gab noch eine Option, aber dazu später mehr.

Es fand im „BESSER MAN KÜNDIGT" eine Betriebsfeier statt. Ich verteilte meine Verzehr- und Getränkebons an die Kollegen, die für ihren Durst bekannt waren. Mein Interesse, mir geschönte Zahlen und Erfolgsmeldungen anzuhören, ging gegen Null ...

Am darauf folgenden Montag machte es dann die Runde, wer mit wem, und wer nicht. Bei solchen Schnaps- und Bierseeligen Orgien kam es dann auch schon mal zu Schlägereien, da der Vollrausch enthemmte, und alte offene Rechnungen beglichen werden mussten. Da prügelten sich dann auch schon mal „vorbildliche" Parteigenossen, denn auch der korrekt-sozialistische Mensch brauchte schließlich mal eine Abwechselung. Es lief an diesem Montag keiner mit Sonnenbrille durch den Betrieb, also konnte ich davon ausgehen, dass es zu keinen größeren gewalttätigen Auseinandersetzungen gekommen war. Aber eine gewisse Action hatte trotz allem stattgefunden. Manni erzählte mir, dass der mir ständig sozialistische Moralpredigten haltende Betriebsdirektor mit der eher ungepflegten Reinemache-Frau in unseren Umkleideräumen auf den Bänken erwischt wurde. Es kam wohl zusammen, was zusammengehörte. Ja so waren sie häufig, unsere linientreuen und strammen Genossen.

Zum Abschluss gab es dann noch eine Art politischen Nachtisch: Einige brüllten wohl „Scheiß Staat" und „Scheiß DDR", aber das ging im Vollrausch unter, also nichts Neues im Osten (Bitte nicht zu verwechseln mit dem Roman von Erich Maria Remarque, da ging es um den Westen).

Jetzt kam noch eine nicht versuchte Option ins Spiel, und die Hieß Wolfgang Vogel! Berühmt-berüchtigter Rechtsanwalt für Ausreiseanträge! Er war auch bekannt als der DDR-Anwalt mit dem goldenen Mercedes, zudem trug er den Beinamen „Advokat des Teufels"!

Eine äußerst mysteriöse Gestalt, die in der Szene der Ausreisewilligen und der politisch Inhaftierten ein Begriff war. Er hatte die Aura eines Heiligen, aber der Schein und somit der Eindruck trügte. Den Beinamen „Advokat des Teufels" trug er nicht umsonst, er verkaufte sowohl politische Häftlinge als auch Leute mit Ausreiseanträgen gegen harte D-Mark. Er verhandelte hierbei mit hochrangigen Bundesdeutschen Politikern, und die Bundesrepublik kaufte im Laufe der Jahre tausende DDR-Bürger für horrende Summen frei. Dieses Geld wanderte in die Kassen der Bonzen und hielt zusätzlich den maroden Staat am Laufen.

Dieser Anwalt Vogel war einer der vielen rechten und linken Arme des Systems und verdiente viel Geld damit, und zwar harte D-Mark, er pendelte zwischen den Welten, Ost und West.

Die Sozialistische Planwirtschaft der DDR wurde von Jahr zu Jahr desaströser.

Die über fünf Jahre in Beton gegossenen und unverrückbaren sozialistischen Wirtschaftspläne verliefen konträr zu den wirtschaftlichen Bedürfnissen der Bevölkerung, wurden aber mit einer Vehemenz durchgezogen, die ihresgleichen suchte!

Der Sozialismus stellte die Gesetze der Wirtschaft auf den Kopf, es ging nicht mehr um Angebot und Nachfrage oder Nachfrage und Angebot, sondern von der Planwirtschaft zur Mangelwirtschaft und wurde letztendlich zur Tauschwirtschaft. Das In-der-Schlange-Stehen gehörte zum täglichen Alltag eines DDR-Bürgers, Tauschwirtschaft ersetzte immer mehr die Kaufwirtschaft.

Kompensiert wurde diese stetig wachsende wirtschaftliche Abwärtsspirale mit immer neuen Durchhalteparolen der Parteibonzen in Berlin, die ihre sozialistischen Heilsbotschaften über Funk und Fernsehen verbreiteten. Sozialistische Banner an den Häuserfassaden und auf Schildern in Stadt und Land taten ihr übriges. Erstaunlich war schon, dass ein großer Teil der Bevölkerung immer noch der sozialistischen Rattenfänger-Ideologie die Stange hielt, doch machte sich besonders unter der Jugend eine immer größere Unzufriedenheit breit.

Hier tat sich wieder ein Vergleich zu Hitler auf, der bis zum Schluss mit nicht vorhandenen Wunderwaffen den Endsieg verkündete und somit die Bevölkerung täuschte. Wobei dieser Krieg und damit die erlittenen menschlichen und ökonomischen Verluste in ihrer Dimension nicht vergleichbar waren mit den Zuständen in der DDR!

Honecker und Genossen konnten weder mit sozialistischen Wunderfeuerwerken noch mit anderen wirtschaftlichen Überraschungen aufwarten, da es selbst während der mittlerweile fünfunddreißig Jahre Friedenszeit Glückssache war, so simple Dinge wie Toilettenpapier zu ergattern! Aber der DDR-Bürger fand auch hierfür eine Lösung: er nahm die Zeitung des „Neuen Deutschland" oder die „Volksstimme" und zeigte somit exemplarisch, was er von den geschriebenen Parolen hielt, indem er sich mit diesen Zeitungen das Gesäß abwischte.

Von Zeit zu Zeit besuchte der große Vorsitzende die vorher über Wochen präparierten Kombinate und ließ sich durch Jubelmeldungen des anwesenden Kombinatsleiters die schier unmenschlichen Leistungen der Plan-Übererfüllung erklären. Diese Plan-Übererfüllungen wurden dann überschwänglich in den Abendnachrichten der „Aktuellen Kamera" verkündet. Sobald unser großer „Denker und Lenker" dem jeweiligen Kombinat den Rücken kehrte, brach dieses wie ein Potemkinsches Dorf zusammen.

Alles, was annähernd harte D-Mark einbrachte, wurde gen Westen verschachert, sodass die Konsum-Genossenschaften (heute besser unter „Supermarkt" bekannt) den DDR-Bürger bei seinen Einkäufen mit leeren Regalen empfingen.

Jugendliche, die vereinzelt als Punks und Skins auffielen, wurden als Bedrohung dargestellt. Sie passten nicht in das öffentlich-sozialistische Weltbild und gerieten zunehmend in den Focus von Mielkes Stasi-Schergen und deren IM's.

Es wurde im Osten von der Parteispitze suggeriert, dass der Westen mit seinen Subkulturen die hohen und hehren moralisch-sozialistischen Werte und Ziele unterwandern wolle. Ein typisches Merkmal einer Diktatur, in der sich der Diktator in zunehmendem Maße von Feinden umzingelt sieht. Beispiele hierfür waren unter anderem Hitler, Stalin, Mao, Saddam Hussein, … um nur einige aufzuführen. Der Staat gab vor wie der Mensch zu denken, leben und zu handeln hatte, und das betraf alle Lebensbereiche.

Das Sprichwort „Es geht alles seinen sozialistischen Gang", behielt weiterhin seine ironische Bedeutung, doch wurde dieser Gang jetzt täglich *noch* schleppender ...

Als letzten Versuch verfasste ich ein Ausreisegesuch an den Advokaten des Teufels, jedoch mit wenig Hoffnung auf Erfolg. Dafür fuhr ich direkt nach Berlin, aber wie erwartet erhielt ich keine Antwort. Es hieß, sich weiterhin in Geduld üben, schließlich bewegte ich mich immer noch in Freiheit, im Gegensatz zu etlichen anderen meiner Mitbürger, die im Knast hofften, eventuell von der Bundesrepublik freigekauft zu werden.

Es gibt Zahlen, dass zwischen 1964–1989, also bis zur sogenannten Wende, 33.755 politische Häftlinge von der Bundesrepublik freigekauft wurden, und das für eine Summe von 3,4 Milliarden D-Mark! Das bedeutete, dass im Durchschnitt für jeden politischen Häftling, der in einem DDR-Gefängnis saß, die Bundesrepublik etwa 100.000,- D-Mark bezahlte!

Hinzu kamen nochmals 250.000 DDR-Bürger, die in dieser Zeit einen Ausreiseantrag gestellt hatten; für diese wurde im Laufe dieser Jahre nochmals eine Summe von 4,4 Milliarden von der Bundesrepublik für deren Freikauf aufgewendet, hier betrug die Summe pro freigekauften DDR-Bürger im Durchschnitt zirka 18.000,- D-Mark.

Summa summarum belief sich die Summe auf etwa 8 Milliarden D-Mark. Dieses schäbige Verkaufen der eigenen Bürger wurde jedoch erst nach der Wende 1989 publik.

Ich lernte die Eltern meiner Freundin kennen. Sie wussten von ihr über mein Vorhaben Bescheid und standen der Sache sehr aufgeschlossen gegenüber. Ihre eigene Einstellung dem DDR-System gegenüber entsprach der meinigen.

Ich musste weiterhin regelmäßig zur Betriebsführung, deren Überredungsversuche sich in den ewig gleichen Floskeln verloren, mich damit bildlich gesehen zu übergießen. Aber es perlte wirkungslos an mir ab. Es signalisierte mir jedoch, dass sich die Behörde für Inneres weiter mit meinem Ausreiseantrag beschäftigte.

Im „Bummle Mit"-Kombinat wusste mittlerweile jeder Bescheid, es war nur eine Frage der Zeit, bis es die Runde machte. Erstaunlich waren die Reaktionen einzelner Kollegen. Ein Ausreiseantrag war nichts Alltägliches. Es fand häufig eine öffentliche Ächtung statt, jedoch bekundeten einige Kollegen ihre Solidarität, die sie aber nicht nach außen tragen durften. Es war auch bei einigen Schulterklopfern durchaus Vorsicht geboten!

Ich kann es unverhohlen sagen: die Angst war ein ständiger Begleiter, und das hielt bis zum letzten Tag an!

Schnüffel und Petz stand gelegentlich vor der Tür, aber ich war stets unterwegs, erfuhr dann aber von meiner Großmutter von ihrem abermaligen Auftauchen …

Es war Sommer, und es sollte mein letzter Sommer im Arbeiter und Bauern Staat werden!

Es kam zu einer typisch irrwitzigen DDR-Anekdote in diesem Land der Absurditäten.

Großmutter hatte einen Ferienplatz in einer Pension an der Ostsee ergattert, was einem Lottogewinn gleich kam. Es war ein Zweibettzimmer, meine Schwester begleitete sie. Ihr Ferien-Domizil befand sich auf der Insel Rügen, und die gehörte zum Grenzsperrgebiet!

Die Reise mit dem Zug (fünfmal Umsteigen oder so) hätte vermutlich einen Tag gedauert. So fragte mich Großmutter, ob sie mich mit dem Auto auf die Insel bringen könne. Natürlich tat ich das gerne. Sie war ja auch immer für mich da, wenn ich sie brauchte. Also nahmen wir das Fahrabenteuer in Angriff; mein Kumpel Michael war auch mit an Bord, er brauchte mal eine kurze Auszeit von Freundin und Kind.

Die zu fahrende Strecke betrug etwa 385 km, die Straßen waren wie üblich von übelster Beschaffenheit, und wir mussten uns über Landstraßen quälen. In jungen, oder besser in ganz jungen Jahren hatten wir diese Strecke mit dem Motorrad bewältigt; klar waren die Straßen Jahre später in einem noch desolateren Zustand als die Jahre zuvor.

Als zusätzlicher Kick überquerten russische, nein sowjetische Panzer diese Landstraßen. Sie schossen von links oder rechts kommend über die jeweiligen Straßen und nahmen keine Rücksicht auf den jeweiligen Verkehr. Sobald sich Unfälle mit unseren sozialistischen Brüdern ereigneten, wurden diese auf die übliche Art und Weise verschwiegen ...

Es kam wie es kommen musste: wir waren für die knapp vierhundert Kilometer zirka acht Stunden unterwegs, diese Zeit enthielt auch einige Ausweichmanöver und häufigeres Hinterherfahren (oder eher Schleichen) hinter diesen sowjetischen Militärfahrzeugen. Natürlich legten wir auch ein paar Pausen ein. Es blieben uns zumindest die kreuzenden Panzer erspart, was ja auch schon mal etwas war. Kanister mit Benzin hatten wir Gott sei Dank auch an Bord, denn auch die nächste Tankstelle konnte im irgendwo und nirgendwo liegen. So erreichten wir abends ohne größere Blessuren den Ort Binz auf der Insel Rügen.

Ich war mir der Gefahr, der ich mich aussetzte, gar nicht bewusst! Ich befand mich im Sperrgebiet und hatte einen Ausreiseantrag am Laufen! Dies hatte ich nicht bedacht. Die Insel Rügen wurde sicherlich ebenso, oder wahrscheinlich noch flächendeckender, überwacht wie das Festland.

Im DDR-Überwachungswahn ging man wahrscheinlich davon aus, dass die Leute zirka vierzig Kilometer durch die Ostsee nach Schweden schwammen; aber wer war dazu schon in der Lage? Im Laufe der Jahre waren bei etlichen unglückseligen Versuchen über zweihundert Menschen in der Ostsee ertrunken! Draußen kreuzten die Schiffe der DDR-Volksmarine, die im weiten Umkreis mit riesigen Scheinwerfern die Ostsee ableuchteten und somit eine Flucht fast genauso unmöglich machten wie ein Überklettern der Berliner Mauer.

Einige Verzweifelte versuchten es jedoch immer wieder, mit selbstgebauten U-Booten oder zusammengebastelten Booten, oder gar mit Badewannen! Sie verloren dabei ihr Leben und versanken in den Tiefen der Ostsee auf Nimmerwiedersehen!

Nachdem wir Großmutter sowie Schwester in der Pension abgesetzt hatten, schlenderten Michael und ich durch Binz, wir kannten den Ort noch von früher. Ein an sich schöner Badeort, der schon zu Kaiser Wilhelms Zeiten mondän war und an einigen Ecken noch immer den Glanz vergangener Tage widerspiegelte. Aber jetzt während des Sozialismus war er wie alles andere dem Verfall preisgegeben.

Sobald man auf der Insel ankam, hatte man sich binnen einer vorgegebenen Frist bei den örtlichen Behörden polizeilich zu melden. Bei einem Aufenthalt in einer Pension oder einem Hotel wurde das automatisch von der jeweiligen Unterkunft erledigt. Michael und ich wollten am nächsten Tag die Rückreise antreten. Da wir keine Schlafgelegenheit hatten, beschlossen wir, die Nacht im Auto zu verbringen. Zuvor besuchten wir jedoch noch eine Insel-Disko, lernten noch ein paar Mädels kennen, plauderten noch ein wenig und begaben uns dann zum Auto und somit zur Nachtruhe. Alles andere machte keinen Sinn. Am nächsten Tag, einem Sonntag, stand uns das Abenteuer der Rückfahrt bevor, wir mussten schließlich am Montag wieder arbeiten. Ich wollte mir auch in keinerlei Hinsicht etwas zu Schulden kommen lassen, zu diesem Zeitpunkt war ich nur noch auf mein Ziel fokussiert, die Ausreise.

Aber der nächste Morgen brachte für uns beide nach einer schlechten Nacht ein hartes Erwachen! Es war so gegen sechs Uhr, als ich durch ein massives Klopfen an der Seitenscheibe hochsprang. Ich sah in das Gesicht der „seltenen" Spezies eines Vopos. Er bedeutete mir das Runterkurbeln der Autoscheibe. Nachdem ich seiner Aufforderung Folge leistete, brüllte er in das Auto hinein. „Ausweise!" Er war der gleiche stumpfsinnige Typ wie der Vopo während meiner Zeit in Berlin, der mich auf dem Weg zur Kaufhalle entlang der Mauer in dem immer gleichen stereotypen Ton immer wieder nach meinem Ausweis fragte. Hatten Honecker und Mielke ein Versuchslabor, wo sie diese Typen klonten???

Auch Michael war mittlerweile durch das Brüllen aufgewacht, reichte mir seinen Ausweis und ich reichte beide durch die Seitenscheibe.

Der Dritte-Klasse-Abgänger nahm beide Ausweise in Empfang und sagte, wir hätten uns umgehend auf dem Revier zu melden. Dann verschwand er mit unseren Ausweisen. Wo war jetzt das Revier??? Schlagartig wurde mir bewusst, dass jetzt alles ganz schnell und glatt ablaufen musste. Also ohne lange Umschweife Richtung Vopo-Revier, die Ausweise abholen, und ganz schnell von der Insel verschwinden!!! Wir fragten uns durch, was um halb sieben morgens nicht so einfach war. Letztendlich fanden wir besagtes Revier. Sollten sie herausbekommen, dass ich einen Ausreiseantrag laufen hatte, dann war es mit ihrer ideologisch indoktrinierten Denkweise nicht weit hergeholt, dass sie mir die Vorbereitung zu einer Republik-Flucht vorwerfen würden, und dann sah es ganz schlecht für mich aus. Man wusste schließlich nie, was in ihren kranken Hirnen vor sich ging.

Sie fragten, was wir auf der Insel zu suchen hätten. Kurze Erklärung meinerseits. Dann die Drohung des Abgängers aus der dritten Klasse: sollten wir bis zwölf Uhr die Insel nicht verlassen haben, würden wir verhaftet! Wir machten uns schleunigst auf den Weg und rauschten Richtung Festland.

Es gab Gott sei Dank noch keine Computer, wo man schnell mal die Daten abrufen konnte, und es war Sonntag früh! Einen Vermerk bezüglich meines Ausreise-Vorhabens hatte ich auch nicht in meinen Personalausweis, somit blieb dieser Vorfall für Schnüffel und Petz unbemerkt. Auf der Rückfahrt wurde mir sehr deutlich bewusst, dass es ganz dumm hätte ausgehen können. Meiner Freundin sollte es nach meiner Ausreise aus der DDR ganz anders ergehen.

Sie erhielt einen Vermerk in ihren Personalausweis und durfte sich nur noch in einem begrenzten Umkreis von ihrem Heimatort entfernen. Rückblickend war ich vielleicht schon damals unter denjenigen, die man bereits abgeschrieben hatte und deren Ausreise durch den Strauß-Honecker-Deal schon beschlossen war ... Aber das ist Spekulation und im Rückblick nicht relevant.

Ich hatte Auto-technisch noch einmal Glück! Nachdem ich stolzer Besitzer eines Wartburg war, wurde ich jetzt Besitzer eines Lada! Man konnte ihn getrost als „Mercedes des Ostens" bezeichnen. Und dann auch noch ein Lada mit 1500 ccm und 77 PS! Er schaffte es in 17 Sekunden von Null auf Hundert, im Volksmund nannte man die von Fiat und den Russen (Sorry von den Sowjetbürgern) in Lizenz gebauten Lada nur die „Russen-Kuh".

Meinen Wartburg riss man mir regelrecht aus den Händen. Ich verkaufte ihn auch wieder weit über dem ursprünglichen Preis. Einmal mehr bewies es sich, dass ein Auto, egal welchen Alters, in der DDR die beste Wertanlage darstellte.

Es war eine Bewegung im Lande zu verspüren, aber man musste eine gewisse Sensibilität an den Tag legen, um das wahrzunehmen. Es ging irgendwas vor sich ...! Ein großer Teil der Bonzen, Mitläufer, Zuträger und Profiteure des Systems wollten die Dinge auf ewig so belassen wie sie waren. Aber es stand die größte Freilassung von politischen Häftlingen sowie Leuten mit Ausreiseanträgen vor der Tür, die die DDR jemals erleben sollte. Noch war es nicht soweit, aber es rumorte!

Ich traf auf einen alten Bekannten aus Jugendzeiten. Er hatte früher im gleichen Stadtteil gelebt, war aber vor Jahren ans andere Ende der Stadt gezogen. Wir unterhielten uns beiläufig, und nach einiger Zeit erzählte er mir, dass er seit über einem Jahr einen Ausreiseantrag laufen hätte, er hätte Verwandtschaft in Bayern und wollte dorthin ausreisen. Also im sprichwörtlichen Sinne ein Kamerad im Geiste!

Als Nächstes wurde ich beim Besuch meines Hausarztes überrascht. Ich sagte ihm, dass ich eventuell nicht mehr lange seiner ärztlichen Hilfe bedürfen würde. Diese beschränkte sich bis dato meist auf ein Krankschreiben von der Sozialistischen Planwirtschaft, also um es salopp zu formulieren, auf ein paar Wochen zusätzlichen SVK-Urlaub.

Er fragte mich, ob ich wegziehen würde, worauf ich antwortete, dass ich eventuell bald das Land Richtung Westen verlassen würde. Daraufhin entgegnete er, dass sein Sohn die gleichen Ambitionen hätte. Er wollte jedoch direkt nach Kanada. Und dann sagte mir mein Doc, dass seine Frau gebürtige Kanadierin wäre. Mir fiel die Kinnlade bis auf die Knie! Was verschlug eine Kanadierin in der DDR??? Ich bekam darauf keine Antwort, denn der nächste Patient stand bereits vor der Tür des Doktors.

Es war schon sehr erstaunlich, wer mittlerweile alles vorhatte, die DDR zu verlassen.

Statistiken gab es weder über Leute mit gestellten Ausreiseanträgen, noch über Menschen, die aus politischen Motiven in den Gefängnissen saßen. Offiziell gab es weder die einen noch die anderen!

Manfred gab im Hintergrund den Einpeitscher, er meinte ich solle die Schlagzahl meiner Ausreiseanträge nochmals erhöhen. Es machte meines Erachtens jedoch keinen Sinn, es hieß im sprichwörtlichen Sinne abwarten und Tee trinken, und nach Möglichkeit den Knast zu vermeiden, der wie ein Damoklesschwert über jedem Abtrünnigen schwebte. Manfred erzählte mir, dass seine Nachbarin vor einiger Zeit ihr Renteneintrittsalter erreicht hatte. Dies war für jeden DDR-Bürger der Verwandte im Westen hatte, *der* Anlass, diese zu besuchen.

Bei dieser Nachbarin lagen die Dinge jedoch etwas anders; ihr Bruder und ihre Schwester lebten in den USA. Sie waren in den Fünfzigerjahren dorthin ausgewandert. (Ich erinnerte mich wieder an die Begegnung auf unserer Straße mit dem Mann aus Chicago). DDR-Bürger durften nur in die Bundesrepublik reisen, das wurde versicherungstechnisch begründet.

Der Bruder von Manfreds Nachbarin hatte jedoch ein Ticket für die USA für seine Schwester am Frankfurter Flughafen hinterlegen lassen, so dass sie direkt in die USA fliegen konnte. War ein DDR-Bürger bei der ersten Reise in die Bundesrepublik (Großmutter erzählte bei ihren Besuchen in den Westen davon) völlig überfordert von der Warenvielfalt, dem Verkehr, dem Überangebot, und den immer und überall ständig verfügbaren Dingen des täglichen Lebens, so stellten die USA nochmals eine andere Dimension dar. Zurück in der DDR, war seine Nachbarin über Wochen nicht mehr ansprechbar! Da trafen Welten aufeinander, die wohl unterschiedlicher nicht hätten sein können.

Meine Intention und mein Antrieb bestanden jedoch nicht darin, in die „schöne heile Konsumwelt" des Westens einzutauchen, sondern ich wollte dem Unterdrückungs-system des Kommunismus entkommen und ganz einfach nur physisch und ideologisch frei sein!

In ruhigen Phasen des Nachdenkens ärgerte ich mich, dass ich mich noch einmal emotional gebunden hatte, das machte die ganze Sache meines Ausreisens um eini-ges schwerer. Aber auch dafür mussten wir eine Lösung finden. Wir hatten in letzter Zeit öfter darüber disku-tiert, über ein Nachkommen.

Michael und ich liefen auf unserem Elbdamm entlang. Als Kinder hatten wir im Sommer an diesem Damm viel gespielt und im Winter waren wir von diesem Damm hinunter Richtung Elbe mit dem Schlitten gerodelt. Es war die alte Elbe, und sie war ziemlich flach. Manchmal wenn die Winter härter waren und viel Schnee lag, kam es vor, dass wir mit dem Elbwasser in Berührung ka-men, und uns nasse Füße holten. Aber das lag jetzt al-les schon wieder Jahre zurück, es waren unbeschwerte Kindertage. Wir gingen weiter in Richtung Wasserfall. Hier hatten wir, wenn die Sommer trocken waren und das Wasserfällchen kaum noch Wasser führte, kleine Fische gefangen und konnten zu Fuß in den gegenüber-liegenden Stadtpark laufen. Dort gingen dann unsere Abenteuer als Kinder weiter ...

Von Weitem kam uns eine Frau entgegen; beim Näher-kommen erkannte ich sie, es war Susannes Mutter. Es waren Jahre vergangen, seit ich sie das letzte Mal gesehen hatte.

Als wir auf gleicher Höhe waren, und uns grüßten, sprach sie mich an. Sie machte einen sehr unglücklichen Eindruck, das war naheliegend. Sie fragte mich, ob ich

Bescheid wüsste, was mit ihrer Tochter passiert wäre, ich bejahte. Michael und mir saß die Zeit im Nacken, wir hatten beide noch eine Verabredung mit Hannes. Susannes Mutter fragte mich, ob ich an einem der kommenden Wochenenden einmal Zeit hätte und sie besuchen könnte, ich bejahte und sagte, ich würde mich die nächsten Tage bei ihr melden. Sie gehörten zu den seltenen Besitzern eines Telefons! Dann mussten wir uns trennen.

Drei Tage später ging ich zur Post, rief Susannes Mutter an, und wir verabredeten uns für das kommende Wochenende.

Viele, viel zu viele, liefen immer noch der verblendeten Sozialistischen Ideologie hinterher. Ein Großteil der Deutschen waren Mitläufer, obrigkeitshörig und zudem geschichtsvergessen! Es musste doch auch dem Letzten langsam auffallen, dass der „Honecker-Tango", ein Schritt vor und zwei zurück, dass diese DDR in allen Bereichen an Boden verlor ...

Ich ging wie verabredet zu Susannes Eltern, es war ein Sonntagnachmittag. Wir saßen zusammen und sie erzählten mir die Dinge aus ihrer Sicht Ich wurde nicht so richtig schlau, welche Haltung sie diesem Staat gegenüber einnahmen.

Ich erlebte sie während meiner Zeit mit Susanne weder als stramme Kommunisten noch als kritische Betrachter der DDR. Sie mussten sich beruflich mit dem Staat arrangieren, das stand außer Frage. Er als Professor und sie in beruflicher Führungsposition, da gab es zumindest offiziell keine Spielräume.

Ich stellte innerlich fest, ich hatte sie eigentlich nie wirklich kennengelernt. Jetzt trugen sie das Stigma, dass ihre Tochter als Republikflüchtling in Haft saß! Damit waren sie der öffentlichen Ächtung preisgegeben. Um sie herum wohnten viele stramme und linientreue Genossen, was die Sache nicht leichter machte. *Noch* sangen diese Nachbarn das Hohe Lied auf den Sozialismus.

Die Erzählungen der Eltern verhießen nichts Gutes. Man hatte Susanne mittlerweile nach Karl Marx Stadt in das dortige Frauengefängnis gebracht, wo sie ihre Haftstrafe absitzen musste. Das Besucherrecht für politische Häftlinge war stark eingeschränkt, das machte die Sache für die inhaftierte Person nicht besser.

Ich wiederum erzählte ihnen, dass ich einen Ausreiseantrag laufen hätte. Sie kannten meine verwandtschaftlichen Verhältnisse aus früheren Erzählungen und hatten auch vom Tod meiner Mutter erfahren. Sie konnten meine getroffene Entscheidung, die DDR zu verlassen, nachvollziehen. Sie haben nicht verstanden, weshalb ihre Tochter in die Bundesrepublik flüchten wollte, da sie dort keinerlei Verwandtschaft hätten.

Ich konnte froh sein, dass wir uns überhaupt gegenüber saßen und uns unterhalten konnten. Das Schicksal, im Knast zu landen, hätte auch mich treffen können! Meine Motive der Ausreise waren jedoch von grundlegend anderer Natur, sie basierten auf Familienzusammenführung. Es hatte wohl bei Susanne ein starker Sinneswandel stattgefunden, sie hatte früher nie die Absicht geäußert, die DDR zu verlassen.

Gegen Abend verabschiedeten wir uns dann voneinander. Ich habe ihre Eltern danach nie wieder gesehen, was auch dem Umstand meiner eigenen Ausreise geschuldet war.

Im Jahr 1983 kam es noch ein zu einem Ereignis, das erwähnenswert war. Udo Lindenberg, der sicher genauso viele Fans in der DDR hatte wie in seiner Bundesrepublikanischen Heimat, landete mit seinem Song „Ein Sonderzug nach Pankow" einen musikalischen Kracher! Die Jugend der DDR wartete sehnsüchtig auf einen Auftritt oder auf eine Tournee von Udo. Diese Hoffnung sollte sich erfüllen, zwar nicht wie von Udo geplant, aber es war ein erster Schritt. Udo schrieb unter öffentlich-medialem Getöse einen Brief an Honey, an den von uns allen geliebten und hochgeschätzten Staatsratsvorsitzenden und großen Führer unseres (Ver)blühenden Landes. Unser Honey wollte sich in der Öffentlichkeit keine Blöße geben und lud Udo in die DDR ein. Bei diesem öffentlich inszenierten Treffen war unser großer „Denker und Lenker" so locker wie die von ihm 1961 errichtete Berliner Mauer.

Leider und wie zu erwarten gab es für die eventuell stattfindende Tournee von Udo keinen öffentlichen Kartenvorverkauf. Letztendlich kam es nur zu einem Konzert in unseren Palast (Ballast) der Republik, und auch dieser Auftritt war nur von kurzer Dauer. Für diese Veranstaltung wurden vorher ausgesuchte Klatschaffen in FDJ-Hemden auf den Sitzen platziert.

Hannes traf es besonders hart, als seinerzeit seine Lieblingssängerin Veronika Fischer die DDR Richtung Westen verließ. Wer irgend konnte, verließ rechtzeitig das sinkende Schiff! Und wer konnte es ihnen verdenken?

Das Sprichwort lautete: „Der Letzte macht das Licht aus!" In manchen meiner Albträume sah ich mich am Lichtschalter stehen, alle anderen waren schon weg ...

Die Beziehungen meiner Kumpels bekamen erste Risse. Keine dieser Ehen oder Partnerschaften sollte von Dauer sein! Das sollte ich aber nicht mehr hautnah mitbekommen.

Man spürte, es lag etwas in der Luft! Es drangen Meldungen an die Öffentlichkeit von dem Treffen zwischen Honecker und Strauß. Einzelne Punkte der Vereinbarungen, die an den Milliarden-Kredit geknüpft waren, wurden wie üblich vom ZDF und der ARD in den allabendlichen Nachrichten bekannt gegeben. Aber es war nichts wirklich Greifbares. Die Spekulationen schossen unter den Ausreisewilligen wieder über die Mundpropaganda ins Kraut.

Ich hatte seit gefühlter Ewigkeit endlich wieder ein Schreiben von der Abteilung für Inneres im Briefkasten liegen. Es verstärkte mein sowieso schon unangenehmes Gefühl um ein Vielfaches; die ständige Ungewissheit begleitete mich immer und überall! Meine Großmutter hatte wieder Panik, sie tat mir am meisten leid. Sie machte sich immer Sorgen, sobald ich das Haus verließ. Bei dieser Art von Vorladung hatte sie besonders Angst. Sie gab mir wieder mit auf den Weg: „Junge, Junge, sag bloß nichts Falsches!"

Ich betrat wie beim letzten Mal das Gebäude und suchte die Zimmernummer, bei der ich mich einzufinden hatte. Zu meinem Erstaunen saßen und standen dort etliche Leute auf dem Flur. Ich ging auf das Zimmer zu. Ein Typ sagte zu mir, dass die alle in das gleiche Zimmer müssten, und dass jeder einzeln aufgerufen würde, sobald er an der Reihe wäre. OK, also Warten!

Dann stellte ich mir die Frage: konnte es sein, dass alle diese Leute auf diesem Flur das gleiche Ziel hatten wie ich??? Es lag nahe. Ich nahm wahr, dass einige miteinander tuschelten. Dieses Tuscheln oder Flüstern lag auf der Hand; wer würde schon in der Höhle des Löwen laut über seine Ausreise sprechen?

Ich richtete mich auf eine längere Wartezeit ein, denn es kamen zu den Wartenden immer noch welche hinzu. Meine Großmutter würde wohl wieder in Panik verfallen in der Annahme, man hätte mich verhaftet. Ich versuchte vorsichtig mit dem Typen, der mich darauf hingewiesen hatte, dass sie alle warteten, ins Gespräch zu kommen. Ich konnte ihn schließlich nicht direkt fragen, ob er die DDR verlassen will, aber er merkte sehr schnell, worauf ich hinaus wollte. In der DDR waren die Menschen sehr offen und freundlich im alltäglichen Umgang miteinander, es gab nicht viel Arglist.

Wir kamen ins Gespräch, und ich zeigte ihm mein Schreiben, in dem mein Ausreisegesuch erwähnt wurde. Er nickte und sagte mir, bei ihm ginge es um die gleiche Sache. Man konnte davon ausgehen, dass sich auf diesem Flur überwiegend gleichgesinnte „Vaterlandsverräter" aufhielten! Na dann war ich ja in guter Gesellschaft!

Jochen hieß der Typ. Er wüsste aus sicherer Quelle, dass eine Ausreisewelle durch das Land ginge! Das machte Hoffnung! Sicherlich hatten wir die Vorladung nicht umsonst bekommen.

Dann öffnete sich die Tür und eine Frau etwa Mitte vierzig trat auf den Flur hinaus. Alle blickten zu ihr! Ihrem Gesicht war jedoch nichts zu entnehmen, sie ging schweigend an den Wartenden vorüber und verschwand.

Jochen meinte, dass wir sicherlich nicht erfahren würden, was wir uns erhofften, nämlich wann wir konkret ausreisen dürften. Er sollte mit seiner Annahme recht behalten.

Es ging schleppend vorwärts. Als Jochen dran war folgten ihm noch zwei Leute. Als er das Zimmer verließ, wechselten wir noch ein paar Worte; er sagte mir, sie hätten ihm nichts Konkretes mitgeteilt. Das war schon immer die Taktik der Stasi. Es blieb alles im Ungewissen ...

Dann endlich wurde ich aufgerufen! Mir schlug das Herz bis zum Hals, aber ich erwartete ebenso erst einmal gar nichts. Ich sollte nochmals eine Stellungnahme abgeben, was meinen Ausreiseantrag anbetraf. Ich sagte ihnen, dass sich an meiner Entscheidung nichts geändert hätte und ich zu meinem Vater in die Bundesrepublik wolle. Es waren nicht die gleichen Typen, mit denen ich seinerzeit stundenlang zu tun hatte.

Dann kam, was ich erwartet hatte: sie wussten natürlich Bescheid, dass ich wieder eine Freundin hatte. Einer dieser drei vor mir sitzenden Typen sprach mich darauf hin an und meinte zu mir, ich wäre doch liiert mit einer Frau sowieso, sie kannten Namen, Adresse und wahrscheinlich noch einiges mehr. Ich war jedoch darauf vorbereitet und sagte, dass dies nur eine flüchtige Liaison wäre. Etwas anderes konnten sie mir nicht nachweisen.

Man schloss meinen Ordner und ich konnte gehen. Es war also nicht Substanzielles bei dieser Vorladung herausgekommen, aber das hatte ich auch nicht wirklich erwartet. Ich hatte von Jochen ein paar Informationen erhalten, und es schien wohl wirklich etwas zu laufen in Sachen

Ausreise. Hinzu kam noch ein wichtiges Indiz: die Menge an wartenden Leuten auf dem Flur! Es tat sich etwas!

Meine Großmutter war so froh, als ich die Tür öffnete und die Wohnung betrat. Es hieß also weiter Warten, Warten und nochmals Warten.

Es begann ein neues Jahr, das Jahr 1984! In diesem Jahr sollte die DDR die größte Ausreisewelle seiner Geschichte erleben. Alles spielte sich wie immer im Hintergrund ab, nichts drang an die Öffentlichkeit. Halbwegs verwertbare Informationen über das eigene Land erhielt man immer nur von westdeutscher Seite. Das Töten an der innerdeutschen Grenze sowie an der Berliner Mauer ging unvermittelt weiter. Mit jedem Erschossenen stieg mein Hass auf das verbrecherische System und bestätigte mir, den richtigen Entschluss getroffen zu haben. Die Ökonomischen Defizite des Systems wurden immer sichtbarer, aber noch immer blendete die Mehrheit der Bevölkerung diese offensichtlichen Missstände aus.

Angst und Einschüchterung waren die täglichen Begleiter eines ganz normalen DDR-Bürgers.

Später, nachdem ich Bundesbürger wurde, dachte ich oft darüber nach, welch ein Glück ich doch hatte, im Gegensatz zu den vielen, die unschuldig in Gefängnissen saßen, häufig nur wegen einer Nichtigkeit oder einer politischen Äußerung. Oder denjenigen die bei Fluchtversuchen erschossen wurden, nicht zu vergessen die Menschen, die psychisch zerstört wurden ...

Meine Freundin arbeitete damals bei der „Volksstimme". Alleine die Bezeichnung, abgeleitet von „des Volkes Stimme", war ein Schlag in das Gesicht eines jeden halbwegs klar denkenden Bürgers. Diese Stimme des Volkes hatte es im Sozialismus nie gegeben! Ebenso „Die Macht geht vom Volk aus!" Alles leere Parolen, die keinem Hinterfragen standhielten!!! Wahlen die wurden gefälscht, manipuliert, zurechtgebogen, bis sie im Einparteien-System der SED mit einem Ergebnis von 99,9 % passten …

Zerlegte man das Wort DDR in seine Einzelteile, konnte man vor lauter bitterer Ironie nur noch weinen oder lachen, je nach Alkoholpegel.

D = wie Deutsch = sowjetischer Satelliten-Staat, noch nicht Russisch sprechend.

D = wie Demokratisch = Nach dem das Volk durch FREIE Wahlen an der Machtausübung im Staat teilhat/ Freie/Freiheit die es zu keiner Zeit gab.

Republik = Bei der die Regierenden für eine bestimmte Zeit vom Volk oder von Repräsentanten des Volkes gewählt werden.

DDR = Einparteiensystem = Einheitspartei SED = somit Regieren, bis staatlicher Repräsentant/Staatsratsvorsitzender = tot am Pult zusammenbricht.

Die drei Buchstaben D-D-R waren ein Widerspruch in sich.

Der DDR-Bürger brachte es in seiner nüchtern trockenen und humorigen Art, auf den Punkt:

DDR = „DER DOOFE REST", wobei das Doofe auf einen Großteil der Bevölkerung *nicht* zutraf. Dies betraf eher unsere Staatsführung!

Zum Beispiel Honeckers Treffen mit Helmut Schmidt im Dezember 1981. Da war vor den Bildschirmen, Fremdschämen angesagt. Unbeholfen, sinnlose Sätze von sich gebend, einen auf krampfhaft lustig machend, stand Honecker neben Helmut Schmidt, der ihm intellektuell um Lichtjahre voraus war.

Wann also würde Honecker die DDR überdachen? Das war die Frage, die die Bevölkerung „bewegte". Er war schließlich im Zivilleben Dachdecker gewesen, aber dieser Mensch machte seiner früheren Berufssparte keine Ehre.

Oder die Zeitung „Neues Deutschland" auch so eine Begrifflichkeit, die nichts ausdrückte. Nichts war neu, alles moderte vor sich hin und vergammelte. „Neues Deutschland" verkaufte der Bevölkerung Erfolge, die es nie gab! Alles nur heiße Luft. Man mogelte sich mit inhaltslosen Parolen von einem Jahr zum nächsten.

Es begann bei unseren großen heldenhaften sozialistischen Brüdern in Moskau das große Sterben. Als erstes hatte sich bereits 1982 Leonid Breschnew (Verbrecher-Chef) von der Bühne des Lebens verabschiedet. Das Zepter übernahm Andropow, musste es aber nach kurzer Zeit durch sein Dahinscheiden weitergeben an Tschernenko. Auch dieser sollte schon bald das Zeitliche segnen. Unsere sozialistischen Heilsbringer starben in so kurzen Abständen, dass man sich nicht einmal mehr deren Namen merken konnte.

Es bedurfte jetzt eines Planes für das Nachkommen meiner Freundin in den Westen. Sie wollte weg und wurde in ihrem Bestreben von ihren Eltern unterstützt. Wir taten das, was mir sehr widerstrebte: wir verlobten uns! In diesem Fall jedoch heiligte der Zweck die Mittel.

Die Erstanträge für eine Ausreise in die Bundesrepublik 1984 lagen bei 57.500. Davon wurden 17.300 von Ausreisewilligen zurückgenommen. Das hieß für diese 17.300, dass sie keine wirklichen Zukunftschancen mehr in der DDR hatten.

Es waren dann letztendlich 29.800 Personen, die die DDR in Richtung Westen verlassen durften. Andere Zahlen sprechen von bis zu 41.000 Ausreisen.

Meine Tage im „BESSER MAN KÜNDIGT" waren wohl gezählt, es konnte also in naher Zukunft, das Besser-Man-Kündigt zur Realität werden. Mein Kollege Manfred prophezeite mir, dass ich spätestens in einigen Wochen im Westen sein würde. Er sollte wider Erwarten und zu meiner großen Freude mit seiner Prognose recht behalten!

Ich besorgte mir schon mal vorsorglich Reisegepäck. Eine nicht zu unterschätzende Hürde im Land des Mangels. Man konnte nicht um die Ecke in den nächsten Laden gehen und mal eben einen Koffer kaufen. Es gab keine speziellen Läden für Reisegepäck; wo kämen wir denn da hin, wenn sich jeder Zoni nach Lust und Laune Koffer kaufen konnte, um mit diesem dann in den Westen auszureisen … Also klapperte ich in der Stadt alle Läden ab, die eventuell einen Koffer haben könnten. Allzu viele Läden zum Abklappern gab es nicht. Die, die da waren, waren innerhalb kürzester Zeit abgegrast. Es glich wie üblich einem Hürdenlauf und endete meistens im Wassergraben dieses Hürdenlaufes.

Nach mehreren Tipps meiner Großmutter und zweitägiger Suche wurde ich dann endlich fündig. Dieses Geschäft lag etwas versteckt und abseits am Stadtrand. Aber Auswahl gab es nicht, wie üblich musste man nehmen, was da war. Er war der größte und teuerste Koffer in diesem Geschäft. Sie hatten ganze drei Koffer zur Auswahl, Einer hässlicher als der andere. Der Koffer war weder schön noch stabil, aber ab sofort war er *mein* Koffer! Welch ein Glück war mir doch beschert.

Ich besitze diesen Koffer heute noch, er erinnert mich immer wieder an den Tag meiner Ausreise!

Der April stand vor der Tür, und ich wurde mit jedem Tag unruhiger. Noch immer hatte ich keinen Hinweis darauf, ob und wann ich eventuell die DDR verlassen könne. Ich ließ mich krankschreiben, mein Guthaben an „SVK-Urlaub" hatte ich noch nicht komplett in Anspruch genommen. Der Sohn meines Hausarztes hatte bereits die DDR Richtung Bundesrepublik verlassen, berichtete mir mein Doc auf Nachfrage. Ob er schon in Kanada war, konnte ich nicht herausfinden, da nach mir schon wieder der nächste Patient in der Tür stand. Unser Hausarzt war eine Seele von Mensch, aber ein Hektiker vor dem Herren! Bei Hausbesuchen rollte schon mal seine Rennpappe die halbe Straße hinunter, weil er in seiner Hektik vergaß, einen Gang einzulegen oder die Handbremse anzuziehen. Drei Jahre später sollte auch er von einem Besuch in Aachen nicht mehr in die DDR zurückkehren. Das berichtete mir meine Großmutter als sie mich in meiner neuen Heimat im Westen besuchte.

Arbeiten ging nicht mehr für mich! Es machte keinen Sinn mehr, alte Schrottautos in neue Schrottautos zu verwandeln. Nachdem ich meine Krankschreibung bekommen hatte und die Info unseres Arztes, dass sein Sohn bereits das Land verlassen hatte, schöpfte ich neue Hoffnung, dass es auch für mich bald soweit wäre. Auf dem Rückweg traf ich in der Nähe unserer Kaufhalle meinen ehemaligen Schulkameraden Jürgen. Er wusste, von wem auch immer, dass ich einen Ausreiseantrag laufen hatte. Es war erstaunlich, wer alles über meine Ausreiseabsichten schon Bescheid wusste.

Jürgen fragte, ob er mir meinen Lada abkaufen könne, er wollte mir dreißigtausend DDR-Mark geben. Ich selber hatte für das Fahrzeug achtzehntausend Mark bezahlt. Das Auto hatte ich aber bereits meinem alten Kumpel Hannes versprochen, für den gleichen Preis, den ich seinerzeit bezahlt hatte. Da war sie wieder, die Wertanlage Auto! Ich hätte dieses Auto bei meiner Ausreise mit in den Westen nehmen können. Wahrscheinlich hätte ich auf der anderen Seite noch Geld für die Verschrottung dieses Lada zahlen müssen.

Meine Großmutter sollte das Geld für das Auto von Hannes bekommen, sie konnte es gut gebrauchen, und auf meinen alten Kumpel Hannes war Verlass.

DDR-Geld hatte in der Bundesrepublik keinen Wert. Wer wollte schon tausende von DDR-Aluchips umtauschen, wo man doch als Besucher aus dem Westen nicht einmal wusste, wie man den täglichen Zwangsumtausch von 25 DDR-Mark unter das DDR-Volk bringen sollte.

Mein Klassenkamerad Jürgen sollte mich einige Jahre später anrufen. Was er mir da erzählte, war Stoff für einen Krimi der Sonderklasse! Aber dazu später mehr.

Der nächste Termin beim Rat der Stadt war anberaumt; auf dem Flur warteten regelrechte Heerscharen, vielleicht war das etwas übertrieben, es waren jedoch mehr als bei meinem letzten Rapport bei meinen „Freunden" von Schnüffel und Petz. Ich hatte den Eindruck, als würde sich die halbe DDR auf den Weg in den Westen machen! Bis aber dies wirklich soweit war, sollten noch fünfeinhalb Jahre ins Land gehen; wir hatten immer noch Frühjahr 1984.

Es hieß wieder über Stunden warten. Als Zonis gehörten wir, was das Warten anbetraf, sicherlich zur Weltelite!

Diese Kunst hatten wir sozusagen mit der Muttermilch eingesaugt. Schlange-Stehen und Warten wurden leider nie als Olympische Disziplin eingeführt. Schade!

Beim Eintreten in den Raum schlugen der Puls und das Herz so laut, dass ich glaubte, mir falle jeden Moment die Zimmerdecke auf den Kopf! Auch diesmal erhielt ich keine konkreten Informationen, wann ich meine Reise antreten könne. Diesmal saß mir eine Frau, flankiert von zwei Männern gegenüber. Sie führte das Wort, ihre Feindseligkeit mir gegenüber war regelrecht greifbar! Sie hatte einen harschen und aggressiven Ton, fragte mich jedoch nicht, was meine Beweggründe waren, die DDR zu verlassen. Ich hätte ihr auch nur das Gleiche geantwortet, was ich etliche Male schriftlich und mündlich geäußert hatte. Die Unterhaltung, wenn man es eine Unterhaltung nennen will, war von kurzer Dauer. Zum Schluss sagte mir diese überaus „sympathische" Person, dass ich mich in nächster Zeit bereithalten solle, meine Ausreise könne ganz kurzfristig stattfinden ...

Meine Großmutter wartete wieder voller Panik auf mein Heimkommen. Ich erzählte ihr, dass es eventuell bald Richtung Westen gehen könnte, dass ich aber nichts Konkretes erfahren hatte. Weder den Tag noch irgendetwas anderes.

Am nächsten Tag ging ich zu „Bummle mit Kumpel" und kündigte meinen Job! An Arbeiten war in dieser Situation nicht mehr zu denken!

Ich verabschiedete mich von etlichen Kollegen und staunte nicht schlecht, als mir einige Sympathie-Bekundungen entgegenbrachten, von denen ich dies nicht erwartet hätte. Aber von einem abtrünnigen Landesverräter ging für sie keine Gefahr mehr aus, bei der Stasi denunziert zu werden.

Zu Manfred ging ich zum Schluss. Wir unterhielten uns noch eine ganze Weile. Ich dankte ihm herzlich, denn er hatte mir immer wieder Ratschläge gegeben, und er hatte mich zudem laufend ermutigt, dran zu bleiben! Und seine Prognosen trafen zu. Ich würde jetzt den Weg gehen, den ursprünglich auch er vorhatte, zu gehen! Bei unserem Abschied standen ihm die Tränen in den Augen. Wir spürten, wir würden uns eines Tages wiedersehen! Und wir sollten uns nicht täuschen: wir sahen uns nach einigen Jahren wieder, und noch zu einer Zeit, als es kein wiedervereinigtes Deutschland gab ...

Meiner Freundin ging es zunehmend schlechter! Sie wusste, dass unsere gemeinsame Zeit ihrem Ende entgegenging. Wir hatten alles besprochen. Ich würde mich, sobald ich drüben wäre, um ihr Nachkommen bemühen. Sie würde einen Ausreiseantrag stellen, in der Bundesrepublik würde ich alles Weitere in die Wege leiten. Ich konnte mich so gar nicht mit dem Gedanken anfreunden, zu heiraten. Aber eine andere Lösung, sie rauszuholen aus der DDR, gab es nicht!

Es sollte letztendlich ganz anders kommen. Ich sah sie am Tag meiner Ausreise das letzte Mal! Das war zu diesem Zeitpunkt nicht absehbar, aber rückblickend war das gut so.

Ich saß auf meinem mit viel Glück erstandenen Koffer, die nötigsten Sachen waren gepackt. Ich war bereit, zu jeder Tages- und Nachtzeit die legale Flucht aus dem Arbeiter- und Bauernstaat zu begehen. Ich stand sinnbildlich im

Startblock eines Hundert-Meter-Läufers, wartend auf den Startschuss und bereit, den Sprint meines Lebens hinzulegen. Meine Freundin hatte sich Urlaub genommen, wir sprachen alles nochmals durch.

Ihre Eltern gehörten zu den glücklichen Besitzern eines Telefons, somit konnte ich anrufen. Durch das marode DDR-Telefonnetz wurde das Telefonieren zu einer Tortur! Und natürlich hatten wir immer Horch und Kuck in der Leitung, die die Gespräche mithörten ... Für unsere Telefonate, wenn ich im Westen war, vereinbarten wir für den Sonntagmorgen. Wir mussten alles Weitere besprechen, sobald ich im Westen war. Jetzt gab es dazu keine Möglichkeit mehr, denn man würde uns permanent abhören und die Post öffnen ...

Die Nerven lagen blank! Schlafen war kaum noch möglich. Auch mit dem Auto fuhr ich nicht mehr. Jetzt auf der Ziellinie durfte nichts mehr passieren!

Das Wochenende des 21. und 22. April sollte mein letztes in der DDR sein! Es war Ostern, aber das nahm ich gar nicht mehr wahr. Ich musste an diesem Wochenende mit Hannes die Verkaufsmodalitäten für den Lada abklären. Das Datum für den Kaufvertrag würde er einsetzen an dem Tag, wo ich die DDR verließ. Es war der kommende Dienstag, also der 24.04..

Ein alter gemeinsamer Kumpel kam noch vorbei, Möhre! Der Name war Programm! Er war immer für einen Blödsinn zu haben und zudem ein Klassenfeind des Sozialismus. Seine Mutter lebte im Westen. Er wollte ebenso die DDR verlassen, doch kam bei ihm wie bei vielen anderen erst die Frau dazwischen und dann der gemeinsame

Sohn. Somit war auch hier der Traum vom Westen ausgeträumt, bevor er überhaupt begann. Damit nicht genug, seine Schwiegereltern waren stramme Kommunisten!

Möhre und ich fuhren los, wir wollten noch irgendwo Sekt auftreiben! Die DDR-Aluchips mussten schließlich noch unters Volk gebracht werden. Im Auto lachten wir nochmals herzlich über die Aktion mit der Russen Kompanie, der wir eine ordentliche Dusche verpassten, als wir durch eine riesige Pfütze fuhren, neben der sie liefen. Wäre die Rennpappe liegen geblieben, hätten sie uns sicherlich geviertelt! Die armen Teufel waren von oben bis unten Nass.

Die Flaschen Sekt zu kaufen war wie immer ein Lotteriespiel. Wir klapperten zirka fünf Kneipen erfolglos ab, in der Sechsten hatten wir endlich Glück. Die Lady hinter dem Tresen hatte noch drei Flaschen. Wir kauften sie, und ich gab ihr hundert Mark und stimmt so! Es war Trinkgeld-mäßig *ihr* Abend. Möhre wollte die Kellnerin mit samt dem Sekt mitnehmen, doch sie musste noch arbeiten … Aber über das Trinkgeld freute sie sich riesig. Wir leerten den Sekt, es dämpfte die innerliche Unruhe und führte zur Entspannung. Wie sang doch Grönemeyer schon: „Alkohol ist Dein Sanitäter in der Not!" Das traf in diesem Fall des Pudels Kern.

Montag, der 23.04.1984 brachte nichts Neues. Er verlief wie die Monate, Wochen und Tage zuvor. Es gab auch keinerlei Hinweise und Erkenntnisse, wie eine Ausreise ablaufen würde. Eine Begleitbroschüre für „VATERLANDSVERRÄTER", dazu noch von Schnüffel und Petz herausgebracht? Ein Unding! Also hieß es weiter auf den Startschuss warten …

Auf die Zahl 23 folgt bekanntlich die Zahl 24. Auch kalendarisch war das nicht anders. Der Dienstag zog am Horizont auf, es lag mal wieder eine Nacht mit wenig Schlaf hinter mir. Dieser Tag, dieses Datum sollte sich in mein Gehirn einbrennen! Und er lieferte mir die Erkenntnis, *wie* eine Ausreise aus der DDR vonstattenging!

Meine andere Großmutter hatte mich Tage zuvor gebeten, ihre Palme aus der Garage in den Garten zu transportieren. Ich war gerade im Begriff die Palme von der Schubkarre abzuladen, als meine Großmutter auf die Terrasse trat und mir sagte, meine andere Großmutter hätte soeben von der Post angerufen, und ich solle auf dem schnellstens Weg nach Hause kommen. Es war zirka 09.30 Uhr! Mein Auto hatte ich bereits Hannes übereignet, also nahm ich die Beine in die Hand und gab Hacken-Gas! Die Wegstrecke betrug zu Fuß etwa gute zehn Minuten, ich lief sie diesmal in wesentlich kürzerer Zeit.

Meine Großmutter hörte mich bereits im Treppenhaus und kam mir einige Stufen entgegen. Sie sagte, zwei Typen der Stasi hätten vor zirka fünfundzwanzig Minuten vor der Tür gestanden, und ich hätte mich umgehend mit meinen Personalausweis und Wehrdienstausweis beim Rat der Stadt, Abteilung Inneres, einzufinden, und das auf schnellsten Wege.

Ich sah auf die Uhr. Es war jetzt 09.50 Uhr, ich machte mich umgehend auf den Weg. Ich musste Hannes erreichen! Bis zu seiner Arbeit waren es auch nur knapp 10 Minuten zu Fuß. Er musste mich in die Stadt bringen, mit der Straßenbahn hätte ich zu viel Zeit verloren. Ich erwischte ihn im Lager. Er sagte kurz im Büro Bescheid, dass er etwas Wichtiges zu erledigen hätte, und schon waren wir auf den Weg in die Stadt. Die Anspannung stieg ins Unermessliche! Zur damaligen Zeit gab es noch so gut wie keine Parkplatz-Probleme, sodass wir in unmittelbarer Nähe des mir mittlerweile gut bekannten Gebäudes parken konnten. Die letzten Meter legte ich im Laufschritt zurück.

Auf dem Flur saßen wieder etliche Leute. Ich klopfte voller Hektik an die Tür, die mir von früheren Besuchen bekannt war, trat ein, sagte meinen Namen und dass ich mich umgehend melden solle. Als das geschehen war, bekam ich den unfreundlichen Hinweis, draußen zu warten. Freundlichkeit war in diesen Räumlichkeiten von jeher ein Fremdwort. Ich setzte mich neben einen Gleichgesinnten, wir kamen kurz ins Gespräch. Ich merkte an seiner Stimme, dass er mindestens genauso aufgeregt war wie ich. Auch er hatte vor einiger Zeit einen Ausreiseantrag gestellt. Wie auch ich hatte er erst an diesem Morgen erfahren, dass er sich umgehend in diesen Räumlichkeiten einzufinden hätte. Jetzt ging es Schlag auf Schlag! Er war vor mir dran. Es warteten noch weitere Leute, auch sie machten einen äußerst angespannten Eindruck. Der Kollege kam nach etwa 10 Minuten wieder raus. Ich fragte kurz, was war. Er sagte mir, er müsse, oder besser gesagt dürfe heute noch die DDR Richtung Westen verlassen! Und schon war er verschwunden.

Einer nach dem anderen wurde aufgerufen, und das Prozedere wiederholte sich. Sie hasteten alle in großer Eile die Treppen hinunter.

Dann war ich an der Reihe. Ich betrat den Raum, setzte mich, und wieder saß mir eine Frau gegenüber, nicht die Gleiche wie das letzte Mal, und neben ihr wieder zwei Männer. Dann wurde mir das verkündet, wovon ich Jahre lang geträumt hatte, worauf ich die letzten Jahre hingearbeitet hatte mit meinen ganzen Ausreiseanträgen. Ich hörte die Worte wie in Trance: **„Sie haben die DDR heute noch zu verlassen! Ihr Zug fährt um vierzehn Uhr, über den Grenzübergang Marienborn- Helmstedt in Richtung BRD."**

War das jetzt ein Traum??? Oder war es die Realität??? Ich gab meine Ausweise ab, erhielt eine Art Übergangsausweis. Mit diesem war ich staatenlos! Dann verließ ich das Gebäude. Irgendwie drehte sich alles, ich musste erst mal an die frische Luft. Hannes brachte mich nach Hause. Ich erzählte ihm unterwegs, dass mein Zug um 14.00 Uhr Richtung Bundesrepublik fahren würde und ich an Bord sein müsse. Er konnte es kaum glauben und fragte mich, ob es noch heute passieren soll. „Ja, heute noch!!!" Das hieß, ich würde in zirka fünf bis sechs Stunden schon in der Bundesrepublik sein! Ich konnte es kaum glauben ...

Jetzt wusste ich, wie eine Ausreise aus der DDR vonstattenging! Gib dem Delinquenten so wenig Zeit wie möglich, denn sonst könnte er ja den Rest der Bevölkerung noch zu einem Putsch anstacheln! So oder so ähnlich war die Denkweise unserer „ehrbaren Genossen" ...

Hannes würde mich mit dem Auto zum Bahnhof bringen. Seine Arbeit in der DDR war schon mehr eine Art Nebensache, und privat ging wie immer vor Katastrophe. Diese meine Ausreise war nicht alltäglich, und somit hatte das Private für ihn oberste Priorität! Um 13.00 Uhr würde er auf der Matte stehen! Und nicht nur er. Aber davon ahnte ich nichts.

Der Koffer war gepackt. Meine Großmutter war für eine ganze Weile verschwunden, wo sie hin war, wusste ich nicht. Aber ein paar Stunden später beim Eintreffen in Braunschweig wusste ich, dass sie von der Post aus bei meiner Tante in Braunschweig angerufen hatte, die uns am Nachmittag am Bahnhof in Empfang nehmen würde.

In ein paar Stunden würde ich mein gesamtes altes Leben hinter mir lassen!

Ich hatte schon einige Male darüber nachgedacht, aber jetzt nahm die Sache ganz konkrete Formen an. Meine Freunde, Familie gehörten bald der Vergangenheit an. Und wann würde ich sie wiedersehen? Oder würde ich sie überhaupt wiedersehen? Aber es würde so viel Neues auf mich einströmen, dass ich vermutlich die ersten Tage und Wochen keine Zeit hätte darüber nachzudenken. Zudem hatte ich mich lange auf diesen Tag vorbereitet. Ich würde **das Eine, die Freiheit,** gewinnen und dafür die Freunde und einiges andere verlieren.

Ich hatte keine Zeit mehr mich von allen zu verabschieden. Meinen alten Kumpel Bernhardt konnte ich nicht mehr auf der Arbeit erreichen; das hätte den Weg zur Post bedeutet. Es blieb einfach keine Zeit mehr!

Hannes stand pünktlich wie verabredet um 13.00 Uhr vor der Tür. Wir waren zu viert: Meine Großmutter, meine Freundin sowie Hannes und ich. Ab ging es Richtung Bahnhof.

Die Anspannung stieg mit jeder Minute. Ich malte mir auf dem Weg zum Bahnhof noch das eine oder andere Szenario aus, wie ein Liegenbleiben des Autos und somit ein Verpassen des Zuges, einen Unfall auf dem Weg zum Bahnhof, etc. ... Aber die Horror-Szenarien spielten sich nur in meinem Kopf ab; wir erreichten unversehrt den Bahnhof!

Die Einzige die ich sehr bald wieder sehen würde, war meine Großmutter. Sie war zum Zeitpunkt meiner Ausreise 74 Jahre alt und konnte bereits seit vierzehn Jahren in die Bundesrepublik reisen.

Meine Großmutter mit ihren 74 Jahren lag dem Sozialistischen Rentensystem bereits 14 Jahre auf der Tasche. Eine gute Kommunistin sollte eigentlich mit 60 und ein guter Kommunist mit 65 Jahren das Zeitliche segnen, um dem Staat die Kosten der Rente zu ersparen. Rentner durften in der DDR alle Pilze Essen, zudem bei Rot über die Straße gehen, sowie in den Westen fahren und *bitte* nicht wieder zurückkommen ...

Ich ging zum Fahrkartenschalter, zeigte meinen Übergangsausweis vor und bezahlte eine Fahrkarte nach Braunschweig, meiner ersten Anlaufstation. Dass wir dort einen Stopp einlegen würden, erfuhr ich von Großmutter im Auto auf dem Weg zum Bahnhof. Großmutter war wieder kurzfristig verschwunden. Weshalb sollte ich etwas später mit Erstaunen feststellen. Wir begaben uns Richtung Bahnsteig. Es war noch reichlich Zeit, bis der Zug eintreffen würde.

Dann passierte etwas, mit dem ich nicht gerechnet hatte! Ein Großteil meiner Freunde tauchte mit Kind und Kegel zu meiner Verabschiedung auf dem Bahnsteig auf. Hannes hatte sie bevor alle per Auto abgeklappert, und die meisten wollten sich verabschieden.

Mein Ausreisen ähnelte ja einer überhasteten Flucht, vorgegeben durch die staatlichen Modalitäten! Hatte ich morgens noch nicht die geringste Ahnung, was mir an diesem Tag bevorstand, so stand ich jetzt gut 5 Stunden später auf dem Bahnhof Richtung Westen. Zwei Stunden später wäre ich bereits in Braunschweig! Vorausgesetzt, an der Grenze ginge alles glatt über die Bühne. Es war alles ziemlich verrückt!

Michael hatte nicht geglaubt, dass es mir gelingen würde, auf diesem Wege dem verhassten System den Rücken zu kehren. Jetzt wurde auch ihm klar, dass ich in zwei bis drei Stunden dort sein würde, wo auch er immer hin wollte: in den freien Teil Deutschlands.

Wir standen am Bahnsteig, unterhielten uns über die vergangene gemeinsame Zeit und lachten über einiges. Aber jetzt hieß es Abschied nehmen.

Michael würde, sobald er nach Hause käme, sich hinsetzen und seinen Ausreiseantrag stellen. Aber bei ihm sollte es länger dauern, bis er die DDR verlassen konnte. Nach dieser bis dahin größten Ausreisewelle, die 1984 durch die DDR ging, schob man der ganzen Sache wieder einen Riegel vor. Im Jahr 1985 ließ man nur noch zirka 17.400 Leute ausreisen. Das war auch noch relativ viel im Gegensatz zu den Ausreisezahlen der 70ziger Jahre. Die Menschen wurden in zunehmendem Maße immer mutiger und immer unzufriedener! Das Ende des Kommunismus 1989 ist hinlänglich bekannt.

Aber noch hatten wir das Jahr 1984, und für mich fuhr der Zug, der mich in die Freiheit bringen sollte, ein. Der Zug überraschte durch seine Pünktlichkeit. Dann jedoch brach das zu erwartende Elend aus! Meine Freundin löste sich in Tränen auf. Ich konnte ihr in diesem Moment keine Hilfe mehr sein. Ich sagte ihr nur, sie sollte alles so machen wie wir es besprochen hätten. Sobald ich in Mönchengladbach wäre, würde ich mich bei ihr melden. Auch sie würde ebenso wie Michael sofort nach meiner

Abreise einen Antrag auf Ausreise stellen. Jedoch jeder unabhängig von dem anderen. Michael hatte Verwandtschaft in Westberlin.

Ich bestieg den Zug, ging in das Abteil und stellte mich ans Zugfenster, wie man es kennt, um ein letztes Mal zu winken. Zu meinem Erstaunen sprang, wenn man das von einer 74zigjährigen sagen kann, meine Großmutter in den Zug! Ich war ziemlich verblüfft. Sie hatte sich bei ihrem kurzzeitigen Verschwinden auf dem Bahnhof tatsächlich eine Fahrkarte Richtung Westen gekauft! Sie war schon immer für eine Überraschung gut. Also begleitete sie mich bis Braunschweig!

Der Zug setzte sich in Bewegung. Ein mehr als großes Hindernis lag noch vor uns: der Grenzübergang Helmstedt-Marienborn! Bis dorthin waren es noch gut 50 Kilometer. Es war der Größte und der am meisten gefürchtete Grenzübergang! Alle die aus dem Westen kamen und Richtung Westberlin die Transitstrecke benutzten oder in die DDR einreisen wollten, konnten eine Geschichte von den Schikanen durch die dort kontrollierenden DDR-Grenzposten berichten. Diese waren alle Stasi-Mitarbeiter, und ihr Repertoire an Schikanen war fast unerschöpflich! Ein unbedarfter, mit keiner Kenntnis betreffs der Gepflogenheiten an diesem Grenzübergang, aber mit einem großen Mundwerk ausgestatteter Bekannter aus Bonn, sollte an diesem Grenzübergang Jahre später noch seine ganz eigenen Erfahrungen machen, aber dazu später mehr.

Je näher wir der Grenze kamen, desto unruhiger wurde ich! Um mich herum saßen überwiegend ältere Leute.

Sie gehörten zu der Spezies, die man im Osten entbehren konnte, da sie nur noch Rente kassierten und nicht mehr produktiv tätig waren. Sie musterten mich, ich war mit Abstand der Jüngste im Abteil. Je näher wir der Grenze kamen, desto gedrückter wurde die Stimmung, man roch förmlich den Angstschweiß, der sich im Abteil ausbreitete. Keiner wusste, was ihn erwartete.

Als wir die letzte Bahnstation auf dem Territorium der DDR erreichten und ich nicht ausstieg, sprach uns eine gegenübersitzende ältere Dame an und fragte, wohin denn unsere Reise ginge. Sie hatte meine Unruhe und Anspannung bemerkt. Ich hatte seit der Verabschiedung von meinen Freunden kein Wort mehr gesprochen, und meine Großmutter gebeten, mich in Ruhe zu lassen. Das fiel ihr aber sichtlich schwer. Auf die Frage antwortete meine Großmutter: „Mein Enkel reist heute aus!" Die Dame gegenüber kam aus West-Berlin, sie hatte dort ihre Tochter besucht und war jetzt auf dem Heimweg nach Hannover.

Der Zug wurde langsamer. Es bedeutete, dass wir uns im grenznahen Bereich befanden. Einige Zeit später wurde das sichtbar! Ich hatte das Gefühl, als würde mir mein Herz nicht nur bis zum Hals schlagen, sondern bis zum Dach des Waggons, in dem wir saßen. Meine Großmutter fing wieder an auf mich einzureden. Ich sagte ihr, sie solle doch *bitte* ruhig sein!

Dann hielt der Zug und ich hatte das Gefühl, als wäre ich in Trance … Ich nahm die Grenzanlagen wahr, aber das war auch schon alles. Erst später, nachdem sich der Zug wieder in Richtung Westen bewegte, sah ich diese mörderische Grenzanlage! Aber zuvor wurden wir noch kontrolliert.

Später wurde mir klar, dass alle Leute in diesem Zug längst registriert waren und es auch keine Möglichkeit gab, diesen Zug irgendwie zu besteigen. Es liefen Grenzsoldaten mit Hunden und Kalaschnikows neben denn Gleißen und suchten, noch zusätzlich mit Spiegeln bewaffnet, die sie unter die Waggons hielten, alles ab. Auch in den Abteilen sowie in den Toiletten wurde alles akribisch untersucht. Jeder Platz der als Versteck hätte dienen können, wurde bis auf den letzten Millimeter ausgeforscht!

Die kontrollierende Schaffnerin, die wohl ebenso zur Stasi gehörte, betrat das Abteil und erbat mit typisch schroffen DDR-Ton die Fahrkarten und Pässe. Ich reichte ihr meinen Notausweis sowie meine Fahrkarte. Sie schaute beides an und: Das war es. Mehr war nicht! Meine ganze Panik und Hektik bis jetzt war unbegründet, ich konnte es kaum glauben! Aber *keiner, wirklich keiner* konnte das im Vorfeld ahnen!

Noch befanden wir uns auf DDR Territorium, und man musste bis zum Schluss mit allem rechnen. Dann tauchte noch ein Trupp von schwer bewaffneten Grenzschützern auf und untersuchte das Abteil. Sie würdigten uns dabei jedoch keines Blickes.

Nach einer gefühlten Ewigkeit setzte sich der Zug langsam wieder in Bewegung. Dann sah ich die Grenzanlagen. Die waren anders als die in Berlin. Dort stand eine alles bestimmende Mauer mit Wachtürmen und Sperren jeglicher Art; hier wirkte sie auf den ersten Blick etwas durchlässiger. Aber sie war es genauso wenig wie die in Berlin mit der riesigen Mauer. Es war alles irgendwie abstrakt und surreal; ich nahm alles wie durch einen Schleier wahr. Dann war der Spuk vorbei, und wir waren im Westen!

Endlich im Westen

Es ging ein entspanntes Raunen durch das Abteil. Die ältere Dame sagte zu mir: „Herzlich Willkommen in der Bundesrepublik Deutschland!"

War ich jetzt wirklich im Westen??? Ja ich war im Westen!!!

Langsam fiel die Anspannung von mir ab ... Ich schaute aus dem Zugfenster. Die Landschaft war die gleiche wie im Osten. Warum sollte sie auch anders sein??? Es sollte noch lange Zeit dauern, bis ich *wirklich* realisierte, dass ich im Westen angekommen war!

Ich war nicht so vermessen anzunehmen, dass man im „Goldenen Westen" auf mich wartete. Alles, was die nächsten Monate auf mich zukommen würde, würde neu für mich sein. Das Gesellschaftssystem, das Wirtschaftssystem, die Menschen, ... einfach alles!

In Braunschweig auf dem Bahnhof nahm uns meine Tante in Empfang.

Selbst das Wetter passte, es war ein leicht bewölkter Frühlingstag! Es hätte auch aus Eimern schütten können, ich hätte es kaum wahrgenommen! Zu viele Eindrücke strömten auf mich ein. Die Frage, die ich mir immer wieder stellte: Bin ich jetzt wirklich im Westen? Oder war das alles doch nur ein Traum?

Wir fuhren vom Bahnhof direkt in den Garten. Mein Cousin Uwe mähte gerade den Rasen. Seine Mutter hatte ihm nicht erzählt, dass ich auftauchen würde. Ich tippte ihm auf die Schulter. Er drehte sich um und glaubte, es stehe der Leibhaftige vor ihm.

Wir hatten als Jugendliche, wenn er in den Ferien nach Magdeburg zu Besuch kam, einiges an Blödsinn bei unseren Großeltern verzapft. Wir rauchten auf dem Heuschober oder machten Klassenkameraden von mir betrunken ... Diese zweifelhaften Abenteuer lagen schon viele Jahre zurück. Wir fuhren zu ihm nach Hause. Er ließ die Gartenarbeit sein und wollte mir die Stadt Braunschweig zeigen. Ich nahm natürlich dankend an. So gewann ich einen ersten Eindruck von der Bundesrepublik Deutschland!

Als ich die Fülle an Lokalen und deren Vielfältigkeit sah, wurde mir gleich ganz anders! Das war das komplette Kontrastprogramm zu dem, was ich vor knapp drei Stunden hinter mir gelassen hatte.

Griechische Spezialitäten, Türkische Restaurants, Italiener, alles in Hülle und Fülle ...! Das war also der laut DDR Propaganda dahinsiechende, faulende und sterbende Kapitalismus. Das konnte ja nur ein schöner Tod sein, wenn er in dieser Form stattfand. Hier tobte das Leben! Also nichts wie rein stürzen in selbiges!

Als erprobter Ost-Zoni war man froh, wenn man überhaupt mal irgendwie Zutritt zu einer HO-Spelunke bekam. Die Speisekarten in diesen DDR-Kneipen waren so dürr an Speisen-Auswahl wie der Mexikanische Sommer. Jetzt stand ich da und hatte keine Ahnung, was es beim Griechen, Türken, Chinesen, Spanier so zu essen gab. Es nahte Hilfe. Wir liefen an einem Italienischen Restaurant vorüber. Pizza hatten wir uns in der DDR bisher immer selber gemacht, insofern wir der Zutaten habhaft wurden. Also entschied ich mich für eine Pizza.

Zudem konnte man bei Pizza nicht viel falsch machen, und die konnte man notfalls auch in die Hand nehmen und essen. Also betraten wir die Pizzeria. Ich hatte das Gefühl, alle würden mich anstarren, obwohl meine Kleidung gar nicht so DDR-mäßig aussah. Auch hatte ich keinen Stempel „Ost-Zoni" auf der Stirn. Ich würde wohl die kommenden Wochen und Monate sehr viel lernen müssen!

Nachdem ich die Speisekarte studiert hatte, die gefühlt so umfangreich und so lang war wie das „Kapital" von Karl Marx, bestellte Uwe für jeden eine Pizza. Uwe meinte, er hätte nie geglaubt, dass wir eines Tages zusammen in Braunschweig beim Italiener eine Pizza essen würden! Ich entgegnete, dass es immer mein Ziel war, eines Tages Go West zu entfleuchen. Nach dem Verzehr der Pizza stürzten wir uns in das Nachtleben Braunschweigs.

Ich musste für mich selber überprüfen, ob die Propaganda der DDR stimmte und man überwiegend von dunklen Gestalten mit Messern und Pistolen umgeben war. Das bestätigte sich jedoch in keiner Weise.

Der erste Eindruck von alledem war überwältigend! Später dann, nachdem ich andere Städte kennengelernt hatte, relativierte sich das. Aber diese ersten Stunden in dem für mich neuen Land „Bundesrepublik Deutschland" blieben hängen!

Zu später Stunde landeten wir dann im Rotlichtviertel …! Die Nacht verging wie im Fluge. Müdigkeit? Fehlanzeige! So endete meine erste Nacht im Westen.

Wir frühstückten noch zusammen. Ich verabschiedete mich von allen, besonders von meiner Großmutter, die ich aber in Mönchengladbach bald wieder sehen würde.

Seit damals habe ich übrigens weder meine Cousins noch meine Tante wieder gesehen! Es hat zeitlich irgendwie nie gepasst; oder es fehlte wohl auf beiden Seiten die Bereitschaft, sich mal wieder irgendwie irgendwo zu treffen … Ich machte mich mit dem Zug auf Richtung Notaufnahmelager Gießen in Hessen.

Auf die größte Innerdeutsche Ausreisewelle von Ost nach West war man in Gießen gut vorbereitet. So gelangte ich nachmittags in das Lager, um mich als Neubundesbürger registrieren zu lassen.

Das Lager quoll regelrecht über von Menschen aus der DDR! Es war offensichtlich, dass viele das Arbeiter- und Bauern-„Paradies" verlassen hatten oder verlassen durften, und so viele auf einmal sollten bis zur Wende 1989 die DDR nicht noch einmal verlassen können. Ich landete wegen Überfüllung in einem zum Schlafraum umfunktionierten Fernsehraum. Egal! Das letzte Kellerloch hätte es auch getan. Hauptsache, ich war im Westen!

Einer von den Jungs im umfunktionierten Fernsehraum wollte in diesem gar nicht sein, er wollte eigentlich nur eine Wohnung in Leipzig und stellte einen Ausreiseantrag in der Hoffnung, so eine Wohnung zu bekommen. Er hatte sich im wahrsten Sinne des Wortes verpokert! Bei seinem Kumpel hatte das geklappt, er bekam nach Stellen eines Ausreiseantrages und der Zurücknahme des Antrages eine Wohnung. Aber der Kollege der jetzt im umfunktionierten Fernsehschlafraum im Notaufnahmelager Gießen stand, bekam nach vier Wochen im Stasi-Knast einem Tritt in den Hintern, wurde anschließend zwangsverfrachtet in einen Zug gen Westen gesetzt. Jetzt stand er hier im Lager, mit nicht mehr als einer Plastiktüte in der Hand, in der sich alle seine Habseligkeiten befanden. Seine Frau sowie seine Tochter ahnten nicht einmal, dass er im Westen gelandet war! Zudem hatte er weder Verwandte noch Bekannte in der Bundesrepublik. Und ein Zurück für ihn gab es nicht!

Auch in dieser Nacht war kaum an Schlafen zu denken. Wir diskutierten und unterhielten uns bis spät in die Nacht hinein, und jeder hatte eine eigene Geschichte zu erzählen ...

„Drüben", war das mal unserer Heimat! Und wer wusste schon, wie viele das Heimweh packen würde??? Uns einte alle eines: wir hatten alles hinter uns gelassen! Verwandte, Freunde, unser ganzes bisheriges Leben, und ein Zurück gab es für uns nicht mehr.

Am nächsten Morgen hieß es früh Aufstehen und dann ab zum Registrierungsbüro. Im Gegensatz zu einigen anderen wusste ich, wohin meine Weiterreise gehen sollte: Mönchengladbach! Nachdem die Formalitäten erledigt waren, wurde mir eine Fahrkarte zur Weiterreise erstattet, und zu meinem Erstaunen bekam ich noch hundertfünfzig harte, gute D-Mark in die Hand gedrückt. Die Zeit der wertlosen Aluchips war endgültig vorbei.

Es ging Richtung Bahnhof. Von den für mich wertvollen D-Mark kaufte ich mir etwas zu essen. D-Mark für Essen ausgeben??? Das grenzte fast an Frevel, aber auch das war wieder ein Lernprozess, den ich verinnerlichen musste.

Es gab überall Telefonzellen, dazu auch noch funktionstüchtig. Welch ein Wahnsinn! Und halbwegs sauber waren sie auch noch! Und was sofort ins Auge fiel, waren die intakten und guten Häuserfronten. Auch die Straßen befanden sich in einem guten Zustand. Man muss anmerken: wir schrieben das Jahr 1984, das nur als kleiner Hinweis. Es war das komplette Kontrastprogramm zu dem, was ich nach gut 24 Jahren hinter mir gelassen hatte. Ich betrat eine dieser Telefonzellen, um meine Cousine in Mönchengladbach anzurufen und musste schon wieder etwas von meinem kostbaren Westgeld opfern, um es in den Schlitz des Telefons zu werfen. Ich drohte ihr unverhohlen damit, dass mein Auftauchen in Mönchengladbach kurz bevorstünde. Sie glaubte immer noch nicht so recht, dass ich mich auf westdeutschen Boden befand. Sie erkannte es jedoch an der Klarheit des Telefonats; in der „Ostzone" wäre diese sprachliche Qualität unmöglich gewesen!

Ich nannte meine ehemalige Heimat nur noch verächtlich Ostzone, das hatte jedoch nichts mit dem Großteil der dort lebenden zurückgebliebenen Menschen zu tun! Mein Hass galt den Verbrechern, die diese Diktatur stützten und ihr dienten!

Ich begab mich wieder zum Bahnhof. Nach ein paar Stunden Fahrzeit in der Deutschen Bahn und meinem Staunen über die ungewohnte Sauberkeit im Zug erreichte ich Mönchengladbach.

Als der Zug in den Bahnhof einfuhr und ich aus dem Fenster des Waggons sah, erkannte ich schon ein auf mich wartendes Empfangskomitee: meine Cousinen, jeweils mit Freund sowie Onkel und Tante!

Hier sollte also mein zukünftiges Leben stattfinden! Die nächsten Wochen und Monate würden mit einer Neuorientierung und den Gepflogenheiten meiner jetzigen neuen Heimat einhergehen. Aber ich freute mich auf das Neue, das auf mich zukommen würde.

Ich wohnte zwangsläufig erst einmal bei meinem Vater. Er war ein mir weitgehend fremder Mensch. Wir hatten ein sehr distanziertes Verhältnis zueinander.

Die kurzen Treffen in der DDR waren wie die Treffen zweier Fremder. Aber was man nicht kennt, vermisst man auch nicht. So blieb es auch immer. Das Motto lautete, schnellstmöglich eine Arbeit zu finden, um mir meine Unabhängigkeit zu bewahren.

Laut DDR Propaganda gab es ja in diesem dahinsiechenden Westen eine Arbeitslosigkeit von zirka 99,9 %, zudem lauerte hinter jeder Ecke eine dunkle Gestalt, die einem nach dem Leben trachtete. Da war es wohl am besten, man besorgte sich erst einmal einen Revolver. Es stimmte erst einmal gar nichts von dieser DDR-Hetze! Sicherlich war ich nicht im Paradies gelandet, und da ich für mich in Anspruch nahm, mit offenen Augen und mit einer genügenden Portion Realismus durch die Welt zu laufen, erkannte ich schon bald viele Schattenseiten dieses Systems. Eine erste Erkenntnis war, dass das Geld im Westen eine ganz andere Dimension und Bedeutung hatte, als ich dies aus meinem bisherigen Leben kannte! Im positiven wie im negativen Sinne! Im Positiven konnte man mit Geld fast alles machen. Es gab alles zu kaufen, ich konnte in alle Welt reisen und vieles mehr. Jedoch ohne Geld blieb mir so ziemlich alles verwehrt!

Der Begriff des Westens spiegelte eher die geographische Beschreibung des anderen Teiles Deutschlands wieder, jedoch hatte die Begrifflichkeit „Der Westen" für einen DDR-Bürger (oder ehemaligen DDR Bürger!) als Inhalt die Sehnsucht nach Freiheit und vielem anderen, was einem in der DDR verwehrt blieb!

Ich hatte keinerlei Ahnung von den Abläufen in meiner neuen Heimat, dem sollte aber bald Abhilfe geschafft werden. Der damalige Freund und spätere Mann meiner Cousine, Berndt, studierte noch, hatte somit etwas mehr Zeit als ein Berufstätiger und konnte mit mir sämtliche Behörden-Wege erledigen.

Am ersten Wochenende in der neuen Freiheit waren wir in Holland! Die Eindrücke, die auf mich einwirkten, ähnelten denen eines Zweijährigen, der jeden Tag etwas Neues kennenlernt! Ich versuchte meine Freundin im Arbeiter- und Bauern-„Paradies" telefonisch zu kontaktieren. Die damaligen Telefone hatten entweder eine Tastatur oder eine Wählscheibe. Letztere brachte den Finger zum Glühen, durch das ununterbrochene Wählen Richtung Ostzone! Nicht ungewöhnlich waren 80-100 Versuche, bis man auf der anderen Seite jemanden am Hörer hatte, oder es funktionierte überhaupt nicht.

So begann ich zu drehen, zu Drehen und nochmals zu drehen und immer weiter zu drehen.

Dann nach einer guten halben Stunde des Drehens der Wählscheibe hörte ich in der Telefonleitung ein deutliches Knacken. Das konnte nur bedeuten, dass Horch und Kuck in der Leitung hing und unser Gespräch abhörte. Dann endlich meldete sich meine Freundin am anderen Ende! Ich fragte, ob sie umgezogen wären, sie fragte mich, wie ich denn auf so etwas kommen würde! Ich wollte noch hinzufügen, ob sie auf den Mars gezogen wären, da das Telefonieren dorthin einfacher gewesen wäre, aber ich verkniff es mir. Es hätte für sie nur Ärger bedeutet. Ich erzählte ihr, dass wir einen Tag zuvor, also Samstag, in Holland gewesen waren. Das war des Guten zu viel! Unser Gespräch wurde abrupt getrennt.

Nach diesem gekappten Gespräch grüßte ich fortan bei jeden Anruf in die Ostzone mit äußerster Höflichkeit die Typen von Horch und Kuck die in der Leitung hingen und uns abhörten, mit den Worten „Herzliche Grüße auch an diejenigen, die mit in der Leitung hängen und uns zuhören." Es war jedoch Vorsicht geboten, um meine Freundin nicht zu gefährden. Sie hatte ihren Ausreiseantrag gestellt, was sie mir über ein Kennwort mitteilte. So hatten wir vor meiner Ausreise vereinbart.

Wieder etwas Neues: Arbeitslos sein und Bewerbungen an verschiedene Firmen schicken! Aber die Resonanz war mehr als gut, also nahm ich die Dinge in Angriff und hatte das erste Mal in meinem Leben Bewerbungsgespräche. Jeder sprach mich auf meine DDR-Vergangenheit an. Ich gab gerne und bereitwillig Auskunft. Ich war halt zur damaligen Zeit ein DDR-Exot! Und tief im Westen des Westens war ich eine ganz seltene Spezies ...

Die erste Woche im Westen war gemeistert! Langsam gewöhnte ich mich daran, alles mit Westgeld zu bezahlen. Auch hatte ich schon ein eigenes Bankkonto! Das hatte ich in meinem vorigen Leben nie benötigt, aber im Kapitalismus war das unabdinglich.

Jeder Tag brachte neue Erkenntnisse und ich sammelte meine Erfahrungen über meine neue Heimat.

Ein Job war zwingend notwendig, dann konnte ich mir eine eigene Wohnung leisten! Es war die zweite Woche im Westen, die Zeit verging wie im Flug. An diesem Tag, einem Donnerstag kam ich von einem weiteren Bewerbungsgespräch, wo man mir abriet, den Job anzunehmen, da ich laut Aussage des Bewerbungsgespräch-Führenden für diesen Job überqualifiziert wäre. Erstaunlich was es nicht alles gab!

Mein Vater überreichte mir einen Brief aus meiner alten Heimat Magdeburg.

Ich erkannte sofort die Handschrift meiner Groß-mutter. War etwas passiert, dass sie mir schrieb??? Ich schaute mir diesen Brief erst einmal von allen Seiten an, er machte einen ziemlich desolaten Eindruck. Wahr-scheinlich war er auch wieder von Schnüffel und Petz geöffnet worden. Man schüttelt die alten Geister der Vergangenheit nicht so schnell ab, dachte ich mir. Aber egal, er hatte seinen Empfänger erreicht.

Dann öffnete ich den Brief und entnahm ihm eine Post-karte. Großmutter hatte mir noch ein paar Zeilen dazu-geschrieben mit den Worten: „Schau mal wer dir diese Postkarte geschickt hat." Diese Postkarte war in Heidel-berg abgeschickt worden, ich kannte jedoch niemanden in Heidelberg. Seltsam: Heidelberg, Magdeburg und jetzt Mönchengladbach?

Ich las mir die besagte Postkarte durch ... als ich die Unterschrift sah, konnte ich es kaum glauben: die Post-karte war von Susanne!

Sie hatte anscheinend ihre Haftstrafe abgesessen, sonst hätte sie mir wohl kaum aus Heidelberg schreiben können. Sicherlich war sie ebenso wie ich durch den Strauß-Honecker-Deal in die Freiheit entlassen worden. Sie hatte einen weitaus höheren Preis für ihre Freiheit bezahlt als ich, das war nicht miteinander vergleichbar!

Es war auf dieser Karte eine Adresse angegeben. Sie wusste, dass ich immer in den Westen wollte, als sie selbst noch nicht mal annähernd daran dachte, die DDR zu verlassen. Sie ging davon aus, dass ich immer noch in Magdeburg leben würde, somit war auch die Anschrift an meine alte Adresse in Magdeburg gerichtet. Falsch gedacht, junge Frau! Das musste ich umgehend korrigieren und ihr meine neue Adresse mitteilen.

Ich besorgte mir eine Karte mit der Stadtansicht von Mönchengladbach, setzte mich hin und schrieb ihr ebenfalls. Sie hätte sich leider in der Adresse geirrt, mein neuer Wohnsitz lautet Mönchengladbach! Ich schrieb ihr auch die Telefonnummer auf diese Karte, steckte diese in ein Briefkuvert und schickte diesen an die angegebene Adresse.

Am nächsten Tag hatte ich wieder ein Vorstellungsgespräch in einer Spedition.

Mein Vater, der bei Opel als Meister arbeitete, hatte mir ein „West-Auto" aus seiner Firma besorgt, einen Opel BLS Coupe! Jetzt hatte ich nach so kurzer Zeit schon ein West-Auto! Welch ein Wahnsinn! Ich fuhr zu diesem Vorstellungsgespräch. Dort traf ich auf eine Frau, das war in der rauen Männerwelt einer Spedition nicht selbstverständlich. Sie war die Inhaberin dieser Spedition und eine nette und sympathische Erscheinung. Wie nicht anders zu erwarten kamen wir auf das Thema DDR und somit auf meine Ausreise zu sprechen.

Anschließend unternahmen wir einen Rundgang über das Betriebsgelände und kehrten unter anderem auch in die Werkstatt ein, für die ich mich beworben hatte.

In der Werkstatt angekommen, staunte ich nicht schlecht! Das war das absolute Gegenteil von dem was ich bisher kannte. Es war alles sauber und aufgeräumt, und dann erklärte mir Frau Peters, welcher Aufgabenbereich mir zuteilwürde, sollte es zu einer Einstellung kommen. Die Fahrzeugflotte bestand aus Mercedes-LKWs, und die wirklich größeren Reparaturen würden direkt von der Mercedes-Werkstatt übernommen, das hörte sich alles gut und schlüssig an.

Als wir die Werkstatt verließen, begegnete uns mein zukünftiger Kollege Edi. Er war damals Anfang sechzig, wir stellten uns gegenseitig kurz vor und gingen dann wieder in den Bürotrakt. Ich wurde mit dem Versprechen verabschiedet, dass ich am nächsten Tag telefonisch Bescheid bekäme, ob man sich für mich entschieden hätte oder nicht. Ich fuhr mit einem guten Gefühl in mein Übergangszuhause.

Ein Job bedeutete eigenes Geld. Das wiederum versprach eine eigene Wohnung, und das wiederum führte zur Unabhängigkeit und somit zur persönlichen Freiheit in der Freiheit.

Am nächsten Tag erhielt ich zwei Anrufe: am Vormittag die Zusage, dass ich am ersten Juni meinen neuen Job antreten könne, das war dann schon mal ein schöner Tagesauftakt. Und kurz danach war Susanne am Telefon!

Ich wollte wissen, wie es ihr geht, und wie es ihr während der Haft ergangen war. Sie erzählte mir, dass sie vom Roten Kreuz der Bundesrepublik Deutschland nach Meckenheim eingeladen wurde. Es betraf speziell ehemaliger DDR-Bürger, die wegen ihrer politischen Gesinnung oder wegen missglückter Republikflucht in den Stasi-Gefängnissen inhaftiert waren. Es stand fest, wir mussten uns irgendwo treffen. Ich sagte ihr zu, und wir verblieben, dass ich sie am nächsten Tag zurückrufen würde.

Es waren noch knapp vierzehn Tage, bis zum Antritt meiner neuen Arbeit. Das Treffen mit Susanne war Ende Mai, es passte alles gut zusammen, die Frage war: Wie hatte sie sich durch die Haft verändert???

Alle halfen mir dabei, dass ich mich gut einleben konnte! Ich hatte nie eine Sekunde daran gezweifelt, dass meine Entscheidung gen Westen auszureisen richtig war; es passte alles für mich.

Dann kam der Tag, an dem ich mich mit Susanne treffen wollte.

Bis Meckenheim waren es von Mönchengladbach zirka knappe 90 km, es war meine erste größere Fahrtstrecke, und ich wusste nicht, was auf mich zukam. Dieses Autobahnnetz hatte nichts zu tun mit dem was ich bisher kannte! Auf unserer Zonenautobahn kam gefühlt jede halbe Stunde eine Rennpappe, die es nach einer Anlaufzeit von zirka einer Stunde auf hundert Stundenkilometer brachte. Hier schossen die Mercedes, BMWs, VWs, Opels und andere Marken mit einer ganz anderen Geschwindigkeit an einem vorbei! Und dann die ganzen Städte! Beim

Betrachten der Autokarte wurde mir ganz anders. Gott sei Dank fuhr ich nicht in das Herz des Ruhrgebiets, dort hätte ich sicherlich nie wieder den Rückweg gefunden.

Ich musste also aufpassen wie ein Schießhund, und am besten erst mal immer schön rechts fahren, Augen zu und durch! Na ja mit Augen zu wäre ich wohl nicht weit gekommen, und mein „Hirsch" sprich Opel war Gott sei Dank keine Rakete, so dass ich alles langsam angehen konnte.

An dem Tag meines Aufbruchs Richtung Meckenheim war ich ziemlich aufgeregt wegen der oben beschriebenen Fahrt, und dem für mich unüberschaubaren Wirrwarr war an Autobahnen und deren Abfahrten. Leider wurden aus den knapp 90 Kilometern letztendlich über 150 km! Diese Mehr-Kilometer kamen durch mehrmaliges Verfahren zustande, jedoch hatte ich in weiser Voraussicht ein großes Zeitpolster eingeplant, und der Tank war voll! Was sollte da noch schief gehen? Aller Anfang war schwer. Aber es galt immer noch der alte Spruch: „Keine Panik auf der Titanic, und immer schön locker durch die Hose atmen." Hatte ich die Ostzone mit all ihren Irrungen und Wirrungen geschafft, konnte das hier nur ein kalter Aufguss sein! Wobei wohl beides schwerlich zu vergleichen war.

Der Satz: „Es geht alles seinen Sozialistischen Gang", war jetzt Geschichte. Ich war lernfähig, und meine automobilen Exkursionen sollten sich die nächsten Monate deutlich verbessern, zumal ich auch von Berufs wegen häufiger mit dem LKW unterwegs sein würde.

Ich kam in Meckenheim an und platzte direkt in eine Veranstaltung des Roten Kreuzes für die ehemals

DDR-Inhaftierten hinein! Susanne sah mich und kam kurz raus. Sie bat mich, zirka noch eine halbe Stunde zu warten, dann hätten sie Pause. Der erste Eindruck: Sie war von der Haft gezeichnet! Ich hatte sie noch anders in Erinnerung. Das letzte Mal hatten wir uns schweigend gegenüberstehend im Café Impro gesehen; war ja auch schon wieder eine ganze Zeit lang her. Ihre optische Verfassung war wohl den Umständen ihrer Inhaftierung geschuldet. Wie es in ihr drinnen aussah, konnte ich nicht beurteilen. Es stand mir da ein ganz anderer Mensch gegenüber. Aber wer war schon in der Lage, über zwei Jahre Stasi-Knast wegzustecken, ohne Spuren davonzutragen? Ich schlenderte gedankenverloren durch Meckenheim und stellte mir immer wieder die gleiche Frage: warum taten Menschen anderen Menschen das an??? Mir wurde wieder schlagartig bewusst, welches Glück ich doch gehabt hatte, dass ich so glimpflich aus diesem Verbrechersystem heraus kam. Ich hatte fast ein schlechtes Gewissen diesen in Haft gesessenen ehemaligen Mitbürgern gegenüber.

Ich schlenderte langsam zurück, ich hatte genügend Zeit und machte mir Gedanken über die letzten Jahre. Wir sahen uns noch mal kurz und verabredeten uns dann für den frühen Abend.

Ich schlenderte weiter durch Meckenheim ... Was hatte Susanne bewegt, die DDR zu verlassen? Die Antwort darauf sollte noch eine Weile auf sich warten lassen.

Für den Anfang im Westen hatte ich schon eine ganze Menge: ein Auto, einen Job und bald eine eigene Wohnung. Und das wichtigste, meine Freiheit! Die konnte mir keiner mehr nehmen! Der schnöde Mammon war nebensächlich, das sollte so bleiben.

Wir gingen am Abend in eine Pizzeria. Wir unterhielten uns über dies und jenes, sie fragte mich nach Hannes, Michael und einigen anderen aus unserem Stadtteil. Ich erzählte, ihr was die Jungs so machten und wie es ihnen ging. Der ganze Abend verlief äußerst schleppend. Kein Wunder, was hätte sie auch zur Unterhaltung beitragen können, nach über zwei Jahren im Stasi Knast?

Sie erzählte mir ein paar Dinge aus ihrem Alltag im Stasi-Knast. Dass sie mit dem Bodensatz der Gesellschaft zusammengepfercht war, Schwerverbrecherinnen, denen man nicht im Dunkeln begegnen wollte. Hinzu kamen die Schikanen des Wachpersonals. Es war an ihren Schilderungen erkennbar, dass man die sogenannten „Staatsfeinde", deren einziges Verbrechen darin bestand, von Ost nach West zu flüchten, physisch und psychisch brechen wollte. Von ihrer früheren Fröhlichkeit und der teilweisen Verrücktheit war, zumindest damals, nicht mehr viel zu spüren. Das Erlebte zu verarbeiten brauchte wohl seine Zeit, wenn das überhaupt möglich war??? Ich merkte sehr bald, es war nicht sinnvoll, dieses Thema zu vertiefen. Also unterhielten wir uns über eher belanglose Dinge, und was die Zukunft wohl so bringen würde in der für uns beiden neuen Heimat.

Susanne hatte vor, nach Westberlin zu ziehen, warum auch immer! Vielleicht wollte sie der alten Heimat näher sein. Ich jedenfalls war froh, soweit wie möglich von der Ostzone entfernt zu sein, und das war meine neue Heimat im übertragenen geographischen Sinne, denn sie lag tief im Westen von Westdeutschland! Westberlin lag mitten in der Ostzone! Nein, das wäre für mich die reinste Folter gewesen! Und abends dann im Fernsehen die Aktuelle Kamera, die man in Westberlin bestens empfangen konnte; dazu noch ein ständiges Gegen-die-Mauer-Lau-fen (was ich bald bei einem Besuch in Westberlin erleben sollte). Anschließend in den Nächten Albträume, dass ich wieder in der Ostzone gefangen sei! Nein, ich war genau richtig, da wo ich jetzt war. Wir verabschiedeten uns an diesem Abend voneinander und vereinbarten, dass wir miteinander in Verbindung bleiben würden.

Susanne meldete sich einige Wochen später bei mir, sie war wie vorgehabt nach Westberlin gezogen.

Mir blieb noch eine Woche bis ich meine neue Arbeit antreten würde, aber der Arbeitsantritt sollte sich noch vierzehn Tage verzögern. Ich fing mir vor Arbeitsbeginn noch eine ordentliche Blutvergiftung ein, die Ursache war nicht bekannt. Ich hatte mir eine kleine Wunde an der rechten Hand zugezogen, was ich erst gar nicht bemerk-te. Ich selber wollte keinen Arzt aufsuchen, aber ich tat es auf Anraten meines Vaters. Mein Glück! Hätte ich es nicht getan, hätte ich wohl den übernächsten Tag nicht mehr erlebt. Im Nachhinein witzelte ich, dass jetzt die ganze kommunistische Ideologie und der Dreck der DDR meinen Körper verlassen würde, dies geschah in Form von vereiterten Fingern und Handknochen.

Zwei Wochen später konnte ich leicht gehandicapt meine neue Arbeit beginnen. Als ich die Werkstatt be-trat, begrüßte mich mein neuer Kollege Edi. Er lehnte an der Werkbank und starrte gedankenverloren ins Nichts. Die erste Frage, wie konnte es anders sein: ob ich aus der Ost-Zone käme? Ich bejahte. Er schien einer besonderen Spezies anzugehören; ein alter eigensinniger Nörgler, mit dem man schwer ins Gespräch kam. Mit ihm sollte ich also die nächsten Jahre acht Stunden am Tag in der

Werkstatt verbringen. Aber auch hier sollte sich die Situation bald ändern, denn er war nicht mehr bei bester Gesundheit und auch nicht mehr der Jüngste. Er offenbarte mir dann nach einiger Zeit, dass sie hier alles alte Nazis wären. War ich aus der Zeit gefallen? Schrieben wir das Jahr 1933? Ich dachte immer, wir befänden uns im Jahr 1984. Stimmte die Ostzonen-Propaganda dann doch, dass hier im Westen noch etliche Altnazis lebten??? Ich fragte mich, wo war ich denn jetzt gelandet. Vor ein paar Wochen noch bei den Kommunisten und jetzt bei den alten Nazis? Das ging mir dann doch alles etwas zu schnell.

Natürlich war das kompletter Quatsch! Es stellte sich heraus, dass man das nicht so ernst nehmen durfte. Edi war schon ein ganz spezieller Typ. Manfred, mein alter Kollege aus unserem BUMMLE-MIT-KOMBINAT hätte wohl gesagt: „Der passt ja in die Welt wie das Schwein aufs Sofa."

Ich war im Westen, und das hieß für mich, bei der Arbeit Vollgas geben! Hier ging nichts mehr seinen sozialistischen Gang, das war passé. Ich sollte mich täuschen und wurde eines besseren belehrt. Mein Kollege Edi bremste mich ständig ein und fragte mich, ob ich ihm die Arbeitsnorm zerstören wolle. Er hatte seinen ganz eigenen Rhythmus, und der war, immer mit dem Hammer mal auf die mit einer Stahlplatte versehene Werkbank zu schlagen, um im Büro den Eindruck zu erwecken, dass in der Werkstatt ganz fleißig gearbeitet wurde. Das kam ja fast schon dem Ostzonen-Honecker-Tango gleich! Edi war bereits seit fünf Jahren in der Firma, wir mussten uns irgendwie miteinander arrangieren! Er schimpfte und fluchte des Öfteren vor sich hin.

Der Unterschied zu meiner alten Heimat in Sachen Arbeit war gravierend! Es mangelte an nichts! Ersatzteile gab es so, wie wir sie brauchten. Es kam zum Beispiel ein wöchentlicher Lieferdienst, der uns die vorher bestellten Teile brachte. Das war ein ganz anderes Arbeiten. Die Werkstatt war immer picobello sauber und aufgeräumt, darum kümmerten wir uns.

Ich weinte meinem alten Leben keine Träne nach, doch ich dachte häufiger an meine alten Freunde. Und an meine Freundin, mit der ich jeden Sonntag telefonierte. Ich vergaß auch nie, die Typen von Schnüffel und Petz zu grüßen, sie waren bei jedem Gespräch zugegen.

Ich hatte mittlerweile auch neue Freunde. Es war nicht das Gleiche wie in der DDR. Es war im Westen doch häufig etwas oberflächlicher. Es spielte der schöne Schein und das Haben bei vielen eine große Rolle; Dinge, die man in der DDR so nicht kannte.

Susanne lebte nun schon einige Monate in Westberlin, wir hatten zwischenzeitlich ein paar Mal miteinander telefoniert.

So kam es dann auch, dass wir uns im Oktober 1984 verabredeten, dass ich sie im Dezember in Westberlin besuchen würde.

Ich hatte mittlerweile eine eigene Wohnung; und das, auch ohne geheiratet zu haben! Seit Kurzem war ich auch stolzer Besitzer eines gelben Mantas. Es war Gott sei Dank noch nicht die Zeit der Manta-Witze und Manta-Filme, die Anfang der 90ziger Jahre im Ruhrpott ihren Höhepunkt erleben sollten.

Auf Westberlin freute ich mich auch deswegen, weil ich dann in die umgekehrte Richtung blicken konnte: diesmal von West nach Ost! Zudem war Westberlin schon immer eine Ausnahme-Stadt, und das sollte sie auch nach der Wiedervereinigung bleiben.

Es wollten mich noch zwei Leute begleiten, Olaf und Ulrike. Sie gehörten zu meinem neuen Freundeskreis, waren aber nicht miteinander liiert.

Der Trip nach Westberlin

An einem kalten Dezembermorgen 1984 brachen wir dann zu dritt in Richtung Berlin auf. Wir hatten knappe sechshundert Kilometer vor uns, von tief im Westen, „wo die Sonne aufgeht", wie Grönemeyer singt, bis weit hinein in den Osten. Ulrike und Olaf sollten das erste Mal die Transitstrecke von Helmstedt–Marienborn nach Westberlin kennenlernen und die furchteinflößende Grenzanlage. Ich kannte die Transitstrecke nur teilweise, von unseren jugendlichen Ausflügen mit unseren MZ-Motorrädern zum nächsten Rasthof, dem Börde-Rasthof, und von unseren damaligen Fahrten nach Ostberlin. Mir schwante auf dieser Transitstrecke durch die DDR nichts Gutes. Ich sollte Recht behalten!

Wir hatten 185 km durch die Ostzone vor uns und ich wusste, dass die Typen von Schnüffel und Petz und Horch und Kuck überall lauerten und auf die geringste Geschwindigkeitsüberschreitung mit massiven Geldstrafen reagieren würden. Meine beiden Mitfahrer ahnten noch nicht, was sie an der Grenze erwarten würde, sie kannten hauptsächlich die Grenze von Deutschland nach Holland. Die Spannung und das mulmige Gefühl stiegen bei mir mit jedem Kilometer, den wir uns diesem Monster von Grenze näherten.

Ab Braunschweig wurde der Verkehr Richtung Helmstedt wesentlich geringer. Und dann tauchte dieses Monster auf! Heute befindet sich dort eine Gedenkstätte.

Es stellte sich bei mir eine kaum vorstellbare Unruhe ein mit jedem Meter, den wir dieser Grenze näher kamen! Dann lag diese unsägliche Grenze vor uns, und wir reihten uns in die wartende Autoschlange ein. Ich sah in Olafs Gesicht die Fassungslosigkeit beim Anblick dieser Grenzanlage, es verschlug ihm die Sprache. Auch Ulrike wurde ganz ruhig. Es herrschte Totenstille im Auto. Dann waren wir an der Reihe, wir reichten unsere Reisepässe diesen allseits für ihre Schikanen und Unfreundlichkeit bekannten Stasi-Grenzposten entgegen.

Ich hatte meinen neuen Bundesdeutschen Pass erst seit etwa sieben Monaten. Und es kam wie es kommen musste, wir mussten rechts raus fahren ... Sie sahen natürlich sofort meinen Geburtsort, es sollte eine Überprüfung meiner Daten per Telefon erfolgen! Das hieß warten. Dann hieß es, Kofferraum und Motorhaube öffnen, sie durchwühlten auch das Innere meines Autos. Obendrein stellten sie ihre dümmlichen Fragen, ob wir Drogen oder Waffen mitführen würden und Ähnliches mehr. In diesem Moment kamen mir Gedanken an meine NVA-Zeit in den Sinn, und ich sah zwangsläufig PAUL vor meinem geistigen Auge. Was war das hier bloß für eine Welt??? Fragte ich mich jetzt, wo ich auch die andere Seite kennengelernt hatte. Es lag eine Art feindseliger Bedrohung über dieser ganzen Szenerie! Jetzt verstand ich die Erzählungen meines Vaters, Onkels und den anderen, wenn sie diese Grenze durchqueren mussten und nach Magdeburg zu Besuch kamen ...

Nach zirka einer dreiviertel Stunde, aber gefühlten drei nicht enden wollenden Stunden, konnten wir unsere Fahrt fortsetzen. Die Grenz-Stasi-Typen hatten Bescheid erhalten, dass ich die DDR auf legalem Wege verlassen hatte!

Olaf und Ulrike saßen gedankenverloren im Auto, sie mussten erst einmal verkraften, was sie soeben erlebt hatten. Ich hatte mich wieder etwas gefangen und sagte: „Willkommen in der Ostzone!"

Die nächsten zwei Stunden, die wir bis Westberlin noch bräuchten, hieß es akribisch auf die Geschwindigkeit zu achten! Nicht schneller als hundert km/h hieß das Motto, und bei jeder Geschwindigkeitsbegrenzung das Bein vom Gas nehmen und sich genauestens an diese zu halten.

Langsam begannen wir uns wieder zu unterhalten und durchbrachen das Schweigen. Es tauchte die Abfahrt in meine Heimatstadt Magdeburg auf, aber wir mussten sie rechts liegen lassen. Auf der gesamten Transitstrecke standen die Stasi-Wegelagerer mit ihren Radaranlagen. Sie hatten sich auf dem Mittelstreifen positioniert, um die herauszuwinken, die nach westdeutschem Vorbild und dortigen Verkehrsregeln das Reißverschluss-Prinzip praktizierten. Sobald eine Rennpappe auf die Autobahn auffahren wollte, gab es nur zwei Möglichkeiten: entweder scharf abbremsen, oder auf die linke Spur wechseln, sodass der PS-schwache Trabi auf die Autobahn auffahren konnte. Das führte dann dazu, dass die Spurwechsler zur Kasse gebeten wurden. Der betroffene Bundesbürger wusste nicht, warum er Strafe zahlen musste. Die Antwort der Stasi-Gestalten lautete: „Entspricht nicht der StVO der DDR!"

An der Transitstrecke lag die Ortschaft meiner Freundin. Aber auch hier wäre ein runter fahren und ein Besuch bei ihr einer schweren Straftat gleich gekommen, und hätte sicherlich speziell für mich und meine Freundin zu drastischen Maßnahmen geführt. Man hätte ihr

Republikflucht und in meinem Fall Beihilfe zur Republikflucht unterstellt! Also hieß es auch hier schweren Herzens: rechts liegen lassen und weiterfahren ...!

Dann passierte mir der Fehler, den ich auf alle Fälle hatte vermeiden wollen! Ich war kurz unaufmerksam und geriet bei der Raststätte Ziesar in eine dieser Geschwindigkeitskontrollen. Dort war die Geschwindigkeit auf 80 km begrenzt, ich fuhr 8 Stundenkilometer zu schnell und wurde das zweite Mal an diesem Tag rechts raus gewunken.

Die Schikane nahm ihren Lauf. Wieder Pässe raus reichen, ... diesmal warteten wir über eine Stunde im Auto. Es war Dezember und von der Temperatur her nicht gerade sommerlich warm. Als ich das Auto betreffs Heizung anwarf, erhielt ich den Hinweis, dass dieses nicht zulässig wäre. Diesmal wurden meine Daten aus einem Barkas (üblicher Vopo-Kleinbus) abgerufen. Wir saßen frierend im Auto und die Stimmung sank auf den Nullpunkt. Im Anschluss wurde ich zu einem Bußgeld von achtzig D-Mark verdonnert, zehn D-Mark pro übertretenem Stundenkilometer! Am liebsten hätte ich umgehend die Rückreise angetreten! Ulrike und Olaf ging es nicht anders. Aber wir setzten durchgefroren unsere Fahrt nach Berlin West fort. Gott sei Dank hatte das Frieren nach ein paar Minuten ein Ende.

Aber uns stand noch ein Grenzübergang bevor, der Grenzübergang Dreilinden-Drewitz, hinein nach Westberlin.

Wir machten vor dem Grenzübergang noch mal einen kurzen Stopp auf der Raststätte Michendorf. Hier hockten wieder die Typen von Schnüffel und Petz wie die Kakerlaken unter einer feuchten Küchenspüle, vollkommen „unauffällig und inkognito" in ihren entweder konfiszierten Westautos (Erinnerungen an meinen Nachbarn wurden wach), oder sie saßen in einem Lada. Man brauchte diese Gestalten gar nicht sehen, man roch sie schon von Weitem! Zumindest ich als ehemaliger DDR-Bürger. Ich wies Olaf darauf hin, aber ihm fehlte das Gespür dafür. Das war nicht verwunderlich, er war ja das erste Mal soweit östlich unterwegs und kannte das alles nur vom Hörensagen. Und das weitest gehend von meinen Erzählungen.

Wir erreichten den Grenzübergang nach Westberlin. Diesmal dauerte die Kontrolle nicht so lange, wir mussten kurz den Kofferraum öffnen, unsere Ausweise vorzeigen, und konnten dann nach Westberlin rein fahren. Die Anspannung, die uns auf der Transitstrecke begleitete, ließ nach.

Ich war gespannt! Vor gut dreieinhalb Jahren lebte ich noch im Ostteil dieser Stadt und blickte immer voll Sehnsucht Richtung Westberlin. Und jetzt war ich im freien Teil der Stadt, die mit ihrer Mauer einzigartig war. Aber es war eine traurige Einzigartigkeit. Wobei das mit dem „freien Teil" war eher ein Trugschluss. Sie lag wie eine Insel mitten im kommunistischen Hoheitsgebiet!

Wir hatten über Bekannte ein Privatquartier in Neukölln, eine leer stehende Wohnung, die wir für die Tage nutzen konnten. Nach einigem Suchen fanden wir sie, Schlüssel waren beim Nachbarn deponiert, es lief alles problemlos.

Für die Fahrt hatten wir etwas über acht Stunden gebraucht, Zwangsstopps inklusive! Es hätte schlimmer sein können.

Westberlin war zum Teil eine Stadt der „Flüchtlinge". Damit waren aber keine Flüchtlinge aus der DDR gemeint, obwohl es die im Westteil Berlins auch gab. Nein, es waren Flüchtlinge aus der Bundesrepublik! Hier nach Westberlin flüchteten diejenigen, die in der Bundesrepublik ihren Wehrdienst bei der Bundeswehr nicht ableisten wollten. Durch den Vier-Mächte-Status war Westberlin eine entmilitarisierte Zone! Dies galt grundsätzlich auch für Ostberlin, bloß dort hielt sich unter Sowjetischer Führung und Besatzungsmacht, niemand daran! Und Westberlin war auch die Stadt der 68ziger-Revoluzzer und der Häuser-Besetzer! Das hatte ich noch in Ostberlin mit Blick über die Mauer miterlebt; dies nur am Rande.

Wir „schmissen" uns Wasser ins Gesicht, und wollten uns auf den Weg machen, dafür waren wir ja unter anderem auch in diese Stadt gekommen. Ich suchte mir eine Telefonzelle und versuchte Susanne zu erreichen. Der erste Versuch scheiterte, OK dann später noch mal.

Wir bewegten uns in Richtung des berühmten „Kuhdamms". Susanne erzählte mir bei unserem letzten Telefonat, dass sie in der Nähe des Kuhdamms eine kleine Wohnung hätte.

In einem Imbiss bestellten wir uns erst einmal eine Senfpeitsche mit Pommes und Schranke, nein anders, eine Currywurst mit Pommes frites und Majonäse und Ketchup. Ich suchte mir erneut eine Telefonzelle und startete einen erneuten Anruf, diesmal mit Erfolg.

Mit Ulrike und Olaf verabredete ich mich für einen späteren Zeitpunkt an der Gedächtniskirche. Ich machte mich auf den Weg, nach kurzem Suchen fand ich die Straße, in der sie wohnte.

Ich war gespannt, wie es ihr die letzten Monate ergangen war! Aus unseren Telefonaten ging hervor, dass sie angefangen hatte Architektur zu studieren. Ich stand vor ihrer Tür und sie öffnete mir diese. Wir gingen in ihr Zimmer, und im Licht erkannte ich, dass sie sich seit unserem letzten Treffen in Meckenheim optisch wesentlich erholt hatte. Sie sah wieder so aus, wie ich sie vor knapp sechs Jahren kennengelernt hatte. Wie es seelisch in ihr aussah, wollte ich sie nicht fragen. Aber sie hatte sich im Gegensatz zu früher im Wesen verändert, ihre Unbeschwertheit war verloren gegangen ...Sie war dabei, für die Uni zu lernen. Wir unterhielten uns kurz und verabredeten uns dann für den Abend ebenso an der Gedächtniskirche, wo ich Ulrike und Olaf um 21.00 Uhr Treffen würde. Es war zirka 19.00 Uhr, ich hatte somit noch zwei Stunden Zeit.

An Hand meines Berliner Stadtplanes wollte ich mich in Richtung Brandenburger Tor bewegen, das bedeutete in diesem Fall, noch einige Kilometer zu laufen. Es waren wohl dann etwa 5-6 Kilometer, die ich zurücklegen musste. (Auf dem Rückweg nahm ich dann ein Taxi, um pünktlich wie verabredet an der Gedächtniskirche anzukommen.)

Also bewegte ich mich schnellen Schrittes in Richtung Bahnhof Zoo, dann Tiergarten, die Siegessäule war weithin sichtbar und dann auf die Straße des siebzehnten Juni und dann immer geradeaus ... Nach etwa fünfzig Minuten erreichte ich das angepeilte Ziel, das Brandenburger Tor. Ich sah nun erstmals die ganze Sache von der anderen Seite! Hier zeigte sich die Verlogenheit der Kommunisten, denn hier standen keine, mit Maschinenpistolen bewaffnete, Soldaten die in Richtung Westen blickten!

Das war schon eine seltsame Logik. Aber damit hatte ich ja schon Kinski, unseren Politoffizier bei der Sekte, in Bedrängnis gebracht: „Mit dem Rücken zum Feind und mit Blickrichtung zum eigenen Volk!" ...

Es war dunkel, ich war weitgehend alleine unterwegs. Das Gefühl, das mich beschlich, war schwer zu beschreiben. Bedrückend, erschreckend, beängstigend, ... Es gibt Momente im Leben, für die es schwer ist, die richtigen Worte zu finden. Dies war so ein Moment.

Der Reichstag tauchte auf. Ich bewegte mich auf diesen zu. Ein Monument deutscher Geschichte, dachte ich mir. Er lag nur wenige Meter vom Brandenburger Tor entfernt. Hier auf der Westberliner Seite bot sich eine ganz andere Sicht der Dinge. Es lag eine gespenstische Totenstille über dieser ganzen Szenerie! Verstärkt wurde dies noch durch das schlechte und kalte Wetter an diesem Dezemberabend. Mir begegnete keine Menschenseele! Ich umkreiste den Reichstag und lief zwangsläufig an einem dieser Grenzwachtürme vorbei, der einen Steinwurf vom Reichstag und dem Brandenburger Tor entfernt lag, und der sich mittendrin in dieser Grenzanlage befand.

In diesen Wachtürmen saßen die Typen, um die wir damals bei unseren Rückfahrten in die Kaserne bei unseren Zwischenaufenthalten in Ostberlin einen großen Bogen machten. Da hockten sie in ihren Wachtürmen und schossen auf ihre eigenen Landsleute! Was waren das nur für erbärmliche Kreaturen! Nach der Wende stellten sie sich alle als Unschuldige hin, denn sie handelten „ja nur auf Befehl!" Hatten wir ja schon mal, lag erst vierzig Jahre zurück und nannte sich Nationalsozialismus. Sie beäugten mich durch ihre Feldstecher. Ich bat: Lieber Gott, gib mir eine Panzerfaust, damit ich diese Typen wegblasen kann! Aber dann wäre ich nicht besser gewesen als diese jämmerlichen Gestalten. Also streckte ich ihnen meinen Mittelfinger etliche Male entgegen. Das hätte auf der anderen Seite der Mauer sicherlich für ein paar Jahre gesiebte Luft gereicht. Es war trotz der Dezember-Dunkelheit an dieser Grenze sehr hell, sodass sie meine Mittelfinger-Geste sicherlich zur Kenntnis nahmen.

Ich musste weg hier, es war einfach zu bedrückend. Diese Mauer, diese Wachtürme, dieses alles, diese Stille; das Bewusstsein, dass hier auf Menschen geschossen wurde, diese getötet wurden, für nichts! ... Es schnürte mir regelrecht die Luft zum Atmen ab.

Ich schaute auf die Uhr. Bis zu unserem vereinbarten Treffen an der Gedächtnis-Kirche hatte ich noch knappe 20 Minuten Zeit. Bloß schnell weg aus dieser Gegend, weg von alle dem! Ich hielt ein „Auto mit Bettelschild" an; wieder so ein Ausdruck aus alten DDR-Zeiten, diese „alte Zeit" ließ mich immer noch nicht los. Ich nahm ein sogenanntes Taxi, um pünktlich am vereinbarten Treffpunkt zu sein.

Westberlin symbolisierte für mich in diesem Dezember des Jahres 1984 etwas Bedrückendes und Beängstigendes! Das Gefühl des Wieder-eingesperrt-Seins beschlich mich in den Tagen unseres Berlin-Besuchs.

Wir trafen alle ziemlich zeitgleich an der Gedächtnis-kirche ein. Es würde ein netter und gemütlicher Abend werden, es lenkte mich von dem vorher Erlebten ab.

Susanne fragte mich, ob ich was aus der alten Heimat gehört hätte, sie fragte wieder nach Hannes, Michael und Bernhard. Ich sagte ihr, dass ich nur über meine Großmutter bei ihren Besuchen bei mir in Mönchengladbach etwas über die Jungs hören würde und dass sie noch immer ihr Dasein in der Ostzone fristeten. Wir und unterhielten uns über Gott und die Welt, und was wohl die Zukunft bringen würde. Es war ein netter Abend ...

Dass es in 5 Jahren diese Mauer und damit die DDR nicht mehr geben würde, das hätte damals jeder für Utopie gehalten. Susanne und ich waren mit dieser Mauer-Grenze aufgewachsen, auch wenn wir in unserer Heimatstadt Magdeburg nicht unmittelbar mit ihr in Berührung kamen. Aber als eingesperrte DDR-Bürger spielte sie in unserem Bewusstsein immer eine Rolle.

Am nächsten Tag hatten wir noch Zeit, uns einige Dinge in Westberlin anzusehen. Unter anderem den Check-Point Charlie, dann Kreuzberg, von wo aus ich in Ostberlin mein damaliges Wohnhaus sah. Dann nochmals zum Brandenburger Tor mit Olaf und Ulrike, sie wollten sich die Mauer und die Wachtürme in Ruhe ansehen. Tags bei Licht wirkte die ganze Szenerie harmloser als am Abend zuvor im Dunkeln. Mir fiel immer wieder auf: man rannte ständig gegen diese verfluchte Mauer! Das war der Berliner Mauerkoller.

Gab es eigentlich noch eine Stadt, die man in Ost und West gliederte??? Keiner sprach von Ost- oder West-München, keiner von Ost- oder West-Hamburg, ... Aber im Sprachgebrauch hieß es immer Ostberlin oder Westberlin! Und das sollte noch lange so bleiben, auch nach der Wende.

Wir mussten Dienstag wieder die Heimreise nach Mönchengladbach antreten. Wir wussten nicht, was uns auf dem Rückweg an Überraschungen bevorstand.

Ich traf mich mittags noch einmal kurz vor der Uni mit Susanne. Wir verabschiedeten uns voneinander und vereinbarten, dass wir weiterhin in Kontakt bleiben würden. Es sollte aber anders kommen. Wir lebten jetzt hunderte Kilometer voneinander entfernt unser Leben im Westen, und so kam es, dass wir uns nach anfänglichen Telefonaten aus den Augen verloren. Wir sollten uns erst fünfzehn Jahre später wiedersehen, im November des Jahres 1999.

Der Rückweg über die Transitstrecke Richtung Westen verlief Gott sei Dank ziemlich reibungslos. Am Grenzübergang Marienborn-Helmstedt musste wir nochmals die üblichen Schikanen über uns ergehen lassen, von Kofferraum öffnen, bis Auto durchsuchen. Wieder wurde mir mein Geburtsort zum Verhängnis. Als wir das überstanden hatten und in der Bundesrepublik waren, machten wir erst mal drei große Kreuze. Meine waren besonders groß!

Ich war mehr als froh, wieder im freien Teil Deutschlands zu sein.

Zurück im tiefen Westen

Am nächsten Tag, wir hatten Mittwoch, hatte uns der Alltag wieder. Ich traf wieder meinen Kollegen, den alten „Nazi"-Edi, er war einige Zeit krank gewesen. Kurz nach dem ich die Werkstatt betreten hatte, tauchte unsere Chefin Frau Schneider in der Werkstatt auf. Sie fragte mich, wie es in Berlin war und wandte sich dann an meinen Kollegen Edi. Sie übermittelte ihm die traurige Nachricht, dass sein ehemaliger Kollege Müller, ein langjähriger Fahrer, der aber schon seit geraumer Zeit in Rente war, verstorben sei. Sie fragte Edi, ob er mit zur Beerdigung ginge, worauf sie die Antwort erhielt, was er auf der Beerdigung den solle? Der ehemalige Kollege würde ja schließlich zu seiner Beerdigung auch nicht kommen. Da war was Wahres dran, zumindest nach der Logik meines Kollegen. Es kam auch eher selten vor, dass Tote zur Beerdigung gingen ... so war er halt, der Edi: immer offen, ehrlich und direkt.

Er sollte aber selber nicht mehr lange zu leben haben, da er unter schwerem Asthma und anderen Beeinträchtigungen litt, und immer öfter krank sein würde.

Ich musste mir massiv Gedanken machen, wie ich meine Freundin aus der DDR heraus bekam. Ich hatte inzwischen einen Anwalt konsultiert, der sich wiederum mit einem Kollegen von ihm kurzschloss. Die Lösung bestand darin, dass ich nochmals zwecks Heirat in die DDR müsste, ich müsste sie dort heiraten, würde dann wie gehabt zurück in den Westen fahren, und sie könnte nach einer gewissen Zeit zu mir in den Westen übersiedeln. Der Gedanke in die DDR zurückzukehren, sei es auch nur für kurze Zeit, behagte mir überhaupt nicht! Aber versprochen war versprochen und ich würde sie keinesfalls hängen lassen, zumal sie schon massive Probleme mit Schnüffel und Petz hatte. Das Glück, das ich noch hatte betreffs des Honecker-Strauß-Deals, kam bei ihr nicht mehr zur Anwendung.

Sie hatte einen Vermerk im Personal-Ausweis, der ihr nur noch erlaubte, sich in einem gewissen Radius zu bewegen. Dieser Radius beinhaltete nicht einmal mehr Ostberlin. Sie musste sich auch regelmäßig bei ihrer Vopo-Dienststelle melden. Es war längst Schluss, was die Ausreise vieler DDR-Bürger anbelangte, man hatte die DDR wieder dicht gemacht!

Das In-den-Westen-Nachholen würde zudem einiges an Geld kosten, aber das war erst einmal nebensächlich. Wir hielten auch Kontakt über meinen Vater. Sobald er seine Eltern in Magdeburg besuchte, traf er sich kurz mit Karin. Da die Briefe geöffnet und die Telefonate abgehört wurden, war das dann die sicherste Informationsquelle, für mich und für sie.

Aber auch hier sollte alles wieder ganz anders kommen als geplant.

Ich schickte zu Weihnachten meiner Großmutter sowie Schwester und Bruder ein großes Paket! Ich erinnerte mich daran, wie wir uns als Kinder immer freuten, wenn ein „West-Paket" unterwegs war. Ich schickte alles, was sie brauchen konnten und was es in der Ostzone nicht gab! Na ja vielleicht nicht alles, aber doch so einiges.

Das Ende vom Lied war, dass mein Bruder das Paket von der Hauptpost abholen musste und es total zerfleddert war; zudem fehlte etliches. Das Inhaltsverzeichnis, mit dem ich die im Paket vorhandenen Artikel auflistete, war natürlich auch verschwunden. Die Stasi-Abteilung von TEILE-UND-NIMM-WEG hatte in dem Fall wieder ganze Arbeit geleistet! Eine Tafel Schokolade von der Sorte Milka oder Lindt oder Mars sowie Kaffee von Eduscho oder Jakobs schmeckte allemal besser als die DDR-„Leckereien" wie die berühmt-berüchtigte Schlagersüßtafel die ganze 7 % Kakao aufwies, da tropfte so manchem Stasi-Schergen der Zahn nach einer richtigen Tafel Schokolade des Klassenfeindes. Also griff man zu, ohne in der Post einen Kommentar abzugeben, warum sich das abzuholende Paket in solch einem desolaten Zustand befand. Im Gegenteil, man konnte froh sein, wenn man noch die Restfragmente dieser Pakete erhalten durfte.

Ich ließ mir von einem Notar in Mönchengladbach alle Unterlagen beglaubigen, die für die Ausreise meiner Freundin von Belang waren. Es hätte der ganzen Ausreise nichts mehr im Wege gestanden. Ich war bereit nochmals in die DDR zu reisen, bezüglich unserer Heirat, obwohl weder das Einreisen in diesen mir verhassten Staat, noch Heiraten für mich besonders erstrebenswert war. Aber so hatten wir es vereinbart; ohne Heirat wäre nichts gegangen. Aber wie schon erwähnt, es kam anders. Sie schoss sich sprichwörtlich in das eigene Knie!

Wir hatten Spätsommer 1985. Ich lebte jetzt seit knapp anderthalb Jahren in der Bundesrepublik. Ich hatte meinen Entschluss, das Land, das sich DDR nannte, verlassen zu haben, noch nicht eine Sekunde bereut! Im Gegenteil, es war bis dahin die beste Entscheidung, die ich getroffen hatte!

Mein Vater nebst Anhang fuhr wie jedes Jahr nach Magdeburg, um seine Eltern zu besuchen. Bei einem Ausflug in die Stadtmitte Magdeburgs begegnete er meiner Freundin, Hand in Hand mit einem Typen. In einer Stadt mit mehr als zweihundertfünfzigtausend Einwohnern war das wohl mehr als ein Zufall, aber an Dummheit ihrerseits war das sicherlich nicht zu überbieten. Schnüffel und Petz wussten längst Bescheid, und viel „besser" konnte man sich wohl selber nicht mit einem laufenden Ausreiseantrag abschießen. Jahre später erfuhr ich die ganze Geschichte von meinem alten Kumpel Hannes. Bei ihrem nächsten obligatorischen Stasi Besuch bekam sie von den Stasi-Verrätergesellen zu hören: was wollen sie denn in die BRD bei ihrem Verlobten? Sie haben doch mittlerweile einen neuen Freund!

Sie hatte in ihrer grenzenlosen Naivität nicht begriffen, dass es nach dieser Sache für sie in der DDR keine Zukunft mehr gab. Aber jedem das Seine, dachte ich mir.

Mein Vater berichtete mir bei seiner Rückkehr nach Mönchengladbach von diesem Treffen. Das hatte für mich nur eine Konsequenz zur Folge: die Sache war für mich erledigt!

Sie versuchte mich noch mehrmals telefonisch zu erreichen, aber ich nahm den Hörer nicht mehr ab, somit waren diese Versuche ihrerseits ohne Erfolg. Ich sah sie nie wieder.

Nach einigen Überlegungen war ich über die Situation letztendlich mehr als froh, ich musste nicht noch mal in dieses Land, die Heirat blieb mir auch erspart, und letztendlich hatte ich mir auch noch eine ganze Menge Geld erspart. Also unterm Strich mehr positive als negative Aspekte. Und zum Schluss hatte ich mir nichts vorzuwerfen, also Ende gut, alles gut.

Es lief hier in der Bundesrepublik auch in anderen Bereichen etwas anders, bis ganz anders als in der Ostzone. Die Leute heirateten nicht so schnell, und wenn sie heirateten, ließen sie sich in vielen Fällen nicht so schnell scheiden. Scheiden sorgte dann für erhebliche Kosten. Ein noch gravierenderer Punkt war die Sache mit dem Alkohol. Das Kampftrinken fand in der Arbeit überhaupt nicht statt. Es hingen auch nirgendwo Durchhalteparolen, und das war verdammt gut so.

Ich war längst im Westen angekommen, und hatte mich gut eingelebt. Mein ehemaliges Leben in der DDR konnte ich mir nicht mehr vorstellen. Das hieß jedoch nicht, dass ich es vergessen hatte. Doch manchmal fehlten mir meine alten Kumpel! Trotz der ganzen Reglementierungen, Verbote und Einschränkungen in der DDR hatten wir doch immer Spaß. Wir nahmen als Zonis das Leben als solches leichter, und unsere Freundschaften waren von größerer Intensität ... Tja alles konnte man nicht haben, dachte ich mir so manches Mal.

Meine erste Reise führte mich zusammen mit meiner Cousine und ihrem damaligen Freund und späteren Mann nach Paris. Ein lange gehegter Traum. Holland, Belgien lagen direkt vor der Tür. Als alter Ostzoni standen noch viele Reiseträume auf meiner Liste. Italien, Spanien, Portugal, Dänemark, Schweden, Norwegen, und, und, und ... Ein ganz großes Ziel war und blieb Kanada, aber bis dahin sollten noch einige Jahre ins Land gehen.

Mein mürrischer Kollege Edi erzählte mir noch so einige Storys, er war ein Zeuge seiner Zeit, hatte den 2. Weltkrieg komplett mitgemacht und hätte eigentlich froh sein können, dass er das alles überlebt hatte. Als er aus dem Krieg zurückkam, lag sein Elternhaus in Schutt und Asche. Aus der Stadt Rheydt, heute Mönchengladbach-Rheydt, in der er geboren wurde, stammte auch der berühmt-berüchtigte Josef Goebbels, Hitlers Propaganda-Minister. Edi erzählte mir, dass er als Kind und Jugendlicher diesen des Öfteren mit seiner Frau und den Kindern auf der Straße gesehen hatte. Eines Tages, wir hatten mittlerweile das Jahr 1986, Edi war immer häufiger krank, ließ er eines Tages beim Umziehen seine Fahrerlaubnis im Umkleideraum liegen. Ich glaubte, meinen Augen nicht zu trauen: er hatte immer noch einen Führerschein aus dem Dritten Reich mit einem Hakenkreuz! Er war schon ein seltsamer Vogel, der Edi. Das Haus zerbombt durch den Nazis-Terror, dann den ganzen irrsinnigen Krieg mitgemacht, und sich selber bezeichnend als alten „Nazi" ... so richtig schlau wurde ich bis zum Schluss nicht aus ihm.

Ein paar Tage später kam er dann überhaupt nicht mehr. Es hatte sich schon seit längerer Zeit abgezeichnet; er bekam immer weniger Luft, was er mit einem Asthma-Spray zu kompensieren versuchte. Ein halbes Jahr später war er tot.

In der DDR wäre Edi als guter Kommunist durchgegangen. Die starben fürs sozialistische Vaterland mit fünfundsechzig Jahren und lagen mit ihrem Ableben Renten-technisch dem Staat nicht mehr auf der Tasche.

Eine spektakuläre Fluchtaktion

Im Herbst des Jahres 1986 erhielt ich einen Anruf. Die Stimme kam mir bekannt vor, ich konnte ihr aber kein Gesicht zuordnen. Er meldete sich dann mit „Jürgen, Jürgen Siebert, dein alter Klassenkamerad!" Ich hatte Jürgen das letzte Mal vor meiner Ausreise vor unserer Kaufhalle in Magdeburg getroffen, er wollte mir ja damals meinen Lada abkaufen.

Ich fragte, von wo aus er anrief. Er sagte aus Hannover! Es konnte nur aus dem Westen sein, denn Anrufe aus der Ostzone hörten sich wie schon erwähnt eher an, als würden sie vom Mars kommen.

Er hatte sich ein wirklich filmreifes Husaren-Stück geleistet! Nach zwei Jahren DDR Knast, die er absitzen musste, weil er einen Ausreiseantrag gestellt hatte (da war es wieder, das Glück was ich gehabt hatte), hatte er bei Nacht und Nebel seine Freundin und seine Tochter aus der Ostzone geholt, und zwar nicht irgendwie. Mit einem Freund, mit dem er im Knast gesessen hatte, wurde er fast zeitgleich in den Westen abgeschoben. Sie hatten im Knast einen lange gehegten Plan ausbaldowert und dann in die Tat umgesetzt!

Sie mieteten sich in Hannover einen Pkw, mit diesem fuhren sie dann von Hannover nach Berlin. Immer die gleiche Strecke, immer über die Transitstrecke, die auch Olaf, Ulrike und ich fuhren, als wir Susanne besuchten. Das Auto mieteten sie aus dem Grund, sollten sie bei der ganzen geplanten Aktion baden gehen und im Stasi-Knast landen, verlören sie zumindest nicht ihr eigenes Auto, was sonst sicherlich von der Stasi konfisziert würde.

Sie machten Folgendes: Einer von beiden fuhr, und der Andere legte sich, bevor sie die Grenzübergänge erreichten, betrunken in den Kofferraum! Was aber genau hatten sie vor, was war der Plan?

Sie wollten herausfinden, wie häufig sie an den Grenzübergängen kontrolliert würden, und ob es wie behauptet wurde, diese Geräte gab, welche Wärmequellen im Fahrzeug orten konnten. Sie starteten diese Fahrten von Helmstedt–Marienborn und von Westberlin–Dreilinden nach Helmstedt-Marienborn zirka fünf bis sechsmal und wurden zweimal kontrolliert. Bei Öffnen des Kofferraums sagten sie dann, der Betreffende wolle im Dunkeln liegen, da er dort besser schlafen könne und dem Fahrer nicht ins Lenkrad fiel. Das erschien ziemlich logisch.

Sie hatten beide Bundesdeutsche Pässe, aber auch hier war ihr Geburtsort eingetragen: Magdeburg. Damals wurde jedoch schon nicht mehr ganz so streng kontrolliert wie noch Jahre zuvor (wahrscheinlich wusste man schon, dass die DDR nicht mehr allzu lange existieren würde. Aber das war spekulativ).

Dass das Raus-Schmuggeln seiner Freundin Ramona sowie seiner Tochter auf diese Weise gelang, dafür lagen die Chancen fünfzig zu fünfzig.

Sie konnten im Vorfeld nichts am Telefon besprechen, alles musste über Verwandte aus dem Westen eingefädelt werden, die dafür mehrmals nach Magdeburg fuhren und alles Punkt für Punkt planten. Das alles erzählte mir Jürgen detailliert am Telefon. Mein alter Kumpel

Hannes geriet unbewusst mit in diesen Fluchtstrudel, aber auch das sollte ich erst nach dem Zusammenbruch des Kommunismus 1989 erfahren.

Die Ehe von Hannes war längst gescheitert, das war eigentlich nicht anders zu erwarten. Seit Jürgen wegen seines gestellten Ausreiseantrages im Knast saß, war Hannes mit Ramona liiert. Wir kannten uns alle aus unserer gemeinsamen Schulzeit. Wohl keine schöne Situation, für keinen, egal aus welcher Sichtweise man die Dinge betrachtete. So aber geriet auch Hannes in den Fokus der Stasi-Ermittlungen. Man wollte ihm nun Fluchthilfe anlasten, denn sie wussten natürlich, dass das Auto, das er fuhr, ehemals meines war. Dies schmierte man ihm bei den anschließenden Verhören aufs Butterbrot: „Sie fahren doch das Auto von diesem Republik-Verräter …"

Aber der Reihe nach. Nachdem die Beiden auf ihren Fahrten von Hannover nach Berlin mitbekamen, dass es eine berechtigte Chance auf ein Raus-Schmuggeln von Ramona sowie ihrer Tochter bestand, setzten sie die Sache in die Tat um. Ein alter Fußball-Kumpel von uns, Olaf, brachte beide in der Nacht auf die Raststätte Ziesar. Diese Raststätte war nicht ganz so Stasi-verseucht wie andere Raststätten. Das war ihre subjektive Einschätzung, das hatten sie ausgekundschaftet. Zumindest für die Nacht traf dies zu. Es war die gleiche Raststätte, auf der wir damals in Richtung Westberlin wegen unzulässiger Geschwindigkeitsübertretung in der eisigen Kälte eine knappe Stunde im Auto verbringen mussten.

Also musste die Flucht in der Nacht stattfinden, sie mussten beide im Kofferraum verschwinden. Das Ganze glich einem Himmelfahrtskommando, aber das traf wohl auf alle Fluchtaktivitäten aus der DDR zu.

In diesem Fall bestand zwar nicht die Gefahr, von einem Grenzposten erschossen zu werden, aber bei einem Scheitern winkten etliche Jahre Stasi-Knast.

Nachdem das Einsteigen in den Kofferraum problemlos geglückt war, ging es auf der Transitstrecke Richtung Grenzübergang Westberlin. Ich konnte bei Jürgens Schilderung am Telefon regelrecht nachvollziehen, was in ihnen vorging. Sie checkten ständig, ob sie auf der Transitstrecke verfolgt wurden. Das Motto lautete: in keiner Weise auffallen. Der Leihwagen würde bei einem Entdecken der Flucht von der Stasi konfisziert werden, aber das war ihr kleinstes Problem. Von Westberlin aus konnten sie nur mit dem Flugzeug zurück nach Hannover. Ein anderer Weg war in diesem Fall nicht möglich. Die Sache war soweit gut geplant und durchdacht. Jedoch die größte Hürde war und blieb die Überwindung der Grenze nach Westberlin! Sie wussten zudem nicht, ob sie während ihres Einstiegs auf dem Rasthof Ziesar nicht doch von irgendwem beobachtet worden waren, und man sie an der Grenze zu Westberlin Empfang nehmen würde. Sie hatten auf dem Rasthof niemanden wahrgenommen, aber sie befanden sich noch nicht im sicheren Hafen Westberlins.

Dann tauchte der Grenzübergang auf, der einem mit reinem Gewissen schon mehr als Unbehagen verursachte, geschweige denn mit zwei DDR-Bürgern im Kofferraum! Ich konnte mir das bei Jürgens Beschreibung mehr als bildlich vorstellen. Er wusste, was auf dem Spiel stand. Entweder waren sie bald alle gemeinsam in der erhofften Freiheit, oder sie landeten alle gemeinsam im Stasi-Knast! Außer natürlich Jürgens Tochter; die hätte Margot Honecker sicherlich von verdienten Genossen Zwangsadoptieren lassen …

Aber das Glück war an diesem Morgen auf ihrer Seite! Unter unvorstellbarer Angst, entdeckt zu werden, durchfuhren sie diesen ebenfalls gefürchteten Grenzübergang Dreilinden. Man hatte sie einfach durchgewunken ...

Sie waren somit im freien Teil Berlins. Sie hatten es geschafft und lagen sich in Freiheit in den Armen! Selbst als Außenstehender konnte man die Anspannung, die sich jetzt löste, sich mehr als vorstellen.

Anschließend nahmen sie wie geplant das Flugzeug und flogen Richtung Hannover.

Diese Fluchtaktion rang mir eine große Portion Achtung ab! Jürgen und sein Freund hatten alles auf eine Karte gesetzt und gewonnen. Für Hannes damit war die Sache aber noch nicht beendet. Er hatte von alledem keine Ahnung. Ramona hatte sich ihm gegenüber mit keiner Silbe geäußert, was rückblickend verständlich war. Je weniger davon wussten, desto besser.

Er ging an diesem Tag wie üblich zur Arbeit. Ramona hatte noch ihre eigene kleine Wohnung, zumal sahen sie sich auch nicht jeden Tag. Das böse Erwachen sollte für Hannes erst am frühen Nachmittag kommen, als Schnüffel und Petz bei ihm auf der Arbeit auftauchte und ihn mitnahm.

Jürgen hatte, nach dem sie in Hannover angekommen waren, zum Telefonhörer gegriffen und direkt bei der Stasi, Abteilung Inneres in Magdeburg angerufen. Er teilte ihnen mit, dass seine Freundin und seine Tochter bei ihm in Hannover wären und sie sich nicht die Mühe machen müssten, sie noch groß zu suchen. Er hörte auf der anderen Seite der Telefonleitung nur noch ein Fluchen, dann krachte der Hörer auf den Apparat!

Anschließend fuhren Schnüffel und Petz in den Betrieb, in dem Ramona arbeitete und in die Schule wo die Kleine, sprich Tochter, im Unterricht hätte sitzen müssen. Als sie beide nicht antrafen, wussten sie, dass der Anruf wohl der Tatsache entsprach.

Jetzt war Hannes an der Reihe; sie wussten natürlich, dass beide liiert waren. Sie wussten wie immer alles aufgrund ihrer flächendeckenden Überwachung und Bespitzelung. Aber die Flucht konnten sie nicht vereiteln! Ich sah diese Stasi-Bonzen mit ihren hochroten Köpfen und tobend vor Wut vor meinem geistigen Auge.

Jetzt setzten sie Hannes über Tage hinweg mehrstündigen Verhören aus, holten ihn immer wieder von der Arbeit ab. Sie wollten ihm immer wieder Beihilfe zur Republik-Flucht unterstellen, hatten aber dafür keine handfesten Beweise.

Häufig war eine Beweislast gar nicht nötig für eine Inhaftierung, man konstruierte einfach eine Mitschuld ohne jegliche Beweise.

Mein alter Kumpel Hannes jedoch blieb stur und erklärte immer wieder, dass er von alledem nichts wusste. Es entsprach ja auch den Tatsachen. Somit entging er dem Stasi-Knast!

Jürgens Aktion war eine gut vorbereitete und ziemlich harte Nummer wohl auch für die Stasi. Olaf, unseren alten Fußball-Kumpel hatte man überhaupt nicht auf dem Schirm. Er wurde mit der ganzen Sache nicht ansatzweise in Verbindung gebracht.

Die Details erfuhr ich erst nach der Wende 1989/90, als wir uns das Erste mal alle wieder sahen. Gerne hätten wir damals die Gesichter der Stasi-Typen bei dem Anruf von Jürgen aus Hannover gesehen; sie waren doch nicht so perfekt, wie man sich oft erzählte! Oder es machten sich bereits zwei Jahre vor der Wende, erste Ermüdungserscheinungen bemerkbar.

Ich lebte in geographischer Hinsicht soweit im Westen, dass ich von den Geschehnissen in der Ostzone/DDR nur noch in den Nachrichten von ZDF und ARD etwas mitbekam. Damit meine ich nicht, dass mir das Propaganda-Fernsehen der DDR und die Nachrichten-Sendungen wie zum Beispiel die „Aktuelle Kamera" fehlten. Aber als ein sich für Politik interessierender Mensch hatte ich nun nicht mehr die Vergleichsmöglichkeiten wie in früheren Tagen. Von den Besuchen meines Vaters und meines Onkels bei ihren Eltern in Magdeburg erhielt ich über die Zustände im sozialistischen „Schlaraffenland" zumindest Informationen aus zweiter Hand. Einmal noch sollte ich diese Nachrichten bei einem Besuch in Hannover konsumieren dürfen, denn dort konnte man das Fernsehen der DDR empfangen. Es kam mir vor, als würde man von einem anderen Planeten berichten. Was mir dabei besonders auffiel, war dass die „Aktuelle Kamera" jetzt noch mehr über die „Übermenschlichen Errungenschaften der Werktätigen" in der DDR berichtete. Lag die Planerfüllung früher bei mindestens 150 % über dem Soll, so waren es jetzt 200 %!!! Je mehr es dem Ende zuging, desto größer verkündete man die angeblichen Erfolge des Sozialismus.

Auch Hitler suggerierte dem deutschen Volk bis zum Schluss, dass er noch die viel zitierten und propagierten Wunderwaffen für den Endsieg im Köcher hätte ...

Als ehemaliger DDR-Bürger hatte ich gelernt, die jeweilige Propaganda immer in umgekehrter Richtung zu lesen; damit kam ich der Wahrheit meistens sehr nahe.

Auch in meiner neuen Heimat jetzt im Westen gab es etliche Missstände. Die wohl für mich schockierendsten waren die sichtbare Obdachlosigkeit einiger Mitmenschen auf den Straßen sowie das stellenweise Betteln! Und von Zeit zu Zeit begegnete man auch Menschen, die drogenabhängig waren; Dinge die mir vorher unbekannt waren ... Jedoch befanden wir uns immer noch in den Achtzigerjahren, und die sozialen Probleme hielten sich zumindest sichtbar im Rahmen.

Es war und ist immer wieder erstaunlich, wie ein großer Teil der Deutschen auf die Lügen und das Betrügen ihrer obersten Führerschaft hereinfiel und immer wieder hereinfällt. Da stellt sich einem die Frage: ist das ein deutsches Alleinstellungsmerkmal??? Oder lässt sich ein Großteil der Deutschen besonders gut manipulieren und lenken und hinterfragt die Dinge nicht einmal???

Wir schrieben das Jahr 1987. Das Wiedersehen mit meinen alten DDR-Freunden lag zu diesem Zeitpunkt noch in weiter Ferne. Die Frage war noch eher, würde ich sie überhaupt einmal wiedersehen???

In der DDR war ich zur Persona non Grata erklärt worden, wie lange das so bleiben würde, stand in den Sternen. 25 Jahre Leben in der DDR ließ man nicht einfach so hinter sich. Es kam zwar nie Heimweh auf, jedoch die Freunde aus der Kindheit und Jugendzeit vergisst man nicht! Wir hatten doch so vieles miteinander erlebt im Guten wie im Schlechten ... Die Freundschaften hier im Westen hatten nicht diesen Tiefgang, wie ich sie in der DDR erlebt hatte. Vielleicht war dies auch nur mein subjektiver Eindruck, zumal ich ja ein Zugereister war.

Hier im Westen machte jeder überwiegend sein eigenes Ding! Es gab nicht diesen ehemals gewohnten Zusammenhalt, es herrschte mitunter so etwas wie soziale Kälte. Es drehte sich hauptsächlich immer alles um das Geld, und es zählte das Leistungsprinzip.

Das Leistungsprinzip und der freie Wettbewerb im Westen sollten letztendlich über den kommunistischen Schlendrian und die damit verbundenen ökonomischen Defizite siegen!

Im Rückblick hatte dieser Milliarden D-Mark Deal zwischen Honecker und Strauß das Sterben der DDR wohl nur verlängert.

Die DDR war aber nur einer von sieben Staaten des Warschauer Paktes, an deren Spitze die Sowjetunion stand. Ohne deren Einverständnis würde und konnte es zu keiner deutschen Wiedervereinigung kommen! Aber es sollten doch noch weitere zwei Jahre vergehen bis zum endgültigen Zusammenbruch des Kommunismus ...

Der breiten Bevölkerungsmasse im Ostblock suggerierte man weiterhin, dass der Kommunismus vor dem großen Endsieg über den Kapitalismus stehen würde ... Das mit dem Endsieg hatten wir speziell schon einmal in der jüngeren deutschen Geschichte.

Im Sprachgebrauch nannte man dies natürlich nicht Endsieg, aber es lief in etwa auf das Gleiche hinaus: Das Gute würde über das Schlechte siegen! Und wer die Guten waren, stand nach wie vor außer Frage: natürlich der Sozialismus!

Guidos Fahrt auf der Transitstrecke durch die DDR

Es kam zu einer Reise eines unbedarften jungen Bundesbürgers, und somit zwangsläufig zu einem Durchfahren
des DDR-Territoriums über die allseits gefürchtete Transitstrecke Helmstedt/Marienborn–Westberlin–Dreilinden.
Guido, ein entfernter Verwandter aus Bonn, machte sich
in Richtung Westberlin auf den Weg. Er würde das erste
Mal mit dem real existierenden Sozialismus konfrontiert
werden. Seine Mutter selbst hatte noch vor dem Mauerbau die DDR verlassen, und auch sie besuchte in regelmäßigen Abständen ihre Verwandten in Magdeburg. Guido
war unbedarft, etwas vorlaut (man konnte auch sagen,
er hatte eine große Klappe), und er meinte natürlich,
dass er die Welt kenne. Aber eben nur die Westliche! Er
kannte die Grenze von Deutschland nach Holland oder
nach Belgien und umgekehrt. Dort waren die Zöllner
und Grenzbeamten größtenteils sehr freundlich. Es waren die Grenzübergänge in der westlichen Hemisphäre
innerhalb des gleichen Wirtschaftssystems und gleicher
Ideologie. Also brach er auf in Richtung Westberlin. Seine
Mutter bat ihn vor der Abfahrt inständig, an der Grenze
zur DDR, also an dem berühmt berüchtigten Grenzübergang, seinen Mund zu halten. Sie selber hatte über die
Jahre hinweg bei ihren Besuchen in Magdeburg einiges
an Schikanen über sich ergehen lassen müssen, sie wusste
also, wovon sie sprach. Die Sprüche, die Guido normalerweise von sich gab, wurden an der innerdeutschen Grenze sicher nicht so locker genommen werden wie an den

Grenzübergängen, die er bis dahin passiert hatte! Das versuchte ihm seine Mutter deutlich zu machen. Er hatte also mehr als reichlich Verhaltensregeln mit im Gepäck. Zudem riet sie ihm, dass er sich beim Durchqueren der DDR auf der Transitstrecke nach Westberlin unbedingt an die Geschwindigkeitsvorgaben halten solle, da es sonst verdammt teuer werden könnte. Ich selber hatte es ja bei unserer Fahrt im Dezember 1984 am eigenen Leib erleben dürfen. Aber was sind schon gute Ratschläge, wenn man keine schlechten Erfahrungen hat!

Außerdem musste er bis zu besagtem DDR-Grenzübergang gute vierhundert Kilometer zurücklegen, und da konnten schon einmal einige gute Ratschläge der Mutter unterwegs verloren gehen. Wie so oft im Leben (wer kennt das nicht) ändert sich ein Mensch nicht von jetzt auf gleich, und so kam es wie es kommen musste ...

Nach mehrstündiger Fahrt tauchte das erste Etappenziel in Richtung Westberlin auf: Diese monströse Grenzanlage mit dem dazugehörigen Grenzübergang!

Guido ging es nicht anders als Ulrike und Olaf 1984, als wir damals diese wahrlich furchteinflößende Grenze durchfuhren. Aber er hatte kurze Zeit später sämtliche Warnhinweise seiner Mutter vergessen, und das Elend nahm seinen Lauf.

Der Ablauf an der innerdeutschen Grenze war von einem herablassenden und stellenweise verächtlichen Behandeln westdeutscher Bundesbürger geprägt! Die Grenzposten, die alle zur Stasi gehörten, hatte man ideologisch auf Unfreundlichkeit und Verachtung getrimmt. Hier standen sie dem viel zitierten Klassenfeind gegenüber, und das musste man diesen spüren lassen. Diejenigen, die an diesen Grenzübergängen standen und in meist übelster Tonart das Herausreichen der Pässe forderten, diese Sorte Mensch hatte man häufig schon im Elternhaus zum Hass auf den anderen Teil Deutschlands erzogen. Es erfolgte meist im Befehlston das Abgleichen des Passes mit den im Fahrzeug befindlichen Personen. Häufig mussten der Kofferraum und die Motorhaube geöffnet werden, auch das alles wieder in einem knappen und harschen Befehlston ... Man hatte bei diesen Typen immer das Gefühl, dass sie im Dauer-Clinch mit ihrer jeweiligen Frau oder Freundin lagen und diese ständig drohten, diese mies gelaunten Typen zu verlassen ...

Als nächstes wurde der Fragen-Katalog ab gespult; dies alles diente der Abschreckung und Einschüchterung der jeweils Kontrollierten. Das hinterließ bei jedem Bundesbürger, der durch die DDR fuhr, seine Spuren. Ich hatte es damals 1984 ebenso zu spüren bekommen und mir geschworen, nie wieder diese Grenze zu passieren! Aber es sollte schon zwei Jahre später anders kommen, aber unter ganz anderen Umständen.

Nach der wie üblichen längeren Wartezeit, die sich dadurch ergab, dass an der innerdeutschen Grenze die Autos durchsucht und von unten mit Spiegeln abgesucht wurden, war dann schließlich Guido an der Reihe. Jetzt musste er den Fragen der Stasi-Grenzwächter Rede und Antwort stehen. Er musste den ihm gestellten Fragen-Katalog beantworten, und er hatte schon alle Warnungen seiner Mutter in den Wind geschlagen. Bei der Frage, ob er Drogen, Waffen wie Pistolen oder Hieb- und Stichwaffen mit sich führen würde, stellte er die Gegenfrage, ob er denn das alles bräuchte, um bei der Durchfahrt durch die DDR nach Westberlin klar zu kommen und sich verteidigen zu können. Diese Gegenfrage war natürlich ein gefundenes Fressen für die doch sehr im Denken limitierten und wenig humorvollen Grenzwächter. Diese dumpfen Gestalten kannten das Wort Humor nicht einmal vom Hörensagen. Somit folgte auf die Frage Guidos umgehend das schroffe Kommando: „Sofort rechts raus Fahren!" Dann wurde er der Sonderbehandlung zugeführt. Es war die berühmt berüchtigte Inspektions-Halle für West Kfz. In diesem Moment spürte er, dass jetzt Schluss mit lustig war. Die Schikane nahm ihren Lauf: man untersuchte das Auto bis aufs kleinste Detail und somit aufs Gründlichste.

Es bedurfte an dieser Grenze keines Verdachtsmoments, um Menschen aus dem freien Teil Deutschlands zu schikanieren. Es reichte ein flüchtiges unbedachtes Wort oder ein unüberlegter Satz, und man wurde Opfer dieser Stasi-Schergen.

Man montierte einige Teile von seinem Auto ab, unter anderem entfernte man die Seitenteile von seinen Türen. Guido glaubte, sich wohl im falschen Film zu befinden. Nachdem man nicht fündig wurde, musste er selber in mühseliger Kleinarbeit alles selber wieder notdürftig zusammenbauen. Das Ganze dauerte über zwei Stunden und hinterließ bei ihm einen bleibenden Eindruck.

Er setzte danach seine Fahrt in Richtung Westberlin unter Schockeinwirkung fort. Aber damit nicht genug! Kaum hatte er sich von diesem Schock ein wenig erholt, ereilte ihn schon die nächste unerfreuliche Überraschung in Form einer angeblichen Geschwindigkeitsübertretung.

Wahrscheinlich hing er noch dem vor Kurzem Erlebten hinterher, sodass er nicht merkte, dass er zu schnell fuhr. Somit wurde er ein zweites Mal an diesem Tag ein Opfer des Arbeiter- und Bauernstaates. Dieses Mal wurde er das Opfer der Autobahn-Vopos. Zu dem Grenzerlebnis gesellte sich jetzt noch eine saftige Geldstrafe hinzu.

Beweise für eine Geschwindigkeitsüberschreitung brauchte man vonseiten der DDR-Vopos nicht, hier galt absolut das Recht des Stärkeren! Man hasste den Klassenfeind, aber man liebte seine harte D-Mark, und da heiligte der Zweck die Mittel. Vielleicht hatte man ihn auch nach dem Zwischenfall an der Grenze als willfähriges Opfer per Funk auserkoren. Alles schien möglich, und nichts war unmöglich in dem Land mit Namen DDR, keine Schweinerei und keine Niederträchtigkeit konnte groß genug sein, um sie nicht zu begehen.

Man konnte mit Fug und Recht behaupten, dass das Durchqueren der DDR einem Spießrutenlauf glich, bloß eben mit einem Fahrzeug. Gleiches traf ebenso auf das Besuchen von Verwandten oder Bekannten in der DDR zu. Durch das Beantragen eines Visums bei den Behörden der DDR für den jeweils einreisenden Bundesbürger konnte man im Vorfeld schon operative Maßnahmen über inoffizieller Mitarbeiter (IM) die der Stasi zuarbeiteten, einleiten.

Das ganze Ausmaß dieser Schändlichkeiten seitens der Stasi offenbarten sich jedoch erst nach der Wende. Das führte dann nachträglich zu Brüchen von langjährigen Freundschaften und im schlimmsten Fall zu Scheidungen bei Ehepartnern! Ja, es kam zu Bespitzelungen selbst in der Ehe und im engsten Verwandten- und Bekannten-Kreis.

Man schätze zum Ende der DDR-Diktatur die Zahl der inoffiziellen Mitarbeiter auf zirka 189.000. Auch hier waren wieder Parallelen zur zwölfjährigen Nazi-Dik-

tatur erkennbar, deren Gestapo-Schergen und Helfers-
helfer ebenso mit Bespitzelung und Denunziantentum
arbeiteten.

Ich erfuhr einige Wochen später von Guidos Odyssee auf
der Transitstrecke durch meine alte Heimat und konnte
mir ein leichtes inneres Lachen nicht verkneifen. Er hatte nur eine kleine Kostprobe davon erhalten, wie es in
einer Diktatur zuging, aber dieses eine Mal reichte ihm
zu Genüge. Ein zweites Abenteuer dieser Art ersparte er
sich, und damit war er sicherlich nicht alleine. Bei seiner Rückkehr nach Bonn erklärte er seiner Mutter, dass
er nie wieder auch nur in die Nähe dieser Grenze und
durch die DDR fahren würde, geschweige denn jemals
seine dortigen Verwandten besuchen würde! Das Erlebnis hatte anscheinend einen tiefen Eindruck bei ihm
hinterlassen. Das Versprechen war leicht einzuhalten,
da Bonn weit weg war von der Ostzone und somit auch
vom „Antiimperialistischen Schutzwall".

Die Jahre in meiner jetzt nicht mehr allzu neuen Heimat
vergingen wie im Fluge! An das Gute gewöhnt sich der
Mensch schnell, alles wurde zur Normalität. Ich vergaß
jedoch nie meine Vergangenheit, und ich dachte häufig
an meine alten DDR-Freunde.
    Ich erfuhr bei den Besuchen meiner Großmutter im-
mer, wie es den Jungs erging. Mein alter Kumpel Hannes
ließ mich immer grüßen. Michael hatte seinen Ausreiseantrag seit meiner Ausreise am Laufen, und das waren
jetzt schon mehr als vier Jahre. Von seiner Freundin hatte er sich getrennt, sie beide verband eine gemeinsame
Tochter. Oder auch nicht??? Er hatte bereits eine neue

Freundin, und die teilte seinen Wunsch, in den Westen auszureisen, Sie hatte ebenfalls einen Ausreiseantrag gestellt. Aber bei Michael tat sich nichts, anscheinend man wollte ihn nicht gen Westen ziehen lassen. Zudem begründete er seine Ausreiseabsichten mit einer in Westberlin lebenden Tante, was eher eine dünne Argumentation für einen Ausreiseantrag war. Seinen Job hatte er auch verloren, und das war eine Gefahr für ihn! Er schlug sich mit Hilfsarbeiten durch. Er wusste, dass er beruflich irgendetwas machen musste, damit sie ihm nicht arbeitsscheues und asoziales Verhalten vorwerfen konnten und somit eine Handhabe gegen ihn hatten, um ihn dafür einzusperren. Das waren die Dinge, die ich von meiner Großmutter bei ihren Besuchen erfuhr, sodass ich im Bilde war.

Mein Onkel erzählte mir immer bei ihrer Rückkehr aus der Ostzone von seinen ehemaligen Klassenkameraden, die er in Magdeburg besuchte. Einige von ihnen durften sich mit ihm nicht treffen, da sie stramme Parteigenossen waren und somit der Kontakt zum Klassenfeind verboten war. Welch eine Schizophrenie! Aber eben typisch.

Und er erzählte mir von dem Klassiker: der Bockwurst für 0,95 DDR-Pfennig im Magdeburger Stadtpark am Adolf-Mittag See! Die Preise bei dieser Bockwurst blieben stabil und nicht nur bei der Bockwurst. Jährliche Inflation gab es im Kommunismus nicht. Selbst ich hatte sie schon als Kind für diese 0,95 DDR-Pfennige gekauft und vertilgt. Dazu gab es noch eine ebenso „leckere" Fassbrause. Aber gut: man war halt nicht anspruchsvoll im Arbeiter- und Bauern-Staat. Aber das eigentliche Highlight war die Bockwurst! Nicht der Preis war die eigentliche Überraschung.

Das waren für DDR-Verhältnisse moderate Preise. Nein, das Reinbeißen in diese Bockwurst war der große Überraschungsmoment. Hier war derjenige klar im Vorteil, der diese Bockwurst schon hin und wieder mal verspeist hatte; er wusste, wie man die Sache anging.

Es war ein vorsichtiges Reinbeißen angesagt, ein sozusagen leichtes und vorsichtiges Aufschlitzen der Bockwurst-Haut mit den Zähnen ... Der gierig Verschlingende machte den entscheidenden Fehler: er biss mit voller Wucht in diese köstliche DDR-Leckerei und bezahlte dies mit einer kräftigen warmen Dusche. Beim Reinbeißen in diese Bockwurst spritzte das Wasser, das in dieser Bockwurst reichlich vorhanden war, in alle Himmelsrichtungen, sodass alle Umstehenden mit Wasser aus dieser Bockwurst beglückt wurden. Hier hatte die VEB-Wurst-und-Fleischwaren wieder ganze Arbeit geleistet und ein Produkt besonderer Güte hervorgebracht!

Hinzu kam dann noch der Senf; der schmeckte als hätte ihn Napoleon zu Zeiten seines Russland-Feldzuges schon auf seinem Tisch gehabt! Und als Draufgabe je nach Tageszeit eine mitunter schon ältere Scheibe Weißbrot. Somit stand der lokalen Köstlichkeit nichts mehr im Wege.

Jedes Mal, wenn ich Onkel und Tante nach ihrer Rückkehr aus der Ostzone fragte, ob sie wieder den besagten Adolf-Mittag See besucht hatten und eine dieser leckeren Bockwürste verzehrt hätten, mussten wir alle schallend lachen.

Von Susanne hörte ich gar nichts mehr. Jeder von uns hatte wohl mit sich selber zu tun. Vielleicht war sie bereits glücklich verheiratet und scharte eine große Kinderschar um sich??? Was ich aber bezweifelte, es hätte nicht zu ihr gepasst. Aber Menschen verändern sich im Laufe ihres

Lebens. Es sollte noch einiges passieren und es sollten noch einige Jahre ins Land gehen, bis wir uns wiedersehen würden. Zumal sie noch von einem Schicksalsschlag getroffen wurde. Meine Prognose der nicht vorhandenen Kinderschar sollte sich aber als richtig erweisen.

Die 80ziger Jahre standen im Zeichen des Bodybuilding-Booms. Auslöser der Fitness- und Kraftsport-Welle war der mehrfache Bodybuilding-Weltmeister Arnold Schwarzenegger. Zu dieser Zeit schossen Fitnessstudios wie Pilze aus dem Boden. Dort lernte ich einige Leute kennen, die meine Zukunft beruflich wie auch privat beeinflussen und verändern sollten.

Edi hatte das Zeitliche gesegnet! Das erfuhr ich von unserer Chefin. Meine jetzigen Kollegen kannten ihn nicht mehr. In der DDR hätten wir gesagt, er war ein guter Kommunist. Er starb mit fünfundsechzig und lag somit dem Staat nicht mehr auf der Tasche. Aber dann erinnerte ich mich an damals, als ich das erste Mal die Werkstatt betrat und er mir verkündete, welchem vergangenen politischen System er sich verbunden fühle. Auch das lag schon wieder Jahre zurück. Wie schnell doch die Zeit vergeht, dachte ich mir immer wieder. Keiner ahnte zum damaligen Zeitpunkt, welche politischen Umwälzungen Deutschland noch erfassen würden.

In der Werkstatt waren wir mittlerweile zu dritt: Rico, Detlef und ich. Wir passten als Kollegen gut zusammen. Eines Tages wurden wir um ein Mitglied in der Werkstatt bereichert, wenn man dieses als Bereicherung bezeichnen konnte. Roger war sein Name. Wir ahnten noch nicht, dass sich damit unsere gute Teamarbeit dem Ende zu neigte. Roger war von der Sorte Tausendsassa! Es gab nichts, aber auch gar nichts, was er nicht schon mal gemacht oder erlebt hatte. Wir warteten nur noch auf den Tag, wo er uns erzählen würde wie er das erste Kind entbunden hatte. Zumal hielt er sich mehr im Büro auf als in der Werkstatt, was uns ihm gegenüber misstrauisch machte. Mit dem bisherigen Frieden in der Werkstatt war es vorbei, keiner von uns kam mit diesem Typen klar.

In jedem System und in vielen Firmen gibt es die Schmierigen und die Emporkömmlinge, und so einen hatten wir jetzt in unserer Mitte.

Mir schwebte beruflich schon seit einiger Zeit etwas ganz anderes vor, die Tage als Mechaniker waren für mich definitiv gezählt, das hatte nichts mit dem Auftauchen des neuen Schaumschlägers Roger zu tun, aber er war der Punkt auf dem I und sollte mir meine Entscheidung des Aufhörens in der Werkstatt erleichtern.

Es hatte mit den Leuten im Fitnessstudio zu tun, und es wurde längst Zeit, in neue Gefilde aufzubrechen.

Ich wollte in die Büro-Kommunikationsbranche wechseln, speziell in den Verkauf von Kopierern und Faxgeräten, die immer mehr den Markt eroberten. Die Zeit der Flüssigkopierer neigte sich endgültig seinem Ende zu. Die Kopierer auf Tonerbasis hatten bereits in großer Zahl die Büros erobert, und damit wollte ich in Zukunft mein Geld verdienen. Auch etwas mehr Geld als bisher.

Bis zum flächendeckenden Verkauf von PC's sollte es noch einige Zeit dauern. Aber es standen diese damals noch sündhaft teuren Computer vereinzelt schon in einigen Büros. Ihr großer Siegeszug sollte erst noch beginnen.

Die Fahrt nach Österreich und das kulinarische Erlebnis am Balaton

Wir schrieben das Jahr 1988. Es war Sommer, und ich besuchte das zweite Mal die Verwandtschaft meines Großvaters mütterlicherseits in Österreich. Meine Reise ging jedoch noch weiter, und zwar nach Ungarn. In Budapest wollte ich mich mit meinem Bruder und meiner Schwester treffen, diese hatte ich zuletzt vor knapp fünf Jahren gesehen.

Das Treffen mit meinen Geschwistern hatte ich über meine Großmutter bei ihrem neuerlichen Besuch bei mir vereinbart.

Telefonisch als auch schriftlich bestand immer noch ein großes Risiko, dass Telefonate als auch Briefe abgefangen wurden. Also ging dieses nur über den kommunikativen Verwandten-Transfer von West nach Ost oder im Fall meiner Großmutter von Ost nach West.

Ich hatte über ein Reisebüro einen Bungalow am Balaton gemietet. Mir wurde wieder bewusst, wie einfach es doch war, wenn man über das richtige Geld und die dazu gehörige Staatsbürgerschaft verfügte. Ich hatte mich schon so sehr an die D-Mark gewöhnt. In jenem Moment kam mir wieder in Erinnerung, was es bedeutet, als DDR-Bürger mit diesen wertlosen Aluchips selbst in einem „sozialistischen Bruderland" unterwegs zu sein. Das Geld machte dich entweder zu einem Bürger erster Klasse, oder es disqualifizierte dich zu einem Bürger zweiter Klasse.

Als wir die Österreichisch-Ungarische Grenze erreichten, war die im Gegensatz zur Deutsch-Deutschen

Grenze eher harmlos. Jedoch gab es auch hier kein Durch-
kommen für Flüchtende; das hatte Susanne vor Jahren
schmerzlich am eigenen Leib erfahren müssen! Bernhard und Reinhard begleiteten mich, sie waren entfernte
Verwandte aus Österreich. Ich hatte ihnen bei der Ernte
geholfen, und so begleiteten sie mich für ein paar Tage.
Es war ihr erster Ausflug in ein Land des Ostblocks. Wie
schon erwähnt schrieben wir das Jahr 1988, und dass
hier ein gutes Jahr später alle Dämme brechen würden,
also sich die Grenze für DDR Bürger öffnen sollte, ahnten wir damals noch nicht mal ansatzweise.

Auf der Fischerbastei in Budapest traf ich wie verabredet
nach Jahren meinen Bruder und meine Schwester wieder.

Beide hatten ihre Sachen in einem Schließfach auf
dem Budapester Bahnhof Keleti deponiert. Dieser Bahnhof sollte einige Jahrzehnte später noch im Focus der
Weltöffentlichkeit stehen (Flüchtlingskrise 2015!). Wir
nahmen ein Taxi, einen Lada. Da waren sie wieder, die
alten Geister der Vergangenheit. Mein Bruder fürchtete,
dass der Preis für dieses Taxi zu hoch sein könnte. Ich
hatte vorab D-Mark in Forint umgetauscht. Es war mir
zuwider, mit D-Mark zu zahlen, da auch der Wechselkurs
schwankte. Zudem wollte ich nicht auf dicke Hose machen.

Leider gab es immer wieder Bundesbürger, die in den
Ostblock-Ländern sich nicht unbedingt von ihrer „besten Seite" zeigten und mit der D-Mark um sich warfen.
Sie vermittelten der einheimischen Bevölkerung somit,
dass hier alle arme Schlucker wären und sie mit der D-
Mark die Puppen tanzen lassen konnten. Das hatte ich
als ehemaliger DDR-Bürger selbst in der DDR erlebt.

Wir brachen Richtung Balaton auf, dort bezogen wir
den gemieteten Bungalow. Dann begaben wir uns in eine

nahe gelegene Gaststätte direkt am See. Dort kam es zu einem Ereignis, das Bernhardt und Rainer nie wieder vergessen sollten! Aber vorab: es war von der skurrilen Art und verursachte bei beiden ein ungläubiges Staunen und herzhaftes Lachen.

Wir bestellten nach längerem Warten, was im real existierenden Sozialismus ja die Regel war, dass ein permanenter Personalmangel herrschte, unser Essen und die dazugehörigen Getränke. Auch dies brauchte wieder eine kleine Ewigkeit; vermutlich musste man das bestellte Menü (Fleisch oder Geflügel) erst einmal jagen und erlegen. Meine beiden Österreicher befürchteten schon, eines Hungertodes zu sterben und die Heimat nicht mehr wieder zu sehen.

Der vom Sozialismus gebeutelte DDR-Bürger ertrug solche Kleinigkeiten wie eine längere Wartezeit mit stoischer Ruhe. Aber dann nahte die Rettung in Form gleich zweier Kellner.

Beide trugen größere Tabletts, wie das häufig üblich ist bei mehreren Bestellungen, wir waren schließlich zu fünft. Glücklicherweise waren beide Tische vor uns nicht mit Gästen besetzt, denn der Linke dieser beiden Kellner kam ins Trudeln und stolperte zudem auch noch, sodass sich sämtliche Speisen und Getränke vom Tablett über den Tisch vor uns ergossen! Gut, sagte man sich, das kann passieren und ist halt dumm gelaufen. Jedoch machte besagter Kellner den Eindruck, als gehöre er zur Sorte der Durstigen, da sein Gang schon auffällig schwankend war, als er das erste Mal an uns vorbei lief und weiter hinten einige Gäste bediente. Aber damit nicht genug: nach dem kleinen Unglück tat er so, als wäre nichts passiert, machte auf dem Hacken eine Kehrtwendung und ward den Rest des Abends nicht mehr gesehen. War das jetzt „Verstehen sie Spaß???"

Die Krönung war, dass die Speisen und Getränke nun auf Tisch und lagen und sich den Rest des Abends keiner von den Angestellten bemüßigt fühlte, das Chaos zu beseitigen!

Bernhardt und Rainer hatten eine Lehrstunde in sozialistischer Gastronomie erhalten, wobei man fairerweise sagen muss, dass diese Form des Servierens nicht unbedingt üblich war. Es war eine bleibende Erinnerung an unseren gemeinsamen Trip an den Balaton. Die Beiden lachen heute noch über die damalige Art des Servierens von Speisen und Getränken.

Als Nachbarn neben unserem Bungalow hatten wir sehr trinkfreudige Mannheimer. Sie verbrachten ihren Aufenthalt in einem ähnlichen Bungalow wie unserem. Wir sahen jedoch von ihnen während der gesamten Zeit niemanden. Aus welcher Gegend von Deutschland sie stammten, war nur durch die Nummernschilder ihrer Autos erkennbar. Der Tisch sowohl vor ihrem Bungalow als auch der im Garten füllten sich täglich mehr mit leeren Flaschen des sehr beliebten Krimsekts! Der war damals im kommunistischen Ungarn um ein Vielfaches günstiger als in der Bundesrepublik.

Nach einer Woche trennten sich unserer Wege wieder; es hieß Abschied nehmen. Mein Bruder kam auf die abenteuerliche Idee, eine Einreise-Erlaubnis für mich in die DDR zu stellen! Ich sagte ihm, dass es vergebliche Liebesmüh wäre. Meine Begeisterung, in dieses Land und wenn auch nur für kurze Zeit und als Besucher zurückzukehren, hielt sich in Grenzen.

Das Gesuch bei den zuständigen Behörden der DDR wurde natürlich abgelehnt. Ich gehörte weiterhin zu den abtrünnigen Vaterlandsverrätern und war somit unerwünscht.

Das Ende dieser unsäglichen kommunistischen Diktatur war schon besiegelt! Es läuteten, noch nicht für alle hörbar, die Glocken des Todes. Es war der Sommer 1988.

Das unvergessliche Jahr 1989

Das Jahr 1989 begann so, wie das Jahr 1988 endete. Die normale Bevölkerung ahnte zum Anfang des Jahres nicht, was sich im Spätsommer 1989 historisch abspielen würde. Es sollte nicht nur Deutschland grundlegend verändern, es würde die gesamte bis dahin bekannte Weltordnung auf den Kopf stellen.

Mein alter Job in der Spedition war Geschichte. Nach knapp fünf Jahren hieß es, jetzt zu neuen Ufern aufbrechen. Demnächst würde mein neues Betätigungsfeld in Düsseldorf liegen. Zu diesem Zeitpunkt des Neuen Jahres 1989 ahnte ich noch nicht, dass ich zu Weihnachten in meiner Geburtsstadt Magdeburg seien würde. Jetzt hieß es erst einmal Lernen, Lernen und nochmals Lernen. Mein ehemaliger Mitstreiter im Fitnessstudio, Harald, war jetzt zu meinem Chef avanciert. Er hatte mich bei mehreren Gesprächen davon überzeugt, bei ihm im Vertrieb anzufangen. Meine zukünftige Aufgabe bestand darin, Kopierer und Faxgeräte zu verkaufen, und das zu 99 % an Gewerbetreibende, sprich Firmen, an Architekten, Autohäuser und viele andere mehr. Mein Kenntnisstand in dieser Branche tendierte sowohl im Produktbereich als auch was das Verkaufen anbetraf, gen Null. Aber alles ließ sich schließlich erlernen; so wurde es ein Sprung ins kalte Wasser.

Am letzten Tag, den ich in meiner alten Arbeitsstätte der Spedition verbrachte hatte, konnte ich mir eine Spitze gegen unseren Tausendsassa nicht verkneifen. Ich hatte dafür die Mittagspause gewählt, hier saßen wir noch einmal alle zusammen. Unser Alleskönner hatte zuvor ein paar Tage frei, und so erfuhr er erst am Morgen durch unsere Chefin, dass ich gekündigt hatte. Meine anderen Werkstatt-Kollegen hatte ich schon im Vorfeld über meinen Entschluss informiert. Ich fragte ihn, da er schließlich alles und jedes schon erlebt hatte, wie es seinerzeit bei ihm mit der Schwangerschaft ablief, und dass das mit der monatlichen Regelblutung wohl auch nicht so schön wäre, und wie die Geburt bei ihm verlaufen war. Er fand dies überhaupt nicht lustig, jedoch meine ehemaligen Kollegen umso mehr.

Ich hatte noch genügend Resturlaub, nahm Abschied von meinen Kollegen und wie so häufig im Leben sahen wir uns nicht wieder.

Michael aus dem Fitnessstudio hatte seine Techniker-Ausbildung beendet, war aber nicht geneigt in diesem Bereich tätig zu werden. Auch er beschloss, sein Glück in der Kommunikationsbranche zu suchen. Somit starteten wir beide unserer Karriere bei Harald in Düsseldorf. Sie sollte dort nicht von langer Dauer sein.

Unser Aufgabenbereich in unserem neuen Job in beinhaltete massives Telefonieren und die Leute in diesen Fällen am anderen Ende der Leitung zu bearbeiten. Man musste erst einmal an der Sekretärin vorbeikommen und dann den Entscheidungsträger oder Firmeninhaber am anderen Ende der Leitung überzeugen, dass er etwas brauchte, was er vielleicht doch nicht brauchte. Aber jeder Geschäftsmann will letztendlich Geld verdienen und sparen, wo es geht. Hier ging es meist um Anschaffungen von mehreren Tausend Mark. Der Job war verdammt schwer, und man hatte das Gefühl, es würde jeden Tag schwerer die Leute von ihrem Glück zu überzeugen, ordentlich Geld für neue Technik zu investieren.

Wir mussten lernen, schon am Telefon überzeugend zu wirken. Leichter gesagt als getan, es hagelte fast nur Absagen und zwar eine nach der anderen.

Aber Beharrlichkeit und anfänglich viel Quantität anstatt Qualität führte dann häufiger zum Ziel und somit zu Terminvereinbarungen, jedoch immer noch viel zu selten zu Verkaufsabschlüssen. Aber schließlich war noch kein Meister vom Himmel gefallen, und wir waren noch unverbraucht, was den Job anbetraf. Wir eigneten uns täglich Stück für Stück mehr das grundlegende Rüstzeug an, sowohl in der Telefonakquise als auch im Außendienst. Im Außendienst fuhren wir immer mit einem erfahrenden Verkäufer mit, um rhetorisch als auch verkaufstechnisch zu lernen. Wir hatten es häufig mit sehr gewieften Geschäftsleuten zu tun. Düsseldorf war ein hartes Pflaster. Es hieß, die Geschäftsleute zu überzeugen, welchen Nutzen und Gewinn sie aus den neu angeschafften Geräten ziehen würden, was nicht immer gelang.

Es taten sich in Haralds Firma einige Unregelmäßigkeiten auf, um es schmeichelhaft zu formulieren. Das ging von Bedrohungen am Telefon wegen unbezahlter Rechnungen bis zum angeblichen Betrug, wegen zu hoher Preise für die jeweils verkauften Geräte, oder zu hohen monatlichen Leasingraten. Es schien wohl einiges im Argen. Eine ganz neue Welt für Michael und mich, und das in jeder erdenklichen Hinsicht!

Man lebte anscheinend und offenbar weit über seine finanziellen Verhältnisse, vor der Tür parkten Autos vom Typ Porsche 928, Porsche 911 und BMW Cabrios. Es schien zudem viel Blenderei im Spiel zu sein. Dies war dann wohl die andere Seite der freien Marktwirtschaft. Es erschloss sich uns eine völlig andere Welt!

Michael und ich fuhren meist gemeinsam hin und zurück zur Arbeit. Wir unterhielten uns dann über das täglich Erlebte; es liefen schon sehr dubiose Dinge ab.

Bei einer unserer Fahrten kamen wir überein, dass es sowohl auf Dauer nicht lange gut gehen kann mit unserem Job bei Harald. Man konnte es als eine Art Gefahr in Verzug nennen, was sich in Düsseldorf abspielte. Es musste ein Plan B her! Das Motto lautete für uns, schnell zu handeln. Wir nahmen parallel zu unserer Arbeit ein eigenes Ziel in Angriff: Wir mussten oder besser wir wollten Vertragshändler von Canon werden! So arbeiteten wir auf dieses Ziel hin, ohne auch nur einen Hauch Ahnung zu haben, dass sich einige Monate später der Sozialismus in Wohlgefallen auflösen würde.

Kaum hatten wir also etwas Einblick in die Materie genommen, hieß es schon wieder Abschied nehmen; zumindest von Düsseldorf und seinen Protagonisten.

Wir hatten den Spätsommer des Jahres 1989 und wir wechselten von NRW nach Niedersachsen. Es war wohl ein Wink mit dem Zaunpfahl, wir rückten somit unbewusst der kommenden Ereignisse näher an die DDR heran. Hätte mir zu diesem Zeitpunkt des September 1989 jemand prophezeit, dass ich nur wenige Monate später in meiner alten Heimat Magdeburg beim Rat der Stadt sitzen würde, genau diesem Rat der Stadt und in genau diesem Gebäude, wo ich meine Ausreiseanträge gestellt hatte, wo ich mich für meine Ausreise Stasi-Verhören aussetzen musste: ich hätte diese Person für verrückt erklärt!!!

Im September 89 besuchte meine Großmutter ihre alte Freundin Elsa „Martinelli" in Bremen. Der Name Martinelli war damals von uns Kindern ein erfundenes Pseudonym, weil sie sich wie eine italienische Diva aufspielte, oder zumindest wie eine ehemalige Diva aus den alten UFA-Studios. In früheren Tagen besuchte sie uns manchmal in Magdeburg. Mittlerweile war die alte Lady 96 Jahre alt, benahm sich aber immer noch wie eine Diva. Sie beklagte sich in ihrem Altersheim über die ganzen Alten, die sie nerven würden, jedoch war sie von allen die Älteste. Sie war und blieb bis zum Schluss ein menschliches Unikat.

Großmutter sagte mir, es brodele in der Ostzone an allen Ecken und Enden. Mein Bruder nahm, wie sie mir erzählte, an den Protest-Demonstrationen in Magdeburg teil. Es war die Zeit, als Ungarn seine Grenzen öffnet. Etliche DDR Bürger sagten mit ihrer Flucht nach Österreich und dann weiter in die Bundesrepublik Deutschland dem Arbeiter- und Bauern-Staat Goodbye. Sie ließen alles hinter sich: Freunde, Haus und Hof; alles, was ihr bisheriges Leben ausmachte! Denn sie gingen davon aus, dass die Flucht in den Westen eine einmalige Chance sein würde, die es zu nutzen galt.

Als ehemaliger DDR-Bürger verfolgte ich diese Vorgänge in den Medien von ZDF und ARD sowie über Radio fast stündlich, ich ließ keine Nachrichtensendung aus. Die Frage zu diesem Zeitpunkt lautete, würde dies alles wie am 17. Juni 1953 in einem Blutbad und somit in einem Desaster enden???

Entscheidend war: wie würde Russland (immer noch Sowjetunion) reagieren? Alles war in Schwebe und die Ereignisse sollten sich in den nächsten Wochen regelrecht überschlagen ...

Wir mussten trotz allem unseren Lebensunterhalt verdienen, und wir fingen ganz bei Null an. Es hieß, ein komplett neues Umfeld beackern, und das anfangs mit äußerst bescheidenen Mitteln, da wir noch nicht mal die Grundausstattung an Equipment, sprich Kopierer und Faxgeräte, zur Verfügung hatten. Aber zumindest hatten wir ein Ladenlokal und Telefone, um die ersten Kunden-Termine zu machen.

Die Flucht-Tendenzen der DDR-Bevölkerung nahm immer größere Ausmaße an! Zirka 4000 DDR-Bürger flüchteten in die Westdeutsche Botschaft in Prag, wo Hans-Dietrich Genscher (ehemaliger Bundesminister in mehreren Ressorts), selbst geboren in der DDR, verkündete: „LIEBE LANDSLEUTE, WIR SIND ZU IHNEN GEKOMMEN, UM IHNEN MITZUTEILEN, DASS HEUTE IHRE AUSREISE IN DIE BUNDESREPUBLIK MÖGLICH GEWORDEN IST!" Die letzten Worte Genschers gingen in tobendem Jubel der dort ausharrenden DDR-Bürger unter. Mich durchfuhr ein Schauer! Man konnte es kaum glauben. Würde das alles gut gehen??? Das Unrechtssystem unter Honecker und seinen Paladinen schien tatsächlich zu wanken ...

Wir pendelten am Wochenende immer noch von Niedersachsen nach Nordrhein-Westfalen. Dort tief im Westen registrierten meine Freunde die Veränderungen in der DDR über die Medien, aber wie die meisten dort Lebenden hatten sie nie einen wirklichen Bezug zum zweiten Deutschen Staat im Osten der Republik. Holland lag für sie näher und war somit präsenter.

Jetzt stand täglich die Frage im Raum, wie würde das alles ausgehen? Würde die Sowjetunion kampflos ihren Herrschaftsbereich aufgeben??? Dieser bestand ja nicht nur aus der DDR, sondern das Militärbündnis des Warschauer Paktes umfasste die sieben Ostblock-Staaten, und auch dort kam es zunehmend zu Unabhängigkeitsbestrebungen gegenüber dem „Großen Bruder" Sowjetunion.

Aber dann sagte auch Gorbatschow bei seinem letzten Besuch in der DDR, im Oktober 89 zum vierzigsten Geburtstag des Arbeiter- und-Bauern-Staates Namens DDR, den historischen Satz: **„WER ZU SPÄT KOMMT, DEN BESTRAFT DAS LEBEN!!!"**

Honecker und seine Betonköpfe waren wohl schon zu senil, um zu begreifen, was diese Worte bedeuteten. Der Todeskampf des DDR-Regimes hatte begonnen!

Auch hier waren wieder Parallelen erkennbar zwischen Nationalsozialismus und Kommunismus, was Starrsinn und Realitätsverweigerung betraf: Der Eine schwafelte vom „Tausendjährigen Reich", das nach zwölf Jahren unterging, die Anderen faselten von der „Kommunistischen Weltrevolution", die in der DDR vierzig Jahre währte und sich jetzt ihrem unausweichlichen Ende näherte. Egal welche Regierungsform, nach zu langer Verweildauer an der Spitze verlieren die regierenden Repräsentanten jeglichen Bezug zum Volk und zur Realität! Da macht es auch keinen Unterschied, ob es sich um eine Monarchie, eine Diktatur, oder um eine demokratisch gewählte Regierung handelt; zu langes Verweilen an der Macht schadet meistens nur dem Volk ...

Die Ereignisse überschlugen sich! Am 09. November 1989 verkündete Günter Schabowski (Mitglied des Zentralkomitees der SED) in einer historischen Pressekonferenz, dass DDR-Bürger mit sofortiger Wirkung in die BRD reisen dürften! Sozusagen sofort! In diesem Moment brachen alle Dämme! Die Welt hielt den Atem an …

Hier stand die geteilte Stadt Berlin im Focus der Weltöffentlichkeit. So ziemlich alles, was als Fortbewegungsmittel genutzt werden konnte, kam jetzt zum Einsatz! Die Massen strömten zur Berliner Mauer, mit Kind und Kegel, zu Fuß oder mit der Rennpappe, mit dem Wartburg oder Skoda oder Dacia oder Saborosch: Alle wollten rüber nach Westberlin!!! Ein paar auch von West- nach Ostberlin, aber eben nur ein paar wenige.

Mein alter Kumpel Michael(Ost) lebte nun mittlerweile seit gut einem Jahr in Westberlin, aber wie ich später erfuhr, verschlief er die Ereignisse dieser historischen Nacht. Seine Frau (sie hatten in der DDR geheiratet, somit konnte Sie mit ihm in den Westen ausreisen) erzählte am nächsten Morgen als sie nach Hause kam, dass sie gerade vom Alexanderplatz käme! Was Michael nicht glauben wollte. Und Sie sagte ihm, dass die Grenzen offen wären, was er Ihr noch viel weniger glaubte. Er hatte somit ein Ereignis von Weltbedeutung mal einfach so verpennt!

Zum damaligen Zeitpunkt waren wir zu weit weg vom Geschehen in Berlin, aber das sollte sich sehr bald ändern. Ich saugte jede Neuigkeit der Entwicklungen in der DDR auf wie ein Schwamm das Wasser. Die Bilder von Berlin gingen um die ganze Welt, und man konnte es als ehemaliger DDR-Bürger kaum glauben, es durchfuhr einen regelrecht! Wer das live oder im Fernsehen miterlebte, würde es nie wieder vergessen.

Wieder Fragen über Fragen. Würde das alles so bleiben???
Oder würden so viele Menschen die DDR verlassen wie
damals vor dem August 1961, als Ulbricht die Mauer bauen
ließ??? Würde die DDR weiter bestehen??? Oder wird es
eine deutsche Wiedervereinigung geben??? Entscheidend
für all diese Fragen und die nachfolgenden Entscheidungen waren hier die noch existierende Sowjetunion und
die USA; auch Frankreich und Großbritannien mussten
mit eingebunden werden.

Der normal Sterbliche kannte im Herbst 1989 das Endergebnis noch nicht, aber man hoffte allerorts, dass es
zu einer deutschen Wiedervereinigung kommen würde.
   Sollte es so sein, wollten wir in Richtung Osten expandieren. Wobei sich expandieren sehr groß anhörte!
In meiner alten Heimat wurde *alles* benötigt, *egal was*! Es
gab einen riesigen Nachholbedarf an allem und jedem.
Der Sozialismus starb nicht so sehr aus ideologischen,
sondern überwiegend aus wirtschaftlichen Gründen.

Ich hatte es seit der Grenzöffnung noch nicht geschafft,
meine alte Heimat zu besuchen. Zum einen galten bei
einem DDR-Besuch noch der Zwangsumtausch und die
Visumspflicht, zum anderen hatten wir so viel Arbeit,
dass die Zeit dafür einfach nicht reichte. Solange keine Klarheit bestand, wie sich die Situation in der DDR
entwickeln würde, zog ich es vor, vorerst im Westen zu
warten, wie sich die Dinge auf der anderen Seite entwickeln würden.

Es stand Weihnachten vor der Tür. Michael(West) und ich
wollten nach Mönchengladbach fahren; wir waren froh

ein paar Tage frei zu haben. Wir hatten die letzten Wochen sprichwörtlich Tag und Nacht gearbeitet. Der Laden musste ins Laufen kommen, und das bedingte den Einsatz bis zur Erschöpfung. Michael brach am 24.12.1989 Richtung Gladbach auf. Ich musste noch einige Sachen erledigen und wollte dann am frühen Nachmittag ebenfalls auf den Weg gen Westen.

Gedankenverloren packte ich meine Sachen, nebenbei lief der Fernseher. Ich horchte auf, als ein Sprecher verkündete, dass es für Bundesbürger keinen Zwangsumtausch sowie keine Visumspflicht mehr gebe! Dies gelte zumindest erst einmal für Weihnachten …

Das war es! Jetzt stellte ich mir die Frage: Fahre ich gen Westen Richtung Mönchengladbach, oder wage ich die Fahrt gen Osten Richtung Magdeburg, und das am 24.12., Heiligabend? Ich überlegte nicht lange. In mir schlummerte schon immer ein Abenteurer, und keiner in Magdeburg würde mit meinem Kommen rechnen.

Bis Magdeburg waren es gute 300 km, bis Mönchengladbach waren es von Dinklage, unserer neuen Heimat, gute 250 Kilometer. Die Kilometer-Frage war das kleinste Problem, aber was würde mich an dieser mörderischen Grenze Helmstedt-Marienborn erwarten??? Ich hatte sie wie die meisten anderen, die diese Grenzanlage passieren mussten, in keiner guten Erinnerung, obwohl das jetzt schon wieder etliche Jahre zurücklag.

Ich machte mich auf den Weg. Es schossen mir tausend Sachen durch den Kopf. Dann lag sie vor mir, taghell erleuchtet! Aber zu meinem Erstaunen sah ich so gut wie keine Menschen, zumindest keine Reisenden. Dann fiel mir ein: wir hatten ja den 24.12. also Weihnachten! Da hatten wohl die meisten meiner Landsleute etwas anderes zu tun, als sich hier spät abends an dieser Grenze herumzutreiben. Ich fuhr langsam auf das mir noch in Erinnerung gebliebene längliche Wachhaus zu, in dem in der Vergangenheit im schroffen Kommando-Ton nach den Reisepässen gefragt wurde.

An diesem Abend war ich weit und breit der Einzige an dieser Furcht einflößenden Innerdeutschen Grenze. Ein unbeschreibliches Gefühl, es wirkte alles sehr surreal.

Als ich anhielt, kam aus dem Gebäude ein Offizier auf mich zu. Ich öffnete das Handschuhfach und wollte die Fahrzeugpapiere aus selbigen nehmen (wir ließen sie meistens in den Autos, da wir diese häufig untereinander wechselten). Ich suchte und kramte und wurde nicht fündig. In diesem Moment fiel mir ein, dass sich auf den Seitentüren des Autos große Werbeaufkleber von Canon befanden. Na ja, bis hier zur Grenze hatte ich es geschafft, jetzt hieß es, wohl eine Kehrtwendung zu machen und Richtung Mönchengladbach fahren. Ich glaubte kaum, dass man mich ohne Fahrzeugpapiere und mit dieser Werbung auf den Autotüren in Richtung meiner Heimatstadt Magdeburg fahren lassen würde. Besagter Grenzposten stand bereits neben mir, er bekleidete den Rang eines Hauptmanns (die Dienstränge hatte ich noch immer nicht vergessen). Er fragte mich in überaus höflichem Ton nach meinen Autopapieren! Ich tat noch einmal so, als würde ich sie im Handschuhfach suchen, und sagte ihm dann, dass sie wohl raus genommen worden seien. Ich könnte aber notfalls meinen Freund anrufen und der könnte sie mir dann durchfaxen, was natürlich Blödsinn war. Michael hatte kein Faxgerät zuhause bei seinen Eltern. Zudem bedachte ich überhaupt nicht, dass es zu diesem Zeitpunkt in der DDR weder Faxgeräte noch ähnliche Übertragungsmöglichkeiten gab, nur Fernschreiber. Der Offizier schaute mich auch etwas verdutzt an und verschwand dann mit meinem Führerschein in besagtem Gebäude. Zu meinem Erstaunen war er weiterhin extrem freundlich! THE WIND OF CHANGE blies anscheinend schon durch die marode DDR, anders war die Freundlichkeit dieses ehemaligen Grenztyrannen nicht erklärbar.

Nach einer Weile kam er aus diesem Gebäude wieder auf mich zu und fragte unvermittelt, wie lange ich den schon nicht mehr in Magdeburg gewesen wäre. Woher kannte er meinen Geburtsort??? Ach ja, stand ja im Führerschein. Ich antwortete ihm: das letzte Mal vor knapp sechs Jahren. Ich dachte mir, was geht hier ab? Bekomme ich jetzt gleich auch noch ein Weihnachtsgeschenk??? Das war doch nicht diese Furcht einflößende Grenze mit diesen mies gelaunten Grenzern vergangener Tage! Er sagte, ich solle Fahren und mich nach Möglichkeit nicht ohne Papiere erwischen lassen. „Besuchen sie ihre Verwandten und noch schöne Weihnachten"!!!! Ich konnte das alles gar nicht glauben ... war das ein Traum oder war es die Wirklichkeit??? Oder brachten die Typen, die früher die Menschen bis aufs Blut schikaniert hatten, sich schon jetzt für das wahrscheinlich bald wiedervereinigte Deutschland in Stellung??? Und wieder kam mir eine Assoziation in den Sinn: Nach dem 2. Weltkrieg war keiner zuständig gewesen für die begangenen Gräueltaten, und keiner trug für irgendetwas die Schuld, geschweige denn Verantwortung. Der einzig Schuldige an diesem ganzen unendlichen Grauen, Adolf Hitler, war tot. Wie würde das jetzt nach der Deutschen Wiedervereinigung ablaufen? Wer war schuld an den Toten an der Mauer und der innerdeutschen Grenze???

Sicher ein schwer zu vergleichender Tatbestand, jedoch auch hier hatte eine Diktatur Menschen getötet. Dann fiel mir ein, es konnte nur Leonid Breschnew gewesen sein, und ach, der war ja auch schon tot! Anscheinend gibt es doch Wiederholungen in der Geschichte.

Ich sollte schon bald alten Stasi-Schergen begegnen, die in der Tiefe ihres Herzens immer schon stolze Demokraten und Kämpfer für die Freiheit waren ...

Ich fuhr hinein in dieses mir so verhasste Land. Nein falsch! Das Land konnte nichts dafür. Es war diese verhasste Ideologie, in der die Menschen von 1961 bis jetzt 1989 hinter Mauern, Zäunen, Stacheldraht, Wachtürmern, Minenfeldern, Selbstschussanlagen und Denunziantentum leben mussten! Viele machten mit bei diesem miesen Spiel, aber die meisten eben nicht. Der Großteil hatte sich nur angepasst, mit wenig Hoffnung auf Veränderung.

Vor lauter innerlicher Fragestellerei fuhr ich fast an der Autobahn-Abfahrt Magdeburg vorbei.

Das Erste, was einem bei der Einfahrt in Magdeburg begrüßte, waren die Plattenbauten von Magdeburg Nord. Schnell zusammengeschusterte Wohnmöglichkeiten, in denen wir während unserer Schulzeit und dem damit verbundenen UTP-Unterrichts auch unsere Spuren hinterlassen hatten.

Da waren sie wieder, die unvergesslichen Straßen mit ihren Millionen von Schlaglöchern! Es waren in den knapp sechs Jahren meiner Abwesenheit, sicherlich unendlich viele Neue dazugekommen ... Ich befuhr die Tangente Richtung Stadtmitte, dann war ich mittendrin in meiner alten Heimatstadt und somit in diesem von Dunkelheit eingehüllten Grau-in-grau.

Die Straßen waren fast menschenleer, hin und wieder knatterte eine Rennpappe oder ein anderes dieser Zweitakt-Umweltverpester an mir vorbei.

Dann schoss es mir wieder durch den Kopf: wir hatten ja den 24.12. Heiligabend! Und die Leute waren bei ihren Verwandten und Bekannten, um Weihnachten zu feiern.

Ich überquerte die Strombrücke über die Elbe, fuhr dann über die Alte Elbe und bog rechts ab in meinen alten Stadtteil. Es kam mir so vor, (und das war wohl nicht nur gefühlt so) dass die Straßenbahnschienen noch tiefer in den Untergrund versunken waren.

Ich bog in die „Napoleonische Straße" ein (da war er wieder, der Mann aus Chikago, der mir damals auf unserer Straße entgegenkam), ich hielt vor dem Haus meiner Kindheit und Jugend, stieg aus dem Auto aus, und sah mich um ... Ich musste erst einmal tief Luft holen; dann drückte ich auf den Klingelknopf. Nach kurzer Zeit schrillte der Türöffner.

Nichts hatte sich verändert, die Zeit war stehen geblieben. Nein, falsch! Es war alles noch mehr in sich zusammengefallen. Dann trat ich ein in das mir bekannte und unveränderte Treppenhaus. Es wies zu früher noch mehr Spuren der Abnutzung auf. Ich hastete die zwei Treppen hinauf, und wer stand da wohl in der Tür??? Meine alte kleine Großmutter!

Wir hatten uns ja vor nicht allzu langer Zeit das letzte Mal in Bremen gesehen. Sie staunte nicht schlecht und fragte mich: „Junge, was machst du denn hier?" Ich sagte ihr, ich wäre vom Himmel gefallen und direkt hier vor der Haustür aufgeschlagen.

So richtig konnte sie es immer noch nicht fassen, dass ich vor der Tür stand, meine Großmutter verband mich wohl kaum noch mit der DDR, womit sie wohl auch recht hatte. Sie hatte mich ja mittlerweile des Öfteren im Westen besucht und wusste sehr gut, wie es mir ging. Ich fragte sie, ob sie mich den nun endlich in die Wohnung lassen würde, oder ob wir unser Gespräch weiter im Treppenhaus fortsetzen wollen ...

Ihre größte Sorge war, dass sie nicht genug zu essen da hätte, da sie überhaupt nicht mit mir gerechnet hätte. Na gut sagte ich, dann müssen wir wohl jetzt in der Ostzone über Weihnachten den Hungertod sterben ...

Ich hatte bei meinem fluchtartigen Aufbruch aus Niedersachsen Richtung DDR nicht daran gedacht, noch einkaufen zu gehen, was mich jetzt maßlos ärgerte. Aber ich hatte auch nicht wirklich ernsthaft damit gerechnet, dass ich an diesem Abend in Magdeburg bin und nicht in Mönchengladbach. Es war alles immer noch sehr unwirklich, wahrscheinlich würde ich bald aufwachen und alles war nur ein Traum ...

An diesem Abend kamen noch mein Bruder sowie meine Schwester hinzu. Auch die staunten nicht schlecht, als sie mich sahen. Sie waren Tage vorher in Braunschweig gewesen. Wir unterhielten uns noch bis tief in die Nacht hinein und fragten uns, wie das wohl jetzt alles weiter gehen würde. Diese Frage beschäftigte zu diesem Zeitpunkt wohl Millionen Menschen in ganz Deutschland, aber besonders in der noch existierenden DDR! Schließlich ging es um deren Schicksal. Aber alle, die ich kannte und mit denen ich sprach, plädierten für eine deutsche Wiedervereinigung! Keiner ahnte, dass wilde Zeiten bevorstanden, und das in jeglicher Hinsicht ...

Als ich am nächsten Morgen aufwachte, dachte ich immer noch an einen Traum. Ich ging erst einmal zu meiner

Jacke, holte meinen Pass heraus und stellte beruhigt fest, dass ich doch Bundesbürger war! (Nein Spaß beiseite!)

Es war ein grauer Wintermorgen, und ich schaute durch die Fenster auf die Straße hinaus. Alles war so, wie ich es vor knapp sechs Jahren verlassen hatte, nur der Verfall der Häuser war weiter vorangeschritten. Dies wurde noch durch die graue und dunkle Jahreszeit verstärkt. Meine Großmutter trat ins Zimmer und sagte zu mir: „Junge, hier hat sich nichts verändert. Es ist alles noch so wie bei deinem Weggehen vor sechs Jahren!" Ich fragte sie, was wohl passiert bei einer Wiedervereinigung mit all den strammen Kommunisten und Stasi- Leuten? Sie sagte mir, das wird wohl so sein wie nach dem zweiten Weltkrieg: gestern Nazi, heute Antifaschist! Sie sollte Recht behalten! Und da waren sie wieder, die Parallelen, die ich schon nach der Grenze im Kopf durchging. Großmutter hatte das alles schon einmal erlebt und wusste wohl, wovon sie spricht!

Nazi/Antinazi, Kommunist/Antikommunist! Es war erstaunlich, wie schnell etliche Leute von jetzt auf gleich ihre Gesinnung wie ein schmutziges Hemd wechselten.

Es hieß jetzt abwarten, was das Jahr 1990 mit sich bringen würde. Die Politik, speziell die westdeutsche, war zum Handeln gezwungen. Es durfte kein Ausbluten der DDR geben! Dieser Exodus, der 1961 zum Bau der Mauer und der Innerdeutschen Grenze führte, musste diesmal verhindert werden. Aber die Zeiten zu 1961 hatten sich geändert, der Kommunismus war gescheitert, und das auf ganzer Linie.

Die DDR war seit ihrer Gründung im Oktober 1949 ein Auswanderungsland. Zwischen 1948-1989 schrumpfte die Bevölkerung der DDR von anfänglich 19,1 Millionen

auf 16,4 Millionen. Während der ersten Abwanderungs-
welle von 1949-61 waren es über 2,5 Millionen.

Durch den Bau der Mauer und der bereits erwähnten
innerdeutschen Grenze gingen die Zahlen drastisch zurück. Im Zeitraum von 1962-1988 verließen nochmals
Hunderttausende DDR-Bürger überwiegend legal durch
Ausreiseanträge das Land.

Helmut Kohl versprach der DDR-Bevölkerung bei einer
Wiedervereinigung blühende Landschaften. Es war zu
bezweifeln, dass selbst fundierte Wirtschaftsökonomen
des Westens die maroden Zustände der letzten 40 Jahre
kommunistischer Misswirtschaft beurteilen konnten.
Viele DDR-Bürger in fortgeschrittenem Alter sollten diese
blühenden Landschaften nicht mehr erleben. Auch für
diejenigen, die noch beruflich tätig waren, sollte sich fast
alles ändern, aber das war ein anderes Kapitel.

Weihnachten war zu Ende, und ich fuhr zurück nach
Niedersachsen. Dort angekommen ging ich ins Büro und
telefonierte mit Michael in Mönchengladbach. Ursprünglich wollten wir uns ja dort treffen. Ich erklärte ihm, ich
sei leider in die falsche Richtung abgebogen und somit
in Magdeburg gelandet. Ich schilderte ihm den Sachverhalt meiner kurzfristigen Entscheidung, und dass ich ihn
nicht anrufen konnte, da kein Telefon verfügbar war.
Das war unser größtes Problem! Sollten wir gen Osten
gehen, brauchten wir unbedingt Telefone, um Termine
zu vereinbaren; aber woher nehmen wenn nicht stehlen?

Mir schwante Böses, aber es sollte alles noch wesentlich drastischer kommen als gedacht. Jeder kennt aus
Erzählungen und Filmen den „wilden Westen". Wir sollten es bald mit dem „wilden Osten" zu tun bekommen!

Es wurde zwar nicht geschossen wie im wilden Westen. Aber wir sollten Abenteuer der ganz neuen Art erleben, getreu nach dem Motto: Jeder macht was er will, keiner macht was er soll, und alle machen mit ...

Im neuen Jahr setzten wir uns zusammen und berieten, wie wir vorgehen könnten und wollten. Aber da war schon das nächste Problem, und zwar ein wesentliches: das Problem des Geldes! Wie lange würden die wertlosen Aluchips der DDR noch ihre Gültigkeit besitzen? Wir mussten die Ware ja in D-Mark an die jeweiligen Lieferanten im Westen bezahlen. Wir waren kein Großkonzern, der über beliebig viel Kapital verfügte. Zwar stellten sich erste gute Erfolge seit unseres Starts hier in Niedersachsen ein, aber der Anlauf im Osten sollte unter ganz anderen Umständen ablaufen. Es fehlte an so gut wie allem! Wir brauchten ein Büro, wir brauchten Telefone, wir brauchten ein bis zwei Verkäufer, wir brauchten einen Faxanschluss (der lief auch damals nur über die Post), wir brauchten eine Wohnung, und, und, und ... Alles Dinge, die in der Noch-DDR ziemlich unerreichbar waren! Zudem war alles noch in der Schwebe. Deutsche Wiedervereinigung??? Einführung der D-Mark??? Wann und überhaupt wie viel konnten DDR-Kombinate und VEB-Betriebe von ihrem DDR-Vermögen in D-Mark umtauschen?? Es sollten die nächsten Monate die wildesten Gerüchte kursieren, was den Umtausch sowohl des einzelnen DDR-Bürgers, als auch der Noch-DDR-Betriebe betraf.

Wir fuhren Ende Januar gen Osten zurück in meine alte Heimatstadt. Ich musste meine alten Freunde treffen, Hannes, Bernhard, Ecki und noch ein paar andere! Es ging erst einmal alles über persönliche Beziehungen.

Die Anfänge im Osten

Eines konnte ich für mich in Anspruch nehmen: ich wurde ein Zeitzeuge dieses Geschehens und der damit verbundenen politischen Umwälzungen und Zeuge eines neuen, wiedervereinigten Deutschlands! Und das alles hautnah.

Es war Anfang der Neunzigerjahre ein Pendeln zwischen den Welten, den Welten zwischen Ost und West.

Ich hatte mich während meines nun fast sechsjährigen Lebens in der Bundesrepublik Deutschland an das im Gegensatz zur DDR leichte Leben im Westen gewöhnt. Leicht aus dem Grunde, weil ein Telefon das normalste der Welt war und jeder eines hatte; weil das Einkaufen kein endloser Spießrutenlauf war wie in der DDR; weil wir beruflich das bekamen, was wir zum Arbeiten brauchten, sprich Ersatzteile, Werkzeuge etc.; weil wir in jedes Land der Welt reisen konnten (bis auf wenige Ausnahmen wie z. B Nordkorea) und vorausgesetzt man das nötige Kleingeld für diese Reisen hatte.

Aber die Medaille hat bekanntlich immer zwei Seiten. Viele DDR-Bürger sollten mit dieser neuen Freiheit nicht umgehen können. In der DDR und insgesamt im Kommunismus hatte der Staat alles an sich gerissen, geregelt, und durch betreutes Denken die Initiative in jeder Hinsicht übernommen. Mit der Wende von der sozialistischen Planwirtschaft zur kapitalistischen Marktwirtschaft war aber Eigeninitiative gefordert! Zumal verloren viele ihre Jobs, da durch Plan- und Misswirtschaft jahrzehntelang nur von der Substanz gelebt wurde. Alles mir bekannte Faktoren, ich kannte beide Seiten. Die suggerierten Erwartungen seitens des Westens würden bei vielen DDR-Bürgern einen faden Beigeschmack hinterlassen ...

Für die alte Bundesrepublik sollte es ein sagenhafter Konjunkturaufschwung werden! Man hatte neue Absatzmärkte nicht nur in der ehemaligen DDR, nein auch in Polen, Ungarn, Bulgarien und den restlichen ehemaligen Ländern des Ostblocks.

Kohl wurde als „Kanzler der Wiedervereinigung" erneut wiedergewählt, was er wahrscheinlich ohne die Wiedervereinigung nicht erreicht hätte. Vieles, was für einen Großteil der DDR-Bürger von Bedeutung war, das zwischenmenschliche DDR-Wertesystem, das zu großen Teilen aus Zusammenhalt und einem gegenseitigen Helfen bestand und somit häufig aus der Not heraus geboren war, sollte sich im Laufe der Jahre langsam und vielfach in Luft auflösen.

Ich musste meinen alten Kumpel Hannes aufstöbern. Weihnachten hatte ich dafür zu wenig Zeit. Aber das war nicht allzu schwer; er war früher schon ein ziemlicher Lokalpatriot und stark Stadtteil-verbunden, im Gegensatz zu mir. Er lebte immer noch im gleichen Stadtteil Cracau, in dem wir aufwuchsen und wo wir unbeschwert unsere Streiche und Spielchen gemacht hatten. Er hatte im Vorfeld schon erfahren, dass ich zu Weihnachten in der alten Heimat war, ... der Buschfunk zu Beginn der neuen Zeit funktionierte noch bestens. Er hatte sich im Laufe der Jahre immer wieder nach mir erkundigt und mir durch meine Großmutter immer schöne Grüße bestellt, wenn sie mich in Mönchengladbach besuchte. Ich tat es umgekehrt und ließ wiederum ihn grüßen ...

Ich fuhr zu ihm und es war fast wie früher: wir hatten uns eine Menge zu berichten! Er erzählte mir von den Stasi-Schikanen und der Ahnungslosigkeit seinerseits bezüglich der Flucht seiner damaligen Freundin. Ich sagte ihm, dass mich Jürgen damals aus Hannover anrief und mir die ganze Sachlage am Telefon schilderte ... Es waren fast sechs Jahre vergangen, aber es kam uns vor, als wäre es erst gestern, dass wir Abschied genommen hatten! Tja und noch jemand hatte ihn besucht. Und zwar Susanne! Sie lebte immer noch in Westberlin und war inzwischen Architektin. Es waren mittlerweile gute sechs Jahre vergangen, seit wir uns das letzte Mal sahen. Kontakt bestand keiner mehr zwischen ihr und mir wie bereits erwähnt, wir hatten uns einfach aus den Augen verloren.

Hannes hatte noch eine frohe Botschaft für mich: er arbeitete bei der KWV = Kommunale Wohnungsverwaltung; er saß sozusagen direkt an der Quelle für die Vergabe von Wohnungen.

Die Vergabe unterlag immer noch den strengen Regeln der DDR-Gesetzgebung; aber da sich jetzt alles in Auflösung befand, konnte man guter Hoffnung sein auf eine Zuweisung, denn schließlich gehörten alle Wohnungen noch dem Staat. Hannes kam wenige Wochen später mit der frohen Botschaft, dass er mir bei sich gegenüber eine Wohnung besorgt hatte. Es war eine kleine Wohnung im typischen DDR-Schick, aber das spielte keine Rolle. Die Zwei, die sie vorher bewohnten, hatten sich in den Westen verabschiedet, und viele sollten ihnen auf diesem Weg noch folgen. Es sollte bald keinen Wohnungsmangel mehr geben. Also war somit schon mal ein Problem für mich gelöst.

Ich merkte sehr schnell, dass ich am Wochenende immer gen Westen aufbrechen musste. Es hielt mich nichts im Osten! Meine Wohnung in Niedersachsen hatte ich natürlich behalten. Einer der störenden Faktoren war das Aufeinandertreffen mit diesen unseligen ehemaligen Kommunisten, und mit den jeweiligen Schnüffel- und Petz-Typen in unserer Straße und in den noch bestehenden VEB-Betrieben. Was die Nachbarschaft anbetraf, wusste man damals schon, wo wer hingehörte und wem er diente. In den in Auflösung befindlichen VEB-Betrieben roch ich diese Altkommunisten förmlich, und man erkannte sie unschwer an ihrer ganzen Rhetorik und an ihrem gekünstelten Gehabe. Das konnten diese Typen nicht von Heute auf Morgen ablegen. Da waren sie, die damals viel zitierten Wendehälse! Man diente sich den neuen Herren an.

Es galt den nächsten Schritt zu gehen! Wir brauchten ein Büro! Und das auch noch mit Telefonen und einem Faxgerät! Eine schier unlösbare Aufgabe. An wen könnten wir uns da wenden? Jede Kleinigkeit wurde zu einem Problem. Es gab nichts, keine Ladenlokale, keine frei zu mietenden Büros, ... wir mussten egal wie irgendwie starten! Und wieder half uns mein alter Kumpel Hannes.

Es standen jedoch für die Noch-DDR-Bürger ganz andere Herausforderungen in der Zukunft an, was in der anfänglichen Euphorie der Grenzöffnungen noch nicht in den Fokus rückte. Man taumelte glücksbesoffen der Deutschen Wiedervereinigung und der sehnsüchtig erwarteten D-Mark entgegen. Sicher waren es für viele DDR-Bürger und auch Bundesbürger unvergessliche Momente. Was zusammengehört, sollte nicht auf ewig getrennt sein! Aber es sollte dies alles weitaus länger dauern als vermutet, denn es trafen zwei grundverschiedene Systeme und die damit geprägten Menschen aufeinander. Auf der einen Seite der Westen und die damit verbundene Konsumgesellschaft, auf der anderen Seite der Osten, ein Land welches nach vierzigjähriger kommunistischer Wirtschaft und realistisch nach 56zig jähriger Diktatur (hier ist der Nationalsozialismus mit einberechnet) systematisch von der Substanz lebte und heruntergewirtschaftet war. Die Menschen beider Seiten konnten nicht unterschiedlicher sein! Bald machte der Begriff „Dunkeldeutschland", der sich auf das allgemeine Grau-in-Grau der DDR bezog, die Runde. Es vielen auch häufig Worte wie „Jammer-Ossi" und „Besser-Wessi"!

Die meisten VEB-Betriebe waren nicht im Ansatz wettbewerbsfähig. Es würde in den kommenden Jahren eine Abwicklung dieser Kombinate im großen Stil stattfinden. Selbst entwicklungsfähige Firmen wurden abgewickelt, um so eine unliebsame Konkurrenz auszuschalten. Oftmals wurde nach dem Brechstangen-Prinzip vorgegangen. Die Lebensleistung vieler DDR-Bürger sollte von heute auf morgen nichts mehr wert sein.

Es wurde auf westlicher Seite von vielen, die in die DDR regelrecht einfielen, nicht bedacht, dass der normale DDR-Bürger für die desaströsen wirtschaftlichen Verhältnisse keine Schuld trug. Die folgenschweren Entscheidungen des Westens von damals wirken sich bis in die heutige Zeit aus. Westdeutsche Konzerne sahen die ehemalige DDR überwiegend als Absatzmarkt oder als verlängerte Werkbank des Westens, da hier die Löhne wesentlich geringer waren als im Westen.

Mit den Schließungen vieler Kombinate und VEB-Betriebe kam es unweigerlich zu Massenentlassungen! Ein Zustand, der bis zu diesem Zeitpunkt für einen DDR-Bürger undenkbar war. Arbeitslosigkeit kannte man vorher nur aus dem Westen. Jetzt betraf es einen selber.

In Magdeburg wurden die großen Kombinate wie das „SKET" (Schwermaschinen-Kombinat Ernst Thälmann), der damals größte Arbeitgeber mit mehreren zehntausend Arbeitsplätzen, abgewickelt; ebenfalls das „MAW" (Magdeburger Armaturenwerk), auch hier arbeiteten tausende Beschäftigte. Die Welt des DDR-Bürgers, an die viele jahrzehntelang geglaubt hatten, verschwand jeden Tag ein Stück mehr ...

Aber die großen Entlassungswellen sollten erst noch kommen! Deutschland befand sich Anfang des Jahres 1990 immer noch in einem kollektiven Wiedervereinigungstaumel. Und wir suchten weiter verzweifelt nach irgendwelchen Räumlichkeiten.

Hannes war also wieder der Retter in der Not! Unsere alte Freundschaft war wie eh und je, als hätte es die fast 6 Jahre, die wir uns nicht gesehen hatten, nie gegeben.

Die Freundschaften in der DDR waren etwas ganz Besonderes, das war mir in den Jahren im Westen bewusst geworden. Zwar hatte ich dort auch Freunde gewonnen, aber Freundschaften in der DDR waren anders, sie hatten eine andere Qualität. Sie waren bedingungsloser! Jeder war für jeden da, wenn man ihn brauchte. Sie waren in vieler Hinsicht tiefer gehend als im Westen, wo einem zum Teil sehr viel Gleichgültigkeit, Egoismus, Neid und Konkurrenz-Denken entgegenschlug ...

Die Mutter eines Bekannten von Hannes war glückliche Besitzerin eines Telefons. Welch unwahrscheinliches Glück für uns! Somit starteten wir unsere Anrufe aus einer Wohnung heraus. Es war nicht unbedingt das, was wir suchten; aber in der Not frisst der Teufel bekanntlich Fliegen ...

Bei jedem Anruf, den wir tätigten, hatten wir das Gefühl, das Gegenüber befände sich Millionen Kilometer entfernt auf einem anderen Planeten! Dieses Telefonnetz war mehr als erneuerungsbedürftig! Aber die Sache hatte auch etwas Gutes: Fast bei jedem Anruf bekamen wir einen Termin! Das wäre im Westen schier undenkbar gewesen.

Was bei diesen dann vor Ort erfolgten Terminen herauskam, stand häufig auf einem anderen Blatt. Aber viele dieser Begegnungen sollten sich später noch als nützlich erweisen.

Es war im sprichwörtlichen Sinne reinste Pionierarbeit. Telefonakquise kannte man im Osten der Republik bis dato nicht; und dass dann noch jemand kommen würde, um sich um die beruflichen Belange zur Erleichterung der Arbeit zu kümmern, war für einen berufstätigen DDR-Bürger schier unvorstellbar.

Eine der häufigsten Fragen lautete: kommt die D-Mark? Und wenn sie dann kommt, wann???

Welchen Umtausch-Satz würde es geben? Schließlich befanden sich doch einige Vermögen in DDR-Mark auf den Konten etlicher DDR-Bürger. Dieses Geld hatte schließlich nie die Wertigkeit und die Magie der D-Mark, das spürte jeder DDR-Bürger spätestens bei einem Urlaub in den sozialistischen „Bruderländern" Ungarn, Polen und den restlichen Ländern des Warschauer Paktes. Was die Einführung der D-Mark anbetraf, kursierten täglich neue Spekulationen.

Was sich hinter den politischen Kulissen abspielte, blieb den Bürgern sowohl im Osten als auch im Westen verborgen. Eines war jedoch klar: *wenn* es passierte, dann musste es schnell passieren! Eine Umkehr zum alten DDR-System war ausgeschlossen. Man konnte mit Fug und Recht behaupten, dass es eine „Zeit des wilden Ostens" gab, auch wenn diese nicht von langer Dauer war. Die ehemaligen DDR-Gesetze galten für die meisten Menschen nicht mehr, und die neuen Bundesdeutschen Gesetze waren für den Großteil der DDR-Bürger noch zu nebulös, man konnte fast von einer rechtsfreien Zeit sprechen! Das machte sich am deutlichsten im Straßenverkehr bemerkbar: Wo früher bei kleinsten Verkehrsdelikten die Vopos oft drakonische Strafen verhängten, herrschte jetzt oft ein Zustand der Anarchie, da die verhassten Volkspolizisten nicht mehr wussten, nach welchen Gesetzen sie handeln sollten. Viele Bürger parkten jetzt wo und wie sie wollten, fuhren auch, wie sie wollten, und der viel beschworene Ordnungshüter des Sozialismus stand nur noch ratlos in der Gegend herum. Seine Macht und somit seine Schikanen hatten sich in Luft aufgelöst! Für viele von ihnen stand die berufliche Zukunft als Polizist in den Sternen.

Unsere finanzielle Situation erlaubte es nicht, größere Aufträge über einen längeren Zeitraum vorzufinanzieren. Dieser Zustand in der „Noch-DDR" sollte sich Gott sei Dank im Juli 1990 mit der Einführung der heiß begehrten D-Mark ändern und für alle eine berechenbare finanzielle Zukunft bringen. Jetzt standen auch die Umtauschmodalitäten der DDR-Mark in D-Mark fest. Fortan nahm die Marktwirtschaft ihren Lauf, und für viele sollte dieser Lauf in die bisher unbekannte Arbeitslosigkeit münden.

Wir hatten mit viel Glück zwei nebeneinanderliegende Wohnungen in einem zu DDR-Zeiten nicht sonderlich beliebten Stadtviertel namens Sudenburg ergattert.

Die eine Wohnung bauten wir zu Büros um, die andere wurde zum Reparieren der Kopierer und Faxgeräte genutzt. Es lief alles sehr schleppend, und viele, vor allen die Jungen, machten sich gen Westen auf, da dort die Lebensverhältnisse und der Verdienst wesentlich besser waren. Man konnte es ihnen nicht verdenken.

Magdeburg hatte im Dezember 1989 noch eine Bevölkerung von rund 288 000 Einwohnern.

Diese Einwohnerzahl sollte im Laufe der Jahre um fast 60 000 Einwohner schrumpfen. Heute beträgt die Einwohnerzahl wieder gute 241 000. Aber daran sieht man die Abwanderung nach der Wende. Insgesamt verließen etwa 1,4 Millionen Menschen nach der Wende den Osten Deutschlands.

Nach dem Umtausch der DDR-Mark in D-Mark erfüllten sich viele Bürger des Ostens einen lange gehegten Traum: Endlich konnten sie sich ein „Westauto" kaufen!

Dabei hatten sie doch vorher das „wertvollste Auto" der Welt, die Rennpappe! In welchem Land wartete man schon 15 Jahre auf ein Auto und bekam dann auch noch eines aus Pappe? Jedoch barg die Sache mit dem Westauto für viele zweierlei Probleme.

Das erste Problem war die wesentlich stärkere Motorisierung. Jetzt konnte man Autos mit der zigfachen PS-Zahl eines Trabis kaufen. Das führte dazu, dass man sich in vielen Fällen überschätzte und dies dann im schlimmsten Fall mit dem Leben bezahlte. Man konnte dieses an der wachsenden Zahl an aufgestellten Kreuzen auf der ehemaligen Transitstrecke sehen; und nicht nur dort ... Da mich meine Fahrten in alle Himmelsrichtungen der Neuen zukünftigen Bundesländer führte, fiel mir dies vermehrt auf.

Das zweite Problem betraf die Entsorgung der so lange gehegten und gepflegten Trabis, Wartburgs, Wolgas (eher weniger), Moskwitsch, Skodas, Ladas, etc. mit ihrer brachialen Ostblock-Technik. Diese noch vor kurzer Zeit heißgeliebten Modelle ließ man jetzt einfach am Wegesrand stehen, und das in Stadt und Land ...! Nach einiger Zeit standen oft nur noch Fragmente dieser Fahrzeuge in den Straßen, denn auch hier gab es noch Leute, die aus Geldmangel noch eine Zeitlang ihre DDR-Fahrzeuge fuhren und so kostenlos an Ersatzteile kamen.

Es war für uns, und nicht nur für uns, sowohl beruflich als auch in anderer Hinsicht eine mühsame aber auch wahnsinnig abenteuerliche Zeit im damals wilden Osten. Und über allem schwebte ein Hauch von Anarchie ...

Genosse Honecker, unser (meiner schon seit 6 Jahren nicht mehr) ehemals großer und strahlender Vorsitzender, irrte jetzt mit Margot von einem Ort zum anderen. Keiner wollte ihn mehr, nicht einmal die ehemaligen sowjetischen Brüder. Feten-Ette samt Frau Margot waren obdachlos! Welch eine Ironie der Geschichte.

Dann wurde er angeklagt, jedoch weil schon schwer erkrankt nicht mehr inhaftiert. Sein Leben und das seiner Margot sollte voller Verbitterung bei ihrer Tochter Sonja in Chile enden, das ist mittlerweile auch bekannt und Geschichte. Honecker nahm für sich in Anspruch, was er seinen eigenen Bürgern nie zubilligte: er floh sozusagen ins kapitalistische Ausland.

Ich fuhr eines Tages Musik hörend durch die Straßen Magdeburgs, als man die Musik unterbrach und verkündete, dass man Susanne Albrecht gefangen genommen hatte, eine ehemalige RAF-Terroristin, welche unter falscher Identität, seit Jahren in der DDR gelebt hatte. Da stellte sich dem interessierten Menschen schon die Frage: wo hatten wohl Schnüffel und Petz noch überall ihre Hände im Spiel? Wie viele Schweinereien würden in Zukunft noch an die Oberfläche gespült?

Er war tagtäglich festzustellen, wie viele der ehemaligen strammen Genossen und Stasi-Denunzianten ihre eigene Wende in einer atemberaubenden Geschwindigkeit vollzogen. Es drängte sich für einen selber immer wieder die oft gestellte Frage auf: wiederholte sich hier in gewisser Art und Weise die Geschichte nach 1945? Ich glaube, in vielen Fällen kann man sich diese Frage mit einem klarem JA beantworten. Die nächste Frage lautete: war dies nur ein deutsches Phänomen??? Nein, wohl eher nicht. Es gibt diesbezüglich ein sehr interessantes Zitat von NAPOLEON, das lautet:

„ES GIBT KEIN GUTMÜTIGERES, ABER AUCH KEIN LEICHTGLÄUBIGERES VOLK

ALS DAS DEUTSCHE! KEINE LÜGE KANN GROB GENUG ERSONNEN WERDEN: DIE DEUTSCHEN GLAUBEN SIE! UM EINE PAROLE, DIE MAN IHNEN GAB, VERFOLGEN SIE IHRE LANDSLEUTE MIT GRÖßERER ERBITTERUNG ALS IHRE WIRKLICHEN FEINDE!" Dieses Zitat trifft des Pudels Kern.

Von klein auf wurden wir indoktriniert, dass unser größter Feind auf der anderen Seite der Mauer lauerte. Das Erschreckende war, dass es eine große Anzahl von Menschen gab, die ihre eigenen Landsleute auf der anderen Seite für ihre wirklichen Feinde hielten. Sicherlich gab es auch im Westen Deutschlands Politiker, die durch den Kalten Krieg die Menschen instrumentalisierten und sie für sich einspannten. Politische Demagogen gab es hüben wie drüben. Aber es ging nicht soweit, dass man die eigenen Landsleute beim Verlassen des Landes erschoss, und das war doch der wesentliche Unterschied!

Mir wurde immer bewusster: ich bewegte mich zwischen zwei Welten. Im Westen die alte, im Osten die Neue Welt. In den grenznahen Gebieten wie Helmstedt-Marienborn oder Braunschweig, oder ganz besonders in Berlin, hatte man einen ganz anderen Bezug zu den Ereignissen der Wendezeit wie etwa in Mönchengladbach.

In meiner alten Heimatstadt Magdeburg spürte ich von Monat zu Monat mehr, wie sich das Straßenbild veränderte. Am sichtbarsten und im Besonderen erkennbar wurde es durch die steigende Zahl an Fahrzeugen wie Opel, VW, BMW, um nur einige zu nennen. Hingegen sollten der desolate Zustand der Gebäude und Straßen und die ganze Infrastruktur noch eines längeren Zeitraums bedürfen, um sichtbare Verbesserungen erkennen zu lassen. Ein Auto war schneller gekauft als eine Straße repariert. Jedoch verbesserte sich durch das Verschwinden der Zweitakter deutlich die Luftqualität. Man spürte an jeder Ecke und in jedem Winkel des Landes die Aufbruchstimmung, die sich im Osten breitmachte.

Die grenznahen Autohändler aus Braunschweig, Helmstedt und entlang der ehemaligen innerdeutschen Grenze machten jetzt die Geschäfte ihres Lebens! Auto-Ladenhüter und nicht nur die wurden jetzt zu Höchstpreisen an die Frau oder den Mann gebracht.

Auf jedem Parkplatz der ehemaligen Transitstrecke Helmstedt–Marienborn–Berlin eröffneten mobile Händler einen Würstchen- oder Fritten-Imbiss.

Ich erinnerte mich an eine Episode in Mönchengladbach. Ich schaffte es mal wieder nach langer Zeit, denn die Zeit war damals knapp bemessen, meine Verwandtschaft zu besuchen. Ich fühlte mich auch hier immer noch sehr zu Hause. Ich unterhielt mich mit einem dortigen Autohändler und fragte ihn, ob er jetzt auch wesentlich mehr Autos verkaufen würde? Er verneinte. Hin und wieder kämen vereinzelt Leute aus dem Osten, aber eben nur hin und wieder. Das würde aber nicht groß ins Gewicht fallen, bemerkte er. In Mönchengladbach spürte man so gut wie gar nichts von den Umbrüchen im Osten, es lag geographisch zu weit im Westen. In Niedersachsen, in Dinklage, wo wir unser neues Domizil hatten und von wo aus ich jeden Sonntagabend in Richtung Osten aufbrach, war von einer Aufbruchsstimmung auch noch nicht viel zu spüren. Es war schon erstaunlich, wie die Menschen in Ost und West sich im Laufe der Jahre und der damit verbundenen Teilung im Großen und Ganzen auseinandergelebt hatten. Oder war das schon immer so und nur mein Eindruck? Das jeweilige System hatte die Menschen doch mehr geprägt als ursprünglich geglaubt.

Wobei ich schon damals nach meiner Ausreise festgestellt hatte, dass das Interesse in der DDR bei vielen gegenüber dem Leben im Westen größer war als umgekehrt.

Eines war entscheidend und das ganz besonders im Osten: das Alter! Wer jetzt zu alt war und seinen Job verlor, der hatte großteils nur noch wenig Chancen. Es kam zu vielen Brüchen in den Lebensbiographien. Nicht jeder während der DDR-Diktatur war ein Mitläufer, Denunziant, Stasi-spitzel oder Stasi-Mitarbeiter. Nein, es gab wie in jedem Land Menschen, die einfach nur in jeder Hinsicht in aller Ruhe ihr Leben leben wollten und sich in diesem ihrem Leben eingerichtet hatten. Viele von denen, die jetzt zu alt waren, konnten nicht mehr die Ärmel hochkrempeln und anpacken oder die Koffer packen und gen Westen ziehen. Etliche von ihnen waren letztendlich die Verlierer dieser deutschen Wiedervereinigung.

Noch hielt sich die Invasion westdeutscher Firmen im jetzigen Osten Deutschlands in überschaubarem Rahmen, wir schrieben das Jahr 1 nach der Wende. Es war das Jahr 1990, als die D-Mark den Osten erreichte und gültiges Zahlungsmittel wurde. Einige Geier kreisten schon über der Beute, und es sollten ihnen noch viele folgen. Sicherlich gab es auch unter westdeutschen Firmen einige, die fair mit ihren neuen Mitbürgern im Osten umgingen. Jedoch nutzten viele die Unbedarftheit und das Unwissen der ehemaligen DDR-Bürger über die neue Marktwirtschaft skrupellos aus. Der gemeine DDR-Bürger kannte keine Grundstückspreise. Die Quadratmeter-Preise waren lächerlich niedrig und spielten bei einem Hausbau in der DDR so gut wie keine Rolle. Und dies traf flächendeckend zu. Da war es überwiegend egal, wo welches Grundstück lag. Es gab damals auch keine Dutzende verschiedene Versicherungen, es gab nur eine staatliche Versicherung für alles und jeden. Das alles waren nach der Wende Böhmische Dörfer für die Menschen im Osten. Hier sollten noch etliche Glücksritter und Hasardeure aus dem Westen kommen und die Menschen massenhaft über den Tisch ziehen.

Ich fokussierte meine Verkaufsaktivitäten immer mehr in Richtung kleiner Privat-Betriebe, die schon zu DDR-Zeiten selbstständig waren. Sie kämpften damals im wahrsten Sinne des Wortes gegen Windmühlen, da ihre Steuern, die sie abführen mussten, astronomisch waren. Wie bereits erwähnt zahlten sie bei einem Jahreseinkommen von über 500 000,- 90 % Steuern. Es waren jedoch häufig diejenigen, welche den Laden DDR noch ein wenig am Laufen hielten. Trotz kaum vorhandener Ersatzteile waren sie meist die letzte Hoffnung vieler DDR-Bürger, was meist mit ewigen Wartezeiten verbunden war.

Diese Privatbetriebe hatten nach der Wende die größten Überlebenschancen, sie hatten zu DDR-Zeiten gelernt zu kämpfen und waren so flexibel genug, sich den neuen marktwirtschaftlichen Bedingungen anzupassen. Der gravierende Haken dabei: sie waren nur sehr wenige!

Ich hatte als Jugendlicher einen kleinen Einblick in den Arbeitsalltag meines Großvaters, der selbstständig war. Er hatte ein Kohlegeschäft, mit dem er mehr oder weniger unseren ganzen Stadtteil versorgte, da es ständig zu Engpässen bei der sozialistischen Planwirtschaft kam, und die Leute somit oft im Kalten saßen. Auch im Sommer schaffte er es oft nicht, die Keller mit Kohlen zu befüllen. Ich hatte immer den Eindruck, dass für ihn der Tag 25 Stunden hatte, und rückblickend war sein erarbeiteter Wohlstand mehr als bescheiden.

Ich kümmerte mich jetzt überwiegend um private Schlossereien, private Sanitärbetriebe und was es sonst noch gab an privaten Firmen. Das Sterben der Kombinate und VEB-Betriebe ging weiter. Man könnte ironisch sagen, es „ging alles seinen sozialistischen Gang"; aber falsch, diesen Satz hörte man nicht mehr.

Mein großer Vorteil bestand darin, dass ich die Stadt und ihre Menschen kannte. Ich hatte knapp 25 Jahre ihr Leben gelebt, und wir sprachen eine gemeinsame Sprache. Es kam von ihnen häufig Fragen, wie man jetzt wohl dieses und jenes machen könne und müsse, auch was Dinge des täglichen Lebens anbetraf, und wie ich die Jahre im Westen gelebt hätte. Häufig ging es auch um Dinge im privaten Lebensbereich. Verkauf bedeutet auch immer, Vertrauen aufzubauen. Ich versuchte, soweit es mir möglich war, Tipps zu geben, aber Ihr Leben in der für sie neuen Gesellschaftsform mussten sie selber meistern.

Wir schlugen uns weiter mit den Unwägbarkeiten des täglichen Lebens herum. Die da waren ein durch und durch marodes Telefonnetz, eine ebenso marode Infrastruktur, die noch Jahre brauchen würde, bis sie halbwegs an das Niveau des Westens heran käme, dann Termine, die eigentlich keine waren, sondern eher Informationsveranstaltungen glichen, und, und, und …

Mit der D-Mark kamen auch die Supermärkte aus dem Westen in den Osten, und die für den DDR-Bürger allseits bekannten Engpässe im Lebensmittelbereich endeten somit. Anfänglich brachten wir uns die Lebensmittel aus den alten Bundesländern mit, das hatte Gott sei Dank bald ein Ende. Ich stellte mir doch des Öfteren die Frage: wie schnell habe ich mich doch in Mönchengladbach an den Überfluss und an das Überangebot des

Westens gewöhnt??? Die Antwort konnte ich mir ganz leicht selber beantworten: verdammt schnell!

Jetzt betrat *ein* Player die ostdeutsche Bühne, der uns an allen Ecken und Enden Probleme bereiten sollte, und nicht nur uns: DIE TREUHANDANSTALT! Sie wurde Anfang 1990 ins Leben gerufen, aber mit Einführung der D-Mark war für die Großunternehmen des Westens der Weg frei, sich die lukrativen Filetstücke der ehemaligen DDR unter den Nagel zu reißen.

Die Treuhandanstalt wurde von staatlicher Seite eingesetzt, um die ehemalige DDR abzuwickeln. Und mit ihr tauchten die großen Player im Monopoly-Spiel auf, die Großkonzerne des Westens! Es standen tausende VEB-Betriebe zur Disposition, die es abzuwickeln galt. Diese Treuhandanstalt war eine Mammutbehörde mit mehreren hundert- tausend Mitarbeitern.

Es ging wie schon erwähnt, meist um den Grund und Boden. Je zentraler diese Betriebe lagen, desto lukrativere Perspektiven boten sie für die Zukunft betreffs des Anstiegs der Quadratmeter-Preise. Das Inventar der Betriebe, die Maschinen und Gerätschaften, entsprachen schon seit Jahrzehnten nicht mehr den Standards der Westlichen Marktwirtschaft.

Eines der exemplarischen Beispiele nach der Wende war der Kauf des Potsdamer Platzes in Berlin durch Daimler (Mercedes)!

Für den gewöhnlichen Westdeutschen, der während der Teilung nie DDR-Boden betreten hatte, war die DDR ein Buch mit sieben Siegeln, und als solches eine stellenweise Qual! Es entsprach so nichts seinen bisher gekannten Vorstellungen. Außer der gemeinsamen Sprache verband den Westdeutschen nicht viel mit dem Ostdeutschen und umgekehrt. Der „Otto Normalverbraucher" des Westens hatte wenig Kenntnis vom Leben in der DDR. Ich sollte noch Überraschungen der ganz besonderen Art erleben, mit Tipps für die Ossis, wie sie die Wessis im so zusagenden Spaziergang die Grenzanlagen überwunden hätten. Und noch einige andere belehrende Ratschläge sollten folgen, jedoch galten sie nicht mir, da ich alleine durch meine Kleiderordnung schon als lupenreiner Wessi durchging.

Diese unsensiblen Ratschläge einiger Westdeutscher und die ganze Besserwisserei brauchte man im Osten nun ganz und gar nicht! Aber es gab auch positive Überraschungen, und zwar von Menschen, die Verwandte in der ehemaligen DDR hatten, und die sich mit ihnen freuten, dass sie jetzt genau wie sie in Freiheit leben.

Am sichtbarsten wurde die Wiedervereinigung in Berlin! Berlin stand symbolisch für die gesamte deutsche Wiedervereinigung und hauptsächlich im Focus der Weltöffentlichkeit. Diese Stadt sollte sich die nächsten Jahrzehnte auch am nachhaltigsten verändern, zumal sie nicht nur zum Regierungssitz des vereinten Deutschlands avancierte, sondern auch wieder Hauptstadt Deutschlands wurde.

Eine der vielen Fragen, die sich Anfang 1990-91 der Bürger der ehemaligen DDR stellte war: wie lange würden unsere sowjetischen „Brüder" noch in dem dann wieder vereinigten Deutschland verweilen? Man konnte auch ironisch fragen: Wann würde das große „Brudersterben" beginnen? Viele von den sowjetischen Jungs, die in der DDR ihren Militärdienst ableisten mussten, waren wohl auch froh, wieder in ihre Heimat zurückkehren zu können, auch wenn sie dort einer ungewissen Zukunft entgegen blickten. Dieses riesige Reich Sowjetunion war ebenfalls in Auflösung begriffen ...

Wo es um viel Geld geht, sind auch Banken und Versicherungen nicht weit. Sie richteten sich häufig erst einmal in Provisorien ein, manchmal waren es Container. Auch im privaten Bereich ging es um Rückführungen von Häusern und Grundstücken an ehemalige westdeutsche Eigentümer oder deren Nachkommen. Die DDR hatte nach ihrer Gründung und dem Mauerbau massenhaft Enteignungen vorgenommen. Viele zogen es damals vor, Hab und Gut zurückzulassen und in den Westen zu flüchten. Somit ging ihr Eigentum in den Besitz der DDR über. Dies traf sowohl auf Firmen, als auch auf private Immobilien zu.

Eine kleine Anekdote am Rande: Am 25. April 1993, es war ein Sonntag, brannte das Grundbuchamt im Schloss Barby, (Sachsen-Anhalt). Die Polizei fand insgesamt acht Brandsätze. Die Täter hatten sehr gute Ortskenntnisse und wurden nie ermittelt.

Man könnte sagen, das HATTE ALLES NICHTS MIT NICHTS ZU TUN!!! Ein Schelm wer Böses dabei denkt. Es war wirklich eine abenteuerliche Zeit, und das in jeglicher Hinsicht ...

Als nächster kleiner, aber spürbarer Schritt fand der Ausbau des Tankstellen-Netzes statt. Mit dem sprunghaft zunehmenden Autoverkehr seit dem Kauf der „Westautos" wurde das Tanken an den wenigen Minol-Tankstellen des einzigen DDR-Monopolisten, jedes Mal zu einer nicht enden wollenden Geduldsprobe. Alleine der

Gedanke, zum Tanken fahren zu müssen, trieb einem regelrecht die Schweißperlen auf die Stirn. Hier bildeten sich ebensolche Staus wie früher Warteschlangen, wenn es in einem HO-Gemüseladen mal Bananen gab!

Aber wo ein kleiner Fortschritt erkennbar war, folgte auch schon wieder ein ebensolcher Rückschritt.

Die Wohnung, die ich in meinem ehemaligen Stadtteil bezogen hatte und die mir Hannes besorgt hatte, musste mit einem Kachelofen beheizt werden. Ich hatte es schon als Kind gehasst, in den dunklen Keller zu gehen und die noch dunkleren schmutzigen Briketts in die Wohnung zu schleppen. Aber gut, dachte ich mir, umso mehr weiß ich meine Wohnung in Niedersachsen mit der Fernwärme zu schätzen. Aber noch stand der Winter ja nicht vor der Tür. In solchen und anderen Momenten sagte ich mir, man müsse die ganze Sache als großes Abenteuer sehen, was es ja letztendlich auch war. Wir befanden uns eben in der Zeit des wilden, wilden Ostens. Ich hatte zudem den großen Vorteil gegenüber vielen anderen, die ausharren mussten: ich floh jeden Freitagnachmittag gen Westen …

Die freitägliche Flucht vereinte zwei Dinge miteinander: der Körper konnte seine Batterien wieder aufladen, und ein weiterer, ganz wesentlicher Aspekt war der Logistische. Es gab noch so gut wie keine wirklichen Lieferdienste in die jetzt neuen Bundesländer. Alles, aber auch alles befand sich noch in der Aufbau- und Frühphase. Im Umkehrschluss bedeutete dies, wir mussten die Waren selber gen Osten transportieren, ausliefern, aufstellen und installieren.

Das nächste Problem: wir brauchten Techniker, die die Kopierer reparierten und die Faxgeräte anschlossen. Woher nehmen??? Diese sich summierenden Probleme nahmen einen Großteil unserer sowieso schon knappen Zeit in Anspruch. In der DDR gab es in den ehemals großen VEB-Kombinaten einige Rank-Xerox-Kopierer, die Schalck Golodkowski durch Deals mit dem Westen besorgt hatte. Aber diese Kopierer hatten ihre besten Zeiten längst hinter sich. Dann standen noch einige wenige Robotron-Kopierer in manch maroden Kombinaten; deren Technik war jedoch so veraltet, dass man annehmen konnte, dass sie von Johannes Gutenberg direkt nach dem Buchdruck erfunden worden waren ...Alles Probleme, die lösbar waren. Der ehemalige DDR-Bürger hatte nicht (oder NOCH nicht) dieses Anspruchs- und Konsum-Denken, wie es im Westen weit verbreitet war.

Ich lernte einen Autohändler aus Bielefeld kennen. Wir unterhielten uns, speziell über Autos und welche Marken er verkaufte. Er erzählte mir, dass er an keine spezielle Automarke gebunden sei. Ich erzählte ihm, dass ich 1984 aus der DDR in die Bundesrepublik ausgereist war. Er wiederum sagte mir, dass er eine Tante in Magdeburg hatte und als Jugendlicher in den Ferien häufig in Magdeburg war. Somit bekam er Einblick in die damaligen Verhältnisse der DDR. Nach dem Niedergang des Sozialismus im November 89 wäre er einer der Ersten gewesen, der anfing, Autos in Magdeburg zu veräußern. Die ersten Autos waren ältere Baujahre, die er dann eintauschte. Unter anderem gegen Meißner Porzellan oder gegen Antiquitäten, da er mit der DDR-Mark in großen Mengen im Westen nichts anfangen konnte.

Es hatte ihn schon als Jugendlicher verwundert, wenn er bei seiner Tante zu Besuch war, dass nur stinkende Trabis, Wartburgs, und andere Ostblock-Autos Luft verpestend durch die Straßen knatterten.

Seine Ausführungen und Schilderungen über die ehemalige DDR hörten sich plausibel und fundiert an. Er hatte bereits zwei Deals abgewickelt, die für heutige Begriffe kaum zu glauben sind. Er tauschte 2x einen relativ neuen Golf II gegen ein Haus und ein Grundstück ein, mit den jeweiligen Kaufverträgen und Einträgen in das Grundbuchamt!!!

Auch hier hatte die sozialistische Ideologie und Planwirtschaft über Jahrzehnte tiefe Spuren hinterlassen. Es gab bei vielen Bürgern der ehemaligen DDR immer noch eine tief sitzende Angst davor, dass es zu keiner deutschen Wiedervereinigung kommen würde, und sie weiter ihr Dasein hinter Mauern, Stacheldraht, Minen, Selbstschussanlagen und Wachtürmen fristen müssten. Dadurch es kam wie in diesen Fällen zu solch überhasteten Tauschaktionen.

Der ganze Wertekanon eines ehemaligen DDR-Bürgers unterschied sich gravierend von dem eines Bundesbürgers.

Hatte man die Muße und die Ruhe, inne zu halten, konnte man die Dinge, welche seit dem November 1989 passiert waren, kaum fassen. Die Ereignisse hatten sich regelrecht überschlagen! Es hätte auch ganz anders kommen können; alles hätte in einem Blutbad enden können. Noch herrschte eine Art von Verbundenheit und Glückseligkeit in der Frühphase der Wiedervereinigung. Doch diese Glückseligkeit vieler ehemaliger DDR-Bürger sollte bald der nüchternen Realität weichen. Die bestand oftmals aus nicht gekannter Arbeitslosigkeit, keiner Teilhabe mehr an einfachen Dingen wie Kinobesuchen, Essen gehen und anderen gesellschaftlichen Ereignissen ... Die Supermarktregale waren jetzt zwar voll, für viele blieben jedoch ihre Einkaufswagen in diesen Supermärkten ziemlich leer, da schlichtweg durch die Arbeitslosigkeit kein Geld mehr vorhanden war.

Anfang der 90ziger Jahre ging man davon aus, dass das wiedervereinigte Deutschland die Probleme vierzigjähriger Teilung Deutschlands innerhalb der nächsten 25 Jahre überwunden haben würde! Dafür bedürfe es *einer* Generation, meinte man.

Heute, 34 Jahre später, sind Ostdeutschland und Westdeutschland gespalten wie nie zuvor. Die Ursachen dieser Spaltung liegen sowohl in der Vergangenheit als auch in der Gegenwart. Ökonomisch haben viele der neuen Bundesländer im Osten gleichgezogen mit den alten Bundesländern im Westen. Aber flächendeckend und strukturell sind die neuen Bundesländer die Verlierer der Deutschen Wiedervereinigung.

Da wir den Mauerfall im Vorjahr nur im Fernsehen verfolgen konnten, wollten wir die deutsche Wiedervereinigung am 3. Oktober 1990 live am Brandenburger Tor und am deutschen Reichstag miterleben. Michael (West) kam aus Dinklage nach Magdeburg, er war mittlerweile stolzer Besitzer eines Porsche 911. Also begaben wir uns im Tiefflug Richtung Berlin. Die ehemalige Transitstrecke geisterte immer noch als eine Art Schreckgespenst im Kopf herum, aber sie hatte längst ihre abschreckende Wirkung verloren. Keine Vopos mehr, keine Radarkontrollen, keine herumlungernden Schlapphütigen Stasigesellen mehr an den Raststätten! Dieser ganze Spuk und die damit verbundenen Protagonisten waren wie vom Erdboden verschwunden. In Michendorf bezogen wir eine

Unterkunft, von dort fuhren wir weiter mit dem Bus in Richtung Berlin. Wir hätten auch ein Taxi nehmen können; Geld hatten wir uns für dieses einmalige Erlebnis genügend eingesteckt. Auf dem Weg nach Berlin leerten wir noch einige Fläschchen Kümmerling.

Das Brandenburger Tor rief wieder einige Erinnerungen in mir wach. Vor knapp sechs Jahren, beim Besuch von Susanne, schlich ich genau hier an dieser jetzt kaum mehr vorhandenen Mauer, dem Brandenburger Tor und dem Reichstag entlang ..., und das im Dunkeln und mutterseelenallein. Auch fielen mir noch die Grenzsoldaten auf dem Wachturm ein, die mich mit ihren Feldstechern beobachteten. In diesem Moment tauchte ich ganz ein in diese damalige Szenerie und blendete das Treiben um mich herum komplett aus. Es überkam mich ein Schaudern, als diese Erinnerung in mir aufstieg. Und jetzt standen wir hier an diesem Ort, und es tobte das Leben! Der „Antiimperialistische Schutzwall" existierte nur noch in Fragmenten, und die Reste dieses „Schutzwalls" wurden als Souvenirs mittlerweile in alle Welt verschickt! An jeder Ecke in Berlin wurden Stücke davon an Touristen verhökert. An diesem Abend feierten wir, umgeben von zehntausenden Menschen, ein wiedervereintes Deutschland. Es war ein magischer, unvergesslicher Moment!

Was hatte diese Stadt unter der 28-jährigen Teilung gelitten??? So viele Menschen, die an dieser Mauer einen sinnlosen Tod gestorben sind, häufig noch sehr jung ... Den letzten, den man an dieser Mauer am 05.02.1989 erschoss, war erst 20 Jahre alt. Hätte er nur noch gute 7 Monate gewartet, würde er heute noch am Leben sein. Aber niemand, damals wie heute, kann in die Zukunft schauen. Hätte, wäre, könnte, ... im Nachhinein ist die Menschheit immer schlauer. Oder auch nicht.

Zurück zur Wiedervereinigungsfeier am Reichstag. Ein paar ganz Clevere versorgten die anwesenden Massen mit Sekt; sie zogen Handwagen hinter sich her, die angefüllt waren mit Sektflaschen und verkauften diese zu Höchstpreisen. An diesem Abend machten sie das Geschäft ihres Lebens. Ein weiteres Highlight war ein Kranwagen, der neben dem Brandenburger Tor stand. An dessen Ausleger hing in etwa 20zig Meter Höhe einer dieser „wertvollen PKWs" der Marke Trabi, und dieser wurde von allen Seiten mit Silvester Raketen beschossen.

Helmut Kohl, Kanzler der deutschen Einheit, hielt seine Rede. Neben ihm stand Willi Brandt. In seinem Fall war es besonders schön, dass er den Fall der Mauer und der innerdeutschen Grenze und damit die Wiedervereinigung Deutschlands miterleben durfte. Willy Brandt und seine damaligen Mitstreiter, wie z. B. Egon Bahr, hatten in den frühen Siebzigerjahren am meisten für die Deutsche Wiedervereinigung gekämpft. Und als regierender Bürgermeister Westberlins hatte er die Teilung dieser Stadt hautnah miterlebt. Sicherlich hatten Willy Brandt als auch Helmut Kohl jeweils ihren Anteil an der Deutschen Wiedervereinigung, nicht zu vergessen die Präsidenten Russlands (damals noch Sowjetunion), Amerikas, und Frankreichs: Gorbatschow, Bush Senior und Mitterrand. Letztendlich aber trugen die Bürger der DDR den Hauptanteil an der Wiedervereinigung, denn **sie** waren es letztendlich, die das diktatorische SED-Regime zu Fall brachten.

Es war ein erhabener Moment, Willy Brandt einmal live zu erleben! Zwei Jahre später verstarb er. Er war neben Helmut Schmidt wohl einer der besten Politiker, die Deutschland je hatte, und er wurde für seine Verdienste zu Recht mit dem Friedensnobelpreis gewürdigt.

Nach der Ansprache des amtierenden Bundeskanzlers Helmut Kohl fanden in Berlin überall Feierlichkeiten und Partys statt, auch wir machten die Nacht zum Tag. Zu später Stunde brachen Michael (West) und meine Wenigkeit in Richtung Potsdam auf, diesmal doch per Taxi. Unser Taxi-Trip endete jedoch abrupt an der Glienicker Brücke; diese war über und über gepflastert mit zertrümmerten Sekt-, Schnaps- und Bierflaschen.

Die berühmt berüchtigte Glienicker Brücke! Sie stand während des Kalten Krieges des Öfteren im Focus der Welt-Öffentlichkeit. Auf ihr fand der Austausch von Spionage-Agenten aus Ost und West statt.

Noch befand sich Deutschland in einem überwiegend kollektiven Wiedervereinigungstaumel. Jedoch hatten Menschen im Osten im fortgeschrittenen Alter erkannt, dass der Arbeitsmarkt für sie keine oder kaum noch Perspektiven bot. Ihre Lebensleistung in der ehemaligen DDR wurde meist nicht gewürdigt, man schaute häufig von westdeutscher Seite abfällig auf sie herab mit dem Verweis: Was habt ihr denn hier im Osten schon zustande gebracht? Hier drängte sich doch zwangsläufig die Frage auf: Wie viele Menschen hatten sich denn der Nazi-Diktatur in den Weg gestellt??? Wie viele Mutige wagten es, sich gegen Hitler aufzulehnen???

Die kommunistische Diktatur konnten überwiegend nur die beurteilen, die sie selber erlebt hatten oder die sich mit ihr historisch auseinandergesetzt hatten!

Der mühselige Alltag und das Tagesgeschäft übernahmen wieder die Regie. Noch war die Wiedervereinigung kein Jahr alt, aber man konnte schon feststellen, dass sich in dieser kurzen Zeit mehr tat als die ganzen Jahre zuvor. Es waren die kleinen Schritte, die den Alltag im Osten erleichterten. Für viele Junge Menschen aus dem Osten waren die Schritte *zu* klein und *zu* langsam. Gerade als junger Mensch neigt man häufig zur Ungeduld, aber man ist auch eher bereit, neue Wege zu gehen. Die Jungen hatten seit der Wende durch Reisen in die alten Bundesländer gesehen, dass es ihnen dort nicht nur finanziell besser ginge, sondern dass auch die ganze Infrastruktur mit dem Osten nicht vergleichbar war. Ich konnte es ihnen wunderbar nachempfinden, ich hatte schließlich selber sechs Jahre zuvor meine Koffer gepackt und war gen Westen entwichen, wenn auch unter etwas anderen Umständen. Jetzt packten *sie* ihre Koffer und zogen gen Westen. Heute, 34 Jahre nach der deutschen Wiedervereinigung, steht die Bevölkerung in Ostdeutschland zahlenmäßig auf dem Stand von 1905! über 2 Millionen haben das Land nach der Wiedervereinigung verlassen. Besonders betroffen davon sind die ländlichen Räume im Osten. Dieses wurde von der Politik massiv unterschätzt und verschlafen. Aber das ist eine andere Baustelle. Bleiben wir in den 90ziger Jahren.

Von unseren Anfängen in Dinklage im Westen der Republik hatte ich noch einige Kunden. Michael (West) blieb überwiegend im Westen, ihm war der Osten suspekt und auch zu anstrengend. Mit einigen dieser ehemaligen Kunden blieb ich auch weiterhin in Kontakt, weil wir uns gegenseitig behilflich sein konnten, was geschäftliche Dinge anbetraf. Zudem bekundeten einige von ihnen ein gewisses Interesse, im Osten geschäftlich tätig zu werden.

Immer mehr westliche „Glücksritter" tauchten jetzt im Osten Deutschlands auf. Viele dieser „Abenteurer" wollten die schnelle Mark machen und sich dann wieder in ihre Gefilde im Westen zurückziehen. Hier kam dann auch schon mal wieder die „Treuhand" mit ins Spiel; es gab ja doch einiges zu verteilen …

Wie bereits im Vorfeld erwähnt lernte ich eines Tages einen „DDR Kenner" aus dem Westen kennen. Ich hatte einen alten Bekannten im damaligen „Interhotel" in Magdeburg, er gehörte dort zur Chefetage. Zur damaligen Zeit waren Zimmer Mangelware. Das Interhotel war zu diesem Zeitpunkt die erste Adresse in Magdeburg, und dort ein Zimmer zu bekommen war fast unmöglich. Außer man kannte jemanden, der dort das Sagen hatte. Da jetzt immer mehr Westdeutsche Unterkünfte brauchten und es so gut wie keine Hotels gab, war Vitamin B besonders wichtig.

Die Interhotel-Kette war eine 1965 staatlich gegründete Hotelkette der gehobenen Klasse. Sie hatte für DDR-Verhältnisse (hier liegt die Betonung auf *DDR*-Verhältnisse) einen überaus hohen Standard und war in der Zeit des Kommunismus überwiegend Leuten aus dem Westen mit D-Mark vorbehalten.

Ich brauchte unbedingt ein Zimmer, um eine Mitarbeiterin aus Dinklage unterzubringen. Also fragte ich an der Rezeption nach Wolfgang. Er hatte dort das Sagen. Wir hatten uns vor ein paar Wochen bei ihm zuhause getroffen, und im Zuge dessen bot er mir an, wenn ich ein Zimmer bräuchte, sollte ich mich bei ihm melden. Er hätte immer ein paar Zimmer in der Hinterhand.

Es war bereits Abend und ich hatte keine Termine mehr wahrzunehmen. Die Dame an der Rezeption sagte mir, er sei in einer Besprechung, es könne aber nicht mehr allzu lange dauern. Also sagte ich ihr, ich würde warten. Ich setzte mich in den vorderen Bereich des Hotels, von wo aus ich alles überblicken konnte.

Mir gegenüber saß ein Typ, circa Mitte zwanzig, im Business-Dress ebenso wie ich, und so kamen wir ins Gespräch. Er kam aus Hessen, direkt aus Frankfurt am Main (das vereinte Deutschland hatte jetzt ja 2 Frankfurts: eines am Main und eines an der Oder). Er war seit 5 Wochen in Magdeburg und im Versicherungsbereich tätig, und genau wie ich vermutete im Lebensversicherungsbereich. Also einer von der Sorte Abenteurer, die jetzt das schnelle Geld machen wollten. Wobei man ja immer zwischen seriös und unseriös unterscheiden muss, und die gab und gibt es in fast in allen Berufssparten. Nach diesem Gespräch erkannte ich, dass er einer von der Sorte „Dampfplauderer" war. Er sagte mir, er würde auf einen Kunden warten; das war schließlich nichts Ungewöhnliches. Und dann fing er an, mir einiges über die ehemalige DDR zu erzählen. Ich fragte so nebenbei, ob er denn früher häufiger zu Besuch war in der ehemaligen DDR, was er verneinte.

Er erzählte mir, dass jeder bei der Stasi war, und zudem alle arbeitslos waren. Es nur Margarine und Mehl gab. Sicherlich war die DDR in kaum einer Hinsicht in irgendeiner Disziplin Spitzenreiter. Dann setzte er noch einen oben drauf und erklärte mir, dass die Frauen sich alle prostituiert hätten für D-Mark. Auch das gab es sicherlich in Einzelfällen. Ich tat weiterhin sehr interessiert und erstaunt und gab natürlich nicht preis, dass ich in dieser Stadt aufgewachsen war, zumindest noch nicht während des Gespräches.

Es war erstaunlich, was dieser Mensch von sich gab. Er meinte, in fünf Wochen seiner Anwesenheit in dieser Stadt erkannt und erlebt zu haben, was andere, die ihr Leben hier verbracht hatten, nicht mitbekommen hatten. Wie gut er die Leute hier im Osten kannte, die wie er meinte, hinter dem Mond lebten und leben würden und eigentlich von gar nichts eine Ahnung hätten. Als Draufgabe erzählte er mir dann noch, was *er* als DDR-Bürger gemacht hätte: er hätte die DDR einfach verlassen! Da war er wieder einer dieser Unwissenden. Ich fragte ihn, wie er das denn genau gemacht hätte, die DDR zu verlassen? Er meinte, er hätte sich schon eine passende Stelle in dem Grenzzaun gesucht und wäre dann durch diesen Zaun gen Westen geschlüpft. Warum hatten wir damals in der DDR nicht solche tollen „Hechte"??? Wir wären ihnen doch glatt gefolgt und ebenso auf diese geniale Art und Weise in den Westen entfleucht. Ich fragte mich: warum hatte ich zig Ausreiseanträge gestellt??? Aber gut, hier sprach ein Blinder von der Farbe. Ich konnte mir diesen Schwachsinn kaum noch anhören. Gott sei Dank erlöste mich Wolfgang von diesem Dampfplauderer und Nichtswisser.

Im Aufstehen sagte ich ihm noch, dass ich in dieser Stadt aufgewachsen war, in ihr knapp fünfundzwanzig Jahre gelebt hatte und er so wenig von der ehemaligen DDR verstand wie ein Schimpanse vom Fliegen. Er sah mich an, als hätte ich im gerade verkündet, dass in wenigen Sekunden ein Meteorit auf der Erde einschlagen würde ...

Er war ein typisches Beispiel eines „Besser-Wessis" von Mitte Zwanzig. Leute, die den Leuten dort ihr eigenes und ehemaliges Leben erklären wollten in ihrer Besser-

wisserei. Solche Leute wurden in den neuen Bundesländern nicht gebraucht!

Man konnte jedoch nicht ausschließlich dem Westen
die Schuld zuschreiben. Ursache der Zustände im Osten
sowie im gesamten Ostblock waren 40zig Jahre kommunistische Misswirtschaft. Jedoch kann man im Rückblick
den Vorwurf erheben, dass von staatlich westdeutscher
Seite, sprich Regierung, die Dinge der Wiedervereinigung
in einer Geschwindigkeit vorangetrieben wurden, die
gerade ältere DDR-Bürger völlig überforderte.

Wir erweiterten unsere Angebotspalette und verkauften
vermehrt Büromöbel von einem der größten Büromöbel-
hersteller Deutschlands. Es war ein lukratives Geschäft,
zumindest in der Anfangsphase. Es wurden in vielen
Bereichen Fördermittel aus dem Westen für den Aufbau
Ost bereitgestellt, um verlorengegangene Arbeitsplätze
im Osten durch teils neu geschaffene Arbeitsplätze zu
ersetzen. Dieses Geld kam auch einigen großen Möbel-
herstellern zugute. Bald spürten wir selber das Spiel,
hintergangen und umgangen zu werden. Wir hatten
mit einigen Herstellern Händlerverträge abgeschlossen
und waren somit autorisierte Händler, die die jeweiligen
Produkte besagter Firmen an den Mann oder die Frau
brachten. Unser Job war das Geschäft mit dem Endkunden. Bald stellten wir jedoch fest, dass wir sehr häufig
ins Leere liefen; man umging uns einfach.

Dieses Umgehen bestand darin, dass die Hersteller
direkt an den Endkunden herangingen mit enormen Nach-
lässen, zu denen wir nicht ansatzweise in der Lage waren.

Die Kaufkraft der neu gegründeten mittleren und
kleineren Betriebe sowie die der normalen Bürger nahm

nach Einführung der D-Mark und der stetig steigenden Arbeitslosigkeit massiv ab. Man sprach zeitweise von 2,5 Millionen Arbeitslosen im Osten! Das bedeutete wiederum für uns, Nachlässe zu gewähren in einer Größenordnung, die nicht mehr ansatzweise kostendeckend waren, geschweige denn Gewinn versprachen.

Zudem kam verschärfend hinzu, dass die anfänglich wenigen Firmen, ob Neugründung oder schon zu DDR-Zeiten in privater Hand, von immer mehr westdeutschen Firmen regelrecht vereinnahmt wurden. Man kaufte sich ein und spekulierte auf zukünftig gute Geschäfte im Osten Deutschlands. Hier war jedoch eine gewisse Kapitaldecke des Westdeutschen Unternehmers Voraussetzung, um die Durststrecke im Osten zu überstehen.

In vielen Betrieben war von vornherein die finanzielle Situation sehr bescheiden, zumal man keine Rücklagen bilden konnte. Man konnte sagen, viele dieser noch jungen Firmen lebten „von der Hand in den Mund", wollten jedoch ihre erworbene Eigenständigkeit nicht aufgeben. Ich sah immer häufiger in die verzweifelten Gesichter vieler Mitarbeiter, zu denen ich ein gutes und vertrauensvolles Verhältnis aufgebaut hatte. Jedoch stellte ich fest, dass die Personaldecke in vielen Firmen bei meinen Terminen immer dünner wurde und viele letztendlich in die Insolvenz gingen. Das war der Kapitalismus in seiner grausamen Form!

Das eigentlich Negative war, dass sich die Menschen im neuen kapitalistischen Monopoly zusehends veränderten. Diese Veränderung war meist nicht zum Positiven. Der heute noch viel beschworene Zusammenhalt der DDR-Bürger resultierte überwiegend daraus, dass keiner wesentlich mehr hatte als der Andere. Dieser Zusammenhalt war aus der Not heraus geboren. Jetzt, wo man alles kaufen konnte und nicht mehr auf den Anderen angewiesen war, bröckelte dieser Zusammenhalt zunehmend. Der Prozess des Zerfalls des Miteinanders begann damit, dass die einen Arbeit hatten und die anderen arbeitslos waren. Somit bildete sich eine Zweiklassen-Gesellschaft, die man vorher so nicht gekannt hatte: die einen konnten konsumieren, die anderen waren die Abgehängten, wie man sie heute noch, nach 34 Jahren deutscher Wiedervereinigung, beschreibt.

Während dieser gravierenden politischen und gesellschaftlichen Umbrüche zeigte sich eine Gruppierung wieder besonders anpassungsfähig: die ehemaligen Stasi- und Partei-Bonzen! Ich erinnerte mich an die Worte meiner Großmutter, nachdem ich sie damals fragte, was wohl aus diesen Paladinen des kommunistischen Systems werden würde. Ihre Antwort war kurz und knapp, was ihren Erfahrungen nach der Nazi-Diktatur geschuldet war: „Diese Gesinnungslurche schaffen es, ihre Wendehälse um 360 Grad zu drehen und ihre Farbe zu wechseln, dass jedes Chamäleon vor Neid erblassen würde!"

Diese verachtungswürdigen Gestalten begegneten einem immer wieder, und man roch ihren widerlichen Anbiederungsgeruch meist schon von Weitem. Zudem musste man aufpassen, dass man nicht auf ihrer Schleimspur ausrutschte.

Da bot sich wieder ein Vergleich mit der Vergangenheit an: Damals wandelte sich so mancher Saulus zum Paulus und wurde über Nacht zum lupenreinen Demokraten!

Die Zeit verging wie im Flug, der Stress ließ nicht nach. Im Gegenteil: War ein Problem gelöst, taten sich zwei neue auf … Jedoch *ein* Problem war gravierend, und das war von existenzieller Art. Es betraf die immer schlechter werdende Zahlungsmoral. Selbst Gemeinden und Kommunen, die immer als sichere Bank galten, zahlten meist erst nach mehreren Mahnungen. Damit häuften sich aber schnell fünfstellige D-Mark-Summen an. Bei Unternehmen oder Firmen konnte man häufig nur hoffen, dass sie nicht insolvent gingen und somit ein finanzieller Totalausfall die Folge war …

Viele Betriebe und somit deren Führungspersonal hatten von der jetzt herrschenden Marktwirtschaft überhaupt keine Ahnung und übernahmen sich im großen Stil. Selbst die Mehrwertsteuer war für etliche dieser Betriebe ein Buch mit sieben Siegeln. Dieses sollte ich bei einem der größten Landwirtschaftsmaschinen-Betriebe der ehemaligen DDR erleben. Es ging um ein anfängliches Auftragsvolumen von circa fünfzigtausend D-Mark, plus der damals gängigen 14 % Mehrwertsteuer. Dieses Geld sollte in die Neuanschaffung von Kopierern und Faxgeräten investiert werden. Die mir gegenübersitzenden Direktoren dieses ehemaligen Kombinates konnten mit der separat ausgewiesenen Mehrwertsteuer sowohl auf dem Auftrag und später auf der Rechnung nichts anfangen. Als auch eine längere Erklärung betreffs der Mehrwertsteuer und deren Sinn und Verwendungszweck uns nicht weiterbrachte, und sie der Meinung waren, dass diese 14 % ein zusätzlicher Aufschlag wären, einigten wir uns auf die Teilung dieser 14 % auf jeweils 7 % für jede Seite, und der Auftrag war in trockenen Tüchern. In solchen Fällen war verkaufstechnische Flexibilität gefordert, alles andere hätte zu gar keinem Auftrag geführt. Das waren die kleineren oder größeren Randerscheinungen, die die neuen Bundesländer so mit sich brachten.

Mein alter Kumpel Hannes (wir wohnten jetzt zumindest in der Woche nur circa 100 m Luftlinie auseinander) machte sich mit einem Luftikus namens Wolfgang, der ebenfalls wie ich Anfang der Achtzigerjahre die DDR in Richtung Westen verlassen hatte, in der Sicherheitsbranche selbstständig. Ein Luftikus aus dem Grunde, weil er nicht sonderlich zuverlässig war, sowohl was finanzielle Dinge als auch andere Verpflichtungen anbetraf. Es sollte mit den Beiden nicht lange gut gehen.

Hannes und ich kannten uns Zeit unseres Lebens, und ich schätzte ihn immer wegen seiner Zuverlässigkeit und seiner Loyalität mir gegenüber, was auf Gegenseitigkeit beruhte. Ich machte ihn durch die Blume aufmerksam, ob er sich in diesem Fall für den richtigen Kompagnon entschieden hätte, aber er war schließlich alt genug, um seine Entscheidungen selber zu treffen.

Hannes erging es wie vielen ehemaligen DDR-Bürgern: sein Job bei der KWV (Kommunale Wohnungsverwaltung) wurde abgewickelt! Er hätte sicherlich noch eine Weile dort arbeiten können. Aber er meinte, bevor er gegangen wird, nimmt er das Heft selber in die Hand und kündigt von sich aus. Leider sollte unsere Freundschaft noch auf eine harte Bewährungsprobe gestellt werden, aber dazu später mehr.

Einige Wochen später saßen wir zusammen und plauderten über die alten DDR-Zeiten. Ich fragte Hannes, ob sich Susanne nochmals bei ihm gemeldet hätte. Ich ging davon aus, dass ihre Eltern immer noch in Magdeburg lebten. Sie waren in einem Alter, wo es kaum noch Sinn gemacht hätte, Richtung Westen aufzubrechen. Aber er verneinte meine Frage; sie hatte sich bei ihm nicht wieder gemeldet. Bei ihrem letzten Besuch sagte sie ihm, dass sie

immer noch in Berlin lebe, aber in diesen unruhig aufge-
wühlten Zeiten trieb es viele in alle Himmelsrichtungen;
vielleicht auch sie. Ich war öfter in Berlin, aber die Zeit
ließ es nie zu, Nachforschungen anzustellen, ob sie noch
in Berlin sei. Zur damaligen Zeit war es recht einfach,
jemanden aufzuspüren, indem man das Telefonbuch der
jeweiligen Gemeinde oder Stadt durchforstete. Es sollten
immer noch einige Jahre vergehen, bis ich zum Berliner
Telefonbuch griff, und sie in Berlin ausfindig machte.

Noch hatten wir nicht das Zeitalter der Handys und
Smartphones, aber bald sollten wir das erste tragbare
Telefon benutzen können! Es brachte uns aber nicht
wirklich weiter, da ein gut ausgebautes Netz noch in
weiter Ferne lag.

Die Zahlungsmoral wurde so dermaßen schlecht, dass
man sich die Frage stellte, ob dies alles noch Sinn mache,
wenn man einen Großteil des Tages damit verbringen
muss, an die zahlungsunwilligen Kunden Mahnungen
sowie Mahnbescheide zu verschicken. Die Steigerung all
dessen war dann, über einen Anwalt die ausstehenden
Zahlungen einzuklagen.

Wenn terminlich ein wenig Luft bestand, fuhr ich in
unseren Stadtteil, bog in die Napoleonische Straße ein
und verbrachte ein wenig Zeit mit meiner Großmutter.
Die war jetzt schon über 80zig Jahre alt. Sobald ich in
die Straße meiner Kindheit und Jugend einbog, fiel mir
immer wieder das Treffen mit dem Amerikaner aus Chikago ein; und es überkam mich jedes Mal aufs Neue ein
Schmunzeln, und ich hörte auf der mir so vertrauten
Straße immer, was an meinem „Westauto" alles locker
war und klapperte ...

Wie auch an diesem Tag, es war ein Mittwoch. Ich stieg aus meinem Auto und dachte mir, ich klingele mal im Nebenhaus bei Michaels (Ost) Eltern und schaue einmal bei ihnen vorbei, um zu fragen, wie es ihnen geht. Ich hatte sie auch schon seit Wochen nicht mehr gesehen. Die strammen Altkommunisten und ehemaligen Stasi-Nachbarn waren jetzt alle zu strammen Antikommunisten mutiert, Gott sei Dank lief mir keiner dieser unseligen Wendehälse an diesem Tag über den Weg. Ich betätigte den Klingelknopf und mir wurde geöffnet, Michaels Eltern wohnten Parterre. Ich sprang die wenigen Stufen bis zur Wohnungstür hoch und Michaels Mutter, Eka, wie wir sie schon seit Kindheitstagen nannten, stand in der Tür. Sie war leichenblass und schlich zurück in die Küche. Ich merkte sofort, dass etwas nicht stimmte und fragte, ob es ihr nicht gut ginge. Ich wusste nicht, dass mich gleich im sprichwörtlichen Sinne der Schlag treffen würde und es mir den Boden unter den Füßen wegreißen würde. Sie fragte, ob ich denn nicht wüsste, was passiert sei. Ich verneinte. Dann verkündete sie mir die geschehene Tragödie.

Michael arbeite damals für eine Versicherung und verkaufte deren Produkte. Da unser alter Kumpel Bernhardt ebenso wie Hannes und viele andere vor dem Ende ihrer beruflichen Karriere standen, und auch Bernhards Betrieb wegen Unrentabilität abgewickelt werden sollte, bot ihm Michael an, in die Versicherungsbranche einzusteigen, was Bernhardt eine neue berufliche Perspektive eröffnen sollte.

Beide, Michael und Bernhardt, waren letztes Wochenende im Westen Deutschlands zu einem Versicherungsseminar unterwegs gewesen, als das Unfassbare geschah! Auf dem Rückweg von diesem Seminar fuhren sie auf einer Bundesstraße, es war bereits dunkel, als ihnen ein sogenannter „Lückenspringer" mit dem Auto entgegenkam. Geistesgegenwärtig wollte Michael dem ihnen entgegenkommenden Auto ausweichen, riss das Lenkrad rechts herum und steuerte auf einen neben der Fahrbahn stehenden Baum zu. Im gleichen Atemzug riss er das Lenkrad nach links herum und geriet somit auf die Gegenfahrbahn. Dort stießen sie mit einem entgegenkommenden Fahrzeug frontal zusammen!

Als Michael wieder zu sich kam, waren bereits die Polizei und auch die Schnelle Medizinische Hilfe am Unfallort. Bernhardt saß zusammengesackt auf dem Beifahrersitz. In seiner Verzweiflung und unter Schockeinwirkung wollte Michael Bernhardt aus dem Auto ziehen, aber die Polizei gab Michael zu verstehen, dass für Bernhardt jede Hilfe zu spät kam. Er hatte sich bei diesem Frontalzusammenstoß das Genick gebrochen, er muss auf der Stelle tot gewesen sein. Michael trug mehrere Verletzungen davon, hatte aber diesen extremen Zusammenstoß überlebt. Bei diesem fatalen Frontalcrash starben in dem anderen Unfallauto ebenfalls zwei Menschen. Der Schuldige und Verursacher dieses verheerenden Unfalls beging Fahrerflucht, jedoch trieb ihn wohl sein schlechtes Gewissen und er meldete sich später freiwillig bei den zuständigen Polizeibehörden.

Als Eka mir das Geschehen erzählte, zitterte ich am ganzen Körper. Ich musste mich erst einmal hinsetzen und das soeben Gehörte für mich begreiflich machen. Ich konnte es nicht fassen: Bernhardt war gerade mal 35 Jahre alt geworden und Iris, mit der ich aufgewachsen war, war jetzt Witwe! Ihre Eltern wohnten im gleichen Haus wie Eka, sie waren, solange ich denken kann, unsere Nachbarn, und sie waren keine kommunistischen Mitläufer. Aber das war jetzt nebensächlich.

Eka hatte bereits vor 25 Jahren einen ihrer jüngeren Brüder durch eben solch einen Unfall verloren, im Jahr 1967. Er war damals erst 27 Jahre alt.

Ich brauchte erst einmal frische Luft, ich stand unter Schock. Ich klingelte im Nebenhaus bei meiner Großmutter und schlich wie benebelt die Treppen hoch, sie wusste schon Bescheid.

An diesem Tag war kein Arbeiten mehr möglich. Am Abend ging ich hinüber zu Hannes und berichtete ihm von den Geschehnissen; auch er war am Boden zerstört.

Ich dachte oft an Bernhardt: wie er mich damals mit seiner Jawa voller Stolz überholt hatte, als ich auf meinem Habicht saß; wie er und Iris geheiratet hatten und wir die riesige Vase voll Wasser aus dem obersten Stockwerk des Nachbarhauses geworfen hatten. Wie wir immer zur Ehle gefahren sind, er seine Jawa sowohl auf dem Hin- und Rückweg geputzt hatte. Wie er damals aus dem Küchenfenster rief, als ich mit meiner MZ 250 von der Arbeit kommend auf unseren Hof einbog und er mir verkündete, dass er Vater geworden war. An seine Militärzeit bei der Knüppelgarde und die Tipps, die er mir für die Sekte gab. Und die ganzen Partys, die wir in unserer Laube auf dem Hof gefeiert hatten, ... Wir hatten immer viel Spaß miteinander. Er hatte bis zu seinem Tod nicht viel von der Welt gesehen. Er wollte mal so gerne an die Ostsee. Ein bescheidener Wunsch, der ihm nun verwehrt blieb.

Ein wirklich guter Freund und Kumpel hatte uns für immer verlassen. Man konnte es nicht anders formulieren: DAS LEBEN KANN MANCHMAL SCHON SCHEISSE SEIN!!!

Einige Wochen später waren wir alle auf Bernhardts Beerdigung. Werner, ein entfernter Bekannter von uns, war Taxifahrer. Auch er war gekommen und war im gleichen Alter wie Bernhardt. Keiner konnte damals ahnen, dass ihn das gleiche Schicksal wie Bernhardt nur ein Jahr später ereilen würde. Ihm fuhren zwei sternhagel-Betrunkene in sein Auto, auch er war auf der Stelle tot.

Diese Ereignisse haben keinen Bezug zu den Geschehnissen der Nachwende-Zeit. Manchmal sind Menschen halt zur falschen Zeit am falschen Ort.

Michael erholte sich wieder, zumindest körperlich. Aber ein so gravierendes Erlebnis brennt sich für immer in das Gedächtnis ein.

Wir mussten wieder zum Alltag übergehen. Das Leben ging weiter, und nach solch tragischen Ereignissen war Arbeit die beste Ablenkung.

Hannes und Kompagnon wollten zusätzlich zu ihrer Niederlassung in Magdeburg eine zweite Niederlassung in Schwerin gründen. Schwerin? Da war doch mal was???

Da kamen die unschönen Erinnerungen wieder hoch, an diese unsägliche NVA-Zeit in Karow. Was war wohl aus diesem geistesgestörten und schießwütigen Paul geworden? Lebte er noch??? Es musste für einen Menschen wie ihn doch unerträglich gewesen sein, dass jetzt der verhasste Klassenfeind, den er sein ganzes Leben lang bekämpft hatte, das Ruder übernommen hatte. Ich hätte gerne das Gesicht dieses Fanatikers gesehen, als er erfuhr, dass alles, was sein ganzes Leben bestimmte, von heute auf morgen nichts mehr wert war und sich in Luft auflöste. Es war auch kaum vorstellbar, dass er wie viele andere von jetzt auf gleich seine Gesinnung geändert hatte. Bei der Wende 1989 war er Mitte oder Ende 50, wahrscheinlich schon im Ruhestand, es war kaum vorstellbar, dass man diesen schießwütigen NVA-Spieß in die Bundeswehr übernommen und integriert hätte.

Da es sich in Schwerin um zwei Büroräume handelte, die jeweils mit Büromöbeln und dazugehörigem Kopierer sowie einem Faxgerät ausgestattet werden mussten, bat mich Hannes, die Räumlichkeiten auszustatten. Er gab mir die Adresse in Schwerin und die Schlüssel für die Büroräume.

So machte ich mich einige Tage später auf den Weg, um mir die Räumlichkeiten anzusehen, sie auszumessen und einen Kostenvoranschlag zu erstellen.

Von Magdeburg nach Schwerin waren es gute 200 km. Die Straßen Anfang des dritten Jahres nach der deutschen Wiedervereinigung befanden sich noch in einem absolut desaströsen Zustand. Das bedeute, sehr zeitig aufzubrechen und für alle unterwegs aufkommenden und unvorhersehbaren Eventualitäten gewappnet zu sein. Derer gab es viele.

Die Fahrzeiten in Ost und West unterschieden sich noch gravierend. Brauchte ich im Westen bei meist gut ausgebauten Autobahnen und Straßen für circa 100 km knapp eine Stunde, so konnte die Fahrzeit im Osten schon mal das Doppelte und mehr betragen. Das alles musste ich bei Terminplanungen mit einkalkulieren. Zudem gab es noch kein Navigationssystem, und Computer waren auch noch nicht wirklich vorhanden, also alles noch weit weg von den heutigen Technologien. Hier half dann nur noch die gute alte Straßenkarte. Aber auch die hatte ihre Tücken, da sie häufig nicht mehr aktuell war. Jede dieser Fahrten wurde somit zu einem kleinen bis mittleren Abenteuer und ein Geduldsspiel ohnehin.

Da ich am Abend oder nachts wieder zurück sein wollte, startete ich gegen 6.00 Uhr früh am Morgen. Während ich so vor mich hin fuhr und grübelte, wie lange ich wohl für die bevorstehende Fahrstrecke bräuchte, überkam mich ein Gedanke, und dieser Gedanke nahm Gestalt an: Ich würde einen Abstecher zu meiner ehemaligen Kaserne in Karow machen!

Von Schwerin aus waren es nur wenige Kilometer; mit dem Auto war ich verhältnismäßig schnell dort, insofern es die Straßenverhältnisse zuließen. Der Plan stand, sonst würde ich wohl nie mehr an diesen Ort kommen, der mit Schikanen und Demütigungen mir anderthalb Jahre meines Lebens geraubt hatte! Auch wenn es mehr Zeit kosten würde, es war egal.

Während ich so fuhr, stellte sich die nächste Frage: gab es diese Kaserne überhaupt noch??? Oder hatte man sie dem Erdboden gleichgemacht??? Darüber wäre ich sicherlich nicht traurig gewesen. Ich würde auf dem Weg dorthin unterwegs anhalten und jemand fragen. Ja, das war die beste Methode und Möglichkeit. Eine Kaserne verschwindet nicht einfach so, ohne dass es in den angrenzenden Ortschaften verborgen blieb.

Nachdem ich die Räumlichkeiten in Schwerin begutachtet und vermessen hatte (meine Fahrt nach Schwerin dauerte nur circa dreieinhalb Stunden), setzte ich mich gegen 10.30 Uhr ins Auto und fuhr Richtung Kaserne, und somit auf einen Abstecher in meine DDR-Vergangenheit.

Ich hatte noch etwa 60 Kilometer zu fahren, lag aber gut in der Zeit. in Plau am See hielt ich an einem ehemaligen Konsum an. Es prangte jetzt das Schild eines

Westsupermarktes über dem Eingang, und das Warenangebot war doch um einiges vielfältiger als noch vor wenigen Jahren. Ich glaube, mich erinnern zu können, dass wir damals während einer Militärübung uns hier mit einem Tatra Sattelzug zurückfallen lassen haben und hier etliche Flaschen Schnaps in Windeseile gekauft und in unseren LKW versteckt hatten. Aber ich kann mich auch täuschen; vielleicht war es ja damals auch ein anderer Konsum. Ich fragte die Dame an der Kasse, ob es die Kaserne in Karow noch gebe. Wenn Sie es nicht wusste, wer dann??? Sie sagte ja, die Kaserne gebe es noch und jetzt wäre die Bundeswehr dort neuer Hausherr. Ich bedankte mich und schon war ich weg.

Weit konnte es nicht mehr sein. Dann tauchte auch schon der tote Bahnhof von Karow auf; er war noch genauso hässlich wie damals als wir hier ausstiegen und dann mit den LKWs in die Kaserne gebracht wurden. Dann nach wenigen Kilometern bog ich zur Kaserne ab. Dann lag sie vor mir!

Ob wohl links und rechts im Wald noch vergrabene Schnapsflaschen von damals lagen??? Das Gebäude, in denen einige der damaligen Offiziere ihre Unterkunft hatten, die aus anderen Landesteilen der DDR kamen, stand noch. Aber es hatte nicht mehr diesen hässlich grünen NVA-Anstrich. In diesem Gebäude war damals auch die Post untergebracht. Hier wurden die Hassangriffe auf Pauls Fahrrad verübt! Den Fahrradverschlag für Pauls Fahrrad gab es auch nicht mehr. Es kam mir vor, als wäre das alles erst gestern gewesen, dabei war in der Zwischenzeit so viel passiert!

Ich stellte mein Auto auf dem Parkplatz ab, der damals nur Offizieren vorbehalten war, er war in einem wesentlich besseren Zustand, als ich ihn noch in Erinnerung hatte. Dann steuerte ich zu Fuß auf die so verhasste Kaserne zu, aber zu meinem Erstaunen hatte sie mit der damaligen Kaserne nicht mehr viel gemeinsam. Der die Kaserne damals umgebende Starkstromzaun, aus dem wir häufig die Tierkadaver einsammeln mussten, existierte nicht mehr. Er war ersetzt worden, durch einen ganz normalen Zaun.

Die Gebäude, in denen wir 1½ Jahre schikaniert, drangsaliert und klein gemacht wurden, hatten jetzt einen freundlich hellen Anstrich, dieses über allem liegende hässliche Militär-grün

war verschwunden. Es schien ein ganz anderes, normaleres Leben in der Kaserne zu herrschen, als wir es damals erlebt hatten, es war augenscheinlich wesentlich relaxierter. Das war selbst für jemanden wie mich, der außerhalb der Kaserne stand, erkennbar.

Die Kaserne hatte sich unter dem Kommando der Bundeswehr komplett verändert. Nicht nur optisch, sprich Gebäude und deren sichtbaren Einrichtungen, sondern auch wesentlich in der Behandlung der Soldaten. Das hatte ich schon während meiner ersten Jahre nach meiner Ausreise in Mönchengladbach erfahren, als ich mich mit dem damaligen Freund meiner Cousine unterhielt. Der war damals bei der Bundeswehr.

Mir schossen noch so einige Erinnerungen an diesem ehemals so unseligen Ort durch den Kopf, es war noch einmal ein gedanklicher Abstecher in die Vergangenheit.

Ja und wo war Paul??? Es war egal, er war sowieso Geschichte. Für ihn war es sicherlich die größte Strafe, dass alles so kam wie es kam, und diese Strafe hatte er sich redlich verdient, und mit ihm viele seiner damaligen Offiziersspießgesellen ... Es waren seit damals gute 12 Jahre vergangen. Die Jungs die jetzt in der Kaserne dienten, konnten sich diesen gnadenlosen Drill und diese endlosen Erniedrigungen wohl nicht mehr vorstellen, Gott sei Dank.

Auf dem Rückweg grübelte ich noch eine Weile über damals nach ... Was war wohl aus Holger geworden? Was aus Ronnie, was aus den Jungs aus Thüringen, aus den Fischköppen, was aus Patze und all den anderen??? Man verliert die Menschen aus dem Blick, dachte ich mir. So ist halt das Leben.

Dann kam mir Gertrud in den Sinn. Ich musste sie unbedingt einmal besuchen! Sie lebte sicherlich noch in Klein Schwarzlosen in ihrem Pfarrhaus als Pastorin.

Und Manfred, meinen alten Arbeitskollegen aus dem BMK (BUMMLE MIT KUMPEL oder BESSER MAN KÜNDIGT)-Kombinat. Sein Traum war letztendlich noch in Erfüllung gegangen: Er brauchte nicht mehr in den Westen zu gehen, denn der Westen war zu ihm gekommen! Ich musste irgendwie Zeit finden, um Sie zu besuchen.

Die Arbeit machte immer noch sehr viel Spaß, obwohl ich um ein Vielfaches mehr arbeitete als zu Zeiten in der Spedition in Mönchengladbach als Arbeitnehmer

Die Zahlungsmoral der Kunden wurde das Hauptproblem! Kein Geld von den Kunden für die gelieferte Ware hieß im Umkehrschluss, es stand kein Geld für die Bezahlung der Lieferanten zur Verfügung. Das wiederum bedeutete: erst zahlen beim Lieferanten, dann erfolgte die Lieferung der Ware; also gegen Vorkasse. Aus Sicht der Lieferanten verständlich. Es wurde immer mehr zu einem aufzehrenden Teufelskreis, der mittlerweile einen Hauptteil der physischen und psychischen Energien raubte. Zudem mussten die monatlich laufenden Kosten gestemmt werden: Mieten, Autos, Strom, Gehalt Techniker und so weiter und so fort. Jeder Selbstständige kennt das wohl aus eigener Erfahrung.

Wenn die Einnahmen und Ausgaben (die monatlich laufenden Kosten) in keinem Verhältnis mehr zueinander stehen, sollte man sich kurzfristig Gedanken machen, wie es weitergehen soll. Das wiederum hieß, die Banken um mehr Geld zu bitten und die Überziehung des Kontos für teures geliehenes Geld von der Bank zu erweitern, was langfristig sehr teuer werden konnte. Alle Banken aus der alten Bundesrepublik waren mittlerweile in den neuen Bundesländern präsent, sie gehörten mit Sicherheit zu den absoluten Top-Gewinnern der deutschen Wiedervereinigung. So war das kapitalistische Spiel. „Geld regiert die Welt", lautete die Devise. Dies bekamen immer mehr Menschen im Osten zu spüren.

Der Ausverkauf war rasant, die Euphorie der Menschen, die in den neuen Bundesländern lebten und derjenigen, die blieben, wich in vielen Fällen immer mehr der Resignation. Die Vorstellung vieler vom goldenen Westen war eine andere als diese, die sie jetzt erlebten. Beide Seiten trugen ihren Teil der Schuld. Auf der einen Seite überzogene Erwartungen im Osten, vom oft überhöhten und gepriesenen „Goldenen Westen". Auf der anderen Seite die Politik im Westen unter Kohl, der durch die deutsche Wiedervereinigung erneut zum Kanzler gewählt wurde, und mit blühenden Landschaften warb.

Die blühenden Landschaften sollten nicht mehr viele erleben, zumal dies nicht von heute auf Morgen ging. Was in Jahrzehnten kommunistischer Diktatur und Planwirtschaft herunter gewirtschaftet wurde, konnte nicht innerhalb von zwei Jahren in blühende Landschaften verwandelt werden, das musste jedem realistisch denkenden Menschen bewusst sein.

Ein weiterer Punkt war, dass neu gegründete ostdeutsche Firmen mittlerweile begriffen hatten, dass man nicht das erstbeste Produkt kauft, sondern sich mehrere Angebote einholt, was auch vollkommen legitim war. Viele hatten besonders in der Anfangsphase einiges an Lehrgeld bezahlen müssen, indem sie über den Tisch gezogen wurden, und das oft auf sehr unschöne Art und Weise.

Es gab Firmen, die es mit dem Einholen von Angeboten übertrieben. Am besten man fragte sie schon während des Telefonats, ob es sich überhaupt lohnen würde bei 20-30 Angeboten, noch hinzufahren, um eines oben drauf zu legen. Das hatte dann mit effizientem Arbeiten unsererseits nichts mehr zu tun.

Es hieß die Wege möglichst kurz halten, und die Dinge am Telefon weitestgehend abzuklären.

Viele Firmen aus dem Westen hatten immer häufiger ihre Partner aus den alten Bundesländern im Schlepptau und schanzten ihnen die Aufträge zu.

Man hatte immer mehr den Eindruck, man befände sich im Yukon beim Klondike-Goldrausch Ende des 19 Jahrhunderts, und jeder wollte einen größeren Nugget finden! Die großen Player teilten sich mehr und mehr den Markt in Ostdeutschland untereinander auf. Sie hatten genügend Kapital, um lange und länger finanzielle Durststrecken zu überstehen, zudem flossen beachtliche finanzielle Mittel für den Aufbau Ost von West nach Ost. Auch hier profitierten am meisten die Großkonzerne. Es war ein riesiges Konjunktur-Programm für die alte Bundesrepublik. Und das nicht nur in der ehemaligen DDR; im ganzen ehemaligen Ostblock taten sich neue Märkte auf.

Man spricht von etwa 1,6 Billionen Euro, die bis heute in die neuen ostdeutschen Bundesländer flossen, wobei man bis zur Einführung des Euro die ganze Summe in D-Mark rechnen müsste oder sollte. Anhand dieser 1,6 Billionen sieht man, wie marode das System der DDR war. Wahrscheinlich haben nicht einmal die besten Wirtschaftsexperten mit dieser Größenordnung in finanzieller Hinsicht gerechnet.

Das Abenteuer Neue Bundesländer lief jetzt bereits das dritte Jahr, es hatte sich schon viel verändert! Aber es sollte noch viel Wasser die Elbe und den Rhein runter fließen, bis sich die Lebensverhältnisse in Ost und West angleichen würden (Nach 34 Jahren ist dies immer noch nicht gelungen). Oder war diese Angleichung gar nicht gewollt, um sich keine Konkurrenz im eigenen Land zu züchten???

Hauptsache, die Leute im Osten wurden brave Konsumenten, das machte die Großkonzerne noch reicher, als sie ohnehin schon waren ...

Ich hatte Hannes von meinem Ausflug nach Karow nach meiner Rückkehr aus Schwerin berichtet. Ich hatte ihm mehrere Vorschläge bezüglich der Einrichtung seiner Büroräume in Schwerin gemacht. Von den einzelnen Büromöbelherstellern gab es Magnettafeln, auf denen man im Maßstab die Räumlichkeiten visuell darstellen konnte. Wir waren noch immer nicht im Zeitalter der 3D-Computer-Darstellungen angekommen. Die Gesamtsumme für Möbel, Fax und Kopierer betrug 15.000,- D-Mark. Ich stellte Hannes nur meine entstandenen Kosten in Rechnung, ich wollte an ihm nichts verdienen.

Magdeburg wurde zusehend zu einer immer saubereren Stadt, die Dunstglocken früherer Tage durch Zweitakter und die Umwelt verpestenden Großkombinate, die ungefiltert ihren Dreck in die Luft bliesen, gehörten der Vergangenheit an.

Die am Straßenrand stehen gelassenen Trabis, Wartburgs und die anderen brachialen Technik-Wunder-Fabrikate aus ehemaligen Ostblockstaaten hatte man alle längst entsorgt. Der Trabi, sofern man ihn dort und da noch einmal sah, wurde zum Exoten. Auch begann man die Wohnungen, in denen es Kachelöfen gab (und davon gab es reichlich), umzustellen auf Fernwärme oder Gas.

Die Elbe wurde wieder sauberer. Hatte man früher Chemikalien einfach in die Elbe geleitet (Fahlberg List/Magdeburger DDR-Chemiekombinat), so begannen sich jetzt langsam wieder Fische in der geschundenen Elbe zu tummeln.

Die ehemals rußig-fettigen Schichten über Autos, Häusern und Straßen verschwanden somit.

Es kam jedoch in vielen Fällen zu gesellschaftlichen Verwerfungen, die auch nicht vor Familien halt machte. Einer der Hauptgründe dafür war, dass viele jetzt erfuhren, von wem sie jahrelang bespitzelt wurden. Hier taten sich Abgründe auf! Oft waren es Menschen, denen man tiefstes Vertrauen geschenkt hatte. Mitunter die eigene Frau oder der eigene Mann, der jeweilige Kollege oder Nachbar ... Das Ausmaß war erschreckend!!!

Man hatte bereits 1990 eine Bundesbehörde für Stasi-Akten gegründet, dort konnte man seine Stasi-Akte anfordern. Jedoch waren die darin enthaltenen IM, die über Jahre hinweg ihre Mitmenschen verrieten und bespitzelt hatten, geschwärzt. Man wollte damit Mord und Totschlag verhindern. In vielen Fällen konnte man mit fast 100 % Sicherheit sagen, wer die Denunzianten waren, da man seine politische Einstellung nur einem kleinen Personenkreis offenbarte.

Der anfängliche Rausch der Wiedervereinigung war weitestgehend verflogen und einem Kater gewichen.

Die Möbellieferung für Hannes traf 4 Wochen später in Schwerin ein, ich nahm sie früh morgens an Ort und Stelle mit einem Bekannten entgegen, anschließend bauten wir sie auf. Es kostete nochmals viel Zeit und Arbeit, spät abends erreichten wir dann Magdeburg. Dieser Auftrag war für mich ein Nullsummen-Spiel, sogar ein Spiel, bei dem ich draufzahlte. Aber gut, es war mein alter Freund Hannes.

Am nächsten Tag brachte ich Hannes die Rechnung über die nach Schwerin gelieferten und aufgebauten Möbel sowie den Kopierer und das Faxgerät. In seinem Büro traf ich ihn nicht an. Ich hatte ihn schon seit einiger Zeit nicht mehr gesehen, auch abends bei ihm zuhause brannte kein Licht. Vielleicht hatte er eine neue Freundin.

Das Wochenende nahte, und ich fuhr wieder Richtung Westen nach Dinklage. Am Wochenende stand eine Party an, und etwas Erholung war auch ganz gut. Ich fühlte mich zunehmend ausgebrannt, das ständige Geld-Eintreiben zerrte an den Nerven und ließ mich zudem immer schlechter schlafen, was zur Ursache hatte, dass ich mich noch ausgebrannter und kaputter fühlte.

Nachdem Wochenende hieß es wieder Richtung Magdeburg aufbrechen. Ich versuchte Hannes die Woche mehrmals telefonisch zu erreichen, kein Erfolg. Ich bat um Rückruf. Fehlanzeige, nichts! Er war weder erreichbar noch gab er ein Lebenszeichen von sich. Auch zuhause war er nicht anzutreffen. War etwas passiert??? Nein. Sylvia, die das Büro schmiss, sagte mir, er hätte viel zu tun. So kannte ich Hannes nicht, er war immer und in jeder Hinsicht zuverlässig; irgendetwas stimmte nicht. Ich bat nochmals, er möge mich zurückrufen. Es vergingen wiederum zwei Wochen und nichts geschah. Es konnte doch nicht sein, dass einer der besten Freunde so agierte? Ich versuchte nochmals alles, aber auch nach zwei weiteren Wochen geschah nichts. Ich hatte die Bank im Genick und offene Rechnungen von Kunden von über 50.000,- Mark! Aber das interessierte die Bank nicht. Mein Firmen-Dispo war schon bis zum Anschlag überzogen, und ich konnte keine Lieferanten Rechnungen mehr bezahlen!

Meine Sparkasse im Westen musste mir weiterhelfen. Die war wesentlich umgänglicher, und wir hatten ein fast freundschaftliches Verhältnis, da sie in Dinklage direkt neben uns lag.

Dies hatte jedoch einen Nachteil: sie lag für mich zu weit ab vom Schuss, sodass ich nicht täglich die Geldeingänge prüfen konnte.

Nach wiederum mehrmaligen telefonischen Anläufen sowie dem Aufsuchen vor Ort mit Bitte um Rückruf schickte ich Hannes eine Mahnung! Ich konnte es selber kaum glauben, aber ich hatte keine andere Wahl. Und wieder passierte rein gar nichts. Dann schickte ich nach zwei Wochen nochmals eine Mahnung und dann einen Mahnbescheid, doch wieder erfolgte von seitens Hannes keine Reaktion.

Was war denn da los? Das war doch nicht Hannes Art! Ich hatte einen Verdacht; es war mein damaliger Anfangsverdacht, und er sollte sich bald bewahrheiten. Es betraf wie vermutet seinen Kompagnon. Er litt an Großmannssucht, das war mir schon am Anfang aufgefallen. Er war mir vom ersten Moment an suspekt!

Es blieb nur noch eine Option, die Letzte: ich musste meinen Anwalt einschalten! Ein Schritt, den ich nicht gehen wollte, aber mir blieb nichts anderes übrig. Nachdem der Anwalt ein Schreiben mit datiertem Zahlungsziel verschickt hatte, bekam ich circa eine Woche später einen Anruf von Hannes mit dem Hinweis, er rede nicht mehr mit mir. Das war eine verkehrte Welt! er war schließlich in der Bringschuld! Ich sagte, er solle zumindest den Mut aufbringen und zu mir ins Büro kommen. Zwei Tage später stand er dann vor der Tür.

Es konnte nicht sein, dass sich Hannes in so kurzer Zeit so verändert haben konnte, aber meine Vorahnung betreffs seines Luftikus-Kompagnons und Geschäftspartners sollte sich bestätigen. Dieser hatte eine größere Geldmenge verzockt, sodass sie nicht in der Lage waren, anfallende Rechnungen zu begleichen. Ich sagte Hannes, er hätte sich mit mir in Verbindung setzten sollen, denn für jedes normale Problem gibt es auch immer eine Lösung. Wir kannten uns schließlich ein ganzes Leben und hatten viel miteinander erlebt. Für mich war es anfänglich eine herbe menschliche Enttäuschung, und für Hannes war es wohl aus Peinlichkeit mir gegenüber eine Art von Wegducken.

Wir setzten uns zusammen und fanden eine Lösung, die uns beiden half. Ich machte ihm den Vorschlag, dass er die Rechnung in 5 Raten zahlt, und wir teilten uns die

Anwaltskosten. Unsere Freundschaft sollte nicht wie bei vielen anderen am Geld scheitern.

Ich fragte ihn noch, ob er mit seinem Kompagnon langfristig eine Perspektive sehe, denn der hatte ihn in seine Zocker-Geschäfte erst in allerletzter Sekunde eingeweiht als es nicht mehr anders ging. Nicht unbedingt ein Vertrauensbeweis unter Geschäftspartnern. Die vereinbarten Raten kamen dann auch pünktlich, und die Sache war vom Tisch.

Die Geschäfte liefen immer mieser und die Zahlungsmoral ebenso. Also galt es, nüchtern Bilanz zu ziehen. Der Aufwand wurde nicht weniger, im Gegenteil, und der Gewinn an verkauften Möbeln, Kopierern und allen anderen Dingen wog die Kosten langsam nicht mehr auf. Weiter machen oder aufhören??? Das wurde immer mehr zur bestimmenden Frage. Die Dinge auf die lange Bank zu schieben, brachte nichts, es hätte neuen Geldes bedurft. Das gab es aber nur von den Banken und die wiederum hatten nichts zu verschenken, sondern nahmen Zinsen Länge mal Breite!

Es bedurfte täglich mehr Energie, sodass der eigentliche Verkauf und das Geschäft immer mehr in den Hintergrund rückte. Aus anfänglicher Freude und Spaß an der Arbeit wurde zunehmend Frust. Hinzu kam, dass man in immer mehr resignierte Gesichter schaute, sobald man in die Firmen kam; es herrschte in vielen Unternehmen der Zustand permanenter Verunsicherung. Hat man Morgen noch Arbeit, oder reiht man sich ein in das Herr der Arbeitslosen?

Mir schwirrte schon seit Langem ein anderer Gedanke durch den Kopf, dieser nahm jetzt immer mehr Gestalt an. Diese Sache hatte mit meiner Arbeit und mit den bisherigen Dingen in meinem Leben nicht das Geringste zu tun.

Ich ging jetzt langsam auf die Mitte dreißig zu, war nicht verheiratet und somit frei, und das sollte auch so bleiben. Ich hatte immer das Abenteurer-Gen in mir und war getrieben von einem fast schon pathologischen Freiheitsdrang seit meinen frühen Jahren. Ich brauchte etwas Abstand von den Geschehnissen der letzten Jahre und dem damit verbundenen Stress und der Hektik! Trotz der auch vielen schönen Erlebnisse war ich ausgelaugt, kaputt und platt; die letzten Jahre hatten ihren Tribut gefordert. Ich sagte mir: wenn nicht jetzt, wann sonst???

Ich hatte in der Zeit, als ich in Mönchengladbach lebte, in einer von uns häufig besuchten Szenekneipe eines Abends einen Kanadier kennengelernt. Er war damals in Deutschland stationiert und das schon seit ein paar Jahren. Er hielt sich in der Kaserne Mönchengladbach- Rheindahlen auf. So kamen wir ins Gespräch. Er sprach gut Deutsch und wir unterhielten uns ausführlich über Kanada.

Ich hatte die Bücher von Jack London als Jugendlicher regelrecht verschlungen und schaute mir damals die Welt häufig auf unserem alten abgenutzten Globus an. Kanada war das Sehnsuchtsland wohl vieler Menschen. Ein Wunder, dass die Bücher Jack Londons zu DDR-Zeiten nicht auf dem Index standen, denn sie suggerierten besonders einem eingesperrten DDR-Bürger die grenzenlose Freiheit.

Der mir gegenübersitzende Kanadier hieß Tim. Seine Zeit in Deutschland neigte sich dem Ende zu, und er wollte wieder zurück nach Kanada. Es war ihm hier alles zu eng, zu klein und vor allen Dingen zu hektisch in Deutschland und in Europa. Zum Ende des Abends, oder besser am nächsten Morgen, gab er mir seine kanadische Telefonnummer.

Ich hatte ihn danach ein paar Mal in Kanada angerufen; vielleicht würde ich es ja einmal schaffen, ihn zu besuchen. Aber Kanada lag nun leider nicht unmittelbar um die Ecke, und er lebte zudem noch an der Westküste in British Columbia, also einmal quer über ganz Kanada. Dies alles lag jetzt bereits schon wieder 6 Jahre zurück! Es wurde mir in diesem Moment der Erinnerung bewusst, wie schnell doch die Zeit verflogen war.

Die deutsche Wiedervereinigung war inzwischen gekommen, und manchmal verliert das Leben durch solche „kleine Nichtigkeiten" an Fahrt. Nein, die Wiedervereinigung war wohl in der deutschen Geschichte ein einmaliges Erlebnis, und ich war dabei! Und das war eine Zeit, die ich niemals vergessen werde!

Vielleicht würde ich Tim in Kanada immer noch erreichen, vorausgesetzt seine alte Telefonnummer existierte noch … Jeder hatte noch eine Art persönliches Notizbuch, wo man die Telefonnummern eintrug. Ich musste meines bloß suchen und finden; verloren hatte ich es sicherlich nicht, trotz meiner häufigen Umzüge in den letzten Jahren.

Aber ich musste auch noch Gertrud und Manfred besuchen! Nicht mehr auf die lange Bank schieben sondern machen!, sagte ich mir.

Wenn Manfred noch wie damals in Puppendorf wohnte, musste es ein Leichtes sein, ihn aufzuspüren. Also fuhr ich dort hin und fragte mich durch. Bevor ich in Puppendorf einbog, fuhr ich am BUMMLE MIT KUMPEL vorbei. Hier, an meiner letzten Arbeitsstelle vor meiner Ausreise in die Bundesrepublik, hatten bereits das Unkraut und wuchernde Hecken die Regie übernommen. Anhand der Unkrauthöhe und den wuchernden Hecken zu urteilen, war der Untergang dieses Kombinates schon vor längerer Zeit vonstattengegangen. Wer brauchte jetzt auch noch LKWs der Sorte W50??? Keiner mehr auf diesem Planeten! Bye, bye, VORSICHT ES BRÖCKELT BESSER MAN KÜNDIGT KOMBINAT. Es war schon zu DDR-Zeiten eher ein schlechter Schrottplatz …

Ich bog noch einmal rechts ab, dann stand ich bei Manfred vor dem Haus. Und dann unterhielten wir uns den ganzen Abend, na worüber wohl??? Über die alten Zeiten! Jetzt konnten wir darüber lachen, damals war uns häufig nicht zum Lachen zumute … Das BUMMLE MIT KUMPEL wurde direkt nach der Wende geschlossen, sagte Manfred. Jetzt interessierten sich nur noch Grundstückshaie für das Gelände.

Wir verabschiedeten uns am späten Abend und sahen uns seitdem nur noch einmal wieder! Und zwar im Straßenverkehr mitten in der Stadt.

Ich fuhr zu Gertrud. Es hatte sich bei Ihr nicht sehr viel verändert, zumindest was ihre kleine Ortschaft anbetraf. Zu Gertrud hatte ich ja schon immer ein sehr gutes und spezielles Verhältnis. Mit Ihr konnte ich schon als Jugendlicher über alles reden, über Dinge, zu denen ich bei meiner Mutter kein Wort verloren hätte. Sie war halt immer schon ziemlich locker, weltoffen und für damalige DDR Verhältnisse äußerst ausgeflippt. Und Sie besaß schon zu DDR-Zeiten ein Telefon. Ich rief sie an, sie war auch gleich dran, und wir verabredeten uns für den übernächsten Tag. Wir hatten uns eine Menge zu erzählen …!

Ich sollte Gertrud bald wieder sehen. So viel Zeit wie von meiner Ausreise 1984 bis zur Wiedervereinigung 1989 sollte nicht verstreichen bis zu unserem nächsten Wiedersehen. Wobei, wir schrieben bald das Jahr 1994 und ich hatte Sie seit fast 9 Jahren nicht mehr gesehen.

Der Gedanke an Kanada ließ mich jetzt nicht mehr los! Es waren aber noch viele Dinge, die erledigt werden mussten: Ein mehr oder weniger gesicherter Rückzug aus den Ostgeschäften, das Eintreiben der offenen Rechnungen sprich, des noch zu bekommenden Geldes, ... All diese Dinge standen mir noch bevor. Hals über Kopf alles stehen und liegen zu lassen, das war nicht mein Ding. Ich musste mir einen Plan erarbeiten, wie ich an die Sache herangehen würde. Am wichtigsten war es, an die Gelder, die bei den säumigen Kunden noch offen waren, zu kommen. Das war leichter gesagt als getan; einem nackten Mann konnte man schließlich auch nicht in die Taschen fassen. Es waren noch viele Außenstände an Geld, die eingetrieben werden mussten, und die Bank machte Druck! Kanada musste also warten. Aber aufgeschoben war schließlich nicht aufgehoben ...

Wer hatte in seinem Leben nicht schon einmal den Gedanken, alles hinter sich zu lassen und einfach in neue Gefilde aufzubrechen???

Der Fortschritt auf den Dörfern hinkte wie überall den Städten hinter her.

Magdeburg hatte man zur Landeshauptstadt erhoben. Jetzt hieß es nicht mehr „Bezirk Magdeburg", sondern Magdeburg war die Landeshauptstadt Sachsen-Anhalts. Es war an mir vorbeigegangen, diese ganze Sache mit der

Landeshauptstadt. Ich wusste, dass ich in diese Stadt nie wieder für immer zurückkehren würde! Ich fuhr nach wie vor am Wochenende von Ost nach West und dann Anfang der Woche wieder von West nach Ost …

Ich erkannte immer mehr, dass ich ein massives Problem mit den alten ehemaligen Seilschaften dieses Systems hatte. Diese Leute verschwanden ja schließlich nicht von heute auf morgen, so wie diese Diktatur verschwand, sondern sie blieben und setzten sich in neuen Positionen fest wie die Zecken an einem Hund.

Schaute ich die letzten Jahre seit der Wiedervereinigung zurück, so merkte ich gar nicht, wie viel eigentlich passiert war. Man hatte kaum Zeit einmal Luft zu holen, es war in so kurzer Zeit so viel passiert, dass man es kaum fassen konnte.

Der Kapitalismus war vom Geld getrieben, und mit ihm seine Menschen. Der Klebstoff des Zusammenhalts, der in großen Teilen der ehemaligen DDR-Gesellschaft bestand, zerbröselte zusehends. Warum gab es nicht den goldenen Mittelweg, einen zwischen Kommunismus und Kapitalismus??? Menschen wie auch ganze Gesellschaften neigen meist zum Extremen.

Entscheidend war, dass die Menschen jetzt frei waren, aber viele konnten mit dieser neu gewonnenen Freiheit nichts anfangen. Wenn ich kein Geld hatte, half mir die ganze Freiheit nichts: Ohne Moos nichts los! Und so rannten die Leute, die auf der Strecke blieben und arbeitslos wurden, wieder gegen Mauern …

Es sollte meiner Großmutter, dem alten Mädchen, bald nicht mehr ganz so gut gehen, Sie war jetzt mittlerweile 83 Jahre alt. Ich brach mit Ihr noch einmal nach Österreich auf, und wir besuchten ihre Schwägerin und ihren Schwager und all die anderen; sie schwelgten alle noch einmal in Ihrer Jugendzeit. Großmutter lebte nochmals so richtig auf, sie wurde wieder die alte Stimmungskanone aus früheren Tagen. Ich war im Laufe der letzten Jahre seit meiner Ausreise einige Male in der Heimat meines österreichischen Großvaters gewesen. Meine Großmutter hatte mir als Kind so viel über Großvater und seine Heimat erzählt, dass ich damals in der DDR alles schon vor meinem geistigen Auge sah und ich alles, was sie erzählte, aufsaugte wie ein Schwamm ...

In Österreich setzte ich mich zwischen die alte Garde und lauschte Ihren Erzählungen. Die Gaudi, die sie damals hatten, den Blödsinn, den sie anstellten, unterschieden sich nicht im Geringsten von unseren ...

Ja und dann, im Sommer 1994, starb Großmutter! Der Mensch, der mich am längsten kannte und der mich bis dahin durch einen Großteil meines Lebens begleitet hatte. Man spürt diesen Verlust immer erst dann, wenn man realisiert, dass dieser Mensch für immer verschwunden ist und nie wiederkehren wird! Was hatte Sie mit uns, und was hatten wir mit Ihr für Blödsinn angestellt! Sie war bis kurz vor Ihrem Ende bei jeder Party meines Bruders und meiner Schwester und Ihren jeweiligen Freunden dabei, und Sie war für jeden Spaß zu haben. Desto mehr Trubel um Sie herum herrschte, je mehr mutierte Sie zur Stimmungskanone. Ich war zumindest froh, mit Ihr noch einmal in Österreich gewesen zu sein, wo Sie einen Teil Ihrer glücklichen Zeit als junge Frau verbracht hatte.

Ich bat Gertrud, als Pastorin die Beerdigung unserer Großmutter zu übernehmen; sie tat es sehr gerne.

Ich dachte an meinen alten Freund Bernhardt, dem es zu Lebzeiten nicht einmal vergönnt war, die Ostsee zu sehen. Manche Dinge gehen nicht in Erfüllung, da man sie immer wieder verschiebt oder man vielleicht einfach nicht die Zeit findet, und dann ist es mit einem Mal zu spät.

Ich wollte diesen traurigen Beispielen nicht folgen, zumindest nicht in Bernhardts Fall, aber wer war schon gegen Krankheit, Unfall oder andere tödliche Einflüsse gefeit??? Mein erster Trip nach Kanada sollte 1996 stattfinden für einen Monat, mein zweiter Trip nach Kanada ein Jahr später und dann auch für mehrere Monate. Ich sollte dort eine ganz andere Welt kennenlernen; aber das ist ein anderes Kapitel.

Langsam begann ich meine Zelte in meiner alten Heimatstadt Magdeburg abzubrechen, ich verließ ein zweites Mal diese Stadt, und diesmal sollte es für immer sein. Ich musste jedoch immer noch pendeln zwischen Ost und West und umgekehrt, da noch viele Dinge zu erledigen waren. Auch meiner Heimat in Niedersachsen und meinem Kumpel Michael (West) kehrte ich den Rücken, ich zog nach Hamburg!

Ich brauchte die Aktion und das Flair der Großstadt, und dafür war Hamburg genau die richtige Stadt, einen unruhigen Geist hält nichts auf.

Ich fuhr noch einige Male nach Berlin. Ich mochte diese Stadt als Kind und als Früh-Jugendlicher. Diese Stadt vermittelte selbst zu Zeiten der Teilung eine Art von Flair, die es in meiner Heimatstadt Magdeburg nicht gab: etwas Weltmännisches. Später, als mir die Mauer in Berlin bewusster wurde und ich die Schüsse an dieser

Mauer miterlebt hatte, verflog dies alles und ich wusste, dass wir als DDR-Bürger in einem großen Gefängnis lebten. Das war Gott sei Dank Geschichte.

In diesem wiedervereinigten Berlin wurde gebaut, was das Zeug hergab! Berlin war lange Zeit die größte Baustelle Europas. Bei einem dieser Berlin-Aufenthalte kam mir der Gedanke, das Telefonbuch durchzublättern und nach Susanne zu suchen ... Lebte Sie überhaupt noch in Berlin? Wir hatten uns das letzte Mal 1984 gesehen, das war gute 15 Jahre her, wir schrieben bereits das Jahr 1999. Dann blätterte ich das Telefonbuch durch ... Es gab viele Susannes und einige hatten den gleichen Nachnamen. Wahrscheinlich hatte Sie längst geheiratet, und hatte Kinder und trug einen anderen Namen. Aber wer nicht wagt, der nicht gewinnt, dachte ich mir und telefonierte die Susannes mit gleichen Nachnamen der Reihenfolge nach durch, von oben nach unten.

Es gab nur wenige Möglichkeiten der Identifizierung am Telefon. Ich musste mich auf die jeweilige Stimme am anderen Ende des Telefons konzentrieren, wenn das nichts brachte eventuell nach Geburtsstadt oder Ort fragen und hoffen, dass am anderen Ende des Telefons eine gewisse Kooperationsbereitschaft vorhanden war.

Aber ich vertraute auf die Berliner, sie waren schon immer ziemlich lockere und coole Typen.

Der erste Anruf: Fehlanzeige! Wenn ich eines in den letzten Jahren gelernt hatte, dann war es Telefonieren. Was hatten wir manchmal bei unseren Terminen die Kunden am Telefon gelöchert. Zweiter Anruf wiederum Fehlanzeige. Stimme passte auch nicht. Dann dritter Anruf: ein Typ am Telefon ... Tschüss, vierter und fünfter Anruf auch nichts. Die Frauen, die ich dran hatte, passten stimmlich alle nicht. Also weiter Vollgas geben. Die Stimme eines Menschen prägt man sich ein Leben lang ein, obwohl auch sie sich im Laufe eines Lebens mit dem Alter etwas verändert.

Jetzt war Name Nummer sechs im Telefonbuch an der Reihe, ein paar Namen hatte ich dann danach noch vor mir. Nur frohen Mutes, dachte ich mir und wählte die sechste Nummer. Ich muss dazu sagen, ich befand mich in einem Berliner Café, und noch telefonierte ich mit einem normalen Telefon oder wie man sagt, von einem Festnetzanschluss. Der Siegeszug des flächendeckenden und bezahlbaren Handys für jedermann sollte nicht mehr lange auf sich warten lassen, aber dann sollten auch Stück für Stück die Telefonbücher verschwinden.

Also tippte ich die sechste Telefonnummer mit dem Namen Susanne und dem dazugehörigen Nachnamen in das Telefon ein und wartete auf die Stimme meines Gegenübers, ... ich lauschte wieder sehr angestrengt.

Und da war sie, die Stimme, die mir bekannt vorkam! So wirklich sicher war ich mir noch nicht, ich fragte nochmals und am anderen Ende fragte die Stimme, wer ich denn sei. Andreas aus Magdeburg, sagte ich. Kurzes Schweigen auf der anderen Seite, dann: „Ach, Andreas aus Magdeburg?" Ich bejahte. Ich fragte Sie gleich scherzhaft, ob sie denn verheiratet wäre und mindestens fünf Kinder hätte? Dann würde ich sie nicht weiter belästigen ... Nein, antwortete sie heiter, sie hätte keine fünf Kinder, sondern es wären schon sechs. Super! Unser alter Ost-, oder besser DDR-Humor war noch nicht ganz abhandengekommen.

Wir hatten noch frühen Nachmittag, sie hatte glücklicherweise an diesem Abend Zeit, und so verabredeten wir uns für diesen Abend um 20.00 Uhr in den Hackeschen Höfen.

Ich schaute mir Berlin an. Es war interessant, in welchem Tempo sich diese Stadt veränderte! Meistens hatte ich keine Zeit für irgendwelche Exkursionen in anderen Städten, aber ich hatte vor, meine Prioritäten demnächst anders zu setzen. Dies bedurfte eines Umlernprozesses. Zudem hatte ich mich mittlerweile viel zu sehr dem schnöden Mammon unterworfen. Diese Stadt war eine einzige riesige Baustelle, bald sollte hier wieder alles zusammenkommen. Berlin war und wurde wieder Regierungssitz und Hauptstadt und diesmal vom wiedervereinten Deutschland. Der unsägliche, unverbesserliche Honecker hatte im Frühjahr 1994 in Chile das Zeitliche gesegnet. Seine Frau Margot sollte ihn noch um ganze 22 Jahre, verbittert und bis an Ihr Lebensende ebenso in Chile bleibend, überleben. Es erinnerte nichts mehr in Berlin an diesen Honecker-Personen-Kult, außer noch einige Gebäude aus dieser Zeit des Kommunismus. Unter anderem der asbestverseuchte Palast der Republik, wie nannte man ihn noch mal im Volksmund??? „Erichs Lampenladen", und was stand an unserer damaligen Wandtafel in Königsborn??? „Dieser Palast ist unser „Ballast"!"

Es wurde Zeit, Richtung Hackesche Höfe aufzubrechen, um Susanne zu treffen. Eine gewisse Neugierde meinerseits ließ sich nicht leugnen: 15 Jahre sich nicht zu begegnen, das war dann doch schon einige Zeit.

Ich war zeitig dort und suchte mir einen Platz am Fenster, sodass ich sehen konnte, wer kam und wer ging. Und dann tauchte Susanne auf.

Sie war 39 ich war 40zig, sie war ein Jahr jünger als ich, und wir hatten einiges unabhängig voneinander erlebt. Wir hatten auch eine kurze gemeinsame Zeit, aber das war lange her.

Wir unterhielten uns über die letzten Jahre. Von Hannes wusste ich, dass Sie ihr Architekturstudium durchgezogen hatte. Sie war jetzt Diplom-Architektin, da musste man anerkennender Weise sagen: Hut ab! Auch einen persönlichen Schicksalsschlag musste Sie verkraften, und zwar den Tod Ihres Freundes vor einigen Jahren. Sie war damals im Ausland, als dies geschah. Sie meinte, sie wäre somit Witwe, ich wollte auch nicht weiter in die Tiefe dieser Ihrer privaten Dinge eindringen. Wir unterhielten uns dann weiter über eher triviale Dinge, aber wenn man sich so viele Jahre nicht gesehen hat, wird es schwer ein Thema zu finden, über das man sich den ganzen Abend unterhalten kann.

Ich fragte Sie nach Ihren Eltern, sie lebten immer noch in Magdeburg, ziemlich zentral in der Stadtmitte. Das Haus, das Sie damals bewohnten in unserem Stadtteil, dieses Haus wurde den ehemaligen Besitzern zurückgegeben. Man hatte die seinerzeit enteignet, als man die Mauer baute und die DDR hermetisch gegen den Rest der Welt abriegelte ...

Im Laufe des Gesprächs fragte Sie mich, ob ich nicht mal Lust hätte, gemeinsam mit ihr nach Magdeburg zu fahren. Ich sagte darauf erst einmal nichts, Magdeburg stand für mich nicht mehr zur Debatte. Ich hatte längst innerlich ein zweites Mal Abschied genommen. Wir unterhielten uns an diesem Abend noch über viele Dinge, hauptsächlich über Dinge von früher. Susanne meinte an diesem Abend, hätte Sie damals ein Auto gestohlen, dann hätte Sie gewusst, wofür Sie eine Gefängnisstrafe bekommen hätte. Aber so wollte Sie nur von einem Teil Deutschlands in den anderen Teil und wurde dafür mit zweieinhalb Jahren Haft bestraft! Spätere Generationen werden diesen Teil Deutscher Geschichte sicherlich mit einem ungläubigen Kopfschütteln quittieren. Aber selbst heute Vierzigjährige haben die DDR kaum noch bewusst erlebt und nur noch bruchstückhafte Erinnerungen an diese Zeit. Wer in eine Diktatur hineingeboren wird, kann beurteilen, was Freiheit bedeutet ...

Als wir uns an diesem Abend voneinander verabschiedeten, versprachen wir uns gegenseitig, in Verbindung zu bleiben. Das taten wir damals 1984 auch schon. Wir telefonierten noch ein paarmal miteinander. Mir wurde bewusst, dass es für uns keine Zukunft mehr geben würde, selbst wenn ich in Berlin gelebt hätte. Ich meldete mich irgendwann bei ihr nicht mehr; wir hatten damals in der DDR einfach keine Chance gehabt! Aber die Frage lautete doch: Hätten wir es besser gemacht als Hannes, Michael. Ecki und all die anderen??? Fragen, auf die Du nie eine Antwort erhalten wirst ...

Warum hatte Alain Delon, diese wunderschöne Romy Schneider verlassen??? Keiner konnte diese Frage beantworten, nur die Beiden. Die Dinge waren wie sie waren, wir haben uns nie wieder gesehen. Dies alles liegt bereits auch schon wieder über 25 Jahre zurück.

Ich zog im Jahr 1997 von Hamburg weiter hoch gen Norden nach Itzehoe, von dort zog ich dann im Jahr 2000 nach Wien, wie gesagt einen unruhigen Geist hält es nirgendwo lange. Hier in der Nähe von Wien lebe ich noch heute, also mittlerweile 24 Jahre, auch hier bin ich einige MaleMale umgezogen. Aber ob das so bleibt, steht in den Sternen.

Die Geschichte mit Susanne ist noch nicht zu Ende. Wir schreiben jetzt das Jahr 2024.

Ich hatte mir damals, als ich 1984 aus der DDR ausreiste einen Koffer gekauft, es gab von der Stasi Signale das es vielleichtvielleicht bald für etliche „Ausreisewillige Delinquenten" gen Westen gehen könnte. Es dauerte Tage bis ich ein Geschäft in Magdeburg fand, das noch einen Koffer hatte in den ich meine paar habseligen Utensilien mit von Magdeburg nach Richtung Westen also, Mönchengladbach mitnehmen konnte, es waren überwiegend sehr persönliche Dinge.

Dieser Koffer, den ich heute noch besitze, sollte im Mai diesen Jahres, im Jahr 2024 noch eine für mich überraschende Rolle spielen. Ich habe ihn immer bei meinen Umzügen mitgeschleppt, gebraucht als Reisebegleiter habe ich ihn nie wieder. Aber ich habe ihn als Erinnerung an damals als ich Ausreisen durfte behalten.

In ihm habe ich einen Trolli verstaut, den ich auf den eher kürzeren Reisen benutze.

Ich suchte im Frühjahr diesen Jahres ein paar Kassetten, ich besitze noch einen Kassetten Rekorder der aber schon lange außer Betrieb ist, ich wollte sehen ob er noch ein paar Töne von sich gibt. Da der Koffer mit anderen Dingen unter meinem Hochbett steht, suchte ich auch in ihm nach den Kassetten mit Songs von den Stones und nach einer Puddys Kassette die ich mal in den neunziger Jahren von Toni einer Bekannten aus dem Osten Berlins geschenkt bekommen habe.

Nachdem ich alles durchwüllt hatte, und die Kassetten nirgends, wo gefunden hatte, öffnete ich den Koffer und nahm den Trolli aus selbigen und nahm mir den Koffer vor. Der war jedoch leer, aber er hat eine Art Seitentasche mit einer Schnalle und einen Druckknopf. Ich löste die Schnalle und fuhr mit der Hand in die Seitentasche.

Ich fand dort mein altes kleines Telefonbuch, früher notierte man seine Telefonnummern in diesen dafür speziell gestalteten kleinen Telefonbüchern, heute im Smartphone Zeitalter ist das für die junge Generation nicht mehr vorstellbar.

Ich ahnte nicht mal mehr das es noch existierte, und fing es an durchzublättern. Ich hatte dort die Adressen und Telefonnummern von vielen mir früher bekannten Menschen, unter anderen auch die von Kathy und Fitzgerald aus Kanada, und so blätterte ich weiter, und auf wessen Adresse sowie den dazu gehörigen Telefonnummer stieß ich dann?

Auf die Adresse von Susanne, sie hatte mir damals 1999 als wir uns in den Hackeschen Höfen in Berlin trafen, ihre Telefonnummer, sie besaß damals schon ein Handy und zusätzlich eine Festnetznummer aufgeschrieben, und dazu ihre Wohnadresse. Ich übertrug diese damals Zuhause in Itzehoe in mein kleines Telefonbuch.

Es waren mittlerweile wieder 25 Jahre vergangen, ich fragte mich wieder, was war aus ihr geworden? Die Suche nach ihr begann von Neuem, aber es gab keine Telefonbücher mehr, wo konnte man jetzt mit der Suche beginnen oder ansetzen ? ?

Ich wählte Ihre Telefonnummern, diese existierten nicht mehr, kein Wunder nach so langer Zeit. Ich fragte Christian, ein Freund, er möge mal auf Facebook nach ihr suchen, Fehlanzeige.

Jetzt war guter Rat teuer, ich dachte bei mir, es ist ja heute verdammt schwer jemanden ausfindig zu machen. Aber mein ausfindig machen Instinkt war geweckt, ich begann über Google und dann Google Maps zu recherchieren. Ich fand auf Google Maps das Haus, dessen Adresse sie mir damals angegeben hatte, aber das brachte mich nicht wirklich weiter, schließlich können Häuser auf Bildern keine Auskunft über ihre Bewohner geben.

Es gab nur eine Möglichkeit, und die hieß nach Berlin zu fahren und bei Ihrer Adresse nachzuforschen.

War sie jetzt mittlerer weile verheiratet? Hatte vielleicht doch noch Kinder bekommen? Sie war damals 1999 Ende Dreißig, für Frauen kein Problem mehr noch Kinder zu bekommen.

So begann das Abenteuer Susanne ein zweites Mal, und die Suche nach ihr sollte diesmal wesentlich aufwendiger werden. Ich selber hatte nie geheiratet, es gibt auch keine Kinder.

Wir sind hier in Österreich vier Freunde, ja das kann man so sagen, alle sehr unterschiedlichen Naturells. Sie sind ein paar Jahre jünger als ich. Keiner von uns war jemals verheiratet und keiner hat Kinder.

Wir leben nach dem Motto: Erwachsen werden ist Schei ..., aber man muss ja nicht alles mitmachen.

Wir lebten unser Leben und leben es weiter. Im Sommer brachen wir immer in alle Richtungen mit dem Wohnmobil auf: Deutschland, Niederlande, Kroatien, Kärnten etc. Wir fuhren oft zu zweit, manchmal auch zu dritt zu den jeweiligen Motogp Rennen, um Valentino Rossi, Marc Marquez, Jorge Lorenzo und die anderen „Kamikaze Piloten" zu bewundern, machten unsere Partys und so vergingen die Jahre.

Frauen gab es auch, es gab diejenigen die einem wichtiger waren und es gab die, die einem nicht so wichtig waren. Mit den einen war man länger liiert, mit den anderen war es meist nur eine kurze Liaison. Heiraten war schon lange keine Option mehr für uns, dafür war wohl keiner von uns geeignet, das überließen wir lieber den anderen.

Meine alten Freunde in der ehemaligen DDR hatten meist einige Male geheiratet, aber haben sich nicht selten auch wieder scheiden lassen.

Da stellte man sich die Frage warum wurde geheiratet: Wohl um Probleme zu lösen, die man alleine nicht gehabt hätte.

Aber zurück zum jetzt und heute, zum Jahr 2024.

Jetzt hieß es also nach Berlin aufbrechen, dass Endergebnis war völlig offen und das in jeder Hinsicht.

Ich hatte im April diesen Jahres mein letztes Motorrad verkauft, eine 1000der Repsol Honda Fireblade sie hatte 181 PS, ich liebte es, über die Jahre mich mit den Bikes durch die Gegend zu katapultieren. Es schmerzte schon, die Zeit des Motorradfahrens war vorbei, die Vergangenen zehn Jahre, die ich mit den Bikes noch fuhr, vergingen wie im Fluge. Ich ging jetzt auf die Mitte 60zig zu, ich hatte gut alle drei Jahre ein neues Bike mit immer mehr PS.

Jetzt hieß es wieder schnöde im Auto rum zu sitzen, auf den Motorrädern hatte man eine ganz andere Körperspannung und ein Gefühl von Freiheit und sich ordentlich in die Kurven zu legen, sobald die Möglichkeit dazu bestand. Im Herbst hinterlegte man die Kennzeichen bei der Versicherung und freute sich schon wieder auf das Frühjahr um das Bike wieder zu starten, das war jetzt alles Geschichte, es lagen Welten zwischen Motorrad und Auto, naja es gibt Schlimmeres, dachte ich mir, aber die Wehmut nach den Geschossen und deren Geschwindigkeit sowie der Beschleunigung, wirkt bis heute nach.

Jetzt hieß es auf nach Berlin und Susanne suchen, und dann brach ich im Juni mit dem Auto nach Berlin auf. Ich hatte die Postleitzahl von ihrer letzten Adresse und ich hatte die Straße, das war doch auch schon mal was, zumindest war es ein Ansatzpunkt. Aber wieder stellten sich mir tausend Fragen, lebte sie noch in Berlin? 25 Jahre sind eine verdammt lange Zeit, und sollte ich sie finden, vielleicht fragte sie sich ja, ob ich eventuell einen Knall habe sie zu belästigen.

Ihre letzte Adresse war in Berlin Wannsee, nicht die schlechteste Wohngegend. Ich steuerte Richtung Berlin Alt Kladow, das lag direkt gegenüber und von dort ging eine Fähre direkt zum Wannsee gegenüber, dass alles hatte ich herausgefunden.

Es war gerade Fußball EM und ich traf nachmittags nach cirka neunstündiger Fahrt in Alt Kladow ein, ich hatte mir einen Campingplatz gemietet, meine Kumpels und ich hier in Österreich waren ja jahrelang mit dem Wohnmobil im Sommer unterwegs, also bot sich ein Campingplatz an.

Ich hatte mein Mountainbike mit und war somit äußerst flexibel, meine zweite Leidenschaft waren immer auch die Fahrräder Mountainbikes und Rennrad.

Abends wurde im Zelt noch etwas Fußball geschaut, dann hieß es ab zum Schlafen. Morgens war ich der Erste im Duschraum, die sanitären Anlagen waren neu und sie waren absolut Top. Auf dem Campingplatz schlief noch alles, auch die Rezeption war noch geschlossen. Also einfach aufs Fahrrad setzen los fahren und den erst besten auf der Straße nach dem Weg zur Fähre fragen.

Ich fuhr durch Kladow und hatte den Eindruck, ich würde mich im ländlichen Bereich befinden, und nicht in Berlin.

Ich kannte Berlin ganz gut, aber hier war ich noch nie, aber es ist ein schöner Ort, nette Häuser mit ebenso netten Menschen.

Dann kam mir eine junge Frau entgegen, ich grüßte sie und fragte nach dem Weg zur Fähre. Sie sagte mir, ich wäre schon auf dem richtigen Weg am Ende der Straße links und dann nach cirka anderthalb Kilometern rechts Berg runter und dann würde ich den Fähranleger schon sehen, ich sagte besten Dank, und nach cirka gut zehn Minuten hatte ich mein Ziel, die Fähre erreicht.

Laut Fahrplan fuhren die Fähren im Stundentakt, ok ich war zu früh dran also Warten und über den Wannsee schauen.

Dann tauchte die Fähre auf, legte an und als alle ausgestiegen waren, ging es für einige wartenden und mich auf die Fähre zum Übersetzen nach Wannsee. Zwanzig Minuten sollte die Fahrzeit betragen.

Es machte sich etwas Aufgeregtheit in mir breit, von dem Fähranleger in Wannsee bis zu Susannes Wohnadresse konnte es nicht allzu weit sein.

Ich schaute über das Wasser, dann kamen wir in Wannsee an. Es war noch sehr früh morgens, und jetzt irgendwo zu Klingeln das war des Guten zu viel.

Also drauf auf den Drahtesel und irgendwo ein leichtes Frühstück zu sich nehmen.

Hier in Wannsee fühlte ich mich wieder mitten in Berlin, das glich dem Berlin, was ich aus anderen Ecken Berlins kannte.

Fahrräder sind einfach genial, mit dem Fahrrad hatte ich über die Jahre hinweg Wien und Umgebung kennengelernt. Man kann überall anhalten und die Dinge auf sich wirken lassen. So fuhr ich noch eine ganze Weile durch die Gegend am Wannsee, es war ja schließlich Sommer, wobei mir die Jahreszeiten nie etwas ausmachten.

Ich fuhr bei Schnee bei Eis im Regen immer meist mit dem Mountainbike und im Sommer viel mit dem Rennrad, es gibt ja heute für sämtliche Witterungen die dementsprechende Kleidung.

Es war mittlerweile nach neun Uhr, ich startete Richtung ihrer Adresse, die Aufregung steigerte sich. Ich fuhr erst einmal an dem Haus vorbei oder besser gesagt an der Villa, in der sie wohnte und schaute mir die restlichen bescheidenen „Arme Leute Hütten" an.

Hier standen nicht nur Villen, nein hier standen regelrechte Schlösser.

Ich drehte um und kam wieder zu dem Haus von Susanne, ich schloss mein Fahrrad an einen Laternenfahl und steuerte auf die Klingelschilder zu.

Es waren mehrere, jedoch enthielt keiner den Nachnamen von Susanne, naja sie war ja eine Frau und die nehmen bei der Heirat meistens den Namen ihres Mannes an.

Damals nach 15 Jahren 1999 hatte ich die ganzen Susannes im Telefonbuch abtelefoniert, dass gleiche machte ich jetzt nach 25 Jahren mit den Klingeln, also Vollgas geben und überall Klingeln, irgendwer musste ja Zuhause sein, und wenn nicht dann bliebe ja noch der Abend um die ganze Suchaktion erneut zu starten, vielleicht arbeiteten ja auch alle.

Nachdem ich überall geklingelt hatte, trat jemand auf den Balkon. Er war von einem Baum etwas verdeckt, und rief, ich solle den Knauf der Tür betätigen.

Gemacht getan, ich ging eine leichte Steigung hinauf bis zur Eingangstür, die auf der rechten Seite war, und wartete dort bis sich die Tür öffnete.

Es trat ein junger Mann in Erscheinung, schätzungsweise Mitte bis Ende Zwanzig, ich begrüßte ihn und brachte mein Anliegen vor. Ich fragte ihn, ob hier eine Susanne wohnen würde und nannte ihm auch ihren Nachnamen.

Ich wusste nicht, was er für eine Verbindung zu dem Haus und allem übrigen hatte, aber er sagte mir, er kenne sie, aber sie sei vor etlichen Jahren, er sprach von cirka zehn bis fünfzehn Jahren ausgezogen, als er noch ein Kind war.

Er meinte und glaubte auch noch das sie in Berlin Leben würde, er wollte am Abend seine Mutter fragen, ob sie noch Kontakt zu Susanne hätte, und wo sie jetzt wohnte.

Ich erklärte ihm kurz das Susanne und ich vor langer Zeit in Magdeburg lebten und in jungen Jahren miteinander liiert waren. In seinem Alter konnte man sich die Zeitlichen Dimensionen nicht vorstellen, es ging uns in seinem Alter genauso, alles lag bereits 46 Jahre zurück.

Ich hinterließ ihm meine Telefonnummer und verabschiedete mich.

Ich begab mich zurück zur Fähre und setzte über nach Alt Kladow, auf der Fähre schaute ich über das Wasser und grübelte nach. Stimmte es was die „Alten" früher immer erzählt haben, Kinder, das Leben ist sehr kurz, die Erste Liebe vergisst man nicht, und vieles mehr, irgendetwas musste ja wohl dran sein an den Lebenserfahrungen, die sie gemacht hatten, die sogenannten „Alten" von denen keiner mehr lebte, jetzt gehörte ich selber zu den Alten, und kann vieles von den damaligen „Alten „und deren Aussagen bestätigen.

Ich blieb noch zwei Tage in Kladow, fuhr mit dem Fahrrad noch direkt nach Berlin rein, schaute zum Alexander Platz, fuhr zum Brandenburger Tor, zum Tiergarten weiter zum Kudamm und kurvte mit dem Fahrrad noch in der Innenstadt herum. Es war wie gesagt Fußball und die Innenstadt war voll mit Polizei. Am Brandenburger Tor hatte man für Abends die Fanmeile abgeriegelt.

Es wurde Zeit wieder zurück nach Österreich zu fahren, auf dem Hinweg fuhr ich über Prag, jetzt machte ich einen Umweg über Bayern, Zeit genug hatte ich ja noch.

Als ich wieder in Austria gelandet war, wartete ich auf einen Anruf aus Berlin von besagter Mutter, die mir vielleicht hätte einen Hinweis geben können, bezüglich Susannes neuen Wohnortes.

Die Tage vergingen, der erwartete Anruf blieb jedoch aus, vielleicht hatte der junge Mann vergessen, seine Mutter zu fragen, na gut sagte ich mir, vielleicht gibt es ja noch andere Wege, jemanden wieder zu finden.

Ich war sicherlich nicht der Einzige, der jemanden suchte, bei einer Weltbevölkerung von cirka acht Milliarden Menschen, waren wohl sicherlich so einige auf der Suche nach einem Menschen mit dem sie etwas verband.

Ich begann wieder im Internet zu suchen, welche Möglichkeiten es noch gab, jemanden wiederzufinden, den man aus den Augen verloren hatte.

Es bot sich nach längeren Suchen eine Lösung an, es gab in den einzelnen Stadtteilen in Berlin die sogenannten Bürgerämter, über diese konnte man per schriftlichen online Antrag die Suche beantragen.

Ich fragte Oliver einer der drei von unserer vierer Bande, ob er mir helfen würde, EDV ist nicht so unbedingt mein Ding, er sagte nichts, er ist eher von der schweigsameren Sorte, aber dies bezüglich helfen wir uns immer in allen Bereichen gegenseitig. Ich stellte ihm bei Erfolg eine Palette Hefeweizen Bier in Aussicht, und so legten wir los.

Die Postleitzahl der letzten Adresse Susannes am Wannsee deutet auf den Stadtteil Berlin Steglitz-Zehlendorf hin, also da mussten wir ansetzen.

Nach einigen Suchen auf der Webseite des Bürgeramtes, erschien ein Formular, was darauf hin deutet das man nach dem Ausfüllen sämtlicher vorhandener Daten, die man über die suchende Person wusste, es eventuell zu einem Erfolg führen könnte, diese auch zu finden.

Ich füllte also alles aus, was ich wusste, ihre letzte Adresse in Magdeburg noch zu DDR-Zeiten, ihr Alter bei dem genauen Geburtsdatum war ich mir nicht mehr ganz so sicher, aber sie war im Frühjahr geboren, das wusste ich noch, wohl im Juni.

Als alles so weit fertig war, schickten wir es online ab, ich bekam dann einige Tage später eine E-Mail, dass man nach betreffender Person suchen würde, das war doch schon einmal ein Ansatz.

Es war wohl eine private Firma, die das für die Bürgerämter im Auftrag dieser jeweiligen Kommunen machte, die ganze Sache war kostenpflichtig.

Die zu zahlende Summe war mehr als überschaubar, ich hätte auch wesentlich mehr bezahlt, ich wollte jetzt ein Ergebnis, nicht mehr und nicht weniger. Egal ob positiv oder negativ, wie gesagt es war alles offen.

Es vergingen wieder etliche Tage, waren sie weltweit auf der Suche?

Im Formular war nur angegeben, dass sie in Berlin suchen würden, und die zu zahlende Summe war einfach zu gering um eine weltweite Suche zu Starten.

Es vergingen wieder einige Tage, dann eines Nachts bekam ich eine E-Mail oder SMS das ich einen vierstelligen Code eingeben müsste, um an erfragte Informationen zu kommen. Es war ziemlich kompliziert, zumindest für mich und wohl auch als Ganzes. Aber es war gut so, dass die Suche nicht so einfach gemacht wird, den es laufen ja genügend kranke Psychopathen durch die Welt, die Frauen in Angst und Schrecken versetzen.

Dann ein paar Tage später bekam ich wieder eine Nachricht mit einer vierstelligen Zahl, einem so zusagenden Code.

Ich gab den Code ein und siehe da, ich konnte es kaum glauben, ich bekam eine Adresse mit der Antwort, betreffende Person wurde gefunden.

Jetzt stellte sich die Frage, war es die Susanne, die ich suchte? Wenn ja, dann lebte sie immer noch in Berlin.

Ich setzte mich direkt am frühen Morgen an den Computer und schrieb ihr einen Brief, der fast eine ganze Din A4 Seite lang war. Ich hatte nur ihre Anschrift, keine Telefonnummer und keine E-Mail Adresse, was wiederum gut war, wie bereits erwähnt.

Ich schrieb ihr, dass ich im Jahr 2000 nach Österreich verzogen war und vieles mehr, und das wieder 25 Jahre vergangen waren, seit wir uns das letzte Mal gesehen hatten.

Zudem das ich in Magdeburg einige Leute wieder gefunden hatte wie Hannes, Michael, die wir früher gemeinsam gekannt haben.

Ich ging zur Post bei mir an der Ecke, steckte den Brief in den Briefkasten, und fragte mich auf dem Rückweg nach Hause, ob es die richtige Adresse war, die mir zugeschickt wurde. Als Nächstes fragte ich mich, ob die jeweils Gesuchten vom Bürgeramt informiert wurden, dass jemand nach ihnen sucht, und vor allen Dingen wer ist der Suchende Freund, Bekannter oder Psychopath?

Ich habe einen guten Instinkt und meine Angaben über Susanne waren ziemlich wasserfest.

Wieder hieß es Warten, die Tage vergingen vielleicht hatte sie gar keine Lust auf meinen Brief zu antworten, vielleicht hatte der Brief jemanden erreicht, der mich nicht kannte und den ich ebenso wenig kannte, alles war möglich.

Es war ein Sonntag im Juli, nach dem Abschicken meines Briefes war mittlerweile eine Woche vergangen. Ich dachte mir schon, dass irgendetwas falsch gelaufen war, wie auch immer.

Es war am Morgen dieses Sonntages so zwischen zehn und elf Uhr, ich war als Frühaufsteher schon wieder einige Stunden wach, ich saß am Computer, hörte Musik oder schaute Sport und dies mit Kopfhörern.

Ich gehöre nicht zur Sorte derer, die ständig auf das Smartphone sehen, aus Angst man könnte irgendetwas verpassen.

Jedoch nach einiger Zeit wollte ich die Wetter Prognose auf meiner Wetter App abrufen, ich wollte mich ab Mittag noch mit dem Rennrad Richtung Donau bewegen um einige Kilometer an der Donau entlang zu fahren.

Den Computer hatte ich runtergefahren und die Kopfhörer abgenommen. Ich nahm das Smartphone in die Hand und schaltete es ein. Ich sah eine Nummer, und diese Nummer hatte die Vorwahl 0049 also Deutschland.

Ich telefonierte ja immer noch häufig mit Deutschland, aber diese Nummer war mir unbekannt.

Es konnte mich nur eine angerufen haben und das war Susanne. Ich hatte ja in dem Brief, den ich ihr geschickt hatte, meine Telefonnummer sowie meine E-Mail Adresse mitgeschickt.

Ich hatte durch die Kopfhörer nicht mitbekommen, dass ein Anruf eingegangen war. Ich drückte auf Rückrufen und dann hatte ich sie direkt am Telefon und ihre Stimme war unverkennbar, es war wirklich die Susanne, die ich gesucht hatte.

Es gab also wirklich noch Wunder, wir telefonierten insgesamt vier Stunden, ich glaube so viel habe ich am Stück noch nie telefoniert. Das schaffe ich normaler weise nicht einmal in drei Monaten.

Aber wir hatten uns so viel zu erzählen, dass die Zeit wie im Flug verging. Demnächst fahre ich wieder nach Berlin, wir wollen uns treffen und ich hoffe, wir verlieren uns nicht wieder aus den Augen. Nochmal 25 Jahre werde ich wohl kaum überleben. Den die durchschnittliche Lebenserwartung von uns Männern liegt bei etwas über 78 Jahre.

Wir telefonierten seitdem noch einige Male, aber ein Treffen hat eine ganz andere Qualität.

Ach übrigens die Palette Hefeweizen Bier für Oliver ist noch offen, ich hatte ihn vor einiger Zeit darauf hin angesprochen, er soll sich die Palette kaufen und bekommt dann das Geld von mir, schließlich war er am Wiederfinden von Susanne mit beteiligt, und wie heißt es doch: Versprochen ist versprochen und wird nicht gebrochen.

Man kann heute, im Jahr 2024, nach fast 35 Jahren Deutscher Wiedervereinigung, ein Resümee ziehen:

Es hat enorme Fortschritte in den neuen Bundesländern gegeben, vielen in den neuen Bundesländern geht es gut. Sachsen, Thüringen, um nur zwei zu nennen.

Die Infrastruktur im Osten Deutschlands hat sich grundlegend gewandelt, zum Guten. Straßen, Verkehrsnetze, Anbindungen, Supermärkte, Telefonverbindungen etc, etc, alles ist besser geworden.

Es hat für Millionen ehemalige DDR-Bürger gravierende Umbrüche in ihren Biographien gegeben. Was gestern noch zählte, sollte heute nichts mehr wert sein. Es gab auch die Aufrechten und Gutgläubigen, die an dieses Land und ihrer Ideologie glaubten und sich um Ihr Leben betrogen sahen.

Bis heute sitzen die großen Konzerne weiterhin im Westen Deutschlands. Die Lohn- und Gehaltsunterschiede zwischen Ost und West liegen in vielen Bereichen noch weit auseinander. Gerade einmal drei Prozent der Führungskräfte sitzen im Osten Deutschlands! Häufig wird im Westen noch abwertend von den „Abgehängten im Osten" gesprochen; das alles trägt nicht unbedingt zum Zusammenhalt zwischen Ost und West bei. Selbst ein Wolfgang Schäuble, damals unter Helmut Kohl mit an vorderster Front, sprach von Fehlern, die bei der Deutschen Wiedervereinigung begangen wurden.

Hätte mir jemand bei meiner Ausreise in den Westen 1984 prophezeit, dass eine ehemalige FDJ-Sekretärin Bundeskanzlerin Deutschlands wird, hätte ich ihn wahrscheinlich zu einem Psychiater geschickt, und ihn auch dorthin begleitet!

Die Stasi- und Mauerschützen-Partei „DIE LINKE", die mehrfach ihren Parteinahmen wechselte, ist heute so gut wie Geschichte.

Die ehemals stolze SPD ist nur noch ein Schatten vergangener Tage und mit sich selber und ihrem Postengeschachere beschäftigt, ebenso die ehemals konservative CDU/CSU.

Man wundert sich im Westen der Republik über den Osten Deutschlands. Wer diese stellenweise verkorkste Politik das Westens nach der Wende miterlebt hatte, dieses Überrennen des Osten, durch große Konzerne aus der Bundesrepublik und die Verteilung der Filetstücke der ehemaligen DDR durch die Treuhand, der braucht sich heute über den Osten und das dortige Wählerverhalten nicht zu wundern.

Zudem lebte der ehemalige DDR-Bürger in einer 56 Jahre andauernden Diktatur, vom Nationalsozialismus bis zum diktatorischen Kommunismus. Das Misstrauen der heute 55-60-jährigen und älteren Ostdeutschen, die das alles miterlebt haben, gegenüber der politischen Elite und deren Politik ist um ein Vielfaches höher, als das bei vielen Westdeutschen der Fall ist. Man hat im Osten Deutschlands gelernt, die politischen Aussagen wesentlich kritischer zu hinterfragen.

Warum diese AfD im Osten zu dem wurde, was sie heute ist, in manchen Ostdeutschen Bundesländern fast schon die stärkste Partei, da stellt sich dann schon die Frage nach „URSACHE UND WIRKUNG" und man gibt sich in höchsten Regierungskreisen in Berlin völlig ratlos.

Die politische Elite hat längst den Bezug zur normalen Bevölkerung verloren, und man bekommt häufig wieder den Eindruck, die anderen Länder die an Deutschland grenzen, sollen wieder einmal „AM DEUTSCHEN WESEN GENESEN". Diese Politik wird als alternativlos verkauft, und wer dieser These nicht glaubt und folgt und daran Zweifel äußert, wird diskreditiert.

Es bleibt abzuwarten wie sich die Dinge in Deutschland und Europa weiterentwickeln. Deutschland ist 35 Jahre nach der deutschen Wiedervereinigung gespalten wie nie zuvor. Wer dafür die Verantwortung trägt, weiß jeder Politik-interessierte Bürger.

Fazit

Was ist geblieben von einem Land, dessen Diktatur verschwand und das sich einmal Deutsche Demokratische Republik nannte??? In erster Hinsicht ein nicht verklärter Rückblick und eine Erinnerung!

Es gab auch schöne Seiten dieser ehemaligen DDR. Es waren die mehrfach beschriebenen zwischenmenschlichen Beziehungen, der schlichte Zusammenhalt und die Freundschaften, die in der Erinnerung bleiben.

Die ehemalige DDR reduzierte sich nicht nur auf einen umfassenden Überwachungsstaat; viele fanden für sich eine Nische in diesem System, auch ohne mit der Stasi zu kooperieren. Man machte aus der Not eine Tugend. Rückblickend kann ich für mich sagen, dass ich die Zeit als Kind in der DDR nicht missen möchte, auch wenn man uns für das System und deren Ideologie schon als Kind früh zu instrumentalisieren versuchte. Die Ansprüche, die wir hatten, waren von bescheidener Natur. Das war der sozialistischen Mangelwirtschaft geschuldet: Wenn keiner etwas hatte, kam auch kein Neid auf!

Wir litten zudem nicht unter permanenter Schnappatmung oder unter Panik-machenden Weltuntergangsszenarien, wie sie uns heute durch eine mehrheitlich hysterisch nach Öffentlichkeit heischende Presse täglich auf das Frühstücksbrot geschmiert wird. Häufig erinnert die heutige deutsche Berichterstattung mit erhobenem Zeigefinger an die der DDR. Die Wortwahl der verkündeten politischen Heilsbotschaften sind heute nur ausgefeilter und Subtiler als zu DDR-Zeiten. Wer nicht dem politisch vorgegebenen und korrekten Mainstream entspricht, wird schnell in eine Ecke verortet, mit der er nicht das Geringste zu tun hat. Feierte man sich selber zu DDR-Zeiten als die Guten, so spielt man heute wieder den moralisch Überlegenen, der dem Rest der Welt mit erhobenem Zeigefinger die einzig richtige Richtung vorgibt.

Der Ostdeutsche ist jedoch sensibler als der überwiegende Teil der Westdeutschen. Was die politisch-mediale Manipulation anbelangt, hat er gelernt zwischen den Zeilen zu lesen und auch zu hören. Dies ist ein Wesentliches der guten Dinge, die man während der kommunistischen Diktatur gelernt hatte: mit einer gewissen Skepsis das Gegebene zu betrachten, und alles gründlich zu hinterfragen!

Wer heute mindestens 55 Jahre alt ist und in der DDR geboren und aufgewachsen ist, kann sich an die Zeit des real existierenden Sozialismus noch gut erinnern. Linke und grüne Phantasten, die die DDR nicht mehr oder nur noch zu Kindertagen erlebten, fabulieren heute wieder von Enteignungen und Verstaatlichungen. Diese politisch fehlgeleiteten Pharisäer sollten dann auch das komplette Programm eines Überwachungsstaates mit all seinen Konsequenzen und Repressalien erleben dürfen! Beispiel Nordkorea.

Uns fehlen heute mehr denn je Politiker vom Schlag eines Konrad Adenauer, eines Willy Brand, eines Herbert Wehner, eines Egon Bahr oder eines Helmut Schmidt, um nur einige zu nennen.

Das war eines der Verkaufsprobleme in den Anfängen unserer Tätigkeit: es gab von den Leuten in der DDR keine

Erfahrungswerte diesbezüglich, es war für uns wie das besagte Tasten im Nebel. Da es meine ehemaligen Landsleute waren, wollte ich sie nicht übervorteilen. Schlechte Geschäfte machte man nur einmal mit ein und dem gleichen Kunden, gute und in beiderseitiger Zufriedenheit aber immer wieder. Den Kunden über den Tisch ziehen, hatten wir in Düsseldorf zur Genüge kennengelernt.

Zumal wurden damals in der Bundesrepublik viele Dinge schon über Leasing und Wartungsverträge abgewickelt. Dafür brauchte man jedoch vom Geschäftsführer oder Inhaber der jeweiligen Firma eine Bankauskunft, die bestätigte, dass das betreffende Unternehmen genügend finanzielle Liquidität besaß. Auch das war in der noch bestehenden DDR nicht möglich, und es gab immer noch keine Informationen über die Einführung der D-Mark. Es war mittlerweile Frühjahr 1990.

Auf den Straßen im Osten sah man immer mehr Autos mit westdeutschem Kennzeichen. Außer integren Geschäftsleuten tauchten auch immer mehr Hasardeure, Glücksritter und Abzocker auf, die eine schnelle Mark machen wollten und den unbedarften und gutmütigen DDR-Bürger über den Tisch zogen. Es galten zu DDR-Zeiten immer die gleichen Preise für die gleichen Produkte. Mit Einführung der D-Mark sollte sich das radikal ändern! Was heute noch 2,- D-Mark kostete, konnte morgen schon 3,- D-Mark kosten. Besonders für alte Leute war das ein Umstand, den sie nach jahrzehntelangem Leben im Kommunismus nicht nachvollziehen konnten.

Dann war es nur noch eine Frage der Zeit, bis die jeweiligen Grundstücke das zigfache an Wertsteigerung erzielten. Sie wurden entweder sehr gewinnbringend verkauft, oder sie wurden bebaut, und der über den Tisch gezogene „Ossi" erkannte erst sehr viel später, welchen Fehler er begangen hatte. Solche Geschäfte führten nicht zur Vertrauensbildung zwischen Ost und West. Ich sollte noch Zeuge einer Aktion werden, die man heute kaum noch glauben kann.

Axel, unser neuer DDR-Mitarbeiter, besorgte uns erst einmal ein Übergangsquartier. Die Unterkunft war ein Kanuclub und befand sich in exponierter Lage auf der Spitze des Magdeburger Stadtparks, und zwar dort, wo sich die Alte und die Neue Elbe teilten. Der Komfort entsprach dem damaligen üblichen DDR-Standard, aber dafür war die Umgebung traumhaft, und wir waren sowieso von früh morgens bis spät abends unterwegs.

Dann vermittelte uns mein alter Kumpel Hannes einen weiteren „Mitkämpfer" für die Verkaufsfront. Auch der arbeitete als Diplomingenieur in einem dieser Kombinate, die sich jetzt vollständig im Auflösungsprozess befanden. Er hatte eine Mutter (wie wohl jeder im Leben), aber diese seine Mutter war auch noch im Besitz eines Telefons, und das war das Wesentliche.

Wir würden also anfangs aus einer Privatwohnung agieren. Egal, an jeder Ecke wurde auf jegliche Art und Weise improvisiert, nach dem Motto: in der Not frisst der Teufel Fliegen!

Kaum hatten wir ein Problem gelöst, ergab sich schon wieder ein neues: keiner von unseren neuen Mitarbeitern hatte jemals im Außendienst gearbeitet, geschweige denn Termine mit Firmen oder Unternehmen vereinbart. Das Glück bestand darin, dass die betreffenden Personen am anderen Ende der Telefonleitung genauso unbedarft waren wie die Anrufer. Aber es bedurfte schon eines gewissen telefonischen Standards und im Vorfeld einer Bedarfsermittlung, um vernünftige Termine zu vereinbaren und daraus dementsprechende Abschlüsse zu generieren. Wie erwartet bestand an allem Bedarf; das fing beim einfachsten Taschenrechner an, ging bei der Schreibmaschine weiter, und setzte sich bei Papier und anderen Dingen fort. Mittlerweile gingen etliche ehemalige DDR-Betriebe Kooperationen mit westdeutschen Firmen ein, sodass die Deals in D-Mark abgewickelt werden konnten. Es herrschte immer noch ein wirtschaftlicher Schwebe-Zustand zwischen Ost und West.

Die Tage vergingen wie im Fluge, ich raste ständig zwischen Ost und West hin und her, mittlerweile hatte ich mir ein schnelleres Auto zugelegt, und fuhr meistens nachts, wo ein staufreies Fahren möglich war.

Dann kam der Tag, auf den alle gewartet hatten; besonders die DDR Bürger, aber auch Leute wie wir, die geschäftlich tätig waren. Es war der 01. Juli 1990, der Tag, als die D-Mark als Währungsmittel in der „noch"-DDR Einzug hielt! Ein war ein weiterer historischer Tag in der Deutschen Geschichte! Und für uns der Startschuss, richtig aktiv zu werden.

Es gab verschiedene Umtauschsätze von DDR-Mark in D-Mark, die auch vom Alter der jeweiligen Bürger abhängig waren. Eeinige hatten so viel von dem wertlosen DDR-Zaster angesammelt, dass sie größere Mengen mitunter im Wald oder anderweitig auf Nimmerwiedersehen vergruben. Für uns war nur Eines entscheidend: es wurde von diesem Zeitpunkt *alles* in D-Mark abgewickelt und bezahlt!

Zu DDR Zeiten gab es vereinzelt kleine Privat-Firmen, die je nach Umsatz und Einkommen extrem hohe Steuern zahlten, sodass sich die Selbstständigkeit häufig nicht auszahlte. Jedoch wurden diese Firmen von staatlicher Seite mit Argusaugen beobachtet, da sie sich im Gegensatz zu den staatlichen VEB-Betrieben der politisch ideologischen Kontrolle entzogen.

Diese Firmen suchte ich als erstes auf. Sie würden die neuen Zeiten am schnellsten bewältigen, denn wer es in der DDR als Selbstständiger geschafft hatte, der würde auch mit den neuen Gegebenheiten schnell zurechtkommen.

Die Zahl der Glücksritter, Abzocker und die Sorte der schnellen Geldmacher wuchs mit der Einführung der D-Mark täglich, und auch die dadurch verursachten Kollateralschäden mittlerer bis größerer Ausmaße! Nicht nur im finanziellen Bereich, sondern auch im vertraulicher Hinsicht. Die Mentalität und das Unbedarfte der DDR-Bürger war ihnen völlig fremd, somit wurden viele von diesen Typen aus dem Westen aufs übelste abgezockt.

In der neuen Unterkunft, dem Kanuclub, wohnte unter anderem ein Autohändler aus Bielefeld. Es geschah zirka einen guten Monat vor Einführung der D-Mark, als er mir lachend entgegenkam und erzählte, er hätte soeben einen neuen Golf eingetauscht und dafür ein Haus mit Grundstück bekommen, mit jeweiligem Kaufvertrag und allem was dazugehörte. Das war ein Beispiel dafür, wie die Leute stellenweise abgezockt wurden. Viele DDR-Bürger waren immer noch der Meinung, dass ein Auto einen größeren Wert darstellte als ein Haus mit Grundstück; das war bei sehr vielen zu Zeiten der Wende noch tief im Kopf verankert.

Es verging kaum ein Tag, der uns nicht vor neue Heraus-forderungen stellte. Was in den alten Bundesländern Standard war, wie ein Faxgerät zur schnellen schriftlichen Übertragung, und Bestellung von Waren, oder ein Telefon oder mehrere, und die dazugehörigen Telefonanschlüsse, wurde in der „noch"-DDR zum täglichen Kampf, der enorm viel Zeit und Energie in Anspruch nahm. Die komplett desolate Infrastruktur bei Behörden und Institutionen taten ihr übriges. Durch die schlechten Telefonleitungen brachen häufig die Telefongespräche zusammen.

Es musste eine Lösung her, und die bestand darin, dass wir mit den damaligen Funktelefonen, zu der Zeit mit dem bekannten C-Netz, arbeiteten, auch unter dem Begriff „Autotelefon" bekannt. Wer etwas älter ist, wird sich sicherlich noch an diese Telefone erinnern. Die ersten dieser Mobiltelefone kosteten bei ihrer Einführung 1989 an die 12.000,- D-Mark und wogen zirka 4–5 kg! Wir er-warben sie günstiger und finanzierten sie über Leasing-verträge. Ganz wichtige Leute aus dem Westen liefen mit diesen für heutige Verhältnisse vorsintflutlichen Dingern durch die DDR-Innenstädte und brüllten so laut, dass auch jeder mitbekam, dass sie ein Mobiltelefon besaßen ... Oft hatten sie wahrscheinlich niemanden in der Leitung, da kein Empfang vorhanden war; aber Hauptsache einen auf wichtig und dicke Hose machen. Aber das nur am Rande.

Da das Funknetz im Osten so gut wie nicht ausgebaut war, war auch mit diesen Mobiltelefonen kein Blumentopf zu gewinnen, sodass man Richtung Westen, sprich Helm-stedt, fahren musste um eine Verbindung aufzubauen.

Mit dem Verkauf von Kopieren war die ganze Sache schon leichter, da diese nur eine Steckdose und das dazugehörige Stromnetz benötigten, aber sicher war zur damaligen Zeit im wilden, wilden Osten gar nichts. Jeden Tag lauerten neue Abenteuer.

Wir konnten uns vor Terminen kaum retten, aber mehr als fünf Termine pro Tag waren nicht zu schaffen. Das hieß Vollgas geben, im wahren Sinn des Wortes! Zur damaligen Zeit interessierte sich niemand für Geschwindigkeiten und deren Übertretung.

Als Nächstes brauchten wir einen Techniker. Die Kopierer die wir verkauften, mussten in Intervallen gewartet werden, und wir verkauften wöchentlich mehrere Kopierer, sodass sich die Störungen entweder durch Bedienungsfehler oder Papierstaus und ähnliches an den Geräten häuften. Das übernahm anfangs unser Kollege Axel, der sich Stück für Stück in diese Materie einarbeitete. Wieder war ein Problem gelöst, zumindest vorläufig.

Mein mit mir im Kanuclub wohnender Autoverkäufer brachte wöchentlich gebrauchte Westautos mit einem Hänger in den Osten, er machte das Geschäft seines Lebens.

Bald schon waren die Bestände an Gebrauchtwagen im westdeutschen grenznahen Bereich so geschrumpft, dass er die Autos von anderen Händlern tiefer im Westen holte. Jeder im Osten wollte jetzt die so lange ersehnten Autos wie Golf, Opel, BMW, Mercedes oder Audi fahren. Es wurde *alles* gekauft, was vier Räder hatte und einen dieser Auto-Namen trug. Die Autos, die bei westdeutschen Autohändlern standen und zur Zeit der geschlossenen Grenze nicht verkauft wurden, fanden jetzt für stellenweise astronomische Preise neue Besitzer.

Das hatte auch eine Kehrseite! Die „Wunderwerke" der DDR-Technik und des übrigen Ostens wie die Rennpappe, der Wartburg, der Moskwitsch, der Wolga und die anderen formschönen Fahrzeuge standen achtlos und häufig ausgeschlachtet auf den Straßen außerhalb und innerhalb der Ortschaften herum, keiner wollte sie mehr.

Die wertvollsten Fahrzeuge (bezogen auf ihre Wartezeiten von mitunter 15 Jahren), wenn man sie denn so nennen konnte, waren von heute auf morgen keinen Pfifferling mehr wert.

Da ich sehr häufig zwischen Ost und West pendelte, und das überwiegend auf der Autobahn, blieb mir nicht verborgen, dass sich die Kreuze am Rand der Autobahn häuften. Viele, die gestern noch eine Rennpappe mit 26 PS fuhren und sich am nächsten Tag zum Beispiel einen Golf GTI mit über 100 PS kauften, katapultierten sich oftmals wegen Selbstüberschätzung und mangelnder Erfahrung mit diesen PS-starken Fahrzeugen ins Jenseits. Mein alter Kumpel Bernhard, mit dem ich einiges erlebt hatte, kam auf eine ähnliche Art und Weise ein Jahr später durch einen unverschuldeten Crash ums Leben. Er und Michael, mit dem ich aufgewachsen war, kamen von einer Veranstaltung einer Versicherungsgesellschaft bei der Bernhardt anfangen wollte. Sie fuhren auf einer Bundesstraße, als ein Lückenspringer auf sie zuraste. Michael riss das Lenkrad nach rechts, dort steuerten sie auf einen Baum zu, er riss das Lenkrad sofort wieder nach links, und sie rasten somit in den entgegenkommenden Verkehr. Bernhard war sofort tot, Michael verletzt, und in dem anderen Auto, in das sie frontal hinein fuhren, starben zwei Menschen.

Wir trugen ihn zu Grabe, er war nicht mal Mitte dreißig. Ein Jahr darauf folgte Werner, ein Bekannter, er war nicht wesentlich älter als Bernhard. Ihm fuhren zwei sturzbetrunkene russische Offiziere frontal ins Auto! Auch er war auf der Stelle tot.

Das verursachte ein großes Nachdenken, da wir häufig unsere Entfernungen mit dem Auto im Tiefflug zurücklegten. Michael aus Mönchengladbach, mit dem ich mich in Niedersachsen selbstständig gemacht hatte, leaste sich, weil es wirtschaftlich so gut lief, einen 911er Porsche. Machte keinen Sinn, aber dafür Spaß.

Der Staat, der sich einst DDR nannte, löste sich in so rasender Geschwindigkeit auf, dass man glauben könnte, er hätte nie existiert. In der Zeit des Übergangs vom Sozialismus zum kommenden Kapitalismus im Frühjahr und Sommer 1990 herrschte eine Art von Anarchie. Diese resultierte aus der Unsicherheit der ehemaligen sozialistischen Institutionen, die sich jetzt im Auflösungsprozess und somit im freien Fall befanden. Die ehemals verhassten Vopos, sowie die verhassten Stasi-Typen und auch die ungeliebte NVA, hatten keine Zukunft mehr im neuen System der Bundesrepublik Deutschland. Sie wussten somit nicht, wohin für sie die Reise gehen würde ...

Es gab die Jammerer, die über Jahrzehnte für dieses Unrechtssystem Propaganda betrieben hatten und stramme Genossen waren. Zum Beispiel etwa Lehrer für Staatsbürgerkunde, Berufsschuldirektoren, NVA-Politoffiziere, hohe Parteifunktionäre in Kombinaten und, und, und, die jetzt regelrecht beleidigt waren, dass sie ihre Positionen verloren, oder zumindest herabgestuft wurden. Aber man konnte vonseiten der Bundesrepublik nicht einen Großteil der Bevölkerung austauschen; somit wechselten etliche SED-Funktionäre und Bonzen ganz schnell die Seiten! Wieder drängte sich der Vergleich mit dem Nationalsozialismus auf. Bei der sogenannten Entnazifizierung, die 1945 begann, war es auch nicht möglich, große Teile der Bevölkerung auszutauschen, zumal auch immer noch die Schwere der Schuld des einzelnen den Ausschlag gab. Das galt sowohl damals nach dem Zweiten Weltkrieg als auch nach dem Zusammenbruch des Kommunismus!

Es war schon schwer vorstellbar, dass ein Mensch, der sein Leben lang einer bestimmten Ideologie folgte, auf einmal von heute auf Morgen seine Gesinnung ändert ...

Ich stellte mir sehr häufig die Frage, ob es richtig sei, mit diesen Typen Geschäfte zu machen. Auch störten viele Begleitumstände wie mangelnde Pünktlichkeit, Zuverlässigkeit, und Arbeitsmoral bei einigen unserer neuen Mitarbeiter. Es herrschte noch dieser DDR-Schlendrian vor, nach dem Motto: „es geht alles seinen sozialistischen Gang", und „kommst du heut nicht, dann kommst du morgen ..." Das war der Lernprozess, den viele erst mal begreifen mussten! Es war weitaus schwieriger, einen ganzen Volksteil in diese Richtung zu bringen, als einen einzelnen wie ich es damals war, als ich in die Bundesrepublik kam.

Was die Anarchie anbetraf, fing das schon beim Autofahren an. Es hielt sich damals kaum jemand an irgendwelche Geschwindigkeitsbegrenzungen. Mir kam das bei meinen Terminen häufig zugute, da ich mitunter große Stecken zurücklegen musste. Auch das Parken spielte keine Rolle; man stellte sich hin, wo man gerade stand, notfalls quer auf den Fußgängerweg mitten in der Stadt, das spielte alles keine Rolle. Ein Kumpel von mir fuhr mit ständig wechselnden Autos, aber immer dem gleichen Nummernschild! Keines dieser Autos war auch nur annähernd versichert. In dieser Zeit war alles egal, es gab keine Kläger mehr und somit auch keine Richter.

Etliche Waffen aus NVA-Beständen verschwanden in alle Welt. Auch bei unseren ehemals sowjetischen Brüdern schien sich ein reger Waffenhandel einzustellen. und auf einmal waren es nicht mehr die solange gepriesenen Brüder, sondern das, was sie eigentlich schon immer waren: arme Teufel! Es gab Leute, die sich für ein paar Flaschen Wodka oder ein paar D-Mark eine Kalaschnikow mit dazugehöriger Munition zugelegt hatten, und später hörte man über die Medien, dass einige regelrechte Waffenlager besaßen!

Ich konzentrierte mich weiter auf die privaten Firmen, aber die Konkurrenz schlief nicht und wurde täglich größer. Es hatte sich in den alten Bundesländern herumgesprochen, dass im wilden Osten geschäftlich die Post abging. Es war ein Pendeln zwischen Ost und West, oder besser: ein Pendeln zwischen zwei Welten! Im Westen war das Leben leicht durch die gut funktionierenden Infrastrukturen, im Osten dagegen herrschte Chaos und jeder Tag bedeutete eine neue Herausforderung. Ich stellte mir im Laufe der Zeit immer öfter die Frage, ob ich das eigentlich alles so wollte, trotz der Möglichkeit, dass dieses Geldverdienen eine Art Ausgleich bot zu den katastrophalen Verhältnissen ... Obwohl sich das alte kommunistische System auflöste, war ich eigentlich 1984 nicht ausgereist, um irgendwann zurückzukommen ...

Die meisten Betriebe, die sich in der Übergangsphase zwischen „noch"-volkseigener Betrieb und GmbH befanden, wurden immer noch von ihren ehemaligen Betriebsdirektoren gelenkt und geleitet; es war einfach nicht möglich, *alle* diese Leute auszutauschen. Sehr gut war zu erkennen, wie diese Betriebsdirektoren sich vergebens abmühten, mit der neuen Zeit klarzukommen. Sie versuchten, sich der kapitalistischen Rhetorik und den Gepflogenheiten des Geschäftslebens anzupassen und diese zu übernehmen, was verkrampft und lächerlich wirkte.

Ich vereinbarte damals einen Termin mit dem größten Traktorenhersteller der DDR, mit dem VEB-Traktorenwerk Schöneck. Aus der Kreisstadt Schönebeck führte mich seinerzeit der Weg nach der Zeit bei der NVA über das STKM (Straßen-und-Tiefbau-Kombinat Magdeburg) nach Ostberlin.

Jetzt hatte ich einen Termin in diesem Werk. In dem tausende Mitarbeiter beschäftigt waren.

Was würde mich in diesem Werk erwarten, in Zeiten des Umbruchs???

Ich hatte mich mit Axel verabredet, wir wollten uns an vereinbarter Stelle treffen, doch zu der vereinbarten Zeit traf ich ihn nicht an. Ich wartete 10, 15, 20 Minuten; nach einer knappen halben Stunde tauchte er dann endlich auf, so nach dem alten Motto „es geht eh alles seinen sozialistischen Gang". Mir platzte fast der Kragen. Wir hatten unter günstigen Umständen die Möglichkeit, in diesem doch sehr großen Werk einen richtig guten und großen Auftrag an Land zu ziehen, und das bedingte als erstes pünktliches Erscheinen zu vereinbarter Uhrzeit! Eines der nächsten Dinge, die damals im Osten bei vielen erst erlernt werden musste, war der optische Eindruck, sprich Bekleidung. Man konnte nicht Kopierer für tausende von D-Mark verkaufen und selber aussehen, als hätte man die letzte Nacht unter einer Brücke verbracht. Das war eine der ersten Grundregeln, die wir in Düsseldorf lernten, als wir im Außendienst anfingen. Anzug, Krawatte, und das dementsprechende Schuhwerk waren Pflicht! Mag oberflächlich klingen, gehört aber zum Business-Kodex.

Durch einen Zeitpuffer, und dem Durchtreten des Gaspedals erreichten wir noch pünktlich den vereinbarten Termin. Hier saßen uns die alten Betriebsbonzen gegenüber und versuchten jetzt, auf Kapitalismus zu machen. Im Vorfeld der Terminvereinbarung hatte ich erfahren, dass es bereits eine Kooperation mit einem Unternehmen aus dem Westen gab und somit finanzielle Mittel vorhanden waren. Es war die Zeit, als westdeutsche Unternehmen begannen, kommende Konkurrenz aufzukaufen oder erst einmal mit ehemaligen VEB-Unternehmen Kooperationen einzugehen. Wie sich schnell herausstellte, war die „Überlegene" DDR-Technik auf Dauer nicht konkurrenzfähig und verschwand über kurz oder lang (meist jedoch über kurz), und mit ihr auch die meisten Beschäftigten.

Für mich war bei diesem Termin die Bedarfsermittlung entscheidend. Ich musste herausfinden, von welcher Größenordnung, Umfang und Anzahl der benötigten Kopierer wir sprachen, und wie viel an finanziellen Mittel zur Verfügung standen. Es standen bereits zwei Rank Xerox Kopierer an zentraler Stelle im Werk, diese waren bereits etliche Jahre alt und in einem äußerst desolaten Zustand. Diese wurden seinerzeit über den damals häufig in den Medien erwähnten DDR-Devisen-Beschaffer Schalck Golodkowski besorgt.

Nach gut einer Stunde hatten wir einen groben Überblick. Es musste ein Angebot erstellt werden, und es musste schnell passieren, bevor uns ein Konkurrent zuvorkam. Von diesen Konkurrenten gab es jetzt täglich mehr. Es gab aber zwei Vorteile für uns: Erstens waren wir im sprichwörtlichen Sinne Landsleute mit der gleichen Vergangenheit, und zweitens befand sich das Einholen von mehreren Preisen, sprich Angeboten bei anderen Firmen noch in der Anfangsphase. Das sollte sich später drastisch ändern.

Ich setzte mich umgehend hin und erstellte nicht nur ein Angebot, sondern derer zwei. Bei der vorangegangenen Besprechung ging es um mehrere größere und kleinere Kopierer, die sich jeweils in ihrer Leistungsklasse und der Kopier-Geschwindigkeit unterschieden.

Es handelte sich bei Auftrag Nummer eins um ein Auftragsvolumen von zirka achtzigtausend D-Mark exklusive damals vierzehn Prozent Mehrwertsteuer, und bei der Light-Version lag der Betrag bei zirka fünfundsechzigtausend D-Mark exklusive Mehrwertsteuer.

Nach nochmaligem Durchrechnen des Angebots setzte ich mich umgehend mit dem zuständigen Ressortleiter in Verbindung, und wir vereinbarten einen Termin für den darauf folgenden Tag.

Ich hätte täglich Minimum zehn Termine haben können, was aber logistisch und zeitlich nicht möglich war. Bei einer dieser Fahrten kam in den Nachrichten die Meldung, dass Susanne Albrecht festgenommen wurde. Sie war Mitglied der Terrororganisation RAF (Rote-Armee-Fraktion) und wurde per Haftbefehl in der Bundesrepublik Deutschland gesucht. Es stellte sich heraus, dass sie 1980 mit mehreren RAF-Mitgliedern in die DDR geflüchtet war, und alle von der allseits

„geliebten" Stasi neue Identitäten erhalten hatten ...
Mielke und seine Stasi-Verbrecher-Organisation hatten wahrlich überall ihre schmutzigen Finger im Spiel,
aber das nur am Rande.

Wir fuhren mit den Angeboten am folgenden Tag wie
verabredet zum Traktorenwerk. Axel hatte sich in seinen
Anzug, den er mit vierzehn Jahren zur Jugendweihe trug,
gezwängt! Zumindest sah es so aus.

Es saßen uns drei Leute von der Führungsebene
gegenüber. Ich zählte nochmals die Büros auf, in denen
die verschiedenen Kopierer stehen sollten, es passte
soweit alles. Ich hatte beide Aufträge finanziell groß-
zügig bemessen, da es sicherlich zu einem Preis-Poker
kommen würde, was den Nachlass anbetraf. Da erlebte
ich eine Sache, die ich nie wieder erleben sollte!!! Die
mir gegenübersitzenden Kombinatsdirektoren konnten
die Mehrwertsteuer nicht einordnen. Diese Mehrwertsteuer war zu dem Betrag separat ausgewiesen, so wie
es bei Aufträgen üblich war, um eine bessere Übersicht
zu haben.

Meine Gegenüber hatten aber mit der Mehrwertsteuer
bis dato nicht viel zu tun gehabt. Ich versuchte ihnen zu
erklären, was die Mehrwertsteuer zu bedeuten hat, aber
sie verstanden es nicht. Ich wollte nicht aus dem Raum
gehen ohne eine Unterschrift auf dem Auftrag. Also sagte ich ihnen, wir würden uns die Mehrwertsteuer teilen,
sie zahlen sieben Prozent, und sieben Prozent übernäh-
me ich! Der Vorschlag gefiel ihnen. Sie ließen sich auf
den Deal ein und unterschrieben den Auftrag mit über
achtzigtausend D-Mark, aber mit nur sieben Prozent
Mehrwertsteuer. Die Sache war in trockenen Tüchern
und beide Seiten waren glücklich!

Das spätere Aufstellen der Kopierer war noch mal eine schweißtreibende Arbeit. Wir waren zwar zu viert, aber es war ein glühend heißer Tag!

Das Traktoren-Werk existierte noch bis Anfang der Zweitausender Jahre, dann wurde es nach mehrenden Verkäufen an verschiedene Firmen endgültig liquidiert! Es sollte den meisten der VEB-Kombinate und VEB-Betriebe ebenso ergehen.

Ich fuhr an meinem ehemaligen VEB-Betrieb vorüber, in dem ich zuletzt vor meiner Ausreise gearbeitet hatte, dem allseits beliebten und wenig produktiven VEB BMK (Vorsicht-Es-Bröckelt, Besser-Man-Kündigt!). Dort waren keine arbeitstechnischen Aktivitäten mehr zu erkennen. Erkennbar war aber, dass das Gelände von der Natur zurückerobert wurde ...

Viele von diesen aus dem Westen kommenden Glücksrittern traten im Osten auf wie Kolonialherren, die den „doofen Ossis" erst mal zeigen mussten, wie der westdeutsche Hase läuft. Das waren meistens Gestalten, die vorher nicht mal geographisch wussten, wo der Osten Deutschlands lag! Zudem wussten sie nicht, was die Buchstaben „DDR" bedeuteten, geschweige denn dass sie mit der Mentalität der Menschen dort zu Zeiten der DDR in Kontakt gekommen waren. Es gab zu DDR-Zeiten nicht nur Stasi-Typen und Partei-Bonzen, sondern auch Leute, die mit dem ganzen DDR-System nichts zu tun haben wollten. Wie viele andere auf der Welt wollten sie nur ihre Ruhe haben und ihrer Arbeit nachgehen. Genauso, wie bei Hitler nicht jeder Deutsche ein Nazi war. Leider wird es wohl immer eine bestimmte Anzahl von unterbelichteten Typen geben, die meinen sie seien etwas Besseres und müssten anderen die Welt erklären. Das war früher so und hat sich bis heute nicht geändert.

Eine Sache geriet bei einigen schnell in Vergessenheit: Nicht die Bundesrepublik Deutschland befreite die DDR-Bürger von der kommunistischen Diktatur! Sondern es waren die DDR-Bürger selber, die auf die Straße gingen und letztendlich dafür sorgten, dass es so kam wie es kam. Leider werden solche geschichtlichen Ereignisse zu schnell vergessen oder treten oft und zu schnell in den Hintergrund.

Es erschloss sich ein noch lukrativerer Geschäftsbereich als der mit Kopierern und Faxgeräten. Und zwar der mit Büromöbeln, die genauso im Osten fehlten wie alles andere.

Wir hatten in Niedersachsen mittlerweile etliche Kunden: Firmen aus der Autobranche (Autohäuser), Sanitärfirmen, Speditionen, Architekten, Restaurants und viele andere …

Unter anderem war ein Möbelhaus aus Bersenbrück dabei, das zwar überwiegend Möbel für den Wohnbereich verkaufte, aber unter anderem auch Büromöbel. Langer Rede kurzer Sinn, ich setzte mich mit einem dieser Geschäftsführer des Möbelhauses zusammen, er kam nach Magdeburg, und wir planten bei einem Kunden das erste Büro und statteten es mit Assmann-Büromöbeln aus, damals einem der größten deutschen Hersteller von qualitativ hochwertigen Büromöbeln.

Ich kontaktierte dann den Möbelhersteller direkt und vereinbarte einen Termin, wir schlossen einen Händlervertrag, ich nahm an Produkt-Schulungen sowie an den Planungsprogrammen dieses Büromöbelherstellers teil und verkaufte und plante fortan für meine Kunden Büros. Dafür waren wieder Leute nötig, die diese Büros aufbauten. Dann schloss ich den nächsten Vertrag mit dem Bürostuhl-Hersteller Dauphin, sodass auch diese Sparte abgedeckt werden konnte.

Der Assmann war nur zirka 65 km von unserer Firma in Niedersachsen entfernt, sodass ich am Freitag häufig Fragen klären konnte, indem ich auf dem Weg von Ost nach West den Hersteller aufsuchte.

Es wäre gut gewesen, wenn die Tage damals 36 Stunden gehabt hätten, es blieb so gut wie keine Zeit mehr für private Dinge. Die Frage war, wie lange würde es dauern, bis Ost und West zusammenwachsen würden??? Beide Seiten hatten sich wirtschaftlich als auch gesellschaftlich in zwei ganz unterschiedliche Richtungen entwickelt. Viele, die zu Zeiten der Wende Ende vierzig/Anfang fünfzig waren und ihr Leben in der DDR verbracht hatten und dort sozialisiert wurden, schafften die Kehrtwende nicht mehr. Hinzu kam bei vielen, dass sie arbeitslos wurden; eine Tatsache, die sie bis dahin nicht kannten. Ein Teil von ihnen hatte in den ersten Jahrzehnten an den Sozialismus geglaubt, ohne Parteimitglied der SED werden, oder bei Schnüffel und Petz anzuheuern. Jetzt standen etliche vor den Trümmern ihres Lebens, da anscheinend alles nichts wert war, woran sie geglaubt hatten, und was sie geleistet hatten. Der Kapitalismus fegte mit unheimlicher Geschwindigkeit über die Menschen hinweg. Viele konnten mit der neuen Freiheit nichts anfangen und sahen alles als Bedrohung! Die Treuhandgesellschaft, die im

März 1990 gegründet würde, sorgte für die Privatisierung der ehemaligen Kombinate und volkseigenen Betrieben. Nach dem Motto: „Privatisierung um jeden Preis, und das so schnell wie möglich!" Die Treuhand blieb eine umstrittene Behörde bis in die heutige Zeit. Aber wo gehobelt wird, fallen eben Späne.

Das Zusammenwachsen zwischen Ost und West würde sicherlich ein bis zwei Generationen in Anspruch nehmen. Aber was zusammengehört, wird auch zusammenwachsen.

Trotz alledem loderte immer ein gewisses Unbehagen in mir, da ich viele Dinge in meiner Umgebung im Osten mit Früher verband, was für mich schwer auszublenden war. Ich hatte einen untrüglichen Instinkt für Leute, die früher diesem System ohne Wenn und Aber dienten, und jetzt am lautesten krakeelten, was sie für Antikommunisten wären ...; es war eine Selbstentlarvung!

Zudem war spürbar, dass langsam ein Riss durch die Ostdeutsche Gesellschaft ging! Und zwar zwischen denen, die noch Arbeit hatten und sich mehr leisten konnten, und denen die keinen Job mehr hatten und somit in ein bis dahin nicht gekanntes Loch fielen ...

Durch meinen frühen Kontakt zu etlichen Firmen konnte ich im Laufe der Zeit feststellen, in welcher Gemütsverfassung sich viele Leute befanden, da die Zukunft für etliche von ihnen von Tag zu Tag ungewisser wurde.

Ich fuhr jedes Wochenende Richtung Westen. Zum einen um zu erledigen, was im Osten noch immer nicht möglich war und um meine Büroplanungen umzusetzen, zum anderen um etwas Abstand zu der Hektik im wilden, wilden Osten zu haben. Zumindest gab es eine kleine Erholung am Wochenende.

Als ich montags darauf wieder im Osten gelandet war, kam eines Abends mein alter Kumpel Hannes zu mir in den Kanuclub und eröffnete mir, dass er eine kleine Wohnung für mich hätte. Sie läge direkt gegenüber seiner Wohnung. Und weiters, dass am Wochenende Susanne bei ihm gewesen sei! Es war das erste Mal nach sechs Jahren, dass ich wieder etwas von ihr hörte. Hannes hatte Susanne das letzte Mal vor zehn Jahren gesehen, kurz war bevor sie im Knast verschwand. Sie war mittlerweile Architektin, hatte also das Studium durchgezogen. Alle Achtung! Und sie lebte nach wie vor in Berlin. Es sollten aber noch knapp neun Jahre vergehen, bis ich sie wiedersehen würde.

Da Computerplanungen noch in weiter Ferne lagen, wurden die Planungen der Büros nach dem Ausmessen auf Magnet-Planungsmappen erstellt, welche die Möbelhersteller für den Kunden zur Verfügung stellten (zum Beispiel im Maßstab 1 : 33 oder 1 : 25, aber das sei nur am Rande bemerkt).

Am 3. Oktober 1990 kam Michael aus Niedersachsen nach Magdeburg. Wir wollten weiter nach Berlin, wo an diesem Tag am Brandenburger Tor die deutsche Wiedervereinigung stattfinden sollte. Wir hatten in Michendorf, wo Bekannte wohnten, ein Quartier. Wir stellten dort das Auto ab und fuhren direkt mit dem Bus nach Berlin. Wir hatten uns eine Großpackung Kräuterlikör von der Sorte Kümmerling in die Taschen gesteckt, insgesamt 25 Flaschen a 0,02l. Als wir in Berlin ankamen, war davon nur noch die Hälfte übrig. Dann ging es Richtung Brandenburger Tor. Es war wieder ein historischer Tag in der deutschen Geschichte, und wir waren dabei! Fortan sollte dieser Tag ein Feiertag sein.

Die eigentliche Grenze, die Betonmauer, war nicht mehr vorhanden, zumindest am Brandenburger Tor. Sie wurde Stück für Stück von den sogenannten „Mauerspechten" zerlegt. Die Trümmer des ehemals „Antiimperialistischen Schutzwalls" wurden zu begehrten Sammler-Stücken und fanden ihren Weg in die ganze Welt. Wobei zu bezweifeln war, dass die Menschen in anderen Teilen der Welt ermessen konnten, was diese Mauer während ihres 28-jährigen Bestehens für ein Elend verursacht hatte.

Neben dem Brandenburger Tor hatten ein paar Witzbolde mit einem Kran eine Rennpappe hochgezogen und beschossen dieses „Wunderwerk" der Technik mit Feuerwerksraketen; es war eine Gaudi ohnegleichen.

Ein paar clevere Jungs verdienten sich an diesem Abend eine goldene Nase, sie verkauften den billigsten Sekt von einem bekannten Discounter für die zehnfache Summe, sie hatten ganze Handwagen voll und brachten diesen Sekt an die Frau und an den Mann.

Was mich persönlich besonders freute war, dass Willi Brandt das noch miterleben durfte, er stand an diesen Abend mit auf der Tribüne. Er hatte als Bürgermeister Berlins von 1957-1966 die Teilung der Stadt hautnah miterlebt. Er und seine Wegbegleiter, wie Egon Bahr waren die eigentlichen Väter der deutschen Wiedervereinigung. Sie und viele andere hatten in den Siebzigerjahren den Grundstein für die deutsche Wiedervereinigung 1990 gelegt. Willi Brandt war sicherlich der beliebteste Bundeskanzler. Er wurde von den meisten Ostdeutschen ebenso geliebt wie von den Westdeutschen! Was ging wohl an diesem Tag vor in dem Menschen Willi Brandt?

Wir kauften uns noch zwei Flaschen Sekt, denn dieser Tag musste einfach gefeiert werden! Das Geld spielte da keine Rolle; wir hatten die letzten Monate gut verdient und die Kopfschmerzen am nächsten Tag waren auch noch weit weg ... Also Prost auf ein geeintes Deutschland! Nach dem Ende der Veranstaltung zur Wiedervereinigung am Brandenburger Tor und dem anschließenden Auflösen der Menschenmassen setzten wir uns in Richtung Michendorf in Bewegung, hatten aber keinerlei Orientierung mehr, in welche Richtung wir eigentlich mussten. Wir hatten mittlerweile einiges an Alkohol intus. Jeder von uns beiden hatte zirka zwölf kleine Kümmerlinge sowie zwischenzeitlich zwei Bier und besagte Flaschen Sekt getrunken. Wir stoppten nach längerem Warten und mit viel Glück ein Taxi. Die waren in dieser Nacht dünn gesät und machten das Geschäft ihres Lebens! Es war ihnen vergönnt.

Wie wir dann letztendlich vor der berühmt-berüchtigten „Glienicker Brücke landeten", haben wir nie erfahren. Der Taxifahrer verweigerte die Überfahrt über diese Brücke, wir bezahlten. Einige Minuten später sahen wir von Nahem, was wir durch unseren Alkoholkonsum aus der Ferne vom Taxi aus nicht erkannt hatten: die Brücke war übersät mit Glasscherben, die von zerschlagenen Bier- als auch Schnapsflaschen stammten! Auf der Brücke wurde immer noch exzessiv gefeiert, und die leeren Flaschen wurden auf der Brücke zerdonnert, was den Tod für jeden Reifen bedeutet hätte. Das hatte den Taxifahrer zur Umkehr bewogen. Aber die Stimmung unter den Leuten war entspannt und ausgelassen.

Wir wurden von den dort befindlichen Heerscharen eingeladen, Schnaps und Bier hatten sie in Unmengen eingekauft. Bei der Menge des Alkohols, machte es den Eindruck, als würde am nächsten Tag die zweite Prohibition ausbrechen, nur diesmal nicht in den USA, sondern in Berlin und Potsdam.

Wir erfuhren, an welcher historischen Stelle wir uns befanden: sie war nicht nur eine normale Brücke im herkömmlichen Sinne, sondern sie verband jetzt nach der Wiedervereinigung wieder West-Berlin mit Potsdam. Und diese Brücke hat einen historischen Hintergrund: während der Teilung Deutschlands wurden auf dieser Brücke mehrmals hochrangige Agenten zwischen Ost und West ausgetauscht, was damals nur von westlichen Medien über Funk und Fernsehen publik gemacht wurde.

Michael war auf einmal verschwunden. Ich dümpelte an diesem noch sehr frühen Morgen in das vor mir liegende Potsdam hinein. Michael gabelte ich nach ein paar hundert Metern in einen Wartehäuschen des öffentlichen Verkehrs auf. Neben ihm saß ein menschlicher Trinkautomat, der mindestens genauso viel intus hatte wie wir. Beide hatten eine Flasche Schnaps in der Hand; wo diese herkam, sollte auch ein ewiges Rätsel bleiben. Aber egal, es war ein Ausnahme-Tag mit der dazugehörigen Nacht.

Als wir unser Quartier in Michendorf im Morgengrauen erreichten, wussten wir, dass der kommende Tag nicht unserer sein würde, und so war es dann auch ...

Die Bezeichnung der ehemaligen DDR lautete jetzt „Die Fünf neuen Bundesländer". Böse Zungen sprachen von „Dunkel-Deutschland". Dieses Dunkel-Deutschland bezog sich auf das Grau-in-Grau der Gebäude mit dem ganzen Drumherum. Der Aufbau sollte für die alte Bundesrepublik eine finanzielle Herkules-Aufgabe werden!

Die Tage, Wochen und Monate vergingen wie im Fluge. An allen Ecken und Enden veränderte sich Stück für Stück meine ehemalige Heimatstadt Magdeburg. Ein Zurück in diese Stadt kam für mich nicht mehr infrage; ich hatte mich innerlich längst verabschiedet! Ich wusste, dass es nur eine Frage der Zeit ist, wann ich wieder ganz in den Westen zurückkehren würde. Ich verband mit dieser Stadt und mit dem ganzen Land die ganze unselige Zeit des Kommunismus.

Mit dem Einzug Kapitalismus veränderten sich auch zunehmend die Leute. Mein alter Kumpel Hannes kündigte seinen Job bei der KWV, dort gab es mittelfristig sowieso keine Perspektiven. Er machte sich mit einem ehemals abtrünnigen Vaterlandsverräter, wie auch ich einer war, selbstständig. Auch der war vorläufig zurückkehrt, sein Name war Wolfgang. Nach einer gewissen Zeit sollte sich aber herausstellen, dass sein Kompagnon ein Luftikus war. Hannes und ich, die wir uns ein Leben lang kannten, sollten uns noch über Anwälte auseinandersetzen müssen …

Mein alter Jugendfreund Michael, der ein Jahr vor dem Mauerfall nach Westberlin ausreisen konnte, kam zurück. Aber er kam für immer zurück.

Jedoch viele, besonders Junge, gingen in den Westen! Sie wollten nicht warten, bis diese ehemalige DDR das Niveau des Westens erreichen würde. Jeder lebt nur einmal, und wie lange das alles dauern würde, konnte damals keiner genau sagen.

Wir bekamen dann nach langem Hin und Her zwei nebeneinanderliegende Wohnungen, sie befanden sich im

Erdgeschoss. Wir ließen sie renovieren und nach einer gefühlten Ewigkeit bekamen wir auch Telefonleitungen. Die waren für unsere Telefonakquise und die damit verbundenen Terminvereinbarungen existenziell. Und wir konnten für unsere Bestellungen gen Westen auch noch ein Faxgerät anschließen.

Mitte des Jahres 1991 war immer noch alles mit großen Mühseligkeiten verbunden, ganz abgesehen davon, dass überall Baustellen und aufgerissene Straßen zusätzlich das Geschäftliche wie auch das private Leben immens behinderten. Das war nichts für schwache Nerven und zarte Gemüter. Man konnte nicht erwarten, dass sich etwas innerhalb von zwei bis drei Jahren ändern würde, wofür die alte Bundesrepublik vierzig Jahre gebraucht hatte.

Die Wohnung mit drei Räumen richteten wir als Büros ein, und die gegenüberliegende Wohnung mit den zwei Räumen sollte zukünftig als Technik-Abteilung dienen. Trotz allen Widrigkeiten ging es immer ein kleines Stück voran …

Weiterhin pendelte ich zwischen Ost und West, meistens an den Wochenenden. Viele Dinge, speziell im Möbelbereich, konnten doch am besten vor Ort geklärt werden.

Ich hatte noch einige Kunden in Niedersachsen, mit denen ich trotz meines beruflichen Engagements im Osten weiterhin Kontakt hielt, und die sich auch für die Vorgänge in den neuen Bundesländern interessierten. Einer meiner besten Kunden, dem eine gut gehende Spedition gehörte und zu dem ich ein fast schon persönliches Verhältnis hatte, kam ebenfalls bei einem Verkehrsunfall ums Leben. Er fuhr wohl mit zu hoher Geschwindigkeit, verlor die Kontrolle über sein Auto und prallte gegen einen Baum. Der Wagen fing Feuer und er verbrannte in seinem Wagen bis zur Unkenntlichkeit. Ich erhielt diese Nachricht in Magdeburg per Fax von Michael. Noch eine Woche vorher war er dort wegen einer Neuanschaffung von Bürostühlen in der Spedition vorstellig.

Es war schon eine Tragödie mit Ansage! Bei früheren Terminen hatte mir besagter Spediteur erzählt, dass er in jüngeren Jahren bereits zwei Porsche verschrottet hatte und beide Male glimpflich davon gekommen war. Diesmal hatte er sein Glück überstrapaziert; er wurde nur Ende Dreißig! Der dritte Tote innerhalb weniger Jahre. Das gab schon zu denken.

In vielen Betrieben, die zu unserer Klientel gehörten und früher typische VE-Betriebe waren und eine mittelständische Größenordnung aufwiesen, in vielen dieser Firmen breitete sich unter den Mitarbeitern eine zunehmende Angst und Resignation vor drohender Arbeitslosigkeit aus. Als Erstes wurde immer Personal abgebaut, somit konnte man auf diese Weise gut Geld einsparen. Auch waren viele dieser Firmen finanziell nicht in der Lage, in neue Maschinen und Strukturen zu investieren. Das war dem jahrzehntelangen Von-der-Substanz-leben und dem sozialistischem Schlendrian geschuldet. Zu den rasanten ökonomischen Veränderungen, die alle in sehr kurzer Zeit zu bewältigen hatten, hieß es auch, eine geistige Wende zu vollziehen! Das betraf sowohl die Führungsschicht als auch die Mitarbeiter. Zumal es einen Anteil in der Bevölkerung gab, der fest an die Marxistisch-Leninistische Idee glaubte, ohne mit dem DDR-System zu kollaborieren und sich an dieses verkauft zu haben! Überwiegend war diese Radikalität im

Wechsel der Systeme Sozialismus/Kapitalismus und die damit einhergehenden Anforderungen für viele der älteren Semester nicht mehr machbar. Es bot sich häufig ein trauriges Bild, wenn man die Firmen betrat und erfuhr, dass einige mittlerweile bekannte Gesichter nicht mehr in dieser Firma arbeiteten. Im Laufe der Zeit hatte sich eine Art Beziehung zu den dort arbeitenden Menschen entwickelt. Das waren die Kehrseiten der neuen Zeit. Es ging oft nur auf die radikale Tour, und es bedeutete nicht, dass diese Firmen trotz eines Gesundungsprozesses für die Zukunft konkurrenzfähig sein würden. Die meisten wurden entweder von bundesdeutschen Unternehmen geschluckt oder überlebten bestenfalls durch eine Kooperation mit selbigen.

Dann kam es zu der Situation, die ich bereits kurz erwähnte. Mein alter Kumpel Hannes expandierte mit seinem Kompagnon Richtung Norden, nach Schwerin. Hannes und mir war diese Gegend ja noch gut in Erinnerung: hier hatte man uns damals anderthalb Jahre unseres Lebens beraubt; und da war sie wieder, die Erinnerung an die NVA!

Ich stellte mir die Frage, was war wohl aus dem geistesgestörten Spieß Paul geworden??? In Pauls Ideologie hatte der Klassenfeind das ganze Land übernommen, und es wurde nicht ein einziger Schuss abgegeben. Was machen Menschen wie Paul, wenn ihnen von heute auf Morgen das Feindbild abhandenkommt? Das blieb, zumindest für mich, ein Geheimnis.

Hannes mit Kompagnon hatten außerhalb Schwerins Büros gemietet, und wollten auch dort im Objekt-Schutz tätig werden. Er bat mich, die angemieteten Büros mit Büromöbeln und auch mit Kopierer und Faxgerät auszustatten. Gesagt, getan, ich fuhr hoch gen Norden um die Räumlichkeiten auszumessen und nutzte die Gelegenheit, einen Abstecher zu meiner alten Kaserne zu machen. Es kostete mich zwar einen Umweg, aber die Neugierde siegte.

Die Kaserne hatte nichts mehr mit der Kaserne zu tun, in der ich anderthalb Jahre lang im wahrsten Sinne des Wortes interniert war und drangsaliert wurde. Die Gebäude waren nicht mehr grün, der Starkstromzaun existierte auch nicht mehr und die Kameraden die dort herum liefen, machten einen ziemlich entspannten Eindruck. Sie durften sicherlich auch jedes Wochenende gen Heimat. Hier hatte jetzt die Bundeswehr das Kommando übernommen, und da lief es in jeder Hinsicht etwas lockerer. Paul lag entweder bereits auf dem Friedhof oder saß irgendwo zerfressen in seinem Ort und grämte sich langsam zu Tode. Das Mitleid für ihn hielt sich bei mir in Grenzen.

Nachdem ich die Büros vermessen hatte, wurden die Möbel bestellt und ein paar Wochen später geliefert. Ich baute sie dann mit einem Bekannten an Ort und Stelle auf und übergab Hannes die Rechnung. Sie belief sich auf zirka fünfzehntausend D-Mark.

Nun nahm die ganze Sache mit Hannes ihren unschönen Lauf! Ich hatte bei meinem Möbellieferanten ein Zahlungsziel von dreißig Tagen, was gängige Praxis ist. Es summierten sich die Rechnungen für mehrere von mir eingerichtete Büros, die ich verschickt hatte, und die Außenstände beliefen sich schon auf eine hohe fünfstellige Summe, die ich zu bekommen hatte! Ich brauchte das Geld, um wiederum meine Rechnungen bei diversen Lieferanten zu bezahlen. Die Zahlungsmoral der Firmen begann sich zunehmend zu verschlechtern, das machte sich bereits seit einiger Zeit bemerkbar. Man hatte es vermehrt mit Firmen aus dem Westen zu tun, die zunehmend den Markt eroberten. Was die Zahlungsmoral diverser Firmen anbetraf, hatten wir bereits in Düsseldorf und Niedersachsen erfahren. Jetzt begann diese miese Zahlungsmoral auch im Osten Deutschlands Fuß zu fassen. Selbst bei Ausschreibungen von öffentlichen Institutionen wie dem Magistrat, oder Schulen, Kindergärten etc., die früher immer eine sichere Börse waren, wurde die Zahlungsmoral spürbar schlechter. Also verschickte man Mahnungen. Erste Mahnung, zweite Mahnung, dritte Mahnung, dann Mahnbescheid, ... Als letzte Konsequenz musste ein Anwalt eingeschaltet werden, aber auch das konnte bis zu zwei Jahre dauern. Oder man sah nie Geld und die Ware war auch weg, da die Firma in die Insolvenz gegangen war.

So ähnlich war es dann auch mit Hannes. Telefonisch war er nicht mehr erreichbar oder ließ sich verleugnen, auch bei Besuchen meinerseits in seiner Firma war er nie anzutreffen. Nach anderthalb Monaten Bemühens verschickte ich die erste Mahnung: keine Reaktion! Das ging so weiter. Auch zuhause war er nicht mehr anzutreffen. Jegliche Bemühungen liefen ins Leere.

Schweren Herzens übergab ich die Angelegenheit meinem Anwalt. Ein Schritt, den ich eigentlich vermeiden wollte, aber mir blieb in der Situation keine andere Möglichkeit.

Es war eine herbe Enttäuschung! Hannes und ich kannten uns seit Kindestagen, hatten so ziemlich alles miteinander erlebt, seine Tochter war mein Patenkind! ... Das Abtauchen seinerseits musste einen Grund haben. Ich vermutete, dieser Grund sei finanzieller Natur; es lag sicherlich auch an seinem Kompagnon. Später sollte ich für meine Vermutung die Bestätigung bekommen.

Immer mehr artete die Arbeit in Stress aus. Ein großer Teil der Zeit musste jetzt für das Eintreiben der Außenstände verwendet werden. Häufig ging das nur durch direktes Besuchen der jeweiligen Firmen, und den Hinweis darauf, dass sie die Ware ordnungsgemäß erhalten hatten und somit die Bezahlung ihrerseits zu erfolgen hätte.

Was halfen große Außenstände an Geldern, wenn davon auf den angegebenen Konten nichts ankam! Das Eintreiben der Gelder war Zeit-intensiv, kostete eine Menge Energie und war oft nicht von Erfolg gekrönt.

Mit der Freizeit war es auch nicht gut bestellt, von Urlaub war gar nicht zu reden! Es stellten sich langsam aber sicher physische wie auch psychische Erschöpfungszustände ein.

Hannes erreichte das Schreiben meines Anwalts mit beiliegender Zahlungsaufforderung. Jetzt würde es teuer werden! Mit jeder Verzögerung bekam er einen Aufschlag oben drauf, sprich Verzugszinsen und Mahngebühren plus die Anwaltskosten. Eines Tages kam ein Anruf von ihm. Er sagte mir, er würde nicht mehr mit mir reden!

Er verkannte komplett die Situation. Er war mir gegenüber in der Bring-Schuld. Nicht ich schuldete ihm was, sondern er schuldete mir einen nicht unbeträchtlichen Geldbetrag nach der von mir für ihn erbrachten Leistung!

Ich fragte mich, wie es sein kann, dass die neue Zeit, der Kapitalismus, in so kurzer Zeit einen Menschen so stark verändert ...

Dann nach mehreren Schreiben schaffte es Hannes, zu mir ins Büro zu kommen. Er schilderte mir die Situation, und meine Befürchtungen bestätigen sich: die Probleme waren finanziellen Ursprungs. Sein Kompagnon hatte eine größere Summe von ihrem Geschäftskonto abgehoben. Hannes erzählte, es ginge um eine finanzielle Transaktion mit angeblich hohem Gewinn. Von einem Risiko bei diesen windigen Geschäften war seitens seines Geschäftspartners anscheinend keine Rede. Hannes war sich damals noch nicht bewusst, dass sich bei dieser Art von Geschäften meist ein Total-Verlust einstellte, weil die Gewinn-Chancen oft bei null lagen. Aber wie heißt es so schön: „Erfahrung ist die Summe der Fehler, die man gemacht hat!!!"

Wir einigten uns auf Teilzahlung des Betrages in jeweils fünf Raten à 3000,- D-Mark. Die Anwaltskosten teilten wir uns.

Mit seinem Luftikus von Kompagnon sollte er noch einige unliebsame Überraschungen erleben. Trotz der Einigung zwischen Hannes und mir hinterließ die ganze Sache jedoch ihre Spuren. Früher spielte Geld zwischen uns keine Rolle, da es keine Bedeutung hatte. Jetzt veränderte es die gesamte ehemalige DDR-Gesellschaft nachhaltig!

Nach Einführung der D-Mark und der daraus resultierenden Euphorie kehrte schnell die Ernüchterung in den neuen Bundesländern ein. Viele die anfänglich glaubten, sie wären im Schlaraffenland angekommen, mussten jetzt feststellen, dass das neue Wirtschaftssystem „Kapitalismus" genau das Gegenteil von dem verheißungsvollen Schlaraffenland darstellte. Auch die von Helmut

Kohl versprochenen „blühenden Landschaften" ließen auf sich warten. Kohl wollte die kommenden Wahlen gewinnen und wieder als Bundeskanzler gewählt werden. Und sein Versprechen, für blühende Landschaften zu sorgen, bescherte ihm viele Neuwähler in den neuen Bundesländern. Diese Art von Wahlkampf und die damit verbundenen Versprechungen kannte man im Einparteiensystem der DDR nicht. Jeder, der mit halbwegs offenen Augen durch die Welt lief und bei klaren Verstand war, konnte erkennen, dass die „Blühenden Landschaften" etliche Jahre in Anspruch nehmen würden, um die marode Infrastruktur wieder auf Vordermann zu bringen.

Die neue Freiheit bedingte außerdem ein hohes Maß an Eigeninitiative und Eigenverantwortung, das bis dahin von den Politeliten und deren Helfershelfern nicht erwünscht war. Nicht mehr der Staat übernahm das Denken und Lenken der Bürger, sondern das musste jetzt jeder selber in Eigenregie tun! Diese Schwierigkeit des „Für-sich-selber-verantwortlich-seins" stellte man fest, wenn man zwischen Ost und West pendelte; aber auch das würde letztendlich zusammenwachsen.

Selbstbewusstsein war zur damaligen Zeit bei den meisten Leuten im Osten so gut wie nicht vorhanden. Die Lebensleistung vieler ehemaliger DDR-Bürger war von heute auf Morgen nichts mehr wert, dabei hatten diese 16,8 Millionen DDR-Bürger nur das Pech, dass sie nach dem Krieg in der sowjetischen Besatzungszone gelandet, gelebt und dort gearbeitet hatten.

In den alten Bundesländern gab es eine Anzahl von „Einfallenden Geschäftsleuten", die sich aufführten, als wären sie Konquistadoren, um das neu eroberte Land und deren Ureinwohner zu sozialisieren und zu zivilisieren! Sie behandelten viele, als wären sie Neandertaler, denen man erst mal das Essen mit Messer und Gabel beibringen müsse.

Die Interessenslage in beiden deutschen Staaten während der Teilung war ganz unterschiedlich ausgeprägt. Während im Osten der normale DDR-Bürger sehr interessiert war, was im Westen vor sich ging, war der durchschnittliche Westdeutsche nicht sonderlich interessiert an den Vorgängen in der DDR. Westberlin durch seinen Sonderstatus machte hier eine Ausnahme, durch die unmittelbare Konfrontation mit der DDR.

Durch meine Jahre in Mönchengladbach, das geographisch weit im Westen liegt, machte ich die Erfahrung, dass dort wenig oder gar kein Bezug zur DDR bestand, aber Ausnahmen bestätigten die Regel.

Nach der Wende waren die DDR-Bürger klar im Vorteil, die jetzt reisen konnten und wollten. Meist waren es diejenigen, die es zu DDR-Zeiten schon in bescheidenen Umfang taten und die seinerzeit Staaten bereisten, welche zum ehemaligen Ostblock gehörten. Die selbigen waren jetzt wieder unterwegs, vorausgesetzt die finanziellen Mittel waren vorhanden. Das erweiterte nicht nur den Horizont, sondern schärfte häufig den Blick für das Wesentliche.

Mein damaliger erster Besuch in Paris, bei einem Spaziergang auf dem weltberühmten „Champs Elysees", konfrontierte mich erstmals mit Armut und bettelnden Menschen! Das war eine der Kehrseiten des Kapitalismus: wo Licht war, war auch immer Schatten ...!

Ein Großteil verkroch sich weiter in ihren Datschen und Gärten und verschönerte diese. Jetzt gab es auch genügend Baumaterialien, und die Baumärkte schossen wie Pilze aus dem Boden! Als neuer Bundesbürger konnte man die vielen neuen Biersorten genießen. Die Tage der „Leckeren DDR-Biere" wie „Goldquell, Kristall" etc. waren gezählt. Auch verschwanden die ebenso „leckeren" Kuba-Orangen, „Fidels letzte Rache", ... Die meisten ehemaligen grauen und farblosen DDR-Produkte fanden nicht mehr den Weg in die Regale der neu entstehenden Supermärkte. Diese Märkte lockten jetzt mit den verheißungsvollen Produkten aus dem Westen. Aber bei diesen Produkten zählte die Verpackung oft mehr als der Inhalt! Das nannte man Marketing. Und wie so oft im Leben sollte sich herausstellen, dass die Verpackung mehr versprach als der Inhalt hergab ... Also: „Herzlich willkommen in der Schönen neuen und bunten Welt des Konsums und des Materialismus sowie des Neoliberalismus." Aber der Neoliberalismus befand sich damals noch in den Kinderschuhen.

Jedoch sollte eines fortbestehen, und das war der grenzenlose Galgenhumor der ehemaligen DDR-Bürger! Wer diesen kommunistischen Schwachmaten-Staat überlebt hatte, der würde auch in der Lage sein, das Kommende zu bewältigen! Nicht alle schafften das, aber doch ein großer Teil. Menschen waren immer sehr anpassungsfähig, und besonders Deutschland und die Deutschen.

Die Dominanz Deutschlands war für die umgebenen Völker immer beängstigend, aber im Fall der deutschen Wiedervereinigung war sie jedoch faszinierend und brachte letztendlich das ganze kommunistische Unterdrückungssystem zu Fall.

Unsere Probleme waren finanzieller Natur, die Zahlungs-moral der von uns belieferten Firmen nahm für uns lang-sam Existenz-bedrohende Formen an.

Um größere finanzielle Durststrecken zu überwinden, hätte man hunderttausende D-Mark benötigt. Wurden die Rechnungen der Lieferanten nicht bezahlt, kam kei-ne neue Ware von diesen, was verständlich war. Es war eine Kette, jeder war von jedem abhängig!

Das Ende vom Lied waren schlaflose Nächte und Über-legungen, wie die nächste oder die nächsten Rechnungen zu bezahlen seien … Die Auftragslage war immer noch gut. Es war der ständige Kampf um das Geld.

Es war kein Verkauf von Brötchen oder Süßigkeiten, die man beim Rausgehen an der Supermarkt-Kasse be-zahlte, nein es lief über Rechnungslegung, und meistens waren damit tausende von D-Mark verbunden. Das hieß immer öfter warten, warten, warten, bis der Kunde zahlte, oder vielleicht auch nicht zahlte, oder Pleite ging, oder erst nach Jahren zahlte, wenn er von Anwälten und der Rechtsprechung dazu gezwungen wurde …

Immer wieder stieß man auf die Vergangenheit in Form von ehemaligen strammen Funktionären. Die Städte und Ortschaften veränderten sich optisch, die dort an-sässigen Menschen von der Gesinnung und Ideologie her jedoch häufig nicht.

Der Traum von Kanada lebte weiter! Dieses Land, das zirka dreißigmal größer ist als Deutschland, und das vor gut zwanzig Jahren von zirka 30 Millionen Einwohnern besiedelt war. Im Vorfeld gab es noch einige finanzielle

Probleme zu lösen, die Zeit, Energie und Nerven kosten sollten. Letztlich sollte es den Aufwand wert sein. Es würde in der Weite und Ruhe dieses riesigen Landes die Möglichkeit auf Besinnung und eine Selbstreflektion geben sowie die Frage, ob es Sinn macht, sein Leben lang nur dem Geld hinterher zu hetzen.

Der Aufwand, um an die finanziellen Außenstände zu kommen, wurde von Woche zu Woche größer. Etliche dieser Gelder lagen als Forderungen bei unserem Anwalt. Wo nichts mehr zu holen war, gab es nur noch eine Rettung, und zwar wenigstens die bereits ausgelieferte Ware noch vor dem Insolvenz-Verwalter zu retten, bevor diese in die Konkurs-Masse einging. Mit jeder Woche ging ein Stück Freude an der Arbeit verloren. Es hieß Schadensbegrenzung zu betreiben und einen Schnitt zu machen!

Es wurde Zeit, den Rückzug anzutreten und dem Osten ein für alle Mal den Rücken zu kehren! Im Gegensatz zu vielen, die nach der Wende in den Westen gingen und Jahre später wieder in ihre Ostdeutsche Heimat zurückkehrten, war das für mich keine Option mehr. Von Anfang an hatte ich nie ernsthaft an eine endgültige Rückkehr in meine alte Heimat gedacht. Meine schönste Zeit war die nach meiner Ausreise 1984 nach Mönchengladbach und diesem Gefühl neu gewonnener grenzenloser Freiheit!

Dieses Gefühl der Freiheit stellte sich im Osten nie so wirklich ein, zu präsent waren die Geister der Vergangenheit, die einem nach der Wende in Form von ehemaligen Schnüffel und Petz sowie anderen Bonzen und Repräsentanten der ehemaligen DDR über den Weg liefen ...

Rückblickend stellt man sich die Frage: Was war geblieben von dem Land, das sich einst DDR nannte und fast von heute auf morgen verschwand?

Wie fast immer in der Politik verliert die Macht-Elite den Bezug zum eigenen Volk. Dieses Phänomen traf nicht nur auf den Kommunismus zu, sondern lief in den vorangegangenen Gesellschaftsformen wie Monarchie, Nationalsozialismus immer in ähnlicher Weise ab. Die politische Elite entkoppelt sich vom Gros der Bevölkerung und ist nicht mehr empfänglich für die Probleme des einfachen Volkes. Dieses Nicht-Erkennen der Probleme in der Bevölkerung stellt letztendlich immer das ganze System infrage und trägt zu dessen Untergang bei. Konnte man zwei und zwei zusammen zählen, erkannte man als junger Mensch mit dem Eintritt in das sozialistische Berufsleben, dass dieser Schlendrian sowie die permanenten Engpässe und die Verknappung in allen Bereichen, als auch die einhergehende Ideologie mit der ständigen Überwachung durch den Staat, auf Dauer nicht gut gehen konnten. Letztendlich verfehlten die immer gleichen Durchhalteparolen zunehmend ihre Wirkung.

Die friedliche Revolution war ein glücklicher Umstand der Geschichte, und war wohl hauptsächlich Leuten wie Gorbatschow, Bush Senior und Kohl zu verdanken. Auch wenn es zu einzelnen Handgreiflichkeiten kam wie etwa in Leipzig seitens der „Beliebten Organe" von Schnüffel und Petz und Horch und Kuck; es hätte ganz anders ausgehen können ...

Was bleibt einem ehemaligen DDR-Bürger von diesem Land, das nicht mehr existiert, im Gedächtnis??? Es war grundsätzlich nicht alles schlecht. Das Positive waren unter anderem die Freundschaften und der Zusammenhalt, sowie der in vielen Situationen grenzenlose Galgenhumor. Geld spielte eine untergeordnete Rolle, da eher wertlos, und es wurde gegenseitig geholfen ohne finanzielle Hintergedanken. Es gab nicht so viel Oberflächlichkeit, Wichtigtuer und Selbstdarsteller wie in der heutigen Zeit. Als Kinder hatten wir eine unbeschwerte Kindheit. Die Institutionen wie Kindergärten, Schulen sowie Behörden kümmerten sich um die Belange der Bürger. *Wie* weit dieses Kümmern letztendlich ging, begriff man spätestens als Jugendlicher. Aber für einen Großteil der DDR Bürger war das OK. Nicht jeder sehnte sich in der DDR nach Freiheit und Selbstbestimmung. Viele waren froh, dass die meisten Dinge von dem allumfassenden Staat geregelt wurden.

Jahre später unterhält man sich mit einigen Leuten aus seiner alten Heimat, und man hört heraus, dass die Sehnsucht nach der „schönen alten DDR-Zeit" mitschwingt, die es als solche gar nicht gab, weder in der DDR noch sonst irgendwo auf der Welt.

Aber diese schöne alte Zeit sollte dann möglichst so stattfinden, dass man die vollen Supermärkte sowie die schönen neuen Autos (Westautos) behält mitsamt den anderen Annehmlichkeiten der Neuen Zeit, und dazu das lässige Arbeiten wie in der DDR. Und diesen Job sicher bis an das Ende seiner Tage, natürlich alles mit guter Bezahlung, sowie Reisemöglichkeiten in alle Welt. Ja das ist ein schöner Traum, und es wäre wohl das viel zitierte Schlaraffenland. Funktioniert aber leider nicht.

Erst wer in Unfreiheit geboren wurde und gelebt hat, weiß zu schätzen was Freiheit bedeutet!

Der Autor

Andreas Bauer wurde 1959 in Magdeburg geboren, wo er die polytechnische Oberschule besuchte. Es folgte der erfolgreiche Abschluss seiner
Ausbildung zum Landmaschinenmechaniker. 1979
wurde er zur NVA (Nationale Volksarmee) einberufen und 1980 ohne jegliche Beförderung wieder
entlassen. Er lebte ein Jahr in Ostberlin, stellte
dann einen Ausreiseantrag in die Bundesrepublik
Deutschland. Nach 28 Monaten der Schikane
durch die DDR-Behörden zog er schließlich nach
Nordrhein-Westfalen.

novum VERLAG FÜR NEUAUTOREN

Der Verlag

*Wer aufhört
besser zu werden,
hat aufgehört
gut zu sein!*

Basierend auf diesem Motto ist es dem novum Verlag
ein Anliegen, neue Manuskripte aufzuspüren, zu ver-
öffentlichen und deren Autoren langfristig zu fördern.
Mittlerweile gilt der 1997 gegründete und mehrfach
prämierte Verlag als Spezialist für Neuautoren in
Deutschland, Österreich und der Schweiz.

**Für jedes neue Manuskript wird innerhalb we-
niger Wochen eine kostenfreie, unverbindliche
Lektorats-Prüfung erstellt.**

Weitere Informationen zum Verlag und
seinen Büchern finden Sie im Internet unter:

w w w . n o v u m v e r l a g . c o m